Verfassungsentwicklung in Europa

herausgegeben von

Hartmut Bauer, Peter M. Huber
und Karl-Peter Sommermann

19

Robert Pracht

Residualkompetenzen des Bundesverfassungsgerichts

ultra vires, Solange II, Verfassungsidentität

Mohr Siebeck

Robert Pracht, geboren 1995; Studium der Rechtswissenschaft in Heidelberg und Genf; 2018 Erste Juristische Prüfung; Wissenschaftlicher Mitarbeiter am Institut für deutsches und europäisches Verwaltungsrecht der Universität Heidelberg; 2021 Promotion; zur Zeit Rechtsreferendar am Oberlandesgericht Karlsruhe.

Gedruckt mit Unterstützung der Margot und Friedrich Becke Stiftung, Heidelberg sowie der Johanna und Fritz Buch Gedächtnis-Stiftung, Hamburg.

Diese Arbeit wurde von der Juristischen Fakultät der Ruprecht-Karls-Universität zu Heidelberg als Dissertationsschrift angenommen und zum Druck freigegeben.

ISBN 978-3-16-161187-2 / eISBN 978-3-16-161188-9
DOI 10.1628/978-3-16-161188-9

ISSN 1861-7301 / eISSN 2569-4553 (Verfassungsentwicklung in Europa)

Die Deutsche Nationalbibliothek verzeichnet diese Publikation in der Deutschen Nationalbibliographie; detaillierte bibliographische Daten sind über *http://dnb.dnb.de* abrufbar.

Das Buch wurde von epline in Böblingen aus der Times New Roman gesetzt, von Gulde Druck in Tübingen auf alterungsbeständiges Werkdruckpapier gedruckt und von der Buchbinderei Spinner in Ottersweier gebunden.

Printed in Germany.

Meinen Eltern

Vorwort

Diese Arbeit wurde im Sommersemester 2021 von der Juristischen Fakultät der Ruprecht-Karls-Universität Heidelberg als Dissertationsschrift angenommen. Sie befindet sich in Bezug auf Literatur und Rechtsprechung auf dem Stand von Mitte August 2021. Hiernach erschienene Literatur konnte noch vereinzelt berücksichtigt werden.

Mein ganz herzlicher Dank gebührt vor allen anderen meiner Doktormutter Frau *Prof. Dr. Ute Mager*, welche die Arbeit von ihrer Entstehung an mit intrinsischem Interesse verfolgte und in zahlreichen Gesprächen überaus hilfreiche und weiterführende Hinweise gab. Doch nicht nur dafür danke ich ihr, sondern auch für die Weckung und Förderung meines wissenschaftlichen Interesses, dem ich bereits zu Beginn meines Studiums als studentische Hilfskraft an ihrem Lehrstuhl nachgehen durfte.

Für die rasche Erstellung des Zweitgutachtens danke ich Herrn *Prof. Dr. Hanno Kube, LL. M. (Cornell)* ebenso wie für dessen Gesprächsbereitschaft schon während des Promotionsprojektes und die wertvollen Hinweise, die ich für die Veröffentlichung berücksichtigen konnte.

Herzlich danken möchte ich daneben Herrn *Prof. Dr. Dr. h. c. Wolfgang Kahl, M. A.*, bei welchem ich für die Zeit der Anfertigung der Dissertation als wissenschaftlicher Mitarbeiter tätig sein durfte und der durch kluge Nachfragen das Projekt förderte und mir stets die Möglichkeit gab, im Kreis des Instituts meine Thesen zur Diskussion zu stellen.

Herrn *Prof. Dr. Dr. h. c. mult. Paul Kirchhof* sowie Herrn Bundesverfassungsrichter *Prof. Dr. Peter M. Huber* danke ich ebenfalls für die geführten Unterredungen – es war sehr interessant und für das Vorhaben äußerst förderlich, die Perspektive desjenigen geschildert zu bekommen, der die maßgeblichen bundesverfassungsgerichtlichen Judikate verfasst (hat).

Meinen ehemaligen Kolleginnen und Kollegen am Lehrstuhl für deutsches und europäisches Verwaltungsrecht sowie meinen Freundinnen und Freunden danke ich dafür, dass sie mich auf dem Weg so tatkräftig und motivierend unterstützt haben. Die mit ihnen in diesem Lebensabschnitt gemeinsam verbrachte Zeit wird mir stets in hervorragender Erinnerung bleiben. Ganz besonders möchte ich mich bei meinem Bürokollegen, Herrn *Felix Kaiser*, bedanken – dieser hat nicht nur durch zahlreiche Gespräche das Fortkommen der Dissertation entscheidend gefördert, sondern auch die entstandene Freundschaft ist für mich sehr bereichernd. Frau *Dr. Laura Volk* und Herrn *Christian Rieß* bin ich ebenfalls für die zahllosen Gespräche und auch insbesondere dafür zum Dank verpflichtet, dass sie die Mühen des Korrekturlesens auf sich genommen haben.

Dem Cusanuswerk danke ich für die finanzielle und ideelle Förderung über die gesamte Zeit der Promotion – hierdurch wurden mir Freiheiten gewährt, von denen ein junger Wissenschaftler sonst nur träumen kann. Für den großzügigen Zuschuss zu den Druckkosten möchte ich mich herzlich bei der Heidelberger Margot und Friedrich Becke Stiftung sowie bei der Hamburger Johanna und Fritz Buch Gedächtnis-Stiftung bedanken.

Schließlich danke ich meiner Familie von Herzen für die bedingungslose und stete Unterstützung auf meinem bisherigen Lebensweg, ohne die auch dieses Vorhaben nicht hätte gelingen können. Meinen Eltern sei die Arbeit daher gewidmet.

Heidelberg, im September 2021 Robert Pracht

Inhaltsübersicht

Inhaltsverzeichnis

Abkürzungsverzeichnis

a. A.	andere(r) Ansicht
a. a. O.	am angegebenen Ort
Abl. EG/EU	Amtsblatt der Europäischen Gemeinschaften/der Europäischen Union
Abs.	Absatz
AcP	Archiv für die civilistische Praxis
AEUV	Vertrag über die Arbeitsweise der Europäischen Union
a. F.	alte Fassung
Alt.	Alternative
a. M.	am Main
ÄndRB	Änderungsrahmenbeschluss
AöR	Archiv des öffentlichen Rechts
Art.	Artikel
Aufl.	Auflage
Az.	Aktenzeichen
BAG	Bundesarbeitsgericht
BayVBl.	Bayerische Verwaltungsblätter
BB	Betriebsberater
Bd.	Band
Beck-OK	Beck'scher Online-Kommentar
Begr.	Begründer
Beschl.	Beschluss
BFH	Bundesfinanzhof
BGBl.	Bundesgesetzblatt
BT-Drs.	Bundestag-Drucksache
BVerfG	Bundesverfassungsgericht
BVerfGE	Entscheidungen des Bundesverfassungsgerichts
BVerfGG	Bundesverfassungsgerichtsgesetz/Gesetz über das Bundesverfassungsgericht
BVerfGK	Kammerentscheidungen des Bundesverfassungsgerichts
BVerwGE	Entscheidungen des Bundesverwaltungsgerichts
bzw.	beziehungsweise
CETA	Comprehensive Economic and Trade Agreement
d.	der/die/des
ders.	derselbe
d. h.	das heißt
dies.	dieselbe(n)
DÖV	Die Öffentliche Verwaltung
DVBl.	Deutsches Verwaltungsblatt
d. Verf.	durch Verfasser

ebd.	ebenda
ECB	European Central Bank
ECJ	European Court of Justice
EG	Europäische Gemeinschaft(en)
EGL.	Ergänzungslieferung
EGMR	Europäischer Gerichtshof für Menschenrechte
EGV	Vertrag zur Gründung der Europäischen Gemeinschaft
EMRK	Europäische Menschenrechtskonvention/Konvention zum Schutz der Menschenrechte und Grundfreiheiten
ESZB	Europäisches System der Zentralbanken
et al.	et alii (und andere)
EU	Europäische Union
EuG	Gericht der Europäischen Union
EuGH	Europäischer Gerichtshof/Gerichtshof der Europäischen Union
EuGRZ	Europäische Grundrechte-Zeitschrift
EuR	Europarecht (Zeitschrift)
EUV	Vertrag über die Europäische Union
EuZA	Europäische Zeitschrift für Arbeitsrecht
EUZBBG	Gesetz über die Zusammenarbeit von Bundesregierung und Deutschem Bundestag in Angelegenheiten der Europäischen Union
EuZW	Europäische Zeitschrift für Wirtschaftsrecht
EWG	Europäische Wirtschaftsgemeinschaft
EWGV	Vertrag zur Gründung der Europäischen Wirtschaftsgemeinschaft
EWS	Europäisches Wirtschafts- und Steuerrecht
EZB	Europäische Zentralbank
f./ff.	folgende
FamRZ	Zeitschrift für das gesamte Familienrecht
F.A.Z.	Frankfurter Allgemeine Zeitung
FG	Finanzgericht
Fn.	Fußnote
gem.	gemäß
GG	Grundgesetz für die Bundesrepublik Deutschland
ggf.	gegebenenfalls
GLJ	German Law Journal
GPR	Zeitschrift für das Privatrecht der Europäischen Union
GRCh	Charta der Grundrechte der Europäischen Union
GRUR	Gewerblicher Rechtsschutz und Urheberrecht
Hervorh.	Hervorhebung
h. M.	herrschende Meinung
Hrsg.	Herausgeber
i. d. F.	in der Fassung
i. e.	id est (das heißt)
inkl.	inklusive
insb.	insbesondere
i. O.	im Original
IRG	Gesetz über die internationale Rechtshilfe in Strafsachen
i. S.d.	im Sinne des/der
i. V.m.	in Verbindung mit
IWRZ	Zeitschrift für Internationales Wirtschaftsrecht

JA	Juristische Arbeitsblätter
jM	juris: die Monatszeitschrift
JöR n. F.	Jahrbuch des öffentlichen Rechts der Gegenwart (neue Folge)
Jura	Juristische Ausbildung
JuS	Juristische Schulung
JZ	Juristenzeitung
Kap.	Kapitel
KritV	Kritische Vierteljahresschrift für Gesetzgebung und Rechtswissenschaft
lit.	littera (Buchstabe)
Ls.	Leitsatz
m. a. W.	mit anderen Worten
m. N.	mit Nachweisen
m. w. N.	mit weiteren Nachweisen
n. F.	Neue Fassung
NJ	Neue Justiz
NJOZ	Neue Juristische Online-Zeitschrift
NJW	Neue Juristische Wochenschrift
Nr.	Nummer
NStZ	Neue Zeitschrift für Strafrecht
NVwZ	Neue Zeitschrift für Verwaltungsrecht
NZA	Neue Zeitschrift für Arbeitsrecht
OLG	Oberlandesgericht
OMT	Outright Monetary Transactions
PSPP	Public Sector Purchase Programme
Rn.	Randnummer(n)
Rs.	Rechtssache(n)
S.	Seite(n)/Satz
SG	Sozialgericht
Slg.	Sammlung der Rechtsprechung des Gerichtshofes und des Gerichts Erster Instanz
sog.	sogenannte(r/n)
Spiegelstr.	Spiegelstrich
SRM	Single Resolution Mechanism
SSM	Single Supervisory Mechanism
StudZR	Studentische Zeitschrift für Rechtswissenschaft Heidelberg
u. a.	und andere/unter anderem
Uabs.	Unterabsatz
Urt.	Urteil
v.	von/vom
verb. Rs.	verbundene Rechtssachen
VerwArch	Verwaltungsarchiv
vgl.	vergleiche
Voraufl.	Vorauflage
VR	Verwaltungsrundschau
VVDStRL	Veröffentlichungen der Vereinigung der Deutschen Staatsrechtslehrer
WRV	Weimarer Reichsverfassung
ZaöRV	Zeitschrift für ausländisches öffentliches Recht und Völkerrecht
z. B.	zum Beispiel
ZESAR	Zeitschrift für europäisches Sozial- und Arbeitsrecht

ZEuS	Zeitschrift für europarechtliche Studien
ZevKR	Zeitschrift für evangelisches Kirchenrecht
ZG	Zeitschrift für Gesetzgebung
ZJS	Zeitschrift für das Juristische Studium
ZÖR	Zeitschrift für öffentliches Recht
ZRP	Zeitschrift für Rechtspolitik
ZSE	Zeitschrift für Staats- und Europawissenschaften
z. T.	zum Teil

Einleitung

Wenn ein Altbundespräsident und zugleich ehemaliger Präsident des Bundesverfassungsgerichts unter der Überschrift „Stoppt den Europäischen Gerichtshof – Die Kompetenzen der Mitgliedstaaten werden ausgehöhlt. Die immer fragwürdigeren Urteile aus Luxemburg verlangen nach einer gerichtlichen Kontrollinstanz."[1] öffentlichkeitswirksam auf seiner Ansicht nach nicht mehr hinnehmbare Fehlurteile des Europäischen Gerichtshofs hinweist, dann stellen sich brisante Fragen zum Verhältnis des Bundesverfassungsgerichts zum Europäischen Gerichtshof und von mitgliedstaatlichem Recht zu Unionsrecht allgemein.[2] Wenn in dem erwähnten Zeitungsartikel sodann noch näher ausgeführt wird, dass der Europäische Gerichtshof „zentrale Grundsätze der abendländischen richterlichen Rechtsauslegung bewusst und systematisch ignoriert, Entscheidungen unsauber begründet, den Willen des Gesetzgebers übergeht oder gar in sein Gegenteil verkehrt und Rechtsgrundsätze erfindet, die er dann bei späteren Entscheidungen wieder zugrunde legen kann"[3], so will *Herzog* wohl das Bundesverfassungsgericht als Kontrollinstanz zur Wahrung der Belange der Mitgliedstaaten in Stellung gebracht wissen.[4]

Dieses hat dem Wunsch *Herzogs* vor kurzem im PSPP-Urteil aus dem Mai 2020 hinsichtlich eines Staatsanleihenkaufprogramms der Europäischen Zentralbank entsprochen und in Bezug auf dieses und die hierauf aufbauende Ent-

---

[1] *Herzog/Gerken*, Stoppt den Europäischen Gerichtshof, F.A.Z. v. 08.09.2008, Nr. 210, S. 8.

[2] Nach *v. Bogdandy/Schill*, Die Achtung der nationalen Identität unter dem reformierten Unionsvertrag, ZaöRV 70 (2010), 701 (702) gehören die Diskussionen um das Verhältnis des Unionsrechts zu nationalem Verfassungsrecht sowie um die Beziehungen zwischen Europäischem Gerichtshof und mitgliedstaatlichen Verfassungs- und Höchstgerichten zu den „theoretisch und dogmatisch schwierigsten Rechtsfragen im europäischen Rechtsraum".

[3] *Herzog/Gerken*, Stoppt den Europäischen Gerichtshof, F.A.Z. v. 08.09.2008, Nr. 210, S. 8.

[4] Auch *Hailbronner*, Hat der EuGH eine Normverwerfungskompetenz?, NZA 2006, 811 (815) fragt in Reaktion auf das sehr umstrittene Mangold-Urteil des Europäischen Gerichtshofs: „Welche Instrumente bleiben also, um der ungehemmten Entfaltung des Sendungsbewusstseins der EuGH-Richter entgegenzuwirken?" und nennt als eine Möglichkeit die Kontrolle durch das Bundesverfassungsgericht. Auf das Mangold-Urteil wird im Zuge der Auseinandersetzung mit dem Honeywell-Beschluss des Bundesverfassungsgerichts zurückzukommen sein. Siehe dazu unten Zweiter Teil B. VII. (S. 47 ff.) und Zweiter Teil D. VIII. 1. (S. 143 ff.).

scheidung des Europäischen Gerichtshofs[5] einen ultra-vires-Akt angenommen,[6] weil „das Urteil […] schlechterdings nicht mehr nachvollziehbar"[7] beziehungsweise „methodisch nicht mehr vertretbar"[8] sei.

Seit dem Abschluss der Römischen Verträge im Jahr 1957 hat das Bundesverfassungsgericht den Weg der europäischen Integration begleitet und im Laufe seiner im Grundsatz europafreundlichen[9] Rechtsprechung zumeist wohlwollend, teils aber auch kritisch bewertet. Das Bundesverfassungsgericht anerkennt zwar auf der einen Seite den Anwendungsvorrang des Unionsrechts auch vor nationalem Verfassungsrecht,[10] doch geht es – anders als der Europäische Gerichtshof –[11] nicht von einem unbedingten und uneingeschränkten Anwendungsvorrang des Unionsrechts aus.[12] Aus diesem Grund hat das Bun-

[5] EuGH, Urt. v. 11.12.2018, Rs. C-493/17, ECLI:EU:C:2018:1000 – Weiss u. a.

[6] BVerfGE 154, 17 ff. Siehe dazu ausführlich unten Zweiter Teil B. X. (S. 75 ff.).

[7] BVerfGE 154, 17 (94 Rn. 116) – PSPP-Urteil.

[8] BVerfGE 154, 17 (96 Rn. 119) – PSPP-Urteil.

[9] Ob die Rechtsprechung des Bundesverfassungsgerichts insgesamt als unionsrechts- oder allgemeiner europafreundlich beurteilt wird oder nicht, hängt wohl maßgeblich vom jeweiligen Standpunkt und der jeweiligen Akzentuierung des Beobachters ab. Zum Ganzen: *Mayer*, Europarechtsfreundlichkeit und Europarechtsskepsis in der Rechtsprechung des Bundesverfassungsgerichts, in: Giegerich, Der „offene Verfassungsstaat" des Grundgesetzes nach 60 Jahren, 2010, S. 237 ff. Hier ist jedoch mit der europafreundlichen Ausübung seiner Rechtsprechung nur gemeint, dass das Bundesverfassungsgericht sämtliche Integrationsschritte durch bestätigende Entscheidungen ermöglicht hat und oftmals in diesem und auch anderem Zusammenhang die „Europarechtsfreundlichkeit des Grundgesetzes" (vgl. z. B. BVerfGE 123, 267 [346 f.] – Lissabon) als entscheidendes Argument für die Zulässigkeit eines noch weiter gehenden europäischen Einigungsprozess anführte. Vgl. für das europafreundliche Selbstverständnis des Bundesverfassungsgerichts auch *Voßkuhle*, „Integration durch Recht" – Der Beitrag des Bundesverfassungsgerichts, JZ 2016, 161 ff. In einem Zwang sieht hingegen *C. Schönberger*, Die Europäische Union zwischen „Demokratiedefizit und Bundesstaatsverbot", Der Staat 48 (2009), 535 (537) das Bundesverfassungsgericht: „Will es seine institutionelle Position nicht mit unabsehbaren Konsequenzen gefährden, so ist das Gericht faktisch zu zustimmend tenorierten Urteilen gezwungen." Auf S. 538 spricht *C. Schönberger* sogar von einer „faktischen Impotenz zur Vertragsverwerfung".

[10] Vgl. nur aus jüngerer Zeit BVerfGE 140, 317 (335 Rn. 38) – Europäischer Haftbefehl II; BVerfGE 142, 123 (187 Rn. 118) – OMT-Urteil.

[11] Siehe dazu bereits EuGH, Urt. v. 15.07.1964, Rs. 6/64, Slg. 1964, 1253 (1269 f.) – Costa ./. E. N. E. L. und EuGH, Urt. v. 17.12.1970, Rs. 11/70, Slg. 1970, 1125 (1135 Rn. 3) – Internationale Handelsgesellschaft. Zur Rechtsprechung des Europäischen Gerichtshofs zum Anwendungsvorrang des Unionsrechts unten Erster Teil B. (S. 18 ff.).

[12] BVerfGE 123, 267 (398 f.) – Lissabon; BVerfGE 126, 286 (302) – Honeywell. Diese unterschiedlichen Sichtweisen zwischen Europäischem Gerichtshof und Bundesverfassungsgericht sind möglich, weil es anders als im Verhältnis des Bundesrechts zum Landesrecht, bei denen ebenfalls zwei Rechtsordnungen auf denselben Fall anwendbar sein können, im Verhältnis des nationalen Rechts zum Unionsrecht an einer Regelung wie Art. 31 GG „Bundesrecht bricht Landesrecht" im Grundgesetz oder in den europäischen Verträgen fehlt; vgl. *Schlaich/Korioth*, Das Bundesverfassungsgericht, 12. Aufl. 2021, Rn. 358. Lediglich in der – rechtlich nicht verbindlichen – Erklärung Nr. 17 zu Bestimmungen der Verträge als Annex zum Lissabon-Vertrag, Abl. 2007 C 306, S. 256 findet sich eine Anerkennung des Anwendungsvorrangs des Unionsrechts: „Die Konferenz weist darauf hin, dass die Verträge und das von der Union

desverfassungsgericht im Laufe seiner jahrzehntelangen Rechtsprechung Residualkompetenzen geschaffen, deren gemeinsame Funktion es ist, in letzter Konsequenz über das Handeln der Europäischen Union und dabei insbesondere über dasjenige des Europäischen Gerichtshofs zu wachen. Von diesen Reservekompetenzen[13] sind in der gefestigten Rechtsprechung des Bundesverfassungsgerichts spätestens seit der Lissabon-Entscheidung aus dem Jahr 2009 folgende – oftmals in der rechtswissenschaftlichen Diskussion nur noch auf jeweils ein Schlagwort reduzierte – Vorbehalte aktuell: „Solange II" (Grundrechtsvorbehalt), die ultra-vires-Kontrolle (Kompetenzvorbehalt) und der Verfassungsidentitätsvorbehalt. Ihnen allen ist gemein – und das ist auch der Grund für die einheitliche Bezeichnung als Residual- respektive Reservekompetenzen –, dass sie nur dann genutzt werden, wenn auf unionaler Ebene insbesondere durch den Europäischen Gerichtshof keine Abhilfe erzielt werden konnte. Es handelt sich mit anderen Worten um bloße „Auffangzuständigkeiten" des Bundesverfassungsgerichts, von denen nur sehr selten Gebrauch gemacht wird: Einen ultra-vires-Akt konstatierte es erstmals in Bezug auf den Rat der Europäischen Zentralbank und den Europäischen Gerichtshof im Mai 2020;[14] schon im Dezember 2015 nahm das Bundesverfassungsgericht (wohl)[15] eine Verfassungsidentitätsverletzung an.[16]

Die Darstellung und Auseinandersetzung mit den drei genannten Residualkompetenzen des Bundesverfassungsgerichts in Bezug auf die Prüfung der Grundgesetzkonformität von Handlungen der unionalen Organe, Einrichtungen und sonstigen Stellen ist das zentrale Anliegen dieser Arbeit.[17] Sie setzt

---

auf der Grundlage der Verträge gesetzte Recht im Einklang mit der ständigen Rechtsprechung des Gerichtshofs der Europäischen Union unter den in dieser Rechtsprechung festgelegten Bedingungen Vorrang vor dem Recht der Mitgliedstaaten haben." Dazu näher *Kruis*, Der Anwendungsvorrang des EU-Rechts in Theorie und Praxis, S. 76 f. Letztlich sind die unterschiedlichen Selbstverständnisse des Europäischen Gerichtshofs und des Bundesverfassungsgerichts auf die fehlende Bundesstaatsqualität der Europäischen Union und ihren jetzigen Charakter als supranationale Internationale Organisation sui generis zurückzuführen.

[13] In dieser Arbeit werden die Begriffe „Residualkompetenzen", „Reservekompetenzen", „Kontrollvorbehalte", „Auffangzuständigkeiten", „Integrationsvorbehalte" und ähnliche Termini synonym verwendet.

[14] BVerfGE 154, 17 ff. Siehe dazu ausführlich unten Zweiter Teil B. X. (S. 75 ff.).

[15] Ob der Verfassungsidentitätsvorbehalt in dieser Entscheidung tatsächlich aktiviert wurde, ist zweifelhaft und umstritten. Näher dazu unten Vierter Teil B. V. 4. b) (S. 241 ff.).

[16] BVerfGE 140, 317 ff. – Europäischer Haftbefehl II. Dazu ausführlich unten Vierter Teil B. V. (S. 232 ff.).

[17] In Anknüpfung an die Unterscheidung von *Murswiek*, Die Ultra-vires-Kontrolle im Kontext der Integrationskontrolle, EuGRZ 2017, 327 (327 f.) geht es dabei um eine *Ausübungs*kontrolle von Unionsrecht durch die drei Integrationsvorbehalte des Bundesverfassungsgerichts, also um die Prüfung *sekundären* (und ggf. tertiären) Unionsrechts anhand des deutschen Verfassungsrechts. Daneben erfolgt durch das Bundesverfassungsgericht regelmäßig auch eine *Eingangs*kontrolle, die prüft, ob das Hoheitsrechte übertragende Zustimmungsgesetz i. S. d. Art. 23 Abs. 1 Satz 2 GG mit den verfassungsrechtlichen Vorgaben vereinbar ist. Bei dieser *Eingangs*kontrolle im Hinblick auf die Verfassungsmäßigkeit des europäischen Primärrechts

sich zum Ziel, die teils verworrenen Verästelungen in Rechtsprechung und Literatur aufzulösen, an geeigneter Stelle Kritik an der Ausübung der Reservekompetenzen durch das Bundesverfassungsgericht anzumelden und Perspektiven für die Zukunft aufzuzeigen. Dabei soll auch stets kritisch untersucht werden, ob die jeweilige Residualkompetenz des Bundesverfassungsgerichts verfassungsrechtlich wirklich zwingend erforderlich ist oder nicht vielleicht zu sehr die einheitliche Anwendung des Unionsrechts und die grundsätzliche, sich aus einer Zusammenschau von Art. 19 Abs. 1 Uabs. 1 Satz 2 EUV, Art. 263, 267 und 344 AEUV möglicherweise ergebende Letztentscheidungsbefugnis des Europäischen Gerichtshofs behindert. Denn die große Gefahr nationaler Verfassungsvorbehalte hat *Borowski* zutreffend benannt: „Berühmen sich nationale Gerichte einer Kontrollkompetenz für das supranationale Recht, scheint nicht weniger bedroht als das Gelingen des gesamten Projekts der europäischen Integration."[18] Darüber hinaus war insbesondere in der Anfangszeit der Bundesrepublik keinesfalls evident, dass das Grundgesetz einer europäischen Integration überhaupt Grenzen zieht – spricht doch die Präambel des Grundgesetzes davon, dass das Deutsche Volk von dem Willen beseelt sei, als gleichberechtigtes Glied in einem *vereinten* Europa dem Frieden der Welt zu dienen.[19] Es soll sich also im Verlauf der Arbeit zeigen, ob und gegebenenfalls inwieweit es des Wächters „Bundesverfassungsgericht" über Handlungen der Europäischen Union bedarf, oder ob Reservekompetenzen im Hinblick auf die Kontrolle der

---

kann es neben der Prüfung der Einhaltung der Strukturvorgaben des Art. 23 Abs. 1 Satz 1 GG allein um die Prüfung der Wahrung der Verfassungsidentität im Sinne von Art. 23 Abs. 1 Satz 3 in Verbindung mit Art. 79 Abs. 3 GG gehen. Eine solche *Eingangs*kontrolle fand insbesondere bei den Entscheidungen des Bundesverfassungsgerichts zu einer Änderung der europäischen Verträge in den Jahren 1993 und 2009 statt (Maastricht- und Lissabon-Urteil), bei denen mithilfe von Verfassungsbeschwerden das Zustimmungsgesetz i. S.d. Art. 23 Abs. 1 Satz 2 GG dem Bundesverfassungsgericht zur verfassungsrechtlichen Prüfung vorgelegt wurde. Diese so verstandene *Eingangs*kontrolle ist weitgehend nicht Gegenstand der vorliegenden Abhandlung.

[18] *Borowski*, Die Rekonstruktion des Anwendungsvorranges des Rechts der Europäischen Union, in: Festschrift Müller-Graff, 2015, S. 1080 (1080), der allerdings de constitutione lata keine Rechtfertigungsmöglichkeit für einen uneingeschränkten Anwendungsvorrang des Unionsrechts erkennen kann – vgl. ebd., S. 1086. Auch *Haltern*, Europarecht Band II, 3. Aufl. 2017, Rn. 1049 sieht die Gefahr mitgliedstaatlicher (Verfassungs-)Vorbehalte: „Hinter der verfassungsgerichtlichen Behauptung von [...] verfassungsrechtlichen Integrationsgrenzen steht also die Drohung, die funktionalen Fundamente der Union [...] zu zerstören. Das ist alles andere als nebensächlich." Vgl. daneben auch *Skouris*, Der Vorrang des Europäischen Unionsrechts vor dem nationalen Recht. Unionsrecht bricht nationales Recht, EuR 2021, 3 (18), der die ultra-vires-Doktrin als „echte Bedrohung für den Vorrang des Unionsrechts" einordnet.

[19] Vgl. *Huber*, Grundlagen und Grenzen der Mitgliedschaft Deutschlands in der Europäischen Union, in: Festschrift Müller-Graff, 2015, S. 893 (896) und *ders.*, in: Sachs, GG, 9. Aufl. 2021, Präambel Rn. 45. Die Existenz materieller Beschränkungen bei der Hoheitsrechtsübertragung verneinend: *C. O. Lenz*, Beschränkt das Grundgesetz die Übertragung weiterer Befugnisse auf die Europäische Union, EWS 2018, 121 ff. Zur Bedeutung der Präambel für den europäischen Integrationsprozess unten Erster Teil A. I. (S. 9 ff.).

Verhaltensweisen der Unionsstellen schlicht als „verfassungsrichterliche Anmaßung“[20] zu qualifizieren sind.

Dabei soll auch die rechtsvergleichende Perspektive nicht außer Acht gelassen werden. Zutreffend dürfte es zwar sein, dass der Streit um den europäischen Integrationsprozess in keinem anderen Mitgliedstaat der Europäischen Union „mit solcher Leidenschaft mit der verfassungsgerichtlichen Klinge ausgefochten“[21] wird wie in Deutschland. Doch könnte es möglicherweise gerade diese Nüchternheit der Verfassungsrechtsprechung aus anderen Mitgliedstaaten sein, die – bei der gebotenen Zurückhaltung, was die Implementierung der rechtsvergleichend gewonnenen Erkenntnisse betrifft –[22] eine Vorbildfunktion für die Ausübung der Residualkompetenzen durch das Bundesverfassungsgericht erfüllen könnte.

Damit sei aber auch gleichzeitig hervorgehoben, was diese Arbeit nicht zu leisten vermag und auch nicht leisten möchte: Wie bereits erwähnt, soll es allein um die Kompetenzen des Bundesverfassungsgerichts bei der Prüfung von *abgeleitetem* Unionsrecht gehen. Nicht behandelt wird hingegen die Frage, ob – und wenn ja inwieweit – das Grundgesetz durch eine entsprechende Änderung der Primärverträge eine noch weiter gehende europäische Integration zulässt. Mit anderen Worten geht es also ausschließlich um den nachträglichen Zugriff des Bundesverfassungsgerichts auf abgeleitetes Unionsrecht nach Inkrafttreten der europäischen Primärverträge.[23] Daneben erhebt die Abhandlung insbesondere keinen Anspruch auf Vollständigkeit, was eine umfassende Untersuchung des Verhältnisses von Unionsrecht zu nationalem Recht betrifft;[24] außerdem kann nicht erschöpfend die Rechtsprechung des Bundesverfassungsgerichts im europarechtlichen Kontext erörtert werden.[25] So sind die Entscheidungen des Bun-

---

[20] *Hufeld*, Anwendung des europäischen Rechts in Grenzen des Verfassungsrechts, in: Isensee/Kirchhof, Handbuch des Staatsrechts X, 3. Aufl. 2012, § 215 Rn. 71.

[21] *Schalast*, Der Ultra-vires-II-Vorlagebeschluss des Bundesverfassungsgerichts: Auf dem Weg zu einer europäischen Verfassungskrise?, BB 2017, 2690 (2693).

[22] Auf den Mehrwert der rechtsvergleichenden Perspektive und den drohenden Gefahren einer unreflektierten Übernahme wird an entsprechender Stelle noch einmal umfassend eingegangen. Siehe dazu unten Zweiter Teil E. I. (S. 160 ff.).

[23] *Sauer*, Staatsrecht III, 6. Aufl. 2020, § 9 Rn. 9 ff. unterscheidet zwischen „primärrechtsrelevanten“ und „sekundärrechtsrelevanten“ Integrationsschranken – nach dieser Terminologie sollen allein letztere Gegenstand dieser Arbeit sein.

[24] Siehe dazu aus neuerer Zeit *Burchardt*, Die Rangfrage im europäischen Normenverbund, 2015, passim.

[25] Beispielsweise wird hier auf Entscheidungen des Bundesverfassungsgerichts nicht eingegangen, die das Unionsrecht zwar berühren, aber doch auf der Grundlage genuin nationalrechtlicher Vorschriften ergangen sind – etwa die bundesverfassungsgerichtlichen Urteile zur Verfassungswidrigkeit der 5%- (BVerfGE 129, 300 ff.) und der 3%-Sperrklausel (BVerfGE 135, 259 ff.) bei den Wahlen zum Europäischen Parlament. Von Interesse sind vorliegend allein Entscheidungen des Bundesverfassungsgerichts, die sich mit den Residualkompetenzen beschäftigen. Für eine umfassende Nachzeichnung der Rechtsprechung des Bundesverfassungsgerichts im europäischen Kontext siehe z. B. *van Ooyen*, Die Staatstheorie des

desverfassungsgerichts im Zusammenhang mit der sogenannten Euro-Finanzkrise[26] weitgehend nicht[27] Gegenstand dieser Arbeit, weil hierbei überwiegend keine sekundären Rechtsakte der Europäischen Union angegriffen wurden.[28] Es soll lediglich um die Trias der vom Bundesverfassungsgericht in Anspruch genommenen Reservekompetenzen in Bezug auf die Prüfung von sekundärem und tertiärem Unionsrecht gehen. Aufbauend auf der Darstellung der zentralen Sachverhalte und Entscheidungsgründe in der Rechtsprechung des Bundesverfassungsgerichts wird eine kritische Auseinandersetzung mit der verfassungsdogmatischen Grundlage und der konkreten praktischen Ausübung der jeweiligen Residualkompetenz erfolgen.

Nach einem kurzen einführenden Ersten Teil, der die Grundlagen des Verhältnisses zwischen dem Recht der Bundesrepublik Deutschland und dem Recht der Europäischen Union aus staats- und europarechtlicher Perspektive in Erinnerung rufen möchte, soll von den drei Reservekompetenzen im Zweiten Teil mit der ultra-vires-Kontrolle begonnen werden, die kompetenzwidriges Handeln der Unionsstellen betrifft – dieser Vorbehalt spielte in den Judikaten des Bundesverfassungsgerichts schon vor der Annahme eines ultra-vires-Akts im PSPP-Urteil bisher die prominenteste Rolle.[29] Daran anschließend behandelt der Dritte Teil den Grundrechtsvorbehalt aus der „Solange II"-Entscheidung[30]; im Vierten Teil soll der jüngste Vorbehalt der Verfassungsidentitätskontrolle untersucht werden. Denn der Verfassungsidentitätsvorbehalt baut teilweise auf der

Bundesverfassungsgerichts und Europa – Von Solange über Maastricht und Lissabon zur EU-Grundrechtecharta, 8. Aufl. 2020, passim.

[26] Siehe insbesondere BVerfGE 129, 124 ff. – Griechenlandhilfe; BVerfGE 130, 318 ff. – Stabilisierungsmechanismusgesetz; BVerfGE 131, 152 ff. – Euro-Plus-Pakt; BVerfGE 132, 195 ff. – ESM-Eilentscheidung; BVerfGE 135, 317 ff. – ESM-Urteil.

[27] Diese Einschränkung gilt wiederum aber nicht für die Kontrolle der beschlossenen Staatsanleihenankaufprogramme (OMT und PSPP) des Rates der Europäischen Zentralbank, weil es sich hierbei um Handlungen eines Organs der Europäischen Union handelt. Diese Entscheidungen des Bundesverfassungsgerichts im Hinblick auf die Verfassungsmäßigkeit der genannten Programme finden also Eingang in diese Darstellung. Siehe BVerfGE 134, 366 ff. – OMT-Vorlagebeschluss; BVerfGE 142, 123 ff. – OMT-Urteil; BVerfGE 146, 216 ff. – PSPP-Vorlagebeschluss und BVerfGE 154, 17 ff. – PSPP-Urteil. Dazu Zweiter Teil B. VIII. (S. 56 ff.) und Zweiter Teil B. X. (S. 75 ff.).

[28] Vgl. zur verfassungsgerichtlichen Auseinandersetzung mit der sog. Euro-Finanzkrise sehr gut im Überblick *Sauer*, Staatsrecht III, 6. Aufl. 2020, § 9 Rn. 70 ff. Daneben auch *Huber*, Verfassungsstaat und Finanzkrise, 2014, S. 53 ff. und *Kube*, Nationale Budgethoheit und Europäische Integration, AöR 137 (2012), 205 ff. Speziell zum ESM: *Kube/Reimer*, Grenzen des Europäischen Stabilisierungsmechanismus, NJW 2010, 1911 ff.

[29] Siehe schon *Dörr*, Der europäisierte Rechtsschutzauftrag deutscher Gerichte, 2003, S. 129: „Die Kompetenzmäßigkeit stellt heute die praktisch wichtigste und daher in ihrer Reichweite umstrittenste Schranke für die innerstaatliche Anwendbarkeit des zwischenstaatlichen Sekundärrechts dar." Gleichzeitig erweist sich dieser Vorbehalt im Vergleich zu den anderen Residualkompetenzen als „besonders problematisch" (*Mager*, Staatsrecht I, 9. Aufl. 2021, Rn. 597).

[30] BVerfGE 73, 339 ff.

Solange-Rechtsprechung auf, während sich die Entwicklung eines Kompetenzvorbehalts hiervon unabhängig vollzog.[31] Ein abschließender Fünfter Teil erörtert die im Zusammenhang mit den Residualkompetenzen aufkommenden verfassungsprozessualen Fragestellungen.

Innerhalb der drei großen Hauptteile (Zweiter, Dritter und Vierter Teil) wird die weitere Untergliederung stets ähnlich vorgenommen. Falls erforderlich, erfolgt zunächst eine Begriffsklärung, ehe die Rechtsprechungslinien des Bundesverfassungsgerichts zur jeweiligen Reservekompetenz nachgezeichnet werden. Auf diese Erkenntnisse aufbauend, findet in einem anschließenden Schritt eine kritische Auseinandersetzung mit der Daseinsberechtigung der einzelnen Residualkompetenz im Allgemeinen und ihrer konkreten Ausgestaltung durch das Bundesverfassungsgericht im Besonderen statt. Ziel der Arbeit ist es, den drei Kontrollvorbehalten mehr Konturen zu verleihen, damit sich diese kohärent in das komplexe Mehrebenensystem zwischen Unionsrecht und mitgliedstaatlichem (Verfassungs-)Recht einordnen lassen und so dem Rechtsanwender mehr Gewissheit und Berechenbarkeit vermitteln können.

---

[31] Dies ist auch der Grund, warum in der Darstellung von der Chronologie der Entstehungsgeschichte der Residualkompetenzen abgewichen werden kann. Der Grundrechtsvorbehalt – insbesondere mit den Solange-Entscheidungen – datiert auf die Jahre 1974 und 1986; die ultra-vires-Kontrolle wurde im Jahr 1987 bzw. spätestens 1993 geschaffen; die sekundärrechtsbezogene Verfassungsidentitätskontrolle existiert hingegen erst seit dem Lissabon-Urteil aus dem Jahr 2009.

Erster Teil

Grundlagen des Verhältnisses zwischen deutschem Verfassungsrecht und dem Recht der Europäischen Union

Zunächst seien in der gebotenen Kürze die architektonischen Grundlagen des Verhältnisses zwischen deutschem Verfassungsrecht und dem Recht der Europäischen Union dargestellt, die wesentlich für das Verständnis der Rechtsprechung des Bundesverfassungsgerichts sind. Dies betrifft zum einen die verfassungsrechtlichen Bestimmungen, die der Bundesrepublik Deutschland die Teilnahme am europäischen Integrationsprozess ermöglichen und zum anderen die grundlegende Rechtsprechung des Europäischen Gerichtshofs, in der ein – absoluter – Anwendungsvorrang des Unionsrechts vor jeglichem nationalen Recht begründet wurde. Durch die Vergegenwärtigung dieser Grundlagen, die das entscheidende Spannungsverhältnis aufzeigen, lassen sich die Schöpfung und Entwicklung der bundesverfassungsgerichtlichen Reservekompetenzen, die sodann in den anschließenden Teilen behandelt werden, besser nachvollziehen.

A. Grundgesetzliche Ermächtigungen für die Teilnahme am europäischen Einigungsprozess

I. Präambel

Im ersten Satz der dem Grundrechtsabschnitt vorangestellten Präambel heißt es, dass sich das Deutsche Volk kraft seiner verfassungsgebenden Gewalt im Bewusstsein seiner Verantwortung vor Gott und den Menschen, von dem Willen beseelt, als gleichberechtigtes Glied in einem *vereinten Europa* dem Frieden der Welt zu dienen, dieses Grundgesetz gegeben hat.[1] Die als Bestand-

[1] Die Ursprungsfassung der vom Parlamentarischen Rat 1949 beschlossenen Präambel lautete: „Im Bewußtsein seiner Verantwortung vor Gott und den Menschen, von dem Willen beseelt, seine nationale und staatliche Einheit zu wahren und als gleichberechtigtes Glied in einem vereinten Europa dem Frieden der Welt zu dienen, hat das Deutsche Volk in den Ländern Baden, Bayern, Bremen, Hamburg, Hessen, Niedersachsen, Nordrhein-Westfalen, Rheinland-Pfalz, Schleswig-Holstein, Württemberg-Baden und Württemberg-Hohenzollern, um dem staatlichen Leben für eine Übergangszeit eine neue Ordnung zu geben, kraft seiner verfassungsgebenden Gewalt dieses Grundgesetz der Bundesrepublik Deutschland beschlossen. Es hat auch für jene Deutsche gehandelt, denen mitzuwirken versagt war. Das gesamte Deutsche

teil[2] des Grundgesetzes anzusehende und rechtlich verbindliche[3] Präambel enthält also ein klares Bekenntnis zu Europa: eine Staatszielbestimmung[4] zugunsten der Europäischen Integration, an der die Bundesrepublik Deutschland aktiv teilzunehmen verpflichtet ist.[5] Näher konkretisiert wird diese Staatszielbestimmung im 1992[6] neu gefassten Art. 23 GG.[7] Die sprachliche Fassung der Präambel, die vom „gleichberechtigten Glied in einem *vereinten* Europa" spricht, ist nach allgemeiner Meinung nicht so zu verstehen, dass damit sogar das Aufgehen der Bundesrepublik Deutschland in einem europäischen Bundesstaat angestrebt werden müsste. Umstritten ist aber, ob durch die Präambel ein europäischer Bundesstaat zugelassen wird[8] oder sich zutreffenderweise der Präambel diesbezüglich keinerlei Aussagen entnehmen lassen[9] und die Antwort der Aus-

---

Volk bleibt aufgefordert, in freier Selbstbestimmung die Einheit und Freiheit Deutschlands zu vollenden." Dazu und näher zu den verschiedenen im Parlamentarischen Rat diskutierten Formulierungsvorschlägen für die Präambel *Matz*, JöR n. F. 1 (1951), 20 ff. Der hier Interesse hervorrufende Passus des „gleichberechtigten Gliedes in einem vereinten Europa" war jedenfalls bereits in der ursprünglichen Verfassungsurkunde zu finden.

[2] *Hopfauf*, in: Schmidt-Bleibtreu/Hofmann/Henneke, GG, 14. Aufl. 2018, Präambel Rn. 7; *Huber*, in: Sachs, GG, 9. Aufl. 2021, Präambel Rn. 8; *Jarass*, in: ders./Pieroth, GG, 16. Aufl. 2020, Präambel Rn. 1.

[3] *Huber*, in: Sachs, GG, 9. Aufl. 2021, Präambel Rn. 10: „In materiell-rechtlicher Hinsicht ist die Präambel […] nicht nur pathetische politische Erklärung, sondern eine Rechtsvorschrift mit spezifischem Regelungsgehalt." Eingehend dazu *Dreier*, in: ders., GG Band I, 3. Aufl. 2013, Präambel Rn. 23 ff. und *Murswiek*, in: Bonner Kommentar zum GG, Präambel Rn. 86 ff. (Stand: 119. Aktualisierung September 2005). Vgl. auch die abschließende Stellungnahme des Abgeordneten *Schmid* im Parlamentarischen Rat – zitiert nach *Matz*, JöR n. F. 1 (1951), 20 (41): „Diese Präambel ist mehr als nur ein pathetischer Vorspruch. Sie zählt – und wir sind dabei in vollem Bewußtsein dessen, was geschehen sollte, vorgegangen – die konstitutiven Faktoren auf, die wirksam geworden sind, und sie besagt, was geschaffen werden sollte und was noch nicht geschaffen werden konnte. Diese Präambel enthält also rechtlich erhebliche Feststellungen, Bewertungen, Rechtsverwahrungen und Ansprüche zugleich."

[4] Allgemein zu Staatszielbestimmungen siehe insbesondere *Hahn*, Staatzielbestimmungen im integrierten Bundesstaat – Normative Bedeutung und Divergenzen, 2010, passim.

[5] *Huber*, in: Sachs, GG, 9. Aufl. 2021, Präambel Rn. 43. Vgl. auch BVerfGE 73, 339 (386) – Solange II; BVerfGE 89, 155 (183) – Maastricht und BVerfGE 123, 267 (346 f.) – Lissabon.

[6] Art. 1 Nr. 1 des Gesetzes zur Änderung des Grundgesetzes v. 21.12.1992, BGBl. I, S. 2086.

[7] *Boehl/Hobe*, in: Berliner Kommentar zum GG, Präambel Rn. 139 (Stand: 29. EGL. Dezember 2009); *Huber*, in: Sachs, GG, 9. Aufl. 2021, Präambel Rn. 44 f., der der Präambel im Verhältnis zu Art. 23 GG nur noch eine „unterstützende (Auffang-)Funktion" zubilligt. Zu Art. 23 GG sogleich Erster Teil A. III. (S. 12 ff.).

[8] So *C. O. Lenz*, Brauchen wir ein neues Kontrollverfahren für das Recht der Europäischen Union vor dem BVerfG?, ZRP 2010, 22 (23); *Pernice*, Der Schutz nationaler Identität in der Europäischen Union, AöR 136 (2011), 185 (219); *Uerpmann-Wittzack*, in: v. Münch/Kunig, GG Band 1, 7. Aufl. 2021, Art. 23 Rn. 105. In diese Richtung wohl auch *H. P. Ipsen*, Zum Parlaments-Entwurf einer Europäischen Union, Der Staat 24 (1985), 325 (344) und *Stern*, Staatsrecht I, 2. Aufl. 1984, § 15 II. 2. (S. 521).

[9] Dafür auch *Herdegen*, in: Maunz/Dürig, GG, Präambel Rn. 70 (Stand: 74. EGL. Mai

legung von Art. 79 Abs. 3 GG entnommen werden müsse.[10] Jedenfalls unterstreicht bereits die Präambel den – später noch in weiteren Bestimmungen des Grundgesetzes zum Ausdruck kommenden –[11] Grundsatz der „offenen Staatlichkeit“[12] der Bundesrepublik Deutschland und die „Europafreundlichkeit des Grundgesetzes“.

II. Art. 24 Abs. 1 GG

Eine für den europäischen Integrationsprozess – jedenfalls bis zur Neufassung des Art. 23 GG im Jahr 1992 –[13] wichtige Bestimmung enthält Art. 24 Abs. 1 GG[14]: Hiernach kann der Bund durch Gesetz Hoheitsrechte – also exekutive, legislative und judikative Gewalt – auf zwischenstaatliche Einrichtungen übertragen. Bis zur Einfügung der spezielleren Ermächtigung in Art. 23 Abs. 1 GG verstand man auch die Europäische Union respektive ihre Vorgängerformen als „zwischenstaatliche Einrichtungen“ im Sinne des Art. 24 Abs. 1 GG, der Hoheitsrechte „übertragen“[15] wurden.[16] Dazu gehören im Grundsatz[17] allein su-

2015); *Huber*, in: Sachs, GG, 9. Aufl. 2021, Präambel Rn. 45 und *Starck*, in: v. Mangoldt/Klein/Starck, GG Band 1, 7. Aufl. 2018, Präambel Rn. 41.

[10] Siehe zur strittigen Frage, ob die „Ewigkeitsgarantie“ des Art. 79 Abs. 3 GG einen europäischen Bundesstaat ermöglicht: verneinend *Sachs*, in: ders., GG, 9. Aufl. 2021, Art. 79 Rn. 60; bejahend *Bryde*, in: v. Münch/Kunig, GG Band 2, 7. Aufl. 2021, Art. 79 Rn. 64. Zum Ganzen: *König*, Die Übertragung von Hoheitsrechten im Rahmen des europäischen Integrationsprozesses – Anwendungsbereich und Schranken des Art. 23 des Grundgesetzes, 2000, S. 508 ff.; *Rüß*, Vereintes Europa – das unerreichbare Staatsziel, 2005, S. 69 ff. Siehe auch unten Vierter Teil D. I. 3. c) (S. 267).

[11] Insbesondere Art. 1 Abs. 2, Art. 23, 24, 25 und 26 GG.

[12] *König*, Die Übertragung von Hoheitsrechten im Rahmen des europäischen Integrationsprozesses – Anwendungsbereich und Schranken des Art. 23 des Grundgesetzes, 2000, S. 42; *Streinz*, in: Sachs, GG, 9. Aufl. 2021, Art. 24 Rn. 6. Siehe auch *Herdegen*, Völkerrecht, 20. Aufl. 2021, § 22 Rn. 8 f.

[13] Siehe zu Art. 23 Abs. 1 GG sogleich Erster Teil A. III. (S. 12 ff.).

[14] Zur Entstehungsgeschichte des Art. 24 GG siehe *Matz*, JöR n. F. 1 (1951), 222 ff. Insbesondere war im Parlamentarischen Rat umstritten, ob das Hoheitsrechte übertragende Gesetz qualifizierten Mehrheitsanforderungen unterliegen sollte; der letztliche Verzicht hierauf brachte zum Ausdruck, dass die Einordnung der Bundesrepublik Deutschland in Formen internationaler Zusammenarbeit recht unkompliziert möglich sein sollte. Vgl. dazu *König*, Die Übertragung von Hoheitsrechten im Rahmen des europäischen Integrationsprozesses – Anwendungsbereich und Schranken des Art. 23 des Grundgesetzes, 2000, S. 41.

[15] Die „Übertragung“ von Hoheitsrechten ist nicht wörtlich zu verstehen – es kommt nicht zum endgültigen Verlust, sondern nur zum einstweiligen Verzicht des Herrschaftsanspruchs der Bundesrepublik Deutschland; die deutsche Rechtsordnung wird lediglich in einem spezifischen Bereich für supranationales, unmittelbar wirkendes Recht geöffnet. Vgl. dazu *Streinz*, in: Sachs, GG, 9. Aufl. 2021, Art. 24 Rn. 18.

[16] Vgl. *Jarass*, in: ders./Pieroth, GG, 16. Aufl. 2020, Art. 24 Rn. 3; *Mayer*, Kompetenzüberschreitung und Letztentscheidung, 2000, S. 88; *Streinz*, in: Sachs, GG, 9. Aufl. 2021, Art. 24 Rn. 5, 11.

[17] Das Bundesverfassungsgericht hat in zwei älteren Entscheidungen auf die Durchgriffsbefugnis als entscheidendes Merkmal verzichtet; vgl. BVerfGE 68, 1 (94) – NATO-Doppel-

pranationale Internationale Organisationen, die unmittelbar – und nicht intergouvernemental über die einzelnen Mitgliedstaaten vermittelt – in die nationale Rechtsordnung „durchgreifen“ und für die einzelnen Staatsangehörigen direkt geltende Normen erlassen können.[18] Das ist auch die entscheidende Funktion und die bedeutendste Aussage des Art. 24 Abs. 1 GG: Das nationale Recht wird gegenüber dem von Internationalen Organisationen erlassenen überstaatlichen und supranationalen Recht geöffnet, das für sich unmittelbare Geltung beanspruchen kann.[19]

III. Art. 23 GG

Die heute für die Teilnahme der Bundesrepublik Deutschland am europäischen Integrationsprozess maßgebliche Bestimmung findet sich in Art. 23 GG, der in insgesamt acht Absätzen recht detaillierte inhaltliche und verfahrensrechtliche Regelungen in Bezug auf die Europäische Union trifft.[20]

1. Zur Entstehungsgeschichte der Norm

Ursprünglich war in Art. 23 GG a. F.[21] geregelt, dass den 1949 beim Inkrafttreten des Grundgesetzes ausgeschlossenen Ländern die Möglichkeit des Beitritts offen stand, sodass sich der Geltungsbereich des Grundgesetzes erweitern konnte. Mit der Deutschen Einheit von 1990 verlor die Bestimmung ihren praktischen Anwendungsbereich und wurde mit der Wiedervereinigung im Einigungsvertrag aufgehoben – Art. 23 GG war damit ohne normativen Inhalt.[22]

---

beschluss und bestätigt in BVerfGE 77, 170 (232) – Lagerung chemischer Waffen. Die neuere Rechtsprechung des Bundesverfassungsgerichts bekennt sich hingegen wieder zum „Durchgriffskriterium“ – siehe dazu beispielsweise BVerfG, NJW 2001, 2705 (2706) und BVerfGK 17, 266 (270). Siehe zum Ganzen *Sauer*, in: Bonner Kommentar zum GG, Art. 24 Rn. 46ff. (Stand: 198. Aktualisierung Mai 2019).

[18] *Classen*, in: v. Mangoldt/Klein/Starck, GG Band 2, 7. Aufl. 2018, Art. 24 Rn. 6; *Jarass*, in: ders./Pieroth, GG, 16. Aufl. 2020, Art. 24 Rn. 5; *Streinz*, in: Sachs, GG, 9. Aufl. 2021, Art. 24 Rn. 13.

[19] *Berger*, Anwendungsvorrang und nationale Verfassungsgerichte, 2015, S. 82; *Simon*, Grenzen des Bundesverfassungsgerichts im europäischen Integrationsprozess, 2016, S. 45.

[20] Kritisch hierzu *Breuer*, Die Sackgasse des neuen Europaartikels (Art. 23 GG), NVwZ 1994, 417ff.

[21] Dieser lautete: „Dieses Grundgesetz gilt zunächst im Gebiete der Länder Baden, Bayern, Bremen, Groß-Berlin, Hamburg, Hessen, Niedersachsen, Nordrhein-Westfalen, Rheinland-Pfalz, Schleswig-Holstein, Württemberg-Baden und Württemberg-Hohenzollern. In anderen Teilen Deutschlands ist es nach deren Beitritt in Kraft zu setzen.“ Zur Entstehungsgeschichte siehe *Matz*, JöR n. F. 1 (1951), 217ff. Noch bevor 1990 die Länder Brandenburg, Mecklenburg-Vorpommern, Sachsen, Sachsen-Anhalt und Thüringen dem Geltungsbereich des Grundgesetzes beitraten, wurde 1957 bereits das Saarland auf der Grundlage dieser Bestimmung Teil der Bundesrepublik Deutschland.

[22] Vgl. *Franzius*, 70 Jahre Grundgesetz und Europa: Passt das zusammen?, EuR 2019, 365 (366f.).

Bereits zuvor herrschte insbesondere bei den deutschen Bundesländern Unzufriedenheit mit der Tatsache, dass sich der gesamte europäische Einigungsprozess auf der Grundlage des Art. 24 Abs. 1 GG vollzog. Denn dieser enthielt keine Regelungen für die Beteiligung der Länder; nicht einmal war die Zustimmung des Bundesrates bei Hoheitsrechte übertragenden Gesetzen im Sinne des Art. 24 Abs. 1 GG erforderlich.[23] Davon abgesehen wurden Zweifel laut, ob die Europäische Union, wie sie durch den Maastricht-Vertrag gegründet werden sollte, aufgrund ihrer weitreichenden – und selbst für eine supranationale Internationale Organisation atypischen – Befugnisse noch als „zwischenstaatliche Einrichtung" gelten konnte.[24] Dies waren die maßgeblichen Gründe, warum sich der verfassungsändernde Gesetzgeber im Zuge der Ratifikation des Vertrags von Maastricht Ende 1992 dazu entschied, den frei gewordenen Platz in Art. 23 GG zu nutzen und für die Beteiligung der Bundesrepublik Deutschland an der Europäischen Union eine eigenständige Regelung zu schaffen.[25]

2. Die inhaltlichen Vorgaben des Art. 23 Abs. 1 GG

Die wesentlichen inhaltlichen Regelungen für die Teilnahme an der Europäischen Union finden sich im ersten Absatz des Art. 23 GG, der als lex specialis zu Art. 24 Abs. 1 GG anzusehen ist.[26] So wirkt die Bundesrepublik Deutschland nach Art. 23 Abs. 1 Satz 1 GG zur Verwirklichung eines vereinten Europas bei der Entwicklung der Europäischen Union mit, die demokratischen, rechtsstaatlichen, sozialen und föderativen Grundsätzen sowie dem Grundsatz der Subsidiarität verpflichtet ist und einen diesem Grundgesetz im Wesentlichen vergleichbaren Grundrechtsschutz gewährleistet. Diese indikativisch formulierte Mitwirkung an der Europäischen Union ist also verfassungsrechtlich vorgeschrieben und steht nicht im Belieben der handelnden politischen Akteure.[27] Zur Erreichung der in Satz 1 genannten Ziele kann der Bund durch Gesetz

---

[23] Häufig ergab sich das Zustimmungserfordernis des Bundesrates jedoch aus Art. 59 Abs. 2 Satz 1 GG, der neben Art. 24 Abs. 1 GG zur Anwendung gelangt – h. M., vgl. *Proelß*, Bundesverfassungsgericht und überstaatliche Gerichtsbarkeit, 2014, S. 58 ff.; *Streinz*, in: Sachs, GG, 9. Aufl. 2021, Art. 24 Rn. 25.

[24] Siehe dazu den Bericht der Gemeinsamen Verfassungskommission, BT-Drs. 12/6000, S. 20. Daneben *Classen*, in: v. Mangoldt/Klein/Starck, GG Band 2, 7. Aufl. 2018, Art. 23 Rn. 1 und *Simon*, Grenzen des Bundesverfassungsgerichts im europäischen Integrationsprozess, 2016, S. 46. Siehe auch *Jarass*, in: ders./Pieroth, GG, 16. Aufl. 2020, Art. 23 Rn. 1: „Diese magere Regelung [des Art. 24 Abs. 1 GG] konnte für die Schaffung der Europäischen Union nicht mehr genügen […]."

[25] Instruktiv zur Entstehungsgeschichte des Art. 23 GG *Schorkopf*, in: Bonner Kommentar zum GG, Art. 23 Rn. 35 ff. (Stand: 211. Aktualisierung April 2021).

[26] BVerfGE 153, 74 (143 Rn. 119) – Einheitliches Patentgericht; *Classen*, in: v. Mangoldt/Klein/Starck, GG Band 2, 7. Aufl. 2018, Art. 23 Rn. 5; *Dörr*, Der europäisierte Rechtsschutzauftrag deutscher Gerichte, 2003, S. 87; *Kloepfer*, Verfassungsrecht I, 2011, § 43 Rn. 15; *Uerpmann-Wittzack*, in: v. Münch/Kunig, GG Band 1, 7. Aufl. 2021, Art. 23 Rn. 2.

[27] So auch BVerfGE 123, 267 (346 f.) – Lissabon; *Jarass*, in: ders./Pieroth, GG, 16. Aufl.

mit Zustimmung des Bundesrates Hoheitsrechte gemäß Art. 23 Abs. 1 Satz 2 GG „übertragen“[28] – dies ist das wesentliche Instrument der von Art. 23 Abs. 1 Satz 1 GG geforderten „Mitwirkung“.[29] Dabei ist der Terminus der „Übertragung von Hoheitsrechten“ nach zutreffender herrschender Meinung weit zu verstehen und umfasst nicht nur die Übertragung weiterer Hoheitsrechte im engeren Sinn, sondern jede Modifikation der vertraglichen Grundlagen der Europäischen Union.[30] Indes ist der Gesetzgeber bei der Übertragung von Hoheitsrechten nicht völlig ungebunden, sondern durch Art. 23 Abs. 1 Satz 3 GG formell und materiell beschränkt, wonach für die Begründung der Europäischen Union sowie für Änderungen ihrer vertraglichen Grundlagen und vergleichbare Regelungen, durch die dieses Grundgesetz seinem Inhalt nach geändert oder ergänzt wird oder solche Änderungen oder Ergänzungen ermöglicht werden, Art. 79 Abs. 2 und 3 GG gelten. Art. 79 Abs. 2 GG nimmt dabei als formelle Voraussetzung die Zustimmung von zwei Dritteln der Mitglieder des Deutschen Bundestages und zwei Dritteln der Stimmen des Bundesrates in Bezug. Eine materielle Beschränkung erfährt die Möglichkeit der Übertragung von Hoheitsrechten auf die Europäische Union sodann durch Art. 79 Abs. 3 GG: Das Zustimmungsgesetz im Sinne des Art. 23 Abs. 1 Satz 2 GG darf nicht die Gliederung des Bundes in Länder, die grundsätzliche Mitwirkung der Länder bei der Gesetzgebung oder die in den Artikeln 1 und 20 niedergelegten Grundsätze berühren. Die sogenannte Ewigkeitsgarantie des Art. 79 Abs. 3 GG, die sich dem Wortlaut nach allein an den verfassungsändernden Gesetzgeber richtet, ist somit jedenfalls[31] durch den Verweis in Art. 23 Abs. 1 Satz 3 GG integrationsfest. Eine Änderung der europäischen Primärverträge infolge eines deutschen Zustimmungsgesetzes darf folglich nicht dazu führen, dass die durch Art. 79 Abs. 3 GG geschützten Sachbereiche tangiert werden.

2020, Art. 23 Rn. 10 und *W. Weiß*, Unionsrecht und nationales Recht, in: Niedobitek, Europarecht, 2. Aufl. 2020, § 5 Rn. 38.

[28] Es findet keine „Übertragung“ in dem Sinne statt, dass sich die Bundesrepublik Deutschland der abgetretenen Kompetenzen vollständig und endgültig entäußert; vielmehr verzichtet sie nur einstweilen auf die Ausübung dieser Kompetenzen, solange diese auf der Ebene der Europäischen Union wahrgenommen werden. Siehe hierzu: *Scholz*, in: Maunz/Dürig, GG, Art. 23 Rn. 67 (Stand: 92. EGL. August 2020). Vgl. auch schon oben Fußnote 15 (S. 11).

[29] Vgl. *Classen*, in: v. Mangoldt/Klein/Starck, GG Band 2, 7. Aufl. 2018, Art. 23 Rn. 5.

[30] Siehe nur BVerfGE 123, 267 (355, 386 f.) – Lissabon; *Jarass*, in: ders./Pieroth, GG, 16. Aufl. 2020, Art. 23 Rn. 26 und *Uerpmann-Wittzack*, in: v. Münch/Kunig, GG Band 1, 7. Aufl. 2021, Art. 23 Rn. 87 f. Vgl. auch BVerfGE 153, 74 (143 ff. Rn. 119 ff.) – Einheitliches Patentgericht.

[31] Auch ohne entsprechenden Verweis wird im Rahmen des Art. 24 Abs. 1 GG verbreitet vertreten, dass die Ermächtigung zur Übertragung von Hoheitsrechten durch Art. 79 Abs. 3 GG beschränkt wird – vgl. dazu *Streinz*, in: Sachs, GG, 9. Aufl. 2021, Art. 24 Rn. 28 f. und *Wollenschläger*, in: Dreier, GG Band II, 3. Aufl. 2015, Art. 24 Rn. 40.

3. Bedeutung der in Bezug genommenen „Ewigkeitsklausel" des Art. 79 Abs. 3 GG

In diesem Zusammenhang ist es notwendig, die sogenannte Ewigkeitsgarantie[32] des Art. 79 Abs. 3 GG näher zu betrachten.[33] Nach dieser Bestimmung ist eine Änderung des Grundgesetzes, durch welche die Gliederung des Bundes in Länder, die grundsätzliche Mitwirkung der Länder bei der Gesetzgebung oder die in den Artikeln 1 und 20 niedergelegten Grundsätze berührt werden, unzulässig. Aus normlogischen Gründen ist darüber hinaus nach allgemeiner Meinung eine Änderung des Art. 79 Abs. 3 GG selbst ebenfalls ausgeschlossen.[34] Derartige materielle Beschränkungen von Verfassungsänderungen waren den deutschen Verfassungen des 19. Jahrhunderts und auch der Weimarer Reichsverfassung unbekannt.[35] Die Schaffung der Ewigkeitsklausel im Parlamentarischen Rat darf als eine unmittelbare Reaktion auf die noch unmittelbar vor Augen stehende zwölfjährige nationalsozialistische Schreckensherrschaft eingeordnet werden.[36] Primärer Zweck der Aufnahme dieser Bestimmung in den Verfassungstext war – wie *Dehler* im Parlamentarischen Rat ausführte – „einer Revolution die Maske der Legalität zu nehmen"[37]. *Schmid* gestand zu, dass durch Art. 79 Abs. 3 GG freilich keine Revolution aufgehalten werden könne; es aber einen bedeutenden Unterschied darstelle, ob jemand gezwungen sei, offen seine Revolutionsabsichten zu bekennen oder – wie die Nationalsozialisten 1933 – auf scheinbar legalem Weg die freiheitliche demokratische Grundordnung beseitigen könne.[38] Zwar ist bis heute nicht restlos zweifelsfrei, ob die Aufnahme einer Ewigkeitsgarantie in verfassungstheoretischer Hinsicht überhaupt zulässig ist oder nachfolgende Generationen nicht vielmehr unzulässig in ihrer Entscheidungsmacht einschränkt.[39] Derartige Probleme bestehen aber dann nicht, wenn man durch Art. 79 Abs. 3 GG lediglich die verfasste, nicht aber auch die verfassungsgebende Gewalt (vgl. Art. 146 GG) gebunden sieht.[40]

---

[32] Einwände gegen diesen Begriff vor dem Hintergrund des Art. 146 GG hat *Kment*, in: Jarass/Pieroth, GG, 16. Aufl. 2020, Art. 79 Rn. 8.

[33] Nach *Rode*, Verfassungsidentität und Ewigkeitsgarantie, 2012, S. 60 soll Art. 79 Abs. 3 GG die „rätselhafteste Vorschrift sein, die das Grundgesetz kennt".

[34] Siehe nur *Dietlein*, in: Beck-OK, GG, Art. 79 Rn. 19 f. (Stand: 47. Edition Mai 2021); *Herdegen*, in: Maunz/Dürig, GG, Art. 79 Rn. 77 (Stand: 72. EGL. Juli 2014); *Sachs*, in: ders., GG, 9. Aufl. 2021, Art. 79 Rn. 80 m. w. N.

[35] Vgl. *Hain*, in: v. Mangoldt/Klein/Starck, GG Band 2, 7. Aufl. 2018, Art. 79 Rn. 28.

[36] *Zacharias*, Die sog. Ewigkeitsgarantie des Art. 79 Abs. 3 GG, in: Thiel, Wehrhafte Demokratie, 2003, S. 57 (57). Allgemein zur Entstehungsgeschichte des Art. 79 Abs. 3 GG: *Hong*, Der Menschenwürdegehalt der Grundrechte, 2019, S. 285 ff.

[37] Zitiert nach *Füßlein*, JöR n. F. 1 (1951), 573 (586).

[38] Vgl. *Füßlein*, JöR n. F. 1 (1951), 573 (586).

[39] Vgl. dazu *Hain*, in: v. Mangoldt/Klein/Starck, GG Band 2, 7. Aufl. 2018, Art. 79 Rn. 35 f. und *Zacharias*, Die sog. Ewigkeitsgarantie des Art. 79 Abs. 3 GG, in: Thiel, Wehrhafte Demokratie, 2003, S. 57 (60 ff.).

[40] So auch *Dreier*, in: ders., GG Band II, 3. Aufl. 2015, Art. 79 III Rn. 14; *Rademacher*, Die

Zu unterstreichen ist daneben, dass Art. 79 Abs. 3 GG nicht vollumfassend auf Art. 1 und 20 GG, sondern nur statisch[41] auf deren Grundsätze verweist.[42] Im Einzelnen unklar und umstritten ist, wann genau nun diese „Grundsätze" infolge einer Verfassungsänderung berührt sind.[43] Weitgehende Einigkeit besteht vor allem darin, dass die in Bezug genommenen „Grundsätze" eng ausgelegt werden müssen, damit Art. 79 Abs. 3 GG als Ausnahmevorschrift nicht die Gestaltungsbefugnisse des verfassungsändernden Gesetzgebers über die Maßen beeinträchtigt.[44] Zusammenfassend kann das – zumindest primäre – Telos mit den Worten des Bundesverfassungsgerichts aus einer recht frühen Entscheidung folgendermaßen beschrieben werden:

„Art. 79 Abs. 3 GG als Schranke für den verfassungsändernden Gesetzgeber hat den Sinn, zu verhindern, daß die geltende Verfassungsordnung in ihrer Substanz, in ihren Grundlagen auf dem formal-legalistischen Weg eines verfassungsändernden Gesetzes beseitigt und zur nachträglichen Legalisierung eines totalitären Regimes mißbraucht werden kann."[45]

In erster Linie sollte das Grundgesetz also in bewusster Abkehr zur Weimarer Reichsverfassung potenziellen Feinden der freiheitlich-demokratischen Grundordnung nicht durch ein einziges verfassungsänderndes Gesetz die Legitimation ihrer Herrschaft verleihen können. Diesen ursprünglichen und originären Zweck des Art. 79 Abs. 3 GG als Instrument der wehrhaften Demokratie muss man sich auch im Laufe der Ausführungen insbesondere zum Verfassungsidentitätsvorbehalt immer wieder vergegenwärtigen.[46]

„Verfassungsidentität" als Grenze der Kompetenzübertragung auf die Europäische Union?, EuR 2018, 140 (144) und *Zacharias*, Die sog. Ewigkeitsgarantie des Art. 79 Abs. 3 GG, in: Thiel, Wehrhafte Demokratie, 2003, S. 57 (61), die m. N. darauf hinweist, dass dies wohl die Minderheitenauffassung ist.

41 Aus diesem Grund nimmt das in Art. 20 Abs. 4 GG später eingefügte Widerstandsrecht nicht am Schutz des Art. 79 Abs. 3 GG teil. Vgl. *Bryde*, in: v. Münch/Kunig, GG Band 2, 7. Aufl. 2021, Art. 79 Rn. 62; *Herdegen*, in: Maunz/Dürig, GG, Art. 79 Rn. 79 (Stand: 72. EGL. Juli 2014); *Sachs*, in: ders., GG, 9. Aufl. 2021, Art. 79 Rn. 79.

42 *Dietz*, Die europarechtsfreundliche Verfassungsidentität in der Kontrolltrias des Bundesverfassungsgerichts, AöR 142 (2017), 78 (95 f.); *Sachs*, in: ders., GG, 9. Aufl. 2021, Art. 79 Rn. 38 f.

43 Siehe dazu instruktiv *Sachs*, in: ders., GG, 9. Aufl. 2021, Art. 79 Rn. 48 ff. und *Zacharias*, Die sog. Ewigkeitsgarantie des Art. 79 Abs. 3 GG, in: Thiel, Wehrhafte Demokratie, 2003, S. 57 (70 ff.). Vgl. auch unten Vierter Teil D. (S. 258 ff.).

44 Vgl. *Bryde*, in: v. Münch/Kunig, GG Band 2, 7. Aufl. 2021, Art. 79 Rn. 37; *Kment*, in: Jarass/Pieroth, GG, 16. Aufl. 2020, Art. 79 Rn. 9. Zweifel an dieser These äußert allerdings *Zacharias*, Die sog. Ewigkeitsgarantie des Art. 79 Abs. 3 GG, in: Thiel, Wehrhafte Demokratie, 2003, S. 57 (66), die anführt, dass möglicherweise durch den verfassungsgebenden Gesetzgeber die Möglichkeit von Verfassungsänderungen nur als Ausnahme eines grundsätzlichen Verbots verstanden wurde, sodass Art. 79 Abs. 3 GG auch als negative Kompetenzschranke wirken könne, die dann nicht zwingend restriktiv ausgelegt werden müsse.

45 BVerfGE 30, 1 (24) – Abhörurteil.

46 Siehe schon an dieser Stelle *Franzius*, in: Frankfurter Kommentar, 2017, Art. 4 EUV Rn. 35 mit Fn. 84: „Ob die gegen Diktatur und Gewaltherrschaft eingeführte ‚Ewigkeitsklau-

4. Die verfahrensrechtlichen Regelungen des Art. 23 Abs. 1a bis 7 GG

In Art. 23 Abs. 1a bis 7 GG finden sich im Einzelnen recht detaillierte Regelungen zur Beteiligung des Deutschen Bundestages und des Bundesrates. Diese Mitwirkungsrechte fungieren insbesondere als Surrogat für die mit dem europäischen Integrationsprozess notwendig einhergehenden Bedeutungs- und Kompetenzverluste der Bundesländer und des Deutschen Bundestages.[47] So kommt nach Art. 23 Abs. 1a GG, welcher im Zuge der Ratifikation des Vertrags von Lissabon eingefügt wurde, dem Bundestag und dem Bundesrat das Recht zu, bei einem möglichen Verstoß gegen das Subsidiaritätsprinzip nach Art. 5 Abs. 1 Satz 2 Alt. 1, Abs. 3 EUV[48] Klage vor dem Gerichtshof der Europäischen Union zu erheben.[49] Art. 23 Abs. 2 GG begründet eine allgemeine Unterrichtungsverpflichtung der Bundesregierung in Angelegenheiten der Europäischen Union zugunsten des Deutschen Bundestages und des Bundesrates. Neben diese Unterrichtungspflicht tritt für den Deutschen Bundestag in Abs. 3[50] das Recht hinzu, dass die Bundesregierung Stellungnahmen, die vom Deutschen Bundestag vor der Mitwirkung an Rechtsetzungsakten der Europäischen Union abgegeben wurden, bei den Verhandlungen berücksichtigen muss. Die Pflicht zur Berücksichtigung von Stellungnahmen des Bundesrates regeln die Abs. 4 und 5[51] – die Intensität der Bindung der Bundesregierung an die Bundesratsauffassung hängt dabei davon ab, wie stark die Länderinteressen berührt sind. Art. 23 Abs. 6 GG als „stärkste Form der Beteiligung des Bundesrates“[52] bestimmt, dass bei schwerpunktmäßiger Betroffenheit ausschließlicher Gesetzgebungsbefugnisse der Länder auf den Gebieten der schulischen Bildung, der Kultur oder des Rundfunks ein vom Bundesrat benannter Vertreter in den Gremien der Europäischen Union die Rechte der Bundesrepublik Deutschland wahrnimmt. Auf weitere Einzelheiten zu den verfahrensrechtlichen Regelungen soll an dieser Stelle jedoch nicht eingegangen werden.[53]

---

sel‘ gegenüber dem Integrationsprozess in Stellung gebracht werden kann, ist trotz des Verweises in Art. 23 Abs. 1 S. 3 auf Art. 79 Abs. 3 GG nicht ohne Zweifel, mahnt jedenfalls zu einem zurückhaltenden Gebrauch […].“

[47] Vgl. *Simon*, Grenzen des Bundesverfassungsgerichts im europäischen Integrationsprozess, 2016, S. 46.

[48] In Verbindung mit Art. 8 des Protokolls (Nr. 2) über die Anwendung der Grundsätze der Subsidiarität und Verhältnismäßigkeit, Abl. 2008 C 115/1.

[49] Hierzu näher *Classen*, in: v. Mangoldt/Klein/Starck, GG Band 2, 7. Aufl. 2018, Art. 23 Rn. 58 ff.

[50] Weitere Einzelheiten finden sich in dem auf der Grundlage des Art. 23 Abs. 3 Satz 3 GG erlassenen Gesetz über die Zusammenarbeit von Bundesregierung und Deutschem Bundestag in Angelegenheiten der Europäischen Union (EUZBBG) v. 04.07.2013, BGBl. I, S. 2170.

[51] Weitere Einzelheiten enthält das auf der Grundlage des Art. 23 Abs. 7 GG erlassene Gesetz über die Zusammenarbeit von Bund und Ländern in Angelegenheiten der Europäischen Union v. 12.03.1993, BGBl. I, S. 313.

[52] *Classen*, in: v. Mangoldt/Klein/Starck, GG Band 2, 7. Aufl. 2018, Art. 23 Rn. 97.

[53] Aus der allgemeinen Kommentarliteratur siehe dazu vor allem *Wollenschläger*, in: Drei-

IV. Fazit

Das Grundgesetz ist eine für die internationale und supranationale Zusammenarbeit offene Verfassung und löst sich von der strikten Betonung eines sich selbst in den Mittelpunkt rückenden Nationalstaats. Schon die Präambel spricht das Ziel der europäischen Einigung an; Art. 23 Abs. 1 Satz 1 GG verpflichtet die Bundesrepublik Deutschland zu einer Mitwirkung an der Europäischen Union und ermächtigt insbesondere in Art. 23 Abs. 1 Satz 2 GG zur Übertragung von Hoheitsrechten auf die supranational verfasste Union. Die Wahrnehmung der Beteiligungsrechte der Bundesrepublik Deutschland in den unionalen Organen durch die Bundesregierung wird dabei recht detailliert in den übrigen Absätzen des Art. 23 GG durch Rechte des Deutschen Bundestages sowie des Bundesrates beschränkt.

B. Die Rechtsprechung des Europäischen Gerichtshofs zum Anwendungsvorrang

Die Ursache des Konflikts zwischen Bundesverfassungsgericht und Europäischem Gerichtshof lässt sich auf den in der Rechtsprechung des Gerichtshofs durch richterrechtliche Rechtsfortbildung schon früh begründeten Anwendungsvorrang des gesamten Unionsrechts vor nationalem Recht gleich welcher Hierarchiestufe zurückführen. Dabei schwiegen und schweigen auch heute noch die europäischen Primärverträge zur Frage des Vorrangs des Unionsrechts; nur der nie in Kraft getretene Verfassungsvertrag sprach in Artikel I-6 den Vorrang des Unionsrechts an.[54]

---

er, GG Band II, 3. Aufl. 2015, Art. 23 Rn. 106 ff. Zur weiteren Vertiefung seien insbesondere die grundlegenden Abhandlungen bei *König*, Die Übertragung von Hoheitsrechten im Rahmen des europäischen Integrationsprozesses – Anwendungsbereich und Schranken des Art. 23 des Grundgesetzes, 2000, S. 330 ff. und *Lang*, Die Mitwirkungsrechte des Bundesrates und des Bundestages in Angelegenheiten der Europäischen Union gemäß Artikel 23 Abs. 2 bis 7 GG, 1997, passim anempfohlen. Aus neuer Zeit siehe auch *Tischendorf*, Theorie und Wirklichkeit der Integrationsverantwortung deutscher Verfassungsorgane, 2017, passim.

[54] „Die Verfassung und das von den Organen der Union in Ausübung der der Union übertragenen Zuständigkeiten gesetzte Recht haben Vorrang vor dem Recht der Mitgliedstaaten." Abrufbar unter: https://eur-lex.europa.eu/legal-content/DE/TXT/HTML/?uri=OJ:C:2004:310:FULL&from=DE. Heute finden sich allein in der rechtlich grundsätzlich nicht verbindlichen Erklärung Nr. 17 zu Bestimmungen der Verträge als Annex zum Lissabon-Vertrag, Abl. 2007 C 306, S. 256 Erläuterungen zum Anwendungsvorrang des Unionsrechts: „Die Konferenz weist darauf hin, dass die Verträge und das von der Union auf der Grundlage der Verträge gesetzte Recht im Einklang mit der ständigen Rechtsprechung des Gerichtshofs der Europäischen Union unter den in dieser Rechtsprechung festgelegten Bedingungen Vorrang vor dem Recht der Mitgliedstaaten haben." Diese Erklärung kann aber als Urkunde i. S.d. Art. 31 Abs. 2 lit. b der Wiener Vertragsrechtskonvention gelten (vgl. dazu *Schmalenbach*, in: Calliess/Ruffert,

I. Rechtssache van Gend & Loos

Grundlegende Bedeutung für die Entwicklung der Unionsrechtsordnung hat die bereits 1963 ergangene Entscheidung des Europäischen Gerichtshofs in der Rechtssache van Gend & Loos[55]. Das Unternehmen van Gend & Loos importierte aus der Bundesrepublik Deutschland Harnstoff-Formaldehyd, für das die niederländischen Behörden einen Wertzoll in Höhe von 8% erhoben. Im Streit stand – weil die niederländische Regierung nach Inkrafttreten des EWG-Vertrags den Einfuhrzollsatz angehoben hatte – eine mögliche Verletzung von Art. 12 des EWG-Vertrags, wonach die Einführung neuer oder die Erhöhung bestehender Zölle zwischen den Mitgliedstaaten verboten waren. Das mit dem innerstaatlichen Rechtsstreit befasste niederländische Gericht rief den Europäischen Gerichtshof im Wege des Vorabentscheidungsverfahrens an und fragte insbesondere, ob der Einzelne aus Art. 12 des EWG-Vertrags unmittelbar subjektive Rechte herleiten könne.

Entgegen den Schlussanträgen des deutschen Generalanwalts *Roemer*[56] bejahte der Europäische Gerichtshof diese Frage.[57] Zur Begründung rief der Europäische Gerichtshof das Ziel des EWG-Vertrags in Erinnerung, welches in der Schaffung eines Gemeinsamen Marktes bestehe.[58] Dieses Ziel beweise, dass der EWG-Vertrag nicht mit einem herkömmlichen völkerrechtlichen Vertrag zwischen Staaten verglichen werden könne.[59] Zur Unterstützung der These von der Einmaligkeit der EWG-Rechtsordnung wurde zudem die Präambel des Vertrags herangezogen, die sich ausdrücklich nicht nur an die Mitgliedstaaten sondern auch an die dortigen Völker wendet.[60] Darüber hinaus bestünden europäische Organe, deren Tätigkeit nicht nur die Staaten, sondern auch die Interessen der Einzelnen tangierten.[61] Daraus folge, dass

> „[…] die Gemeinschaft eine neue Rechtsordnung des Völkerrechts darstellt, zu deren Gunsten die Staaten, wenn auch in begrenztem Rahmen, ihre Souveränitätsrechte eingeschränkt haben, eine Rechtsordnung, deren Rechtssubjekte nicht nur die Mitgliedstaaten, sondern auch die Einzelnen sind. Das von der Gesetzgebung der Mitgliedstaaten unabhängige Gemeinschaftsrecht soll daher den Einzelnen, ebenso wie es ihnen Pflichten auferlegt, auch Rechte verleihen. Solche Rechte entstehen nicht nur, wenn der Vertrag

---

EUV/AEUV, 5. Aufl. 2016, Art. 51 EUV Rn. 6). Zum Ganzen: *Kruis*, Der Anwendungsvorrang des EU-Rechts in Theorie und Praxis, 2013, S. 74 ff.

55 EuGH, Urt. v. 05.02.1963, Rs. 26/62, Slg. 1963, 3 ff.

56 Schlussanträge des Generalanwalts *Roemer* vom 12.12.1962, Rs. 26/62, Slg. 1963, 31 ff.

57 EuGH, Urt. v. 05.02.1963, Rs. 26/62, Slg. 1963, 3 (25 f.) – van Gend & Loos: „Das Verbot des Artikels 12 eignet sich seinem Wesen nach vorzüglich dazu, unmittelbare Wirkungen in den Rechtsbeziehungen zwischen den Mitgliedstaaten und den ihrem Recht unterworfenen Einzelnen zu erzeugen."

58 EuGH, Urt. v. 05.02.1963, Rs. 26/62, Slg. 1963, 3 (24) – van Gend & Loos.

59 EuGH, Urt. v. 05.02.1963, Rs. 26/62, Slg. 1963, 3 (24) – van Gend & Loos.

60 EuGH, Urt. v. 05.02.1963, Rs. 26/62, Slg. 1963, 3 (24) – van Gend & Loos.

61 EuGH, Urt. v. 05.02.1963, Rs. 26/62, Slg. 1963, 3 (24 f.) – van Gend & Loos.

dies ausdrücklich bestimmt, sondern auch auf Grund von eindeutigen Verpflichtungen, die der Vertrag den Einzelnen wie auch den Mitgliedstaaten und den Organen der Gemeinschaft auferlegt.“[62]

Für die Begründung des Anwendungsvorrangs des Unionsrechts war die in dieser Entscheidung festgestellte unmittelbare Wirkung von Vertragsbestimmungen eine notwendige Voraussetzung.[63]

II. Rechtssache Costa ./. E. N. E. L.

Nur eineinhalb Jahre später wurde sodann der Anwendungsvorrang des Unionsrechts im Urteil des Europäischen Gerichtshofs in der Rechtssache Costa ./. E. N. E. L.[64] ausdrücklich begründet. Der Sachverhalt stellte sich so dar, dass die Italienische Republik die Erzeugung und Verteilung elektrischen Stroms im Jahr 1962 verstaatlicht und hierfür die juristische Person E. N. E. L. gegründet hatte. Der Kläger Costa griff seine Stromrechnung der E. N. E. L. mit dem Argument an, dass das italienische Verstaatlichungsgesetz gegen Art. 102, 93, 53 und 37 des EWG-Vertrags verstoße. Zur Klärung dieser Frage rief das Friedensgericht in Mailand mittels des Vorabentscheidungsverfahrens den Europäischen Gerichtshof an. In dem Verfahren war die Italienische Republik von der Unzulässigkeit des Vorabentscheidungsverfahrens überzeugt, weil bei der Entscheidung des Rechtsstreits nicht der EWG-Vertrag, sondern das nationale italienische Gesetz anzuwenden sei, für dessen Auslegung dem Europäischen Gerichtshof keinerlei Kompetenzen zustünden. Allerdings bestand die Frage ja gerade darin, ob das nationale italienische Gesetz oder gegebenenfalls unmittelbar der EWG-Vertrag im dargestellten Fall anzuwenden waren.[65]

Mit Bezug auf diese Rüge der „absoluten Unzulässigkeit“ entwickelte der Europäische Gerichtshof nun seine Auffassung vom Anwendungsvorrang: Dazu rief er zunächst – wie bereits im vorangegangenen Urteil in der Rechtssache van Gend & Loos – in Erinnerung, dass sich der EWG-Vertrag infolge des Vorhandenseins eigener mit Hoheitsrechten ausgestatteter Organe und der Gründung auf unbegrenzte Zeit wesentlich von anderen völkerrechtlichen Verträgen unterscheide.[66] „Wortlaut und Geist des Vertrages“ verböten es, dass die Mitgliedstaaten nachträglich dem Vertrag widersprechende nationale Maßnahmen ergreifen könnten, denn anderenfalls wären die im Vertrag eingegange-

---

62 EuGH, Urt. v. 05.02.1963, Rs. 26/62, Slg. 1963, 3 (25) – van Gend & Loos.

63 *Kruis*, Der Anwendungsvorrang des EU-Rechts in Theorie und Praxis, S. 44 f. Vom „Grundstein für die Vorrangrechtsprechung“ spricht auch *Berger*, Anwendungsvorrang und nationale Verfassungsgerichte, 2015, S. 1. Noch weiter gehend *Haltern*, Europarecht Band II, 3. Aufl. 2017, Rn. 997: „Implizit entschied der EuGH natürlich die Vorrangfrage bereits in *van Gend en Loos*.“ (Hervorh. i. O.).

64 EuGH, Urt. v. 15.07.1964, Rs. 6/64, Slg. 1964, 1253 ff.

65 Vgl. *Haltern*, Europarecht Band II, 3. Aufl. 2017, Rn. 1000.

66 EuGH, Urt. v. 15.07.1964, Rs. 6/64, Slg. 1964, 1253 (1269) – Costa ./. E. N. E. L.

nen Verpflichtungen der Mitgliedstaaten nicht mehr unbedingt; Abweichungsmöglichkeiten zugunsten einseitiger nationaler Maßnahmen würden im Vertrag ausdrücklich benannt.[67] Diese Argumente fanden nach Auffassung des Europäischen Gerichtshofs im Wortlaut des damaligen Art. 189 des EWG-Vertrags (jetzt: Art. 288 AEUV) seine Bestätigung, wonach eine Verordnung in den Mitgliedstaaten verbindlich sei und unmittelbar gelte – diese Bestimmung würde keine praktische Wirksamkeit entfalten, wenn die Mitgliedstaaten einseitige nationale Maßnahmen erlassen könnten.[68] Anschließend hieß es im zentralen Ergebnissatz der Entscheidung:

> „Aus alledem folgt, daß dem vom Vertrag geschaffenen, somit aus einer autonomen Rechtsquelle fließenden Recht wegen dieser seiner Eigenständigkeit keine *wie immer gearteten* innerstaatlichen Rechtsvorschriften vorgehen können, wenn ihm nicht sein Charakter als Gemeinschaftsrecht aberkannt und wenn nicht die Rechtsgrundlage der Gemeinschaft selbst in Frage gestellt werden soll."[69]

Die Anfang der 1960er-Jahre ergangenen Urteile in den Rechtssachen van Gend & Loos sowie Costa ./. E. N. E. L. waren grundlegend für die Entwicklung der Unionsrechtsordnung – vielleicht sogar nahezu „revolutionär"[70]. Entgegen den üblichen Gepflogenheiten bei völkerrechtlichen Verträgen wurde den Mitgliedstaaten durch diese Entscheidungen insbesondere die Möglichkeit abgesprochen, nachträglich durch einseitige Maßnahmen zumindest die innerstaatliche Verbindlichkeit des Vertragsrechts auszuhebeln – der allgemeine Grundsatz „lex posterior derogat legi priori" sollte also im Verhältnis des Unions(primär) rechts[71] zum mitgliedstaatlichen Recht nicht zur Anwendung gelangen.[72]

Nach dieser Entscheidung des Europäischen Gerichtshofs war aber noch nicht abschließend geklärt, ob der in Anspruch genommene Vorrang auch gegenüber dem mitgliedstaatlichen Verfassungsrecht oder nur gegenüber ein-

[67] EuGH, Urt. v. 15.07.1964, Rs. 6/64, Slg. 1964, 1253 (1269 f.) – Costa ./. E. N. E. L.

[68] EuGH, Urt. v. 15.07.1964, Rs. 6/64, Slg. 1964, 1253 (1270) – Costa ./. E. N. E. L. Kritisch dazu *Haltern*, Europarecht Band II, 3. Aufl. 2017, Rn. 1008: „Der Bezug auf Art. 288 AEUV steht ganz am Ende seiner Argumentation, fällt im Vergleich zur vorhergehenden teleologischen Argumentation äußerst knapp aus und ist schließlich auch alles andere als überzeugend. Zum einen nämlich hat Art. 288 Abs. 2 AEUV, auf den der EuGH sich bezieht, keineswegs den Vorrang des Unionsrechts, sondern dessen unmittelbare Anwendbarkeit zum Thema. Zum anderen betrifft der Wortlaut, den der EuGH heranzieht, ausschließlich Verordnungen; der EuGH entscheidet aber […] über den Vorrang des gesamten Unionsrechts. Das Wortlautargument ist damit schwach, aber notwendig, um gegenüber den nationalen Gerichten ein Mindestmaß an Sensibilität für juristische Methodik zu demonstrieren. Entscheidend ist freilich das teleologische Argument."

[69] EuGH, Urt. v. 15.07.1964, Rs. 6/64, Slg. 1964, 1253 (1270) – Costa ./. E. N. E. L. (Hervorh. d. Verf.).

[70] *Haltern*, Europarecht Band II, 3. Aufl. 2017, Rn. 1036.

[71] In der Rechtssache Costa ./. E. N. E. L. ging es lediglich um Vorschriften des Primärrechts, sodass eine eindeutige Aussage hinsichtlich des Vorrangs von Unionssekundärrecht wohl noch nicht getroffen wurde.

[72] So auch *Berger*, Anwendungsvorrang und nationale Verfassungsgerichte, 2015, S. 14.

fachen nationalen Gesetzen gilt. Daneben wurde noch nicht ausdrücklich die Frage entschieden, ob der Vorrang auch gegenüber dem Unionsrecht zeitlich früher ergangenen nationalen Gesetzen besteht, weil es in dem Verfahren Costa ./. E. N. E. L. um eine dem EWG-Vertrag zeitlich nachfolgende nationale Maßnahme ging.[73]

III. Rechtssache Walt Wilhelm

Die Beantwortung der Frage nach dem Vorrang des Unionsrechts auch vor zeitlich früher erlassenen nationalen Gesetzen erfolgte ausdrücklich vier Jahre später im Jahr 1968 in der Rechtssache Walt Wilhelm[74]. Zentrale Frage des vom Kammergericht initiierten Vorabentscheidungsverfahrens in einem kartellrechtlichen Verfahren wegen illegaler Preisabsprachen war, ob das nationale Kartellrecht neben den kartellrechtlichen Bestimmungen des EWG-Vertrags parallel angewendet werden könne. Dies bejahte der Europäische Gerichtshof, soweit die einheitliche Anwendung und die volle Wirksamkeit des Unionsrechts nicht beeinträchtigt werde.[75] Zur Begründung hieß es:

> „Es würde dem Wesen dieser Rechtsordnung widersprechen, wenn es den Mitgliedstaaten gestattet wäre, Maßnahmen zu ergreifen *oder aufrechtzuerhalten*, welche die praktische Wirksamkeit des Vertrages beeinträchtigen könnten. Die *Geltungskraft des Vertrages und der zu seiner Anwendung getroffenen Maßnahmen* darf nicht von Staat zu Staat aufgrund der nationalen Rechtsakte verschieden sein; andernfalls würde die Wirkung der Gemeinschaftsordnung beeinträchtigt und die Verwirklichung der Vertragsziele gefährdet werden. Normenkonflikte zwischen Gemeinschafts- und innerstaatlichem Kartellrecht sind daher nach dem Grundsatz des Vorrangs des Gemeinschaftsrechts zu lösen."[76]

Durch die Wendung, dass es den Mitgliedstaaten auch verboten sei, unionsrechtswidrige nationale Maßnahmen „aufrechtzuerhalten", wurde restlos klar, dass sich der Anwendungsvorrang des Unionsrechts nicht nur gegenüber dem Grundsatz „lex posterior derogat legi priori" durchsetzen, sondern – man könnte sagen: erst recht – auch zeitlich früher erlassene nationale Gesetze erfassen soll.[77] Daneben ergibt sich aus der Formulierung „Geltungskraft des Vertrags und der zu seiner Anwendung getroffenen Maßnahmen", dass an diesem An-

---

[73] Vgl. *Berger*, Anwendungsvorrang und nationale Verfassungsgerichte, 2015, S. 14 f.

[74] EuGH, Urt. v. 13.02.1969, Rs. 14/68, Slg. 1969, 1 ff.

[75] EuGH, Urt. v. 13.02.1969, Rs. 14/68, Slg. 1969, 1 (13 Rn. 4) – Walt Wilhelm.

[76] EuGH, Urt. v. 13.02.1969, Rs. 14/68, Slg. 1969, 1 (14 Rn. 6) – Walt Wilhelm (Hervorh. d. Verf.).

[77] So auch *Berger*, Anwendungsvorrang und nationale Verfassungsgerichte, 2015, S. 15. Vgl. aus jüngerer Zeit auch EuGH, Urt. v. 06.09.2012, Rs. C-18/11, ECLI:EU:C:2012:532, Rn. 38 – Philips Electronics: „Nach ständiger Rechtsprechung ist jedes im Rahmen seiner Zuständigkeit angerufene nationale Gericht als Organ eines Mitgliedstaats verpflichtet, in Anwendung des in Art. 10 EG niedergelegten Grundsatzes der Zusammenarbeit das unmittelbar geltende Unionsrecht uneingeschränkt anzuwenden und die Rechte, die es den Einzelnen ver-

wendungsvorrang nicht nur das Primärrecht, sondern auch umfassend das abgeleitete Unionsrecht (Sekundär- und Tertiärrecht) teilnehmen.[78]

IV. Rechtssache Internationale Handelsgesellschaft

Die andere im Urteil Costa ./. E. N. E. L. noch teilweise offen gelassene Frage nach dem Vorrang des Unionsrechts vor mitgliedstaatlichem Verfassungsrecht – deren Beantwortung in dieser Entscheidung aber freilich schon angedeutet war –[79] wurde sodann ausdrücklich im Urteil des Europäischen Gerichtshofs in der Rechtssache Internationale Handelsgesellschaft[80] im Jahr 1970 geklärt. Hierbei ging es um die Rechtmäßigkeit einer von der Europäischen Wirtschaftsgemeinschaft beschlossenen Verordnung und insbesondere um die (Vor-)Frage, ob diese an mitgliedstaatlichen Grundrechten gemessen werden könne. Hierzu meinte der Europäische Gerichtshof sehr dezidiert:

„Die einheitliche Geltung des Gemeinschaftsrechts würde beeinträchtigt, wenn bei der Entscheidung über die Gültigkeit von Handlungen der Gemeinschaftsorgane Normen oder Grundsätze des nationalen Rechts herangezogen würden. Die Gültigkeit solcher Handlungen kann nur nach dem Gemeinschaftsrecht beurteilt werden, denn dem vom Vertrag geschaffenen, somit aus einer autonomen Rechtsquelle fließenden Recht können wegen seiner Eigenständigkeit keine wie immer gearteten innerstaatlichen Rechtsvorschriften vorgehen, wenn ihm nicht sein Charakter als Gemeinschaftsrecht aberkannt und wenn nicht die Rechtsgrundlage der Gemeinschaft selbst in Frage gestellt werden soll. Daher kann es die Gültigkeit einer Gemeinschaftshandlung oder deren Geltung in einem Mitgliedstaat nicht berühren, wenn geltend gemacht wird, die Grundrechte in der ihnen von der Verfassung dieses Staates gegebenen Gestalt oder die Strukturprinzipien der nationalen Verfassung seien verletzt."[81]

---

leiht, zu schützen, indem es jede möglicherweise entgegenstehende Bestimmung des nationalen Rechts, *gleichgültig, ob sie früher oder später als die Unionsnorm ergangen ist*, unangewandt lässt […]." (Hervorh. d. Verf.).

[78] Vgl. *Berger*, Anwendungsvorrang und nationale Verfassungsgerichte, 2015, S. 15. Dies ging noch nicht mit hinreichender Deutlichkeit aus der Entscheidung Costa ./. E. N. E. L. hervor, weil dort ausschließlich Bestimmungen des europäischen Primärrechts behandelt wurden (vgl. oben Fußnote 71, S. 21).

[79] EuGH, Urt. v. 15.07.1964, Rs. 6/64, Slg. 1964, 1253 (1270) – Costa ./. E. N. E. L., in der der Europäische Gerichtshof von „keinen wie immer gearteten innerstaatlichen Rechtsvorschriften" sprach, die dem Vertrag entgegengehalten werden könnten. Diese Formulierung war ein starkes Indiz dafür, dass der Europäische Gerichtshof schon in Costa ./. E. N. E. L. von einem Vorrang des Unionsrechts auch gegenüber mitgliedstaatlichem Verfassungsrecht ausging. So auch *Lenaerts*, Kooperation und Spannung im Verhältnis von EuGH und nationalen Verfassungsgerichten, EuR 2015, 3 (13).

[80] EuGH, Urt. v. 17.12.1970, Rs. 11/70, Slg. 1970, 1125 ff. Eine kurze Schilderung des Sachverhalts findet sich, da dieser mit demjenigen der Solange I-Entscheidung aus dem Jahr 1974 übereinstimmt, unten im Dritten Teil A. II. (S. 188 ff.).

[81] EuGH, Urt. v. 17.12.1970, Rs. 11/70, Slg. 1970, 1125 (1135 Rn. 3) – Internationale Handelsgesellschaft.

Spätestens hiermit war in der Rechtsprechung des Europäischen Gerichtshofs abschließend der absolute Anwendungsvorrang des Unionsrechts jeder Rangstufe begründet worden, der auch gegenüber mitgliedstaatlichem Verfassungsrecht Geltung beansprucht.

V. Rechtssache Tanja Kreil

Einen praktischen Anwendungsfall – jenseits der Nichtanwendung der nationalen Grundrechtsverbürgungen – hat dieser vom Europäischen Gerichtshof in Anspruch genommene uneingeschränkte Vorrang des Unionsrechts auch vor mitgliedstaatlichem Verfassungsrecht in der Rechtssache Tanja Kreil erfahren, in welcher Art. 12a Abs. 4 Satz 2 GG a. F.[82] wegen einer Richtlinienbestimmung, die Frauen und Männern gleichen Zugang zu Arbeitsplätzen garantierte,[83] unangewendet bleiben musste. Demnach sei es unverhältnismäßig, Frauen generell den Dienst mit der Waffe zu verweigern.[84] Die Tatsache, dass hier mit der Richtlinienbestimmung sekundäres Unionsrecht auf deutsches Verfassungsrecht traf, schien dem Europäischen Gerichtshof in der Folge seiner Rechtsprechung zur „Internationalen Handelsgesellschaft" so unbedeutend zu sein, dass er diesen Problemkreis nicht einmal ansprach.[85] Der Gesetzgeber akzeptierte die Entscheidung des Europäischen Gerichtshofs jedoch vorbehaltlos und reagierte hierauf mit einer Änderung des Grundgesetzes.[86]

VI. Fazit

Es hat sich durch die Darstellung der maßgeblichen Rechtsprechung des Europäischen Gerichtshofs zum Verhältnis von Unionsrecht zum mitgliedstaatli-

[82] „Sie [die Frauen] dürfen auf keinen Fall Dienst mit der Waffe leisten."

[83] Richtlinie 76/207/EWG des Rates vom 09.02.1976 zur Verwirklichung des Grundsatzes der Gleichbehandlung von Männern und Frauen hinsichtlich des Zugangs zur Beschäftigung, zur Berufsbildung und zum beruflichen Aufstieg sowie in bezug auf die Arbeitsbedingungen, Abl. 1976 Nr. L S. 40 ff. Deren Art. 2 lautet auszugsweise: „(1) Der Grundsatz der Gleichbehandlung im Sinne der nachstehenden Bestimmungen beinhaltet, daß keine unmittelbare oder mittelbare Diskriminierung auf Grund des Geschlechts – insbesondere unter Bezugnahme auf den Ehe- oder Familienstand – erfolgen darf. (2) Diese Richtlinie steht nicht der Befugnis der Mitgliedstaaten entgegen, solche beruflichen Tätigkeiten und gegebenenfalls die dazu erforderliche Ausbildung, für die das Geschlecht auf Grund ihrer Art oder der Bedingungen ihrer Ausübung eine unabdingbare Voraussetzung darstellt, von ihrem Anwendungsbereich auszuschließen."

[84] EuGH, Urt. v. 11.01.2000, Rs. C-285/98, ECLI:EU:C:2000:2, Rn. 31 – Tanja Kreil.

[85] In EuGH, Urt. v. 11.01.2000, Rs. C-285/98, ECLI:EU:C:2000:2, Rn. 32 – Tanja Kreil hieß es lediglich lapidar, dass „[...] die Richtlinie der Anwendung nationaler Bestimmungen entgegensteht, die wie die des deutschen Rechts Frauen allgemein vom Dienst mit der Waffe ausschließen [...]".

[86] In Art. 12a Abs. 4 Satz 2 GG ist nun davon die Rede, dass Frauen „auf keinen Fall zum Dienst mit der Waffe *verpflichtet* werden" dürfen (Hervorh. d. Verf.).

chen Recht gezeigt, dass dieser bereits sehr früh den – in den Verträgen nicht gesondert erwähnten – Anwendungsvorrang[87] des Unionsrechts begründete, der sich aus dem Wesen des Unionsrechts als eigenständiger Rechtsordnung sui generis ergeben solle. Dieser Anwendungsvorrang des primären, sekundären und tertiären Unionsrechts erfasst mitgliedstaatliches Recht jeder Rangstufe, inklusive Verfassungsrecht, und ist daher absolut.[88] Diese gefestigte Rechtsprechung des Europäischen Gerichtshofs nimmt teil am sogenannten acquis communautaire[89], sodass jeder Mitgliedstaat – zumindest nach Auffassung des Europäischen Gerichtshofs – diese Vorrangrechtsprechung durch die Ratifizierung der primärrechtlichen Verträge in seine Rechtsordnung übernimmt.[90] Dieser Anwendungsvorrang entspricht durchaus auch dem Telos der Übertragung von Hoheitsrechten auf eine supranationale Organisation: Denn ohne die Anerkennung eines Vorrangs der Rechtsakte der Europäischen Union könnten die Mitgliedstaaten über deren innerstaatliche Wirkung und Geltung recht frei disponieren – dies widerspräche dem Sinn und Zweck einer möglichst einheitlichen, unionsweiten Rechtsgeltung, die mit der Übertragung der Rechtsprechungsaufgaben auf ein gemeinsames, supranational organisiertes Organ wie den Europäischen Gerichtshof intendiert ist.[91] Insofern hat die teleologische Argumentation des Gerichtshofs in Bezug auf einen absoluten Anwendungs-

---

[87] Der Europäische Gerichtshof geht in ständiger Rechtsprechung nur von einem *Anwendungs*vorrang, nicht aber von einem *Geltungs*vorrang des Unionsrechts gegenüber mitgliedstaatlichem Recht aus. Im Kollisionsfall ist das entgegenstehende nationale Recht also nicht nichtig, sondern es bleibt lediglich in Fällen mit Unionsbezug unangewendet und kann in rein national gelagerten Sachverhalten durchaus zur Anwendung gelangen. Vgl. zum Charakter des Vorrangs des Unionsrechts als Anwendungsvorrang nur EuGH, Urt. v. 04.06.1992, verb. Rs. C-13/91 und C-113/91, Slg. 1992 I-3617 (3645 Rn. 32) – Debus; EuGH, Urt. v. 13.03.1997, Rs. C-358/95, Slg. 1997, Slg. 1998 I-1431 (1451 Rn. 18) – Morellato. Deutlich gegen ein mögliches Verständnis als Geltungsvorrang: EuGH, Urt. v. 22.10.1998, verb. Rs. C-10/97 bis C-22/97, Slg. 1998 I-6307 (6333 Rn. 21) – IN.CO.GE. Unklarheiten in der Literatur bestanden hingegen noch bei der Interpretation von EuGH, Urt. v. 09.03.1978, Rs. 106/77, Slg. 1978, 629 (644 Rn. 17/18) – Staatliche Finanzverwaltung ./. S.p.A. Simmenthal. Interessanterweise ging die Bundesregierung bei der Ratifizierung der Römischen Verträge 1957 wohl von einem absoluten Geltungsvorrang des damaligen Gemeinschaftsrechts aus, siehe BT-Drs. 2/3440, S. 150: „Steht aber eine von den Organen der Gemeinschaft ergangene Verordnung oder Entscheidung im Gegensatz zu den Bestimmungen eines nationalen Gesetzes, so *bricht* das unmittelbar wirksame europäische Recht diese Bestimmung des nationalen Rechts." (Hervorh. d. Verf.).

[88] Siehe zusammenfassend auch *Sauer*, Staatsrecht III, 6. Aufl. 2020, § 8 Rn. 31: „Das Vorrangprinzip ist radikal, weil es zu einer Überlagerung und der Sache nach zu einer Außerkraftsetzung auch wesentlicher Prinzipien der deutschen Rechtsordnung führen kann, etwa zu einer Lösung von der Bindung an das (unionsrechtswidrige) Parlamentsgesetz (entgegen dem Grundsatz des Art. 20 Abs. 3 GG) oder zu Grundrechtsverletzungen."

[89] Dazu näher *Nettesheim*, in: Oppermann/Classen/Nettesheim, Europarecht, 9. Aufl. 2021, § 42 Rn. 23.

[90] *W. Weiß*, Unionsrecht und nationales Recht, in: Niedobitek, Europarecht, 2. Aufl. 2020, § 5 Rn. 97.

[91] Vgl. auch *Classen*, Nationales Verfassungsrecht in der Europäischen Union, 2013, Rn. 756.

vorrang des Unionsrechts einiges für sich. Jenseits des Verfassungsrechts ist dieser Anwendungsvorrang auch vom Bundesverfassungsgericht und anderen mitgliedstaatlichen Gerichten allgemein anerkannt und ruft keine praktischen Probleme hervor.[92]

C. Zusammenfassung

Dieser Erste Teil entfaltet das Spannungsfeld, in welchem sich das Thema der Residualkompetenzen des Bundesverfassungsgerichts bewegt. Das grundlegende Problem, um dessen Ausdifferenzierung und Auflösung es in den folgenden Teilen geht, besteht darin, dass auf der einen Seite jenseits einer ausdrücklichen Vertragsbestimmung richterrechtlich durch den Europäischen Gerichtshof ein absoluter Anwendungsvorrang des – auf völkerrechtlichen Verträgen beruhenden – Unionsrechts begründet wurde, der nach der Ratifikation des europäischen Primärrechts und somit nach der Übertragung von (begrenzten) Hoheitsrechten auf die Union eine Kontrolle der Verfassungskonformität von Unionsrecht durch das Bundesverfassungsgericht ausschließen soll.[93] Hierfür sprechen um der einheitlichen unionsweiten Rechtsgeltung willen sehr gute teleologische Gründe, die sich aus dem Wesen einer Übertragung von Hoheitsrechten auf eine supranational verfasste Organisation ergeben. Auf der anderen Seite könnte die Anerkennung eines umfassenden und ausnahmslosen Anwendungsvorrangs des Unionsrechts zu einem Verlust der mitgliedstaatlichen Souveränität führen, weil die Auslegung, die Wahrung und insbesondere auch die Grenzziehung des Anwendungsbereichs des Unionsrechts dem Europäischen Gerichtshof allein anvertraut wäre. In diesem Fall dürfte sich die Begründung einer – zumindest tatsächlichen – Kompetenz-Kompetenz zugunsten der Europäischen Union infolge autonomer faktischer Vertragsänderungen dann möglicherweise als nicht ganz fernliegende Gefahr erweisen. Mit diesem Problemkreis untrennbar verbunden ist die Frage, auf welche Weise das Unionsrecht in der Bundesrepublik Deutschland wirkt. Ergibt sich dessen Geltung – was der Europäische Gerichtshof in ständiger Rechtsprechung vertritt – aus dem spezifischen Wesen und der historischen Einmaligkeit der Unionsrechtsordnung? Oder bedarf es für die Geltung des Unionsrechts eines nationalen Rechtsanwendungsbefehls in Form des Zustimmungsgesetzes im Sinne des Art. 23 Abs. 1 Satz 2 GG, wie es der Auffassung des Bundesverfassungsgerichts entspricht? Ist letzteres der Fall, so könnte einiges für eine (subsidiäre) Kontrollzuständigkeit des Bundesverfassungsgerichts sprechen, weil es um die Überprüfung und Auslegung eines

[92] Vgl. *Haltern*, Europarecht Band II, 3. Aufl. 2017, Rn. 1065 und *Wendel*, Permeabilität im europäischen Verfassungsrecht, 2011, S. 416 ff.

[93] Vgl. zu diesem Spannungsverhältnis auch *Kube*, Affront oder Wegweisung? – Die EZB-Entscheidung des Bundesverfassungsgerichts, DVBl. 2020, 1161 (1161 f.).

nationalen Gesetzes – dem Zustimmungsgesetz zu den europäischen Primärverträgen – geht. Auf dieses Spannungsverhältnis und die damit zusammenhängenden dogmatischen Fragen wird bei den einzelnen Residualkompetenzen im Zweiten, Dritten und Vierten Teil immer wieder zurückzukommen sein.

Zweiter Teil

Der Vorbehalt der ultra-vires-Kontrolle

„Ultra vires" – diese beiden lateinischen Worte haben mittlerweile im deutschen verfassungs- und europarechtlichen Schrifttum eine feste Verankerung erfahren und werden bisweilen vorschnell zur Verhinderung – vermeintlich – rechtswidriger, die Kompetenzverteilung verletzender Unionshandlungen bemüht. Übergeordneter Sinn und Zweck der ultra-vires-Kontrolle ist es, die sich aus dem Zustimmungsgesetz (vgl. Art. 23 Abs. 1 Satz 2 GG) ergebenden Grenzen der Befugnisse der Europäischen Union einer bundesverfassungsgerichtlichen Kontrolle zu unterziehen.[1] Fundamental umstritten ist dabei nicht die Unzulässigkeit von kompetenzwidrigen Handlungen der Organe, Einrichtungen und sonstigen Stellen der Europäischen Union, sondern vielmehr wer – das Bundesverfassungsgericht oder der Europäische Gerichtshof – einen derartigen Kompetenzverstoß letztverbindlich konstatieren darf.[2]

A. Hinführung

Die Bezeichnung einer Verhaltensweise als „ultra vires" ist sehr viel älter als deren Verwendung im Zusammenhang mit dem Handeln unionaler Stellen.

I. Begriffsherkunft und Verbreitung jenseits des Öffentlichen Rechts

Die lateinischen Wörter „ultra"[3] „vires"[4] bedeuten „jenseits der Kräfte" oder – eher in juristischer Terminologie gesprochen – „außerhalb der Kompetenzen". Gemeint ist also im juristischen Kontext stets eine Situation, in der mehrere potenziell Berechtigte um die genaue Zuständigkeitsverteilung und Kompetenzabgrenzung streiten.

Ursprünglich stammt die ultra-vires-Lehre aus dem anglo-amerikanischen Gesellschaftsrecht.[5] Zurückzuführen ist sie dabei auf Tätigkeiten der britischen

---

1 *Murswiek*, Die Ultra-vires-Kontrolle im Kontext der Integrationskontrolle, EuGRZ 2017, 327 (328).

2 Vgl. nur *Schlaich/Korioth*, Das Bundesverfassungsgericht, 12. Aufl. 2021, Rn. 360b.

3 Lateinisch in Verbindung mit einer akkusativischen Wendung steht „ultra" für „jenseits" – vgl. Pons-Wörterbuch: https://de.pons.com/übersetzung/latein-deutsch/ultra.

4 Akkusativ Plural von „vis", das mit „Kraft", „Stärke" oder „Macht" übersetzt werden kann – vgl. Pons-Wörterbuch: https://de.pons.com/übersetzung?q=vis&l=dela&in=&lf=de.

5 Siehe dazu insbesondere *Merkt*, US-amerikanisches Gesellschaftsrecht, 3. Aufl. 2013, Rn. 345 ff.

Krone: Durch sie erhielt jede „company“ eng begrenzte Rechte und Befugnisse. Um die anderen „companies“ vor Usurpationen der ihnen zugewiesenen Zuständigkeiten zu schützen, war ein Geschäft außerhalb dieses zugewiesenen Bereichs als „ultra-vires-Handeln“ nichtig – der „company“ fehlte die rechtliche Handlungsfähigkeit.[6] Das House of Lords begründete diese Lehre 1875 im sogenannten Ashbury-Fall: Es erklärte hierin, dass eine Gesellschaft nur für die ausdrücklich benannten Gesellschaftsgegenstände zuständig sei und hierüber nicht hinausgehen dürfe.[7]

Diese historischen Bezüge setzen sich auch in der heutigen anglo-amerikanischen Gesellschaftsrechtslehre fort:[8] So ist die Rechts- und Handlungsfähigkeit eines Verbandes durch den in der Satzung beschrieben Gesellschaftszweck begrenzt.[9] Das bedeutet, dass Gesellschaften nur innerhalb ihres satzungsmäßigen Aufgabengebiets handeln können – überschreiten sie diese Grenzen, so sind ihre Handlungen rechtlich inexistent. Da die damit verbundenen Folgen zu einer erheblichen Beeinträchtigung des Rechtsverkehrs führen, ist die ultra-vires-Lehre im deutschen Gesellschaftsrecht nicht anerkannt.[10]

Diese und verwandte Fragen sind hier nicht weiter zu vertiefen – es war nur zu zeigen, dass die Auseinandersetzung mit etwaigen ultra-vires-Handlungen im Ursprung nicht auf die Situation verschiedener Hoheitsträger, sondern auf das anglo-amerikanische Gesellschaftsrecht zurückzuführen ist.

II. Verbreitung im Öffentlichen Recht und Begriffsabgrenzung

Bezogen auf das Öffentliche Recht wird mit einer ultra-vires-Handlung eine Situation beschrieben, in der ein Hoheitsträger seinen ihm eingeräumten Kompetenzbereich[11] durch ein bestimmtes Verhalten überschreitet. Dies kann nicht

---

[6] *Merkt*, US-amerikanisches Gesellschaftsrecht, 3. Aufl. 2013, Rn. 345.

[7] Ashbury Rly Carriage and Iron Co Ltd v Riche (1875) LR 7 HL 653. Siehe dazu und für eine nähere Sachverhaltsschilderung *Eggert*, Die deutsche ultra-vires-Lehre – Versuch einer Darstellung am Beispiel der Außenvertretung der Gemeinden, 1977, S. 2 f. und *Flick*, Handeln „ultra vires“ der Europäischen Gemeinschaft, 2001, S. 5 f.

[8] Nach *Merkt*, US-amerikanisches Gesellschaftsrecht, 3. Aufl. 2013, Rn. 346 hat die ultra-vires-Lehre mittlerweile aber durch verschiedenste Einwirkungen entscheidend an ihrer einstigen Bedeutung verloren.

[9] Vgl. *K. Schmidt*, Gesellschaftsrecht, 2002, S. 214; *ders.*, Ultra-vires-Doktrin: tot oder lebendig? – Bemerkungen zur Organvertretungsmacht, AcP 184 (1984), 529 (530).

[10] Siehe nur *K. Schmidt*, Gesellschaftsrecht, 2002, S. 214: „Nicht nur die Fähigkeit der juristischen Person, Trägerin von Rechten und Pflichten zu sein, ist nach deutschem Recht ungeteilt, sondern ungeteilt ist auch die Handlungsfähigkeit.“ Daneben *ders.*, Ultra-vires-Doktrin: tot oder lebendig? – Bemerkungen zur Organvertretungsmacht, AcP 184 (1984), 529 (530): „Der ultra-vires-Gedanke ist evidentermaßen verkehrsschutzfeindlich.“

[11] Damit ist die Rechtsmacht gemeint, bestimmte rechtlich erhebliche Maßnahmen zu treffen – also der Zuständigkeitsbereich eines Hoheitsträgers insbesondere zur Normsetzung. Zu einem weiter gehenden Verständnis des Begriffs der Kompetenz siehe *Mayer*, Kompetenzüberschreitung und Letztentscheidung, 2000, S. 21 f.

nur bei Handlungen der unionalen Organe, Einrichtungen und sonstigen Stellen geschehen, sondern auch in anderen Zusammenhängen.[12] Notwendig für potenzielle ultra-vires-Akte ist lediglich eine Rechtsordnung, die Hoheitsrechte respektive Kompetenzen verschiedenen Trägern zuordnet und damit zugleich eine Beschränkung der eingeräumten „vires" bei dem einen Hoheitsträger zugunsten eines anderen Hoheitsträgers vornimmt.[13] Insbesondere[14] im Mehrebenensystem[15] kann dies im Grenzfall zu politischen, aber vor allem auch zu rechtlichen Streitigkeiten führen.[16]

Als ultra-vires-Akt ist also eine Handlung zu bezeichnen, die nicht von der beschränkten Rechtsmacht, der Kompetenz, gedeckt ist und der insofern die Ermächtigungsgrundlage fehlt.[17] Zu ultra-vires-Handlungen kann es daher auch im originär nationalstaatlichen Bereich kommen, was mit zwei Beispielen unterlegt werden soll.

Im Verhältnis des Bundes zu den Ländern liegt ein ultra-vires-Akt des Bundes vor dem Hintergrund der zwischen Bund und Ländern aufgeteilten Gesetzgebungszuständigkeiten (Art. 70 ff. GG) und insbesondere der Tatsache, dass grundsätzlich die Länder nach Art. 30, 70 Abs. 1 GG zur Gesetzgebung befugt sind, dann vor, wenn der Bund ein Gesetz erlässt, für das ihm die Kompetenz fehlt. Hierfür sei aus neuerer Zeit die Entscheidung des Bundesverfassungsgerichts zur Verfassungsmäßigkeit des Betreuungsgeldes[18] genannt, deren Kern in der Feststellung lag, dass dem Bund die Gesetzgebungszuständigkeit auf dem Gebiet der „öffentlichen Fürsorge" für eine derartige Regelung fehlte.[19]

---

[12] Vgl. dazu auch *Eggert*, Die deutsche ultra-vires-Lehre – Versuch einer Darstellung am Beispiel der Außenvertretung der Gemeinden, 1977, passim.

[13] Vgl. hierzu *Mayer*, Kompetenzüberschreitung und Letztentscheidung, 2000, S. 21 ff. (insb. S. 31 ff.).

[14] Auch innerstaatlich, auf horizontaler Ebene sind Streitigkeiten um Kompetenzen beispielsweise zwischen Gerichten oder Staatsorganen denkbar – handelt es sich dabei aber um denselben Verband, so werden die Auseinandersetzungen eher als Frage der Organkompetenz respektive der instanziellen oder sachlichen Zuständigkeit eingeordnet (vgl. *Mayer*, Kompetenzüberschreitung und Letztentscheidung, 2000, S. 31) und sollen im Folgenden außer Betracht gelassen werden.

[15] Zum Begriff siehe umfassend *Mayer*, Kompetenzüberschreitung und Letztentscheidung, 2000, S. 31 ff.

[16] Siehe zur Justiziabilität von Kompetenzfragen *Nettesheim*, Kompetenzdenken als Legitimationsdenken, JZ 2014, 585 (585 f.).

[17] *Mayer*, Kompetenzüberschreitung und Letztentscheidung, 2000, S. 22; *Michels*, Die dreidimensionale Reservekompetenz des BVerfG im Europarecht – Von der Solange Rechtsprechung zum Honeywell-Beschluss, JA 2012, 515 (516). Dabei wird der ultra-vires-Akt hier und im Folgenden eng verstanden – es geht nur um die Rechtswidrigkeit des Handelns wegen eines Verstoßes gegen die Zuständigkeitsvorschriften und dabei noch präziser wegen eines Verstoßes gegen die Verbandszuständigkeit. Für einen weiter gefassten Begriff des ultra-vires-Akts, der auch die formelle und materielle Rechtswidrigkeit umfasst, vgl. *Mayer*, Kompetenzüberschreitung und Letztentscheidung, 2000, S. 25 f.

[18] BVerfGE 140, 65 ff.

[19] Das Betreuungsgeld ließ sich zwar der „öffentlichen Fürsorge" i. S.d. Art. 74 Abs. 1 Nr. 7

Man könnte daher davon sprechen, dass der Bund durch den Erlass des Betreuungsgeldgesetzes[20] „ultra vires" handelte und unzulässigerweise in die Gesetzgebungsbefugnisse der Länder übergriff.[21]

Ein anderes Beispiel betrifft das Verhältnis von Gemeinden zum Bund und den Ländern. Grundsätzlich sind die Gemeinden nach der institutionellen Selbstverwaltungsgarantie des Art. 28 Abs. 2 Satz 1 GG[22] vollumfänglich für die Regelung der gemeindeinternen Angelegenheiten zuständig. Angelegenheiten der örtlichen Gemeinschaft sind nach der gefestigten Rechtsprechung des Bundesverfassungsgerichts dabei solche „Bedürfnisse und Interessen, die in der örtlichen Gemeinschaft wurzeln oder auf sie einen spezifischen Bezug haben"[23]. Diese Gewährleistungsgarantie steht jedoch durch die Wendung „im Rahmen der Gesetze" in Art. 28 Abs. 2 Satz 1 GG unter einem Gesetzesvorbehalt, der auch die gemeindliche Zuständigkeit für die Regelung dieser Angelegenheiten betrifft.[24] Wenn die Gemeinde ihr Gemeindegebiet nun beispielsweise zur „atomwaffenfreien Zone" erklärt, überschreitet sie ihre Kompetenzen aus der Selbstverwaltungsgarantie und greift in den ausschließlichen Zuständigkeitsbereich des Bundes für die Verteidigungspolitik (vgl. Art. 73 Abs. 1 Nr. 1, Art. 87a GG) über.[25] Indem die Gemeinde unzulässige, vom Mandat des Art. 28 Abs. 2 Satz 1 GG nicht mehr gedeckte „Allgemeinpolitik" betreibt, agiert sie also „ultra vires".

Diese beiden Beispiele sollten verdeutlichen, dass es zu ultra-vires-Konflikten auch in ganz anderen Zusammenhängen als in Verbindung mit den Handlungen der unionalen Stellen kommen kann; erforderlich ist lediglich ein Mehrebenensystem mit – komplexen – Zuständigkeitsverteilungen. In diesem Sinne kann man mit „ultra-vires-Akten" jegliches Verhalten von Hoheitsträgern beschreiben, welches sich außerhalb der ihnen eingeräumten Verbandskompetenz bewegt.

GG zuordnen, vgl. BVerfGE 140, 65 (78 f. Rn. 28 ff.). Nach der Entscheidung des Bundesverfassungsgerichts waren jedoch die Voraussetzungen der Bedarfsklausel des Art. 72 Abs. 2 GG nicht erfüllt – eine bundeseinheitliche Regelung war also weder zur Herstellung gleichwertiger Lebensverhältnisse im Bundesgebiet noch zur Wahrung der Rechts- oder Wirtschaftseinheit erforderlich, vgl. BVerfGE 140, 65 (79 ff. Rn. 31 ff.).

[20] Gesetz zur Einführung eines Betreuungsgeldes (Betreuungsgeldgesetz) vom 15.02.2013, BGBl. I, S. 254.

[21] Kritisch zur Einordnung von Gesetzgebungsakten als ultra-vires-Handlungen *Eggert*, Die deutsche ultra-vires-Lehre – Versuch einer Darstellung am Beispiel der Außenvertretung der Gemeinden, 1977, S. 74 ff.

[22] Hinzu treten die jeweiligen landesverfassungsrechtlichen Bestimmungen, in Baden-Württemberg beispielsweise Art. 71 Abs. 1 LV. Zur verfassungsrechtlichen Gewährleistung der gemeindlichen Selbstverwaltung siehe umfassend *Mager*, Einrichtungsgarantien, 2003, S. 328 ff.

[23] BVerfGE 50, 195 (201) – Gemeindename; BVerfGE 79, 127 (151) – Rastede; auch: BVerwGE 87, 228 (231).

[24] Vgl. BVerfGE 79, 127 (143 f.) – Rastede.

[25] Siehe zu dieser bekannten Entscheidung des Bundesverwaltungsgerichts: BVerwGE 87, 228 ff.

Hinzuweisen ist schließlich darauf, dass die ultra-vires-Problematik auch im allgemeinen Völkerrecht – insbesondere im Zusammenhang mit der Tätigkeit Internationaler Organisationen – ein bekanntes Phänomen darstellt.[26] Wenn ein zur Prüfung der Kompetenzeinhaltung bei Handlungen der Internationalen Organisation berufenes internationales Gericht nicht existiert (so wie es bekanntermaßen bei den Vereinten Nationen der Fall ist), stehen sich zwei Rechtsmeinungen diametral gegenüber:[27] Zum einen wird vertreten, dass in einem solchen Fall die Beurteilung der Rechtmäßigkeit und insbesondere der Kompetenzmäßigkeit des Handelns jedem einzelnen Vertragsstaat anheimgestellt sei.[28] Im Hinblick darauf, dass es dann aber möglich wäre, sich jederzeit aus den mitgliedstaatlichen Pflichten in der Internationalen Organisation zurückzuziehen, sind andere der Auffassung, dass die Vertragsstaaten die Kompetenzmäßigkeit des Handelns der Internationalen Organisation anzunehmen haben. Es handelt sich in diesen Fällen ohne Rechtsprechungsinstanz also um ein ungelöstes Problem.[29]

Wenn im Folgenden von „ultra-vires-Handlungen“ die Rede ist, dann geht es allein um die Recht- und vor allem Kompetenzmäßigkeit des Handelns der Organe, Einrichtungen und sonstigen Stellen der Europäischen Union. In diesem Sinne dient der ultra-vires-Vorbehalt des Bundesverfassungsgerichts dazu, kompetenzwidrige Verhaltensweisen der Unionsstellen auszumachen und ihnen die innerstaatliche Anwendbarkeit zu versagen.[30] Diese unionalen ultra-vires-Auseinandersetzungen erfahren im Gegensatz zu den oben aufgezeigten nationalen Kompetenzstreitigkeiten eine zusätzliche und entscheidende Verschärfung dadurch, dass mit dem Europäischen Gerichtshof und dem Bundesverfassungsgericht in gewissen Fällen zwei Gerichte ein „Letztentscheidungsrecht“ über die Kompetenzmäßigkeit unionalen Handelns beanspruchen.[31] Insoweit weist die ultra-vires-Auseinandersetzung auf europäischer Ebene ein größeres Kon-

---

[26] Siehe dazu *Flick*, Handeln „ultra vires“ der Europäischen Gemeinschaft, 2001, S. 11 ff.; *Paulus*, Gedanken zur Verfassungskontrolle der Europäischen Union aus völkerrechtlicher Sicht, in: Festschrift Landau, 2016, S. 269 (273); *Schmahl*, in: Vitzthum/Proelß, Völkerrecht, 8. Aufl. 2019, 4. Abschnitt Rn. 192 ff. und *N. Weiß*, Kompetenzlehre internationaler Organisationen, 2009, S. 383 ff.

[27] Dazu *Schmahl*, in: Vitzthum/Proelß, Völkerrecht, 8. Aufl. 2019, 4. Abschnitt Rn. 194 mit Nachweisen zu den unterschiedlichen Standpunkten.

[28] Dies soll nach *N. Weiß*, Kompetenzlehre internationaler Organisationen, 2009, S. 397 die überwiegende Auffassung sein.

[29] Dezidiert *Schmahl*, in: Vitzthum/Proelß, Völkerrecht, 8. Aufl. 2019, 4. Abschnitt Rn. 194: „An dieser Stelle wird die Unvollkommenheit der völkerrechtlichen Ordnung, speziell auch der UN, einmal mehr sichtbar. Einerseits werden den Mitgliedern gegenüber verbindliche Organmaßnahmen zugelassen, andererseits ist die rechtliche Kontrolle der Organe nicht vorgesehen. Bevor diese Haltung nicht revidiert wird, ist das Dilemma der *ultra vires*-Akte nicht wirklich lösbar.“ (Hervorh. i. O.).

[30] *Ludwigs*, Der Ultra-vires-Vorbehalt des BVerfG – Judikative Kompetenzanmaßung oder legitimes Korrektiv?, NVwZ 2015, 537 (538).

[31] Vgl. *Mayer*, Kompetenzüberschreitung und Letztentscheidung, 2000, S. 58 f.

fliktpotential als auf nationaler Ebene auf: Denn auf letzterer trifft schlussendlich das Bundesverfassungsgericht eine Entscheidung mit Verbindlichkeitsanspruch, die einer weiteren Überprüfung entzogen ist.[32]

B. Entwicklungslinien in der bundesverfassungsgerichtlichen Rechtsprechung

Sukzessive aufeinander aufbauend kann der Rechtsprechung des Bundesverfassungsgerichts die Entwicklung des Prüfungsvorbehalts der ultra-vires-Kontrolle im Hinblick auf Handlungen der unionalen Organe, Einrichtungen und sonstigen Stellen entnommen werden. An deren Ende steht die erstmalige Annahme eines ultra-vires-Akts durch das Bundesverfassungsgericht in Bezug auf eine Entscheidung des Europäischen Gerichtshofs sowie den zugrunde liegenden Beschluss des Rates der Europäischen Zentralbank im PSPP-Urteil aus dem Mai 2020.

I. Die Milchpulver-Entscheidung als Ausgangspunkt

Zu Beginn der bundesverfassungsgerichtlichen Judikatur scheint die sogenannte Milchpulver-Entscheidung[33] darauf hinzudeuten, dass das Bundesverfassungsgericht dem Europäischen Gerichtshof im Hinblick auf die Prüfung der Einhaltung der Kompetenzen der Unionsorgane ein Entscheidungsmonopol einräumen wollte. So hieß es zum einen:

„Die Auslegung des EWG-Vertrags sowie die Prüfung der Gültigkeit und die Auslegung von Handlungen eines Organs der Gemeinschaft, zu denen auch die Urteile des Europäischen Gerichtshofs gehören […], ist dem Europäischen Gerichtshof vorbehalten […].“[34]

Außerdem meinte das Bundesverfassungsgericht mit Rekurs auf die Zuständigkeit des Europäischen Gerichtshofs im Rahmen des Vorabentscheidungsverfahrens:

„Die im Rahmen seiner Kompetenz nach Art. 177 EWGV [heute: Art. 267 AEUV] ergangene Entscheidung des Europäischen Gerichtshofs zur Auslegung des Art. 95 EWGV war für den Bundesfinanzhof verbindlich. Art. 24 Abs. 1 GG besagt bei sachgerechter Auslegung nicht nur, daß die Übertragung von Hoheitsrechten auf zwischenstaatliche

[32] Dies ist auch das entscheidende Merkmal eines „Letztentscheidungsorgans“: Dessen Entscheidungen sind nicht weiter anfechtbar, sondern beanspruchen Verbindlichkeit (vgl. *Mayer*, Kompetenzüberschreitung und Letztentscheidung, 2000, S. 60). Im Verhältnis der Europäischen Union zu ihren Mitgliedstaaten können sowohl der Europäische Gerichtshof als auch das Bundesverfassungsgericht als „Letztentscheidungsorgane“ qualifiziert werden, was den ultra-vires-Konflikt im oben genannten Sinne zuspitzt.

[33] BVerfGE 31, 145 ff. Andere sprechen auch von der „Lütticke“-Entscheidung.

[34] BVerfGE 31, 145 (169) – Milchpulver.

Einrichtungen überhaupt zulässig ist, sondern auch, daß die Hoheitsakte ihrer Organe, wie hier das Urteil des Europäischen Gerichtshofs, vom ursprünglich ausschließlichen Hoheitsträger anzuerkennen sind."[35]

Diese Aussagen konnten tatsächlich dahingehend zu verstehen gewesen sein, dass das Bundesverfassungsgericht das Rechtsprechungsmonopol für die Beurteilung der Recht- und vor allem Kompetenzmäßigkeit für das Handeln der Unionsstellen allein dem Europäischen Gerichtshof überantworten wollte.[36]

II. Die Position des Bundesverfassungsgerichts im Vielleicht-Beschluss

In dem sogenannten Vielleicht-Beschluss[37] aus dem Jahr 1979 nahm das Bundesverfassungsgericht Ausführungen vor, die zum damaligen Zeitpunkt zwar noch nicht unbedingt auf eine ultra-vires-Kontrolle hindeuteten, die für das Verständnis von deren Genese aber bedeutsam sind. So klärte das Bundesverfassungsgericht, dass tauglicher Prüfungsgegenstand[38] zwar nicht das europäische Primärvertragsrecht sein könne, wohl aber das auf dem heutigen Art. 23 Abs. 1 Satz 2 GG (damals Art. 24 Abs. 1 GG) beruhende und insofern gleich lautende Zustimmungsgesetz.[39] Damit eröffnete sich das Gericht also eine Zugriffs-

---

35 BVerfGE 31, 145 (174) – Milchpulver.

36 Manche erkennen – dazu entgegengesetzt – in der Milchpulver-Entscheidung des Bundesverfassungsgerichts eine erste Andeutung für eine ultra-vires-Kontrollbefugnis, weil das Bundesverfassungsgericht davon sprach, dass der Europäische Gerichtshof „im Rahmen seiner Kompetenz" judizierte. Siehe dahingehend beispielsweise *Sauer*, Jurisdiktionskonflikte in Mehrebenensystemen, 2008, S. 183. Dies dürfte aber auf eine Überinterpretation der einschlägigen Urteilspassage hinauslaufen, liegt doch der Schwerpunkt der Aussagen des Bundesverfassungsgerichts darauf, dass Urteile des Europäischen Gerichtshofs Letztverbindlichkeit beanspruchen. *Haltern*, Europarecht Band II, 3. Aufl. 2017, Rn. 1090 weist darauf hin, dass sich das Bundesverfassungsgericht in dieser Entscheidung nur zur Frage des Vorrangs des Gemeinschaftsrechts vor einfachem nationalen Gesetzesrecht äußerte und noch nicht zum Problem, wie bei einer etwaigen Kollision mit deutschem Verfassungsrecht zu verfahren sei.

37 Der allgemein verwendete Entscheidungsname geht auf den in diesem Kontext nicht relevanten Vorbehalt der damals noch geltenden Solange I-Rechtsprechung zurück, wenn es in BVerfGE 52, 187 (202 f.) hieß: „Der Senat lässt offen, ob und gegebenenfalls inwieweit – etwa angesichts mittlerweile eingetretener politischer und rechtlicher Entwicklungen im europäischen Bereich – für künftige Vorlagen von Normen des *abgeleiteten* Gemeinschaftsrechts die Grundsätze des Beschlusses vom 29. Mai 1974 (BVerfGE 37, 271 ff.) weiterhin uneingeschränkt Geltung beanspruchen können" (Hervorh. i. O.). Siehe dazu auch unten Dritter Teil A. III. (S. 193).

38 Zur Diskussion um den statthaften Beschwerdegegenstand einer Verfassungsbeschwerde siehe noch unten Fünfter Teil A. I. (S. 318 ff.); um den statthaften Antragsgegenstand einer konkreten Normenkontrolle unten Fünfter Teil C. I. und III. (S. 370 ff.).

39 BVerfGE 52, 187 (199) – Vielleicht: „Im Verfahren nach Art. 100 Abs. 1 GG ist eine Prüfung, ob der Anwendung von Vorschriften des EWG-Vertrages Normen oder Grundsätze des Grundgesetzes entgegenstehen, nur statthaft, wenn insoweit das deutsche Zustimmungsgesetz zum Vertrag Prüfungsgegenstand ist. Denn es ist das Zustimmungsgesetz zum Vertrag, das den Rechtsanwendungsbefehl für die Geltung des sog. primären Gemeinschaftsrechts für den Hoheitsbereich der Bundesrepublik Deutschland erteilt hat. Die Unanwendbarkeit primä-

möglichkeit auf das Europarecht. In dem Beschluss hieß es an späterer Stelle, die sich unbefangen – im Anschluss an die Ausführungen in der Milchpulver-Entscheidung – als eine Absage an die Ausübung eines ultra-vires-Vorbehaltes liest, in dieser Bedeutung aber auch nicht überschätzt werden sollte:

„Art. 100 Abs. 1 GG, §§ 80 ff. BVerfGG verleihen dem Bundesverfassungsgericht nicht eine Gerichtsbarkeit darüber, Normen des primären Gemeinschaftsrechts im Widerspruch zu dem Inhalt, den der EuGH diesen Normen in einer Vorabentscheidung desselben Ausgangsverfahrens beigemessen hat, für den Hoheitsbereich der Bundesrepublik Deutschland als anwendbar festzustellen."[40]

Im Hinblick auf das Vorabentscheidungsverfahren des heutigen Art. 267 AEUV führte das Bundesverfassungsgericht darüber hinaus anerkennend aus:

„Art. 177 EWGV spricht dem Gerichtshof im Verhältnis zu den Gerichten der Mitgliedstaaten die *abschließende* Entscheidungsbefugnis über die Auslegung des Vertrages sowie über die Gültigkeit und die Auslegung der dort genannten abgeleiteten gemeinschaftsrechtlichen Akte zu."[41]

Ob damit – möglicherweise in Kontinuität zu der Milchpulver-Entscheidung – dem Europäischen Gerichtshof in diesem frühen Beschluss eine umfassende, der Kontrolle des Bundesverfassungsgerichts entzogene, Kompetenz zugestanden werden sollte, ist unklar. Im Ausgangsverfahren lag ein „ultra-vires-Handeln" der europäischen Organe[42] aber fern, sodass sich das Bundesverfassungsgericht noch keine vertieften Gedanken zu dem Fall eines kompetenzwidrigen Handelns der Unionsstellen machen musste.

III. Erste Andeutungen in der Kloppenburg-Entscheidung

Die „Geburtsstunde" der ultra-vires-Kontrolle durch das Bundesverfassungsgericht kann mit guten Gründen auf den April 1987 datiert werden.[43] Der sogenannten Kloppenburg-Entscheidung[44] des Bundesverfassungsgerichts lag

---

ren Gemeinschaftsrechts aus Gründen entgegenstehenden Bundesverfassungsrechts ist nicht ohne – gegebenenfalls teilweise – Unvereinbarkeit des Zustimmungsgesetzes mit dem Grundgesetz denkbar."

[40] BVerfGE 52, 187 (200) – Vielleicht.

[41] BVerfGE 52, 187 (200) – Vielleicht (Hervorh. d. Verf.).

[42] Genauer war streitgegenständlich eine Vorabentscheidung des Europäischen Gerichtshofs im Hinblick auf die Auslegung der Art. 92 bis 94 EWGV.

[43] In diese Richtung auch *Simon*, Grenzen des Bundesverfassungsgerichts im europäischen Integrationsprozess, 2016, S. 235. Zu weitgehend allerdings *Funke*, Virtuelle verfassungsgerichtliche Kontrolle von EU-Rechtsakten: der Schlußstein?, ZG 2011, 166 (169), wenn er den Kloppenburg-Beschluss sogar als „Leitentscheidung für die Kompetenzkontrolle" bezeichnet.

[44] BVerfGE 75, 223 ff. Siehe dazu auch die zeitgenössischen Urteilsanmerkungen von *Hilf*, Der Justizkonflikt um EG-Richtlinien: gelöst, EuR 1988, 1 ff. und *Rupp*, Anmerkung zu BVerfG, Beschluß v. 8.4.1987 – 2 BvR 687/85, JZ 1988, 194 ff.

eine Verfassungsbeschwerde gegen ein Urteil des Bundesfinanzhofs zugrunde, bei dem wegen der Nichtvorlage an den – damals noch so bezeichneten – Gerichtshof der Europäischen Gemeinschaften eine Verletzung des grundrechtsgleichen Rechts auf den gesetzlichen Richter aus Art. 101 Abs. 1 Satz 2 GG im Raum stand.

1. Sachverhalt: Aufstand des Bundesfinanzhofs

Der Sachverhalt stellt sich in den wesentlichen Punkten folgendermaßen dar: Die Beschwerdeführerin war in Kreditvermittlungsgeschäften tätig; nach dem UStG fiel hierfür eine Umsatzsteuer an. Gemäß einer europäischen Richtlinie, die von der Bundesrepublik Deutschland erst mit einer Verzögerung von zwei Jahren umgesetzt worden war, waren Umsätze aus der Vermittlung von Krediten aber von der Steuer befreit.[45] Die Beschwerdeführerin begehrte vor dem Finanzgericht die Steuerbefreiung auch für die Zeit, in welcher der deutsche Gesetzgeber die maßgebliche europäische Richtlinienbestimmung noch nicht umgesetzt hatte. Nach Vorlage an den Europäischen Gerichtshof gab das Finanzgericht der Klage statt, weil es sich an die dem Begehren der späteren Beschwerdeführerin entsprechende Entscheidung des Gerichtshofs der Europäischen Gemeinschaften[46] uneingeschränkt gebunden fühlte.

Auf die Revision des Finanzamtes hin hob der Bundesfinanzhof das erstinstanzliche Urteil wegen eines Verstoßes gegen Art. 20 Abs. 3 GG und Art. 24 Abs. 1 GG auf:[47] Der damaligen Europäischen Wirtschaftsgemeinschaft sei für die Regelung der Umsatzsteuer keine Kompetenz übertragen worden, um innerstaatlich verbindliches Recht mit unmittelbarer Wirkung setzen zu können. Nach Art. 99, 100 EWGV habe die Europäische Wirtschaftsgemeinschaft nur eine Kompetenz zum Erlass von Richtlinien, denen ein zweistufiger Rechtssetzungsprozess inhärent sei. Zunächst habe die Europäische Wirtschaftsgemeinschaft die Mitgliedstaaten hinsichtlich des Ziels und des Inhalts zu adressieren, anschließend müssen die einzelnen Mitgliedstaaten in einem zweiten Schritt diese Vorgaben in nationales Recht umwandeln. Diesem zweistufigen Regelungskonzept widerspreche eine – verordnungsgleich wirkende – unmittelbare Geltung von Richtlinienbestimmungen. Das Finanzgericht hätte daher wegen seiner Bindung an Recht und Gesetz nach Art. 20 Abs. 3 GG die geltende nationale Regelung anwenden müssen, die eine Steuerbefreiung nicht vorsah. Gemäß Art. 24 Abs. 1 GG könne die Bundesrepublik Deutschland zwar Hoheitsrechte auf zwischenstaatliche Einrichtungen wie die Europäische Union übertragen, dies sei im Hinblick auf eine umsatzsteuerrechtliche unmittelbar wirkende Re-

---

[45] Art. 13 Teil B lit. d der Sechsten Umsatzsteuerrichtlinie 77/388/EWG, Abl. 1977 Nr. L 145/1.

[46] EuGH, Urt. v. 22.02.1984, Rs. 70/83, Slg. 1984, 1075 (1086 Rn. 14) – Kloppenburg.

[47] BFH, NJW 1985, 2103 f.

gelung aber nicht geschehen. Diesem stehe auch die Vorabentscheidung des Europäischen Gerichtshofs nicht im Wege, da sich die Verbindlichkeit der Entscheidung nur auf den Inhalt des Gemeinschaftsrechts bezöge, aber die Befugnis des mitgliedstaatlichen Gerichts zur Entscheidung über das anzuwendende Recht unberührt lasse.

Im Kern ist der Bundesfinanzhof damit bewusst von der Rechtsprechung des Europäischen Gerichtshofs zur unmittelbaren Wirkung von Richtlinienbestimmungen zugunsten Einzelner[48] abgewichen.

2. Die Kompetenz des Europäischen Gerichtshofs im Vorabentscheidungsverfahren

Das Bundesverfassungsgericht sah in der fehlenden Vorlage des Bundesfinanzhofs an den Gerichtshof der Europäischen Gemeinschaften eine Verletzung von Art. 101 Abs. 1 Satz 2 GG und hielt die Verfassungsbeschwerde damit für begründet.[49] Der Bundesfinanzhof wäre verpflichtet gewesen, dem Europäischen Gerichtshof die Frage vorzulegen, ob wegen der erhobenen Einwände eine Bindung an die Vorabentscheidung nicht bestanden habe.[50] Der Sinn und Zweck des Vorabentscheidungsverfahrens läge darin, dass durch dieses gerichtliche Zwischenverfahren „die abschließende Entscheidungsbefugnis über die Auslegung des Vertrages sowie über die Gültigkeit und die Auslegung der dort genannten abgeleiteten gemeinschaftlichen Akte“ dem Europäischen Gerichtshof zukomme – dies würde der Rechtssicherheit und der einheitlichen Anwendung des Unionsrechts dienen.[51] Direkt im Anschluss folgten die entscheidenden Ausführungen, die sich als Andeutungen der ultra-vires-Kontrolle verstehen lassen,[52] zum damaligen Zeitpunkt aber noch ziemlich nebulös klangen:

> „Die durch Art. 177 EWGV [heute: Art. 267 AEUV] übertragene Kompetenz ist nicht schrankenlos. Die ihr durch das Grundgesetz gezogenen Grenzen unterliegen letztlich der Gerichtsbarkeit des Bundesverfassungsgerichts […].“[53]

---

[48] Siehe dazu die ständige Rechtsprechung des Europäischen Gerichtshofs: EuGH, Urt. v. 04.12.1974, Rs. 41/74, Slg. 1974, 1337 (1348 Rn. 12) – van Duyn ./. Home Office; EuGH, Urt. v. 01.02.1977, Rs. 51/76, Slg. 1977, 113 (126 f. Rn. 20/29) – Nederlandse Ondernemingen ./. Inspecteur der Invoerrechten en Accijnzen; EuGH, Urt. v. 23.11.1977, Rs. 38/77, Slg. 1977, 2203 (2211 Rn. 9/10) – Enka ./. Inspecteur der Invoerrechten en Accijnzen. Widerstände gegen diese Rechtsprechung leistete auch der französische Conseil d'État, siehe dazu unten Zweiter Teil E. II. 4. (S. 168 ff.).

[49] BVerfGE 75, 223 (233 ff.) – Kloppenburg.

[50] BVerfGE 75, 223 (234) – Kloppenburg.

[51] BVerfGE 75, 223 (234) – Kloppenburg.

[52] Weiter gehend *Simon*, Grenzen des Bundesverfassungsgerichts im europäischen Integrationsprozess, 2016, S. 235: „Schon damals ging es im Kern um nichts anderes als um eine Ultra-vires-Kontrolle […].“ Ähnlich auch *Häde*, Grenzen bundesverfassungsgerichtlicher Ultra-Vires- und Identitäts-Kontrollen, in: Pechstein, Integrationsverantwortung, 2012, S. 163 (165).

[53] BVerfGE 75, 223 (235) – Kloppenburg.

An späterer Stelle war auch zum ersten Mal der Begriff eines „ausbrechenden Rechtsakts“ angedeutet:

„Zwar ist es auch verfassungsrechtlich erheblich, ob eine zwischenstaatliche Einrichtung im Sinne des Art. 24 Abs. 1 GG sich in den Grenzen der ihr übertragenen Hoheitsrechte hält oder aus ihnen *ausbricht* […]. Der Gemeinschaft ist durch den EWG-Vertrag nicht eine Rechtsprechungsgewalt zur unbegrenzten Kompetenzerweiterung übertragen worden.“[54]

Unklar blieb hier aber insbesondere, wie die Gerichtsbarkeit des Bundesverfassungsgerichts im Hinblick auf die durch das Grundgesetz gezogenen Grenzen ausgeübt würde und ob sich diese Kontrollbefugnis lediglich auf das Vorabentscheidungsverfahren im Verhältnis zum Europäischen Gerichtshof oder auf die Geltung von abgeleitetem Unionsrecht allgemein bezog. Auf diese Fragenkomplexe gingen erst spätere Entscheidungen des Bundesverfassungsgerichts ein.

IV. Entwicklung des umfassenden allgemeinen Prüfvorbehalts im Maastricht-Urteil

In der Maastricht-Entscheidung[55] aus dem Jahr 1993 entwickelte das Bundesverfassungsgericht seine Gedanken aus dem Kloppenburg-Beschluss fort. Zwar ging es in der Entscheidung maßgeblich um die Verfassungsmäßigkeit der Übertragung von Hoheitsrechten – oder mit anderen Worten um die Prüfung einer potenziellen „Entleerung“ der Staatlichkeit der Bundesrepublik Deutschland – im Vorfeld der Ratifikation des Zustimmungsgesetzes für die neu gegründete Europäische Union und damit um eine „Eingangskontrolle“[56]. Doch stellte das Bundesverfassungsgericht im hier relevanten Kontext in einem berühmt gewordenen obiter dictum fest:

„Würden etwa europäische Einrichtungen oder Organe den Unions-Vertrag in einer Weise handhaben oder fortbilden, die von dem Vertrag, wie er dem deutschen Zustimmungsgesetz zugrunde liegt, nicht mehr gedeckt wäre, so wären die daraus hervorgehenden Rechtsakte im deutschen Hoheitsbereich nicht verbindlich. Die deutschen Staatsorgane wären aus verfassungsrechtlichen Gründen gehindert, diese Rechtsakte in Deutschland anzuwenden. Dementsprechend prüft das Bundesverfassungsgericht, ob Rechtsakte der europäischen Einrichtungen und Organe sich in den Grenzen der ihnen eingeräumten Hoheitsrechte halten oder aus ihnen ausbrechen […].“[57]

In diesen Ausführungen lag eine enorme Brisanz – fraglich war insbesondere, ob das Bundesverfassungsgericht sich hiermit eine generelle Letztentschei-

---

[54] BVerfGE 75, 223 (242) – Kloppenburg (Hervorh. d. Verf.).

[55] BVerfGE 89, 155 ff. Umfassend die Äußerungen des Bundesverfassungsgerichts zum „ausbrechenden Rechtsakt“ in der Maastricht-Entscheidung untersuchend: *Mayer*, Kompetenzüberschreitung und Letztentscheidung, 2000, S. 103 ff.

[56] Zum Begriff siehe oben die Einleitung Fn. 17 (S. 3 f.).

[57] BVerfGE 89, 155 (188) – Maastricht.

dungskompetenz im Verhältnis zum Europäischen Gerichtshof über die Gültigkeit von Unionsrecht zusprach.[58] Die Problematik zeigt sich dadurch, dass nach den heutigen Bestimmungen der Art. 263, 267, 344 AEUV, die in ähnlicher Form auch bereits im Maastrichter Vertrag existierten,[59] der Europäische Gerichtshof verbindlich über die Kompetenzmäßigkeit von Handlungen der Unionsstellen entscheidet.[60] Gerade mit dem zuletzt zitierten Satz aus der Maastricht-Entscheidung schien das Bundesverfassungsgericht dies jedoch nicht zu akzeptieren, sondern war im Begriff, sich einen allgemeinen und umfassenden Integrationsvorbehalt zuzugestehen, der unabhängig von einer Entscheidung des Europäischen Gerichtshofs in letzter Konsequenz jedes unionale Handeln auf dem Staatsgebiet der Bundesrepublik Deutschland für unanwendbar hätte erklären können, wenn es nach Auffassung des Bundesverfassungsgerichts die Grenzen der übertragenen Hoheitsrechte überschritt. Denn dem Maastricht-Urteil ließen sich keine Indizien dafür entnehmen, dass das Bundesverfassungsgericht seine Kontrolle in Bezug auf einen „ausbrechenden Rechtsakt" auf evidente und schwerwiegende Kompetenzverstöße begrenzt sehen wollte.[61] Ob dem Bundesverfassungsgericht die drohenden Folgen dieses umfassenden Prüfvorbehalts bewusst waren, erscheint fraglich. Jedenfalls hat diese Ausgestaltung des Integrationsvorbehalts erhebliche Kritik hervorgerufen;[62] die Auseinandersetzung hiermit soll aber erst an späterer Stelle erfolgen, geht es in diesem Abschnitt doch zunächst einmal nur um die Nachzeichnung der verfassungsgerichtlichen Entstehungsgeschichte der ultra-vires-Kontrolle. Festgehalten werden kann, dass in der Maastricht-Entscheidung die ultra-vires-Prüfungsbefugnis als Reservekompetenz durch das Bundesverfassungsgericht endgültig geschaffen wurde, ohne allerdings bereits diesen Terminus zu verwen-

---

58 Vgl. *Ruffert*, Das Bundesverfassungsgericht als Akteur im Prozess der europäischen Integration, EuGRZ 2017, 241 (242) m. w. N. und zeitgenössisch *Tomuschat*, Die Europäische Union unter der Aufsicht des Bundesverfassungsgerichts, EuGRZ 1993, 489 (494).

59 Damals Art. 173, 177 und 219.

60 Vgl. *Proelß*, Zur verfassungsgerichtlichen Kontrolle der Kompetenzmäßigkeit von Maßnahmen der Europäischen Union: Der „ausbrechende Rechtsakt" in der Praxis des BVerfG, EuR 2011, 241 (243).

61 *Mayer*, Kompetenzüberschreitung und Letztentscheidung, 2000, S. 112. A. A. wohl *Nicolaysen/Nowak*, Teilrückzug des BVerfG aus der Kontrolle der Rechtmäßigkeit gemeinschaftlicher Rechtsakte: Neuere Entwicklungen und Perspektiven, NJW 2001, 1233 (1236), die durch die Bezugnahmen auf die „Solange II"-Rechtsprechung eher eine restriktive Linie des Bundesverfassungsgerichts beim geschaffenen Kompetenzvorbehalt erkennen wollten.

62 Z. B. *Ruffert*, Das Bundesverfassungsgericht als Akteur im Prozess der europäischen Integration, EuGRZ 2017, 241 (242): „apodiktische, die Kontrollkompetenz des EuGH ignorierende, allein durch die inhaltsarme Formel vom Kooperationsverhältnis relativierte Erfindung der Figur des ausbrechenden Rechtsakts". Siehe auch *Bryde*, Transnationale Rechtsstaatlichkeit, in: Festschrift Jaeger, 2011, S. 65 (72): „Die Auffassung, es sei nicht Sache dieses Gerichts [des Europäischen Gerichtshofs] sondern in letzter Instanz die der nationalen Gerichte festzustellen, ob Europarecht wegen Kompetenzmängel gegen primäres Europarecht verstößt, ist daher nicht nur europarechtlich, sondern auch völkerrechtlich nicht begründbar."

den –[63] vielmehr ist die Rede vom „ausbrechenden Rechtsakt"[64], der jedoch in der Sache nichts anderes meint.

V. Kursorische Subsumtion in der Alcan-Folgeentscheidung

Mit diesem in der Maastricht-Entscheidung entwickelten Prüfvorbehalt setzte sich das Bundesverfassungsgericht kurz in einer Kammerentscheidung aus dem Jahr 2000[65] auseinander und verneinte einen „ausbrechenden Rechtsakt" der Unionsgerichtsbarkeit. In der Alcan-Entscheidung hatte der Europäische Gerichtshof ausgeführt, dass dem Unionsinteresse an der vollständigen Rückführung zu Unrecht gewährter Beihilfen keinerlei innerstaatliche Rechtsvorschriften – wie Normen zum Vertrauensschutz oder Ausschlussfristen (vgl. § 48 Abs. 2 und 4 VwVfG) – entgegengehalten werden können.[66] Hierauf Bezug nehmend hieß es im Kammerbeschluss:

> „Die Frage nach einem ausbrechenden Rechtsakt im Sinne des Maastricht-Urteils des BVerfG [...] stellt sich im vorliegenden Verfahren nicht. Die Entscheidung des EuGH [...] dient allein der Durchsetzung der in Art. 88 II EGV [heute Art. 108 Abs. 2 AEUV] [...] ausdrücklich vorgesehenen Befugnis der Kommission, die Rückführung gemeinschaftsrechtswidriger Beihilfen anzuordnen. Sie wirkt damit im Einzelfall und schafft kein allgemeines gemeinschaftsunmittelbares Verwaltungsverfahrensrecht."[67]

Diese apodiktischen Feststellungen erlaubten es dem Bundesverfassungsgericht, seine Anforderungen an einen „ausbrechenden Rechtsakt" noch nicht weiter konkretisieren zu müssen. Festzustellen ist indes, dass das Bundesverfassungsgericht durch die Subsumtion die Inanspruchnahme einer ultra-vires-Kontrollbefugnis manifestierte und daher auch die anfängliche Aussage, dass sich die Frage nach einem ausbrechenden Rechtsakt nicht *stellen* würde, inkohärent ist.[68] Auch in einem weiteren Kammerbeschluss zur urheberrechtlichen Gleichstellung von Deutschen mit Ausländern aus der Europäischen Union wurde ein ausbrechender Rechtsakt des Europäischen Gerichtshofs verneint.[69]

---

63 *Murswiek*, Die Ultra-vires-Kontrolle im Kontext der Integrationskontrolle, EuGRZ 2017, 327 (329).

64 Kritisch zur vom Bundesverfassungsgericht gewählten Formulierung: *v. Bogdandy*, Das Leitbild der dualistischen Legitimation für die europäische Verfassungsentwicklung – Gängige Missverständnisse und deren Gründe (BVerfGE 89, 155 ff.), KritV 2000, 284 (296 f.): „Mir erscheint nicht das grundsätzliche Konzept, wohl aber die Formulierung unangemessen und kritikwürdig, da sie an gefährliche Strafgefangene oder wilde Tiere erinnert."

65 BVerfG, NJW 2000, 2015 f.

66 EuGH, Urt. v. 20.03.1997, Rs. C-24/95, Slg. 1997 S. I-1591 (1617 ff. Rn. 27 ff.) – Alcan.

67 BVerfG, NJW 2000, 2015 (2016).

68 Zutreffend *Sauer*, Jurisdiktionskonflikte in Mehrebenensystemen, 2008, S. 189: „Entgegen der Feststellung, die Frage nach einem ausbrechenden Rechtsakt stelle sich nicht, wird nämlich im Grunde eine knappe Prüfung vorgenommen und kurz begründet, warum die EuGH-Entscheidung keinen *ultra vires*-Akt darstellt." (Hervorh. i. O.).

69 BVerfG, NJW 2001, 2323.

VI. Weitere Ausdifferenzierung im Lissabon-Urteil

Es verging einige Zeit, ehe sich das Bundesverfassungsgericht wieder mit der Prüfung eines „ausbrechenden Rechtsakts“ zu beschäftigen hatte. Nächster Entwicklungsschritt war erst die Lissabon-Entscheidung[70] aus dem Jahr 2009,[71] in der die Verfassungsmäßigkeit des deutschen Zustimmungsgesetzes zum Vertrag von Lissabon auf der Grundlage des Art. 23 Abs. 1 Satz 2 GG geprüft wurde. In dieser sehr umfassenden Entscheidung, in der das Bundesverfassungsgericht zunächst die Entstehung des europäischen Einigungsprozesses in Erinnerung gerufen und sodann ausführlich das Verhältnis des deutschen Verfassungsrechts zum Unionsrecht aufbereitet hatte, erfolgten auch neue Äußerungen zum ultra-vires-Vorbehalt.

1. Grundlegende Ausführungen und Begriffsumbenennung

Am Beginn der Begründetheit stellte das Bundesverfassungsgericht fest:

„Innerhalb der deutschen Jurisdiktion muss es zudem möglich sein, die Integrationsverantwortung im Fall von *ersichtlichen Grenzüberschreitungen* bei Inanspruchnahme von Zuständigkeiten durch die Europäische Union […] einfordern zu können. […] Das Bundesverfassungsgericht hat hierfür bereits den Weg der *Ultra-vires-Kontrolle* eröffnet, die im Fall von Grenzdurchbrechungen bei der Inanspruchnahme von Zuständigkeiten durch Gemeinschafts- und Unionsorgane greift. *Wenn Rechtsschutz auf Unionsebene nicht zu erlangen ist*, prüft das Bundesverfassungsgericht, ob Rechtsakte der europäischen Organe und Einrichtungen sich unter Wahrung des gemeinschafts- und unionsrechtlichen Subsidiaritätsprinzips (Art. 5 Abs. 2 EGV; Art. 5 Abs. 1 Satz 2 und Abs. 3 EUV-Lissabon) in

---

[70] BVerfGE 123, 267ff. Siehe für die nahezu unüberschaubare wissenschaftliche Auseinandersetzung mit dem Lissabon-Urteil beispielhaft: *Calliess*, Das Ringen des Zweiten Senats mit der Europäischen Union: Über das Ziel hinausgeschossen, ZEuS 2009, 559ff.; *Classen*, Legitime Stärkung des Bundestages oder verfassungsrechtliches Prokrustesbett? – Zum Urteil des BVerfG zum Vertrag von Lissabon, JZ 2009, 881ff.; *Dingemann*, Zwischen Integrationsverantwortung und Identitätskontrolle: Das „Lissabon“-Urteil des Bundesverfassungsgerichts, ZEuS 2009, 491ff.; *Gärditz/Hillgruber*, Volkssouveränität und Demokratie ernst genommen – Zum Lissabon-Urteil des BVerfG, JZ 2009, 872ff.; *Grimm*, Das Grundgesetz als Riegel vor einer Verstaatlichung der Europäischen Union – Zum Lissabon-Urteil des Bundesverfassungsgerichts, Der Staat 48 (2009), 475ff.; *Jestaedt*, Warum in die Ferne schweifen, wenn der Maßstab liegt so nah? – Verfassunghandwerkliche Anfragen an das Lissabon-Urteil des BVerfG, Der Staat 48 (2009), 497ff.; *Ohler*, Herrschaft, Legitimation und Recht in der Europäischen Union – Anmerkungen zum Lissabon-Urteil des BVerfG, AöR 135 (2010), 153ff.; *Pache*, Das Ende der europäischen Integration? – Das Urteil des Bundesverfassungsgerichts zum Vertrag von Lissabon, zur Zukunft Europas und der Demokratie, EuGRZ 2009, 285ff.; *C. Schönberger*, Die Europäische Union zwischen „Demokratiedefizit und Bundesstaatsverbot“, Der Staat 48 (2009), 535ff.; *Terhechte*, Souveränität, Dynamik und Integration – making up the rules as we go along? – Anmerkungen zum Lissabon-Urteil des Bundesverfassungsgerichts, EuZW 2009, 724ff.

[71] Nach *Calliess*, Staatsrecht III, 3. Aufl. 2020, § 8 Rn. 78 wurde die ultra-vires-Kontrolle des Bundesverfassungsgerichts in diesem Urteil „etabliert und entfaltet“.

den Grenzen der ihnen im Wege der begrenzten Einzelermächtigung eingeräumten Hoheitsrechte halten.“[72]

Erstmals fiel in diesem Urteil anstelle des bisher genutzten Begriffs des „ausbrechenden Rechtsakts“ also die Bezeichnung „ultra-vires-Kontrolle“.[73] Außerdem erweiterte das Bundesverfassungsgericht seine Kontrollkompetenz im Hinblick auf die Einhaltung der Kompetenzmäßigkeit durch die Handlungen der unionalen Stellen ausdrücklich auch auf die Wahrung des unionsrechtlichen Subsidiaritätsprinzips. Zur Rechtfertigung der bundesverfassungsgerichtlichen ultra-vires-Prüfung hieß es an späterer Stelle noch besonders eindringlich:

„Aus der fortbestehenden, mitgliedstaatlich verankerten Volkssouveränität und aus dem Umstand, dass die Staaten die Herren der Verträge bleiben, folgt […], dass den Mitgliedstaaten das Recht zur Prüfung der Einhaltung des Integrationsprogramms nicht entzogen sein kann. […] Mitgliedstaatlichen Rechtsprechungsorganen mit verfassungsrechtlicher Funktion kann im Rahmen der ihnen übertragenen Zuständigkeit – dies ist jedenfalls der Standpunkt des Grundgesetzes – nicht die Verantwortung für die Grenzen ihrer verfassungsrechtlichen Integrationsermächtigung […] genommen werden.“[74]

Daraus und aus der Aussage, dass das Zustimmungsgesetz zum Vertrag von Lissabon allein nach Maßgabe der Gründe mit dem Grundgesetz vereinbar sei,[75] lässt sich entnehmen, dass das Bundesverfassungsgericht ohne die für sich beanspruchte Residualkompetenz der ultra-vires-Kontrolle die Verfassungsmäßigkeit des Vertrags von Lissabon nicht bestätigt hätte.[76] Die Bedeutung der ultra-vires-Kontrolle kann man daher gar nicht überschätzen.

Allerdings sei bereits an dieser Stelle auf eine Inkonsequenz hingewiesen: Wenn das Bundesverfassungsgericht seine Befugnis zur ultra-vires-Kontrolle als entscheidendes Argument für die Verfassungsmäßigkeit des Zustimmungsgesetzes zum Vertrag von Lissabon angesehen hat, so hätte es die die Ratifikationsurkunde hinterlegenden Verfassungsorgane verpflichten müssen, durch die Erklärung eines völkerrechtlichen Vorbehalts[77] (vgl. Art. 2 Abs. 1 lit. d der Wiener Vertragsrechtskonvention[78]) die Reservekompetenz des Bundesverfassungsgerichts sicherzustellen und die Monopolstellung des Europäischen Ge-

[72] BVerfGE 123, 267 (353 f.) – Lissabon (Hervorh. d. Verf.).

[73] *Everling*, Europas Zukunft unter der Kontrolle der nationalen Verfassungsgerichte, EuR 2010, 91 (101 Fn. 48): „Das Gericht ersetzt die aus dem Maastricht-Urteil stammende, etwas martialische Formel vom ‚ausbrechenden Rechtsakt‘ durch diesen international üblichen Begriff.“

[74] BVerfGE 123, 267 (398 f.) – Lissabon.

[75] BVerfGE 123, 267 (436) – Lissabon.

[76] So auch *Murswiek*, Die Ultra-vires-Kontrolle im Kontext der Integrationskontrolle, EuGRZ 2017, 327 (331): „Ultra-vires-Kontrolle und Identitätskontrolle sind somit nicht irgendwelche Accessoires, von denen das Verfassungsgericht nach taktischem Belieben Gebrauch machen kann oder auch nicht. Sie sind vielmehr die strategischen Instrumente, die das Inkrafttreten des Vertrages von Lissabon überhaupt ermöglichten.“

[77] Dazu näher instruktiv *v. Arnauld*, Völkerrecht, 4. Aufl. 2019, Rn. 214 ff.

[78] Wiener Übereinkommen über das Recht der Verträge vom 23.05.1969, ratifiziert von

richtshofs für die Auslegung des Unionsrechts (vgl. Art. 19 Abs. 1 Uabs. 1 Satz 2 EUV) dadurch teilweise zu durchbrechen.[79] Denn eine Befugnis mitgliedstaatlicher Gerichte zur Prüfung der Kompetenzmäßigkeit unionalen Handelns ergibt sich zumindest aus den europäischen Primärverträgen nicht.[80] Gerade diesen Weg der Verpflichtung zur Abgabe einer völkerrechtlichen Erklärung hat das Bundesverfassungsgericht bei der Prüfung der Verfassungskonformität des ESM-Vertrags beschritten.[81] Dadurch, dass ein solcher völkerrechtlicher Vorbehalt bei der Ratifikation des Vertrags von Lissabon nicht erklärt wurde, ist jeder vom Bundesverfassungsgericht festgestellte ultra-vires-Akt in Bezug auf die Handlungen der Unionsstellen potenziell eine Vertragsverletzung, auf welche die Kommission oder die anderen Mitgliedstaaten mithilfe des Vertragsverletzungsverfahrens nach den Art. 258 ff. AEUV reagieren könnten.[82]

2. *Monopolisierung des Vorbehalts beim Bundesverfassungsgericht*

Nach den Ausführungen im Maastricht-Urteil war noch unklar, ob jedes Gericht oder sogar jede nationale Behörde die Handlungen der Unionsorgane auf einen ultra-vires-Akt hin überprüfen durfte oder sogar musste.[83] Das führte im

der Bundesrepublik Deutschland durch Gesetz v. 03.08.1985 (BGBl. II, S. 926), in Kraft getreten am 20.08.1987.

[79] Dafür auch *Gärditz/Hillgruber*, Volkssouveränität und Demokratie ernst genommen – Zum Lissabon-Urteil des BVerfG, JZ 2009, 872 (878), nach denen sich sogar die Verpflichtung zur Abgabe eines derartigen völkerrechtlichen Vorbehalts für die Verfassungsorgane aus den Entscheidungsgründen ergeben sollte. Die Erklärung eines solchen völkerrechtlichen Vorbehalts, der nach Art. 20 Abs. 2 der Wiener Vertragsrechtskonvention der Zustimmung aller Mitgliedstaaten bedurft hätte, wäre wohl ohne Weiteres möglich gewesen – eine Unzulässigkeit nach Art. 19 lit. c der Wiener Vertragsrechtskonvention liegt nicht nahe. Vgl. daneben *Skouris*, Der Vorrang des Europäischen Unionsrechts vor dem nationalen Recht. Unionsrecht bricht nationales Recht, EuR 2021, 3 (11). Siehe dazu aber auch *Calliess*, Das Ringen des Zweiten Senats mit der Europäischen Union: Über das Ziel hinausgeschossen, ZEuS 2009, 559 (577 ff.).

[80] Siehe dazu auch noch umfassend unten Zweiter Teil C. (S. 89 ff.).

[81] Die Entscheidungsformel in BVerfGE 132, 195 (196 f.) – ESM-Eilentscheidung lautete: „Die Anträge auf Erlass einer einstweiligen Anordnung werden mit der Maßgabe abgelehnt, dass die Ratifikation des Vertrages zur Einrichtung des Europäischen Stabilitätsmechanismus [...] *nur erfolgen darf, wenn zugleich völkerrechtlich sichergestellt wird*, dass 1. die Regelung des Artikels 8 Absatz 5 Satz 1 des Vertrags zur Einrichtung des Europäischen Stabilitätsmechanismus sämtliche Zahlungsverpflichtungen der Bundesrepublik Deutschland aus diesem Vertrag der Höhe nach auf die in Anhang II des Vertrages genannte Summe in dem Sinne begrenzt, dass keine Vorschrift dieses Vertrags so ausgelegt werden kann, dass für die Bundespublik Deutschland ohne Zustimmung des deutschen Vertreters höhere Zahlungsverpflichtungen begründet werden; 2. die Regelungen der Artikel 32 Absatz 5, Artikel 34 und Artikel 35 Absatz 1 des Vertrages zur Einrichtung des Europäischen Stabilitätsmechanismus nicht der umfassenden Unterrichtung des Bundestages und des Bundesrates entgegenstehen." (Hervorh. d. Verf.).

[82] Siehe dazu auch noch unten Fünfter Teil D. II. (S. 379 ff.).

[83] Vgl. *Calliess*, Die europarechtliche Ultra-Vires-Kontrolle des Bundesverfassungsgerichts – Stumpfes Schwert oder Gefahr für die Autorität des Unionsrechts, in: Festschrift Stein, 2015, S. 446 (457); *Huber*, Die Ultra-vires-Rüge, in: Festschrift Landau, 2016, S. 233

Jahr 1994 dazu, dass das Finanzgericht des Landes Rheinland-Pfalz in einer Entscheidung betreffend § 126 Abs. 5 FGO eine Kompetenzüberschreitung des Europäischen Gerichtshofs annahm und dessen Entscheidung für unverbindlich erklärte.[84]

Das Lissabon-Urteil enthielt nun aufgrund der Unionsrechtsfreundlichkeit des Grundgesetzes und zum Schutz der Funktionsfähigkeit der Unionsrechtsordnung sowie wegen des Art. 100 Abs. 1 GG inhärenten Rechtsgedankens eine Monopolisierung für die Ausübung der Residualkompetenz der ultra-vires-Kontrolle beim Bundesverfassungsgericht.[85] Seither kommt also allein dem Bundesverfassungsgericht die Befugnis zu, ultra-vires-Handlungen von Unionsstellen festzustellen. Die Fachgerichte sind, wenn sie eine unionale Handlung für „ultra vires" halten, dazu verpflichtet, analog Art. 100 Abs. 1 GG[86] das Bundesverfassungsgericht anzurufen.[87]

3. *Eingeschränkte Zurücknahme des umfassenden Prüfvorbehalts?*

Sodann hieß es an späterer Stelle in einer wichtigen Passage des Urteils:

„Es ist eine Konsequenz der fortbestehenden Souveränität der Mitgliedstaaten, dass *jedenfalls* dann, wenn es *ersichtlich* am konstitutiven Rechtsanwendungsbefehl mangelt,

(237); *Mayer*, Kompetenzüberschreitung und Letztentscheidung, 2000, S. 111; *Ost*, Europarecht vor dem Bundesverfassungsgericht – Verfahrensrechtliche Probleme der Befassung des Bundesverfassungsgerichtes mit dem europäischen Gemeinschaftsrecht, NVwZ 2001, 399 (402). Gemäß den Nachweisen bei *Hirsch*, Europäischer Gerichtshof und Bundesverfassungsgericht – Kooperation oder Konfrontation?, NJW 1996, 2457 (2460 f.) hielten sich deutsche Fachgerichte für befugt, ultra-vires-Handlungen der europäischen Stellen – den Europäischen Gerichtshof inkludiert – auszumachen und ihnen ihre Verbindlichkeit auf dem Hoheitsgebiet der Bundesrepublik Deutschland abzusprechen. *Everling*, Bundesverfassungsgericht und Gerichtshof der Europäischen Gemeinschaften nach dem Maastricht-Urteil, in: Gedächtnisschrift Grabitz, 1995, S. 57 (68) und *Kokott*, Deutschland im Rahmen der Europäischen Union – zum Vertrag von Maastricht, AöR 119 (1994), 207 (218 ff.) haben hingegen bereits die Ausführungen im Maastricht-Urteil so verstanden, dass allein das Bundesverfassungsgericht über die Gültigkeit sekundären Unionsrechts wacht.

[84] FG Rheinland-Pfalz, EuZW 1995, 588. Sehr kritisch dazu *Hirsch*, Europäischer Gerichtshof und Bundesverfassungsgericht – Kooperation oder Konfrontation?, NJW 1996, 2457 (2461): „Diese Entscheidung des FG Rheinland-Pfalz interessiert hier nicht so sehr wegen ihrer rechtlichen Insuffizienz, sondern wegen der Selbstverständlichkeit, mit der sich das Gericht im Blick auf die Maastricht-Entscheidung für befugt hält, in einer schwierigen europarechtlichen Frage den EuGH einer Fehlentscheidung zu zeihen und sich über dessen Rechtsprechung einfach hinwegzusetzen." Auch das Sozialgericht Reutlingen stellte im Jahr 2008 einen ausbrechenden Rechtsakt des Europäischen Gerichtshofs in Bezug auf die Auslegung des Diskriminierungsverbots in Art. 12 EGV (heute: Art. 18 AEUV) fest – siehe dazu: SG Reutlingen, Urt. v. 29.04.2008, Az.: S 2 AS 2952/07, Rn. 63 ff. (insb. Rn. 76), juris.

[85] BVerfGE 123, 267 (354) – Lissabon.

[86] Vgl. *Ludwigs*, Der ultra-vires-Vorbehalt des BVerfG – Judikative Kompetenzanmaßung oder legitimes Korrektiv?, NVwZ 2015, 537 (538).

[87] Kritisch dazu *Funke*, Virtuelle verfassungsgerichtliche Kontrolle von EU-Rechtsakten: der Schlußstein?, ZG 2011, 166 (177 f.). Siehe dazu auch noch unten Fünfter Teil C. IV. (S. 375 ff.).

die Unanwendbarkeit eines solchen Rechtsaktes für Deutschland vom Bundesverfassungsgericht festgestellt wird.“[88]

Hier findet sich möglicherweise eine Einschränkung des allgemeinen und umfassenden Prüfungsvorbehalts aus der Maastricht-Entscheidung.[89] Das Bundesverfassungsgericht rechtfertigte seine Reservekompetenz – in dem erkennbaren Bestreben, europarechtlichen Einwänden vorzubeugen – damit, dass selbst der Europäische Gerichtshof in der Rechtssache Kadi[90] entschieden hatte, dass der völkerrechtliche Geltungsanspruch einer Resolution des Sicherheitsrats der Vereinten Nationen bei einem Verstoß gegen grundlegende Rechtsprinzipien der Gemeinschaft aufgehoben sei.[91] In eng umgrenzten Fällen – so das Bundesverfassungsgericht – müsse die staatliche Identität der Bundesrepublik Deutschland über den sonst akzeptierten Anwendungsvorrang des Unionsrechts gestellt werden.[92] Daher widerspreche es der Europarechtsfreundlichkeit des Grundgesetzes nicht, wenn im Einzelfall Recht der Europäischen Union für in Deutschland unanwendbar erklärt werde.[93]

Unklar war aber, was genau das Bundesverfassungsgericht mit der Verwendung der Wörter „jedenfalls“ und „ersichtlich“ im oben zitierten Auszug intendierte.[94] Hatte das Bundesverfassungsgericht seine Auffassung aus der Maastricht-Entscheidung modifiziert und verlangte jetzt eine „ersichtliche“, gemeint ist also wohl eine „offenkundige“ beziehungsweise „evidente“ Überschreitung der Kompetenzen durch die Union?[95] Oder drückte gerade die Wendung „jedenfalls“ aus, dass das Bundesverfassungsgericht am umfassenden Prüfvorbehalt festhielt und diesen lediglich aus Gründen der – vermeintlichen – Unionsrechtsfreundlichkeit sprachlich zurückhaltender formulieren wollte?[96] Die

---

[88] BVerfGE 123, 267 (400) – Lissabon (Hervorh. d. Verf.).

[89] Siehe dazu oben Zweiter Teil B. IV. (S. 39 ff.).

[90] EuGH, Urt. v. 03.09.2008, Rs. C-402/05 P und C-415/05 P, ECLI:EU:C:2008:461.

[91] BVerfGE 123, 267 (401) – Lissabon. Dieser Vergleich „hinkt“ jedoch, da im Unterschied zur Bundesrepublik Deutschland im Verhältnis zur Europäischen Union letztere im Verhältnis zu den Vereinten Nationen gerade keine Hoheitsrechte übertragen hat – vgl. *Classen*, in: v. Mangoldt/Klein/Starck, GG Band 2, 7. Aufl. 2018, Art. 23 Rn. 50 Fn. 245.

[92] BVerfGE 123, 267 (400 f.) – Lissabon.

[93] BVerfGE 123, 267 (401) – Lissabon.

[94] Vgl. *Proelß*, Zur verfassungsgerichtlichen Kontrolle der Kompetenzmäßigkeit von Maßnahmen der Europäischen Union: Der „ausbrechende Rechtsakt“ in der Praxis des BVerfG, EuR 2011, 241 (243); *ders.*, Bundesverfassungsgericht und überstaatliche Gerichtsbarkeit, 2014, S. 258.

[95] In diese Richtung: *Everling*, Europas Zukunft unter der Kontrolle der nationalen Verfassungsgerichte, EuR 2010, 91 (101); *Häde*, Grenzen bundesverfassungsgerichtlicher Ultra-Vires- und Identitäts-Kontrollen, in: Pechstein, Integrationsverantwortung, 2012, S. 163 (167); *Ludwigs*, Der ultra-vires-Vorbehalt des BVerfG – Judikative Kompetenzanmaßung oder legitimes Korrektiv?, NVwZ 2015, 537 (538); *Mayer/Walter*, Die Europarechtsfreundlichkeit des BVerfG nach dem Honeywell-Beschluss, Jura 2011, 532 (534).

[96] Dahingehend *Proelß*, Zur verfassungsgerichtlichen Kontrolle der Kompetenzmäßigkeit von Maßnahmen der Europäischen Union: Der „ausbrechende Rechtsakt“ in der Praxis des

Antwort darauf sollte die ein Jahr später getroffene Entscheidung im Verfahren „Honeywell" liefern.

VII. Die Entwicklung der heutigen strengen Kriterien in der Honeywell-Entscheidung

Im Honeywell-Beschluss[97] nutzte das Bundesverfassungsgericht die Gelegenheit, seine in den vorherigen Urteilen zum Maastricht- und Lissabon-Vertrag getroffenen Aussagen zu den Voraussetzungen der ultra-vires-Kontrolle noch einmal kritisch zu überprüfen. Der Honeywell-Beschluss war die erste Entscheidung des Bundesverfassungsgerichts, in der ein ultra-vires-Akt der Unionsstellen – hier das sogenannte Mangold-Urteil des Europäischen Gerichtshofs[98] – dem Bundesverfassungsgericht als konkret möglich erschien und sich die Ausführungen zur ultra-vires-Reservekompetenz mithin nicht mehr in bloßen obiter dicta erschöpfen konnten.[99] Nicht nur in den Medien,[100] sondern auch von wissenschaftlicher Seite[101] wurde der Erwartung Ausdruck verliehen, dass das Bundesverfassungsgericht in der Entscheidung seine ultra-vires-Kontrollbefugnis aktivieren und den Europäischen Gerichtshof in die Schranken weisen würde.

1. Sachverhalt

Zum Verständnis des Beschlusses ist eine kurze Wiedergabe des Sachverhalts vonnöten: Die Beschwerdeführerin war in der Automobilzulieferungsbranche tätig und beschäftigte etwa 1200 Arbeitnehmer. Mit dem Kläger des der Verfassungsbeschwerde zugrunde liegenden Klageverfahrens wurde am 18. Februar 2003 ein sachgrundlos befristeter Arbeitsvertrag bis zum 31. März 2004 geschlossen. Der Kläger hatte zu Beginn des Arbeitsverhältnisses das 52. Lebensjahr bereits vollendet und machte die Unwirksamkeit der Befristung seines Arbeitsvertrags geltend. Er berief sich dabei darauf, dass § 14 Abs. 3 Satz 4 TzBfG

BVerfG, EuR 2011, 241 (243); *ders.*, Bundesverfassungsgericht und überstaatliche Gerichtsbarkeit, 2014, S. 258.

[97] BVerfGE 126, 286 ff. Vgl. auch die Anmerkungen von *Funke*, Virtuelle verfassungsgerichtliche Kontrolle von EU-Rechtsakten: der Schlußstein?, ZG 2011, 166 ff.; *Mayer/Walter*, Die Europarechtsfreundlichkeit des BVerfG nach dem Honeywell-Beschluss, Jura 2011, 532 ff. (insb. 536 ff.) und *Sauer*, Europas Richter Hand in Hand?, EuZW 2011, 94 ff.

[98] EuGH, Urt. v. 22.11.2005, Rs. C-144/04, Slg. 2005 S. I-9981.

[99] So auch *Schneider*, Der Ultra-vires-Maßstab im Außenverfassungsrecht, AöR 139 (2014), 196 (198).

[100] Vgl. *Herzog/Gerken*, Stoppt den Europäischen Gerichtshof, F.A.Z. v. 08.09.2008, Nr. 210, S. 8.

[101] Aus dem Vorwort von *Gerken/Rieble/Roth/Stein/Streinz*, „Mangold" als ausbrechender Rechtsakt, 2009: „Wenn das Bundesverfassungsgericht in diesem eindeutigen Fall nicht einschreitet, ist nicht zu sehen, wann es dann ‚Halt' rufen würde oder überhaupt noch könnte. Es hat oft genug die Lippen gespitzt; es wird Zeit, auch einmal zu pfeifen."

a. F.[102] mit zwei europäischen Richtlinien[103] unvereinbar sei und daher unangewendet bleiben müsse. Mit dem Hinweis darauf, dass sich der Kläger nicht auf eine unmittelbare Wirkung von Richtlinien im Privatrechtsverhältnis berufen könne, wies das Arbeitsgericht Lübeck die Klage ab. Dieser Rechtsauffassung folgte auch das Landesarbeitsgericht mit dem zusätzlichen Hinweis, dass die Richtlinienbestimmungen mangels hinreichender Bestimmtheit und Unbedingtheit dem Kläger keine eigenen Rechte zu verleihen vermögen.[104] Die Revision zum Bundesarbeitsgericht hatte hingegen Erfolg – dabei stützten sich die Erfurter Richter maßgeblich auf das Urteil des Europäischen Gerichtshofs in der Rechtssache Mangold[105]. In diesem judizierte dieser, dass das damalige Gemeinschafts- und heutige Unionsrecht und insbesondere Art. 6 Abs. 1 der Richtlinie 2000/78/EG[106] der Anwendbarkeit des § 14 Abs. 3 Satz 4 TzBfG a. F. entgegenstünden: Die unterschiedslose Behandlung von Arbeitnehmern, die das 52. Lebensjahr bereits vollendet hätten, ohne Rücksicht darauf, ob und wie lange diese vor Abschluss des Arbeitsvertrags bereits arbeitssuchend waren, gehe über das erforderliche Maß des an sich legitimen Ziels, Langzeitarbeitslose wieder in den Arbeitsmarkt einzugliedern, hinaus.[107] Dem stehe nach Auffassung des Europäischen Gerichtshofs auch nicht die Tatsache entgegen, dass die Umsetzungsfrist der Richtlinie zum Zeitpunkt des Abschlusses des Arbeitsvertrags noch nicht abgelaufen war: Zum einen dürfe der Mitgliedstaat bereits während der Umsetzungsfrist einer Richtlinie keine dem Telos der Richtlinie widersprechenden Bestimmungen erlassen.[108] Zum anderen habe die Bundesrepublik Deutschland zwar von der Möglichkeit einer Fristverlängerung Gebrauch gemacht, die aber – infolge der Verpflichtung, an die Kommission re-

---

[102] Die maßgeblichen Bestimmungen in § 14 Abs. 3 Satz 1 und Satz 4 TzBfG in der Fassung vom 23.12.2002, BGBl. I, S. 4607 lauteten: „Die Befristung eines Arbeitsvertrages bedarf keines sachlichen Grundes, wenn der Arbeitnehmer bei Beginn des befristeten Arbeitsverhältnisses das 58. Lebensjahr vollendet hat. […] Bis zum 31. Dezember 2006 ist Satz 1 mit der Maßgabe anzuwenden, dass an die Stelle des 58. Lebensjahres das 52. Lebensjahr tritt."

[103] Richtlinie 1999/70/EG des Rates vom 28.06.1999 zu der EGB-UNICE-CEEP-Rahmenvereinbarung über befristete Arbeitsverträge, Abl. 1999 Nr. L 175/43 und Richtlinie 2000/78/EG des Rates vom 27.11.2000 zur Festlegung eines allgemeinen Rahmens für die Verwirklichung der Gleichbehandlung in Beschäftigung und Beruf, Abl. 2000 Nr. L 303/16.

[104] Landesarbeitsgericht Schleswig-Holstein, Urt. v. 22.06.2004, Az. 5 Sa 128/04, Rn. 61, juris.

[105] EuGH, Urt. v. 22.11.2005, Rs. C-144/04, Slg. 2005, S. I-9981.

[106] Auszugsweise: „Ungeachtet des Artikels 2 Absatz 2 können die Mitgliedstaaten vorsehen, dass Ungleichbehandlungen wegen des Alters keine Diskriminierung darstellen, sofern sie objektiv und angemessen sind und im Rahmen des nationalen Rechts durch ein legitimes Ziel, worunter insbesondere rechtmäßige Ziele aus den Bereichen Beschäftigungspolitik, Arbeitsmarkt und berufliche Bildung zu verstehen sind, gerechtfertigt sind und die Mittel zur Erreichung dieses Ziels angemessen und erforderlich sind […]."

[107] EuGH, Urt. v. 22.11.2005, Rs. C-144/04, Slg. 2005, S. I-9981 (10037 f. Rn. 64 f.) – Mangold.

[108] EuGH, Urt. v. 22.11.2005, Rs. C-144/04, Slg. 2005, S. I-9981 (10038 Rn. 66 ff.) – Mangold.

gelmäßig Berichte über den Fortschritt der Bemühungen zur Erreichung der Richtlinienziele zu erstatten – nicht dazu führen dürfe, dass in der Zwischenzeit dem Telos der Richtlinie entgegenlaufende Maßnahmen ergriffen würden.[109] Schließlich sei das Verbot der Altersdiskriminierung aufgrund gemeinsamer Verfassungsüberlieferungen der Mitgliedstaaten als allgemeiner Grundsatz des Unionsrechts einzuordnen (vgl. Art. 6 Abs. 3 EUV).[110] Gegen das Urteil des Bundesarbeitsgerichts rief die Beschwerdeführerin im Wege der Verfassungsbeschwerde das Bundesverfassungsgericht an. Sie sah in der Mangold-Entscheidung des Europäischen Gerichtshofs eine „ersichtliche Kompetenzüberschreitung", die insbesondere ihre Vertragsfreiheit im Zusammenhang mit dem Abschluss von Arbeitsverträgen aus Art. 12 Abs. 1 Satz 1 GG verletze, und wollte erreichen, dass das Bundesverfassungsgericht einen ultra-vires-Akt des Europäischen Gerichtshofs feststellen und damit das Urteil in der Rechtssache Mangold für unverbindlich erklären würde.

2. Grundlegende Ausführungen zum Verhältnis des Unionsrechts zu nationalem Recht und Auseinandersetzung mit Einwänden gegen die ultra-vires-Kontrolle

Zu Beginn der Begründetheit stellte das Bundesverfassungsgericht in Bezug auf das Verhältnis des Unionsrechts zum nationalen Recht fest:

„Das Recht der Europäischen Union kann sich nur wirksam entfalten, wenn es entgegenstehendes mitgliedstaatliches Recht verdrängt. Der Anwendungsvorrang des Unionsrechts führt zwar nicht dazu, dass entgegenstehendes nationales Recht nichtig wäre. Mitgliedstaatliches Recht kann vielmehr weiter seine Geltung entfalten, wenn und soweit es jenseits des Anwendungsbereichs einschlägigen Unionsrechts einen sachlichen Regelungsbereich behält. Im Anwendungsbereich des Unionsrechts dagegen ist entgegenstehendes mitgliedstaatliches Recht grundsätzlich unanwendbar. *Der Anwendungsvorrang folgt aus dem Unionsrecht, weil die Union als Rechtsgemeinschaft nicht bestehen*

[109] EuGH, Urt. v. 22.11.2005, Rs. C-144/04, Slg. 2005, S. I-9981 (10039 Rn. 71 f.) – Mangold.

[110] EuGH, Urt. v. 22.11.2005, Rs. C-144/04, Slg. 2005, S. I-9981 (10040 Rn. 74 f.) – Mangold. Die heutige Bestimmung des Art. 21 Abs. 1 der Grundrechte-Charta „Diskriminierungen insbesondere wegen […] des Alters […] sind verboten" war zum entscheidungserheblichen Zeitpunkt des Mangold-Urteils noch nicht rechtlich verbindlich. Die Gleichstellung der Grundrechte-Charta mit den europäischen Primärverträgen erfolgte erst durch den Vertrag von Lissabon zum 01.12.2009 in Art. 6 Abs. 1 Uabs. 1 Halbsatz 2 EUV. Nichtsdestotrotz erscheint es nicht schlüssig, warum der Europäische Gerichtshof in seinem Urteil nicht auch auf diese Bestimmung der Grundrechte-Charta Bezug genommen hat. Dies wäre gegebenenfalls ein stärkeres Argument für einen „allgemeinen Grundsatz des Gemeinschaftsrechts" gewesen als der Verweis auf „verschiedene völkerrechtliche Verträge" (EuGH, Urt. v. 22.11.2005, Rs. C-144/04, Slg. 2005, S. I-9981 [1040 Rn. 74]), die ein solches Diskriminierungsverbot – soweit ersichtlich – wohl gar nicht kennen. Siehe dazu und allgemein zur Kritik am Urteil besonders eindringlich *Gerken/Rieble/Roth/Stein/Streinz*, „Mangold" als ausbrechender Rechtsakt, 2009, S. 17 ff.

könnte, wenn die einheitliche Wirksamkeit des Unionsrechts in den Mitgliedstaaten nicht gewährleistet wäre (vgl. grundlegend EuGH, Urteil vom 15. Juli 1964, Rs. 6/64, Costa/ENEL, Slg. 1964, S. 1251 Rn. 12). Der Anwendungsvorrang entspricht *auch* der verfassungsrechtlichen Ermächtigung des Art. 23 Abs. 1 GG, wonach Hoheitsrechte auf die Europäische Union übertragen werden können. [...] Art. 23 Abs. 1 GG erlaubt mit der Übertragung von Hoheitsrechten – soweit vertraglich vorgesehen und gefordert – zugleich deren unmittelbare Ausübung innerhalb der mitgliedstaatlichen Rechtsordnungen. Er enthält somit ein Wirksamkeits- und Durchsetzungsversprechen, dem der unionsrechtliche Anwendungsvorrang entspricht."[111]

Sodann hob das Bundesverfassungsgericht aber in Reflexion der bereits ergangenen Urteile hervor, dass dieser Anwendungsvorrang wegen der Geltung des Prinzips der begrenzten Einzelermächtigung gemäß Art. 4 Abs. 1, Art. 5 Abs. 1 Satz 1, Abs. 2 Satz 1 EUV nicht umfassend sein könne – hieraus folge für das Bundesverfassungsgericht vielmehr die Kompetenz und Verpflichtung zur Vornahme einer ultra-vires-Kontrolle.[112]

Nichtsdestoweniger beschäftigte sich das Bundesverfassungsgericht in einem anschließenden Schritt noch kurz mit den Bedenken gegen die selbst zugestandene Reservekompetenz. Es sprach davon, dass die „Pflicht" des Bundesverfassungsgerichts zur Kontrolle von ultra-vires-Handlungen der unionalen Stellen mit der Aufgabe des Europäischen Gerichtshofs, für die Wahrung der Einheit der Unionsrechtsordnung (vgl. Art. 19 Abs. 1 Uabs. 1 Satz 2 EUV) Sorge zu tragen, koordiniert werden müsse.[113] Außerdem wurde zugestanden, dass bei einer extensiven Handhabung der ultra-vires-Kontrolle der Anwendungsvorrang des Unionsrechts torpediert und so die einheitliche unionsweite Anwendung des Unionsrechts bedroht werden könnte.[114] Sodann führte das Bundesverfassungsgericht aber unmissverständlich aus:

„Würden aber andererseits die Mitgliedstaaten vollständig auf die Ultra-vires-Kontrolle verzichten, so wäre die Disposition über die vertragliche Grundlage allein auf die Unionsorgane verlagert, und zwar auch dann, wenn deren Rechtsverständnis im praktischen Ergebnis auf eine Vertragsänderung oder Kompetenzausweitung hinausliefe. Dass in den – wie nach den institutionellen und prozeduralen Vorkehrungen des Unionsrechts zu erwarten – seltenen Grenzfällen möglicher Kompetenzüberschreitung seitens der Unionsorgane die verfassungsrechtliche und die unionsrechtliche Perspektive nicht vollständig harmonieren, ist dem Umstand geschuldet, dass die Mitgliedstaaten der Europäischen

---

[111] BVerfGE 126, 286 (301 f.) – Honeywell (Hervorh. d. Verf.). Interessant ist hierbei, dass das Bundesverfassungsgericht – neben seiner Begründung des Anwendungsvorrangs über den mitgliedstaatlichen Rechtsanwendungsbefehl des Art. 23 Abs. 1 Satz 2 GG – wohl erstmals auch die Begründung des Europäischen Gerichtshofs gelten zu lassen scheint, dass sich der Anwendungsvorrang zumindest daneben aus dem Charakter der Unionsrechtsordnung als autonomer, supranationaler Rechtsordnung ergibt. Diese Erstmaligkeit erkennt auch *Sauer*, Staatsrecht III, 6. Aufl. 2020, § 9 Rn. 46 f.

[112] BVerfGE 126, 286 (302) – Honeywell.

[113] BVerfGE 126, 286 (302 f.) – Honeywell.

[114] BVerfGE 126, 286 (303) – Honeywell.

Union auch nach Inkrafttreten des Vertrags von Lissabon Herren der Verträge bleiben und die Schwelle zum Bundesstaat nicht überschritten wurde […].“[115]

3. Unionsrechtsfreundliche Ausübung des ultra-vires-Vorbehalts

Hiernach konkretisierte das Bundesverfassungsgericht, was es mit einer europarechtsfreundlichen Handhabung der ultra-vires-Kontrolle meint. Es sah ein, dass das Konstrukt der ultra-vires-Kontrolle zu „unvermeidlichen Spannungslagen“ führen könne und daher mit der europäischen Einigungsidee vereinbart werden müsse und „durch wechselseitige Rücksichtnahme zu entschärfen“ sei.[116]

a) Zwingende Vorabbefassung des Europäischen Gerichtshofs

Diese europarechtsfreundliche Handhabung der ultra-vires-Reservekompetenz bedeutete – nach Auffassung der Senatsmehrheit –[117] konkret,

> „dass das Bundesverfassungsgericht die Entscheidungen des Gerichtshofs grundsätzlich als verbindliche Auslegung des Unionsrechts zu beachten hat. Vor der Annahme eines Ultra-vires-Akts der europäischen Organe und Einrichtungen ist deshalb dem Gerichtshof im Rahmen eines Vorabentscheidungsverfahrens nach Art. 267 AEUV die Gelegenheit zur Vertragsauslegung sowie zur Entscheidung über die Gültigkeit und die Auslegung der fraglichen Rechtsakte zu geben. Solange der Gerichtshof keine Gelegenheit hatte, über die aufgeworfenen unionsrechtlichen Fragen zu entscheiden, darf das Bundesverfassungsgericht für Deutschland keine Unanwendbarkeit des Unionsrechts feststellen (vgl. BVerfGE 123, 267 [353]).“[118]

Zwar verwies das Bundesverfassungsgericht auf entsprechende Ausführungen bereits im Lissabon-Urteil. Dass der Europäische Gerichtshof vor der Annahme eines ultra-vires-Akts aber im Grundsatz[119] zwingend zuerst im Wege des Vorabentscheidungsverfahrens nach Art. 267 AEUV zu befassen ist und daher die Feststellung einer ultra-vires-Handlung erst nach einer Entscheidung des Euro-

---

[115] BVerfGE 126, 286 (303) – Honeywell.

[116] BVerfGE 126, 286 (303) – Honeywell.

[117] Die Entscheidung ist hinsichtlich der Begründung mit 6:2 Stimmen und in Bezug auf das Ergebnis mit 7:1 Stimmen ergangen – Richter *Landau* veröffentlichte eine abweichende Meinung in BVerfGE 126, 286 (318 ff.), auf die aber erst im Rahmen der Diskussion um die richtigen Kriterien der ultra-vires-Kontrolle eingegangen wird (siehe unten Zweiter Teil D. III., S. 115 ff.). Hier sollen zunächst einmal nur die Entwicklungslinien in den Entscheidungen des Bundesverfassungsgerichts zum ultra-vires-Vorbehalt nachgezeichnet werden.

[118] BVerfGE 126, 286 (304) – Honeywell.

[119] Eine Vorlage soll wohl nur erfolgen, wenn nach Einschätzung des Bundesverfassungsgerichts noch Klärungsbedarf in der Rechtsprechung des Europäischen Gerichtshofs besteht, vgl. BVerfGE 126, 286 (Ls. 1.b) – Honeywell: „Vor der Annahme eines Ultra-vires-Akts ist dem Gerichtshof der Europäischen Union im Rahmen eines Vorabentscheidungsverfahrens nach Art. 267 AEUV die Gelegenheit zur Vertragsauslegung sowie zur Entscheidung über die Gültigkeit und Auslegung der fraglichen Handlungen zu geben, *soweit* er die aufgeworfenen Fragen noch nicht geklärt hat.“ (Hervorh. d. Verf.).

päischen Gerichtshofs – und nicht unmittelbar in Bezug auf die streitige Handlung der unionalen Stelle – erfolgen soll, ist eine Neuerung der Honeywell-Entscheidung.[120] Unklar blieb allerdings, ob das Vorabentscheidungsverfahren obligatorisch durch das Bundesverfassungsgericht eingeleitet werden müsse oder ob ein Urteil des Europäischen Gerichtshofs anlässlich eines etwaigen, von einem Fachgericht zuvor eingeleiteten Vorabentscheidungsverfahrens ausreichte. Der Honeywell-Beschluss lässt insofern beide Interpretationsmöglichkeiten zu: In einem fachgerichtlichen Parallelverfahren kam es zu einer Vorlage an den Europäischen Gerichtshof, die zu dem Mangold-Urteil führte, sodass das Bundesverfassungsgericht eine erneute Befassung des Europäischen Gerichtshofs für nicht erforderlich gehalten haben könnte. Zum anderen ist auch die Deutung möglich, dass ein Vorabentscheidungsgesuch unterblieben ist, weil es jedenfalls an der Erfüllung der sogleich geschilderten Kriterien fehlte.[121]

b) Präzisierung der Kriterien für die ultra-vires-Kontrolle

Im folgenden – und wohl bedeutsamsten – Teil der Honeywell-Entscheidung wurden mit Verweis auf die unionsrechtsfreundliche Ausübung des Vorbehalts die Voraussetzungen genannt, die nach der Auffassung des Bundesverfassungsgerichts für die Annahme eines ultra-vires-Akts notwendig sind. Danach sei die ultra-vires-Kontrolle nur erfolgreich,

> „wenn *ersichtlich* ist, dass Handlungen der europäischen Organe und Einrichtungen außerhalb der übertragenen Kompetenzen ergangen sind […]. Ersichtlich ist ein Verstoß gegen das Prinzip der begrenzten Einzelermächtigung nur dann, wenn die europäischen Organe und Einrichtungen die Grenzen ihrer Kompetenzen in einer das Prinzip der begrenzten Einzelermächtigung *spezifisch verletzenden Art* überschritten haben (Art. 23 Abs. 1 GG), der Kompetenzverstoß mit anderen Worten *hinreichend qualifiziert* ist (vgl. zur Formulierung ‚hinreichend qualifiziert' als Tatbestandsmerkmal im unionsrechtlichen Haftungsrecht etwa EuGH, Urteil vom 10. Juli 2003, Rs. C-472/00 P, Fresh Marine, Slg. 2003, S. I-7541 Rn. 26 f.). Dies bedeutet, dass das kompetenzwidrige Handeln der Unionsgewalt *offensichtlich* ist und der angegriffene Akt im Kompetenzgefüge zwischen Mitgliedstaaten und Union im Hinblick auf das Prinzip der begrenzten Einzelermächtigung und die rechtsstaatliche Gesetzesbindung *erheblich ins Gewicht fällt* […].“[122]

---

[120] In diese Richtung, aber vorsichtiger auch *Proelß*, Zur verfassungsgerichtlichen Kontrolle der Kompetenzmäßigkeit von Maßnahmen der Europäischen Union: Der „ausbrechende Rechtsakt“ in der Praxis des BVerfG, EuR 2011, 241 (244): „Dabei trägt die hierzu mit dem Zusatz ‚vgl.' in Bezug genommene Passage aus dem *Lissabon*-Urteil die im *Honeywell* Beschluss getroffene Feststellung jedenfalls nicht in dieser Deutlichkeit.“ (Hervorh. i. O.).

[121] Vgl. dazu *Wendel*, Permeabilität im europäischen Verfassungsrecht, 2011, S. 466 mit Fn. 219.

[122] BVerfGE 126, 286 (304) – Honeywell (Hervorh. d. Verf.). Warum hier explizit der unionsrechtliche Staatshaftungsanspruch mit seinem Merkmal eines „hinreichend qualifizierten Verstoßes“ in Bezug genommen wurde, der mit der ultra-vires-Kontrolle in keinem Zusammenhang steht, bleibt eine offene Frage. Aufgeschlossener *Proelß*, Zur verfassungsgericht-

Erstmals nannte das Bundesverfassungsgericht also konkrete Voraussetzungen, bei deren Erfüllung ein ultra-vires-Akt der Unionsstellen – durch das Erfordernis der Vorabbefassung des Europäischen Gerichtshofs allerdings grundsätzlich erst nach einer Entscheidung desselben – anzunehmen ist und wann diesem Rechtsakt mithin in der Bundesrepublik Deutschland seine Geltung versagt bleiben muss. Inwieweit diese Kriterien tatsächlich geeignet sind, Handlungen der Unionsorgane außerhalb ihrer Kompetenzen auszumachen und zu sanktionieren, wird an späterer Stelle untersucht.[123]

c) Verhältnis zum Europäischen Gerichtshof

Weiter versuchte das Bundesverfassungsgericht sein Verhältnis zum Europäischen Gerichtshof zu klären. Ausdrücklich gewährte es ihm die Befugnis zur Rechtsfortbildung,[124] mahnend – fast schon „schulmeisterlich" – hieß es aber wenig später:

„Rechtsfortbildung ist allerdings keine Rechtsetzung mit politischen Gestaltungsräumen, sondern folgt den gesetzlich oder völkervertraglich festgelegten Vorgaben. Sie findet hier Gründe und Grenzen. Anlass zu richterlicher Rechtsfortbildung besteht insbesondere dort, wo Programme ausgefüllt, Lücken geschlossen, Wertungswidersprüche aufgelöst werden oder besonderen Umständen des Einzelfalls Rechnung getragen wird. Rechtsfortbildung überschreitet diese Grenzen, wenn sie deutlich erkennbare, möglicherweise sogar ausdrücklich im Wortlaut dokumentierte (vertrags-)gesetzliche Entscheidungen abändert oder ohne ausreichende Rückbindung an gesetzliche Aussagen neue Regelungen schafft. Dies ist vor allem dort unzulässig, wo Rechtsprechung über den Einzelfall hinaus politische Grundentscheidungen trifft oder durch die Rechtsfortbildung strukturelle Verschiebungen im System konstitutioneller Macht- und Einflussverteilung stattfinden."[125]

Eine zu beachtende Grenze finde die Rechtsfortbildung insbesondere im Prinzip der begrenzten Einzelermächtigung, welches besagt, dass die Mitgliedstaaten der Europäischen Union nur begrenzt Hoheitsrechte übertragen haben; Generalermächtigungen und insbesondere auch die Einräumung einer Kompetenz-Kompetenz zugunsten der Europäischen Union widersprächen diesem Prinzip.[126] Zusammenfassend resümierte das Bundesverfassungsgericht:

„Soll das supranationale Integrationsprinzip nicht Schaden nehmen, muss die Ultra-vires-Kontrolle durch das Bundesverfassungsgericht zurückhaltend ausgeübt werden.

---

lichen Kontrolle der Kompetenzmäßigkeit von Maßnahmen der Europäischen Union: Der „ausbrechende Rechtsakt" in der Praxis des BVerfG, EuR 2011, 241 (245 Fn. 30): „Auch begrifflich gab sich das BVerfG insoweit europarechtsfreundlich." *Mayer/Walter*, Die Europarechtsfreundlichkeit des BVerfG nach dem Honeywell-Beschluss, Jura 2011, 532 (540) sind der Ansicht, die Verwendung dieses Begriffs sei Ausdruck eines „freundlich gemeinten Zugehens auf europarechtliche Figuren".

[123] Siehe dazu Zweiter Teil D. (S. 112 ff.).

[124] BVerfGE 126, 286 (305 f.) – Honeywell.

[125] BVerfGE 126, 286 (306) – Honeywell.

[126] BVerfGE 126, 286 (306 f.) – Honeywell.

Da es in jedem Fall einer Ultra-vires-Rüge auch über eine Rechtsauffassung des Gerichtshofs zu befinden hat, sind Aufgabe und Stellung der unabhängigen überstaatlichen Rechtsordnung zu wahren. Dies bedeutet zum einen, dass die unionseigenen Methoden der Rechtsfindung, an die sich der Gerichtshof gebunden sieht und die der ‚Eigenart' der Verträge und den ihnen eigenen Zielen Rechnung tragen […], zu respektieren sind. Zum anderen hat der Gerichtshof *Anspruch auf Fehlertoleranz*. Daher ist es nicht Aufgabe des Bundesverfassungsgerichts, bei Auslegungsfragen des Unionsrechts, die bei methodischer Gesetzesauslegung im üblichen rechtswissenschaftlichen Diskussionsrahmen zu verschiedenen Ergebnissen führen können, seine Auslegung an die Stelle derjenigen des Gerichtshofs zu setzen. Hinzunehmen sind auch Interpretationen der vertraglichen Grundlagen, die sich *ohne gewichtige Verschiebung im Kompetenzgefüge auf Einzelfälle beschränken* und belastende Wirkungen auf Grundrechte entweder nicht entstehen lassen oder einem innerstaatlichen Ausgleich solcher Belastungen nicht entgegenstehen."[127]

4. *Anwendung auf den Honeywell-Sachverhalt*

Im Ausgangssachverhalt wies das Bundesverfassungsgericht die Verfassungsbeschwerde als unbegründet zurück. Das Bundesarbeitsgericht habe in verfassungsrechtlich nicht zu beanstandender Weise die Unanwendbarkeit des § 14 Abs. 3 Satz 4 TzBfG a. F. angenommen und daher der Klage des Klägers im Ausgangsverfahren stattgeben können.[128] Das Bundesverfassungsgericht legte im Einzelnen dar, dass weder die Öffnung des Anwendungsbereichs der Richtlinie 2000/78/EG auf Fälle der Eingliederung von älteren Langzeitarbeitslosen, noch die angenommene Vorwirkung der Richtlinienbestimmungen trotz der noch nicht verstrichenen Umsetzungsfrist, noch die Entwicklung eines allgemeinen Grundsatzes des Verbots der Altersdiskriminierung einen „hinreichend qualifizierten Verstoß" darstellen würden.[129] Auffallend ist, dass das Bundesverfassungsgericht hierbei vordergründig nur mit seiner zweiten Voraussetzung, dass die Kompetenzen der Mitgliedstaaten nachhaltig und bedeutsam verkürzt

[127] BVerfGE 126, 286 (307) – Honeywell (Hervorh. d. Verf.). Kritisch zum „Anspruch auf Fehlertoleranz" zu Recht *Herdegen*, Europarecht, 22. Aufl. 2020, § 10 Rn. 35: „Die Formel von der dem EuGH eingeräumten ‚Fehlertoleranz' ist zumindest missverständlich. Sie suggeriert, dass es Kompetenzüberschreitungen (durch den EuGH oder durch die anderen EU-Organe mit Billigung des EuGH) gibt, die im Rahmen einer Irrtumsmarge hinzunehmen sind, obwohl es hierfür an einer vertraglichen Grundlage fehlt. Stattdessen sollte man von einem Vertretbarkeitskorridor sprechen, in dem sich eine umstrittene, aber methodisch noch nachvollziehbare Auslegung und Anwendung des EU-Rechts bewegt."

[128] BVerfGE 126, 286 (308) – Honeywell: „Im Hinblick auf die zugrundegelegte Rechtsprechung des Gerichtshofs ist eine Rechtsfortbildung ultra vires, die zur – allein vom Bundesverfassungsgericht feststellbaren […] – Unanwendbarkeit der betreffenden Rechtsgrundsätze in Deutschland führen müsste, nicht ersichtlich. Es kann dahinstehen, ob sich das in der Mangold-Entscheidung gefundene Ergebnis durch anerkannte juristische Auslegungsmethoden noch gewinnen lässt und ob gegebenenfalls bestehende Mängel offenkundig wären. Jedenfalls handelt es sich um *keine* das Prinzip der begrenzten Einzelermächtigung *in offensichtlicher und strukturwirksamer Weise verletzende Überschreitung* der durch Zustimmungsgesetz auf die Europäische Union übertragenen Hoheitsrechte." (Hervorh. d. Verf.).

[129] BVerfGE 126, 286 (309 ff.) – Honeywell.

worden sein müssen, operierte und eine derartige „strukturell bedeutsame Verschiebung" ablehnte.[130] Immer wieder finden sich im Beschluss des Bundesverfassungsgerichts aber durchaus Anzeichen dafür, dass die Richterinnen und Richter in Karlsruhe das Urteil des Europäischen Gerichtshofs im Hinblick auf die Wahrung rechtswissenschaftlicher Methoden sehr kritisch betrachteten.[131]

5. Zwischenfazit

Das Bundesverfassungsgericht versuchte mit der Honeywell-Entscheidung, praktikable Kriterien für ein in der Bundesrepublik Deutschland beachtliches ultra-vires-Handeln der unionalen Organe, Einrichtungen und sonstigen Stellen zu entwickeln.[132] Notwendig sei erstens ein offensichtlicher Verstoß gegen die Kompetenzordnung, der zweitens zu einer strukturell bedeutsamen Verschiebung der Zuständigkeitsverteilung im Verhältnis zwischen der Europäischen Union und ihren Mitgliedstaaten führe. Zudem sei vor der Annahme eines beachtlichen ultra-vires-Aktes der Europäische Gerichtshof zwingend im Rahmen des Vorabentscheidungsverfahrens nach Art. 267 AEUV zu beteiligen.[133] Diese formelle und die beiden materiellen Voraussetzungen sollen sich aus der Unionsrechtsfreundlichkeit des Grundgesetzes ergeben.

Es kann festgehalten werden, dass die vom Bundesverfassungsgericht entwickelten Anforderungen für einen beachtlichen ultra-vires-Akt sehr hoch sind und sich das Gericht von einem allgemeinen Prüfungsvorbehalt, wie er noch in der Maastricht-Entscheidung angeklungen war, endgültig verabschiedete. Zugleich ergibt sich aus dem Honeywell-Beschluss deutlich, dass das Bundesver-

---

130 Vgl. *Sauer*, Staatsrecht III, 5. Aufl. 2018, § 9 Rn. 42 (Voraufl.).

131 Beispielhaft hierfür BVerfGE 126, 286 (308) – Honeywell: „Diese Aussage [§ 14 Abs. 3 Satz 4 TzBfG verstoße gegen Gemeinschaftsrecht und kann daher nicht angewendet werden] wurde mit zwei Argumenten begründet, deren Beziehung zueinander unklar bleibt." Vgl. auch BVerfGE 126, 286 (312) – Honeywell: „Es kann dahinstehen, ob sich ein allgemeiner Grundsatz des Verbots der Altersdiskriminierung aus den gemeinsamen Verfassungstraditionen und den völkerrechtlichen Verträgen der Mitgliedstaaten ableiten ließe, obwohl nur zwei der zum Zeitpunkt der Mangold-Entscheidung 15 Verfassungen der Mitgliedstaaten ein besonderes Verbot der Diskriminierung aufgrund des Alters zu entnehmen war [...] und auch die völkerrechtlichen Verträge, auf die sich der Gerichtshof mit seinem Hinweis auf die Erwägungsgründe der Richtlinie 2000/78/EG bezogen hatte, kein spezielles Diskriminierungsverbot enthielten. Denn zu einem ersichtlichen Verstoß im Hinblick auf das Prinzip der begrenzten Einzelermächtigung würde auch eine unterstellte, rechtsmethodisch nicht mehr vertretbare Rechtsfortbildung des Gerichtshofs erst dann, wenn sie auch praktisch kompetenzbegründend wirkte."

132 Die Kriterien ablehnend: *Murswiek*, Die Ultra-vires-Kontrolle im Kontext der Integrationskontrolle, EuGRZ 2017, 327 (335): „Honeywell erweist sich so als radikale Kehrtwende gegenüber Maastricht und Lissabon, während das Bundesverfassungsgericht so tut, als gehe es nur um eine Begriffspräzisierung." Kritisch auch *Haltern*, Europarecht Band II, 3. Aufl. 2017, Rn. 1162 ff.

133 Treffend *Funke*, Virtuelle verfassungsgerichtliche Kontrolle von EU-Rechtsakten: der Schlußstein?, ZG 2011, 166 (172): „Ohne Vorabentscheidung keine Verwerfung."

fassungsgericht – anders als beim Grundrechtsvorbehalt in Folge der Solange II-Entscheidung –[134] seine Reservekompetenz im Einzelfall auszuüben gedenkt und sich nicht generell mit einer zurückgezogenen „Wächterstellung" begnügen will.[135]

VIII. Anwendung und Präzisierung im OMT-Vorlagebeschluss und im OMT-Urteil

Den nächsten entscheidenden Schritt für die (Fort-)Entwicklung der ultra-vires-Reservekompetenz des Bundesverfassungsgerichts bildete das sogenannte OMT-Verfahren (Outright Monetary Transactions). Erstmals in seiner Geschichte machte das Bundesverfassungsgericht von der Möglichkeit der Einleitung eines Vorabentscheidungsverfahrens nach Art. 267 AEUV Gebrauch,[136] um im Sinne der oben skizzierten unionsrechtsfreundlichen Ausübung des ultra-vires-Vorbehalts und im Geiste des in der Maastricht-Entscheidung angesprochenen „Kooperationsverhältnisses"[137] dem Europäischen Gerichtshof die Möglichkeit zu geben, den sogenannten OMT-Beschluss des Rates der Europäischen Zentralbank rechtlich einzuordnen.

1. Der Vorlagebeschluss

Den Anfang des umfangreichen Verfahrens mit dem Dialog respektive der Auseinandersetzung zwischen dem Bundesverfassungsgericht und dem Europäischem Gerichtshof hinsichtlich der Recht- und Verfassungsmäßigkeit des vom Rat der Europäischen Zentralbank angekündigten OMT-Programms machte der

---

[134] Siehe dazu umfassend unten den Dritten Teil (S. 185 ff.).

[135] A. A. mit einer allerdings kaum verständlichen Interpretation der bundesverfassungsgerichtlichen Rechtsprechung *Calliess*, Staatsrecht III, 3. Aufl. 2020, § 8 Rn. 81: „Denn die insoweit klaren ‚*Honeywell*-Kriterien' stellen sicher, dass nicht bereits eine einzelne, die Kompetenzordnung verletzende Maßnahme der europäischen Institutionen, die vom EuGH nicht korrigiert wird, ausreicht, um den Vorrang und damit die einheitliche Geltung des Unionsrechts in den Mitgliedstaaten seitens des BVerfG in Frage zu stellen. Vielmehr ist es erforderlich, dass die Kompetenzordnung in einer Vielzahl von Fällen, mithin im Sinne einer strukturellen Verletzung, missachtet wurde." (Hervorh. i. O.).

[136] *Mayer*, Rebels without a cause? – Zur OMT-Vorlage des Bundesverfassungsgerichts, EuR 2014, 473 (474); *Thiele*, Friendly or Unfriendly Act? The „Historic" Referral of the Constitutional Court to the ECJ Regarding the ECB's OMT Program, GLJ 2014, 241 (242); *Wendel*, Kompetenzrechtliche Grenzgänge: Karlsruhes Ultra-vires-Vorlage an den EuGH, ZaöRV 74 (2014), 615 (617). Dies als „Sensation" bezeichnend: *Heun*, Eine verfassungswidrige Verfassungsgerichtsentscheidung – der Vorlagebeschluss des BVerfG vom 14.1.2014, JZ 2014, 331 (331). Vgl. zur Vorlageberechtigung und Vorlageverpflichtung des Bundesverfassungsgerichts im Rahmen des Vorabentscheidungsverfahrens nach Art. 267 AEUV allgemein *Schönemeyer*, Die Pflicht des Bundesverfassungsgerichts zur Vorlage an den Gerichtshof der Europäischen Union gem. Art. 267 Abs. 3 AEUV, 2014, passim.

[137] BVerfGE 89, 155 (175) – Maastricht.

Aussetzungs- und Vorlagebeschluss des Bundesverfassungsgerichts aus dem Januar 2014[138].

a) Sachbericht und Vorlagefragen

Verkürzt[139] lag den beim Bundesverfassungsgericht anhängigen Verfahren folgender Sachverhalt zugrunde: Am 6. September 2012 fasste der Rat der Europäischen Zentralbank – darauf abzielend, eine ordnungsgemäße geldpolitische Transmission und die Einheitlichkeit der Geldpolitik sicherzustellen – den sogenannten OMT-Beschluss.[140] Nach diesem war der unbegrenzte Ankauf von mitgliedstaatlichen Staatsanleihen auf dem Sekundärmarkt möglich, wenn und solange diese an einem mit der Europäischen Finanzstabilisierungsfazilität oder dem Europäischen Stabilitätsmechanismus vereinbarten Reformprogramm partizipierten. Auch wenn der OMT-Beschluss nie in die Praxis umgesetzt wurde, erregten er und der Vorlagebeschluss des Bundesverfassungsgerichts immenses Aufsehen, was sich unter anderem in zahlreichen wissenschaftlichen Beschlussanmerkungen widerspiegelt.[141] Nach Auffassung der Beschwerdeführer überschritt der Rat der Europäischen Zentralbank durch den OMT-Beschluss

[138] BVerfGE 134, 366 ff.

[139] Eine ausführliche Darstellung und Prüfung der Rechtmäßigkeit des OMT-Beschlusses durch den Rat der Europäischen Zentralbank findet sich bei *Simon*, Grenzen des Bundesverfassungsgerichts im europäischen Integrationsprozess, 2016, S. 249 ff. aufbauend auf *dens.*, „Whatever it takes“: Selbsterfüllende Prophezeiung am Rande des Unionsrechts? – Eine unionsrechtliche Bewertung der OMT-Entscheidung der EZB, EuR 2015, 107 ff. Die Sachverhaltsschilderung beruht hier im Wesentlichen auf dem Sachbericht des Bundesverfassungsgerichts in: BVerfGE 134, 366 (372 Rn. 1 ff.) – OMT-Vorlagebeschluss.

[140] Dieser geht mittelbar auf die wenige Wochen zuvor geäußerte und bekannte Aussage des damaligen Präsidenten der Europäischen Zentralbank *Draghi* zurück, der in einer Pressekonferenz mitteilte: „Within our mandate, the ECB is ready to do whatever it takes to preserve the Euro. And believe me, it will be enough.“ Abrufbar unter: https://www.ecb.europa.eu/press/key/date/2012/html/sp120726.en.html. Die Pressemitteilung zum OMT-Beschluss ist in englischer Sprache abrufbar unter: https://www.ecb.europa.eu/press/pr/date/2012/html/pr120906_1.en.html.

[141] Siehe nur stellvertretend für andere: *Brosius-Linke*, Die Vorlageentscheidung des Bundesverfassungsgerichts – Dogmatischer Stellungskampf mit Risiko, DÖV 2014, 612 ff.; *Frenz*, Anmerkung zu BVerfG, 2. Senat, Beschluss vom 14.01.2014 – 2 BvE 13/13 – u. a. – Vorlage an den EuGH in Sachen OMT-Beschluss der EZB, Vorlage mit vorbehaltener Letztentscheidungskompetenz, DVBl. 2014, 451 ff.; *Heun*, Eine verfassungswidrige Verfassungsgerichtsentscheidung – der Vorlagebeschluss des BVerfG vom 14.1.2014, JZ 2014, 331 ff.; *Klement*, Der Euro und seine Demokratie, ZG 2014, 169 ff.; *Mayer*, Rebels without a cause? – Zur OMT-Vorlage des Bundesverfassungsgerichts, EuR 2014, 473 ff.; *Murswiek*, ECB, ECJ, Democracy, and the Federal Constitutional Court: Notes on the Federal Constitutional Court's Referral Order from 14 January 2014, GLJ 2014, 147 ff. *Ruffert*, Europarecht – Vorlagebeschluss des BVerfG zum OMT-Programm, JuS 2014, 373 ff.; *Thiele*, Friendly or Unfriendly Act? The „Historic“ Referral of the Constitutional Court to the ECJ Regarding the ECB's OMT Program, GLJ 2014, 241 ff.; *Ukrow*, Von Luxemburg lernen heißt Integrationsgrenzen bestimmen – Anmerkungen zur Vorlage-Entscheidung des Bundesverfassungsgerichts vom 14. Januar 2014, ZEuS 2014, 119 ff. Kritisch aus juristisch-ökonomischer Sicht: *Ismer/Wiesner*, Die

seine Kompetenzen im Bereich der Geldpolitik. Das Verfahren über die Verfassungsbeschwerden der Beschwerdeführer wurde sodann ausgesetzt und dem Europäischen Gerichtshof die Fragen zur Vorabentscheidung nach Art. 267 AEUV vorgelegt, ob der OMT-Beschluss zum einen unzulässige Wirtschaftspolitik darstelle und zum anderen gegen das Verbot monetärer Haushaltsfinanzierung aus Art. 123 Abs. 1 AEUV verstoße.[142]

b) Beschwerdegegenstand und Verpflichtungen deutscher Staatsorgane

Im Vorfeld erschien fraglich, was eigentlich der statthafte Beschwerdegegenstand der erhobenen Verfassungsbeschwerden sowie der statthafte Antragsgegenstand des von der Fraktion „Die Linke" initiierten Organstreitverfahrens war. Denn der OMT-Beschluss des Rates der Europäischen Zentralbank, gegen den sich die Beschwerdeführer teilweise ausdrücklich wendeten, war keine Maßnahme der deutschen öffentlichen Gewalt, sondern eines supranational verfassten Organs. Recht kursorisch hieß es diesbezüglich zu Beginn des Vorlagebeschlusses, dass „bei verständiger Würdigung ihrer Anträge" vorliegend das Verhalten deutscher Staatsorgane insoweit als statthafter Verfahrensgegenstand der Verfassungsbeschwerden angesehen werden könne, wie einerseits die Deutsche Bundesbank an der Umsetzung des OMT-Beschlusses beteiligt sein könnte und wie andererseits die Bundesregierung und der Deutsche Bundestag untätig geblieben sind, gegen den OMT-Beschluss auf rechtliche oder politische Weise vorzugehen.[143] Bei einem ultra-vires-Akt würden Unterlassungs- und Handlungspflichten deutscher Staatsorgane ausgelöst; diese dürften an der kompetenzüberschreitenden Handlung der unionalen Stellen nicht mitwirken.[144] Für den Deutschen Bundestag und die Bundesregierung ging der Zweite Senat mit seinen Anforderungen noch darüber hinaus, indem er verlangte, dass diese aufgrund ihrer Integrationsverantwortung ein ultra-vires-Handeln der Europäi-

OMT-Vorlage des Bundesverfassungsgerichts – Eine dogmatische Kritik auf Grundlage juristisch-ökonomischer Analyse, DÖV 2015, 81 ff.

[142] BVerfGE 134, 366 (Entscheidungsformel 369 f.) – OMT-Vorlagebeschluss: „Ist der Beschluss des Rates der Europäischen Zentralbank vom 6. September 2012 über Technical features of Outright Monetary Transactions mit Artikel 119 und Artikel 127 Absätze 1 und 2 des Vertrags über die Arbeitsweise der Europäischen Union sowie mit Artikel 17 bis 24 des Protokolls über die Satzung des Europäischen Systems der Zentralbanken und der Europäischen Zentralbank unvereinbar, weil er über das in den genannten Vorschriften geregelte Mandat der Europäischen Zentralbank zur Währungspolitik hinausgeht und in die Zuständigkeit der Mitgliedstaaten übergreift? […] Ist der Beschluss des Rates der Europäischen Zentralbank vom 6. September 2012 über Technical features of Outright Monetary Transactions mit dem in Artikel 123 des Vertrags über die Arbeitsweise der Europäischen Union verankerten Verbot monetärer Haushaltsfinanzierung unvereinbar?"

[143] BVerfGE 134, 366 (372 Rn. 1) – OMT-Vorlagebeschluss. Schon hierzu kritisch die abweichende Meinung der Richterin *Lübbe-Wolff*, in: BVerfGE 134, 366 (419 f. Rn. 106) – OMT-Vorlagebeschluss.

[144] BVerfGE 134, 366 (394 Rn. 44 f.) – OMT-Vorlagebeschluss.

schen Union nicht einfach hinnehmen dürfen, sondern „mit rechtlichen oder mit politischen Mitteln" sich um eine Aufhebung der ultra-vires-Maßnahme bemühen müssten.[145] Dieser „Kunstgriff" war auch innerhalb des Zweiten Senats nicht unumstritten, wie zwei abweichende Sondervoten belegen.[146] Das die Beschwerdebefugnis begründende grundrechtsgleiche Recht bildete dabei das Wahlrecht zum Deutschen Bundestag aus Art. 38 Abs. 1 Satz 1 GG, das nach gefestigter Rechtsprechung des Bundesverfassungsgerichts nicht nur formell die Wahlrechtsgrundsätze sichert, sondern auch materiell vor einer Aushöhlung des Demokratieprinzips aus Art. 20 Abs. 1 und 2 GG schützen soll.[147] Im Rahmen des Organstreitverfahrens stand die Integrationsverantwortung des Deutschen Bundestages aus Art. 23 GG im Mittelpunkt.[148] Auf diese Fragen und die damit verbundenen Probleme wird bei der Untersuchung zu den verfassungsprozessualen Fragestellungen der Verfassungsbeschwerde im Kontext mit ultra-vires-Handlungen der Unionsstellen zurückzukommen sein.[149]

Dass daneben der OMT-Beschluss nicht umgesetzt wurde, hinderte die Zulässigkeit der Verfassungsbeschwerden und des Organstreitverfahrens nach Auffassung des Bundesverfassungsgerichts nicht, weil den Beschwerdeführern und der Antragstellerin bei der Versagung von Rechtsschutz irreparable Nachteile hätten entstehen können – daher sei in diesem Fall ausnahmsweise die Gewährung vorbeugenden Rechtsschutzes angezeigt gewesen.[150]

c) Anwendung der Honeywell-Kriterien und Interpretation des Unionsrechts

Im weiteren Verlauf nahm das Bundesverfassungsgericht bei der Feststellung der Entscheidungserheblichkeit der Vorlagefragen Bezug auf die im Honeywell-Beschluss präzisierten Kriterien für die Annahme eines ultra-vires-Akts.[151] Das Bundesverfassungsgericht führte aus, dass die Wirtschaftspolitik – von einzelnen Ausnahmen abgesehen – offenkundig dem Zuständigkeitsbereich der Mit-

---

[145] BVerfGE 134, 366 (395 f. Rn. 49) – OMT-Vorlagebeschluss (Hervorh. d. Verf.).

[146] Abweichende Meinung der Richterin *Lübbe-Wolff*, in: BVerfGE 134, 366 (419 ff. Rn. 105 ff.) – OMT-Vorlagebeschluss sowie die abweichende Meinung des Richters *Gerhardt*, in: BVerfGE 134, 366 (430 ff. Rn. 133 ff.) – OMT-Vorlagebeschluss.

[147] BVerfGE 134, 366 (396 f. Rn. 51 ff.) – OMT-Vorlagebeschluss. Zur Kritik an dem sehr weitgehenden materiellen Verständnis von Art. 38 Abs. 1 Satz 1 GG siehe unten Fünfter Teil A. II. (S. 337 ff.).

[148] BVerfGE 134, 366 (397 f. Rn. 54) – OMT-Vorlagebeschluss.

[149] Dazu unten Fünfter Teil A. (S. 318 ff.).

[150] BVerfGE 134, 366 (391 f. Rn. 34 f.) – OMT-Vorlagebeschluss. Zwar ist in dem Vorlagebeschluss nicht ausdrücklich davon die Rede, dass die Verfassungsbeschwerden und das Organstreitverfahren zulässig sind; zutreffend ist allerdings der Gedanke in der abweichenden Meinung der Richterin *Lübbe-Wolff*, in: BVerfGE 134, 366 (422 Rn. 115) – OMT-Vorlagebeschluss: „Indem der Senat die Klagen als zumindest in der vorgenommenen verallgemeinernden Auslegung zulässig behandelt, erklärt er sich für zuständig und verpflichtet, später eine Sachentscheidung zu treffen […]".

[151] BVerfGE 134, 366 (392 Rn. 36 ff.) – OMT-Vorlagebeschluss.

gliedstaaten zugewiesen ist; sollte der Rat der Europäischen Zentralbank mit seinem OMT-Programm Wirtschaftspolitik betrieben haben, so läge ein bedeutender und demokratisch durch das Zustimmungsgesetz nicht legitimierter Eingriff in die mitgliedstaatliche Kompetenzordnung vor.[152] Weil mit der Wirtschaftspolitik ein ganz wesentlicher Zuständigkeitsbereich betroffen und eine erhebliche Umverteilung der mitgliedstaatlichen Haushalte zu befürchten wäre, könnte nach Ansicht des Bundesverfassungsgerichts auch die zweite Voraussetzung einer strukturell bedeutsamen Kompetenzverschiebung zulasten der Mitgliedstaaten erfüllt sein.[153] Hinsichtlich des Verbots der monetären Staatsfinanzierung bestünde ebenfalls ein nach den Maßstäben des Bundesverfassungsgerichts beachtlicher ultra-vires-Akt.[154]

In den späteren Ausführungen subsumierte das Bundesverfassungsgericht sodann das vom Rat der Europäischen Zentralbank beschlossene OMT-Programm den primärrechtlichen Vorschriften der Art. 119, 123 und 127 Abs. 1 und 2 AEUV, um – wie im Vorabentscheidungsverfahren üblich – seine Rechtsauffassung darzulegen. Ohne hier die Begründung des Bundesverfassungsgerichts im Einzelnen wiederzugeben,[155] war die Rechtsauffassung des Zweiten Senats recht eindeutig:

> „Der OMT-Beschluss stellt sich als Entscheidung über ex ante nicht begrenzte, politisch konditionierte Ankäufe von Staatsanleihen einzelner Mitgliedstaaten des Euro-Währungsgebietes dar, deren vorrangiges Ziel (oder zumindest notwendiges Zwischenziel) die Senkung der von den begünstigten Mitgliedstaaten auf den Kapitalmärkten zu zahlenden Zinsen für neue Staatsanleihen ist. Vorbehaltlich der Auslegung durch den Gerichtshof der Europäischen Union ist er nach Einschätzung des Bundesverfassungsgerichts mit Art. 119 und Art. 127 Abs. 1 und 2 AEUV und Art. 17 ff. der ESZB-Satzung unvereinbar, weil er über das in den genannten Vorschriften geregelte Mandat der Europäischen Zentralbank hinausgeht und in die Zuständigkeiten der Mitgliedstaaten für die Wirtschaftspolitik übergreift […]. Er erscheint ferner mit dem in Art. 123 AEUV verankerten Verbot monetärer Haushaltsfinanzierung unvereinbar […]. An beidem dürfte die Berufung der Europäischen Zentralbank auf eine ‚Störung des geldpolitischen Transmissionsmechanismus' nichts ändern […]. Demgemäß hätten die Anträge voraussichtlich Erfolg."[156]

Dem Europäischen Gerichtshof wurde im Folgenden die Rechtsansicht des deutschen Verfassungsgerichts bei umfassender Auseinandersetzung mit den einschlägigen primärrechtlichen Vorschriften ausführlich begründet. Allerdings kann nicht davon gesprochen werden, dass das Bundesverfassungsgericht im

[152] BVerfGE 134, 366 (392 f. Rn. 39) – OMT-Vorlagebeschluss.

[153] BVerfGE 134, 366 (393 Rn. 40 f.) – OMT-Vorlagebeschluss.

[154] BVerfGE 134, 366 (394 Rn. 42 f.) – OMT-Vorlagebeschluss.

[155] Dazu und für eine gut verständliche Erklärung des OMT-Programms sei insbesondere auf die Beschlussanmerkung von *Mayer*, Rebels without a cause? – Zur OMT-Vorlage des Bundesverfassungsgerichts, EuR 2014, 473 ff. verwiesen.

[156] BVerfGE 134, 366 (398 Rn. 55) – OMT-Vorlagebeschluss.

Begriff war, dem Europäischen Gerichtshof ein ultra-vires-Handeln des Rates der Europäischen Zentralbank aufzuoktroyieren, hieß es doch zugleich ganz unmissverständlich:

„Eine andere Einschätzung könnte geboten sein, wenn der OMT-Beschluss primärrechtskonform ausgelegt werden könnte […].“[157]

Wie eine solche primärrechtskonforme Auslegung möglicherweise aussehen könnte, gab das Bundesverfassungsgericht darüber hinaus schon vorsichtig[158] vor.[159] Dem Europäischen Gerichtshof wurde aber trotz dieser Ausführungen – wie im Vorabentscheidungsverfahren nach Art. 267 AEUV auch erforderlich – eine hinreichende eigene Entscheidungsbefugnis zugestanden.[160] Dass das Bundesverfassungsgericht dabei „unverblümt“ seine Rechtsansicht zum Ausdruck brachte, ist für Vorabentscheidungsersuchen nicht unüblich.[161]

d) Zwischenfazit

Begrüßenswert ist, dass das Bundesverfassungsgericht im OMT-Verfahren erstmals sein Versprechen vom „Kooperationsverhältnis“[162] mit dem Europäischen

---

157 BVerfGE 134, 366 (398 Rn. 55) – OMT-Vorlagebeschluss.

158 Weiter gehend *Mayer*, Rebels without a cause? – Zur OMT-Vorlage des Bundesverfassungsgerichts, EuR 2014, 473 (478): „Die sechs Richter der Senatsmehrheit machen dem EuGH in Randnummer 100 der Entscheidung im Einzelnen recht detaillierte Vorgaben“.

159 BVerfGE 134, 366 (417 Rn. 100) – OMT-Vorlagebeschluss: „Der OMT-Beschluss wäre aus Sicht des Bundesverfassungsgerichts möglicherweise dann nicht zu beanstanden, wenn er im Lichte der Art. 119 und Art. 127 ff. AEUV sowie Art. 17 ff. ESZB-Satzung so ausgelegt oder in seiner Gültigkeit beschränkt würde, dass er die Konditionalität der Hilfsprogramme von Europäischer Finanzstabilisierungsfazilität und Europäischem Stabilitätsmechanismus nicht unterläuft […] und einen die Wirtschaftspolitik in der Union nur unterstützenden Charakter hat […]. Mit Blick auf Art. 123 AEUV setzte dies voraus, dass ein Schuldenschnitt ausgeschlossen werden muss […], Staatsanleihen einzelner Mitgliedstaaten nicht in unbegrenzter Höhe angekauft werden […] und Eingriffe in die Preisbildung am Markt soweit wie möglich vermieden werden […]. Erklärungen der Vertreter der Europäischen Zentralbank im verfassungsgerichtlichen Verfahren zu den Rahmenbedingungen beim Vollzug des OMT-Beschlusses (begrenztes Volumen eines möglichen Ankaufs von Staatsanleihen; keine Beteiligung an einem Schuldenschnitt; Einhaltung von zeitlichen Abständen zwischen der Emission einer Staatsanleihe und ihrem Ankauf; kein Halten der Anleihen bis zur Fälligkeit) deuten darauf hin, dass eine solche unionsrechtskonforme Auslegung auch mit Sinn und Zweck des OMT-Beschlusses noch vereinbar sein dürfte.“

160 So auch *Simon*, Grenzen des Bundesverfassungsgerichts im europäischen Integrationsprozess, 2016, S. 265: „Karlsruhe hat die Vorabentscheidungsfrage nicht vorabentschieden“.

161 Dies entspricht auch der Empfehlung Nr. 17 des Europäischen Gerichtshofs für um Vorabentscheidung ersuchende Gerichte, siehe Abl. 2016 C 439/1. Vgl. dazu auch *Haltern*, Europarecht Band II, 3. Aufl. 2017, Rn. 1202. A. A. allerdings *Heun*, Eine verfassungswidrige Verfassungsgerichtsentscheidung – der Vorlagebeschluss des BVerfG vom 14.1.2014, JZ 2014, 331 (333): die Auslegungsfragen seien „anders als [bei] andere[n] Gerichte[n] […] verbunden mit einem subtilen Drohszenario“.

162 Kritisch zum Begriff *Kahl*, Optimierungspotenzial im „Kooperationsverhältnis“ zwischen EuGH und BVerfG, NVwZ 2020, 824 (827): „Das so genannte Kooperationsverhältnis

Gerichtshof einlöste und diesem im Sinne seiner unionsrechtsfreundlichen Ausübung der Residualkompetenz zur ultra-vires-Kontrolle die Möglichkeit gab, über die Rechtmäßigkeit des Handelns des Rates der Europäischen Zentralbank bei der Ankündigung des OMT-Programms zu entscheiden.[163] Denn für die Auslegung des europäischen Primärrechts ist aufgrund des Art. 19 Abs. 1 Uabs. 1 Satz 2 EUV und der Art. 263 Uabs. 1, Uabs. 2 Var. 1, Art. 267, 344 AEUV zumindest vordergründig der Europäische Gerichtshof zuständig. Die Feststellung einer ultra-vires-Handlung durch das Bundesverfassungsgericht ohne Vorabbefassung des Europäischen Gerichtshofs wäre ein integrationsfeindlicher Schritt gewesen, zumal unklar war, was die konkreten Urteilsfolgen gewesen wären.[164] Als bedenklich müssen jedoch schon hier die angewandten Kriterien für die ultra-vires-Kontrolle eingestuft werden – in den Worten *Schwerdtfegers*: „Denn kann Offensichtlichkeit [des Kompetenzverstoßes] vorliegen, wenn das Gericht eine primärrechtskonforme Auslegung des OMT-Beschlusses aufzeigt und wenn abweichende Sondervoten ergehen?"[165]

---

zwischen *EuGH* und *BVerfG* war von Anfang an ein Euphemismus (Schein-Kooperation). Es entwickelte sich – im Gegenteil – seit dem Lissabon-Urteil (2009), spätestens jedoch seit der Honeywell-Entscheidung (2010) sukzessive zum Konfrontationsverhältnis, wozu beide Seiten beitrugen […]." (Hervorh. i. O.).

[163] Betont kritisch im Vorfeld einer möglichen Vorlage an den EuGH allerdings *Kahl*, Bewältigung der Staatsschuldenkrise unter Kontrolle des Bundesverfassungsgerichts – ein Lehrstück zur horizontalen und vertikalen Gewaltenteilung, DVBl. 2013, 197 (205 f.): „Ebenso eher ‚kontraproduktiv' dürfte eine Vorlage des BVerfG an den EuGH (Art. 267 Abs. 3 AEUV) sein, da anzunehmen ist, dass der Gerichtshof auch jede weitere Entscheidung über Euro-Rettungsmaßnahmen nutzen wird, um seine mit ‚Pringle' eingeschlagene Linie der Schaffung integrations-progressiver ‚faits accomplis' fortzusetzen und auszubauen, sprich bei allen Fragen mit Auslegungsspielräumen die Schleusen in Richtung Haftungs- und Transferunion noch weiter zu öffnen, was gerade nicht dem insoweit auf Restriktion gerichteten Anliegen des BVerfG entspricht."

[164] Der Vertreter der Deutschen Bundesbank hätte im ESZB-Rat bei der potenziellen Realisierung gegen die Durchführung des OMT-Programms stimmen müssen, wäre aber wohl überstimmt worden, sodass dieses nichtsdestotrotz unionsweit umgesetzt worden wäre. An dieser Umsetzung hätte sich dann die Deutsche Bundesbank wohl nicht beteiligen dürfen; bei einem Ankauf von Staatsanleihen ist sie aber nicht nur deutsches Staatsorgan, sondern zugleich auch europäische Stelle im Rahmen des ESZB, sodass sie gewissermaßen „zwischen zwei Stühlen" gesessen hätte und unterschiedlichen Verhaltenserwartungen ausgesetzt gewesen wäre. Daneben hätten Bundestag und Bundesregierung gegebenenfalls zur Erhebung einer Nichtigkeitsklage nach Art. 263 AEUV verpflichtet werden können – eine Befassung des Europäischen Gerichtshofs mit der Angelegenheit erschien aber über das Vorabentscheidungsverfahren gem. Art. 267 AEUV ohnehin ein einfacherer und kooperationsfreundlicherer Weg zu sein. Zu diesen Problemen siehe auch *Thiele*, Friendly or Unfriendly Act? The „Historic" Referral of the Constitutional Court to the ECJ Regarding the ECB's OMT Program, GLJ 2014, 241 (249).

[165] *Schwerdtfeger*, Europäisches Unionsrecht in der Rechtsprechung des Bundesverfassungsgerichts – Grundrechts-, ultra-vires- und Identitätskontrolle im gewaltenteiligen Mehrebenensystem, EuR 2015, 290 (293). Ähnlich auch *Calliess*, 70 Jahre Grundgesetz und europäische Integration: „Take back control" oder „Mehr Demokratie wagen"?, NVwZ 2019, 684 (691).

2. Die Vorabentscheidung des Europäischen Gerichtshofs

In der mit großer Spannung erwarteten Reaktion des Europäischen Gerichtshofs bescheinigte dieser dem OMT-Programm vollumfassende Primärrechtsmäßigkeit.[166] Von den möglichen Reaktionen des Europäischen Gerichtshofs – im Raum standen die Zurückweisung des Vorabentscheidungsersuchens wegen eines „rein hypothetischen Charakters" der Vorlagefragen als unzulässig, die Ungültigkeitserklärung des OMT-Beschlusses unter Übernahme der Argumente des Bundesverfassungsgerichts sowie eben jene getroffene Entscheidung – hat sich nach Auffassung vieler Beobachter das wahrscheinlichste Szenario durchsetzen können.[167]

a) Zur Zulässigkeit des Vorabentscheidungsverfahrens

Zu Beginn des Urteils wurde auf die Rüge der Italienischen Regierung eingegangen, dass der Europäische Gerichtshof die Frage gar nicht beantworten dürfe, weil sich das Bundesverfassungsgericht infolge seiner ultra-vires-Rechtsprechung eine Letztentscheidungskompetenz zugestehen und es sich bei der Entscheidung aus Luxemburg somit eher um eine gutachterliche Stellungnahme handeln würde. Ein Punkt, den der Europäische Gerichtshof mit dem pauschalen Hinweis darauf, dass nach ständiger Rechtsprechung das vorlegende Gericht an die Entscheidung des Gerichtshofs über die Gültigkeit und Auslegung des Unionsrechts gebunden ist, abwies.[168]

Eine Vielzahl anderer mitgliedstaatlicher Regierungen machte darüber hinaus die Unzulässigkeit des Vorabentscheidungsverfahrens wegen eines vermeintlich rein hypothetischen Sachverhalts geltend, weil die Europäische Zentralbank den OMT-Beschluss nie in die Praxis umsetzte. Infolge der vom Europäischen Gerichtshof zugestandenen „Vermutung der Entscheidungserheblichkeit" und aufgrund der Tatsache, dass der Gerichtshof nicht die innerstaatliche Zulässigkeit des angestrengten gerichtlichen Verfahrens prüft, wurden diese Einwände allerdings ebenfalls beiseite geschoben.[169]

Möglicherweise ließen sich die Luxemburger Richter bei der Beurteilung der Zulässigkeit der Vorlage auch von dem Gedanken leiten, dass eine Zurückweisung der Vorlage aus Karlsruhe wegen Unzulässigkeit wohl auch ein ziemlich „unfreundlicher" Akt gewesen wäre, nachdem das Bundesverfassungs-

[166] EuGH, Urt. v. 16.06.2015, Rs. C-62/14, ECLI:EU:C:2015:400, Rn. 127 – Gauweiler.

[167] Siehe nur *Wendel*, Kompetenzrechtliche Grenzgänge: Karlsruhes Ultra-vires-Vorlage an den EuGH, ZaöRV 74 (2014), 615 (668). Vgl. auch *Kumm*, Rebel Without a Good Cause: Karlsruhe's Misguided Attempt to Draw the CJEU into a Game of „Chicken" and What the CJEU Might do About It, GLJ 2014, 203 (206f.) und *Thiele*, Friendly or Unfriendly Act? The „Historic" Referral of the Constitutional Court to the ECJ Regarding the ECB's OMT Program, GLJ 2014, 241 (247f.).

[168] EuGH, Urt. v. 16.06.2015, Rs. C-62/14, ECLI:EU:C:2015:400, Rn. 16 – Gauweiler.

[169] EuGH, Urt. v. 16.06.2015, Rs. C-62/14, ECLI:EU:C:2015:400, Rn. 26 – Gauweiler.

gericht zum ersten Mal von der Möglichkeit der gerichtlichen Kooperation und Kommunikation mithilfe des Vorabentscheidungsverfahrens Gebrauch gemacht hatte.[170]

b) Entscheidungsgründe

In den Entscheidungsgründen, die hier nur in den ganz maßgeblichen Punkten wiedergegeben werden sollen,[171] stellte der Europäische Gerichtshof zunächst fest, dass trotz der in Art. 130 AEUV der Europäischen Zentralbank zugestandenen Unabhängigkeit die Einhaltung des Zuständigkeitsbereichs für die Währungspolitik wegen des Prinzips der begrenzten Einzelermächtigung nach Art. 5 Abs. 1 Satz 1, Abs. 2 EUV durch den Europäischen Gerichtshof überprüft werden könne.[172] Um zu ermitteln, ob eine Maßnahme der Europäischen Zentralbank dem Bereich der Währungspolitik, deren vorrangiger Zweck die Gewährleistung von Preisstabilität sei, zugerechnet werden kann, käme es auf das Ziel sowie die ergriffenen Mittel an.[173] Nach diesen Maßstäben läge bei dem angekündigten OMT-Programm eine Maßnahme der Währungspolitik vor – es sei auch keine andere Beurteilung deshalb angezeigt, weil das Handeln zugleich mittelbar Einfluss auf die Stabilität des Euro-Währungsgebiets habe.[174] In einem umfangreichen Abschnitt begründete der Europäische Gerichtshof sodann noch die Verhältnismäßigkeit des angekündigten OMT-Programms.[175]

Hiernach setzte sich der Europäische Gerichtshof noch mit einem möglichen Verstoß gegen das Verbot monetärer Staatsfinanzierung aus Art. 123 Abs. 1 AEUV auseinander. Zwar werde durch diese Bestimmung der unmittelbare Erwerb von Schuldtiteln verboten – indes sei der Europäischen Zentralbank nicht die Möglichkeit genommen, Schuldtitel eines Staates von Gläubigern zu kau-

---

170 So auch *Haltern*, Europarecht Band II, 3. Aufl. 2017, Rn. 1196.

171 Für eine ausführliche Auseinandersetzung mit dem Urteil siehe die Anmerkungen von *Classen*, Funktionsadäquate checks and balances statt richterliche Vollkontrolle unter demokratischem Vorwand – Anmerkung zum Urteil des EuGH v. 16.6.2015, Rs. C-62/14 (Peter Gauweiler u. a.), EuR 2015, 477 ff.; *Herrmann/Dornacher*, Grünes Licht vom EuGH für EZB-Staatsanleihenkäufe – ein Lob der Sachlichkeit!, EuZW 2015, 579 ff.; *Klement*, Der geldpolitische Kompetenzmechanismus, JZ 2015, 754 ff.; *Mayer*, Zurück zur Rechtsgemeinschaft: Das OMT-Urteil des EuGH, NJW 2015, 1999 ff.; *Ohler*, Rechtliche Maßstäbe der Geldpolitik nach dem Gauweiler-Urteil des EuGH, NVwZ 2015, 1001 ff.; *Ruffert*, Europarecht – Vorabentscheidung des EuGH zum OMT-Programm, JuS 2015, 758 ff.

172 EuGH, Urt. v. 16.06.2015, Rs. C-62/14, ECLI:EU:C:2015:400, Rn. 41 – Gauweiler.

173 EuGH, Urt. v. 16.06.2015, Rs. C-62/14, ECLI:EU:C:2015:400, Rn. 46 – Gauweiler.

174 EuGH, Urt. v. 16.06.2015, Rs. C-62/14, ECLI:EU:C:2015:400, Rn. 52, 56 – Gauweiler.

175 EuGH, Urt. v. 16.06.2015, Rs. C-62/14, ECLI:EU:C:2015:400, Rn. 66 ff. – Gauweiler. Die Verhältnismäßigkeitsprüfung dient primärrechtlich – ähnlich wie das Subsidiaritätsprinzip – als Kompetenzausübungsschranke (vgl. Art. 5 Abs. 1 Satz 2 Alt. 2, Abs. 4 EUV). Siehe dazu näher *Saurer*, Der kompetenzrechtliche Verhältnismäßigkeitsgrundsatz im Recht der Europäischen Union, JZ 2014, 281 ff. und *Streinz*, in: ders., EUV/AEUV, 3. Aufl. 2018, Art. 5 EUV Rn. 43 ff.

fen.[176] Der Europäische Gerichtshof folgte aber der Rechtsauffassung des Bundesverfassungsgerichts nach einem dem Telos des Art. 123 Abs. 1 AEUV entspringenden Umgehungsverbot insoweit, als er meinte, der rechtmäßige Ankauf von Staatsanleihen auf dem Sekundärmarkt dürfe nicht faktisch wie der verbotene primäre Erwerb wirken.[177] Ein Verstoß gegen den Sinn und Zweck der Norm läge daher vor, wenn Ersterwerber von Staatsanleihen gewiss sein könnten, dass die Europäische Zentralbank diese in jedem Fall abkaufe.[178] Da die Europäische Zentralbank in der mündlichen Verhandlung vor dem Europäischen Gerichtshof aber klargestellt hätte, dass zwischen der Ausgabe der Staatsanleihen auf dem Primärmarkt und dem Ankauf durch die Europäische Zentralbank eine Mindestfrist eingehalten werde und außerdem keine Zusicherung des Ankaufs erfolgen solle, sah der Europäische Gerichtshof eine Umgehung des Art. 123 Abs. 1 AEUV nicht für gegeben an.[179]

Zusammenfassend vermochte der Europäische Gerichtshof also nicht zu erkennen, dass der Rat der Europäischen Zentralbank durch das angekündigte OMT-Programm von seiner Kompetenz nicht mehr gedeckte Wirtschaftspolitik betrieb oder dass – insbesondere infolge der Zusicherungen der Europäischen Zentralbank – ein Verstoß gegen das Verbot monetärer Haushaltsfinanzierung aus Art. 123 Abs. 1 AEUV vorlag. Nach Auffassung des Europäischen Gerichtshofs handelte der Rat der Europäischen Zentralbank folglich bei der Bekanntgabe seines geplanten OMT-Programms nicht „ultra vires", sondern zur Gänze „intra vires".

3. *Die Reaktion des Bundesverfassungsgerichts im OMT-Urteil*

Luxemburg hatte also seine Entscheidung in der Sache getroffen – doch offen blieb die Frage, ob die Rechtssache nach dem Richterspruch des Europäischen Gerichtshofs wirklich bereits „vorabentschieden" war. Zwar leugnete das Bundesverfassungsgericht nie, dass es im Grundsatz wie alle anderen mitgliedstaatlichen Gerichte an die Urteile des Europäischen Gerichtshofs gebunden ist.[180] Allerdings war die Vorlage an den Europäischen Gerichtshof nach der entwickelten ultra-vires-Rechtsprechung des Bundesverfassungsgerichts im Sinne einer unionsrechtsfreundlichen Ausübung dieser Reservekompetenz zwingend geboten. Ultra-vires-Akte können daher grundsätzlich erst nach Befassung des Europäischen Gerichtshofs angenommen werden.[181] Dem Bundesverfassungsgericht kam im OMT-Urteil folglich die heikle Aufgabe zu, nun im Lichte des Vorabentscheidungsurteils des Europäischen Gerichtshofs eine ultra-vires-Prü-

---

176 EuGH, Urt. v. 16.06.2015, Rs. C-62/14, ECLI:EU:C:2015:400, Rn. 94 f. – Gauweiler.
177 EuGH, Urt. v. 16.06.2015, Rs. C-62/14, ECLI:EU:C:2015:400, Rn. 97 – Gauweiler.
178 EuGH, Urt. v. 16.06.2015, Rs. C-62/14, ECLI:EU:C:2015:400, Rn. 104 – Gauweiler.
179 EuGH, Urt. v. 16.06.2015, Rs. C-62/14, ECLI:EU:C:2015:400, Rn. 106 f. – Gauweiler.
180 Vgl. schon BVerfGE 52, 187 (200) – Vielleicht.
181 Siehe oben Zweiter Teil B. VII. 3. a) (S. 51 f.).

fung in Bezug auf das OMT-Programm des Rates der Europäischen Zentralbank vorzunehmen.[182] Die Problematik entfaltete sich insbesondere dadurch, dass das Bundesverfassungsgericht den OMT-Beschluss des Rates der Europäischen Zentralbank im Vorlagebeschluss recht eindeutig als ultra-vires-Akt einordnete (was für die Zulässigkeit der Verfassungsbeschwerden und für die Entscheidungserheblichkeit der Vorlagefragen an den Europäischen Gerichtshof wohl auch notwendig war) und nun ein Urteil des Europäischen Gerichtshofs vorfand, das der Europäischen Zentralbank in den ganz maßgeblichen Punkten ein kompetenzgemäßes Handeln bescheinigte.[183] Die Auflösung dieses Konflikts war eine wesentliche und zugleich schwierig zu bewältigende Aufgabe für das Bundesverfassungsgericht.

a) Zur Zulässigkeit der Verfassungsbeschwerden und des Organstreitverfahrens

Im OMT-Urteil hielt das Bundesverfassungsgericht – wie bereits im Vorlagebeschluss angeklungen – die erhobenen Verfassungsbeschwerden insoweit für zulässig, als sie sich gegen die Untätigkeit der Bundesregierung richteten, gegen den OMT-Beschluss des Rates der Europäischen Zentralbank vorzugehen.[184] Dem Bürger käme aus seinem Wahlrecht gemäß Art. 38 Abs. 1 Satz 1 GG in Verbindung mit Art. 20 Abs. 1 und Abs. 2 und Art. 79 Abs. 3 GG ein Anspruch darauf zu, dass sich die integrationsverpflichteten Organe – Bundestag und Bundesregierung – aktiv mit der Frage beschäftigen, wie im Falle von qualifizierten ultra-vires-Handlungen der Europäischen Union das Kompetenzgefüge wiederhergestellt werden könne.[185]

Unzulässig waren hingegen diejenigen Verfassungsbeschwerden, die sich unmittelbar gegen den Grundsatzbeschluss zum OMT-Programm durch den Rat der Europäischen Zentralbank wendeten, weil es insoweit an einem Verhalten der *deutschen* öffentlichen Gewalt im Sinne von Art. 93 Abs. 1 Nr. 4 lit. a GG,

---

[182] Hinsichtlich weiterer Einzelheiten des Urteils sei auf folgende Urteilsanmerkungen verwiesen: *Böttner*, Entscheidungsanmerkung zu BVerfG, Urt. v. 21.6.2016 – 2 BvR 2728/13 et al., ZJS 2016, 776 ff.; *Classen*, Europäische Rechtsgemeinschaft à l'allemande?, EuR 2016, 529 ff.; *Hatje*, Warten auf Ultra vires – Kritische Würdigung des OMT-Urteils des Bundesverfassungsgerichts, IWRZ 2016, 195 ff.; *Heide*, Quo vadis Ultra-vires? – Das abschließende Urteil des Bundesverfassungsgerichts in Sachen OMT-Programm, ZEuS 2016, 479 ff.; *Ludwigs/Sikora*, Der Zweite Senat zwischen Selbstbehauptung und Kooperation – Das OMT-Urteil des BVerfG vom 21.6.2016, EWS 2016, 215 ff.; *Ruffert*, Europarecht – Verfassungskonformität des angekündigten OMT-Programms der EZB, JuS 2016, 756 ff.; *F. Sander*, BVerfG, EuGH und EZB im OMT-Verfahren – Wer bietet der Notenbank die Stirn?, EuZW 2016, 614 ff.; *Zivier*, Das OMT-Urteil des Bundesverfassungsgerichts, Recht und Politik 2016, 150 ff.

[183] Nach *Sauer*, Staatsrecht III, 6. Aufl. 2020, § 9 Rn. 54 befand sich das Bundesverfassungsgericht nun „in der Zwickmühle".

[184] BVerfGE 142, 123 (172 ff. Rn. 76 ff.) – OMT-Urteil.

[185] BVerfGE 142, 123 (174 f. Rn. 83) – OMT-Urteil.

§ 90 Abs. 1 BVerfGG fehlte.[186] Dies schlösse es nach Ansicht des Bundesverfassungsgerichts allerdings nicht aus, dass die Fragen der Unionsrechtskonformität des EZB-Beschlusses als Vorfragen mittelbar durch das Bundesverfassungsgericht geprüft werden können, als es um eine der Integrationsverantwortung widersprechende Untätigkeit der Verfassungsorgane gehe.[187]

Auch das von der Fraktion „Die Linke" initiierte Organstreitverfahren war insoweit zulässig, als sie in Prozessstandschaft für den Deutschen Bundestag nach § 64 Abs. 1 BVerfGG geltend machte, dass diesen die Verpflichtung treffe, auf eine Aufhebung des OMT-Beschlusses des Rates der Europäischen Zentralbank hinzuwirken.[188]

b) Bestätigung der ultra-vires-Rechtsprechung und verfassungstextliche Abstützung

Das Bundesverfassungsgericht rekapitulierte in seinen Ausführungen zur Begründetheit der Verfassungsbeschwerden und des Organstreitverfahrens seine Befugnis zur ultra-vires-Kontrolle und fundierte die verfassungsdogmatische Herleitung: Kompetenzüberschreitungen der Unionsorgane verletzten den Grundsatz der Volkssouveränität aus Art. 20 Abs. 2 Satz 1 GG, dem sich entnehmen lasse, dass der Einzelne keiner Hoheitsgewalt ausgesetzt sein müsse, die er nicht legitimiert habe.[189] Zur Sicherstellung des demokratischen Legitimationsniveaus sei die ultra-vires-Kontrolle unverzichtbar.[190]

Im Folgenden wurden auch die „Honeywell-Kriterien" bestätigt, nach denen es – wohl nicht mehr so sehr wegen einer unionsrechtsfreundlichen Ausübung, sondern vielmehr aufgrund der sehr engen materiellen Begrenzung von Art. 38 Abs. 1 Satz 1 in Verbindung mit Art. 20 Abs. 1 und Abs. 2 und Art. 79 Abs. 3 GG – erstens zu einer offensichtlichen Kompetenzüberschreitung gekommen sein müsse, die zweitens zu einer strukturellen Verschiebung im Kompetenzgefüge zwischen Mitgliedstaaten und Europäischer Union zulasten ersterer geführt habe.[191] Dabei wurde das Offensichtlichkeitskriterium insofern konkretisiert, dass dieses dann erfüllt sei, wenn sich die angemaßte Kompetenz unter keinen rechtlichen Gesichtspunkten bei Anwendung der anerkannten metho-

---

[186] BVerfGE 142, 123 (179 f. Rn. 96 f.) – OMT-Urteil.

[187] BVerfGE 142, 123 (180 Rn. 98 ff.) – OMT-Urteil. Siehe zur Diskussion um den statthaften Beschwerdegegenstand im Rahmen einer auf Art. 38 Abs. 1 Satz 1 GG gestützten Verfassungsbeschwerde wegen eines vermeintlichen ultra-vires-Handelns der Unionsstellen auch unten Fünfter Teil A. I. (S. 318 ff.).

[188] BVerfGE 142, 123 (182 ff. Rn. 105 ff.) – OMT-Urteil. Siehe zur Diskussion um die Statthaftigkeit eines Organstreitverfahrens im Zusammenhang mit ultra-vires-Handlungen der unionalen Stellen noch unten Fünfter Teil B. (S. 367 ff.).

[189] BVerfGE 142, 123 (199 Rn. 145) – OMT-Urteil.

[190] BVerfGE 142, 123 (199 f. Rn. 145) – OMT-Urteil.

[191] BVerfGE 142, 123 (200 ff. Rn. 147 ff.) – OMT-Urteil.

dischen Standards begründen lasse.[192] In diesem Zusammenhang kam auch wieder der „Anspruch auf Fehlertoleranz" zur Sprache, der dem Europäischen Gerichtshof gewährt werde.[193] In Beziehung auf diesen führte der Zweite Senat weiter aus:

„Eine Grenze findet dieser mit der Aufgabenzuweisung des Art. 19 Abs. 1 Satz 2 EUV notwendig verbundene Spielraum erst bei einer *offensichtlich schlechterdings nicht mehr nachvollziehbaren und daher objektiv willkürlichen Auslegung der Verträge*. Erst wenn der Gerichtshof diese Grenze überschritte, wäre auch sein Handeln nicht mehr durch Art. 19 Abs. 1 Satz 2 EUV gedeckt, fehlte seiner Entscheidung für Deutschland das gemäß Art. 23 Abs. 1 Satz 2 in Verbindung mit Art. 20 Abs. 1 und Abs. 2 und Art. 79 Abs. 3 GG erforderliche Mindestmaß an demokratischer Legitimation."[194]

In Konkretisierung der Voraussetzung der „Offensichtlichkeit" hieß es sodann noch:

„Die Annahme einer offensichtlichen Kompetenzüberschreitung setzt allerdings nicht voraus, dass keine unterschiedlichen Rechtsauffassungen zu dieser Frage vertreten werden. Dass – nicht selten interessierte – Stimmen im Schrifttum, in der Politik oder den Medien einer Maßnahme Unbedenklichkeit attestieren, hindert die Feststellung einer offensichtlichen Kompetenzüberschreitung grundsätzlich nicht. ‚Offensichtlich' kann die Kompetenzüberschreitung auch dann sein, wenn sie das Ergebnis einer sorgfältigen und detailliert begründeten Auslegung ist."[195]

In Bezug auf die zweite Voraussetzung einer „strukturell bedeutsamen Verschiebung im Kompetenzgefüge zulasten der Mitgliedstaaten", ist davon die Rede, dass eine solche nur dann vorliegen könne, wenn sie für das Demokratieprinzip und die Volkssouveränität von erheblichem Gewicht sei – das Prinzip der begrenzten Einzelermächtigung werde dann ausgehöhlt, wenn eine Vertragsänderung nach Art. 48 EUV oder die Inanspruchnahme einer Evolutivklausel erforderlich sei.[196]

Neu an der Ausübung des ultra-vires-Vorbehalts war darüber hinaus, dass das Bundesverfassungsgericht bei einem ultra-vires-Handeln der Unionsstellen auch immer einen Verstoß gegen das Rechtsstaatsprinzip aus Art. 20 Abs. 3 GG annehmen will, weil es insoweit an einer tauglichen Ermächtigungsgrundlage für Eingriffe in die Freiheitssphäre des Bürgers fehlen solle.[197] Schließlich

[192] BVerfGE 142, 123 (200 Rn. 149) – OMT-Urteil.
[193] BVerfGE 142, 123 (201 Rn. 149) – OMT-Urteil.
[194] BVerfGE 142, 123 (201 Rn. 149) – OMT-Urteil (Hervorh. d. Verf.).
[195] BVerfGE 142, 123 (201 Rn. 150) – OMT-Urteil.
[196] BVerfGE 142, 123 (201 f. Rn. 151) – OMT-Urteil.
[197] BVerfGE 142, 123 (202 Rn. 152) – OMT-Urteil: „Maßnahmen von Organen, Einrichtungen und sonstigen Stellen der Europäischen Union, die auf Kompetenzüberschreitungen beruhen, lassen sich weder auf eine gültige Aufgabenzuweisung durch die Verträge in Verbindung mit dem jeweiligen Zustimmungsgesetz stützen (Art. 5 Abs. 1 Satz 1 EUV) noch sind sie in der Lage, Eingriffe in die Rechtssphäre der Bürger zu rechtfertigen. Sie sind daher – wie im nationalen Bereich – rechtswidrig und verletzten insoweit *immer* auch das Rechtsstaatsprin-

wurde die unionsrechtsfreundliche Ausübung dieser Reservekompetenz bekräftigt, wonach das Verwerfungsmonopol für ultra-vires-Handlungen der Unionsstellen beim Bundesverfassungsgericht liege, ein Vorabentscheidungsverfahren gemäß Art. 267 AEUV „soweit erforderlich" anzustrengen sei und die hierbei durch den Europäischen Gerichtshof getroffene Entscheidung über die Gültigkeit und die Auslegung des Unionsrechts grundsätzlich auch vom Bundesverfassungsgericht akzeptiert werden müsse.[198]

c) Handlungsanweisungen an Bundesregierung und Bundestag

Aus Art. 38 Abs. 1 Satz 1 in Verbindung mit Art. 20 Abs. 1 und Abs. 2 sowie Art. 79 Abs. 3 GG soll der einzelne Bürger bei ultra-vires-Handlungen der europäischen Stellen einen Anspruch darauf haben, dass die Verfassungsorgane mit Integrationsverantwortung – also insbesondere, weil im Bereich der auswärtigen Gewalt tätig,[199] die Bundesregierung und der Deutsche Bundestag – aktiv diese unionalen Handlungen rechtlich einordnen und sich im Falle eines festgestellten qualifizierten ultra-vires-Akts mit verschiedenen rechtlichen und politischen Mitteln darum bemühen, diesen zu beseitigen oder dessen Auswirkungen wenigstens zu minimieren. Der Einzelne habe daher zumindest einen Anspruch darauf, dass durch die Verfassungsorgane mit Integrationsverantwortung eine Entscheidung darüber getroffen werde, wie bei einem beachtlichen ultra-vires-Handeln die Zuständigkeitsordnung wiederhergestellt werden könne.[200] Das Bundesverfassungsgericht setzte sich allerdings im Urteil sehr ausführlich mit der Kritik an dieser Konstruktion – insbesondere trotz fehlender Zitation wohl mit dem viel beachteten Sondervotum der ausgeschiedenen Richterin *Lübbe-Wolff*[201] – auseinander. Es leitete die Pflicht zur Befassung aus dem Grundsatz des Vorrangs der Verfassung (vgl. Art. 20 Abs. 3 GG) her und rechtfertigte die Integrationsverantwortung vor dem Hintergrund der Sicherung des demokratischen Legitimationszusammenhangs.[202] Fast schon pathetisch in Anlehnung an Art. 2 Abs. 2 Satz 1 GG hieß es weiter:

> „Die Integrationsverantwortung verpflichtet die Verfassungsorgane – den grundrechtlichen Schutzpflichten nicht unähnlich –, sich dort schützend und fördernd vor die durch Art. 38 Abs. 1 Satz 1 in Verbindung mit Art. 20 Abs. 2 Satz 1 GG geschützten Rechts-

---

zip […]." (Hervorh. d. Verf.). Vgl. auch *Schorkopf*, in: Bonner Kommentar zum GG, Art. 23 Rn. 316 (Stand: 211. Aktualisierung April 2021).

198 BVerfGE 142, 123 (203 ff. Rn. 154 ff.) – OMT-Urteil.

199 BVerfGE 142, 123 (209 Rn. 167) – OMT-Urteil.

200 BVerfGE 142, 123 (210 Rn. 167) – OMT-Urteil. Diese Auseinandersetzung soll grundsätzlich im Plenum erfolgen; die Behandlung in nicht öffentlich tagenden Ausschüssen ist unzureichend – vgl. BVerfGE 142, 123 (212 Rn. 173) – OMT-Urteil.

201 Abweichende Meinung der Richterin *Lübbe-Wolff*, in: BVerfGE 134, 366 (419 ff. Rn. 105 ff.) – OMT-Vorlagebeschluss.

202 BVerfGE 142, 123 (208 f. Rn. 164 f.) – OMT-Urteil.

positionen des Einzelnen zu stellen, wo dieser nicht selbst für ihre Integrität sorgen kann […].“[203]

Hinsichtlich der Wahl der Mittel wird den Verfassungsorganen aber ein weiter Spielraum zugestanden – das Bundeverfassungsgericht nannte einige Beispiele wie eine Klageerhebung vor dem Europäischen Gerichtshof, einem Vorstoß zu Vertragsänderungen oder ein entsprechendes Abstimmungsverhalten in den unionalen Entscheidungsgremien.[204] Im Einzelfall können sich die verschiedenen Handlungsoptionen jedoch auch auf die Vornahme einer ganz bestimmten Pflicht, insofern wohl einer Ermessensreduzierung auf Null nicht unähnlich, verengen.[205]

d) Auseinandersetzung mit der Rechtsauffassung des Europäischen Gerichtshofs

Dass das Ergebnis der Sachentscheidung des Europäischen Gerichtshofs nicht den im Vorlagebeschluss geäußerten Hoffnungen und Erwartungen des Bundesverfassungsgerichts entsprach, überrascht nicht – nichtsdestotrotz akzeptierte es die Urteilsfindung des Europäischen Gerichtshofs.[206] Allerdings finden sich an zahlreichen Stellen Hinweise darauf, dass es sich beim Urteil des Europäischen Gerichtshofs nach Auffassung des Bundesverfassungsgerichts bereits um einen bedenklichen Grenzfall handelte, wenn gegen das OMT-Programm immer noch „gewichtige Bedenken“[207] geäußert werden oder das Urteil des Europäischen Gerichtshofs sich lediglich „*noch* innerhalb des dem Gerichtshof erteilten Mandats aus Art. 19 Abs. 1 Satz 2 EUV“[208] bewegen solle. Es folgte eine intensive Auseinandersetzung mit den methodischen Standards, die der Europäische Gerichtshof im vorliegenden Fall angewendet hatte,[209] um schlussendlich diese und die Subsumtion wohl „zähneknirschend“ zu akzeptieren. Dies ist aber nur

---

[203] BVerfGE 142, 123 (209 Rn. 166) – OMT-Urteil.

[204] BVerfGE 142, 123 (211 f. Rn. 171) – OMT-Urteil: „Dazu zählen mit Blick auf die Bundesregierung insbesondere eine Klage vor dem Gerichtshof der Europäischen Union (Art. 263 Abs. 1 AEUV), die Beanstandung der fraglichen Maßnahme gegenüber den handelnden und den sie kontrollierenden Stellen, das Stimmverhalten in den Entscheidungsgremien der Europäischen Union einschließlich der Ausübung von Vetorechten und der Berufung auf den Luxemburger Kompromiss […], Vorstöße zu Vertragsänderungen (vgl. Art. 48 Abs. 2, 50 EUV) sowie Weisungen an nachgeordnete Stellen, die in Rede stehende Maßnahme nicht anzuwenden. Der Deutsche Bundestag kann sich insbesondere seines Frage-, Debatten- und Entschließungsrechts bedienen, das ihm zur Kontrolle des Handelns der Bundesregierung in Angelegenheiten der Europäischen Union zusteht […], sowie – je nach Angelegenheit – auch der Subsidiaritätsklage […], des Enquêterechts (Art. 44 GG) oder des Misstrauensvotums (Art. 67 GG) […].“

[205] BVerfGE 142, 123 (212 Rn. 172) – OMT-Urteil.

[206] Vgl. BVerfGE 142, 123 (207 Rn. 161) – OMT-Urteil.

[207] BVerfGE 142, 123 (214 f. Rn. 175) – OMT-Urteil.

[208] BVerfGE 142, 123 (215 Rn. 176) – OMT-Urteil (Hervorh. d. Verf.).

[209] BVerfGE 142, 123 (215 ff. Rn. 177 ff.) – OMT-Urteil.

deswegen geschehen, weil die Anmerkungen des Europäischen Gerichtshofs, wie die Europäische Zentralbank nach eigener Darstellung das OMT-Programm ausüben werde, vom Bundesverfassungsgericht zu rechtsverbindlichen Kriterien erhoben wurden.[210]

4. *Zwischenfazit*

Festgehalten werden muss, dass die Unionsrechtskonformität des angekündigten OMT-Programms des Rates der Europäischen Zentralbank auch im wissenschaftlichen Schrifttum sehr umstritten war.[211] Schon aus diesem Grund erscheint es nachvollziehbar, dass es jedenfalls an der geforderten „Ersichtlichkeit" beziehungsweise „eindeutigen Offenkundigkeit" der Unionsrechtswidrigkeit des OMT-Programms fehlte,[212] auch wenn das Bundesverfassungsgericht im Vorlagebeschluss noch recht energisch für ein qualifiziertes ultra-vires-Handeln des Rates der Europäischen Zentralbank Partei ergriff. Jedenfalls konnte die Rechtsauffassung des Europäischen Gerichtshofs wegen der Breite des Meinungsspektrums nicht als „willkürlich" bezeichnet werden.[213] Die Entwicklung des Falls steht jedenfalls beispielhaft für die Aktivierung und unionsrechtsfreundliche Ausübung der Residualkompetenz der ultra-vires-Kontrolle durch das Bundesverfassungsgericht.[214]

---

[210] BVerfGE 142, 123 (221 Rn. 190) – OMT-Urteil. Zu diesen Kriterien im Einzelnen: BVerfGE 142, 123 (229 Rn. 206) – OMT-Urteil.

[211] Für Unionsrechtsmäßigkeit: *Herrmann*, Die Bewältigung der Euro-Staatsschuldenkrise an den Grenzen des deutschen und europäischen Währungsverfassungsrechts, EuZW 2012, 805 (809 ff.); *Heun*, Eine verfassungswidrige Verfassungsgerichtsentscheidung – der Vorlagebeschluss des BVerfG vom 14.1.2014, JZ 2014, 331 (333 ff.); *Ismer/Wiesner*, Die OMT-Vorlage des Bundesverfassungsgerichts – Eine dogmatische Kritik auf Grundlage juristisch-ökonomischer Analyse, DÖV 2015, 81 ff., die allerdings im Hinblick auf das Verbot der monetären Staatsfinanzierung aus Art. 123 Abs. 1 AEUV kein Übergewicht der Argumente der einen oder der anderen Seite zu erkennen vermögen; *Sauer*, Doubtful it Stood …: Competence and Power in European Monetary and Constitutional Law in Aftermath of the CJEU's OMT Judgment, GLJ 2015, 971 ff.; *Thiele*, Das Mandat der EZB und die Krise des Euro, 2013, S. 58 ff.; zumindest im Hinblick auf die bloße Ankündigung des OMT-Programms auch *Simon*, „Whatever it takes": Selbsterfüllende Prophezeiung am Rande des Unionsrechts? Eine unionsrechtliche Bewertung der OMT-Entscheidung der EZB, EuR 2015, 107 (112 ff., insb. 129); hingegen für Unionsrechtswidrigkeit: *Ruffert*, Europarecht – Vorlagebeschluss des BVerfG zum OMT-Programm, JuS 2014, 373 (374) und *R. Schmidt*, Die entfesselte EZB, JZ 2015, 317 (320 ff.).

[212] BVerfGE 142, 123 (221 Rn. 190) – OMT-Urteil.

[213] Zum Willkürmaßstab noch unten Zweiter Teil D. VII. und VIII. (S. 123 ff.).

[214] *Huber*, in: Streinz, EUV/AEUV, 3. Aufl. 2018, Art. 19 EUV Rn. 81: „Meilenstein in der Kooperation von BVerfG und EuGH". A. A. etwas polemisch *Murswiek*, Die Ultra-vires-Kontrolle im Kontext der Integrationskontrolle, EuGRZ 2017, 327 (327): „Am 21. Juni 2016 haben wir vielleicht, ohne dies sofort zu merken, eine Beerdigung miterlebt. Mit dem OMT-Urteil könnte das Bundesverfassungsgericht die Ultra-vires-Kontrolle in aller Stille zu Grabe getragen haben. Denn wenn das Bundesverfassungsgericht für die Anwendung der Ultra-vires-Kontrolle Voraussetzungen formuliert, die praktisch nie erfüllt werden können, dann ist die Ultra-vires-Kontrolle tot." Daneben ebd., S. 335: „Die Ultra-vires-Kontrolle wird so zu einem Verfahren mit von vornherein feststehendem Ergebnis; sie nimmt den Charakter eines

IX. Europäische Bankenunion

Um einen möglichen ultra-vires-Akt ging es auch in dem Verfahren zur Verfassungsmäßigkeit der Europäischen Bankenunion. Die Beschwerdeführer meinten in der SSM-Verordnung[215] (Single Supervisory Mechanism), die die Bankenaufsicht über systemrelevante Banken bei der Europäischen Zentralbank monopolisiert, sowie in der SRM-Verordnung[216] (Single Resolution Mechanism), die Regelungen zur einheitlichen Bankenabwicklung enthält, kompetenzwidrige Handlungen der Unionsorgane zu erkennen, da die Kompetenzvorschriften des Art. 127 Abs. 6 und des Art. 114 Abs. 1 AEUV diese Verordnungen nicht trügen. Der Zweite Senat des Bundesverfassungsgerichts wies im Juli 2019 die Verfassungsbeschwerden zurück; setzte sich aber umfassend mit den Einwänden der Beschwerdeführer auseinander.[217]

1. Bestätigung der Anforderungen an einen ultra-vires-Akt

Rechtsdogmatisch bestätigte das Bundesverfassungsgericht seine „Honeywell" und „OMT"-Kriterien: So käme eine Verletzung des grundrechtsgleichen Rechts aus Art. 38 Abs. 1 Satz 1 GG nur dann in Betracht, wenn ein „hinreichend qualifizierter Verstoß" festgestellt werden könne – nur in diesem Fall seien die Wahlberechtigten von einer Hoheitsgewalt betroffen, die sie nicht legitimiert haben und der sie nicht ausweichen können.[218] Bekräftigt wurden daneben die bekannten Kriterien der Offensichtlichkeit des Kompetenzverstoßes, der zudem noch zu einer strukturell bedeutsamen Verschiebung in der Zuständigkeitsverteilung zwischen der Europäischen Union und ihren Mitgliedstaaten geführt

---

Schauspiels an, in dem die Akteure nur so tun, als ob es um die Wahrung der Kompetenzordnung ginge und als ob das Bundesverfassungsgericht über Kompetenzüberschreitungen entscheiden werde."

[215] Verordnung (EU) Nr. 1024/13 des Rates vom 15.10.2013 zur Übertragung besonderer Aufgaben im Zusammenhang mit der Aufsicht über Kreditinstitute auf die Europäische Zentralbank, Abl. 2013 Nr. L 287/13.

[216] Verordnung (EU) Nr. 806/2014 des Europäischen Parlaments und des Rates vom 15.07.2014 zur Festlegung einheitlicher Vorschriften und eines einheitlichen Verfahrens für die Abwicklung von Kreditinstituten und bestimmten Wertpapierfirmen im Rahmen eines einheitlichen Abwicklungsmechanismus und eines einheitlichen Abwicklungsfonds sowie zur Änderung der Verordnung (EU) Nr. 1093/2010, Abl. 2014 Nr. L 225/1.

[217] BVerfGE 151, 202 ff. – Europäische Bankenunion. Siehe hierzu auch *Forsthoff*, Bankenunion und Bundesverfassungsgericht – Von der politischen Erfolgsgeschichte zur verfassungsrechtlichen Verlustsaga?, EuZW 2019, 977 ff.; *Gentzsch/Brade*, Die Bankenunion vor dem Bundesverfassungsgericht. Neue Impulse für grundlegende Fragestellungen des Verfassungs- und Unionsrechts, EuR 2019, 602 ff.; *Ludwigs/Pascher/Sikora*, Das Bankenunion-Urteil als judikativer Kraftakt des BVerfG, EWS 2020, 1 ff., 85 ff.; *Ohler*, Das Bundesverfassungsgericht als europäisches Kompetenzgericht, ZG 2020, 95 ff.; *Ruffert*, Europarecht und Verfassungsrecht: Europäische Bankenunion, JuS 2019, 1033 ff. und *Wehmhörner*, Das BVerfG, der EuGH und die Europäische Bankenunion, NVwZ 2020, 342 ff.

[218] BVerfGE 151, 202 (300 Rn. 150) – Europäische Bankenunion.

haben müsse.[219] Bei unionsunmittelbaren Handlungen könne vom Deutschen Bundestag und der Bundesregierung gefordert werden, dass sich diese aktiv mit der Frage beschäftigen, auf welche Weise die Kompetenzordnung wiederhergestellt werden könne; über diese Frage muss Beschluss gefasst werden.[220] Bundesregierung und Deutscher Bundestag seien also verpflichtet, mit „rechtlichen oder politischen Mitteln“, auf eine Beseitigung der Kompetenzverletzung zu dringen –[221] anders als im OMT-Urteil[222] fehlte nun aber die beispielhafte Aufzählung der in Betracht kommenden Möglichkeiten.

2. *Verfassungsmäßigkeit der SSM-Verordnung*

Im ersten Teil der Begründetheit ging es sodann um die Frage, ob die SSM-Verordnung zulässigerweise auf die Kompetenzgrundlage des Art. 127 Abs. 6 AEUV gestützt werden konnte. Hiernach kann der Rat einstimmig durch Verordnungen gemäß einem besonderen Gesetzgebungsverfahren besondere Aufgaben im Zusammenhang mit der Aufsicht über Kreditinstitute und sonstige Finanzinstitute mit Ausnahme von Versicherungsunternehmen der Europäischen Zentralbank übertragen. Das Bundesverfassungsgericht verstand die Formulierung „besondere Aufgaben“ dahingehend, dass nur konkrete und umgrenzte Aufgaben, jedoch nicht die Übertragung der gesamten Bankenaufsicht auf die Europäische Zentralbank möglich sein solle.[223] Da eine derartige vollständige Übertragung nach der Interpretation des Bundesverfassungsgerichts auch nicht erfolgt ist, läge kein ausbrechender Rechtsakt vor; eine solche Delegation würde indes einen beachtlichen ultra-vires-Akt darstellen.[224] Diese restriktive Auslegung sowohl des Primärrechts als auch der SSM-Verordnung hat einiges für sich – fraglich ist allerdings, ob es sich wirklich um einen acte éclairé handelte und damit von einem Vorabentscheidungsverfahren abgesehen werden konnte.[225] Denn im Mai 2019 hatte der Europäische Gerichtshof – in Bestätigung eines Urteils des Gerichts – entschieden, dass der Europäischen Zentralbank im Hinblick auf die in Art. 4 Abs. 1 der SSM-Verordnung übertragenen

[219] BVerfGE 151, 202 (298 ff. Rn. 147, 151 ff.) – Europäische Bankenunion.
[220] BVerfGE 151, 202 (298 f. Rn. 147) – Europäische Bankenunion.
[221] BVerfGE 151, 202 (299 Rn. 149) – Europäische Bankenunion.
[222] Siehe dazu oben Zweiter Teil B. VIII. 3. c) mit Fn. 204 (S. 70).
[223] BVerfGE 151, 202 (303 ff. Rn. 160 ff.) – Europäische Bankenunion.
[224] BVerfGE 151, 202 (321 Rn. 194) – Europäische Bankenunion: „Hätte die SSM-Verordnung die gesamte Bankenaufsicht auf die EZB übertragen, läge darin eine offensichtliche und strukturell bedeutsame Überschreitung des Integrationsprogramms, weil sie nicht nur ‚besondere Aufgaben im Zusammenhang mit der Aufsicht über Kreditinstitute und sonstige Finanzinstitute‘ (Art. 127 Abs. 6 AEUV) beträfe, sondern den Mitgliedstaaten einen zentralen Bereich der Wirtschaftsaufsicht entzöge. Auf der Grundlage einer solchen methodisch nicht vertretbaren […] Interpretation wäre die SSM-Verordnung als Ultra-vires-Akt zu qualifizieren.“
[225] So BVerfGE 151, 202 (372 f. Rn. 317) – Europäische Bankenunion.

Aufgaben gerade eine ausschließliche Zuständigkeit eingeräumt wurde und die nationalen Behörden die Aufsicht bei weniger bedeutenden Kreditinstituten lediglich dezentral unter der Kontrolle der Europäischen Zentralbank ausüben.[226] Zwar ist dem Bundesverfassungsgericht zu konzedieren, dass es in dem Urteil insbesondere um die Auslegung der „besonderen Umstände" nach Art. 6 Abs. 4 Uabs. 2 der SSM-Verordnung ging[227] und die Aussagen der Europäischen Gerichtsbarkeit möglicherweise nicht zu verallgemeinern sind – die Annahme eines acte éclairé dürfte nichtsdestoweniger kaum vertretbar sein.[228] Insofern hätte es also zwingend der Anrufung des Europäischen Gerichtshofs mithilfe des Vorabentscheidungsverfahrens nach Art. 267 AEUV bedurft.[229]

3. *Verfassungsmäßigkeit der SRM-Verordnung*

Auch in Bezug auf die SRM-Verordnung vermochte das Bundesverfassungsgericht im Ergebnis keinen ultra-vires-Akt festzustellen. Es ging hier um die Frage, ob der durch Art. 42 Abs. 1 der SRM-Verordnung geschaffene Ausschuss, der für die Bankenabwicklung zuständig ist, sich legitimerweise auf die Kompetenzgrundlage der Binnenmarktharmonisierung aus Art. 114 Abs. 1 AEUV berufen konnte. Zwar hatte das Bundesverfassungsgericht offen artikulierte Zweifel an der Tragfähigkeit der Kompetenzgrundlage in Art. 114 Abs. 1 AEUV für die Errichtung von Agenturen,[230] doch reichten diese Zweifel nicht für die (vorläufige)[231] Annahme eines offensichtlichen und strukturell bedeutsamen Verstoßes gegen die Kompetenzordnung zwischen der Europäischen Union und den Mitgliedstaaten.[232]

---

[226] EuGH, Urt. v. 08.05.2019, Rs. C-450/17 P, ECLI:EU:C:2019:372, Rn. 37 f., 49 – Landeskreditbank Baden-Württemberg ./. Europäische Zentralbank. Siehe schon in der Vorinstanz EuG, Urt. v. 16.05.2017, Rs. T-122/15, ECLI:EU:T:2017:337, Rn. 54, 63, 72.

[227] BVerfGE 151, 202 (321 f. Rn. 195) – Europäische Bankenunion.

[228] Die Annahme eines acte éclairé finden auch *Gentzsch/Brade*, Die Bankenunion vor dem Bundesverfassungsgericht. Neue Impulse für grundlegende Fragestellungen des Verfassungs- und Unionsrechts, EuR 2019, 602 (619) nicht überzeugend.

[229] So auch *Ludwigs/Pascher/Sikora*, Das Bankenunion-Urteil als judikativer Kraftakt des BVerfG – (Detailanalyse von SSM und SRM im Kralsruher Alleingang [Teil II], EWS 2020, 85 (88 f.). *Forsthoff*, Bankenunion und Bundesverfassungsgericht – Von der politischen Erfolgsgeschichte zur verfassungsrechtlichen Verlustsaga?, EuZW 2019, 977 (979) bezeichnet eine Vorlage an den EuGH hingegen nur als „vielleicht sinnvoll".

[230] Siehe nur BVerfGE 151, 202 (343 Rn. 240) – Europäische Bankenunion: „Die Errichtung von Einrichtungen und sonstigen Stellen der Europäischen Union auf der Grundlage von Art. 114 Abs. 1 AEUV begegnet mit Blick auf das Prinzip der begrenzten Einzelermächtigung (Art. 5 Abs. 1 Satz 2, Abs. 2 EUV) nicht unerheblichen Bedenken. Sie findet im Wortlaut des Art. 114 Abs. 1 AEUV ebenso wenig eine Stütze […] wie in seiner systematischen Stellung […] und kann auch nicht ohne weiteres mit teleologischen Argumenten begründet werden […]."

[231] Nach der Rechtsprechung des Bundesverfassungsgerichts wäre vor der Feststellung eines beachtlichen ultra-vires-Akts grundsätzlich ein Vorabentscheidungsverfahren an den Europäischen Gerichtshof einzuleiten (siehe dazu schon oben Zweiter Teil B. VII. 3. a), S. 51 f.).

[232] BVerfGE 151, 202 (345 f. Rn. 246) – Europäische Bankenunion.

X. Annahme eines ultra-vires-Aktes im PSPP-Verfahren

Die über 30 Jahre andauernde dogmatische Konstruktion und Entfaltung der ultra-vires-Residualkompetenz des Bundesverfassungsgerichts fand ihren „wahrscheinlich nur vorläufigen Endpunkt"[233] im Urteil des Bundesverfassungsgerichts vom 5. Mai 2020 betreffend das PSPP-Programm (Public Sector Purchase Programme) der Europäischen Zentralbank.[234] In dieser Entscheidung stellte es fest, dass sowohl der Rat der Europäischen Zentralbank als auch der Europäische Gerichtshof außerhalb ihrer vom Primärrecht eingeräumten Befugnisse handelten und nahm insoweit „ultra-vires-Akte" an.[235]

1. Der Vorlagebeschluss

Zunächst weniger Aufsehen[236] als der Vorlagebeschluss zum OMT-Programm erregte der in der Gerichtsgeschichte erst zweite Vorlagebeschluss des Bundesverfassungsgerichts an den Europäischen Gerichtshof vom Juli 2017, der die Frage nach der Primärrechtskonformität des PSPP-Programms betraf. Ver-

---

233 So die einführenden Worte des damaligen Senatsvorsitzenden *Voßkuhle* bei der Urteilsverkündung, abrufbar unter: https://www.youtube.com/watch?v=SrWo36aqMvg. Der Tenor des Urteils lautete auszugsweise: „Bundesregierung und [...] der Deutsche Bundestag haben die Beschwerdeführer [...] in ihrem Recht aus Artikel 38 Absatz 1 Satz 1 in Verbindung mit Artikel 20 Absatz 1 und Absatz 2 in Verbindung mit Artikel 79 Absatz 3 des Grundgesetzes verletzt, da sie es unterlassen haben, geeignete Maßnahmen dagegen zu ergreifen, dass der Rat der Europäischen Zentralbank im Beschluss (EU) 2015/774 [...] weder geprüft noch dargelegt hat, dass die beschlossenen Maßnahmen dem Grundsatz der Verhältnismäßigkeit entsprechen."

234 Beschluss (EU) 2015/774 der Europäischen Zentralbank vom 4. März 2015 über ein Programm zum Ankauf von Wertpapieren des öffentlichen Sektors an den Sekundärmärkten, Abl. 2015 Nr. L 121/20 (durch die Änderungsbeschlüsse [EU] 2015/2101, 2015/2464, 2016/702 und 2017/100 anschließend im Detail noch modifiziert).

235 BVerfGE 154, 17 ff. Besprechungen u. a. bei *Haltern*, Ultra-vires-Kontrolle im Dienst europäischer Demokratie, NVwZ 2020, 817 ff.; *Kube*, Affront oder Wegweisung? – Die EZB-Entscheidung des Bundesverfassungsgerichts, DVBl. 2020, 1161 ff.; *Mayer*, Der Ultra vires-Akt, JZ 2020, 725 ff.; *Nettesheim*, Das PSPP-Urteil des BVerfG – ein Angriff auf die EU?, NJW 2020, 1631 ff.; *Ogorek*, „PSPP"-Beschlüsse der EZB und EuGH-Entscheidung „ultra vires", JA 2020, 795 ff.; *Ruffert*, Europarecht und Verfassungsrecht: Ultra-vires-Kontrolle über EZB-Anleihekäufe und EuGH-Urteil, JuS 2020, 574 ff.; *Schorkopf*, Wer wandelt die Verfassung?, JZ 2020, 734 ff.; *Siekmann*, Gerichtliche Kontrolle der Käufe von Staatsanleihen durch das Eurosystem, EuZW 2020, 491 ff.; *Stürmer/Wolff*, Anmerkung zu BVerfG, Urt. v. 05.05.2020, 2 BvR 859/15 u. a., BayVBl. 2020, 550 ff.

236 Dies überraschte ein wenig deshalb, weil im Unterschied zum stets nur angekündigten und nie umgesetzten OMT-Programm der Europäischen Zentralbank die Ankäufe im Rahmen des PSPP im März 2015 begannen (vgl. BVerfGE 146, 216 [238 Rn. 18] – PSPP-Vorlagebeschluss) und – mit einer kurzen Aussetzung – bis heute fortdauern. Insoweit treffend *Ruffert*, Europarecht – Vorlagebeschluss zu den Anleihekäufen der EZB, JuS 2017, 1229 (1231): „Übrig bleibt die Frage, warum der Vorlagebeschluss kaum wissenschaftlich vorbereitet wurde – hat die Europarechtslehre eine rechtliche Einhegung der Europäischen Wirtschafts- und Währungsunion schon aufgegeben?"

kürzt dargestellt beinhaltete das Programm den enormen Ankauf von Staatsanleihen auf dem Sekundärmarkt mit einem monatlichen Volumen von etwa 60 Milliarden Euro.[237] Erstrebte Ziele der Europäischen Zentralbank waren dabei die Erleichterung der Kreditaufnahme durch eine Ausweitung der Geldmenge sowie die Annäherung an die anvisierte Inflationsrichtmarke von 2%. Wie auch beim OMT-Programm meinte das Bundesverfassungsgericht, in dem PSPP-Programm einen ultra-vires-Akt der Europäischen Zentralbank zu erkennen, weshalb es – im Sinne seiner unionsrechtsfreundlichen Handhabung der ultra-vires-Kontrolle – den Europäischen Gerichtshof im Wege des Vorabentscheidungsverfahrens nach Art. 267 AEUV anrief. Es fragte an, ob der Beschluss mit Art. 123 Abs. 1 AEUV vereinbar war und ob er sich innerhalb des Mandats der Europäischen Zentralbank bewegte oder die Europäische Zentralbank unzulässige, da von den Verträgen nicht mehr gedeckte, Wirtschaftspolitik betrieb.[238] Insbesondere wollte das Bundesverfassungsgericht wissen, ob der PSPP-Beschluss wegen seiner starken wirtschaftspolitischen Auswirkungen auch aufgrund seinen Volumens und seiner langen Vollzugsdauer gegen den Verhältnismäßigkeitsgrundsatz aus Art. 5 Abs. 1 Satz 2 Alt. 2, Abs. 4 EUV verstieß.[239] Daneben ging das Bundesverfassungsgericht im Vorlagebeschluss davon aus, dass seine im OMT-Urteil entwickelten und als rechtsverbindlich eingestuften Kriterien[240] für das Tätigwerden der Europäischen Zentralbank auf dem Sekundärmarkt im Rahmen des PSPP-Programms nicht erfüllt waren und daher auch eine offensichtliche Kompetenzüberschreitung der Europäischen Zentralbank im Hinblick auf das Verbot monetärer Staatsfinanzierung nach Art. 123 Abs. 1 AEUV anzunehmen sei.[241]

---

[237] Zwischenzeitlich wurden die Staatsanleihenankäufe durch Beschluss vom 13.12.2018 eingestellt, zum 01.11.2019 mit einem Volumen von 20 Milliarden Euro aber wieder aufgenommen (vgl. dazu die Pressemitteilungen der EZB vom 13.12.2018 einerseits https://www.bundesbank.de/resource/blob/770260/236fe4a2dbb8dda44e39805fc86e6966/mL/2018-12-13-beschluesse-download.pdf und https://www.bundesbank.de/resource/blob/806100/db43f362835d4b7f076f3b92b6eb4e43/mL/2019-09-12-beschluesse-download.pdf vom 12.09.2019 andererseits).

[238] BVerfGE 146, 216 (Entscheidungsformel 219 ff.) – PSPP-Vorlagebeschluss. Einen guten Überblick über das gesamte Verfahren liefert *Dietz*, Die gerichtliche Kontrolle der EZB durch den EuGH und das BVerfG – ein Konfliktfall im Verfassungsgerichtsverbund und Eurosystem?, EuZW 2019, 925 ff. Siehe daneben auch *Ludwigs*, Die Krisenpolitik der EZB zwischen Verfassungs- und Unionsrecht, NJW 2017, 3563 ff.

[239] BVerfGE 146, 216 (Entscheidungsformel [221 Vorlagefragen 3 lit. c und 4]) – PSPP-Vorlagebeschluss.

[240] Vgl. dazu insbesondere BVerfGE 142, 123 (Ls. 4) – OMT-Urteil.

[241] BVerfGE 146, 216 (264 ff. Rn. 76 ff.) – PSPP-Vorlagebeschluss. Diesbezüglich, weil im Zusammenhang mit der Entwicklung der Kriterien für die ultra-vires-Kontrolle nicht weiter von Interesse, sei auf die Darstellungen bei *Ruffert*, Europarecht – Vorlagebeschluss zu den Anleihekäufen der EZB, JuS 2017, 1229 ff. und *Schöffski*, Das Verbot der monetären Staatsfinanzierung (Art. 123 AEUV) – Juristische Prinzipienreiterei oder ein echter Stolperstein für die EZB, EWS 2017, 263 ff. verwiesen. Letzterer (S. 266) bewertet den Vorlagebeschluss positiv: „Der Beschluss des BVerfG weist im Vergleich zum ersten Vorlagebeschluss im Kon-

Hinsichtlich der Kriterien der ultra-vires-Kontrolle enthielt der Vorlagebeschluss wenig Neues, sondern bestätigte die seit der Honeywell-Entscheidung[242] gefestigte ständige Rechtsprechung des Bundesverfassungsgerichts: Erforderlich ist erstens eine „offensichtliche" Überschreitung der Kompetenzen durch die Unionsstellen, welche zweitens zu einer „strukturell bedeutsamen Verschiebung im Kompetenzgefüge zulasten der Mitgliedstaaten" führen müsse.[243]

2. *Die Vorabentscheidung des Europäischen Gerichtshofs*

Im Vorfeld der Entscheidung des Europäischen Gerichtshofs galt es als überwiegend wahrscheinlich[244], dass dieser zu dem Ergebnis gelangen würde, dass auch das PSPP-Programm primärrechtskonform ist: Durch ihr Urteil im Dezember 2018 bescheinigte die Große Kammer des Gerichtshofs dem Programm und seiner Durchführung sodann auch vollumfassende Primärrechtskonformität.[245] Bei dem PSPP-Beschluss handelte der Rat der Europäischen Zentralbank innerhalb seiner Befugnisse, denn es käme – in Bestätigung der Kriterien aus dem Gauweiler-Urteil – bei der Frage, ob zulässige Währungs- oder unzulässige allgemeine Wirtschaftspolitik vorläge, auf die Ziele und Mittel der getroffenen Maßnahmen an.[246] Das Ziel, eine Inflationsrate von knapp 2% anzustreben, sei nicht mit einem „offensichtlichen Beurteilungsfehler" versehen und halte sich innerhalb des Mandats der Europäischen Zentralbank zur Sicherstellung der Preisstabilität (vgl. Art. 127 Abs. 1 Satz 1 AEUV).[247] Art. 18 Abs. 1 der ESZB-Satzung erlaube auch ausdrücklich ein Tätigwerden auf dem Finanz-

text des OMT-Programms einen viel konstruktiveren und sachlicheren Duktus auf." Ähnlich *Ludwigs*, Die Krisenpolitik der EZB zwischen Verfassungs- und Unionsrecht, NJW 2017, 3563 (3567): „sachorientierte und ausgewogene Bitte nach justiziellem Dialog".

242 Vgl. oben Zweiter Teil B. VII. 3. b) (S. 52 f.).

243 BVerfGE 146, 216 (252 f. Rn. 52 f.) – PSPP-Vorlagebeschluss.

244 Vgl. *Broemel*, Unionsrechtlicher Rahmen währungspolitischer Maßnahmen des ESZB, ZG 2019, 276 (276); *Dornacher*, Schlusskapitel oder Zwischenakt? – Anmerkung zum Urteil des EuGH v. 11.12.2018, Rs. C-493/17 (Weiss u. a.), EuR 2019, 546 (547). Siehe auch *Kube*, Affront oder Wegweisung? – Die EZB-Entscheidung des Bundesverfassungsgerichts, DVBl. 2020, 1161 (1164): „Überraschen konnte die Entscheidung freilich nicht. Der EuGH prüfte eher pflichtschuldig denn kritisch und sieht sich selbst offenbar – in der Tradition seiner Rolle als ‚Motor der Integration' – weiterhin eher im Schulterschluss mit der Unionsgewalt denn als ihr demokratisch-rechtsstaatlicher Kontrolleur."

245 EuGH, Urt. v. 11.12.2018, Rs. C-493/17, ECLI:EU:C:2018:1000 – Weiss u. a. Anmerkung bei *Sikora*, PSPP auf dem Prüfstand – Das Weiss-Urteil des EuGH, EWS 2019, 139 ff. An dieser Stelle soll die Entscheidung des Europäischen Gerichtshofs nur recht kursorisch in dem Ausmaß dargestellt werden, wie es für das Verständnis des Verfahrensgangs notwendig ist. An späterer Stelle wird auf dieses Urteil aber noch einmal ausführlicher eingegangen, um zu ergründen, ob die Annahme eines ultra-vires-Akts tatsächlich berechtigt war. Siehe dazu unten Zweiter Teil D. VIII. 2. (S. 149 ff.).

246 EuGH, Urt. v. 11.12.2018, Rs. C-493/17, ECLI:EU:C:2018:1000, Rn. 53 – Weiss u. a.

247 EuGH, Urt. v. 11.12.2018, Rs. C-493/17, ECLI:EU:C:2018:1000, Rn. 56 – Weiss u. a.

markt.[248] Die Einordnung des Programms als währungspolitische Maßnahme ändere sich auch nicht dadurch, dass „mittelbare Auswirkungen" einträten, welche auch mithilfe der Wirtschaftspolitik intendiert werden könnten,[249] denn die Festsetzung einer Inflationsrate führe zwangsläufig auch zu Folgen für die Realwirtschaft.[250]

Anschließend bejahte der Europäische Gerichtshof in einer knapp 30 Randnummern einnehmenden Prüfung auch die Wahrung des kompetenziellen Verhältnismäßigkeitsprinzips. Dabei nahm er – und dies war im sich anschließenden Urteil des Bundesverfassungsgerichts der maßgebliche Kritikpunkt, der zur ultra-vires-Feststellung führte – keine Abwägung mit den wirtschaftspolitischen Auswirkungen auf das allgemeine Zinsniveau oder den Immobilienmarkt vor.[251] Vielmehr gestand der Gerichtshof, weil es sich bei der Geldpoltik um eine technische Materie mit komplexen Prognosen und Beurteilungen handele, der Europäischen Zentralbank ein weites Ermessen zu;[252] von ihr könne „nicht mehr als der Einsatz [ihres] wirtschaftlichen Sachverstands und der [ihr] zur Verfügung stehenden notwendigen technischen Mittel verlangt werden"[253]. Argumentiert wurde weiter, dass mildere Mittel wie die Senkung des Leitzinssatzes oder der Ankauf von Wertpapieren des Privatsektors nicht den gewünschten Erfolg zeitigten;[254] ausführlicher wurde schließlich noch auf die Verhältnismäßigkeit des Verlustrisikos bei den Staatsanleihenankäufen eingegangen.[255]

Der Gerichtshof konnte daneben auch keinen Verstoß gegen das Verbot monetärer Staatsfinanzierung gem. Art. 123 Abs. 1 AEUV feststellen.[256] Damit dieses Verbot nicht umgangen werde, müsse zum einen sichergestellt sein, dass das Tätigwerden auf den Sekundärmärkten nicht die gleiche Wirkung wie ein verbotener unmittelbarer Staatsanleihenankauf habe;[257] zum anderen müsse ein Programm zum Ankauf von Staatsanleihen hinreichende „Garantien" enthalten, damit das durch Art. 123 Abs. 1 AEUV intendierte Ziel zur Verfolgung einer

---

248 EuGH, Urt. v. 11.12.2018, Rs. C-493/17, ECLI:EU:C:2018:1000, Rn. 69 – Weiss u. a.

249 EuGH, Urt. v. 11.12.2018, Rs. C-493/17, ECLI:EU:C:2018:1000, Rn. 61 – Weiss u. a.

250 EuGH, Urt. v. 11.12.2018, Rs. C-493/17, ECLI:EU:C:2018:1000, Rn. 66 – Weiss u. a.

251 In EuGH, Urt. v. 11.12.2018, Rs. C-493/17, ECLI:EU:C:2018:1000, Rn. 93 – Weiss u. a. ist lediglich allgemein davon die Rede, dass die EZB „die verschiedenen beteiligten Interessen so gegeneinander abgewogen [hat], dass tatsächlich vermieden wird, dass sich bei der Durchführung des PSPP Nachteile ergeben, die offensichtlich außer Verhältnis zu dessen Zielen stehen".

252 EuGH, Urt. v. 11.12.2018, Rs. C-493/17, ECLI:EU:C:2018:1000, Rn. 73 – Weiss u. a.

253 EuGH, Urt. v. 11.12.2018, Rs. C-493/17, ECLI:EU:C:2018:1000, Rn. 91 – Weiss u. a.

254 EuGH, Urt. v. 11.12.2018, Rs. C-493/17, ECLI:EU:C:2018:1000, Rn. 80 – Weiss u. a.

255 EuGH, Urt. v. 11.12.2018, Rs. C-493/17, ECLI:EU:C:2018:1000, Rn. 94 ff. – Weiss u. a.

256 EuGH, Urt. v. 11.12.2018, Rs. C-493/17, ECLI:EU:C:2018:1000, Rn. 102 ff. – Weiss u. a.

257 EuGH, Urt. v. 11.12.2018, Rs. C-493/17, ECLI:EU:C:2018:1000, Rn. 106 – Weiss u. a.

gesunden Haushaltspolitik nicht unterlaufen werde.[258] Diese „Garantien" bestünden zum einen in dem Vorhandensein einer Sperrfrist, die sicherstellt, dass Staatsanleihen nicht unmittelbar nach der Ausgabe bereits durch das ESZB angekauft würden, und welche auch weder im Vorfeld noch nachträglich veröffentlicht werde.[259] Zum anderen verlautbarte die Europäische Zentralbank zwar den Gesamtumfang aller Ankäufe, aber nicht das exakte Volumen der beabsichtigten Staatsanleihenkäufe;[260] es bestünde eine Anakufobergrenze von 33% der emittierten Staatsanleihen.[261] Außerdem erfolgten Staatsanleihenankäufe durch die Europäische Zentralbank auch nur in dem für die Wahrung der Preisstabilität notwendigem Ausmaß und es gäbe eine jederzeitige Verkaufsmöglichkeit.[262] Schließlich gelte für die Ankäufe der Schlüssel für die Kapitalzeichnung und diese würden auch nur durch die jeweils eigene nationale Zentralbank durchgeführt.[263]

Die fünfte Vorlagefrage des Bundesverfassungsgerichts – gefragt wurde nach der gegebenenfalls unbgrenzten Risikoteilung zwischen den mitgliedstaatlichen Zentralbanken bei einem möglichen Ausfall von Staatsanleihen und der möglichen Notwendigkeit einer Rekapitalisierung mit Haushaltsmitteln – erklärte der Europäische Gerichtshof wegen eines rein hypothetischen Charakters für unzulässig.[264]

3. *Die Annahme eines ultra-vires-Aktes im PSPP-Urteil*

Nach dieser Vorabentscheidung des Europäischen Gerichtshofs kam das Bundesverfassungsgericht im Endurteil dann zu dem Ergebnis, dass das Urteil des Gerichtshofs teilweise „schlechterdings nicht mehr nachvollziehbar"[265] gewesen sei und daher einen ultra-vires-Akt darstellte. Gleiches würde für den Beschluss im Rat der Europäischen Zentralbank gelten. Vorgeworfen wurde den beiden Unionsorganen, dass sie keine den Anforderungen des Art. 5 Abs. 1 Satz 2 Alt. 2, Abs. 4 EUV genügende Verhältnismäßigkeitsprüfung durchgeführt respektive diese effektiv gerichtlich kontrolliert hatten.

---

258 EuGH, Urt. v. 11.12.2018, Rs. C-493/17, ECLI:EU:C:2018:1000, Rn. 107 – Weiss u. a.

259 EuGH, Urt. v. 11.12.2018, Rs. C-493/17, ECLI:EU:C:2018:1000, Rn. 114 ff. – Weiss u. a.

260 EuGH, Urt. v. 11.12.2018, Rs. C-493/17, ECLI:EU:C:2018:1000, Rn. 118 – Weiss u. a.

261 EuGH, Urt. v. 11.12.2018, Rs. C-493/17, ECLI:EU:C:2018:1000, Rn. 124 – Weiss u. a.

262 EuGH, Urt. v. 11.12.2018, Rs. C-493/17, ECLI:EU:C:2018:1000, Rn. 134 ff. – Weiss u. a.

263 EuGH, Urt. v. 11.12.2018, Rs. C-493/17, ECLI:EU:C:2018:1000, Rn. 140 – Weiss u. a.

264 EuGH, Urt. v. 11.12.2018, Rs. C-493/17, ECLI:EU:C:2018:1000, Rn. 162 ff. – Weiss u. a.

265 BVerfGE 154, 17 (94 Rn. 116) – PSPP-Urteil.

a) Offensichtlicher und strukturell bedeutsamer Verstoß gegen den Verhältnismäßigkeitsgrundsatz

Im ersten Abschnitt der Begründetheit bestätigte das Bundesverfassungsgericht seine in den vorangegangenen Urteilen entwickelte Dogmatik zu den Voraussetzungen eines ultra-vires-Akts.[266] Es erinnerte daran, dass dem Europäischen Gerichtshof bei der Anwendung seiner Methodik ein Einschätzungsspielraum zugestanden werde, sich der Gerichtshof aber nichtsdestotrotz im Rahmen der im europäischen Rechtsraum allgemein anerkannten Auslegungsmöglichkeiten halten müsse – anderenfalls überschritte er sein durch Art. 19 Abs. 1 Uabs. 1 Satz 2 EUV gewährtes Mandat.[267] In Abweichung zur Beantwortung der Vorlagefragen durch den Europäischen Gerichtshof nahm das Bundesverfassungsgericht einen Kompetenzverstoß des PSPP-Beschlusses an, weil in diesem die wirtschaftspolitischen Auswirkungen der massiven Staatsanleihenankäufe nicht in die Verhältnismäßigkeitsprüfung nach Art. 5 Abs. 1 Satz 2 Alt. 2, Abs. 4 EUV eingestellt wurden.[268] Sowohl der Rat der Europäischen Zentralbank als auch der Europäische Gerichtshof selbst agierten insoweit ultra vires; aufbautechnisch ging das Bundesverfassungsgericht dabei so vor, dass es zunächst die Bindungswirkung des – an sich auch es selbst verpflichtenden – Urteils des Europäischen Gerichtshofs durchbrach,[269] um anschließend direkt den PSPP-Beschluss prüfen zu können. In Bezug auf die Methodik in der Entscheidung des Gerichtshofs fanden sich harsche Worte:

> „Die Auffassung des Gerichtshofs in seinem Urteil vom 11. Dezember 2018, der Beschluss des EZB-Rates über das PSPP-Programm und seine Änderungen seien noch kompetenzgemäß […], verkennt Bedeutung und Tragweite des auch bei der Kompetenzverteilung zu beachtenden Grundsatzes der Verhältnismäßigkeit (Art. 5 Abs. 1 Satz 2 und Abs. 4 EUV) offensichtlich und ist wegen der Ausklammerung der tatsächlichen Wirkungen des PSPP methodisch nicht mehr vertretbar […]. Das Urteil des Gerichtshofs vom 11. Dezember 2018 überschreitet daher offenkundig das ihm in Art. 19 Abs. 1 Satz 2 EUV erteilte Mandat und bewirkt eine sturkturell bedeutsame Kompetenzverscheibung zu Lasten der Mitgliedstaaten.“[270]

Die Nichtberücksichtigung der faktischen wirtschaftlichen[271] Folgen auf „nahezu alle Bürgerinnen und Bürger, die etwa als Aktionäre, Mieter, Eigentümer

[266] BVerfGE 154, 17 (84 Rn. 97 ff.) – PSPP-Urteil. Nach *Calliess*, Konfrontation statt Kooperation zwischen BVerfG und EuGH?, NVwZ 2020, 897 (901) wurden die Kriterien nur formal, nicht materiell bestätigt.

[267] BVerfGE 154, 17 (91 f. Rn. 112) – PSPP-Urteil.

[268] BVerfGE 154, 17 (94 ff. Rn. 116 ff.) – PSPP-Urteil.

[269] Dies ist der Fall bei einer „schlechterdings nicht mehr nachvollziehbaren und daher objektiv willkürlichen Auslegung der Verträge“, siehe BVerfGE 154, 17 (96 Rn. 118) – PSPP-Urteil.

[270] BVerfGE 154, 17 (96 Rn. 119) – PSPP-Urteil.

[271] Das Bundesverfassungsgericht spricht in seinem Urteil stets von wirtschafts*politischen* Auswirkungen.

von Immobilien, Sparer und Versicherungsnehmer jedenfalls mittelbar betroffen sind"[272] führe dazu, dass der kompetenzielle Verhältnismäßigkeitsgrundsatz seine schützende Korrektivfunktion verliere und das Prinzip der begrenzten Einzelermächtigung nach Art. 5 Abs. 1 Satz 1, Abs. 2 EUV dem Grunde nach entleert sei.[273] Diese Ausführungen gipfelten in dem Satz:

„Im Ergebnis gestattet es das Urteil des Gerichtshofs vom 11. Dezember 2018 dem ESZB, Wirtschaftspolitik zu betreiben, solange die EZB nur angibt, sich eines in der ESZB-Satzung genannten oder angelegten (vgl. Art. 20 Abs. 1 ESZB-Satzung) Mittels zu bedienen und das von ihr bestimmte Inflationsziel zu verfolgen."[274]

Nach Auffassung des Bundesverfassungsgerichts ergäbe sich aus dem Verhältnismäßigkeitsgrundsatz, dass eine an sich der Währungspolitik zuordenbare Maßnahme aufgrund seiner wirtschaftspolitischen Auswirkungen rechtswidrig werden könne – aus diesem Grund müssen diese Folgen zur Kompetenzabgrezung in die Verhältnismäßigkeitsprüfung eingestellt werden, damit eine „wertende Gesamtbetrachtung" vorgenommen werden könne.[275] Das Bundesverfassungsgericht kam zu dem Ergebnis, dass ohne eingehende Begründung, warum an dieser Stelle die faktischen Konsequenzen der Maßnahme unbeachtet bleiben sollen, die Methodik der Urteilsfindung des Gerichtshofs nicht nachvollziehbar sei.[276] Anschließend subsumierte das Bundesverfassungsgericht seine in der Honeywell-Entscheidung entwickelten Voraussetzungen für einen beachtlichen ultra-vires-Akt:

„Die Selbstbeschränkung des Gerichtshofs darauf, ob ein ‚offensichtlicher' Beurteilungsfehler der EZB vorliegt […], ob eine Maßnahme ‚offensichtlich' über das zur Erreichung des Ziels Erforderliche hinausgeht […] oder ob deren Nachteile ‚offensichtlich' außer Verhältnis zu den verfolgten Zielen stehen […], vermag die auf die Währungspolitik begrenzte Zuständigkeit der EZB nicht einzuhegen. Sie gesteht ihr vielmehr selbstbestimmte, nicht sofort ins Auge springende – schleichende – Kompetenzerweiterungen zu oder erklärt diese jedenfalls für gerichtlich nicht oder nur in sehr begrenztem Umfang überprüfbar. Diese Kombination eines weiten Ermessens des handelnden Organs und einer

---

[272] BVerfGE 154, 17 (125 Rn. 173) – PSPP-Urteil.

[273] BVerfGE 154, 17 (99 Rn. 123) – PSPP-Urteil. Ähnlich auch ebd., S. 103 Rn. 127: Verhältnismäßigkeitsprüfung durch den Gerichtshof „ungeeignet beziehungsweise funktionslos".

[274] BVerfGE 154, 17 (105 f. Rn. 133) – PSPP-Urteil. Siehe auch ebd., S. 107 Rn. 136: „Indem der Gerichtshof für die Abgrenzung zwischen Wirtschafts- und Währungspolitik die von der EZB angegebene Zielsetzung unbesehen und ohne Rücksicht auf die vorhersehbaren und/oder – unter Umständen sogar vorrangig – intendierten, jedenfalls aber in Kauf genommenen wirtschafts- und fiskalpolitischen Konsequenzen des Programms hinnimmt, ermöglicht er dem ESZB eine eigenständige Disposition über die Reichweite der ihm von den Mitgliedstaaten zur Ausübung überlassenen Kompetenzen […]. Ein solches Kompetenzverständnis trägt dem Prinzip der begrenzten Einzelermächtigung und der Notwendigkeit restriktiver Auslegung des Mandats der EZB nicht hinreichend Rechnung […], weil der EZB damit de facto eine (begrenzte) Kompetenz-Kompetenz eingeräumt wird."

[275] BVerfGE 154, 17 (109 f. Rn. 139, 141) – PSPP-Urteil.

[276] BVerfGE 154, 17 (116 Rn. 153) – PSPP-Urteil.

Begrenzung der gerichtlichen Kontrolldichte auf offensichtliche Kompetenzüberschreitungen mag in anderen Bereichen des Unionsrechts der überkommenen Rechtsprechung entsprechen. Sie trägt dem Prinzip der begrenzten Einzelermächtigung offensichtlich nicht hinreichend Rechung […], und eröffnet den Weg zu einer kontinuierlichen Erosion mitgliedstaatlicher Zuständigkeiten. […] Im geschilderten Umfang folgt aus dem Urteil zugleich eine strukturell bedeutsame Kompetenzverschiebung zulasten der Mitgliedstaaten […]. Sie birgt die Gefahr einer kontinuierlichen – durch die Mitgliedstaaten als Herren der Verträge politisch nicht mehr steuerbaren – Erosion ihrer Kompetenzen im Bereich der Wirtschafts- und Fiskalpolitik und einer weiteren Schwächung der demokratischen Legitimation der durch das Eurosystem ausgeübten öffentlichen Gewalt, die mit dem Grundgesetz nicht vereinbar wäre […].“[277]

Die nicht überzeugend durchgeführte Verhältnismäßigkeitsprüfung tangiere in besonderer Weise das Demokratieprinzip; für das PSPP-Programm, das das Bundesverfassungsgericht im Kern als wirtschaftspolitische Maßnahme einordnete, wäre eine Vertragsänderung nach Art. 48 EUV erforderlich gewesen.[278]

Infolge der Feststellung eines ultra-vires-Akts durch den Europäischen Gerichtshof, entfiel die Bindungswirkung an den Inhalt dieser Entscheidung, sodass das Bundesverfassungsgericht eigenständig den PSPP-Beschluss des Rates der Europäischen Zentralbank auf die Beachtung der primärrechtlichen Grenzen hin überprüfte und insoweit – freilich folgerichtig – ebenfalls einen ultra-vires-Akt wegen einer unzureichenden Verhältnismäßigkeitsprüfung annahm.[279]

b) Kein offensichtlicher Verstoß gegen das Verbot monetärer Staatsfinanzierung aus Art. 123 Abs. 1 AEUV

Eine offensichtliche Verletzung des Verbots monetärer Haushaltsfinanzierung gemäß Art. 123 Abs. 1 AEUV konnte das Bundesverfassungsgericht hingegen nicht erkennen.[280] Allerdings wird deutlich, dass das Bundesverfassungsgericht die Auffassung des Europäischen Gerichtshofs im Ergebnis für „gerade noch“ vertretbar hielt.[281] Gegen eine eindeutige Verletzung des Art. 123 Abs. 1 AEUV sprach aber nach Ansicht des Bundesverfassungsgerichts entscheidend, dass das Programm eine Ankaufobergrenze von 33% der emittierten Staatsanleihen enthielte und die Ankäufe nach dem Kapitalschlüssel der nationalen Zentral-

---

[277] BVerfGE 154, 17 (117 f. Rn. 156 f.) – PSPP-Urteil.
[278] BVerfGE 154, 17 (119 f. Rn. 160, 162 f.) – PSPP-Urteil.
[279] BVerfGE 154, 17 (120 ff. Rn. 164 ff.) – PSPP-Urteil. Siehe ebd., S. 126, Rn. 177: „Abwägungs- und Darlegungsausfall“.
[280] BVerfGE 154, 17 (127 ff. Rn. 180 ff.) – PSPP-Urteil.
[281] BVerfGE 154, 17 (128 f. Rn. 184) – PSPP-Urteil: „Die vom Gerichtshof im Urteil in der Rechtssache Weiss vorgenommene Handhabung einzelner dieser Kriterien begegnet aus der Sicht des Senats erheblichen Bedenken. Das Urteil in der Rechtssache Weiss stützt sich im Hinblick auf Art. 123 AEUV maßgeblich auf die im PSPP enthaltenen Vorkehrungen, die eine Umgehung von Art. 123 AEUV verhindern sollen. Es verzichtet jedoch darauf, diese einer näheren Prüfung zu unterziehen und setzt sich mit gegenläufigen Indikatoren nicht auseinander […].“

banken erfolgten.[282] Hätte das Bundesverfassungsgericht auch im Hinblick auf das Verbot der monetären Staatsfinanzierung einen hinreichend qualifizierten Verstoß gegen das Prinzip der begrenzten Einzelermächtigung angenommen, so wäre die ultra-vires-Feststellung noch um einiges „schwerwiegender" gewesen, weil sich ein solcher Verstoß gegebenenfalls nicht so leicht hätte „heilen" lassen wie die Anforderung an eine nachvollziehbare Darlegung der Verhältnismäßigkeit.

c) Verhaltensverpflichtungen der Verfassungsorgane und der Bundesbank

Die Verfassungsorgane hatten sich infolge der ultra-vires-Feststellung aufgrund ihrer spezifischen Integrationsverantwortung „mit rechtlichen oder politischen Mitteln" darum zu bemühen, dass bei dem PSPP-Beschluss eine Verhältnismäßigkeitsprüfung durchgeführt wird.[283] Problematisch erschien hieran allerdings, wie die Bundesregierung und der Deutsche Bundestag dieser Verhaltensverpflichtung insbesondere auch aufgrund der in Art. 130 und Art. 282 Abs. 3 Sätze 3 und 4 AEUV verbürgten Unabhängigkeit der Europäischen Zentralbank nachkommen sollten.[284] Diese Problematik erkannte das Bundesverfassungsgericht allerdings nicht und meinte in apodiktischer Kürze:

> „Diese Verpflichtung scheitert, wie der Senat bereits entschieden hat, nicht an der Unabhängigkeit von EZB und Bundesbank (Art. 130, Art. 282 AEUV, Art. 88 Satz 2 GG). Bundesregierung und Bundestag müssen ihre Rechtsauffassung gegenüber der EZB deutlich machen oder auf sonstige Weise für die Wiederherstellung vertragskonformer Zustände sorgen."[285]

Wenn sich die Verfassungsorgane mit Blick auf das Urteil des Bundesverfassungsgerichts an die Europäische Zentralbank gewendet und eine Verhältnismäßigkeitsprüfung des PSPP-Beschlusses gefordert hätten, so wäre eine Verletzung der Unabhängigkeit der Europäischen Zentralbank, die als unionales

---

[282] BVerfGE 154, 17 (144 f. Rn. 216 f.) – PSPP-Urteil.

[283] BVerfGE 154, 17 (150 f. Rn. 231 f.) – PSPP-Urteil.

[284] *Dietze/Kellerbauer/Klamert/Malferarri/Scharf/Schnichels*, Europa – Quo vadis, EuZW 2020, 525 (528); *Wegener*, Stellungnahme für den Europa-Ausschuss des Bundestags zum Urteil des Bundesverfassungsgerichts vom 5. Mai 2020 (2 BvR 859/15) in Sachen Staatsanleihekäufe der Europäischen Zentralbank, aberufbar unter: https://www.bundestag.de/resource/blob/697490/19e094bd52ec5e0f4b22625644177275/wegener-data.pdf, S. 12: „hochgradig zweifelhaft". Probleme sehen auch *Calliess*, Konfrontation statt Kooperation zwischen BVerfG und EuGH?, NVwZ 2020, 897 (903); *Mayer*, Der Ultra vires-Akt, JZ 2020, 725 (728) und *Sauer*, Staatsrecht III, 6. Aufl. 2020, Rn. 65: „heikel". Nach *Kube*, Affront oder Wegweisung? – Die EZB-Entscheidung des Bundesverfassungsgerichts, DVBl. 2020, 1161 (1166) wird dieser Punkt jedoch „klar überbewertet".

[285] BVerfGE 154, 17 (151 Rn. 232) – PSPP-Urteil. Damit bezieht sich das Bundesverfassungsgericht wohl auf Ausführungen im PSPP-Vorlagebeschluss (BVerfGE 146, 216 [278 f. Rn. 105]): „Die […] gewährleistete Unabhängigkeit bezieht sich nur auf die der EZB durch die Verträge eingeräumten Befugnisse und deren inhaltliche Ausgestaltung, nicht aber auf die Bestimmung von Umfang und Reichweite ihres Mandats."

Organ nicht der Jursidiktion eines nationalen Verfassungsgerichts unterliegt, möglich gewesen.[286] Zwar ist es zutreffend, dass die Unabhängigkeit der Europäischen Zentralbank nur die Maßnahmen im Bereich ihrer vertraglich übertragenen Aufgaben zum Gegenstand hat und nicht die rechtlichen Grenzen ihres Mandats betrifft –[287] da die Übergänge hier aber fließend verlaufen und bei dieser Unterscheidung auch eine erhöhte Missbrauchsgefahr besteht, hätte das Bundesverfassungsgericht zumindest ausführlicher auf diese Problematik eingehen müssen. Für die Deutsche Bundesbank bedeutete das Urteil hinsichtlich ihrer Beteiligung am PSPP-Programm:

> „Der Bundesbank ist es […] untersagt, nach einer für die Abstimmung im ESZB notwendigen Übergangsfrist von höchstens drei Monaten an Umsetzung und Vollzug des Beschlusses […] mitzuwirken, indem sie bestandserweiternde Ankäufe von Anleihen tätigt oder sich an einer abermaligen Ausweitung des monatlichen Ankaufvolumens beteiligt, wenn nicht der EZB-Rat in einem neuen Beschluss nachvollziehbar darlegt, dass die mit dem PSPP angestrebten währungspolitischen Ziele nicht außer Verhältnis zu den damit verbundenen wirtschafts- und fiskalpolitischen Auswirkungen stehen. Unter derselben Voraussetzung ist sie verpflichtet, mit Blick auf die unter dem PSPP getätigten Ankäufe für eine im Rahmen des ESZB abgestimmte – auch langfristig angelegte – Rückführung der Bestände an Staatsanleihen Sorge zu tragen."[288]

In der Praxis übermittelte der Rat der Europäischen Zentralbank auf Anregung der Deutschen Bundesbank dem Deutschen Bundestag und der Bundesregierung bisher nicht der Öffentlichkeit zugängliche Dokumente, aus denen sich ergeben sollte, dass die Europäische Zentralbank bei ihrem PSPP-Beschluss die wirtschaftspolitischen Auswirkungen in einer Verhältnismäßigkeitsprüfung bereits berücksichtigt hatte. Bundesregierung und Bundestag kamen zu dem Schluss, dass dies den Anforderungen des Bundesverfassungsgerichts genügte und sie hierdurch bereits ihrer Integrationsverantwortung entsprochen haben.[289] Das Bundesverfassungsgericht verwarf sodann einen Antrag auf Erlass einer Vollstreckungsanordnung nach § 35 BVerfGG schon als unzulässig, weil dieser über den Streitgegenstand und die Sachentscheidung der Hauptsache hinausgegangen sei.[290] Die Europäische Kommission leitete im Juni 2021 wegen der

[286] Nach *Walter*, Schriftliche Stellungnahme im Rahmen der öffentlichen Anhörung zu den Folgen des Urteils des Bundesverfassungsgerichts vom 5. Mai 2020 (2 BvR 859/15 u. a.) zu den Staatsanleihekäufen der Europäischen Zentralbank, abrufbar unter: https://www.bundestag.de/resource/blob/697524/89551bb27b81da991fd9538c480afccd/walter2-data.pdf, S. 4 ist mit Art. 130 AEUV nur eine „entsprechende Bitte" in „vorsichtiger Form" vereinbar.

[287] *Kube*, Affront oder Wegweisung? – Die EZB-Entscheidung des Bundesverfassungsgerichts, DVBl. 2020, 1161 (1166).

[288] BVerfGE 154, 17 (151 f. Rn. 235) – PSPP-Urteil.

[289] Vgl. BT-Drs. 19/20621, abrufbar unter: https://dip21.bundestag.de/dip21/btd/19/206/1920621.pdf.

[290] BVerfG, Beschl. v. 29.04.2021, Az.: 2 BvR 1651/15 u. a., Rn. 71 ff. – juris. Außerdem haben die Verfassungsorgane nicht ihren Einschätzungsspielraum hinsichtlich ihrer Reaktionspflichten überschritten (Rn. 89 ff.).

Entscheidung des Bundesverfassungsgerichts ein Vertragsverletzungsverfahren nach Art. 258 AEUV gegen die Bundesrepublik Deutschland ein.[291]

4. *Zwischenfazit*

Das PSPP-Verfahren wurde vom Bundesverfassungsgericht zum Anlass genommen, nach über 30-jähriger Entwicklung den ultra-vires-Vorbehalt zu aktivieren, ohne dass eine weitere dogmatische Konkretisierung erforderlich gewesen wäre.[292] Die Feststellung eines ultra-vires-Akts kam auch nicht gänzlich überrschend –[293] zu unzufrieden war das Bundesverfassungsgericht über die durch das Vorabentscheidungsverfahren eingeholten Urteile des Europäischen Gerichtshofs im OMT- und PSPP-Verfahren.[294] Ob aber tatsächlich die Annahme einer Kompetenzüberschreitung durch den Europäischen Gerichtshof und den Rat der Europäischen Zentralbank gerechtfertigt war, soll an einer späteren Stelle eingehend untersucht werden.[295]

XI. Anhängige Verfahren

Abschließend sollen – um die besondere Relevanz und die Aktualität der ultra-vires-Problematik aufzuzeigen – noch kurz die anhängigen Verfahren vor dem Bundesverfassungsgericht vorgestellt werden, bei denen ultra-vires-Akte der Unionsstellen gerügt werden.

1. *Die Eilentscheidungen im CETA-Verfahren*

Die Eilentscheidungen des Bundesverfassungsgerichts zum Abschluss des Freihandelsabkommens CETA (Comprehensive Economic and Trade Agreement) zwischen Kanada und der Europäischen Union[296] behandelten ein etwaiges

---

[291] Vgl. https://ec.europa.eu/germany/news/20210609-vertragsverletzungsverfahren_de. Siehe dazu auch noch unten Fünfter Teil A. II. 3. (S. 359 ff.).

[292] BVerfGE 154, 17 (90 Rn. 110) – PSPP-Urteil: „Die Voraussetzungen der Ultra-vires-Kontrolle durch das Bundesverfassungsgericht sind mittlerweile geklärt […].“

[293] So auch *Ludwigs*, Scherbenhaufen oder Chance? – Zwölf Thesen zum PSPP-Urteil des BVerfG vom 5.5.2020, EuZW 2020, 530 (530); *Pießkalla*, Das BVerfG-Urteil zum Staatsanleihekaufprogramm der EZB: Eine wichtige rote Linie, EuZW 2020, 538 (538 f.); *Schorkopf*, Wer wandelt die Verfassung?, JZ 2020, 734 (737); *Simon/Rathke*, „Schlechterdings nicht mehr nachvollziehbar“ – Warum?, EuZW 2020, 500 (500).

[294] Vgl. dazu auch in der Aussage klar den damaligen Senatsvorsitzenden *Voßkuhle*, Karlsruhe Unlimited? – Zu den (unsichtbaren) Grenzen der Verfassungsgerichtsbarkeit, BayVBl. 2020, 577 (580): „Nachdem es sich seit vielen Jahren in Kollisionsvermeidungsstrategien gegenüber dem EuGH übte, ohne dass dieser sich seinerseits zu irgendwelchen Konzessionen entschließen konnte, war die Ultra-Vires-Feststellung die einzige Möglichkeit, die ‚Schwebelage‘ zwischen der mitgliedstaatlichen und der unionalen Lesart des Vorrangs des Unionsrechts aufrechtzuhalten.“

[295] Siehe dazu unten Zweiter Teil D. VIII. 2. (S. 149 ff.).

[296] BVerfGE 143, 65 ff. – CETA-Eilentscheidung I und BVerfGE 144, 1 ff. – CETA-Eil-

ultra-vires-Handeln der unionalen Stellen. In der ersten Eilentscheidung vom Oktober 2016 ließ das Bundesverfassungsgericht auch durchaus gewisse Sympathien für einen ultra-vires-Akt erkennen:

„Da CETA als gemischtes Abkommen abgeschlossen werden wird […], das sich nicht nur auf Gegenstände erstreckt, die unstreitig in die Zuständigkeit der Europäischen Union fallen, lässt sich insoweit nicht ausschließen, dass sich der Beschluss des Rates über die vorläufige Anwendung von CETA als Ultra-vires-Akt erweist und dass die Mitwirkung der Bundesregierung an diesem Beschluss die Antragsteller […] in ihrem Recht aus Art. 38 Abs. 1 Satz 1 in Verbindung mit Art. 20 Abs. 1 und 2 in Verbindung mit Art. 79 Abs. 3 GG verletzt […].“[297]

Bei der – im Rahmen des § 32 Abs. 1 BVerfGG maßgeblichen – Folgenabwägung[298] kam das Bundesverfassungsgericht allerdings zu einem Überwiegen der Belange, die für ein vorläufiges Inkrafttreten des Abkommens stritten.[299] Ob das Bundesverfassungsgericht in der Hauptsacheentscheidung eine Modifizierung seiner entwickelten ultra-vires-Kriterien vornehmen und wie es in der Sache entscheiden wird, bleibt abzuwarten.[300]

2. *Egenberger*

Die von dem Evangelischen Werk für Diakonie und Entwicklung e. V. erhobene Verfassungsbeschwerde[301] in der Rechtssache Egenberger betrifft einen möglichen ultra-vires-Akt durch ein Urteil des Europäischen Gerichtshofs. In dem diesem Verfahren zugrunde liegenden Sachverhalt bewarb sich die konfessionslose Vera Egenberger um eine Referentenstelle zur Erstellung eines Parallelberichts zum Internationalen Übereinkommen der Vereinten Nationen zur Beseitigung jeder Form von Diskriminierungen aus Gründen der Rasse. In der Stellenausschreibung wurde ausdrücklich die Konfessionszugehörigkeit zur evangelischen Kirche verlangt. Nachdem die spätere Klägerin nicht zu einem Vorstellungsgespräch eingeladen worden war, suchte sie arbeitsgerichtlichen Rechtsschutz, um auf der Grundlage des § 15 Abs. 2 AGG einen imma-

---

entscheidung II. Besprechung bei *Holterhus*, Eilanträge in Sachen CETA – Europäische Außenhandelspolitik im Mehrebenengeflecht von Verfassungs-, Unions- und Völkerrecht, EuZW 2016, 896 ff.; *Nettesheim*, Das CETA-Urteil des BVerfG: eine verpasste Chance?, NJW 2016, 3567 ff.; *Nowrot/Tietje*, CETA an der Leine des Bundesverfassungsgerichts: Zum schmalen Grat zwischen Ultra-vires-Kontrolle und Ultra-vires-Handel, EuR 2017, 137 ff.

[297] BVerfGE 143, 65 (93 Rn. 51) – CETA-Eilentscheidung I.

[298] Allgemein dazu *Hillgruber/Goos*, Verfassungsprozessrecht, 5. Aufl. 2020, Rn. 1054 ff. und *Schlaich/Korioth*, Das Bundesverfassungsgericht, 12. Aufl. 2021, Rn. 465 f.

[299] Vgl. dazu BVerfGE 143, 65 (89 ff. Rn. 43 ff.) – CETA-Eilentscheidung I.

[300] Bisher hat das Bundesverfassungsgericht nur einen Antrag im Organstreitverfahren der Fraktion „Die Linke“ als unzulässig verworfen, der sich gegen die Stellungnahme des Deutschen Bundestages zur vorläufigen Anwendung des CETA-Abkommens (BT-Drs. 18/9663) richtete – siehe dazu: BVerfG, NVwZ 2021, 555 ff.

[301] Az. 2 BvR 934/19.

teriellen Schadensersatz zu erhalten. Bei der Auslegung des § 9 Abs. 1 AGG, der eine unterschiedliche Behandlung wegen der Religion ermöglichte, ging es auch um das Verständnis des diesem Paragraphen zugrundeliegenden Art. 4 Abs. 2 Uabs. 1 der Richtlinie 2000/78/EG. Deshalb rief das Bundesarbeitsgericht den Europäischen Gerichtshof an und wollte die Unionsrechtskonformität der bis dahin praktizierten bloßen Plausibilitätskontrolle auf der Grundlage des kirchlichen Selbstverständnisses für die Frage prüfen lassen, ob die Konfessionszugehörigkeit für eine Tätigkeit „wesentlich, rechtmäßig und gerechtfertigt“ ist – hierüber konnten die Religionsgesellschaften im Kern selbst bestimmen.

Der Europäische Gerichtshof verneinte die Unionsrechtskonformität der Plausibiltätsprüfung und verlangte stattdessen eine effektive gerichtliche Kontrolle, bei der das Interesse der Religionsgemeinschaft an einer weitgehend selbständigen Regelung ihrer Angelegenheiten mit dem Interesse des Einzelnen, keinen Diskriminierungen aufgrund seiner Religionszugehörigkeit ausgesetzt zu sein, abgewogen werden müsse.[302] Die Begründung des Europäischen Gerichtshofs für dieses Ergebnis war allerdings teilweise sehr knapp und kryptisch: Die Beschwerdeführerin rügt daher mit ihrer Verfassungsbeschwerde, dass der Europäische Gerichtshof entgegen der Bestimmung des Art. 17 AEUV ein Wesensmerkmal des deutschen Religionsverfassungsrechts – die gerichtlich nur eingeschränkt überprüfbare, selbständige Regelung der Angelegenheiten der jeweiligen Religionsgemeinschaft gemäß Art. 140 GG in Verbindung mit Art. 137 Abs. 3 Satz 1 WRV – unzulässigerweise ausgehebelt hätte. Das Urteil des Europäischen Gerichtshofs soll an späterer Stelle auf das mögliche Vorliegen eines ultra-vires-Akts hin untersucht werden.[303]

3. *Corona-Wiederaufbaufonds und „PEPP-Verfahren“*

Ende März 2021 wurde Verfassungsbeschwerde gegen den von der Europäischen Union beschlossenen Wiederaufbaufonds infolge der Corona-Pandemie eingelegt. Als ultra-vires-Akt wird dabei die Art der Finanzierung im Beschluss des Rates der Europäischen Union zur Eigenmittelfinanzierung[304] gerügt – der Europäischen Union solle nicht die Möglichkeit der Kreditaufnahme am Kapitalmarkt offenstehen und es wird der Eintritt in eine Fiskalunion befürchtet.[305] Nach Art. 311 Uabs. 3 Satz 3 AEUV ist für das Inkrafttreten dieses Beschlusses eine Zustimmung der Mitgliedstaaten erforderlich, welche der Deutsche Bun-

---

302 EuGH, Urt. v. 17.04.2018, Rs. C-414/16, ECLI:EU:C:2018:257, Rn. 51, 54 – Egenberger.

303 Siehe dazu unten Zweiter Teil D. VIII. 3. (S. 153 ff.).

304 Beschluss (EU, Euratom) 2020/2053 des Rates vom 14.12.2020 über das Eigenmittelsystem der Europäischen Union und zur Aufhebung des Beschlusses 2014/335/EU, Euratom, Abl. 2020 Nr. L 424/1.

305 Vgl. F.A.Z. v. 23.03.2021, Nr. 69, S. 15.

destag zwar erteilt hat;[306] das Bundesverfassungsgericht verpflichtete den Bundespräsidenten aber durch einen Hängebeschluss zunächst, das entsprechende Eigenmittelbeschluss-Ratifizierungsgesetz einstweilen nicht auszufertigen.[307] Im April 2021 lehnte es den Antrag auf Erlass einer einstweiligen Anordnung nach Maßgabe der Folgenabwägung im Rahmen des § 32 Abs. 1 BVerfGG ab; in der Hauptsache ist die Annahme eines ultra-vires-Akts oder einer Verfassungsidentitätsverletzung aber möglich.[308]

Daneben wurde auch eine Verfassungsbeschwerde gegen das Corona-Anleihenkaufprogramm „PEPP" (Pandemic Emergency Purchase Programme) der Europäischen Zentralbank erhoben;[309] hierbei wird wiederum eine Mandatsüberschreitung derselben gerügt.

XII. Fazit

Im vorangegangenen Abschnitt wurde dargelegt, wie das Bundesverfassungsgericht langsam über seine Kloppenburg- und Maastricht-Entscheidung und insbesondere durch sein Urteil zum Vertrag von Lissabon die ultra-vires-Kontrolle als verfassungsgerichtliches Kontrollinstrument etablierte. Im Honeywell-Beschluss wurden diese Rechtsprechungslinien weiter konturiert, indem die – bis heute geltenden – Kriterien für die Aktivierung der ultra-vires-Residualkompetenz konkret entwickelt und beschrieben wurden. Diese Voraussetzungen wurden sodann in den Entscheidungen des Bundesverfassungsgerichts, die sich mit einem möglichen ultra-vires-Handeln des Rates der Europäischen Zentralbank im Rahmen des OMT- und des PSPP-Programms auseinandersetzten, bestätigt und angewendet – insbesondere erfolgten in diesem Zusammenhang die ersten beiden Vorabentscheidungsgesuche an den Europäischen Gerichtshof. Nachdem sich im OMT-Urteil die eingeholte Entscheidung des Gerichtshofs noch innerhalb des ihm in Art. 19 Abs. 1 Uabs. 1 Satz 2 EUV gewährten Mandats hielt, versagte das Bundesverfassungsgericht im Mai 2020 erstmalig einem Urteil des Europäischen Gerichtshofs die Gefolgschaft und nahm einen ultra-vires-Akt an. Abzuwarten bleibt, wie das Bundesverfassungsgericht in den noch anhängigen Verfahren judizieren wird.

Es hat sich demnach gezeigt, wie das Bundesverfassungsgericht in jahrzehntelanger Rechtsprechungsentwicklung mit sich gerungen hat, einen Ausgleich zwischen der Europa- und Integrationsfreundlichkeit des Grundgesetzes auf der einen und dem Schutz der nicht übertragenen Kompetenzen an die Europäische Union auf der anderen Seite herzustellen.[310] Ob dem Bundesverfassungs-

---

[306] https://dip21.bundestag.de/dip21/btp/19/19218.pdf, S. 27498. Vgl. auch BT-Drs. 19/26821.

[307] BVerfG, Beschl. v. 26.03.2021, Az.: 2 BvR 547/21.

[308] BVerfG, Beschl. v. 15.04.2021, Az.: 2 BvR 547/21, Rn. 64 ff.

[309] Az.: 2 BvR 420/21.

[310] Treffend in Bezug auf die Rechtsprechung des Bundesverfassungsgerichts im Hin-

gericht dies nachvollziehbar und stimmig gelungen ist, wird in den folgenden Abschnitten kritisch untersucht. Diese Nachzeichnung der bundesverfassungsgerichtlichen Entwicklungslinien hinsichtlich der ultra-vires-Reservekompetenz war hierfür notwendige Bedingung.

C. Generelle Befugnis des Bundesverfassungsgerichts zur ultra-vires-Kontrolle

Im folgenden Abschnitt soll untersucht werden, ob und inwieweit die ultra-vires-Kontrolle, die das Bundesverfassungsgericht für sich in Anspruch nimmt, durch das Grundgesetz gerechtfertigt ist. Die Frage ist, ob das Bundesverfassungsgericht – trotz gegenteiliger Auffassungen des Europäischen Gerichtshofs und starker Stimmen in der Literatur – generell dazu ermächtigt ist, ein ultra-vires-Handeln der unionalen Organe, Einrichtungen und sonstigen Stellen festzustellen. Ob das Bundesverfassungsgericht auf Grundlage der Verfassung ultra-vires-Handlungen von Unionsstellen ausmachen darf oder ob über die Einhaltung der Kompetenzordnung allein der Europäische Gerichtshof als „Hüter der Verträge“ mit Verbindlichkeits- und Ausschließlichkeitsanspruch wacht, wirft grundsätzliche Fragen des Verhältnisses des Bundesverfassungsgerichts zum Europäischen Gerichtshof und sogar noch allgemeiner von Unionsrecht zu mitgliedstaatlichem (Verfassungs-)Recht auf.[311] Es soll in diesem Abschnitt geklärt werden, ob es sich bei der ultra-vires-Reservekompetenz um „judikative Kompetenzanmaßung“ oder um ein „legitimes Korrektiv“[312] des Bundesverfassungsgerichts im Hinblick auf die Kontrolle des europäischen Integrationsprozesses handelt. Bedeutung erhält diese Fragestellung insbesondere deshalb, weil nationale Residualkompetenzen im Hinblick auf die Prüfung der Gültigkeit von Unionsrecht die Einheitlichkeit der Unionsrechtsordnung und auf diese Weise den europäischen Einigungsprozess, dessen wesentliches Merkmal die Rechtsgemeinschaft in der Europäischen Union darstellt, insgesamt gefährden können.[313]

blick auf die innerstaatliche Geltung des Unionsrechts *Sauer*, Der novellierte Kontrollzugriff des Bundesverfassungsgerichts auf das Unionsrecht, EuR 2017, 186 (186): „Sie bewegt sich zwischen dem verfassungsrechtlichen Integrationsauftrag und dem Schutz eines Verfassungskerns vor den Auswirkungen dieser Integration.“

[311] Siehe auch schon oben die Einleitung (S. 1 ff.).

[312] So ein Titelausschnitt des Aufsatzes von *Ludwigs*, Der ultra-vires-Vorbehalt des BVerfG – Judikative Kompetenzanmaßung oder legitimes Korrektiv?, NVwZ 2015, 537 ff.

[313] Dies wird überwiegend zu Recht als hinderlich angesehen, siehe aber für eine abweichende Ansicht *Di Fabio*, Der neue Art. 23 des Grundgesetzes, Der Staat 32 (1993), 191 (215): „Ein Rechtskonflikt zwischen EuGH und BVerfG respektive anderen nationalen Verfassungsgerichten ist keine Katastrophe und kein Zeichen der Desintegration, sondern kann neben aller verfassungsrechtlichen Notwendigkeit auch befruchtend für die Ausbildung einer klareren Kompetenzabgrenzung zwischen Mitgliedstaat und Union sein.“

I. Problemaufriss

Um die unterschiedlichen Standpunkte verstehen zu können, ist zunächst herauszuarbeiten, aus welchem Grund die generelle Befugnis des Bundesverfassungsgerichts zur Vornahme einer ultra-vires-Kontrolle umstritten ist. Einigkeit besteht darin, dass kompetenzwidrige Rechtsakte der Europäischen Union rechtswidrig und damit nichtig sind – fraglich und umstritten ist allerdings, wer diese Grenzüberschreitung feststellen darf.[314] Der Streit ergibt sich aus einer möglichen „Doppelzuständigkeit"[315] des Europäischen Gerichtshofs und der nationalen Verfassungsgerichte.[316] Der Europäische Gerichtshof sichert nach Art. 19 Abs. 1 Uabs. 1 Satz 2 EUV die Wahrung des Rechts bei der Auslegung und Anwendung der Verträge – hierzu gehört auch die Überprüfung, ob die Handlungen der Unionsstellen die durch das Primärrecht eingeräumten Kompetenzgrenzen wahren.[317] Dies unterstreicht auch der Klagegrund der Unzuständigkeit im Rahmen der Nichtigkeitsklage in Art. 263 Uabs. 2 Var. 1 AEUV. Im vertikalen[318] Verhältnis der Europäischen Union zu ihren Mitgliedstaaten können aber zugleich auch die nationalen Verfassungsgerichte zuständig sein, wenn sie darauf achten, dass die Einhaltung der Kompetenzgrenzen aus dem Zustimmungsgesetz dem supranationalen Handeln der Union die notwendige demokratische Legitimation verleiht und das Prinzip der begrenzten Einzelermächtigung beachtet wird. Hieraus erwachsen – zumindest prima facie jeweils „juristisch in sich schlüssig[e]"[319] – Kontrollansprüche des Europäischen Gerichtshofs und des Bundesverfassungsgerichts. Besonders brisant wird die Auseinandersetzung, weil sowohl der Europäische Gerichtshof durch die Primärverträge als auch das Bundesverfassungsgericht durch das textlich iden-

---

[314] Vgl. *E. Klein*, Wer hat das letzte Wort? Bemerkungen zur Rolle des Gesetzgebers, des Bundesverfassungsgerichts und der Europäischen Gerichtshöfe im Bereich der auswärtigen Politik, insbesondere der europäischen Integration, in: Festschrift Fausto de Quadros I, 2016, S. 397 (411).

[315] *Hillgruber/Goos*, Verfassungsprozessrecht, 5. Aufl. 2020, Rn. 1159 sprechen von einer „Rechtsprechungskonkurrenz". Nach *P. Kirchhof*, Das Kooperationsverhältnis zwischen Bundesverfassungsgericht und Europäischem Gerichtshof, in: Müller-Graff, Perspektiven des Rechts in der Europäischen Union, 1998, S. 163 (172) sei es „wenig einleuchtend, die Streitentscheidung allein einer Seite der Vertragsberechtigten zu überlassen, also etwa nur den europäischen Organen eine abschließende Streitschlichtungskompetenz zuzuweisen".

[316] Vgl. hierzu im Folgenden auch *Murswiek*, Die Ultra-vires-Kontrolle im Kontext der Integrationskontrolle, EuGRZ 2017, 327 (328).

[317] *Proelß*, Bundesverfassungsgericht und überstaatliche Gerichtsbarkeit, 2014, S. 248.

[318] Eine Zuständigkeit der nationalen Verfassungsgerichte auf horizontaler Ebene wegen Kompetenzstreitigkeiten zwischen zwei Unionsorganen wird verbreitet von vornherein nicht angenommen, weil insofern nicht Fragen der Verbandskompetenz, nicht spezifisch das Prinzip der begrenzten Einzelermächtigung, betroffen sind. Vgl. *Murswiek*, Die Ultra-vires-Kontrolle im Kontext der Integrationskontrolle, EuGRZ 2017, 327 (332).

[319] *Heintzen*, Die „Herrschaft" über die Europäischen Gemeinschaftsverträge – Bundesverfassungsgericht und Europäischer Gerichtshof auf Konfliktkurs?, AöR 119 (1994), 564 (579).

tische Zustimmungsgesetz über dieselben normativen Bestimmungen judizieren und diese Normen gerade im Hinblick auf die Kompetenzabgrenzung offen gehalten sind und oftmals mehrere Auslegungsvarianten als vertretbar erscheinen lassen.[320] Es geht bei der Kontroverse also um „das letzte Wort"[321] oder mit anderen Worten vielleicht nicht darum, „in jedem Fall recht zu haben, sondern im Gegenteil [um] die Macht und die Last, auch unkorrigierbare Fehlurteile zu fällen"[322]. Dabei ist es der Rechtssicherheit wegen grundsätzlich erforderlich, dass das Rechtssystem einem der Akteure die letztverantwortliche Entscheidung zuweist, welcher sich der andere unterordnet, was selbstverständlich einen gerichtlichen Dialog nicht ausschließen muss.[323]

II. Standpunkt des Bundesverfassungsgerichts

Wie oben geschildert,[324] nimmt das Bundesverfassungsgericht für sich selbst spätestens seit der Maastricht-Entscheidung aus dem Jahr 1993 in Anspruch, bei qualifizierten[325] Kompetenzüberschreitungen Handlungen der Unionsstellen auf dem Hoheitsgebiet der Bundesrepublik Deutschland für unverbindlich zu erklären. Begründung für die ultra-vires-Kontrolle des Bundesverfassungsgerichts ist vor allem der Umstand, dass es der Europäischen Union – trotz ihrer weitreichenden Befugnisse gerade durch den Vertrag von Lissabon – an einer Kompetenz-Kompetenz fehle und das Prinzip der begrenzten Einzelermächtigung nach Art. 4 Abs. 1, Art. 5 Abs. 1 Satz 1 und Abs. 2 EUV gelte.[326] Die Mit-

---

[320] Die Identität der Prüfungsmaßstäbe als Ursache für den Letztentscheidungskonflikt zwischen Europäischem Gerichtshof und Bundesverfassungsgericht hebt auch *Sauer*, Jurisdiktionskonflikte im Mehrebenensystem, 2008, S. 192 hervor.

[321] So *Ress*, Der ausbrechende Rechtsakt – Betrachtungen zu den völkerrechtlichen Grenzen des Handelns Internationaler Organisationen, ZÖR 2009, 387 (392).

[322] *Hirsch*, Europäischer Gerichtshof und Bundesverfassungsgericht – Kooperation oder Konfrontation?, NJW 1996, 2457 (2457).

[323] Siehe dazu *Büdenbender*, Das Verhältnis des Europäischen Gerichtshofs zum Bundesverfassungsgericht, 2005, S. 34; *Classen*, in: v. Mangoldt/Klein/Starck, GG Band 2, 7. Aufl. 2018, Art. 24 Rn. 51. Vgl. auch *Hirsch*, Europäischer Gerichtshof und Bundesverfassungsgericht – Kooperation oder Konfrontation?, NJW 1996, 2457 (2457) und *Schwerdtfeger*, Europäisches Unionsrecht in der Rechtsprechung des Bundesverfassungsgerichts – Grundrechts-, ultra-vires- und Identitätskontrolle im gewaltenteiligen Mehrebenensystem, EuR 2015, 290 (302). Siehe dazu aber auch *Mager*, Staatsrecht I, 9. Aufl. 2021, Rn. 78 mit einem wohl gerade für die Praxis weitsichtigen Gedanken: „Dieser Konflikt [wenn der Europäische Gerichtshof das Primärrecht in einer Weise auslegt, die das Bundesverfassungsgericht als ultra-vires-Akt einordnen würde] ist auf der Ebene des Rechts nicht lösbar; er ist durch ein (informelles) Kooperationsverhältnis zwischen Europäischem Gerichtshof und nationalen Verfassungsgerichten vermeidbar und kann letztlich nur auf der politischen Ebene bereinigt werden."

[324] Siehe für die Entwicklung der bundesverfassungsgerichtlichen Rechtsprechung oben Zweiter Teil B. (S. 34 ff.).

[325] Wie oben dargelegt, entspringen die hohen Anforderungen für die Aktivierung der ultra-vires-Reservekompetenz erst der Honeywell-Entscheidung aus dem Jahr 2010. Vgl. oben Zweiter Teil B. VII. (S. 47 ff.).

[326] BVerfGE 123, 267 (400) – Lissabon; BVerfGE 126, 286 (302) – Honeywell. Vgl.

gliedstaaten – so betont das Bundesverfassungsgericht immer wieder – seien als „Herren der Verträge“[327] aufgrund ihrer nationalen Souveränität für das Gelingen der europäischen Integration verantwortlich. Zwar bilde das Unionsrecht eine supranationale Rechtsordnung, der auch grundsätzlich Anwendungsvorrang selbst vor nationalem Verfassungsrecht zukomme.[328] Allerdings hänge die Anwendbarkeit des Unionsrechts und damit dessen Vorrang – im Sinne der Theorie des Dualismus von deutschem Recht und Völkerrecht [329] von einem nationalen Rechtsanwendungsbefehl ab, der sich in Deutschland im Zustimmungsgesetz im Sinne des Art. 23 Abs. 1 Satz 2 GG finde.[330] Über diese Brücke wirke das Unionsrecht in das deutsche, originär nationale Recht hinein – und eben diese Brücke sei es, die das Bundesverfassungsgericht zur Überprüfung ermächtige, ob Handlungen von unionalen Stellen sich im Rahmen der Ermächtigung des Zustimmungsgesetzes im Sinne des Art. 23 Abs. 1 Satz 2 GG halten oder aus dieser „ausbrechen“, also „ultra vires“ ergehen.[331] Das Bundesverfassungsgericht habe wie andere Verfassungsorgane eine „dauerhafte Integrationsverantwortung“[332], die dazu verpflichte, das Handeln der Europäischen Union laufend auf die Einhaltung der Grenzen der gemäß Art. 23 Abs. 1 Satz 2 GG im Zustimmungsgesetz übertragenen Kompetenzen zu überwachen.[333] Die ultra-vires-Kontrolle stelle dabei sogar eine „verfassungsrechtlich gebotene Reservekompetenz des Bundesverfassungsgerichts“[334] dar. Prüfungsmaßstab des

---

Proelß, Zur verfassungsgerichtlichen Kontrolle der Kompetenzmäßigkeit von Maßnahmen der Europäischen Union: Der „ausbrechende Rechtsakt“ in der Praxis des BVerfG, EuR 2011, 241 (246). Siehe auch *Sauer*, Der novellierte Kontrollzugriff des Bundesverfassungsgerichts auf das Unionsrecht, EuR 2017, 186 (186): „Das letzte Wort des Grundgesetzes und damit die Existenz verfassungsrechtlicher Vorranggrenzen wird dabei als konstitutiv für den Fortbestand der deutschen Staatlichkeit verstanden.“

[327] Siehe nur BVerfGE 123, 267 (381) – Lissabon; BVerfGE 126, 286 (303) – Honeywell; BVerfGE 134, 366 (384 Rn. 26) – OMT-Vorlagebeschluss; BVerfGE 154, 17 (91 Rn. 111) – PSPP-Urteil.

[328] Vgl. aus neuerer Zeit BVerfGE 142, 123 (187 Rn. 118) – OMT-Urteil.

[329] Die dualistische Theorie geht davon aus, dass es sich bei dem genuin nationalen Recht und dem Völkerrecht um zwei unterschiedliche Rechtskreise handelt; die Beziehungen zwischen diesen beiden Rechtskreisen werden dabei durch das nationale Recht bestimmt. Erforderlich für die innerstaatliche Geltung des Völkerrechts ist – anders als beim Monismus – ein Überführungsakt. Das Grundgesetz geht insbesondere in Art. 25 GG und Art. 59 Abs. 2 Satz 1 GG von diesem dualistischen Verständnis aus (siehe nur *Hillgruber/Goos*, Verfassungsprozessrecht, 5. Aufl. 2020, Rn. 1158; a. A. aber wohl *Schweitzer/Dederer*, Staatsrecht III, 12. Aufl. 2020, Rn. 60). Vgl. zu den völkerrechtlichen Begründungsansätzen des Dualismus und des Monismus z. B. *v. Arnauld*, Völkerrecht, 4. Aufl. 2019, Rn. 501 ff. und *Schweitzer/Dederer*, Staatsrecht III, 12. Aufl. 2020, Rn. 40 ff. Der Dualismus wird vom Bundesverfassungsgericht spätestens seit BVerfGE 111, 307 (318) – Görgülü vertreten.

[330] BVerfGE 123, 267 (400) – Lissabon.

[331] Vgl. BVerfGE 123, 267 (400) – Lissabon.

[332] BVerfGE 123, 267 (356) – Lissabon.

[333] BVerfGE 123, 267 (353 f.) – Lissabon. Vgl. auch *Schneider*, Der Ultra-vires-Maßstab im Außenverfassungsrecht, AöR 139 (2014), 196 (203 f.).

[334] BVerfGE 123, 267 (401) – Lissabon. Zusammenfassend für die Begründung der ultra-

Bundesverfassungsgerichts ist hierbei das deutsche Zustimmungsgesetz zu den europäischen Verträgen im Sinne des Art. 23 Abs. 1 Satz 2 GG und daher – infolge des identischen Wortlauts – das primäre Unionsrecht in derselben Weise, wie auch der Europäische Gerichtshof hierüber als Hüter des Unionsrechts (vgl. Art. 19 Abs. 1 Uabs. 1 Satz 2 EUV) zu entscheiden hat.[335] Aus der Rechtsprechung ergibt sich also deutlich, dass das Bundesverfassungsgericht für sich ein „Letztentscheidungsrecht"[336] in Anspruch nimmt und daher nur einen *relativen* Anwendungsvorrang des Unionsrechts akzeptiert.[337]

III. Position des Europäischen Gerichtshofs

Der Europäische Gerichtshof geht hingegen bekanntlich schon lange von einem unbedingten und *absoluten* Anwendungsvorrang des Unionsrechts aus:[338] Dieser ergebe sich aus dem Gedanken der Unionsrechtsordnung als supranationaler Rechtsordnung sui generis.[339] Würde sich Unionsrecht im Konfliktfall nicht gegen jegliches nationales Recht – das Verfassungsrecht inkludiert – durchsetzen, wäre die einheitliche Anwendung des Unionsrechts als Grundvoraussetzung für das Gelingen der Europäischen Union und des europäischen Integrationsprozesses schlechthin gefährdet.

1. Urteile Costa ./. E. N. E. L. und Internationale Handelsgesellschaft

Diese Auffassung des Europäischen Gerichtshofs war bereits im berühmt gewordenen Costa ./. E. N. E. L.-Urteil aus dem Jahr 1964 mehr als nur angedeutet, wenn dort davon die Rede war, dass

„[…] dem vom Vertrag geschaffenen, somit aus einer autonomen Rechtsquelle fließenden Recht wegen dieser seiner Eigenständigkeit keine *wie immer gearteten* innerstaatlichen Rechtsvorschriften vorgehen können, wenn ihm nicht sein Charakter als Gemein-

---

vires-Kontrolle siehe *Voßkuhle*, in: v. Mangoldt/Klein/Starck, GG Band 3, 7. Aufl. 2018, Art. 93 Rn. 83e: „Der Ultra-vires-Kontrolle liegt der Gedanke zugrunde, dass die Union nicht wie ein Staat eigene Kompetenzen generieren kann. Durch Art. 5 Abs. 2 S. 1 EUV haben die Mitgliedstaaten die Unionsorgane vielmehr vertraglich dazu verpflichtet, die Grenzen der ihnen als begrenzte Einzelermächtigung eingeräumten Hoheitsrechte zu wahren. Eine vorrangig am Ziel der Funktionsfähigkeit und Effektivität der Union orientierte teleologische Handhabung von Kompetenznormen, der keine effektive richterliche Kontrolle gegenübersteht, birgt hier die Gefahr einer Aushöhlung des vertraglich vereinbarten Integrationsprogramms und damit letztlich die Gefahr der Abkehr vom Recht, an deren Ende die Desintegration steht. Offensichtlichen Grenzüberschreitungen soll durch die Ultra-vires-Kontrolle Einhalt geboten werden."

[335] Vgl. *Calliess*, Die europarechtliche Ultra-Vires-Kontrolle des Bundesverfassungsgerichts – Stumpfes Schwert oder Gefahr für die Autorität des Unionsrechts, in: Festschrift Stein, 2015, S. 446 (456); *P. Kirchhof*, Die Gewaltbalance zwischen staatlichen und europäischen Organen, JZ 1998, 965 (966).

[336] Dieser Begriff findet sich ausdrücklich in BVerfGE 123, 267 (381) – Lissabon.

[337] So auch *Schlaich/Korioth*, Das Bundesverfassungsgericht, 12. Aufl. 2021, Rn. 360b.

[338] Siehe dazu bereits oben Erster Teil B. (S. 18 ff.).

[339] Vgl. *Sauer*, Staatsrecht III, 6. Aufl. 2020, § 9 Rn. 5.

schaftsrecht aberkannt und wenn nicht die Rechtsgrundlage der Gemeinschaft selbst in Frage gestellt werden soll."[340]

In der Entscheidung „Internationale Handelsgesellschaft" wurde sodann der unmissverständliche Vorrang des Unionsrechts auch vor mitgliedstaatlichem Verfassungsrecht – namentlich den Grundrechten und den Strukturprinzipien – noch einmal ausdrücklich bestätigt:

„Daher kann es die Gültigkeit einer Gemeinschaftshandlung oder deren Geltung in einem Mitgliedstaat nicht berühren, wenn geltend gemacht wird, die Grundrechte in der ihnen von der Verfassung dieses Staates gegebenen Gestalt oder die Strukturprinzipien der nationalen Verfassung seien verletzt."[341]

2. Entscheidung Foto Frost

Aufbauend auf eine Entscheidung aus dem Jahr 1981, in welcher der Europäische Gerichtshof den Zweck des Art. 267 AEUV mit der Wahrung der Einheitlichkeit des Unionsrechts beschrieben hat,[342] zeigt sich die Inanspruchnahme eines Monopols des Europäischen Gerichtshofs für die Feststellung von Kompetenzüberschreitungen auch und insbesondere in seiner „Foto-Frost"-Entscheidung aus dem Jahr 1987. Das vorlegende Finanzgericht Hamburg fragte ausdrücklich im Rahmen des Vorabentscheidungsverfahrens an, ob einem mitgliedstaatlichen Gericht die Befugnis zukomme, eine Entscheidung (heute: Beschluss gemäß Art. 288 Uabs. 4 AEUV) der Europäischen Kommission auf ihre Gültigkeit hin zu überprüfen und im Fall der Feststellung ihrer Ungültigkeit nicht anzuwenden. In den entscheidenden Passagen des Urteils beantwortete der Europäische Gerichtshof diese Frage wie folgt:

„Diese Gerichte [die mitgliedstaatlichen Gerichte, die nicht letztinstanzlich im Sinne des Art. 267 Uabs. 3 AEUV entscheiden] können die Gültigkeit einer Gemeinschaftshandlung prüfen und, wenn sie die Gründe, die von den Parteien vor ihnen für die Ungültigkeit vorgebracht werden, für nicht zutreffend halten, diese Gründe mit der Feststellung zurückweisen, daß die Handlung in vollem Umfang gültig ist. Denn wenn sie so vorgehen, stellen sie die Existenz der Gemeinschaftshandlung nicht in Frage. Sie sind dagegen nicht befugt, Handlungen der Gemeinschaftsorgane für ungültig zu erklären. Wie der Gerichtshof [...] hervorgehoben hat, soll nämlich durch die Befugnisse, die Artikel 177 [heute Art. 267 AEUV] dem Gerichtshof einräumt, im wesentlichen gewährleistet werden, daß das Gemeinschaftsrecht von den nationalen Gerichten einheitlich angewandt wird. Dieses Erfordernis der Einheitlichkeit ist besonders zwingend, wenn die Gültigkeit einer Gemeinschaftshandlung in Frage steht."[343]

---

340 EuGH, Urt v. 15.07.1964, Rs. 6/64, Slg. 1964, 1253 (1270) – Costa ./. E. N. E. L. (Hervorh. d. Verf.). Siehe dazu schon oben Erster Teil B. II. (S. 20 ff.).

341 EuGH, Urt. v. 17.12.1970, Rs. 11/70, Slg. 1970, 1125 (1135 Rn. 3) – Internationale Handelsgesellschaft. Siehe dazu schon oben Erster Teil B. IV. (S. 23 f.).

342 EuGH, Urt. v. 13.05.1981, Rs. 66/80, Slg. 1981, 1191 (1215 Rn. 11) – International Chemical Corporation.

343 EuGH, Urt. v. 22.10.1987, Rs. 314/85, Slg. 1987, 4199 (4230 f. Rn. 14 f.) – Foto Frost.

Im Anschluss hob der Europäische Gerichtshof noch warnend hervor, dass anderenfalls die Einheitlichkeit der Unionsrechtsordnung sowie die Rechtssicherheit bedroht wären.[344] Als weiteres Argument für sein Entscheidungsmonopol rekurrierte der Gerichtshof auf die heutige Bestimmung der Nichtigkeitsklage in Art. 263 Uabs. 2 AEUV, wonach allein der Europäische Gerichtshof dazu befugt sei, Handlungen der unionalen Stellen unter anderem wegen Unzuständigkeit für ungültig zu erklären.[345] Schließlich wies der Europäische Gerichtshof noch darauf hin, dass er „am besten in der Lage“ wäre, über die Gültigkeit von Unionshandlungen zu entscheiden, weil sich im Verfahren vor dem Gerichtshof die Organe, deren Handlungen streitgegenständlich sind, beteiligen und ihre Rechtsauffassung darlegen könnten.[346]

3. Zwischenfazit

Aus den genannten Entscheidungen ergibt sich, dass der Europäische Gerichtshof eine ultra-vires-Kontrolle durch nationale (Verfassungs-)Gerichte nicht für möglich hält. Eine solche würde darauf hinauslaufen, dass über die Gültigkeit der Handlungen der unionalen Stellen nicht mehr zentral in Luxemburg, sondern dezentral in den einzelnen Mitgliedstaaten entschieden werden könnte, was die einheitliche Rechtsanwendung in der Union und damit die Rechtssicherheit schlechthin stark beeinträchtigte. Nach Ansicht des Europäischen Gerichtshofs entscheidet vielmehr dieser selbst letztverbindlich über die Auslegung des primären und über die Gültigkeit und die Auslegung des sekundären und tertiären Unionsrechts.[347] Die Zuständigkeit der nationalen Verfassungsgerichte ende daher mit der Feststellung vor der Hinterlegung der Ratifikations-

---

[344] EuGH, Urt. v. 22.10.1987, Rs. 314/85, Slg. 1987, 4199 (4231 Rn. 15) – Foto Frost.

[345] EuGH, Urt. v. 22.10.1987, Rs. 314/85, Slg. 1987, 4199 (4231 Rn. 17) – Foto Frost: „Da Artikel 173 [der heutige Art. 263 AEUV] dem Gerichtshof die ausschließliche Zuständigkeit für die Nichtigerklärung der Handlung eines Gemeinschaftsorgans zuweist, verlangt es die Kohärenz des Systems, daß die Befugnis zur Feststellung der Ungültigkeit dieser Handlung, wenn sie von einem nationalen Gericht geltend gemacht wird, ebenfalls dem Gerichtshof vorbehalten bleibt.“

[346] Vgl. EuGH, Urt. v. 22.10.1987, Rs. 314/85, Slg. 1987, 4199 (4231 Rn. 18) – Foto Frost.

[347] Unterstützung findet die Rechtsprechung des Europäischen Gerichtshofs auch in einer Besorgnis ausdrückenden Entschließung des Europäischen Parlaments zu den Beziehungen zwischen dem Völkerrecht, dem Gemeinschaftsrecht und dem Verfassungsrecht der Mitgliedstaaten, Abl. EG 1997 C 325/27, S. 26 (27): Das Europäische Parlament „[…] erinnert daran, daß der Foto-Frost-Rechtsprechung des EuGH zufolge die nationalen Gerichtsbarkeiten nicht die Kompetenz besitzen, Akte der Gemeinschaftsorgane für ungültig zu erklären, bekräftigt die Auffassung, daß die Gerichtsbarkeit über die Verbindlichkeit von Gemeinschaftsrecht ausschließlich beim EuGH liegt, und verweist zugleich auf die […] ausschließliche Befugnis des Europäischen Gerichtshofes, endgültig über die Tragweite der Aufgaben und Befugnisse zu urteilen, die den Gemeinschaftsorganen übertragen sind; […] ist besorgt über Entwicklungen in bestimmten Teilen der nationalen Gerichtsbarkeiten, die die gemeinschaftsrechtswidrige Möglichkeit der Überprüfung von abgeleitetem Gemeinschaftsrecht in Erwägung ziehen.“

urkunde, dass das Zustimmungsgesetz zur Änderung des europäischen Primärrechts nicht der nationalen Verfassung widerspreche.[348]

IV. Argumente der Befürworter

Im Wesentlichen versammeln sich die Befürworter einer ultra-vires-Kontrollmöglichkeit durch das Bundesverfassungsgericht um die von *Paul Kirchhof* entwickelte „Brückentheorie“:[349] Das Unionsrecht könne nicht originär gelten, sondern hänge von einem innerstaatlichen Rechtsanwendungsbefehl ab. Nur über die Brücke des Zustimmungsgesetzes im Sinne des Art. 23 Abs. 1 Satz 2 GG wirke das Unionsrecht in die deutsche Rechtsordnung hinein. Wenn die unionalen Organe, Einrichtungen und sonstigen Stellen außerhalb ihrer Kompetenzen, also „ultra vires“ handelten, dann befänden sich die Rechtsakte außerhalb des Zustimmungsgesetzes. Bildlich gesprochen überschreite ein ultra-vires-Akt nicht die Brücke in die innerstaatliche Rechtsordnung – dem Bundesverfassungsgericht müsse es daher aus seiner Integrationsverantwortung heraus anheimgestellt werden, diese ultra-vires-Feststellung zu treffen. Die ultra-vires-Kontrolle durch das Bundesverfassungsgericht sei in Art. 23 Abs. 1 Satz 2 GG „verborgen“ und folge aus der „Ratio der Norm“.[350]

Zudem fehle es bei einem kompetenzwidrigen Handeln der unionalen Organe, Einrichtungen und sonstigen Stellen an der notwendigen, durch das Zustimmungsgesetz vermittelten, demokratischen Legitimation – Art. 23 Abs. 1 Satz 1 GG verbiete es, dass die Bundesrepublik Deutschland an einer demokratisch nicht legitimierten Europäischen Union partizipiere.[351] Daher sei die ul-

---

Hier wird unüberhörbare Kritik an der nationalen Verfassungsgerichtsrechtsprechung – wohl insbesondere an derjenigen des Bundesverfassungsgerichts in seiner Maastricht-Judikatur – laut.

[348] Zutreffende Feststellung von *Grimm*, Bedeutung nationaler Verfassungen in einem vereinten Europa, in: Merten/Papier, Handbuch der Grundrechte VI/2, 2009, § 168 Rn. 36.

[349] Vgl. *P. Kirchhof*, Brauchen wir ein erneuertes Grundgesetz?, 1992, S. 41; *ders.*, Das Maastricht-Urteil des Bundesverfassungsgerichts, in: Hommelhoff/Kirchhof, Der Staatenverbund der Europäischen Union, 1994, S. 11 (14) und aus neuerer Zeit *ders.*, Der deutsche Staat im Prozeß der europäischen Integration, in: Isensee/Kirchhof, Handbuch des Staatsrechts X, 3. Aufl. 2012, § 214 Rn. 158 ff. sowie *ders.*, Die Rechtsarchitektur der Europäischen Union, NJW 2020, 2057 (2059).

[350] *Wolff*, „Das Bundesverfassungsgericht als Hüter der Integrationsverantwortung“, in: Pechstein, Integrationsverantwortung, 2012, S. 151 (157 f.). Ebenfalls für eine Verortung der ultra-vires-Kontrolle in Art. 23 Abs. 1 Satz 2 GG: *Pötters/Traut*, Die *ultra-vires*-Kontrolle des BVerfG nach „Honeywell“ – Neues zum Kooperationsverhältnis von BVerfG und EuGH?, EuR 2011, 580 (580 f.); *Schwerdtfeger*, Europäisches Unionsrecht in der Rechtsprechung des Bundesverfassungsgerichts – Grundrechts-, ultra-vires- und Identitätskontrolle im gewaltenteiligen Mehrebenensystem, EuR 2015, 290 (296 f.) und *Stürmer/Wolff*, Anmerkung zu BVerfG, Urt. v. 05.05.2020, 2 BvR 859/15 u. a., BayVBl. 2020, 550 (551).

[351] *Murswiek*, Die Ultra-vires-Kontrolle im Kontext der Integrationskontrolle, EuGRZ 2017, 327 (328).

tra-vires-Kontrolle durch das Bundesverfassungsgericht „verfassungsrechtlich unerlässlich“[352].

Das Argument, dass nach dem europäischen Primärrecht gemäß Art. 19 Abs. 1 Uabs. 1 Satz 2 EUV der Europäische Gerichtshof über die Wahrung und Auslegung des Unionsrechts zu befinden habe, wird dadurch zu entschärfen versucht, dass dem Europäischen Gerichtshof zwar das ausschließliche Recht zur Auslegung der Unionsverträge übertragen wurde, sich diese Auslegung aber im Rahmen der Vertragsgrenzen halten müsse.[353] In diesem Zusammenhang ist auch davon die Rede, dass die mitgliedstaatlichen Zuständigkeiten dem Anwendungsvorrang voraus lägen; es ohne Hoheitsrechteübertragung keinen Anwendungsvorrang gäbe.[354]

Oftmals wird aber auch schlicht darauf hingewiesen, dass die ultra-vires-Kontrolle durch das Bundesverfassungsgericht statthaft sei, weil souveräne Mitgliedstaaten bei der fortschreitenden europäischen Integration ihre grundlegenden verfassungsmäßigen Strukturen zu bewahren imstande sein müssen.[355] Dabei geht es im Kern also um die Wahrung der Kompetenz-Kompetenz der souverän bleibenden Mitgliedstaaten als „Herren der Verträge“ – die Gefahr einer Aushöhlung sei zumindest schleichend zu befürchten, wenn sämtliche Befugnisse in Bezug auf die Prüfung der Kompetenzgemäßheit des Handelns der Union auf den Europäischen Gerichtshof übertragen würden.[356] Die Vertreter dieser Auffassung stellen auf diese Weise die Bewahrung der Kompetenz-Kompetenz der Mitgliedstaaten schlicht über das in Art. 19 Abs. 1 Uabs. 1 Satz 2 EUV, Art. 263 Uabs. 1, Uabs. 2 Var. 1, Art. 267, 344 AEUV dem Europäischen Gerichthof zukommende Entscheidungsmonopol im Hinblick auf die Prüfung der Kompetenzmäßigkeit unionalen Handelns.[357]

---

[352] *Murswiek*, Die Ultra-vires-Kontrolle im Kontext der Integrationskontrolle, EuGRZ 2017, 327 (328).

[353] *Calliess*, Die europarechtliche Ultra-Vires-Kontrolle des Bundesverfassungsgerichts – Stumpfes Schwert oder Gefahr für die Autorität des Unionsrechts, in: Festschrift Stein, 2015, S. 446 (456 f.).

[354] *Erbguth*, Kompetenzabgrenzung zwischen EU und Mitgliedstaaten: Die PSPP-Entscheidung des BVerfG, DVBl. 2021, 209 (213). Dieser will dem Europäischen Gerichtshof nur eine Evidenzkontrolle im Hinblick auf die Wahrung der vertikalen Zuständigkeitsordnung zugestehen; die eigentliche Kontrolle finde auf Ebene der mitgliedstaatlichen Verfassungs- und Höchstgerichte statt (vgl. ebd., S. 213 ff.).

[355] *Windthorst*, in: Gröpl/Windthorst/von Coelln, GG, 4. Aufl. 2020, Art. 23 Rn. 55a. Vgl. auch *Nettesheim*, Das PSPP-Urteil des BVerfG – ein Angriff auf die EU?, NJW 2020, 1631 (1631); *Peterek*, Rechtsschutz vor dem Bundesverfassungsgericht gegen Maßnahmen im Zusammenhang mit der „Eurorettung“, in: Becker/Lange, Linien der Rechtsprechung des Bundesverfassungsgerichts, Band 3, 2014, S. 553 (559).

[356] Vgl. *Gerhardt*, Europa als Rechtsgemeinschaft: Der Beitrag des Bundesverfassungsgerichts, ZRP 2010, 161 (163).

[357] Vgl. für diese Schlussfolgerung auch *Proelß*, Bundesverfassungsgericht und überstaatliche Gerichtsbarkeit, 2014, S. 268 f.

Außerdem ist in Art. 23 Abs. 1 Satz 1 GG davon die Rede, dass die Europäische Union dem Grundsatz der Subsidiarität verpflichtet sein muss – hieraus solle sich zugunsten des Bundesverfassungsgerichts „ein Auftrag für den Alltag der Kompetenzkontrolle“[358] ergeben. Daneben wird vertreten, dass es sich bei der ultra-vires-Kontrolle um einen „objektiven und logischen Verfassungsgrundsatz“ handele, nach welchem gravierende Vertragsänderungen nicht mehr vom Zustimmungsgesetz umfasst seien und daher keine Verbindlichkeit beanspruchen könnten.[359]

Schließlich wird noch darauf hingewiesen, dass es „widersinnig“ wäre, dass – im Falle der Verneinung einer ultra-vires-Residualkompetenz – mit dem Europäischen Gerichtshof gerade das Gericht über die Einhaltung der Kompetenzgrenzen zu befinden hätte, das vermeintlich seine Kompetenzen überschritten habe.[360]

V. Argumente der Gegner

Diejenigen, die eine ultra-vires-Kontrolle durch das Bundesverfassungsgericht gänzlich ablehnen,[361] berufen sich insbesondere auf die primärrechtlichen –

[358] *Di Fabio*, Der neue Art. 23 des Grundgesetzes, Der Staat 32 (1993), 191 (215). Diese Schlussfolgerung aus dem Subsidiaritätsgrundsatz, dem die Europäische Union gerecht werden muss, ist allerdings kaum verständlich.

[359] So *Polzin*, Verfassungsidentität, 2018, S. 189.

[360] So *Gerken/Rieble/Roth/Stein/Streinz*, „Mangold“ als ausbrechender Rechtsakt, 2009, S. 52. Offen bleibt, warum diese Gefahr nicht auch beim Bundesverfassungsgericht besteht – es könnte durch eine möglicherweise nicht gerechtfertigte ultra-vires-Kontrolle ebenfalls unter vermeintlicher Überschreitung seiner Kompetenzen über die Einhaltung der Zuständigkeitsordnung auf Unionsebene wachen wollen. Vgl. zu diesem Gedanken auch *Kiekebusch*, Der Grundsatz der begrenzten Einzelermächtigung, 2017, S. 170 und *Reyes y Ráfales*, Bundesverfassungsgerichtliche Kontrolle der Europäischen Integration, ZEuS 2017, 119 (141 Fn. 172): „Wer kontrolliert das Bundesverfassungsgericht bei dessen Kontrolle des EuGH?“

[361] Insbesondere *Büdenbender*, Das Verhältnis des Europäischen Gerichtshofs zum Bundesverfassungsgericht, 2005, S. 178 ff.; *Flick*, Handeln „ultra vires“ der Europäischen Gemeinschaft, 2001, S. 117 ff.; *Hirsch*, Europäischer Gerichtshof und Bundesverfassungsgericht – Kooperation oder Konfrontation?, NJW 1996, 2457 (2462 ff.); *E. Klein*, Wer hat das letzte Wort? Bemerkungen zur Rolle des Gesetzgebers, des Bundesverfassungsgerichts und der Europäischen Gerichtshöfe im Bereich der auswärtigen Politik, insbesondere der europäischen Integration, in: Festschrift Fausto de Quadros I, 2016, S. 397 (412 f.) und *Meessen*, Maastricht nach Karlsruhe, NJW 1994, 549 (552 f.); *Mayer*, Der Ultra vires-Akt, JZ 2020, 725 (729). Auch *Classen*, in: v. Mangoldt/Klein/Starck, GG Band 2, 7. Aufl. 2018, Art. 23 Rn. 57 sieht nach der Vorlage an den Europäischen Gerichtshof gem. Art. 267 Uabs. 3 AEUV keine Möglichkeit der Abweichung von der Entscheidung des Europäischen Gerichtshofs: „Daher ist eine nationale Kontrolle im Anwendungsbereich von Art. 23 GG besonders fragwürdig. Das diese rechtfertigende Verständnis von Souveränität […] missachtet die vom Bundestag bewusst ratifizierten Verpflichtungen, übergeht die in Art. 23 Abs. 1 S. 1 ausdrücklich betonte Rolle der *Mit*wirkung Deutschlands an der EU, und ignoriert, dass Deutschland die Wiedererlangung seiner Souveränität nach dem Zweiten Weltkrieg der Einbindung in die europäische Integration verdankt.“ (Hervorh. i. O.). Auch *Schwerdtfeger*, Europäisches Unionsrecht in der Recht-

und sich inhaltsgleich im Zustimmungsgesetz nach Art. 23 Abs. 1 Satz 2 GG wiederfindenden – Befugnisse des Europäischen Gerichtshofs.[362] Eine selbst eingeräumte Letztentscheidungsbefugnis missachte die – auch im Zustimmungsgesetz zu den europäischen Verträgen zum Ausdruck kommende – ausschließliche Prüfungszuständigkeit des Europäischen Gerichtshofs.[363] Diese Übertragung der prozeduralen Befugnisse auf den Europäischen Gerichtshof sei auch ohne weiteres verfassungsrechtlich möglich.[364] Es sei der Europäische Gerichtshof – und nicht daneben noch das Bundesverfassungsgericht oder andere mitgliedstaatliche Gerichte –, der nach Art. 19 Abs. 1 Uabs. 1 Satz 2 EUV die Wahrung des Rechts bei der Auslegung und Anwendung der Verträge sichere.[365] Außerdem wache der Europäische Gerichtshof im Rahmen der Nichtigkeitsklage nach Art. 263 AEUV über die Rechtmäßigkeit der Handlungen der unionalen Organe, Einrichtungen und sonstigen Stellen.[366] Bei dieser Rechtmäßigkeits-

---

sprechung des Bundesverfassungsgerichts – Grundrechts-, ultra-vires- und Identitätskontrolle im gewaltenteiligen Mehrebenensystem, EuR 2015, 290 (302) findet die ultra-vires-Kontrolle „ausgesprochen bedenklich“. Vgl. ferner *Dörr*, Rechtsprechungskonkurrenz zwischen nationalen und europäischen Verfassungsgerichten, DVBl. 2006, 1088 (1095 f.); *ders.*, Anmerkung zu BVerfG, Beschl. v. 13.02.2020, 2 BvR 739/17, BayVBl. 2020, 630 (632); *Frowein*, Das Maastricht-Urteil und die Grenzen der Verfassungsgerichtsbarkeit, ZaöRV 54 (1994), 1 (8 ff.); *Mayer/Walter*, Die Europarechtsfreundlichkeit des BVerfG nach dem Honeywell-Beschluss, Jura 2011, 532 (539 f.); *G. Sander*, Europäischer Gerichtshof und nationale Verfassungsgerichtsbarkeit, DÖV 2000, 588 (595 f.); *Vitzthum*, Gemeinschaftsgericht und Verfassungsgericht – rechtsvergleichende Aspekte, JZ 1998, 161 (162) und *Zuleeg*, Die Rolle der rechtsprechenden Gewalt in der europäischen Integration, JZ 1994, 1 (3).

362 *Dörr*, Der europäisierte Rechtsschutzauftrag deutscher Gerichte, 2003, S. 130; *Ludwigs*, Der Ultra-vires-Vorbehalt des BVerfG – Judikative Kompetenzanmaßung oder legitimes Korrektiv?, NVwZ 2015, 537 (539); *Reyes y Ráfales*, Bundesverfassungsgerichtliche Kontrolle der Europäischen Integration, ZEuS 2017, 119 (140 f.). Nach *E. Klein*, Der Verfassungsstaat als Glied einer europäischen Gemeinschaft, VVDStRL 50 (1991), 56 (66 f.) würde ein sich über die Entscheidung des Europäischen Gerichtshofs hinwegsetzendes nationalverfassungsgerichtliches Urteil „der vertraglich vereinbarten Konfliktlösung jeden Sinn nehmen“.

363 *Classen*, in: v. Mangoldt/Klein/Starck, GG Band 2, 7. Aufl. 2018, Art. 23 Rn. 57 i. V.m. Art. 24 Rn. 52 ff.; *Dörr*, Rechtsprechungskonkurrenz zwischen nationalen und europäischen Verfassungsgerichten, DVBl. 2006, 1088 (1095 f.); *Proelß*, Zur verfassungsgerichtlichen Kontrolle der Kompetenzmäßigkeit von Maßnahmen der Europäischen Union: Der „ausbrechende Rechtsakt“ in der Praxis des BVerfG, EuR 2011, 241 (248); *Simon*, Grenzen des Bundesverfassungsgerichts im europäischen Integrationsprozess, 2016, S. 244.

364 *Simon*, Grenzen des Bundesverfassungsgerichts im europäischen Integrationsprozess, 2016, S. 266: „Art. 23 Abs. 1 Satz 2 GG gestattet nicht nur die Übertragung von materiellen Hoheitsrechten, sondern auch die Übertragung der supranationalen Kontrolle, ob eine bestimmte Kompetenz übertragen worden ist.“

365 Vgl. *H. H. Klein*, Integration und Verfassung, AöR 139 (2014), 165 (171 f.); *C. O. Lenz*, Brauchen wir ein neues Kontrollverfahren für das Recht der Europäischen Union vor dem BVerfG?, ZRP 2010, 22 (23); *Meessen*, Maastricht nach Karlsruhe, NJW 1994, 549 (552); *Simon*, Grenzen des Bundesverfassungsgerichts im europäischen Integrationsprozess, 2016, S. 242 f. Siehe auch *Mayer/Walter*, Die Europarechtsfreundlichkeit des BVerfG nach dem Honeywell-Beschluss, Jura 2011, 532 (539): „Kompetenzkontrollgericht ist in der EU der EuGH“.

366 Vgl. *Sauer*, Staatsrecht III, 6. Aufl. 2020, § 9 Rn. 41: Diese Betrachtungsweise hat „viel für sich“.

kontrolle sei auch die Unzuständigkeit gemäß Art. 263 Uabs. 2 Var. 1 AEUV ein statthafter Klagegrund.[367] Zudem heiße es beim Vorabentscheidungsverfahren nach Art. 267 Uabs. 1 lit. b AEUV unmissverständlich, dass der Europäische Gerichtshof unter anderem über die Gültigkeit der Handlungen der Organe, Einrichtungen und sonstigen Stellen der Union entscheide. Schließlich haben sich alle Mitgliedstaaten in Art. 344 AEUV dazu verpflichtet, ihre Streitigkeiten über die Auslegung oder Anwendung der Verträge nicht anders als dort vorgesehen zu regeln.[368] Eine ultra-vires-Kontrolle eines mitgliedstaatlichen Verfassungsgerichts widerspreche und verletze diese primärrechtlichen Bestimmungen.[369] Außerdem läge bei der Annahme eines ultra-vires-Akts ein Verstoß gegen den Grundsatz der loyalen Zusammenarbeit aus Art. 4 Abs. 3 Uabs. 3 EUV vor, in dessen Rahmen die Mitgliedstaaten alle Maßnahmen zu unterlassen haben, die der Verwirklichung des Vertrags widersprechen.[370] Durch die Anerkennung einer ultra-vires-Reservekompetenz würde ein wesentliches Strukturmerkmal des europäischen Einigungsprozesses, welcher auf die europaweit einheitliche Geltung des Unionsrechts angewiesen ist, stark beeinträchtigt.[371] Insgesamt befürchten die Gegner, dass es durch die Anerkennung einer ultra-vires-Kontrolle zu einer allgemeinen Rechtmäßigkeitskontrolle der Handlungen der Unionsstellen durch die nationalen Verfassungsgerichte kommen könnte.[372]

Ferner wird darauf hingewiesen, dass sich für die ultra-vires-Reservekompetenz keine normative Bestimmung im Grundgesetz finde, die dem Bundesverfassungsgericht deren Ausübung gestatten würde.[373] Es sei allenfalls de

[367] Vgl. dazu *Proelß*, Zur verfassungsgerichtlichen Kontrolle der Kompetenzmäßigkeit von Maßnahmen der Europäischen Union: Der „ausbrechende Rechtsakt" in der Praxis des BVerfG, EuR 2011, 241 (247).

[368] Zu diesem Argument *Simon*, Grenzen des Bundesverfassungsgerichts im europäischen Integrationsprozess, 2016, S. 242. Vgl. auch *Nicolaysen/Nowak*, Teilrückzug des BVerfG aus der Kontrolle der Rechtmäßigkeit gemeinschaftlicher Rechtsakte: Neuere Entwicklungen und Perspektiven, NJW 2001, 1233 (1237).

[369] *Büdenbender*, Das Verhältnis des Europäischen Gerichtshofs zum Bundesverfassungsgericht, 2005, S. 191; *Mayer/Walter*, Die Europarechtsfreundlichkeit des BVerfG nach dem Honeywell-Beschluss, Jura 2011, 532 (539); *Simon*, Grenzen des Bundesverfassungsgerichts im europäischen Integrationsprozess, 2016, S. 243.

[370] Vgl. noch zur Vorläuferbestimmung des Art. 10 S. 2 EGV: *Büdenbender*, Das Verhältnis des Europäischen Gerichtshofs zum Bundesverfassungsgericht, 2005, S. 192.

[371] Besonders dezidiert *Hirsch*, Europäischer Gerichtshof und Bundesverfassungsgericht – Kooperation oder Konfrontation?, NJW 1996, 2457 (2463): „Wenn man, sei es auch nur partiell, dem EuGH die Letztentscheidungsbefugnis abspricht, stellt man die Rechtseinheit in der Gemeinschaft und damit ein tragendes Strukturelement der Europäischen Integration in Frage. […] Könnte jeder Mitgliedstaat zum Nachteil der Gemeinschaft und der anderen Mitgliedstaaten Souveränitätsreservate (nachträglich) geltend machen oder der Findigkeit seiner Gerichte überlassen, wäre in die Gemeinschaftsarchitektur ein Element der Destabilisierung eingebaut, ein Desintegrationspotential, das den Vertrag konterkariert."

[372] *Simon*, Grenzen des Bundesverfassungsgerichts im europäischen Integrationsprozess, 2016, S. 245.

[373] *Bast*, Don't Act Beyond Your Powers: The Perils and Pitfalls of the German Consti-

constitutione ferenda möglich, das Institut einer ultra-vires-Kontrolle in der Verfassung zu kodifizieren, auch wenn damit die Gefahr eines Vertragsverletzungsverfahrens nach Art. 258 ff. AEUV einherginge. Außerdem entferne sich das Bundesverfassungsgericht von seinen selbst gesetzten Maßstäben, nur spezifisches Verfassungsrecht zu prüfen, wenn es bei der ultra-vires-Kontrolle eine Prüfung anhand des Zustimmungsgesetzes vornehme, das nur einfaches Recht und nicht Verfassungsrecht darstelle.[374]

Daneben solle der auf ein Letztentscheidungsrecht hinauslaufende Integrationsvorbehalt einer ultra-vires-Kontrolle der verfassungsrechtlichen Verpflichtung des Bundesverfassungsgerichts zur Mitwirkung an der Verwirklichung eines vereinten Europas aus Art. 23 Abs. 1 Satz 1 GG widersprechen, wenn dieses die Monopolstellung des Europäischen Gerichtshofs in Bezug auf die Feststellung kompetenzwidrigen Handelns der unionalen Stellen nicht gänzlich und ohne Vorbehalt anzuerkennen bereit sei.[375]

Schließlich sei noch die häufig in Vergessenheit geratene Bestimmung des Art. 24 Abs. 3 GG in Erinnerung gerufen: Hiernach wird der Bund zur Regelung zwischenstaatlicher Streitigkeiten Vereinbarungen über eine allgemeine, umfassende, obligatorische und internationale Schiedsgerichtsbarkeit beitreten. Auch wenn diese Regelung bis heute aufgrund der fehlenden internationalen Bereitschaft keinerlei praktische Bedeutung gefunden hat,[376] ergebe sich aus ihr doch recht eindeutig, dass das Grundgesetz für eine Unterordnung unter eine supranational organisierte Gerichtsbarkeit offen und bereit ist.[377]

---

tutional Court's *Ultra Vires* Review, GLJ 2014, 167 (168 f.); *Mayer*, Der Ultra vires-Akt, JZ 2020, 725 (729); *ders./Walter*, Die Europarechtsfreundlichkeit des BVerfG nach dem Honeywell-Beschluss, Jura 2011, 532 (540); *Pernice*, Machtspruch aus Karlsruhe: „Nicht verhältnismäßig? – Nicht verbindlich? – Nicht zu fassen …“, EuZW 2020, 508 (509). Vgl. daneben *Ludwigs*, Der Ultra-vires-Vorbehalt des BVerfG – Judikative Kompetenzanmaßung oder legitimes Korrektiv?, NVwZ 2015, 537 (539).

374 Vgl. dazu *Hillgruber/Goos*, Verfassungsprozessrecht, 5. Aufl. 2020, Rn. 792, die erkennen, dass es sich bei der Feststellung eines ultra-vires-Akts eigentlich um die Auslegung einfachen Rechts handelt. Daneben *Sauer*, Staatsrecht III, 6. Aufl. 2020, § 9 Rn. 100: „letztlich […] systemwidrige Kontrolle anhand des einfachen Rechts“.

375 *Büdenbender*, Das Verhältnis des Europäischen Gerichtshofs zum Bundesverfassungsgericht, 2005, S. 189 ff. (insb. S. 204).

376 Vgl. nur *Streinz*, in: Sachs, GG, 9. Aufl. 2021, Art. 24 Rn. 87. Daneben *Herdegen*, Völkerrecht, 20. Aufl. 2021, § 22 Rn. 9: „unerfüllter Verfassungsauftrag“.

377 Siehe dazu *Classen*, in: v. Mangoldt/Klein/Starck, GG Band 2, 7. Aufl. 2018, Art. 24 Rn. 54: „Verfassungsrechtlich unterstreicht Art. 24 Abs. 3 GG […] nicht nur die Legitimität einer Bindung Deutschlands an die Entscheidungen einer internationalen Gerichtsbarkeit, sondern erklärt im Gegenteil die Überwindung des […] überkommenen völkerrechtlichen Prinzips der Selbstbeurteilung zum Staatsziel […].“ Vgl. auch *Dörr*, Der europäisierte Rechtsschutzauftrag deutscher Gerichte, 2003, S. 70. Hierbei ist aber freilich der Unterschied zwischen Supranationalität und Internationalität zu beachten.

VI. Stellungnahme

Es ist zu Beginn dieser Ausführungen noch einmal hervorzuheben, dass der Anwendungsvorrang des Unionsrechts nicht leichtfertig durch mögliche Reservekompetenzen des Bundesverfassungsgerichts und der anderen mitgliedstaatlichen Gerichte unterlaufen werden darf.[378] Daher können Residualkompetenzen nur dann in Betracht kommen, wenn sie im mitgliedstaatlichen (Verfassungs-)Recht zwingend verankert sind und dieses Verfassungsrecht einer Überlagerung durch das Unionsrecht im Wege steht.

Nach dem oben Geschilderten ist jedoch deutlich geworden, dass das Bundesverfassungsgericht in der Vergangenheit weitgehend offen ließ, aufgrund welcher Verfassungsnorm es eigentlich zur ultra-vires-Kontrolle ermächtigt ist. In der Tat wird sich im Grundgesetz auch keine Bestimmung finden lassen, die dem Bundesverfassungsgericht die Aufgabe einer ultra-vires-Kontrolle ausdrücklich zuweisen würde.[379] Rein teleologische Erwägungen – wie sie sich in der Argumentation des Bundesverfassungsgerichts und der ihm folgenden Literatur wiederfinden – können eine fehlende normative Bestimmung nicht ersetzen. Wenn in der verfassungsgerichtlichen Rechtsprechung darauf hingewiesen wird, dass das Zustimmungsgesetz im Sinne des Art. 23 Abs. 1 Satz 2 GG als Prüfungsmaßstab fungiere, so erscheint es – unabhängig von der Problematik, dass es de facto zu einer Rechtmäßigkeitskontrolle am Maßstab des einfachen Rechts[380] kommt – nicht schlüssig, dass sich das Bundesverfassungsgericht eigene Befugnisse bezüglich der Kompetenzprüfung zuschreibt, obwohl es gerade das Zustimmungsgesetz ist, das die Kompetenzkontrolle als Aufgabe dem Europäischen Gerichtshof zuweist.[381]

---

[378] Zutreffend *Hufeld*, Anwendung des europäischen Rechts in Grenzen des Verfassungsrechts, in: Isensee/Kirchhof, Handbuch des Staatsrechts X, 3. Aufl. 2012, § 215 Rn. 10: „Der Anwendungsvorrang des Unionsrechts ist ein notwendiger Integrationsmodus."

[379] Vgl. *Sauer*, Staatsrecht III, 6. Aufl. 2020, § 9 Rn. 41: Das Grundgesetz trifft „über die Reichweite der tatsächlich *übertragenen* Kompetenzen keine Aussage, sondern allenfalls über die Reichweite der *übertragbaren* Kompetenzen." (Hervorh. d. Verf.).

[380] Das Zustimmungsgesetz, auch wenn für dessen Erlass die verfassungsändernde qualifizierte Mehrheit des Art. 79 Abs. 2 GG erforderlich ist (vgl. Art. 23 Abs. 1 Satz 3 GG), hat selbst keinen Verfassungsrang; anderenfalls wäre die intendierte Kontrolle an der Struktursicherungsklausel des Art. 23 Abs. 1 Satz 1 GG wirkungslos und die gesamten europäischen Primärverträge Verfassungsrecht der Bundesrepublik Deutschland, was das Bundesverfassungsgericht in die Rolle eines Unionsgerichts befördern würde. Vgl. dazu *Uerpmann-Wittzack*, in: v. Münch/Kunig, GG Band 1, 7. Aufl. 2021, Art. 23 Rn. 93. Siehe auch BVerfGE 153, 74 (142 Rn. 115) – Einheitliches Patentgericht.

[381] Die Anknüpfung an das Zustimmungsgesetz findet auch *Simon*, Grenzen des Bundesverfassungsgerichts im europäischen Integrationsprozess, 2016, S. 245 problematisch, da dies zu einem der Verfassung unbekannten allgemeinen Gesetzesvollziehungsanspruch führen könne. Widersprüchlich sind die Ausführungen bei *Polzin*, Verfassungsidentität, 2018, S. 187: „Meiner Ansicht nach steht der Ultra-vires-Kontrolle durch das Bundesverfassungsgericht auch nicht entgegen, dass grundsätzlich mit der Kompetenzübertragung auch die Letztentscheidungskompetenz des EuGH akzeptiert wurde. Denn der EuGH kann zwar die Kompeten-

Was den grundsätzlichen Ursprung und die Geltungskraft des Unionsrechts anbelangt, ist dem Bundesverfassungsgericht zuzustimmen, wenn es annimmt, dass dieses in der Bundesrepublik Deutschland von einem Rechtsanwendungsbefehl abhängt, der sich im Zustimmungsgesetz im Sinne des Art. 23 Abs. 1 Satz 2 GG findet.[382] Das Unionsrecht kann nicht einer davon losgelösten, originären Quelle entspringen, weil die Union gerade durch die Geltung des Prinzips der begrenzten Einzelermächtigung gemäß Art. 4 Abs. 1, Art. 5 Abs. 1 Satz 1 und Abs. 2 EUV[383] über keine Kompetenz-Kompetenz verfügt.[384] Mag das Unionsrecht auch einen speziellen und einmaligen Charakter aufweisen, handelt es sich doch weiterhin um unselbständiges, nicht aus einer autonomen Quelle entspringendes Recht, das in der Bundesrepublik Deutschland nur über einen konstitutiven Rechtsanwendungsbefehl Anwendung finden kann. Das Zustimmungsgesetz und hieraus abgeleitetes Unionsrecht gehen – damit das supranationale Recht und die Europäische Union als Rechtsgemeinschaft effektive Geltung entfalten kann – dem einfachen Recht und grundsätzlich auch dem Verfassungsrecht vor.[385] Das Zustimmungsgesetz zu den europäischen Primärverträgen behält dabei jedoch den Rang eines einfachen Bundesgesetzes.[386] Dabei ist es nicht widersprüchlich, dass das Zustimmungsgesetz und die aufgrund desselben ergangenen Unionshandlungen Anwendungsvorrang vor der normhierarchisch auf höherer Ebene angesiedelten Verfassung genießen: Der Vorherrschaft der Verfassung ist es inhärent, dass diese sich selbst im Vorrang zugunsten eines normhierarchisch auf niedrigerer Ebene angesiedelten Bundesgesetzes beschränken kann.[387] In systematischer Hinsicht ergibt sich

---

zen der EU und ihrer Organe rechtsverbindlich interpretieren. Die Folgen für den innerstaatlichen Bereich bestimmen sich jedoch nach dem Zustimmungsgesetz selbst." Offen bleibt, wie eine *rechtsverbindliche* Auslegung der Verbandskompetenzen durch den Europäischen Gerichtshof aussehen soll, wenn die Mitgliedstaaten hiervon durch die Auslegung des Zustimmungsgesetzes wieder abweichen können.

[382] So auch *Dörr*, Anmerkung zu BVerfG, Beschl. v. 13.02.2020, 2 BvR 739/17, BayVBl. 2020, 630 (633); *Jarass*, in: ders./Pieroth, GG, 16. Aufl. 2020, Art. 23 Rn. 39; *Ludwigs*, Der Ultra-vires-Vorbehalt des BVerfG – Judikative Kompetenzanmaßung oder legitimes Korrektiv?, NVwZ 2015, 537 (539); *Proelß*, Bundesverfassungsgericht und überstaatliche Gerichtsbarkeit, 2014, S. 262; *Vosgerau*, Staatliche Gemeinschaft und Staatengemeinschaft, 2016, S. 249 ff. *Hillgruber/Goos*, Verfassungsprozessrecht, 5. Aufl. 2020, Rn. 1158 sprechen in diesem Zusammenhang von einer „unentbehrliche[n] Brückenfunktion".

[383] Eingehend dazu *Kiekebusch*, Der Grundsatz der begrenzten Einzelermächtigung, 2017, passim.

[384] Vgl. *Proelß*, Bundesverfassungsgericht und überstaatliche Gerichtsbarkeit, 2014, S. 262.

[385] *Sauer*, Staatsrecht III, 6. Aufl. 2020, § 8 Rn. 29.

[386] Siehe nur *Sauer*, Staatsrecht III, 6. Aufl. 2020, § 8 Rn. 27. A. A. aber *Tischendorf*, Europa unter deutscher Supervision. Die Verantwortung der Verfassungsorgane des Bundes für die Geld- und Außenhandelspolitik der Europäischen Union, EuR 2018, 695 (705) mit dem Argument, dass durch die Ratifizierung im Verfahren nach Art. 23 Abs. 1 Satz 3 i. V.m. Art. 79 Abs. 2 GG das Unionsrecht Verfassungsrang erhalte. Siehe auch schon oben Fußnote 380 (S. 102).

[387] Vgl. zu der aus der Rechtsprechung des spanischen Verfassungsgerichts übertragbaren

eine Grenze des Vorranganspruchs gegenüber der Verfassung aber aus Art. 23 Abs. 1 Satz 1 GG und Art. 23 Abs. 1 Satz 3 in Verbindung mit Art. 79 Abs. 3 GG: Soll – was der verfassungsändernde Gesetzgeber mit dem Erlass dieser Bestimmungen intendiert hat – eine Kontrolle des Zustimmungsgesetzes anhand der Struktursicherungsklausel (Art. 23 Abs. 1 Satz 1 GG) sowie der Bestandssicherungsklausel (Art. 23 Abs. 1 Satz 3 in Verbindung mit Art. 79 Abs. 3 GG) möglich sein, muss sich das Unionsrecht diesen Bestimmungen unterordnen. Aus den Gedanken zum konstitutiven Rechtsanwendungsbefehl ergibt sich zugleich, dass die Öffnungsklausel für das supranationale Unionsrecht nur kompetenzgemäß erlassenes Recht erfasst.[388] Denn wenn Unionsrecht jenseits dieses Zustimmungsgesetzes gesetzt wird, fehlt ihm die Legitimation des Zustimmungsgesetzes und damit die Grundlage für die Geltung des Unionsrechts in der Bundesrepublik Deutschland. Insoweit verdient die „Brückentheorie" *Paul Kirchhofs* also Zustimmung.

Zu fragen ist aber, ob dieser Befund auch dazu führt, dass das Bundesverfassungsgericht jedweden kompetenzwidrigen Unionsrechtsakt feststellen und ihm die innerstaatliche Geltung absprechen darf. *Grimm* bejaht dies, weil kompetenzwidrige Unionsrechtsakte unzulässigerweise in die originären Zuständigkeiten der deutschen Verfassungsorgane eingriffen – das Bundesver-

Unterscheidung zwischen „supremacía" und „primacía" Tribunal Constitucional, EuR 2005, 339 (346): „Die Verkündung des Vorrangs (primacía) des Rechts der Union durch Art. I-6 des Vertrags widerspricht der Vorherrschaft (supremacía) der Verfassung […] nicht. Vorrang (primacía) und Vorherrschaft (supremacía) sind Kategorien, die sich in verschiedenen Ordnungen entfalten. Der Vorrang (primacía) kommt bei der Anwendung gültiger Normen zum Tragen, die Vorherrschaft (supremacía) in den Rechtsetzungsverfahren. Hinter der Vorherrschaft (supremacía) steht der hierarchisch höherrangige Charakter einer Norm, weswegen sie Geltungsgrund der ihr nachgeordneten Normen ist, mit der Folge der Ungültigkeit der niedrigeren Normen, wenn sie gegen das in der höherrangigen Norm zwingend Angeordnete verstoßen. Der Vorrang (primacía) dagegen behauptet sich nicht notwendigerweise über Hierarchie, sondern besteht in der Unterscheidung der Anwendungsbereiche verschiedener, grundsätzlich gültiger, Normen, von denen trotzdem die eine oder einige die Fähigkeit besitzen, andere aus verschiedenen Gründen aufgrund ihrer vorzugsweisen oder vorgehenden Anwendung zu verdrängen. Prinzipiell impliziert jede Vorherrschaft (supremacía) auch den Vorrang (primacía) […], es sei denn, dass dieselbe höchste Norm in irgendeinem Bereich ihre eigene Verdrängung oder Nicht-Anwendung vorgesehen hat. Die Vorherrschaft (supremacía) der Verfassung ist also mit Anwendungsregimen vereinbar, die den Normen einer anderen als der nationalen Rechtsordnung Anwendungspräferenz verleihen, vorausgesetzt, dass die Verfassung selbst es so bestimmt hat. Genau das ist es, was bei der in Art. 93 enthaltenen Regelung geschieht, mittels derer die Übertragung von aus der Verfassung abgeleiteten Kompetenzen zugunsten einer internationalen Institution ermöglicht wird. Dadurch wird diese Institution von Verfassungs [sic] wegen ermächtigt, in Sachgebieten, die bis dahin der innerstaatlichen verfassungsmäßigen Gewalt vorbehalten waren, Normen zu setzen und auf dieselben anzuwenden. Zusammenfassend: es war die Verfassung selbst, die, kraft ihres Art. 93 CE den Vorrang (primacía) des Unionsrecht [sic] in dem ihm zustehenden Bereich, akzeptiert hat, so, wie man ihn jetzt ausdrücklich in Art. I-6 des Vertrags anerkennt." Siehe dazu auch noch unten Vierter Teil F. VII. (S. 287 f.).

388 *Ludwigs*, Der Ultra-vires-Vorbehalt des BVerfG – Judikative Kompetenzanmaßung oder legitimes Korrektiv?, NVwZ 2015, 537 (539).

fassungsgericht müsse dazu ermächtigt sein, diesen ungerechtfertigten Eingriff abzuwehren.[389] Auch *Huber* begreift „die Frage nach der gerichtlichen Zuständigkeit als Annex zu den materiell-rechtlichen Rangordnungsfragen".[390] Doch das greift zu kurz: Die Frage nach dem Umfang der Kompetenzen zugunsten der unionalen Stellen ist von der Frage nach einer verfassungsgerichtlichen Kontrollmöglichkeit zu trennen.[391] Das bedeutet also, dass das Bundesverfassungsgericht nicht jedweden kompetenzwidrigen Unionsrechtsakt ausmachen und ihm die innerstaatliche Geltung absprechen darf, soweit ihm hierzu durch die Verfassung keine Befugnisse eingeräumt werden. Entscheidend ist daher ganz im Sinne des berühmten „Quis iudicabit?"[392], wem das Recht zur Feststellung über die Kompetenzgemäßheit oder Kompetenzwidrigkeit des Handelns der unionalen Stellen zukommt.[393]

Vor diesem Hintergrund sind die Argumente derjenigen, die eine ultra-vires-Kontrollkompetenz des Bundesverfassungsgerichts verneinen, von ei-

---

[389] *Grimm*, Bedeutung nationaler Verfassungen in einem vereinten Europa, in: Merten/Papier, Handbuch der Grundrechte VI/2, 2009, § 168 Rn. 41.

[390] *Huber*, Das Verhältnis des Europäischen Gerichtshofes zu den nationalen Gerichten, in: Merten/Papier, Handbuch der Grundrechte VI/2, 2009, § 172 Rn. 71; *ders.*, Rolle der Verfassungsgerichte in der europäischen Integration – Die Karlsruher Perspektive, in: Festschrift Klein, 2013, S. 111 (121).

[391] So auch *Proelß*, Bundesverfassungsgericht und überstaatliche Gerichtsbarkeit, 2014, S. 263. Mit Rekurs auf die „Brückentheorie" *Ludwigs*, Der Ultra-vires-Vorbehalt des BVerfG – Judikative Kompetenzanmaßung oder legitimes Korrektiv?, NVwZ 2015, 537 (539): Es ist der „Brückenwärter" zu bestimmen. Pointiert auch *Sauer*, Kompetenz- und Identitätskontrolle von Europarecht nach dem Lissabon-Urteil, ZRP 2009, 195 (196): „Problematisch an der Karlsruher Rechtsprechung ist insofern die fehlende Trennung von materieller Rechtslage und gerichtlicher Kontrolle – nicht jedem Problem korrespondiert eine Kontrollbefugnis des *BVerfG*". (Hervorh. i. O.). Vgl. auch *Baumann*, Die europäische Integration unter Wahrung der nationalen Verfassung – Die „Europa-Entscheidungen" des Bundesverfassungsgerichts, in: Elser (u. a.), Das letzte Wort – Rechtssetzung und Rechtskontrolle in der Demokratie, 2014, S. 121 (131 f.).

[392] Diese Frage stellt auch *Isensee*, Vorrang des Europarechts und deutsche Verfassungsvorbehalte – offener Dissens, in: Festschrift Stern, 1997, S. 1239 (1255 f.).

[393] Sollte dies der Europäische Gerichtshof sein, so würden in der Tat vermeintlich kompetenzwidrige Handlungen der Unionsstellen, denen der Europäische Gerichtshof aber Unbedenklichkeit bescheinigt hat, „als kompetenzgemäß fingiert". Vgl. dazu *Proelß*, Bundesverfassungsgericht und überstaatliche Gerichtsbarkeit, 2014, S. 265. Dies ist entgegen *Proelß* aber nicht „auf den ersten Blick widersprüchlich" (ebd.), weil sich hinter diesem Diktum die Aussage verbirgt, dass der Betrachter das „richtige" Recht kennt, während es der Europäische Gerichtshof verkannt hat. In einem rechtsstaatlichen System muss es aber eine Instanz geben, die Kompetenzstreitigkeiten trotz unterschiedlicher, vielleicht sogar jeweils gut begründeter und vertretbarer, Ansichten letztverbindlich entscheidet. „Richtige" und „falsche" Rechtsprechung gibt es hiernach nicht. Siehe auch *Simon*, Grenzen des Bundesverfassungsgerichts im europäischen Integrationsprozess, 2016, S. 247: „*Die* eine Wahrheit gibt es in rechtlichen Wertungsfragen nicht. Die These vom ‚richtigen Recht' wird nicht mehr vertreten." (Hervorh. i. O.). Vgl. dazu auch *Hirsch*, Europäischer Gerichtshof und Bundesverfassungsgericht – Kooperation oder Konfrontation?, NJW 1996, 2457 (2457) und *Klement*, Der Euro und seine Demokratie, ZG 2014, 169 (192).

nigem Gewicht. Nach Art. 19 Abs. 1 Uabs. 1 Satz 2 EUV, der auch und vor allem durch das deutsche Zustimmungsgesetz in Bezug genommen wird, ist der Europäische Gerichtshof für die „Wahrung des Rechts bei der Auslegung und Anwendung der Verträge" zuständig: Hieraus erwächst dem Europäischen Gerichtshof – verfassungsrechtlich durch das Zustimmungsgesetz legitimiert – das Recht, die Handlungen der unionalen Organe, Einrichtungen und sonstigen Stellen auf die Einhaltung der Kompetenzgrenzen hin zu überprüfen.[394] Das Bundesverfassungsgericht kann daher grundsätzlich nicht parallel zum Europäischen Gerichtshof die europäischen Primärverträge mit dem Argument auslegen, dass es sich bei dem Zustimmungsgesetz, über welches das Unionsrecht in die Rechtsordnung der Bundesrepublik Deutschland hineinwirkt, um ein nationales Gesetz handele.[395]

Die Aufgabenzuweisung in Art. 19 Abs. 1 Uabs. 1 Satz 2 EUV darf aber andererseits nicht dazu führen, dass sich der Europäische Gerichtshof in „verbotener Selbstermächtigung"[396] Kompetenzen selbst zugesteht. Dann würde der Europäische Gerichtshof nicht mehr das Recht bei der Auslegung und Anwendung der Verträge „wahren", sondern „erfinden" – er verließe in diesem Fall die ihm durch Art. 19 Abs. 1 Uabs. 1 Satz 2 EUV eingeräumte Kompetenz. Eine solche Handhabung könnte de facto auf die Möglichkeit einer autonomen Vertragsänderung durch den Europäischen Gerichtshof hinauslaufen; für Änderungen des Primärrechts ist aber das dafür in Art. 48 EUV oder subsidiär in Art. 352 AEUV bestimmte Verfahren – unter zwingender Beteiligung des Deutschen Bundestages –[397] zu durchlaufen. Daher ist dem Bundesverfassungsgericht bei dem Gedanken zuzustimmen, dass bei einem Verzicht der Mitgliedstaaten auf eine ultra-vires-Kontrolle faktisch eine Kompetenzausweitung und Vertragsänderung durch den Europäischen Gerichtshof zu befürchten wäre.[398] Denn bei einem gänzlichen Verzicht auf die Ausübung der ultra-vires-Kontrolle droht die Gefahr einer schleichenden Kompetenzverlagerung zunächst in prozeduraler Hinsicht auf den Europäischen Gerichtshof, die dann in einem zweiten Schritt sukzessive durch entsprechende Entscheidungen des Gerichtshofs

---

[394] Ebenso *Hufeld*, Anwendung des europäischen Rechts in Grenzen des Verfassungsrechts, in: Isensee/Kirchhof, Handbuch des Staatsrechts X, 3. Aufl. 2012, § 215 Rn. 57 und *Simon*, Grenzen des Bundesverfassungsgerichts im europäischen Integrationsprozess, 2016, S. 244.

[395] So auch noch deutlich BVerfGE 75, 223 (234) – Kloppenburg: „Da der EWG-Vertrag integraler Bestandteil des deutschen Zustimmungsgesetzes ist, handelte es sich […] um Vertragsauslegung und nicht lediglich um die Auslegung und Anwendung von Recht aus deutscher Rechtsquelle."

[396] *Hufeld*, Anwendung des europäischen Rechts in Grenzen des Verfassungsrechts, in: Isensee/Kirchhof, Handbuch des Staatsrechts X, 3. Aufl. 2012, § 215 Rn. 57.

[397] Die Zustimmungspflicht des Deutschen Bundestages bezieht sich dabei auf alle denkbaren Vertragsänderungen, wie BVerfGE 123, 267 (381 ff.) – Lissabon hervorgehoben hat.

[398] Vgl. BVerfGE 126, 286 (303) – Honeywell und BVerfGE 142, 123 (193 Rn. 131) – OMT-Urteil.

auch materiell die Begründung einer – zumindest faktischen – Kompetenz-Kompetenz zugunsten der Europäischen Union bewirken könnte. Ohne eine ultra-vires-Kontrolle des Bundesverfassungsgerichts könnte das Prinzip der begrenzten Einzelermächtigung daher im Ergebnis ausgehöhlt werden.[399]

Doch, wie bereits ausgeführt, genügen – noch so gut begründete – teleologische Argumente für die Anerkennung der Residualkompetenz der ultra-vires-Kontrolle nicht. Vielmehr bedarf es hierfür einer konstitutionellen Verankerung. Das Grundgesetz selbst muss es sein, welches das Bundesverfassungsgericht dazu ermächtigt, Unionsakte auf ihre Kompetenzwidrigkeit hin zu überprüfen und ihnen gegebenenfalls ihren Verbindlichkeitsanspruch auf dem Hoheitsgebiet der Bundesrepublik Deutschland zu versagen.[400] Sollte eine ultra-vires-Kontrolle nicht möglich sein, spräche aufgrund der nicht fernliegenden Gefahr der Begründung einer (faktischen) Kompetenz-Kompetenz zugunsten der Europäischen Union infolge der Rechtsprechung des Europäischen Gerichtshofs gegebenenfalls einiges dafür, dass das Zustimmungsgesetz zum Vertrag von Lissabon verfassungswidrig wäre – insbesondere weil die Bundesrepublik Deutschland völkervertraglich keinen entsprechenden Vorbehalt für die Ausübung der ultra-vires-Reservekompetenz zugunsten des Bundesverfassungsgerichts erklärt hat.[401]

Wie bereits angeklungen, scheidet Art. 23 Abs. 1 Satz 2 GG als Befugnisnorm für die ultra-vires-Kontrolle aus. Die Ermächtigung, Hoheitsrechte auf die Europäische Union zu übertragen, geht so weit, dass auch Hoheitsrechte in judikativer und prozeduraler Hinsicht auf den Europäischen Gerichtshof übertragen werden können, der die Einhaltung der Kompetenzgrenzen beim Handeln der unionalen Stellen überwacht.[402] Dafür spricht schon der Rechtsgedanke des Art. 24 Abs. 3 GG, nach dem die Bundesrepublik Deutschland sich an einer allgemeinen, umfassenden, obligatorischen und internationalen Schiedsgerichtsbarkeit beteiligen wird, der sich auch das Bundesverfassungsgericht unterordnen müsste. Die zentrale Kontrolle der Rechtmäßigkeit unionaler Handlungen durch ein supranational organisiertes Gericht entspricht wegen der damit verbundenen Rechtssicherheit insbesondere auch der Zugewandtheit des Grundgesetzes für den europäischen Integrationsprozess (vgl. die Präambel und Art. 23 GG). Im Zustimmungsgesetz ist daher eine Residualkompetenz des Bundesverfassungsgerichts auch nicht vorgesehen – dieses verweist in Art. 19 Abs. 1 Uabs. 1 Satz 2 EUV und Art. 263 Uabs. 1, Uabs. 2 Var. 1, Art. 267, 344

---

[399] *Calliess*, Die europarechtliche Ultra-Vires-Kontrolle des Bundesverfassungsgerichts – Stumpfes Schwert oder Gefahr für die Autorität des Unionsrechts, in: Festschrift Stein, 2015, S. 446 (457).

[400] Vgl. *Proelß*, Bundesverfassungsgericht und überstaatliche Gerichtsbarkeit, 2014, S. 263 f.

[401] Siehe dazu bereits oben Zweiter Teil B. VI. 1. (S. 42 ff.).

[402] *Simon*, Grenzen des Bundesverfassungsgerichts im europäischen Integrationsprozess, 2016, S. 244 f.

AEUV vielmehr auf eine ausschließliche Zuständigkeit des Europäischen Gerichtshofs.

Zu fragen ist, ob sich eine Kompetenz des Bundesverfassungsgerichts zur Vornahme einer ultra-vires-Kontrolle möglicherweise daraus ergibt, dass Art. 23 Abs. 1 Satz 3 GG auf die „Ewigkeitsklausel" des Art. 79 Abs. 3 GG[403] verweist, welche wiederum die Grundsätze des Art. 20 GG für unberührbar erklärt. Dazu zählen auch die Grundzüge des Demokratieprinzips, welches in Art. 20 Abs. 1 und Abs. 2 GG verankert ist.[404] Zwar adressiert Art. 79 Abs. 3 GG primär den verfassungsändernden Gesetzgeber, doch wird durch den Verweis in Art. 23 Abs. 1 Satz 3 GG deutlich, dass auch der Hoheitsrechte übertragende Vertragsgesetzgeber an die sich aus Art. 79 Abs. 3 GG ergebenden Grenzen gebunden ist. Ergibt sich hieraus nun eine Kompetenz des Bundesverfassungsgerichts zur Vornahme der ultra-vires-Kontrolle?[405]

Wesentlicher Bestandteil des Demokratieprinzips ist der Grundsatz der Volkssouveränität,[406] aus dem auch folgt, dass das Volk nicht von einer Hoheitsgewalt betroffen werden darf, die es selbst nicht legitimiert hat. Das Zustimmungsgesetz im Sinne des Art. 23 Abs. 1 Satz 2 GG überantwortet der Europäischen Union hinreichend bestimmte einzelne Befugnisse. Wenn die unionalen Stellen dagegen eigenmächtig Hoheitsrechte in Anspruch nehmen, für die sie keine Rechtsgrundlage besitzen, könnte der demokratisch-parlamentarische Entscheidungsprozess für die Übertragung von Hoheitsrechten nach Art. 23 Abs. 1 Sätze 2 und 3 GG, für den grundsätzlich die Mehrheit des Art. 79 Abs. 2 GG erforderlich ist, unterlaufen werden.[407] Der Grundsatz der Volkssouveränität ist hierbei ein fundamentaler Aspekt des Demokratieprinzips – ultra-vires-Handlungen der Europäischen Union, die sich außerhalb der Ermächtigung im Zustimmungsgesetz bewegen und damit nicht von den Hoheitsunterworfenen legitimiert sind, könnten diesen Grundsatz daher verletzen.[408] Diese Argumentationslinie entspricht auch der neueren Judikatur des Bundesverfassungsgerichts.[409]

---

403 Siehe dazu schon oben Erster Teil A. III. 3. (S. 15 f.).

404 Zum Demokratieprinzip des Grundgesetzes allgemein *Grzeszick*, in: Maunz/Dürig, GG, Art. 20 (Demokratie) Rn. 1 ff. (Stand: 57. EGL. Januar 2010).

405 Für eine Verwurzelung der ultra-vires-Kontrolle in der identitätswahrenden Ewigkeitsklausel des Art. 23 Abs. 1 Satz 3 in Verbindung mit Art. 79 Abs. 3 GG: *Kees*, Grundlagen und Grenzen der europäischen Integration, in: Scheffczyk/Wolter, Linien der Rechtsprechung des Bundesverfassungsgerichts, Band 4, 2017, S. 439 (452) und *Ludwigs*, Der Ultra-vires-Vorbehalt des BVerfG – Judikative Kompetenzanmaßung oder legitimes Korrektiv?, NVwZ 2015, 537 (539).

406 Siehe dazu *Grzeszick*, in: Maunz/Dürig, GG, Art. 20 (Demokratie) Rn. 60 ff. (Stand: 57. EGL. Januar 2010). Kritisch *Lepsius*, Souveränität und Identität als Frage des Institutionen Settings, JöR n. F. 63 (2015), 63 (81): „Es ist ein Irrtum des Gerichts, Volkssouveränität mit dem Demokratieprinzip des Grundgesetzes in Verbindung zu bringen."

407 Vgl. dazu BVerfGE 142, 123 (174 Rn. 82) – OMT-Urteil.

408 Vgl. *Proelß*, Bundesverfassungsgericht und überstaatliche Gerichtsbarkeit, 2014, S. 267.

409 Siehe dazu BVerfGE 142, 123 (191 ff. Rn. 129 ff.) – OMT-Urteil.

Allerdings gestattet es das Demokratieprinzip, dass nicht nur materiell-rechtliche Befugnisse, sondern auch Hoheitsrechte in prozeduraler Hinsicht – mit anderen Worten: die Kontrolle über die Einhaltung der Kompetenzgrenzen – auf ein supranationales Rechtsprechungsorgan wie den Europäischen Gerichtshof übertragen werden.[410] Ein zentrales Gerichts- und Entscheidungsmonopol ist für das Gelingen der durch die Primärverträge und das Zustimmungsgesetz intendierten europäischen Integration notwendig – würden sich die nationalen Gerichte in den Mitgliedstaaten allgemein zu Hütern der unionalen Kompetenzordnung aufschwingen, drohte gegebenenfalls ein „Flickenteppich" hinsichtlich der Geltung der Unionsakte mit einer Rechtszersplitterung, die problematische Auswirkungen auf die Europäische Union als Rechtsgemeinschaft zeitigen könnte. Dass der Zustimmungsgesetzgeber zur Vermeidung dessen die rechtsprechende Gewalt in Bezug auf die Wahrung der Zuständigkeitsordnung zwischen Europäischer Union und ihren Mitgliedstaaten mit dem Europäischen Gerichtshof einem supranationalen Organ anvertraut hat, ist eine nachvollziehbare und vor allem *demokratisch getroffene* Entscheidung. Genau dieser Entscheidung widerspräche es im Grundsatz, wenn das Bundesverfassungsgericht eine Wächterstellung gegenüber dem Europäischen Gerichtshof einnähme.[411] Bei Urteilen des Europäischen Gerichtshofs wird das Volk also gerade nicht von einer Hoheitsgewalt betroffen, die es selbst nicht legitimiert hat – antizipiert wurde durch das Zustimmungsgesetz zu Art. 19 Abs. 1 Uabs. 1 Satz 2 EUV die Monopolstellung des Europäischen Gerichtshofs anerkannt. Aus diesen Gründen kann das über Art. 23 Abs. 1 Satz 3 in Verbindung mit Art. 79 Abs. 3 GG in Bezug genommene Demokratieprinzip des Art. 20 Abs. 1 und 2 GG nicht die ultra-vires-Kontrolle rechtfertigen.[412] Der heutige Begründungsansatz des Bundesverfassungsgerichts überzeugt also nicht.

---

410 Vgl. *Proelß*, Bundesverfassungsgericht und überstaatliche Gerichtsbarkeit, 2014, S. 265; *Simon*, Grenzen des Bundesverfassungsgerichts im europäischen Integrationsprozess, 2016, S. 244 f. Natürlich lässt sich *rechtpolitisch* die Frage stellen, ob die Übertragung der Rechtsprechungsaufgabe zur Abgrenzung der Verbandskompetenz zwischen der Europäischen Union und ihren Mitgliedstaaten auf den Europäischen Gerichtshof als unionales Organ klug und zweckmäßig war. Möglich wäre auch die Schaffung eines unabhängigen europäischen Kompetenzkontrollgerichts gewesen, welches sich beispielsweise paritätisch aus Vertretern der Europäischen Union und den Mitgliedstaaten zusammengesetzt hätte. Für solche Überlegungen beispielhaft: *Herzog/Gerken*, Stoppt den Europäischen Gerichtshof, F.A.Z. v. 08.09.2008, Nr. 210, S. 8 und aus neuerer Zeit *Krings*, Die Kompetenzkontrolle der EU – einer muss es ja machen, ZRP 2020, 160 (161). Indes hat sich der deutsche Zustimmungsgesetzgeber dazu entschieden, die Kompetenz zur Regelung von Verbandsstreitigkeiten dem Europäischen Gerichtshof zuzuweisen. Diese demokratisch getroffene Entscheidung ist *rechtlich* zu akzeptieren; *politisch* kann über sie an anderer Stelle diskutiert werden.

411 A. A. aber *Polzin*, Verfassungsidentität, 2018, S. 187.

412 Siehe auch *Thiele*, Die Integrationsidentität des Art. 23 Abs. 1 GG als (einzige) Grenze des Vorrangs des Europarechts, EuR 2017, 367 (373): „Der ultra-vires-Vorbehalt hat mit den absoluten Integrationsgrenzen des Art. 79 Abs. 3 GG schon deswegen nichts zu tun, weil es bei

Darüber hinaus erscheint es nicht plausibel, wenn das Bundesverfassungsgericht im Falle eines ultra-vires-Handelns der unionalen Stellen einen Verstoß gegen das Rechtsstaatsprinzip nach Art. 23 Abs. 1 Satz 3 in Verbindung mit Art. 79 Abs. 3 und 20 Abs. 3 GG annehmen will, weil es an einer tauglichen Ermächtigungsgrundlage für das Handeln der Union fehlen solle.[413] Denn dieser Gedanke würde konsequenterweise zu einer Überprüfung der Rechtmäßigkeit jedweden Unionsrechtsakts – und im Übrigen auch jedweden nationalen Rechtsakts – durch das Bundesverfassungsgericht führen. Es würde das Bundesverfassungsgericht zu einer „Superrevisionsinstanz" machen, welches es nach eigener Aufgabenbeschreibung nicht sein will und auch vor dem Hintergrund der Kompetenzzuweisung an den Europäischen Gerichtshof im Zustimmungsgesetz zum Vertrag von Lissabon (vgl. Art. 19 Abs. 1 Uabs. 1 Satz 2 EUV) nicht sein darf.

Wie oben bereits herausgearbeitet, findet der Anwendungsvorrang des durch das Zustimmungsgesetz legitimierten Unionsrechts aus systematischen Gründen seine Grenze aber nicht nur in Art. 23 Abs. 1 Satz 3 in Verbindung mit Art. 79 Abs. 3 GG, sondern auch in der Struktursicherungsklausel des Art. 23 Abs. 1 Satz 1 GG. Letztere kann Anknüpfungspunkt für eine – sehr eingeschränkte – ultra-vires-Kontrolle durch das Bundesverfassungsgericht sein:[414] Hiernach wirkt die Bundesrepublik Deutschland zur Verwirklichung eines vereinten Europas bei der Entwicklung der Europäischen Union mit, die demokratischen, rechtsstaatlichen, sozialen und föderativen Grundsätzen sowie dem Grundsatz der Subsidiarität verpflichtet ist und einen diesem Grundgesetz im Wesentlichen vergleichbaren Grundrechtsschutz gewährleistet.[415] Neben einer Staatszielbestimmung ist in diesem Satz auch eine Struktursicherungsklausel enthalten – die Bundesrepublik Deutschland darf sich nur so lange am europäischen Integrationsprozess beteiligen, wie die Europäische Union die dort genannten Grundsätze wahrt.[416] Nur *solange* und *soweit* die Organe, Einrichtungen und

diesem nicht um absolute Integrationsschranken, sondern um Anforderungen geht, denen die EU nach Art. 23 Abs. 1 S. 1 GG genügen muss."

413 Vgl. BVerfGE 142, 123 (202 Rn. 152) – OMT-Urteil; siehe dazu näher oben Zweiter Teil B. VIII. 3. b) (S. 67 ff.).

414 So auch *Thiele*, Die Integrationsidentität des Art. 23 Abs. 1 GG als (einzige) Grenze des Vorrangs des Europarechts, EuR 2017, 367 (373). A. A. aber *Büdenbender*, Das Verhältnis des Europäischen Gerichtshofs zum Bundesverfassungsgericht, 2005, S. 189: „Das BVerfG hat die Verfassungsentscheidung des Art. 23 Abs. 1 S. 1 GG als rechtlich relevant zu beachten, mit der Folge, daß integrationsunfreundliche Handlungen des BVerfG als verfassungsrechtlich unzulässig zu erachten sind."

415 Siehe zu Art. 23 Abs. 1 Satz 1 GG auch schon oben Erster Teil A. III. (S. 12 ff.).

416 Vgl. *Thiele*, Die Integrationsidentität des Art. 23 Abs. 1 GG als (einzige) Grenze des Vorrangs des Europarechts, EuR 2017, 367 (371 f.). Siehe auch *Gärditz/Hillgruber*, Volkssouveränität und Demokratie ernst genommen – Zum Lissabon-Urteil des BVerfG, JZ 2009, 872 (878), nach denen Art. 23 Abs. 1 Satz 1 GG den „Charakter einer auflösenden Bedingung für die verfassungsrechtliche Bereitschaft zur Mitwirkung an der Europäischen Union und ihrer Fortentwicklung" hat.

sonstigen Stellen der Union diese Grundsätze beachten, vermag das Zustimmungsgesetz nach Art. 23 Abs. 1 Satz 2 GG die Anwendung des Unionsrechts in der Bundesrepublik Deutschland zu legitimieren. Dabei kann bei ultra-vires-Akten – auf Einzelheiten soll erst bei der Bestimmung der genauen Kriterien eingegangen werden –[417] bedeutsam werden, dass die Europäische Union *rechtsstaatlichen* Anforderungen gerecht werden muss. Die Voraussetzung der Wahrung rechtsstaatlicher Grundsätze ist dabei allerdings mit einer anderen Akzentuierung als in der Argumentation des Bundesverfassungsgerichts[418] aufzugreifen:[419] Tragendes Konstitutionsprinzip für die Wahrnehmung der durch die europäischen Primärverträge eingeräumten Befugnisse ist das Prinzip der begrenzten Einzelermächtigung gemäß Art. 4 Abs. 1, Art. 5 Abs. 1 Satz 1, Abs. 2 EUV – ein Verstoß hiergegen könnte rechtsstaatliche Grundsätze im Sinne des Art. 23 Abs. 1 Satz 1 GG verletzen.[420] Bei der ultra-vires-Kontrolle ist – in Übereinstimmung mit der Rechtsprechung des Bundesverfassungsgerichts – stets zwingend der Europäische Gerichtshof zu beteiligen.[421] Eine ultra-vires-Feststellung kommt unmittelbar also stets nur in Bezug auf Entscheidungen des Europäischen Gerichtshofs in Betracht: Verwechselte der Europäische Gerichtshof auf willkürliche Weise die ihm zukommende Aufgabe der Rechtswahrung in Bezug auf die Kompetenzabgrenzung zwischen der Europäischen Union und ihren Mitgliedstaaten mit der ihm untersagten faktischen Änderung der primärrechtlichen Verträge zulasten der Mitgliedstaaten, könnte[422] dies die Grundzüge der Gewaltenteilung als wesentlicher Ausprägung des Rechtsstaatsprinzips berühren.[423] Insoweit könnte bei ultra-vires-Akten unter noch herauszuarbeitenden Voraussetzungen die rechtsstaatliche Strukturanforderung an die Verfasstheit der Europäischen Union nicht mehr erfüllt sein, sodass das Zu-

---

417 Siehe dazu unten Zweiter Teil D. (S. 112 ff.).

418 Nach dem Bundesverfassungsgericht ist das Rechtsstaatsprinzip des Art. 23 Abs. 1 Satz 3 in Verbindung mit Art. 79 Abs. 3 und Art. 20 Abs. 3 GG bei ultra-vires-Akten dadurch verletzt, dass es in diesen Fällen an einer tauglichen Ermächtigungsgrundlage fehle; siehe dazu BVerfGE 142, 123 (202 Rn. 152) – OMT-Urteil und schon oben Zweiter Teil B. VIII. 3. b) (S. 67 ff.).

419 Zutreffend *Thiele*, Die Integrationsidentität des Art. 23 Abs. 1 GG als (einzige) Grenze des Vorrangs des Europarechts, EuR 2017, 367 (374): „Einschlägig ist hier aber das Rechtsstaatsprinzip des Art. 23 Abs. 1 S. 1 GG und nicht das über Art. 23 Abs. 1 S. 3 iVm Art. 79 Abs. 3 GG absolut geschützte Rechtsstaatsprinzip des Art. 20 Abs. 3 GG."

420 So auch *Thiele*, Die Integrationsidentität des Art. 23 Abs. 1 GG als (einzige) Grenze des Vorrangs des Europarechts, EuR 2017, 367 (373).

421 Siehe dazu schon oben Zweiter Teil B. VII. 3. a) (S. 51 f.) und ausführlich zur zentralen Bedeutung des Vorabentscheidungsverfahrens unten Zweiter Teil D. VII. 3. (S. 129 ff.).

422 Auf die genauen Kriterien ist erst sogleich unten im Zweiten Teil D. VII. (S. 123 ff.) einzugehen.

423 Angedeutet bei *Dörr*, Der europäisierte Rechtsschutzauftrag deutscher Gerichte, 2003, S. 264. Vgl. mit einer anderern Stoßrichtung auch *Ohler*, Das Bundesverfassungsgericht als europäisches Kompetenzgericht, ZG 2020, 95 (100 f.).

stimmungsgesetz für das Unionsrecht keine legitimierende Wirkung mehr zu entfalten imstande wäre.

Festzuhalten ist somit, dass sich die Kompetenz des Bundesverfassungsgerichts zur Vornahme einer ultra-vires-Kontrolle aus Art. 23 Abs. 1 Satz 1 GG ergibt: Nach dieser Struktursicherungsklausel darf die Bundesrepublik Deutschland an der Europäischen Union nur mitwirken, wenn diese die dort genannten Grundsätze wahrt – für die ultra-vires-Kontrollbefugnis wird insoweit insbesondere der Grundsatz der Rechtsstaatlichkeit relevant. Nur diese Anknüpfung an spezifisches Verfassungsrecht ermöglicht es, dass das Bundesverfassungsgericht dem Vorwurf, eine Rechtmäßigkeitskontrolle am Maßstab des Zustimmungsgesetzes als nur einfachem Recht durchzuführen,[424] entgeht.

Daher kann an dieser Stelle konstatiert werden, dass das Bundesverfassungsgericht generell zur ultra-vires-Kontrolle ermächtigt ist; die genauen Kriterien für die Ausübung dieser Residualkompetenz sollen im folgenden Abschnitt erörtert werden. Schon an dieser Stelle sei aber darauf hingewiesen, dass eine rechtsstaatliche Grundsatzverletzung durch die Europäische Union – und insbesondere durch die Judikatur des Europäischen Gerichtshofs – nur unter hohen Voraussetzungen überhaupt denkbar ist. Bei der ultra-vires-Kontrolle durch das Bundesverfassungsgericht handelt es sich daher im besten Sinne des Wortes um eine Residualkompetenz.

D. Kriterien der ultra-vires-Residualkompetenz auf dem Prüfstand

Nach der Feststellung, dass das Bundesverfassungsgericht aufgrund der Struktursicherungsklausel des Art. 23 Abs. 1 Satz 1 GG generell zur Vornahme einer ultra-vires-Kontrolle befugt ist, geht es in diesem Abschnitt um die richtige Handhabung der Kriterien – also um die Kontrolldichte des Bundesverfassungsgerichts – für die Feststellung eines beachtlichen ultra-vires-Akts der Unionsstellen.

Den Ausgangspunkt der Untersuchungen bildet dabei die sicherlich zutreffende Feststellung von *Ruppert/Schorkopf*, die in Bezug auf den OMT-Vorlagebeschluss[425] meinen, dass die Subsumtion der vom Bundesverfassungsgericht entwickelten Prüfungskriterien noch nicht gelinge.[426] In diesem Abschnitt sol-

---

[424] Vgl. dazu *Hillgruber/Goos*, Verfassungsprozessrecht, 5. Aufl. 2020, Rn. 792.

[425] Vgl. BVerfGE 134, 366 ff. und eingehend hierzu oben Zweiter Teil B. VIII. 1. (S. 56 ff.).

[426] *Ruppert/Schorkopf*, in: Burkiczak/Dollinger/Schorkopf, BVerfGG, 2015, § 90 Rn. 77. Diesbezüglich auch kritisch *Schwerdtfeger*, Europäisches Unionsrecht in der Rechtsprechung des Bundesverfassungsgerichts – Grundrechts-, ultra-vires- und Identitätskontrolle im gewaltenteiligen Mehrebenensystem, EuR 2015, 290 (293), die fragt, ob denn Offensichtlichkeit eines Kompetenzverstoßes vorliegen könne, wenn das Bundesverfassungsgericht selbst eine

len daher ausgehend von der bundesverfassungsgerichtlichen Rechtsprechung die verschiedenen Vorschläge für die korrekte und in der Rechtspraxis besser durchführbare Ausübung der ultra-vires-Kontrollbefugnis dargestellt werden – Ziel ist hiernach die Entwicklung einer neuen Kontrolldichte, die anschließend einem Praxistest unterzogen wird.

I. Kriterien aus der Honeywell-Entscheidung und dem OMT-Urteil

Zunächst sei an dieser Stelle noch einmal der aktuelle Rechtsprechungsstand des Bundesverfassungsgerichts zu seiner ultra-vires-Kontrollkompetenz in Erinnerung gerufen. Seit dem Honeywell-Beschluss[427] geht das Bundesverfassungsgericht davon aus, dass ein beachtlicher ultra-vires-Akt der unionalen Organe, Einrichtungen und sonstigen Stellen dann vorliegt, wenn der Kompetenzverstoß *ersichtlich* beziehungsweise *hinreichend qualifiziert* ist. Dieses Kriterium auf der Metaebene ist wiederum dann erfüllt, wenn sich die Kompetenzverletzung erstens als *offensichtlich* erweist und diese zweitens bei Betrachtung der Zuständigkeitsordnung zwischen der Union und den Mitgliedstaaten *erheblich ins Gewicht* fällt. Diese beiden Unterkriterien haben sodann im OMT-Urteil[428] noch etwas mehr Konturen gewinnen können – in Beziehung auf die geforderte „Offensichtlichkeit" war davon die Rede, dass diese nur gegeben sein könne,

> „[…] wenn sich die Kompetenz – bei Anwendung allgemeiner methodischer Standards […] – unter keinem rechtlichen Gesichtspunkt begründen lässt […]. Dieses Verständnis von Offensichtlichkeit folgt aus dem Gebot, die Ultra-vires-Kontrolle zurückhaltend auszuüben […]. Bezogen auf den Gerichtshof der Europäischen Union folgt es zudem aus der Unterschiedlichkeit der Aufgaben und Maßstäbe, die das Bundesverfassungsgericht einerseits und der Gerichtshof der Europäischen Union andererseits zu erfüllen oder anzuwenden haben. Dabei ist auch zu berücksichtigen, dass der Gerichtshof Anspruch auf Fehlertoleranz hat […]. Eine Grenze findet dieser mit der Aufgabenzuweisung des Art. 19 Abs. 1 Satz 2 EUV notwendig verbundene Spielraum erst bei einer *offensichtlich schlechterdings nicht mehr nachvollziehbaren und daher objektiv willkürlichen Auslegung der Verträge*. Erst wenn der Gerichtshof diese Grenze überschritte, wäre auch sein Handeln nicht mehr durch Art. 19 Abs. 1 Satz 2 EUV gedeckt, fehlte seiner Entscheidung für Deutschland das gemäß Art. 23 Abs. 1 Satz 2 in Verbindung mit Art. 20 Abs. 1 und Abs. 2 und Art. 79 Abs. 3 GG erforderliche Mindestmaß an demokratischer Legitimation."[429]

---

primärrechtskonforme Auslegung des OMT-Beschlusses des Rates der Europäischen Zentralbank für möglich hielt und davon abgesehen innerhalb des Senats auch zwei abweichende Sondervoten ergingen.

[427] BVerfGE 126, 286 ff. und ausführlich dazu oben Zweiter Teil B. VII. (S. 47 ff.).

[428] BVerfGE 142, 123 ff. und dazu oben Zweiter Teil B. VIII. 3. (S. 65 ff.).

[429] BVerfGE 142, 123 (200 f. Rn. 149) – OMT-Urteil (Hervorh. d. Verf.). Siehe auch BVerfGE 151, 202 (300 f. Rn. 151) – Europäische Bankenunion und BVerfGE 154, 17 (91 ff. Rn. 112 f.) – PSPP-Urteil.

Auf der anderen Seite gelte nach dem Bundesverfassungsgericht für das Offensichtlichkeitskriterium aber auch folgendes:

„Die Annahme einer offensichtlichen Kompetenzüberschreitung setzt allerdings nicht voraus, dass keine unterschiedlichen Rechtsauffassungen zu dieser Frage vertreten werden. Dass – nicht selten interessierte – Stimmen im Schrifttum, in der Politik oder den Medien einer Maßnahme Unbedenklichkeit attestieren, hindert die Feststellung einer offensichtlichen Kompetenzüberschreitung grundsätzlich nicht. ‚Offensichtlich' kann die Kompetenzüberschreitung auch dann sein, wenn sie das Ergebnis einer sorgfältigen und detailliert begründeten Auslegung ist. Insoweit gelten im Rahmen der Ultra-Vires-Kontrolle die allgemeinen Grundsätze […]."[430]

Auch das zweite Unterkriterium einer „erheblich ins Gewicht fallenden Verschiebung im Kompetenzgefüge zulasten der Mitgliedstaaten" kam im OMT-Urteil noch einmal etwas präziser zur Sprache und könne nur dann bejaht werden,

„[…] wenn die Kompetenzüberschreitung ein für das Demokratieprinzip und die Volkssouveränität erhebliches Gewicht besitzt. Das ist etwa der Fall, wenn sie geeignet ist, die kompetenziellen Grundlagen der Europäischen Union zu verschieben […] und so das Prinzip der begrenzten Einzelermächtigung zu unterlaufen. Davon ist auszugehen, wenn die Inanspruchnahme der Kompetenz durch das Organ, die Einrichtung oder sonstige Stelle der Europäischen Union eine Vertragsänderung nach Art. 48 EUV oder die Inanspruchnahme einer Evolutivklausel erforderte […]."[431]

---

[430] BVerfGE 142, 123 (201 Rn. 150) – OMT-Urteil. Siehe auch BVerfGE 151, 202 (301 Rn. 152) – Europäische Bankenunion und BVerfGE 154, 17 (92 f. Rn. 113) – PSPP-Urteil. Siehe – freilich möglicherweise als weitere Konkretisierung – auch die Ausführungen des Bericht erstattenden Richters *Huber*, Die Ultra-vires-Rüge, in: Festschrift Landau, 2016, S. 233 (239 f.): „‚Offensichtlichkeit' in diesem Sinne setzt allerdings kein kollektives Evidenzerlebnis voraus; sie wird auch durch abweichende Auffassungen im Schrifttum nicht ausgeschlossen, weil sonst der Manipulation Tür und Tor geöffnet wären. Offensichtlichkeit kann vielmehr auch dann vorliegen, wenn das Ultra-vires-Handeln für einen mit den konkreten Umständen vertrauten Beobachter bei methodisch richtigem Zugriff zweifelsfrei feststeht. In komplexen Fällen kann dies mitunter erst nach einer entsprechenden Prüfung der Sach- und Rechtslage feststellbar sein. Mit einem solchen Verständnis des Tatbestandsmerkmals der Offensichtlichkeit operiert das Bundesverfassungsgericht auch in anderen Fällen. So können etwa nach § 24 S. 1 BVerfGG ‚offensichtlich unbegründete Anträge' durch einstimmigen Beschluss des Senats verworfen werden (A-limine-Abweisung). Das setzt nicht voraus, dass die Unbegründetheit ohne weitere Nachprüfung erkennbar sein, sie m. a. W. auf der Hand liegen muss. Die Bejahung einer ‚offensichtlichen Unbegründetheit' kann auch das Ergebnis einer gründlichen Prüfung unter allen rechtlichen Gesichtspunkten sein. Entscheidend ist vielmehr, dass – nach entsprechender Prüfung – kein bedeutsamer Gesichtspunkt erkennbar ist, der für ein anderes Ergebnis sprechen könnte."

[431] BVerfGE 142, 123 (201 f. Rn. 151) – OMT-Urteil. Siehe auch BVerfGE 151, 202 (301 Rn. 153) – Europäische Bankenunion. Dies soll nach *Huber*, Die Ultra-vires-Rüge, in: Festschrift Landau, 2016, S. 233 (240) dazu dienen, dass der „mit einer Ultra-vires-Rüge notgedrungen verbundene Konflikt nicht wegen Bagatellen riskiert wird".

II. Das dem Bundesverfassungsgericht zustimmende Schrifttum

In der Literatur gibt es zahlreiche Stimmen, die den entwickelten Kriterien des Bundesverfassungsgerichts folgen – so meint *Hufeld* als pars pro toto: „Der Honeywell-Kompromiß ist ein guter Kompromiß."[432] Bereits vor der Honeywell-Entscheidung wollte *Kokott*[433] dem Bundesverfassungsgericht nach seinem Maastricht-Urteil eine ultra-vires-Reservekompetenz nur bei „erheblichen Kompetenzüberschreitungen" zugestehen. Die Ausdifferenzierung des Prüfungsmaßstabs in die Offensichtlichkeit des Kompetenzverstoßes, der darüber hinaus auch zu einer bedeutsamen Zuständigkeitsverschiebung zulasten der Mitgliedstaaten geführt haben muss, erfährt bei *Pötters/Traut*[434] ebenfalls Zustimmung. Daneben wird die Rechtsprechungslinie des Bundesverfassungsgerichts auch von *Dederer* begrüßt, der – synonym zu den Kriterien des Bundesverfassungsgerichts verstanden – zum einen die „Evidenz" und zum anderen die „Schwere" der Kompetenzverletzung verlangt.[435]

III. Die Position aus dem Sondervotum des Richters Landau

Eine andere Konzeption als die Senatsmehrheit enthält die abweichende Meinung des Richters *Landau* zum Honeywell-Beschluss des Bundesverfassungsgerichts.[436] Ausgangspunkt des Sondervotums ist die anfängliche Aussage:

„Die Senatsmehrheit überspannt die Anforderungen an die Feststellung eines Ultra-vires-Handelns der Gemeinschafts- oder Unionsorgane durch das Bundesverfassungsgericht und weicht insofern ohne überzeugende Gründe von dem Senatsurteil zum Vertrag von Lissabon ab […]."[437]

Landau stellt das Demokratieprinzip – viel stärker als die Senatsmehrheit – in den Mittelpunkt seiner Ausführungen: Eine demokratische Legitimation für die Handlungen der unionalen Organe, Einrichtungen und sonstigen Stellen bestehe nur dann, wenn sich diese innerhalb der ihnen durch das Zustimmungsgesetz

---

[432] *Hufeld*, Anwendung des europäischen Rechts in Grenzen des Verfassungsrechts, in: Isensee/Kirchhof, Handbuch des Staatsrechts X, 3. Aufl. 2012, § 215 Rn. 61.

[433] *Kokott*, Deutschland im Rahmen der Europäischen Union – zum Vertrag von Maastricht, AöR 119 (1994), 207 (220). Ähnlich auch *Ukrow*, Richterliche Rechtsfortbildung durch den EuGH, 1995, S. 237 f., der „Offenkundigkeit" fordert und sich für eine Evidenzkontrolle ausspricht.

[434] *Pötters/Traut*, Die ultra-vires-Kontrolle des BVerfG nach „Honeywell" – Neues zum Kooperationsverhältnis von BVerfG und EuGH?, EuR 2011, 580 (584 ff.).

[435] *Dederer*, Die Grenzen des Vorrangs des Unionsrechts – Zur Vereinheitlichung von Grundrechts-, Ultra-vires- und Identitätskontrolle, JZ 2014, 313 (320 f.).

[436] Abweichende Meinung des Richters *Landau*, in: BVerfGE 126, 286 (318 ff.) – Honeywell.

[437] Abweichende Meinung des Richters *Landau*, in: BVerfGE 126, 286 (318) – Honeywell.

übertragenen Zuständigkeiten bewegen.[438] Bei jeder Kompetenzüberschreitung durch die hoheitlich agierenden unionalen Stellen werde dieser demokratische Legitimationszusammenhang durchbrochen.[439] Diesbezüglich wird der Senatsmehrheit vorgeworfen, dass sie die Abwägung zwischen dem Interesse an der einheitlichen Geltung des Unionsrechts auf der einen Seite und der Bewahrung einer ununterbrochenen Legitimationskette als Ausfluss des Demokratieprinzips auf der anderen Seite einseitig zugunsten des zuerst genannten Interesses entschieden habe.[440]

Im Kern geht es Richter *Landau* bei den Kriterien für einen auf dem Hoheitsgebiet der Bundesrepublik Deutschland nicht verbindlichen ultra-vires-Akt der Europäischen Union darum, dass nur die erste Voraussetzung der „Ersichtlichkeit", welche für ihn gleichbedeutend mit der Offenkundigkeit einer Kompetenzüberschreitung sein soll, angewendet werde.[441] Im Hinblick auf das im Honeywell-Beschluss zusätzlich entwickelte Erfordernis einer „strukturell bedeutsamen Verschiebung im Kompetenzgefüge zulasten der Mitgliedstaaten" äußerte sich *Landau* hingegen sehr kritisch:

„Mit der Forderung nach einer strukturell bedeutsamen Verschiebung im Kompetenzgefüge […] verkennt die Senatsmehrheit […], dass spezifische Gefahren für die Wahrung der Kompetenzen und damit der demokratischen Legitimation im Fall der Europäischen Union weniger von schwerwiegenden – und als solchen erkennbaren – Kompetenzanmaßungen im Einzelfall als von schleichenden Entwicklungen ausgehen, in deren Verlauf kleinere, für sich betrachtet möglicherweise geringfügige Kompetenzüberschreitungen kumulativ bedeutende Folgen haben."[442]

Richter *Landau* bezweifelt zudem, ob sich bei Zugrundelegung der Kriterien der Senatsmehrheit jemals ein beachtlicher ultra-vires-Akt im Einzelfall finden lassen wird – gerade die geforderten strukturellen Auswirkungen werden sich oftmals erst im Nachhinein feststellen lassen.[443] In Bezug auf die im Fall vi-

[438] Abweichende Meinung des Richters *Landau*, in: BVerfGE 126, 286 (319) – Honeywell.

[439] Abweichende Meinung des Richters *Landau*, in: BVerfGE 126, 286 (322 f.) – Honeywell.

[440] Abweichende Meinung des Richters *Landau*, in: BVerfGE 126, 286 (321) – Honeywell.

[441] Abweichende Meinung des Richters *Landau*, in: BVerfGE 126, 286 (322) – Honeywell: „Erfasst ist damit jede ausdehnende Auslegung der Verträge, die einer unzulässigen autonomen Vertragsänderung gleichkommt. […] Kompetenzverletzungen peripherer Natur, die einen offensichtlichen und eindeutigen Charakter vermissen lassen und die Substanz demokratischer Verantwortlichkeit nicht in Frage stellen, bleiben außer Betracht; das gleiche gilt selbstverständlich für Kompetenzüberschreitungen, die nur von unionsinterner Bedeutung sind und sich auf die Freiräume der Mitgliedstaaten nicht auswirken."

[442] Abweichende Meinung des Richters *Landau*, in: BVerfGE 126, 286 (323) – Honeywell.

[443] Abweichende Meinung des Richters *Landau*, in: BVerfGE 126, 286 (323) – Honeywell. Auf S. 324 ist sodann davon die Rede, dass die ultra-vires-Kontrolle in der Konzeption der Senatsmehrheit „nur noch auf dem Papier" bestünde.

rulente Mangold-Entscheidung des Europäischen Gerichtshofs[444] wird sodann eine offensichtliche Kompetenzüberschreitung erkannt, die de facto zu einer unzulässigen Vertragsänderung zulasten der Bundesrepublik Deutschland geführt habe.[445]

Zusammenfassend interpretiert *Landau* die Honeywell-Entscheidung der Senatsmehrheit anders als diese nicht als Konkretisierung, sondern als Abweichung zu den Ausführungen im Lissabon-Urteil. Er befürchtet, dass es durch das zusätzliche Erfordernis einer „strukturell bedeutsamen Verschiebung im Kompetenzgefüge zulasten der Mitgliedstaaten" in der Praxis nie zu einer ultra-vires-Feststellung durch das Bundesverfassungsgericht kommen werde, was im Hinblick auf das deutsche Demokratieverständnis des Erfordernisses einer ununterbrochenen Legitimationskette[446] von dem Staatsvolk zu den Hoheitsgewalt ausübenden Stellen hin bedenklich erscheine. Nach *Landau* genügt es bereits für einen beachtlichen ultra-vires-Akt, wenn der Kompetenzverstoß der Unionsstellen „ersichtlich", also „klar und eindeutig"[447] ist – genauere Kriterien für die Feststellung dieser Ersichtlichkeit, Klarheit respektive Eindeutigkeit werden allerdings nicht genannt. Gesichert ist nur, dass auch *Landau* an der unionsrechtsfreundlichen Ausübung der ultra-vires-Reservekompetenz insoweit festhalten will, als die vorherige Einleitung eines Vorabentscheidungsverfahrens an den Europäischen Gerichtshof gemäß Art. 267 AEUV zwingend erforderlich sein soll.[448] Bei dieser Konzeption bleibt insgesamt allerdings fraglich, ob die Möglichkeiten des Bundesverfassungsgerichts zur Feststellung eines ultra-vires-Akts nicht zu weitgehend sind; mit anderen Worten, ob die Überprüfung unionaler Handlungen auf ihre Kompetenzmäßigkeit nicht nur eine – wegen Art. 23 Abs. 1 Satz 1 GG geforderte – Residualkompetenz darstellt, sondern gar eine primäre und damit abzulehnende Zuständigkeit des Bundesverfassungsgerichts bildet.

IV. Die Ansicht Simons

Auch nach *Simon* sind die vom Bundesverfassungsgericht entwickelten Kriterien der „Offensichtlichkeit" des Kompetenzverstoßes, der darüber hinaus zu einer „strukturellen Verschiebung im Kompetenzgefüge zulasten der Mitgliedstaaten" führen muss, nicht praktikabel, um eine rechtssichere Abgrenzung

---

444 EuGH, Urt. v. 22.11.2005, Rs. C-144/04, Slg. 2005, S. I-9981 – Mangold.

445 Abweichende Meinung des Richters *Landau*, in: BVerfGE 126, 286 (324 ff.) – Honeywell.

446 Siehe dazu näher beispielsweise *Grzeszick*, in: Maunz/Dürig, GG, Art. 20 (Demokratie) Rn. 116 ff. (Stand: 57. EGL. Januar 2010).

447 Abweichende Meinung des Richters *Landau*, in: BVerfGE 126, 286 (322) – Honeywell.

448 Abweichende Meinung des Richters *Landau*, in: BVerfGE 126, 286 (322) – Honeywell.

zwischen beachtlichen und unbeachtlichen ultra-vires-Akten der Europäischen Union zu ermöglichen; auf sie solle daher verzichtet werden.[449] Insbesondere falle es nicht in die Zuständigkeit des Bundesverfassungsgerichts festzustellen, wann eine strukturelle Verschiebung der Zuständigkeitsordnung zugunsten der Europäischen Union eingetreten sei – dies könne nur die Aufgabe des auf einer „Metaebene" angesiedelten Europäischen Gerichtshofs sein, der allein solche Verschiebungen zu überblicken imstande sei.[450] Stattdessen spricht sich *Simon* für eine Prüfungskompetenz des Bundesverfassungsgerichts nur für den Fall aus, dass durch die kompetenzüberschreitende Handlung der Unionsstellen die Verfassungsidentität des Grundgesetzes nach Art. 23 Abs. 1 Satz 3 in Verbindung mit Art. 79 Abs. 3 GG, also insbesondere der Kern eines der in Art. 20 GG genannten Staatsstrukturprinzipien, betroffen ist.[451] Dies hat zur Folge, dass *Simon* bei ultra-vires-Handlungen ohne gleichzeitigen Eingriff in die Verfassungsidentität nach Art. 79 Abs. 3 GG eine Residualkompetenz des Bundesverfassungsgerichts ablehnt und die Kontrollbefugnis allein dem Europäischen Gerichtshof überantwortet.[452] Im Übrigen betont *Simon* bei der Ausübung der dem Bundesverfassungsgericht zugestandenen Reservekompetenz im Hinblick auf die Wahrung der Verfassungsidentität insbesondere die notwendige Kommunikationsbereitschaft des Bundesverfassungsgerichts mit dem Europäischen Gerichtshof über das Vorabentscheidungsverfahren nach Art. 267 AEUV und aktiviert den Grundsatz der loyalen Zusammenarbeit aus Art. 4 Abs. 3 EUV.[453]

---

[449] *Simon*, Grenzen des Bundesverfassungsgerichts im europäischen Integrationsprozess, 2016, S. 248. Wenn überhaupt – aber von *Simon* nicht befürwortet – sollte das Bundesverfassungsgericht im Hinblick auf die durch das Vorabentscheidungsverfahren gem. Art. 267 AEUV eingeholte Entscheidung des Europäischen Gerichtshofs einen Willkürmaßstab anlegen, nach welchem nicht mehr den allgemein anerkannten Methoden der Rechtsauslegung entsprechenden Urteilen des Europäischen Gerichtshofs in der Bundesrepublik Deutschland die Anwendbarkeit versagt bleibt, vgl. ebd., S. 248 f.

[450] *Simon*, Grenzen des Bundesverfassungsgerichts im europäischen Integrationsprozess, 2016, S. 248.

[451] *Simon*, Grenzen des Bundesverfassungsgerichts im europäischen Integrationsprozess, 2016, S. 267 ff. (insb. S. 275). Ganz ähnlich auch *Proelß*, Bundesverfassungsgericht und überstaatliche Gerichtsbarkeit, 2014, S. 267 f., der einen solchen Eingriff in den Kernbereich des Art. 20 GG aber nicht zwangsläufig bei nur einem kompetenzwidrig erlassenen Sekundärrechtsakt annehmen will.

[452] Deutlich *Simon*, Grenzen des Bundesverfassungsgerichts im europäischen Integrationsprozess, 2016, S. 292.

[453] *Simon*, Grenzen des Bundesverfassungsgerichts im europäischen Integrationsprozess, 2016, S. 277: „Dabei ist der ‚Grundsatz der loyalen Zusammenarbeit' bei der Erfüllung der Aufgaben, die sich aus den Verträgen ergeben, nach Art. 4 Abs. 3 EUV ‚gegenseitig' also von den Mitgliedstaaten *und* der Union zu achten und unterstützen. Er muss Leitbild der Richterinnen und Richter sowohl des EuGH als auch des Bundesverfassungsgerichts sein. Der Grundsatz der Europarechtsfreundlichkeit als ungeschriebenes Verfassungsprinzip erlaubt und gebietet eine konfliktvermeidende Auslegung und Anwendung nationalen Rechts." (Hervorh. i. O.).

V. Der Vorschlag Murswieks

Murswiek lehnt die vom Bundesverfassungsgericht entwickelten Kriterien ab und stellt eine hiervon abweichende Konzeption vor.[454] Im Kern stuft *Murswiek* dabei die vom Bundesverfassungsgericht entwickelten Voraussetzungen als zu hoch ein und spricht sich für eine Absenkung der Anforderungen aus.[455] Ähnlich wie das Sondervotum des Richters *Landau* im Honeywell-Beschluss des Bundesverfassungsgerichts rückt auch *Murswiek* das Demokratieprinzip und die Legitimation der Hoheitsakte der Europäischen Union durch das Zustimmungsgesetz im Sinne des Art. 23 Abs. 1 Satz 2 GG in den Mittelpunkt seiner Ausführungen.[456] Überschritten unionale Organe, Einrichtungen und sonstige Stellen durch ihre Handlungen die Grenzen, die sich aus dem Zustimmungsgesetz ergeben, so fehlte ihnen in Deutschland die notwendige demokratische Legitimation – die Unionsakte könnten daher auf dem Hoheitsgebiet der Bundesrepublik Deutschland keine Verbindlichkeit beanspruchen.[457] *Murswiek* will daneben dem Europäischen Gerichtshof auch nur die exklusive Befugnis zusprechen, die Zuständigkeitsverteilung innerhalb der Unionsstellen zu regeln; für das kompetenzielle Verhältnis der Union zu ihren Mitgliedstaaten könne eine ausschließliche Zuständigkeit des Europäischen Gerichtshofs nicht bestehen, weil ihm anderenfalls de facto eine Kompetenz-Kompetenz übertragen wäre.[458] Kritisiert wird diesbezüglich auch die starke Zurücknahme der Prüfungskompetenz des Bundesverfassungsgerichts infolge des Duk-

---

454 *Murswiek*, Die Ultra-vires-Kontrolle im Kontext der Integrationskontrolle, EuGRZ 2017, 327 ff.

455 Exemplarisch für sein Arbeitsprogramm steht dabei die zu Beginn getätigte Aussage von *Murswiek*, Die Ultra-vires-Kontrolle im Kontext der Integrationskontrolle, EuGRZ 2017, 327 (327): „Am 21. Juni 2016 haben wir vielleicht, ohne dies sofort zu merken, eine Beerdigung miterlebt. Mit dem OMT-Urteil könnte das Bundesverfassungsgericht die Ultra-vires-Kontrolle in aller Stille zu Grabe getragen haben. Denn wenn das Bundesverfassungsgericht für die Anwendung der Ultra-vires-Kontrolle Voraussetzungen formuliert, die praktisch nie erfüllt werden können, dann ist die Ultra-vires-Kontrolle tot. Ich will jetzt aber nicht Trauer tragen und etwas Verlorenem hinterherweinen, sondern einen Wiederbelebungsversuch unternehmen. Vielleicht ist der Patient ja nur scheintot, und vielleicht lässt das Bundesverfassungsgericht sich überzeugen, dass es nicht weiterhin so zaghaft vor dem EuGH zurückweichen darf wie im OMT-Urteil, wenn es sich nicht in Widerspruch setzen will zu seiner eigenen ständigen Rechtsprechung und letztlich zu den von ihm selbst formulierten Prinzipien demokratischer Legitimation."

456 *Murswiek*, Die Ultra-vires-Kontrolle im Kontext der Integrationskontrolle, EuGRZ 2017, 327 (328): „Die Zustimmungsgesetze zu den EU-Verträgen sind die Kanäle, durch die demokratische Legitimation von den Mitgliedstaaten zu den EU-Organen fließt. Und sie markieren zugleich eine Grenze, jenseits derer die EU-Organe keine demokratische Legitimation haben."

457 *Murswiek*, Die Ultra-vires-Kontrolle im Kontext der Integrationskontrolle, EuGRZ 2017, 327 (328, 335).

458 *Murswiek*, Die Ultra-vires-Kontrolle im Kontext der Integrationskontrolle, EuGRZ 2017, 327 (329 f.).

tus der „Europarechtsfreundlichkeit“[459] – diese will *Murswiek* nur dahingehend aktivieren, dass bei verschiedenen möglichen und mit dem Zustimmungsgesetz vereinbaren Auslegungen der Kompetenzvorschriften im Zweifel derjenigen Vorrang zu gewähren sei, nach der eine Kompetenzverletzung der unionalen Stellen nicht vorliege.[460] Überschreite ein Unionsrechtsakt ohne verfassungskonforme Auslegungsmöglichkeit des Zustimmungsgesetzes die Grenzen aus dem Prinzip der begrenzten Einzelermächtigung, so ergehe er ultra vires und könne als solcher von den nationalen Verfassungsgerichten ausgemacht werden; negative Auswirkungen auf die Europäischen Union fürchtet *Murswiek* nicht.[461]

Zusammenfassend geht es bei dem Vorschlag *Murswieks* nicht darum, dass das Bundesverfassungsgericht uneingeschränkt und ohne jede Zurückhaltung die Einhaltung der Zuständigkeitsordnung durch die Handlungen der unionalen Stellen überprüft – ein beachtlicher ultra-vires-Akt solle vielmehr erst dann vorliegen, wenn sich die Auslegung der Kompetenzvorschriften durch den Europäischen Gerichtshof nicht mehr im Rahmen dessen hält, was die Mitgliedstaaten als „Herren der Verträge“ durch das beschlossene Zustimmungsgesetz erwarten konnten.[462]

Allerdings ist die Beantwortung der Frage, was von den Mitgliedstaaten bei der Ratifikation der Zustimmungsgesetze noch „erwartet“ werden konnte, sehr schwierig und oftmals kann dieser Erwartungshorizont auch gar nicht festgestellt werden. Der Vorschlag *Murswieks* leidet mithin an erheblichen Schwächen und kann infolge seiner Unpraktikabilität keine rechtssicheren Kriterien für die Lösung der ultra-vires-Problematik bieten.

---

459 *Murswiek*, Die Ultra-vires-Kontrolle im Kontext der Integrationskontrolle, EuGRZ 2017, 327 (334 f.): „Das Bundesverfassungsgericht stellt das Offensichtlichkeitspostulat in den Kontext seiner ‚Europarechtsfreundlichkeits‘-Rhetorik, aus der es ein Zurückhaltungsgebot ableitet. Aber keine noch so große Europarechtsfreundlichkeit zwingt dazu, Ultra-vires-Akte hinzunehmen, nur weil sie nicht ‚offensichtlich‘ sind.“

460 *Murswiek*, Die Ultra-vires-Kontrolle im Kontext der Integrationskontrolle, EuGRZ 2017, 327 (334).

461 *Murswiek*, Die Ultra-vires-Kontrolle im Kontext der Integrationskontrolle, EuGRZ 2017, 327 (337): „Es liegt im Wesen der Ultra-vires-Kontrolle, dass sie bei Feststellung eines Ultra-vires-Akts zu einer uneinheitlichen Rechtsanwendung (zwar nicht notwendig führen muss, aber) führen kann. Solche Entscheidungen nationaler Verfassungsgerichte werden aber auch dann, wenn die Ultra-vires-Kontrolle so ausgeübt wird, wie hier vorgeschlagen, selten bleiben. Sie werden dann die Funktionsfähigkeit der Europäischen Union nicht untergraben, sondern ihr nützen. Eine zu große Zurückhaltung mit der Ultra-vires-Kontrolle schadet der Union, weil sie Expansionstendenzen freien Lauf lässt und damit die Legitimität der EU erschüttert.“

462 *Murswiek*, Die Ultra-vires-Kontrolle im Kontext der Integrationskontrolle, EuGRZ 2017, 327 (338).

VI. *Die Auffassung* Schneiders

Eine gewisse Ähnlichkeit mit der soeben dargestellten Ansicht *Murswieks* weist der Ansatz von *Schneider* auf.[463] Für die Entwicklung seiner Kriterien konstatiert dieser zunächst, dass sich die Ausübung des ultra-vires-Kontrollvorbehalts in drei Szenarien zu bewähren habe:[464] Zum einen müsse in dem so bezeichneten „Standardszenario", bei welchem die unionalen Stellen „intra vires" agierten, durch die zu entwickelnden Kriterien sichergestellt sein, dass das eindeutige Nichtvorliegen eines ultra-vires-Aktes vom Rechtsanwender zuverlässig erkannt werde.[465] Zweitens sei auf der anderen Seite in dem so genannten „Fehlerszenario", welches die Situation beschreibt, dass die unionalen Stellen die ihnen zugewiesenen Kompetenzen überschritten haben, von den an einen ultra-vires-Akt gestellten Voraussetzungen zu erwarten, dass sie für den Rechtsanwender zuverlässig die Existenz eines ultra-vires-Handelns ersichtlich machen.[466] Schließlich habe der ultra-vires-Maßstab auch einem „Interaktionsszenario" Stand zu halten: Hiermit ist die Situation angesprochen, dass es im Rahmen des soeben beschriebenen „Fehlerszenarios", bei dem ein beachtlicher ultra-vires-Akt der unionalen Stellen ausgemacht wurde, zu Gegenmaßnahmen durch die Europäische Union komme.[467]

Aufbauend auf diesen beschriebenen Rahmenbedingungen, entfaltet *Schneider* sodann seine Kriterien für die Ausübung der bundesverfassungsgerichtlichen ultra-vires-Kontrolle. Dabei grenzt er sich zunächst von dem Sondervotum des Richters *Landau* im Honeywell-Beschluss[468] ab, da dieses in dem Bemühen, sämtliche Kompetenzverletzungen zu sanktionieren, „Überobligatorisches" leisten wolle und außerdem in nicht kohärenter Weise eine Verschärfung des Prüfungsmaßstabs im Vergleich mit den innerstaatlichen Standards – Überprüfung der Verletzung nur von spezifischem Verfassungsrecht und Tolerierung einfacher Rechtsanwendungsfehler – zur Folge habe.[469] *Schneider* wendet sich zugleich aber gegen die weit verbreitete Ansicht, dass es besonders

---

[463] *Schneider*, Der Ultra-vires-Maßstab im Außenverfassungsrecht, AöR 139 (2014), 196 ff.

[464] Siehe dazu *Schneider*, Der Ultra-vires-Maßstab im Außenverfassungsrecht, AöR 139 (2014), 196 (217 ff.).

[465] *Schneider*, Der Ultra-vires-Maßstab im Außenverfassungsrecht, AöR 139 (2014), 196 (217 f.).

[466] *Schneider*, Der Ultra-vires-Maßstab im Außenverfassungsrecht, AöR 139 (2014), 196 (219).

[467] *Schneider*, Der Ultra-vires-Maßstab im Außenverfassungsrecht, AöR 139 (2014), 196 (224 f.). Dabei geht es insbesondere um die Möglichkeit der Europäischen Kommission, ein Vertragsverletzungsverfahren gem. Art. 258 AEUV gegen die Bundesrepublik Deutschland nach einer ultra-vires-Feststellung durch das Bundesverfassungsgericht einzuleiten.

[468] Abweichende Meinung des Richters *Landau*, in: BVerfGE 126, 286 (318 ff.) – Honeywell.

[469] *Schneider*, Der Ultra-vires-Maßstab im Außenverfassungsrecht, AöR 139 (2014), 196 (220 f.).

schwere Verstöße gegen die Kompetenzordnung sein müssten, die das Bundesverfassungsgericht erst zur Feststellung eines ultra-vires-Akts ermächtigen würden; vielmehr rückt er in den Mittelpunkt seiner Überlegungen den Gedanken eines Verstoßes gegen das Integrationsprogramm.[470] Mit dem „Integrationsprogramm“[471] sei das parlamentarische Zustimmungsgesetz im Sinne des Art. 23 Abs. 1 Satz 2 GG gemeint, das strikt von den europäischen Primärverträgen getrennt werden müsse.[472] Der ultra-vires-Maßstab soll daher nach den Vorschlägen von *Schneider* eng mit der parlamentarischen Integrationsverantwortung verbunden werden – sei dies gewährleistet, so prüfe das Bundesverfassungsgericht ausschließlich nationales Verfassungsrecht und die ultra-vires-Kontrolle sei zu rechtfertigen.[473] Alle Handlungen der Unionsstellen – einschließlich der Urteile des Europäischen Gerichtshofs – müssen sich im Rahmen dessen halten, was der deutsche Gesetzgeber im Integrationsprogramm vorgegeben habe; darüber wache das Bundesverfassungsgericht. Daher sollen Verstöße gegen das Integrationsprogramm, dessen Inhalt der parlamentarische Gesetzgeber verantworte, zu einem beachtlichen ultra-vires-Akt führen – unabhängig von der Tatsache, welche Schwere sie aufweisen, denn ein solcher Verstoß könne nur durch eine gesetzliche parlamentarische Regelung legitimiert werden.[474] Dies gelte allerdings nur dann, wenn der ausgemachte ultra-vires-Akt als Indiz dafür angesehen werden kann, dass das vom Parlament beschlossene Integrationsprogramm dauerhaft und nicht nur im Einzelfall ignoriert werde.[475] Das Vor-

---

470 *Schneider*, Der Ultra-vires-Maßstab im Außenverfassungsrecht, AöR 139 (2014), 196 (251): „Ultra-vires-Akte sind keine qualifiziert schweren Verstöße gegen Europäisches Recht, keine ‚laesio enormis‘. Verstöße gegen Europäisches Recht schlagen nicht – etwa im Sinne einer enteignungsrechtlichen ‚Schwere-Theorie‘ – ab einer bestimmten Schwelle um in Ultra-vires-Akte. Ultra-vires-Akte liegen vielmehr (nur und genau) dann vor, wenn die Grenzen des Integrationsprogramms überschritten werden.“

471 *Schneider*, Der Ultra-vires-Maßstab im Außenverfassungsrecht, AöR 139 (2014), 196 (211) unterscheidet strikt zwischen dem Integrationsprozess und dem Integrationsprogramm: Letzteres gibt dabei den Rahmen für ersteren vor. Der Integrationsprozess muss dabei nicht zwingend in allen Einzelheiten durch das Integrationsprogramm festgelegt sein, sich aber gleichwohl in den Grenzen des Integrationsprogramms halten.

472 *Schneider*, Der Ultra-vires-Maßstab im Außenverfassungsrecht, AöR 139 (2014), 196 (250).

473 *Schneider*, Der Ultra-vires-Maßstab im Außenverfassungsrecht, AöR 139 (2014), 196 (255): „Der Ultra-vires-Maßstab des Außenverfassungsrechts erhält seine Konturen und seinen Inhalt aus seiner engen Verschränkung mit der dauerhaften parlamentarischen Integrationsverantwortung und mit dem verfassungsrechtlichen Kontrollvorbehalt in der zwischenstaatlichen Ratifikationslage; parlamentarische Integrationsverantwortung und Kontrollvorbehalt können als verfassungsrechtliche Anforderungen betrachtet werden, denen der Ultra-vires-Maßstab genügen muss.“

474 *Schneider*, Der Ultra-vires-Maßstab im Außenverfassungsrecht, AöR 139 (2014), 196 (252).

475 *Schneider*, Der Ultra-vires-Maßstab im Außenverfassungsrecht, AöR 139 (2014), 196 (224). Im Einzelnen entwickelt *Schneider* dabei eine komplexe, von ihm so bezeichnete „Architektur des Maßstabes“, dazu näher ebd., S. 228 ff.

abentscheidungsverfahren spielt bei *Schneider* eine nur marginale Rolle: Das Bundesverfassungsgericht solle den Europäischen Gerichtshof nur anrufen, wenn *sicher* sei, dass es anschließend die unionale Handlung für in Deutschland unanwendbar erklären werde – wegen der zu befürchtenden Zersplitterung der Unionsrechtsordnung werde dem Europäische Gerichtshof also vorher lediglich die Möglichkeit gegeben, die unionsweite Ungültigkeit der streitigen Handlung festzustellen.[476]

Insgesamt gelingt es *Schneider* nicht, herauszuarbeiten, inwiefern sich das von ihm so bezeichnete „Integrationsprogramm" des von den Verfassungsorganen mit Integrationsverantwortung beschlossenen Zustimmungsgesetzes im Sinne des Art. 23 Abs. 1 Satz 2 GG von den europäischen Primärverträgen unterscheidet respektive inwieweit sich durch die strikte Anknüpfung an das „Integrationsprogramm" rechtssichere Kriterien für die Problematik von ultra-vires-Handlungen der unionalen Stellen ergeben sollen. Daher kann auch dieser Vorschlag nicht überzeugen.

VII. Stellungnahme

Zu Beginn sei daran erinnert, dass sich die Kompetenz des Bundesverfassungsgerichts zur Vornahme einer ultra-vires-Kontrolle aus Art. 23 Abs. 1 Satz 1 GG ergibt: Die Europäische Union muss stets den in der Struktursicherungsklausel genannten Anforderungen gerecht werden. Die Wahrung des Prinzips der begrenzten Einzelermächtigung gemäß Art. 4 Abs. 1, Art. 5 Abs. 1 Satz 1, Abs. 2 EUV ist dabei ein wesentlicher rechtsstaatlicher Grundsatz, dem die Europäische Union bei ihren Handlungen entsprechen muss. Im Falle von – durch den Europäischen Gerichtshof nicht sanktionierten – Verletzungen der Zuständigkeitsordnung durch Handlungen der Unionsstellen ist also eine Verletzung rechtsstaatlicher Grundsätze im Sinne des Art. 23 Abs. 1 Satz 1 GG denkbar.[477] Unter welchen genauen Voraussetzungen nun ein solcher Verstoß gegen diese rechtsstaatlichen Grundsätze bei ultra-vires-Handlungen angenommen werden kann, soll in diesem Abschnitt einer Klärung zugeführt werden.

Bereits aus der verfassungsdogmatischen Anknüpfung an Art. 23 Abs. 1 Satz 1 GG geht hervor, dass von einer *Grundsatz*verletzung nicht schon dann die Rede sein kann, wenn nach Ansicht des Bundesverfassungsgerichts eine unionale Handlung die Zuständigkeitsordnung verletzt, der Europäische Ge-

[476] *Schneider*, Der Ultra-vires-Maßstab im Außenverfassungsrecht, AöR 139 (2014), 196 (253). Allerdings wäre dann mit großer Wahrscheinlichkeit davon auszugehen, dass der Europäische Gerichtshof mangels Entscheidungserheblichkeit und offener Negation des Entscheidungsmonopols des Europäischen Gerichtshofs diese Vorlagefrage nicht beantworten, sondern als unzulässig zurückweisen würde. Eine solches Verständnis des Umgangs mit dem Vorabentscheidungsverfahren nach Art. 267 AEUV widerspricht dem Verbundgedanken und muss daher abgelehnt werden.

[477] Siehe dazu oben Zweiter Teil C. VI. (S. 102 ff.).

richtshof aber in methodisch nicht zu beanstandender Weise die Kompetenzmäßigkeit bejaht. Denn durch die im Zustimmungsgesetz in Bezug genommenen Normen des Art. 19 Abs. 1 Uabs. 1 Satz 2 EUV sowie der Art. 263 Uabs. 1, Uabs. 2 Var. 1, Art. 267, 344 AEUV wurde die rechtsprechende Gewalt über die Einhaltung der Kompetenzordnung grundsätzlich abschließend dem Europäischen Gerichtshof übertragen.

Den Ausgangspunkt der nachfolgenden Betrachtungen bildet das vom Bundesverfassungsgericht entwickelte Kriterium der „Ersichtlichkeit" des Kompetenzverstoßes, welches sich in die „Offensichtlichkeit" der Kompetenzverletzung und die „strukturelle Bedeutsamkeit des Verstoßes im Kompetenzgefüge zulasten der Mitgliedstaaten" unterteilt. In den vorangegangen Ausführungen wurde an einigen Stellen bereits erkennbar, mit welchen Schwächen diese beiden Voraussetzungen des Bundesverfassungsgerichts für die Annahme eines ultra-vires-Akts behaftet sind.

1. Zum Kriterium der „strukturellen Relevanz" des Kompetenzverstoßes

Zunächst sei hierfür die im Honeywell-Beschluss geschaffene Voraussetzung in den Blick genommen, dass der Verstoß gegen das Prinzip der begrenzten Einzelermächtigung durch die unionalen Stellen „im Kompetenzgefüge zwischen Mitgliedstaaten und Union […] erheblich ins Gewicht fällt"[478] beziehungsweise „im Kompetenzgefüge zu einer strukturell bedeutsamen Verschiebung zulasten der Mitgliedstaaten"[479] führen muss. Begründet wird dieses Kriterium nur allgemein damit, dass die ultra-vires-Kontrolle durch das Bundesverfassungsgericht zurückhaltend und unionsrechtsfreundlich ausgeübt werden müsse.[480] Diese Grundannahme ist sicher zutreffend – schon allein aufgrund der Tatsache, dass sich die ultra-vires-Kontrolle nur dann rechtfertigen lässt, wenn sie ihre verfassungsdogmatische Verwurzelung in der Struktursicherungsanforderung des Art. 23 Abs. 1 Satz 1 GG findet. Trotzdem ist fraglich, ob das Bundesverfassungsgericht mit dem Verlangen nach einer strukturellen Relevanz des Verstoßes gegen die Zuständigkeitsordnung dem Ziel einer Rücknahme seiner Kontrolldichte gerecht werden kann.

Diesbezüglich scheint die abweichende Meinung des Richters *Landau*[481] durchaus plausibel zu sein: Gefahren für die mitgliedstaatliche Kompetenzordnung gehen seltener von einzelnen kompetenzüberschreitenden Handlungen der unionalen Stellen aus – ein gegenteiliges hypothetisches Extrembeispiel wäre allerdings die in einer Verordnung enthaltene Ausrufung eines europäi-

[478] BVerfGE 126, 286 (304) – Honeywell.
[479] BVerfGE 126, 286 (Ls. 1.a.) – Honeywell.
[480] Vgl. *Schneider*, Der Ultra-vires-Maßstab im Außenverfassungsrecht, AöR 139 (2014), 196 (208).
[481] Abweichende Meinung des Richters *Landau*, in: BVerfGE 126, 286 (318 ff.) – Honeywell und dazu ausführlich oben Zweiter Teil D. III. (S. 115 ff.).

schen Bundesstaates – als vielmehr von einzelnen, erst in der Kumulation gravierend wirkenden Verstößen gegen das Prinzip der begrenzten Einzelermächtigung.[482] Deren schleichende Weiterentwicklung, „in deren Verlauf kleinere, für sich betrachtet möglicherweise geringfügige Kompetenzüberschreitungen kumulativ bedeutende Folgen haben“[483], ist geeignet, die mitgliedstaatliche Souveränität nachhaltig zu erschüttern. Mit dem Mechanismus, auch jeweils für einen Einzelakt eine substantielle Auswirkung auf die allgemeine Zuständigkeitsverteilung zwischen der Union und ihren Mitgliedstaaten zu fordern, könnte das Bundesverfassungsgericht Gefahr laufen, einzelne, für sich betrachtet recht schwerwiegende Kompetenzverstöße hinzunehmen. Denn insofern könnte möglicherweise noch keine strukturelle Auswirkung auf die Zuständigkeitsverteilung zwischen der Union und den Mitgliedstaaten festgestellt werden – indes besteht dann die Gefahr, die kumulative Wirkung mehrerer solcher Kompetenzverstöße zu übersehen.[484] Hinzu kommt, dass sich die strukturellen Auswirkungen eines Verstoßes gegen die Zuständigkeitsordnung zumeist nicht bereits im Zeitpunkt der Entscheidung des Bundesverfassungsgerichts, sondern vielfach erst danach mit einigem zeitlichen Abstand wirklich mit Gewissheit beurteilen lassen werden.[485]

Doch sei noch einmal die Präzisierung aus dem OMT-Urteil in Erinnerung gerufen, wann die „strukturelle Relevanz“ bereits bejaht wird: Diese Voraussetzung soll (schon dann) erfüllt sein, wenn die Kompetenzanmaßung ein Vertragsänderungsverfahren nach Art. 48 EUV oder die Inanspruchnahme einer Evolutivklausel erforderte.[486] Bei Verstößen gegen die Verbandskompetenz der Europäischen Union und damit gegen das Prinzip der begrenzten Einzelermächtigung aus Art. 4 Abs. 1, Art. 5 Abs. 1 Satz 1, Abs. 2 EUV ist dies jedoch stets der Fall:[487] Jeder Akt, der die eingeräumten Zuständigkeiten der Europäischen Union überschreitet, kann nur durch eine entsprechende Änderung der Primärverträge oder durch die Inanspruchnahme einer Evolutivklausel legiti-

[482] Siehe auch *Haltern*, Europarecht Band II, 3. Aufl. 2017, Rn. 1162: „Nicht die Einzelfallentscheidung, sondern die Kumulation von Einzelfallentscheidungen über einen gewissen Zeitraum hinweg wirkt strukturell machtverschiebend. Häufig zeigt sich ein Trend erst recht spät im Laufe einer gefestigten Rechtsprechung. Der Fall, dass ein einziges, aus dem Nichts kommendes Urteil strukturell machtverschiebend wirken könnte, ist ganz unwahrscheinlich.“

[483] Abweichende Meinung des Richters *Landau*, in: BVerfGE 126, 286 (323) – Honeywell. Vgl. auch *F. Sander*, BVerfG, EuGH und EZB im OMT-Verfahren – Wer bietet der Notenbank die Stirn?, EuZW 2016, 614 (616).

[484] *Haltern*, Europarecht Band II, 3. Aufl. 2017, Rn. 1162.

[485] Vgl. dazu auch die abweichende Meinung des Richters *Landau*, in: BVerfGE 126, 286 (323) – Honeywell sowie *Folz*, Quis custodiet – Die ultra vires-Kontrolle durch das Bundesverfassungsgericht nach Honeywell, EuZA 2011, 308 (318).

[486] BVerfGE 142, 123 (201 f. Rn. 151) – OMT-Urteil.

[487] Vgl. *Ludwigs*, Die Konsequenzen des PSPP-Urteils für die Kompetenzordnung der EU, EWS 2020, 186 (189). Siehe dazu auch *Kahl/Lorenzen*, Die Ultra-vires-Kontrolle des Bundesverfassungsgerichts, StudZR Ausbildung 2021, 153 (165).

miert werden, sodass die oben beschriebene Gefahr einer schleichenden Kompetenzentleerung nicht besteht. Eine Zurücknahme der Kontrolldichte des Bundesverfassungsgerichts muss vielmehr bei der Überprüfung des Urteils des Europäischen Gerichtshofs erfolgen.[488] Es ist also zu konstatieren, dass jeder Verstoß gegen die Zuständigkeitsordnung der Europäischen Union im Verhältnis zu ihren Mitgliedstaaten von „struktureller Bedeutung" ist, da Kompetenzen ohne das hierfür notwendige Verfahren für Vertragsänderungen usurpiert werden und daher die Voraussetzung der „strukturellen Relevanz" des Verstoßes keinen Mehrwert für die Feststellung eines beachtlichen ultra-vires Handelns bietet.

2. Zum Kriterium der „Offensichtlichkeit" des Kompetenzverstoßes

In Bezug auf das „Offensichtlichkeitskriterium" hat sich die fehlende Überzeugungskraft dieser Voraussetzung anschaulich nach Meinung einiger schon im OMT-Vorlagebeschluss und später dann auch im PSPP-Vorlagebeschluss gezeigt:[489] Das Bundesverfassungsgericht musste zum einen in den Vorlagebeschlüssen an den Europäischen Gerichtshof – damit diese nach den selbst entwickelten Kriterien überhaupt entscheidungserheblich waren – von der „Offensichtlichkeit" des Kompetenzverstoßes als Voraussetzung für einen ultra-vires-Akt ausgehen; auf der anderen Seite durfte das Bundesverfassungsgericht die Vorabentscheidungsfragen aber auch nicht „vorabentscheiden", weil sonst die Vorlageverfahren ebenfalls möglicherweise wegen einer „rein hypothetischen Fragestellung" als unzulässig angesehen worden wären.[490] Diesen „Gordischen Knoten" wollte das Bundesverfassungsgericht dadurch lösen, dass es zwar die „Offensichtlichkeit" eines Kompetenzverstoßes durch den Beschluss des Rates der Europäischen Zentralbank annahm, zugleich diese Beurteilung aber unter den Vorbehalt einer etwaigen durch den Europäischen Gerichtshof vorzunehmenden primärrechtskonformen Auslegung des OMT-Beschlusses stellte.[491] Überzeugen kann diese Kritik allerdings nicht: Das Bundesverfassungsgericht wendet hier lediglich die von ihm entwickelten materiellen Kriterien an, die verfahrensrechtlich von einer zwingenden Vorlage an den Europäischen Gerichtshof flankiert werden. In den Vordergrund muss vielmehr die zu verneinende Frage treten, ob im OMT-Verfahren überhaupt von einer „Offensichtlichkeit" des Kompetenzverstoßes ausgegangen werden konnte, obwohl in der Literatur verbreitet dem OMT-Programm des Rates der Europäi-

---

488 Siehe dazu sogleich Zweiter Teil D. VII. 3. (S. 129 ff.).

489 Siehe dazu näher oben Zweiter Teil B. VIII. 1. (S. 56 ff.) und Zweiter Teil B. X. 1. (S. 75 ff.).

490 Vgl. *Gött*, Die ultra vires-Rüge nach dem OMT-Vorlagebeschluss des Bundesverfassungsgerichts, EuR 2014, 514 (528). Siehe zu den Ausnahmen von der Zulässigkeit der Vorlagefrage mangels Entscheidungserheblichkeit näher *Thiele*, Europäisches Prozessrecht, 2. Aufl. 2014, § 9 Rn. 41 ff.

491 Siehe hierzu Zweiter Teil B. VIII. 1. c) (S. 59 ff.).

schen Zentralbank Primärrechtsmäßigkeit bescheinigt wurde[492] und innerhalb des Zweiten Senats zwei der acht Richter eine von der Senatsmehrheit abweichende Ansicht vertraten.[493] Der Kern des Problems dreht sich daher um die Frage, was mit dem „Offensichtlichkeitskriterium" erreicht werden soll, also welche nicht qualifizierten Verstöße gegen die Kompetenzordnung hierdurch ausgeschieden werden sollen. Unbefangen dürfte man bei dem allgemeinen Sprachgebrauch von „Offensichtlichkeit" davon ausgehen, dass die Verletzung des Prinzips der begrenzten Einzelermächtigung durch die streitgegenständliche Handlung der Unionsstellen weitgehend einer allgemeinen Auffassung entsprechen und nach der Prüfung des Sachverhalts ziemlich rasch und mit sehr großer Gewissheit zu dem Ergebnis einer Kompetenzverletzung führen müsse.[494] Wie oben bereits dargelegt, ist dies jedoch nicht die Auffassung des Bundesverfassungsgerichts.[495] „Offensichtlichkeit" des Kompetenzverstoßes könne nach der Konkretisierung im OMT-Urteil auch dann vorliegen, wenn „sie das Ergebnis einer sorgfältigen und detailliert begründeten Auslegung ist"[496] und setze daher keine einmütige Rechtsauffassung voraus. Wenn das „Offensichtlichkeitskriterium" so gehandhabt wird, dann stellt sich allerdings die Frage, welche filternde Funktion es erfüllen soll und kann. Wegen seines prozeduralen Charakters ist es wenig überzeugend, sich an den Voraussetzungen des § 24 Satz 1 BVerfGG zu orientieren, bei dem es um die einstimmige Abweisung unzulässiger oder *offensichtlich* unbegründeter Anträge geht und in diesen Fällen die Begründungspflicht entfällt.[497] Daneben fragt es sich, wie der Europäische

---

492 So *Herrmann*, Die Bewältigung der Euro-Staatsschuldenkrise an den Grenzen des deutschen und europäischen Währungsverfassungsrechts, EuZW 2012, 805 (809 ff.); *Heun*, Eine verfassungswidrige Verfassungsgerichtsentscheidung – der Vorlagebeschluss des BVerfG vom 14.1.2014, JZ 2014, 331 (333 ff.); *Ismer/Wiesner*, Die OMT-Vorlage des Bundesverfassungsgerichts – Eine dogmatische Kritik auf Grundlage juristisch-ökonomischer Analyse, DÖV 2015, 81 ff., die allerdings im Hinblick auf das Verbot der monetären Staatsfinanzierung aus Art. 123 Abs. 1 AEUV kein Übergewicht der Argumente der einen oder der anderen Seite zu erkennen vermochten; *Thiele*, Das Mandat der EZB und die Krise des Euro, 2013, S. 58 ff.; zumindest im Hinblick auf die bloße Ankündigung des OMT-Programms auch *Simon*, „Whatever it takes": Selbsterfüllende Prophezeiung am Rande des Unionsrechts? Eine unionsrechtliche Bewertung der OMT-Entscheidung der EZB, EuR 2015, 107 (112 ff., insb. 129).

493 Vgl. *Schwerdtfeger*, Europäisches Unionsrecht in der Rechtsprechung des Bundesverfassungsgerichts – Grundrechts-, ultra-vires- und Identitätskontrolle im gewaltenteiligen Mehrebenensystem, EuR 2015, 290 (293). Hierzu auch *Kahl/Lorenzen*, Die Ultra-vires-Kontrolle des Bundesverfassungsgerichts, StudZR Ausbildung 2021, 153 (163 f.).

494 Vgl. die abweichende Meinung des Richters *Gerhardt*, in: BVerfGE 134, 366 (435 Rn. 148) – OMT-Vorlagebeschluss.

495 Siehe auch *Huber*, Die Ultra-vires-Rüge, in: Festschrift Landau, 2016, S. 233 (239): Erforderlich ist kein „kollektives Evidenzerlebnis", da anderenfalls „der Manipulation Tür und Tor geöffnet wären".

496 BVerfGE 142, 123 (201 Rn. 150) – OMT-Urteil; BVerfGE 154, 17 (92 f. Rn. 113) – PSPP-Urteil.

497 Siehe dafür aber deutlich *Huber*, Die Ultra-vires-Rüge, in: Festschrift Landau, 2016, S. 233 (239 f.). Dagegen *Bender*, Ambivalenz der Offensichtlichkeit, ZEuS 2020, 409 (420 f.).

Gerichtshof bei einer durch ihn vorgenommen „sorgfältigen und detailliert begründeten Auslegung" ultra-vires gehandelt haben kann, wo er doch zugleich vom Bundesverfassungsgericht einen „Anspruch auf Fehlertoleranz"[498] zugestanden bekommt. Es ist recht zweifelhaft, wie trotz einer substantiiert dargelegten Rechtsmeinung von einem offenkundigen Verstoß gegen die Zuständigkeitsordnung ausgegangen werden kann.[499] Etwas plastischer ausgedrückt ist die Kompetenzverletzung nach den Kriterien des Bundesverfassungsgerichts daher wohl dann „offensichtlich", wenn das Bundesverfassungsgericht hiervon ausgehen will.[500] Denn es werden keine kohärenten, einschränkenden Anforderungen an die „Offensichtlichkeit" des Kompetenzverstoßes genannt – es soll wohl nur euphemistisch ausgedrückt werden, dass das Bundesverfassungsgericht nicht bei jeder Kompetenzüberschreitung einzuschreiten gedenkt. Das vom Bundesverfassungsgericht so verstandene Offensichtlichkeitskriterium bietet für die rechtssichere Qualifikation eines ultra-vires-Handelns der Unionsstellen jedenfalls keinen Mehrwert.[501] Im Gegenteil dürfte die wissenschaftliche Aufbereitung im Schrifttum für die Möglichkeit der Annahme eines ultra-vires-Akts durchaus eine Rolle spielen. Zwar kann nicht jede singuläre Stimme für die Einordnung der Frage nach dem Vorliegen eines ausbrechenden Rechtsaktes bedeutsam sein – wenn die wissenschaftlichen Äußerungen aber in ihrer Mehrzahl die Annahme eines ultra-vires-Akts als nicht unbedingt naheliegend erscheinen lassen, so kann und sollte dies durchaus als Indiz für das Bundesverfassungsgericht gelten.

Nicht erforderlich ist schließlich auch, für die Kompetenzverletzung einen evidenten Verstoß – teilweise synonym zur „Offensichtlichkeit" des Kompetenzverstoßes verstanden – vorauszusetzen: Evidenzkriterien bieten in der Rechtswissenschaft nur wenig Rechtssicherheit, weil die Ansichten, wann eine evidente Verletzung gegeben ist, oftmals höchst unterschiedlich sind.[502] Auch

[498] BVerfGE 126, 286 (307) – Honeywell; BVerfGE 142, 123 (201 Rn. 149) – OMT-Urteil; BVerfGE 151, 202 (300 Rn. 151) – Europäische Bankenunion.

[499] Vgl. auch *Hofmann/Heger*, Das Selbstverständnis des Bundesverfassungsgerichts als Hüter des Kompetenzverhältnisses zwischen der Europäischen Union und Deutschland, EuGRZ 2020, 176 (187).

[500] Vgl. dazu auch *Hilpold*, Ein EU-Vertragsverletzungsverfahren gegen Deutschland wegen des PSPP-Urteils? – Eine Abwägung von Für und Wider, EWS 2020, 181 (184). Auch *Erbguth*, Kompetenzabgrenzung zwischen EU und Mitgliedstaaten: Die PSPP-Entscheidung des BVerfG, DVBl. 2021, 209 (212) spricht davon, dass mit der Verwendung des Begriffs der „Offensichtlichkeit" in der Rechtsprechung eine Prüfungsdichte vorgespielt wird, die letztlich nicht eingehalten wird.

[501] Vgl. auch *Folz*, Quis custodiet – Die ultra vires-Kontrolle durch das Bundesverfassungsgericht nach Honeywell, EuZA 2011, 308 (317 f.).

[502] Dies zeigt sich exemplarisch auch an der streitigen Rechtsfrage, ob dem Bundespräsidenten bei der Ausfertigung von Gesetzen ein materielles Prüfungsrecht zukommt – die früher wohl herrschende Meinung wollte dieses auf „evidente" Verletzungen beschränken. Da dieser Maßstab aber uneinheitlich gehandhabt und daher erkannt wurde, dass das Evidenzkriterium, wenn ein Verstoß gegen materielles Verfassungsrecht mit der nötigen Schlüssigkeit he-

auf das Offensichtlichkeitskriterium sollte das Bundesverfassungsgericht daher verzichten: Ausreichend ist vielmehr, dass das Bundesverfassungsgericht in einem ersten Schritt hinsichtlich der Bewertung der unionalen Handlung – nach eingehender Prüfung – zu dem Ergebnis gelangt, dass ein Verstoß gegen die Verbandskompetenz im Kompetenzgefüge zwischen den Mitgliedstaaten und der Europäischen Union möglich, also nicht schlechterdings ausgeschlossen ist und das Bundesverfassungsgericht daher Zweifel in Bezug auf die Gültigkeit der angegriffenen Unionshandlung hegt.[503] Auf die „Offensichtlichkeit", „Evidenz" oder „Schwere" des Kompetenzverstoßes kommt es dabei nicht an.

3. Zentrale Bedeutung des Vorabentscheidungsverfahrens gemäß Art. 267 AEUV

Wenn nach den bisherigen Ausführungen – insbesondere dem Verzicht auf die Kriterien eines „offensichtlichen" Kompetenzverstoßes und dem Nachweis von dessen „struktureller Bedeutung im Kompetenzgefüge zulasten der Mitgliedstaaten" – erwartet werden sollte, dass nach hier vertretener Auffassung dem Bundesverfassungsgericht eine sehr weitgehende Prüfungskompetenz bei etwaigen ultra-vires-Akten der unionalen Stellen zugestanden würde, so täuscht dieser Eindruck. Denn in den Mittelpunkt seiner ultra-vires-Kontrolle sollte das Bundesverfassungsgericht noch stärker als bislang schon geschehen den Dialog mit dem Europäischen Gerichtshof, also das Vorabentscheidungsverfahren nach Art. 267 AEUV und insbesondere dessen Ergebnis rücken.[504] Bei der durch das Bundesverfassungsgericht durchgeführten ultra-vires-Kontrolle stellen sich stets Fragen zur Gültigkeit und Auslegung der Handlungen von unionalen Stellen im Sinne des Art. 267 Uabs. 1 lit. b AEUV und das Bundesverfassungsgericht ist als Gericht, dessen Entscheidungen selbst nicht mehr mit Rechtsmitteln des innerstaatlichen Rechts angefochten werden können, nach Art. 267 Uabs. 3 AEUV zur Vorlage an den Europäischen Gerichtshof verpflichtet.[505] Dieser entscheidet – im Grundsatz auch letztverbindlich für das Bun-

---

rausgearbeitet wurde, zu Rechtsunsicherheit führen kann, scheint die mittlerweile herrschende Meinung dem Bundespräsidenten ein unbeschränktes materielles Prüfungsrecht im Rahmen von Art. 82 Abs. 1 Satz 1 GG zuzugestehen, das dieser gegebenenfalls nur „zurückhaltend" ausüben solle. Siehe zum Ganzen z. B. *Butzer*, in: Maunz/Dürig, GG, Art. 82 Rn. 200 ff. (Stand: 73. EGL. Dezember 2014).

503 Hiernach ist ein Vorabentscheidungsersuchen an den Europäischen Gerichtshof zu stellen, siehe dazu sogleich unter Zweiter Teil D. VII. 3. (S. 129 ff.).

504 Die derzeitige Rechtsprechung des Bundesverfassungsgerichts deutet nicht darauf hin, dass stets ein Vorabentscheidungsersuchen an den Europäischen Gerichtshof zu stellen ist, wenn es lediglich heißt, dass „der Europäische Gerichtshof, *soweit erforderlich*, im Rahmen eines Vorabentscheidungsverfahrens nach Art. 267 Abs. 3 AEUV mit der Sache befasst wird […]" – BVerfGE 142, 123 (204 Rn. 156) – OMT-Urteil (Hervorh. d. Verf.). Unklar ist insofern, wann diese „Erforderlichkeit" zur Einholung einer Vorabentscheidung nicht bestehen soll.

505 Zur streitigen, aber überwiegend bejahten Frage, ob das Bundesverfassungsgericht als nationales Verfassungsgericht von der Vorlageverpflichtung des Art. 267 Uabs. 3 AEUV er-

desverfassungsgericht – ob eine Verbandskompetenzverletzung vorliegt oder nicht. Wie auch bereits oben ausgeführt,[506] sind es die europäischen Primärverträge und vor allem das gleich lautende Zustimmungsgesetz im Sinne des Art. 23 Abs. 1 Satz 2 GG, die über die Bestimmungen des Art. 19 Abs. 1 Uabs. 1 Satz 2 EUV sowie der Art. 263 Uabs. 1, Uabs. 2 Var. 1, Art. 267 und Art. 344 AEUV die Wahrung der Kompetenzordnung in die Hände des Europäischen Gerichtshofs legen. Daraus folgt, dass eine Entscheidung des Europäischen Gerichtshofs, in welcher der unionalen Handlung Kompetenzmäßigkeit bescheinigt wurde, durch das Bundesverfassungsgericht zu akzeptieren ist. Denn eine – aus Sicht des Bundesverfassungsgerichts – lediglich „falsche" Entscheidung des Europäischen Gerichtshofs kann nicht rechtsstaatliche Grundsätze gemäß Art. 23 Abs. 1 Satz 1 GG aushöhlen, selbst wenn dieses Urteil faktisch – aus der Rechtsperspektive des Bundesverfassungsgerichts betrachtet – kompetenzerweiternd wirken sollte. Es war der demokratisch legitimierte Integrationsgesetzgeber, der im Zustimmungsgesetz nach Art. 23 Abs. 1 Satz 2 GG die Verantwortung für die Einhaltung der Zuständigkeitsordnung dem Europäischen Gerichtshof zuwies.

Diese Pflicht zur Einholung einer Vorabentscheidung besteht auch dann, wenn der primäre etwaige ultra-vires-Akt in einer Entscheidung des Europäischen Gerichtshofs selbst liegen könnte.[507] Auch in diesem Fall kann man von der Frage nach der „Auslegung der Handlungen der Organe, Einrichtungen oder sonstigen Stellen der Union" sprechen; weil es sich auch beim Europäischen Gerichtshof nach Art. 13 Abs. 1 Uabs. 2 Spiegelstr. 5 EUV um ein Organ der Europäischen Union handelt. Ein Urteil des Europäischen Gerichtshofs kann daher statthafter Gegenstand einer Vorlagefrage sein.[508] Aus unions-

---

fasst ist, siehe: *Ehricke*, in: Streinz, EUV/AEUV, 3. Aufl. 2018, Art. 267 AEUV Rn. 43 und *Thiele*, Europäisches Prozessrecht, 2. Aufl. 2014, § 9 Rn. 14. Monographisch *Schönemeyer*, Die Pflicht des Bundesverfassungsgerichts zur Vorlage an den Gerichtshof der Europäischen Union gem. Art. 267 Abs. 3 AEUV, 2014, passim.

[506] Siehe oben Zweiter Teil C. VI. (S. 102 ff.).

[507] So lag der Sachverhalt im Honeywell-Beschluss des Bundesverfassungsgerichts (BVerfGE 126, 286 ff.): Die Beschwerdeführerin wendete sich hier – zumindest mittelbar durch die Berücksichtigung in der bundesarbeitsgerichtlichen Entscheidung – gegen das Mangold-Urteil des Europäischen Gerichtshofs (EuGH, Urt. v. 22.11.2005, Rs. C-144/04, Slg. 2005 S. I-9981), in welchem sie eine kompetenzwidrige Zuständigkeitsbegründung des Europäischen Gerichtshofs sah. Es scheint, als würde das Bundesverfassungsgericht in diesem Fall eine erneute Anrufung des Europäischen Gerichtshofs nicht für erforderlich halten, heißt es doch, dass ein Vorabentscheidungsverfahren nur dann notwendig sei, „*soweit* er [der Europäische Gerichtshof] die aufgeworfenen Fragen noch nicht geklärt hat" (BVerfGE 126, 286 Ls. 1.b – Hervorh. d. Verf.).

[508] *Thiele*, Europäisches Prozessrecht, 2. Aufl. 2014, § 9 Rn. 20. Hierfür sprechen auch entsprechende Äußerungen des Europäischen Gerichtshofs; siehe dazu: EuGH, Beschl. v. 05.03.1986, Rs. 69/85, Slg. 1986, 948 (953 Rn. 15) – Wünsche ./. Deutschland, wonach eine erneute Vorlage an den Europäischen Gerichtshof möglich sei, wenn „das nationale Gericht bei Verständnis oder der Anwendung des Urteils Schwierigkeiten hat, wenn es dem Gerichts-

rechtlicher Sicht zwingend ist hier eine Vorlage anders als bei der Frage nach der Gültigkeit der Handlung einer anderen Unionsstelle indes nicht, da Entscheidungen des Europäischen Gerichtshofs aus unionaler Sicht keiner zusätzlichen Selbstüberprüfung bedürfen;[509] die Verpflichtung ergibt sich hier aber aus einer unionsrechtsfreundlichen Ausübung der Residualkompetenz durch das Bundesverfassungsgericht.[510] Ehe – was sogleich auszuführen ist – das Urteil des Europäischen Gerichtshofs auf die Wahrung rechtsmethodischer Standards hin untersucht wird, sollte dem Europäischen Gerichtshof im Wege eines Kommunikationsangebots, in dem durch das Bundesverfassungsgericht ein möglicher ultra-vires-Akt angekündigt wird, die Möglichkeit gegeben werden, sein Ergebnis oder zumindest die Urteilsbegründung noch einmal kritisch zu überprüfen.[511] Dass der Europäische Gerichtshof dieses Dialogangebot des Bundesverfassungsgerichts abweisen würde, ist nicht zu erwarten.

Diese besonders hervorgehobene Stellung des Vorabentscheidungsverfahrens im Rahmen einer ultra-vires-Kontrolle bedeutet aber nicht zugleich, dass die Struktursicherungsklausel des Art. 23 Abs. 1 Satz 1 GG im Zusammenhang mit den Entscheidungen des Europäischen Gerichtshofs vollkommen leer liefe. Die europäischen Primärverträge und das gleichlautende deutsche Zustimmungsgesetz im Sinne des Art. 23 Abs. 1 Satz 2 GG sehen zwar keine Kontrolle von Entscheidungen des Europäischen Gerichtshofs vor, was unmittelbar einleuchtend ist, weil aus der Sicht des Unionsrechts der Letztentscheidungsanspruch des Europäischen Gerichtshofs unbestritten ist. Wie oben aber bereits herausgearbeitet,[512] muss sich aus systematischen Gesichtspunkten das durch

hof eine neue Rechtsfrage stellt oder wenn es ihm neue Gesichtspunkte unterbreitet, die ihn dazu veranlassen könnten, eine bereits gestellte Frage abweichend zu beantworten". In EuGH, Urt. v. 05.12.2017, Rs. C-42/17, ECLI:EU:C:2017:936 – M. A. S. und M. B. kam es durch die italienische Corte Costituzionale auch – jedenfalls mittelbar – zu einer weiteren Vorlagefrage in Bezug auf das schon zuvor eingeholte Taricco-Urteil des Gerichtshofs (EuGH, Urt. v. 08.09.2015, Rs. C-105/14, ECLI:EU:C:2015:555, Rn. 37 ff.); dazu noch unten Vierter Teil G. III. 2. g) (S. 307 ff.).

[509] Eine Gültigkeitsfrage in Bezug auf eine Entscheidung des Europäischen Gerichtshofs ist in jedem Fall unzulässig, vgl. *Thiele*, Europäisches Prozessrecht, 2. Aufl. 2014, § 9 Rn. 20. Dies hat auch der Europäische Gerichtshof bereits festgestellt: EuGH, Beschl. v. 05.03.1986, Rs. 69/85, Slg. 1986, 948 (953 Rn. 16) – Wünsche ./. Deutschland.

[510] A. A. wohl *Kaiser/Schübel-Pfister*, Der ungeschriebene Verfassungsgrundsatz der Europarechtsfreundlichkeit: Trick or Treat?, in: Emmenegger/Wiedmann, Linien der Rechtsprechung des Bundesverfassungsgerichts, Band 2, 2011, S. 545 (558).

[511] Hingegen sich gegen eine Vorlage des Bundesverfassungsgerichts in Fällen aussprechend, in denen der angegriffene vermeintliche ultra-vires-Akt vom Europäischen Gerichtshof ausgeht: *Simon*, Grenzen des Bundesverfassungsgerichts im europäischen Integrationsprozess, 2016, S. 292. Wie hier allerdings wohl: *Sauer*, Jurisdiktionskonflikte im Mehrebenensystem, 2008, S. 194 f., der eine erneute Vorlage des Bundesverfassungsgerichts auch dann für erforderlich hält, wenn eine solche bereits durch ein Fachgericht erfolgt ist. Dies als „Option" bezeichnend: *Gerken/Rieble/Roth/Stein/Streinz*, „Mangold" als ausbrechender Rechtsakt, 2009, S. 65.

[512] Siehe dazu oben Zweiter Teil C. VI. (S. 102 ff.).

das Zustimmungsgesetz legitimierte Unionsrecht in den Schranken des Art. 23 Abs. 1 Satz 1 GG sowie des Art. 23 Abs. 1 Satz 3 in Verbindung mit Art. 79 Abs. 3 GG halten. Die Struktursicherungsklausel des Art. 23 Abs. 1 Satz 1 GG fordert für die Beteiligung der Bundesrepublik Deutschland an der Europäischen Union, dass diese fortlaufend rechtsstaatliche Grundsätze wahrt. Ein wesentlicher rechtsstaatlicher Grundsatz ist dabei die Wahrung des Prinzips der begrenzten Einzelermächtigung gemäß Art. 4 Abs. 1, Art. 5 Abs. 1 Satz 1, Abs. 2 EUV.[513] In Bezug auf das Vorabentscheidungsurteil des Europäischen Gerichtshofs würde es sodann einen Verstoß gegen Art. 23 Abs. 1 Satz 1 GG darstellen, wenn der zur Entscheidung von Rechtsstreitigkeiten berufene Europäische Gerichtshof nicht mehr das Unionsrecht *auslegen*, sondern Recht *setzen* sollte oder – mit anderen Worten – der Europäische Gerichtshof die Aufgabenverteilung zwischen Rechtsprechung inklusive der rechtsfortbildenden Tätigkeit auf der einen und erforderlichen Vertragsänderungen durch die europäische Legislative auf der anderen Seite ignorieren sollte. Dem Europäischen Gerichtshof wurden durch das Zustimmungsgesetz nur rechtsprechende Befugnisse übertragen, womit zwar – aus der Sicht der deutschen Staatsorgane und des Bundesverfassungsgerichts – möglicherweise auch „falsche" Entscheidungen des Europäischen Gerichtshofs gedeckt sind, nicht aber solche Urteile, die faktisch anstelle des dazu berufenen Vertragsänderungsgesetzgebers Recht setzen. Denn anderenfalls hätte der Europäische Gerichtshof die Möglichkeit, zu seinen Gunsten – zumindest tatsächlich – eine Kompetenz-Kompetenz zu begründen.

Was folgt hieraus nun konkret für die ultra-vires-Konstellationen? Nach der Vorabentscheidung des Europäischen Gerichtshofs, in der die Kompetenzmäßigkeit der unionalen Handlung bestätigt wurde,[514] ändert sich der Prüfungsmaßstab des Bundesverfassungsgerichts entscheidend: War vor der Vorlagefrage lediglich die Möglichkeit einer Kompetenzüberschreitung als Vorfrage für die Befassung des Europäischen Gerichtshofs notwendig, so rückt die konkrete Frage, ob die unionalen Stellen durch ihre Handlung die Kompetenzordnung

---

513 Siehe auch *Thiele*, Die Integrationsidentität des Art. 23 Abs. 1 GG als (einzige) Grenze des Vorrangs des Europarechts, EuR 2017, 367 (373).

514 Mit deutlich weniger Problemen ist die hier ausgeblendete Konstellation versehen, dass der Europäische Gerichtshof in seiner Vorabentscheidung zu dem Ergebnis gelangt, dass die unionale Handlung wegen eines Verstoßes gegen die Kompetenzordnung als ungültig anzusehen ist (vgl. *Simon*, Grenzen des Bundesverfassungsgerichts im europäischen Integrationsprozess, 2016, S. 234). Denn diese Feststellung hat unionsweite unmittelbare Geltung (*Thiele*, Europäisches Prozessrecht, 2. Aufl. 2014, § 9 Rn. 118). Damit könnte – je nachdem, was als statthafter Verfahrensgegenstand qualifiziert wurde (dazu Fünfter Teil A. I., S. 318 ff. und Fünfter Teil C. III., S. 373 ff.) – zugleich auch vor dem Bundesverfassungsgericht die Zulässigkeit des angestrengten Verfahrens mangels tauglichen Beschwerde- respektive Antragsgegenstands entfallen. Bei der Kostenverteilung wäre dann allerdings darauf zu achten, dass die Antragsteller oder Beschwerdeführer nicht die volle Auslagenlast tragen müssen; hier hat das Bundesverfassungsgericht nach § 34a Abs. 3 BVerfGG aus Billigkeitsgründen eine zumindest teilweise Erstattung der Auslagen anzuordnen.

wahrten, in den Hintergrund – denn hierüber hat der Europäische Gerichtshof durch sein Vorabentscheidungsurteil (bejahend) entschieden.[515]

Vielmehr muss sich das Bundesverfassungsgericht nun darauf beschränken, zu prüfen, ob sich der Europäische Gerichtshof im Rahmen seines Mandats aus Art. 19 Abs. 1 Uabs. 1 Satz 2 EUV hielt und rechtsstaatliche Grundsätze im Sinne des Art. 23 Abs. 1 Satz 1 GG, also insbesondere rechtsmethodische Standards, in der Entscheidung gewahrt wurden. Damit ist natürlich nicht gemeint, dass das Bundesverfassungsgericht kleinschrittig untersuchen soll, ob die – zumindest in der deutschen Rechtspraxis – üblichen Auslegungsmethoden nach *Savigny*, also Wortlaut, Systematik, Entstehungsgeschichte und Telos jeweils korrekt angewandt wurden,[516] sondern es ist nur zu fragen, ob der Europäische Gerichtshof bei seiner Entscheidung in einem weiten Sinne „methodengerecht" kohärent vorging. Hiermit könnte insbesondere völlig willkürlichen Entscheidungen des Europäischen Gerichtshofs die Anwendbarkeit in der Bundesrepublik Deutschland versagt werden. Klar ist auch, dass die Grenzen bei Urteilen des Europäischen Gerichtshofs zwischen zulässiger Rechtsfortbildung und unzulässiger faktischer Vertragsänderung fließend verlaufen können und gegebenenfalls schwer auszumachen sind –[517] bei verbliebenen Zweifeln, ob eine Urteilsbegründung des Europäischen Gerichtshofs noch rechtsmethodisch vertretbar erscheint oder bereits auf einer willkürlichen Auslegung beruht, ist jedoch auch aufgrund der Integrationsfreundlichkeit des Grundgesetzes und vor allem der im Zustimmungsgesetz zum Vertrag von Lissabon umschriebenen Weite des Auftrags in Art. 19 Abs. 1 Uabs. 1 Satz 2 EUV im Zweifelsfall ein ultra-vires-Akt des Europäischen Gerichtshofs abzulehnen.[518]

Doch welche Mindestvoraussetzungen muss ein Urteil des Europäischen Gerichtshofs hinsichtlich der Begründung einer Verbandskompetenz zugunsten der Europäischen Union erfüllen, damit es für das Bundesverfassungsgericht akzeptabel ist und rechtsstaatliche Grundsätze im Sinne des Art. 23 Abs. 1 Satz 1 GG wahrt? Man könnte diesbezüglich daran denken, die Kriterien geltend zu machen, die das Bundesverfassungsgericht zur Kontrolle der Entscheidungen von nationalen Fachgerichten anwendet –[519] es will hierbei keine „Superrevisionsinstanz" sein und nur die Verletzung „spezifischen Verfassungs-

---

515 Vgl. *Klement*, Der Euro und seine Demokratie, ZG 2014, 169 (192).

516 Die deutschen juristischen Auslegungsmethoden sind keinesfalls in dieser Ausprägung auch in allen anderen Mitgliedstaaten der Europäischen Union verbreitet, vgl. dazu *Haltern*, Europarecht Band II, 3. Aufl. 2017, Rn. 76, 80.

517 *Büdenbender*, Das Verhältnis des Europäischen Gerichtshofs zum Bundesverfassungsgericht, 2005, S. 45; *Pechstein*, EU-Prozessrecht, 4. Aufl. 2011, Rn. 14; *Thiele*, Europäisches Prozessrecht, 2. Aufl. 2014, § 3 Rn. 24.

518 Siehe dazu auch *Bender*, Ambivalenz der Offensichtlichkeit, ZEuS 2020, 409 (423 f.).

519 Dieser Vorschlag wurde in der mündlichen Verhandlung zum PSPP-Programm unterbreitet, vgl. *Dietz*, Die gerichtliche Kontrolle der EZB durch den EuGH und das BVerfG – ein Konfliktfall im Verfassungsgerichtsverbund und Eurosystem?, EuZW 2019, 925 (930).

rechts“ überprüfen.[520] Für die Kontrolle von Entscheidungen des Europäischen Gerichtshofs taugt dieser Maßstab allerdings nicht, denn bei der Zurücknahme der Kontrollbefugnis des Bundesverfassungsgerichts im Verhältnis zu den Fachgerichten geht es um die Ausbalancierung der innerstaatlichen Zuständigkeitsverteilung. Nicht jede unrichtige Rechtsanwendung im Einzelfall kann zugleich eine vom Bundesverfassungsgericht rügefähige Verletzung der allgemeinen Handlungsfreiheit aus Art. 2 Abs. 1 GG respektive einen Verstoß gegen die Gleichheit vor dem Gesetz nach Art. 3 Abs. 1 GG bedeuten.[521] Bei der Überprüfung von Entscheidungen des Europäischen Gerichtshofs geht es aber von vornherein ausschließlich um die Frage, ob rechtsstaatliche Grundsätze im Sinne des Art. 23 Abs. 1 Satz 1 GG gewahrt wurden. Die Prüfungsdichte ist also schon von Beginn an geringer als bei der Kontrolle der nationalen Fachgerichtsbarkeit. Was dies nun im Einzelnen bedeutet, soll im Folgenden dargelegt werden.

Wichtig ist an dieser Stelle noch einmal hervorzuheben, dass der Europäische Gerichtshof von Rechts wegen durch Art. 19 Abs. 1 Uabs. 1 Satz 2 EUV über einen weiten Einschätzungsspielraum verfügt – daher muss die Entscheidung des Europäischen Gerichtshofs lediglich absolute Mindeststandards erfüllen. Dazu gehört zum einen, dass in der Entscheidung mit dem Wortlaut von Rechtsnormen in ihrem systematischen Zusammenhang und ihrem Telos argumentiert wird; weitere unerlässliche Anforderung ist die Auseinandersetzung mit den Argumenten der beiden vor dem Gerichtshof auftretenden Parteien in den schriftsätzlichen Stellungnahmen; schließlich muss ein Urteil auch in sich widerspruchsfrei abgefasst sein.[522]

Dabei muss auch in besonderer Weise den Besonderheiten eines unionalen Rechtsprechungsorgans Rechnung getragen werden, das rechtswissenschaftliche Methoden aus 27 Mitgliedstaaten zu harmonisieren sucht.[523] Es gilt dabei zu berücksichtigen, dass sich die Rechtsprechungstradition des Europäischen Gerichtshofs ursprünglich an derjenigen französischer Gerichte orientiert hat,[524]

---

520 Umfassend dazu: *Schlaich/Korioth*, Das Bundesverfassungsgericht, 12. Aufl. 2021, Rn. 280 ff.

521 Vgl. hierzu *Hillgruber/Goos*, Verfassungsprozessrecht, 5. Aufl. 2020, Rn. 250 f.

522 Siehe auch *Thiele*, Europäisches Prozessrecht, 2. Aufl. 2014, § 3 Rn. 24: „Vom EuGH kann und muss also erwartet werden, dass er seine Entscheidungen in hinreichendem Maße begründet, seine Auslegungsmethoden offen legt und dadurch seine Entscheidungskriterien sowohl für den konkret Betroffenen als auch für die europäische Öffentlichkeit verdeutlicht.“ Daneben auch *Kingreen*, Ne bis in idem: Zum Gerichtswettbewerb um die Deutungshoheit über die Grundrechte – Anmerkung zur Entscheidung des EuGH vom 26.2.2013 (C-617/10), EuR 2013, 446 (451): „Als Textwissenschaft wird die Rechtswissenschaft den Wortlaut auch weiterhin zum Mittelpunkt ihrer Methoden machen müssen, und sie lebt von der Stärke des Arguments, nicht von der schlichten Behauptung.“

523 Siehe dazu auch *Everling*, Zur Begründung der Urteile des Gerichtshofs der Europäischen Gemeinschaften, EuR 1994, 127 (142): „Wer die Urteile nur durch die Brille seiner nationalen Rechtsordnung und Rechtstradition liest, kann ihnen nicht gerecht werden.“

524 *Everling*, Zur Begründung der Urteile des Gerichtshofs der Europäischen Gemeinschaften, EuR 1994, 127 (136 f.).

nach welcher Entscheidungen zumeist keiner Begründung zugeführt werden.[525] Mittlerweile konnten sich aber auch Rechtsprechungstraditionen aus anderen Mitgliedstaaten zunehmend durchsetzen, die eine Entscheidungsbegründung für erforderlich halten. So spricht auch Art. 36 Satz 1 der EuGH-Satzung sowie Art. 87 lit. m der EuGH-Verfahrensordnung davon, dass die Urteile mit Gründen zu versehen sind. Daher kommt es für die Akzeptanz von Urteilen – und dies anerkennt der Europäische Gerichtshof durch eine seit Jahren gesteigerte Argumentationsdichte – insbesondere auf die Plausibilität und Kohärenz der Entscheidungsbegründung an.[526] Bei ausdrücklichem Bezug – oder zumindest in abgeschwächter Form bei übereinstimmendem Ergebnis – kann hinsichtlich der Begründung eines Urteils des Europäischen Gerichtshofs daneben auf die oftmals präzisen und juristisch argumentativ fundierten Äußerungen in den Schlussanträgen der Generalanwälte zurückgegriffen werden.[527] In Bezug auf die Begründungspflicht und Nachvollziehbarkeit einer Entscheidung des Gerichtshofs sollte auch folgende „je-desto-Formel" gelten: Je stärker sich die Urteilsaussage von einem konkreten Rechtsanwendungsbefehl einer Norm löst und je tiefer in das kompetenzielle Verhältnis der Europäischen Union zu ihren Mitgliedstaaten eingegriffen wird, desto höher sind die Anforderungen an eine nachvollziehbare und juristisch untermauerte gerichtliche Argumentation.[528]

Nur wenn der Europäische Gerichtshof also den weiten, ihm durch Art. 19 Abs. 1 Uabs. 1 Satz 2 EUV zugesprochenen Einschätzungsspielraum willkürlich verlassen sollte, darf das Bundesverfassungsgericht intervenieren, weil darin ein Verstoß gegen rechtsstaatliche Grundsätze im Sinne des Art. 23 Abs. 1 Satz 1 GG läge. Dies betrifft also insbesondere einen Fall, in dem das Urteilsresultat durch den Europäischen Gerichtshof nicht begründet wird, Normen überhaupt nicht oder zumindest unverständlich herangezogen werden und auch unter Berücksichtigung der Schlussanträge des Generalanwalts die Urteilsfindung schlechterdings nicht nachvollziehbar ist. Ein wenig erhellt werden diese

---

[525] *Everling*, Zur Begründung der Urteile des Gerichtshofs der Europäischen Gemeinschaften, EuR 1994, 127 (133): „Übereinstimmend stellen die [französischen] Gerichte ihre Entscheidungen als einfache, zwingende Deduktion aus den Rechtssätzen dar. Sie sprechen als ‚bouche de la loi' in der Tradition *Montesquieus* und lassen keinen Zweifel an der Richtigkeit ihres Spruchs erkennen." (Hervorh. i. O.).

[526] Vgl. *Everling*, Zur Begründung der Urteile des Gerichtshofs der Europäischen Gemeinschaften, EuR 1994, 127 (131): „Zentrale Bedeutung kommt der Plausibilität der Begründungen der getroffenen Entscheidungen, der Überzeugungskraft, die sie ausstrahlen, und der Antwort, die sie auf die Argumentation der Parteien geben, zu." Siehe auch *Schnettger*, Verbundidentität, 2020, S. 379 ff.

[527] Vgl. *Pechstein*, EU-Prozessrecht, 4. Aufl. 2011, Rn. 96; *Ukrow*, Von Luxemburg lernen heißt Integrationsgrenzen bestimmen – Anmerkungen zur Vorlage-Entscheidung des Bundesverfassungsgerichts vom 14. Januar 2014, ZEuS 2014, 119 (130).

[528] Vgl. dazu auch *Lochmann*, Taricco I – ein Ultra-vires-Akt? Zur Rechtsfortbildung durch den EuGH, EuR 2019, 61 (76). Ähnlich, allerdings im Zusammenhang mit der Wahrung des interinstitutionellen Gleichgewichts: *Ukrow*, Richterliche Rechtsfortbildung durch den EuGH, 1995, S. 203.

Anforderungen, wenn sogleich unter VIII. anhand einzelner und umstrittener Beispiele aus der Rechtsprechung des Europäischen Gerichtshofs ausgewählte Entscheidungen auf eine in diesem Sinne befürwortete methodengerechte Begründung und damit auf einen etwaigen ultra-vires-Akt hin untersucht werden.

Hiermit ist zugleich gesagt, dass ein ultra-vires-Akt des Europäischen Gerichtshofs wenn nicht ausgeschlossen, so doch sehr unwahrscheinlich ist, weil von der Einhaltung dieser Mindestvoraussetzungen in Entscheidungen des Europäischen Gerichtshofs grundsätzlich ausgegangen werden kann. Die hier befürwortete Ausübung des ultra-vires-Kontrollvorbehalts in Anknüpfung an die Anforderung zur Wahrung rechtsstaatlicher Grundsätze im Sinne des Art. 23 Abs. 1 Satz 1 GG dürfte mehr eine theoretische Reservekompetenz darstellen, als dass ihre Anwendung in der Praxis tatsächlich einmal zu besorgen ist. Gerade dies wird bisweilen heftig kritisiert.[529] Doch genau das ist es, was die „Europarechtsfreundlichkeit des Grundgesetzes“ und vor allem die auf Grundsatzverletzungen zurückgezogene Kontrolle des Art. 23 Abs. 1 Satz 1 GG verlangen: Es ist eine denkbar weitgehende Übertragung der Entscheidung über die Kompetenzmäßigkeit unionalen Handelns auf den Europäischen Gerichtshof durch das Zustimmungsgesetz möglich. Nur dann, wenn dieser seiner rechtsprechenden Aufgabe nicht gerecht würde, sondern autonom faktisch Recht setzte und seine Entscheidungsbegründung schlechterdings nicht nachvollziehbar erscheinen würde, überschritte dies die Grenze des Zustimmungsgesetzes. Eine solche Entscheidung des Europäischen Gerichtshofs und gegebenenfalls auch die ihr zugrunde liegende Handlung der unionalen Stellen würden in der Bundesrepublik Deutschland keine Verbindlichkeit beanspruchen – sie ergingen in diesem Fall ultra vires.[530]

Das Bundesverfassungsgericht ließ im OMT-Urteil schon eine gewisse Anerkennung dieses Konzepts durchscheinen, wenn es dort hieß, dass bei Entscheidungen des Europäischen Gerichtshofs die nicht mehr akzeptable Grenze erst bei einer „offensichtlich schlechterdings nicht mehr nachvollziehbaren und daher objektiv willkürlichen Auslegung der Verträge“[531] überschritten sei. Erst in diesem Fall würde der Europäische Gerichtshof seiner durch Art. 19 Abs. 1 Uabs. 1 Satz 2 EUV beschriebenen Rechtsprechungsaufgabe nicht mehr gerecht und fehlte ihm das notwendige Minimum an demokratischer Legitimation durch das verabschiedete Zustimmungsgesetz.[532]

---

[529] Siehe insb. die abweichende Meinung des Richters *Landau*, in: BVerfGE 126, 286 (324) – Honeywell.

[530] Zu den Rechtsfolgen siehe unten Fünfter Teil D. (S. 377 ff.).

[531] BVerfGE 142, 123 (201 Rn. 149) – OMT-Urteil. Vgl. auch BVerfGE 154, 17 (96 Rn. 118) – PSPP-Urteil.

[532] BVerfGE 142, 123 (201 Rn. 149) – OMT-Urteil. Siehe auch ebd., S. 207 Rn. 160: „Eine offenkundige Außerachtlassung der im europäischen Rechtsraum überkommenen Auslegungsmethoden oder allgemeiner, den Rechtsordnungen der Mitgliedstaaten gemeinsamer Rechtsgrundsätze (Art. 6 Abs. 3 EUV), ist vom Mandat des Art. 19 Abs. 1 Satz 2 EUV nicht umfasst.“

Nichtsdestotrotz – und das ist wohl der entscheidende Unterschied zu der hier vertretenen Vorgehensweise – behält das Bundesverfassungsgericht sowohl vor als auch nach der Vorabentscheidung des Europäischen Gerichtshofs seine Kriterien der „Offensichtlichkeit" und der „strukturellen Relevanz" des Kompetenzverstoßes bei und subsumiert diese lediglich unter Berücksichtigung der Entscheidung des Europäischen Gerichtshofs. Dies wird darin erkennbar, dass die soeben angesprochene Passage im OMT-Urteil innerhalb des Kriteriums der „Offensichtlichkeit" des Kompetenzverstoßes zu lesen ist und direkt im Anschluss hervorgehoben wird, dass eine offensichtliche Kompetenzverletzung nicht allein bereits deswegen zu verneinen ist, weil unterschiedliche Rechtsauffassungen vertreten werden.[533] Im PSPP-Urteil subsumiert das Bundesverfassungsgericht die Vorabentscheidung dann ausdrücklich den bekannten Kriterien.[534] Behält das Bundesverfassungsgericht aber auch nach der Vorabentscheidung des Europäischen Gerichtshofs seine Kriterien der „Offensichtlichkeit" und der „strukturellen Relevanz" des Kompetenzverstoßes bei, so könnte dem Urteil des Europäischen Gerichtshofs nicht viel mehr als der Charakter einer „gutachterlichen Stellungnahme" zukommen.[535] Dies ignoriert die durch das Zustimmungsgesetz zu den europäischen Primärverträgen enthaltene Entscheidung zugunsten eines grundsätzlichen Entscheidungsmonopols des Europäischen Gerichtshofs. Vor dem Hintergrund der dogmatischen Abstützung der ultra-vires-Residualkompetenz in Art. 23 Abs. 1 Satz 1 GG sollte die Prüfungsdichte des Bundesverfassungsgerichts noch weiter und großzügiger als diejenige sein, die zur Zeit vom Bundesverfassungsgericht – insbesondere auch im PSPP-Verfahren – angewandt wird. Lediglich grob methodisch fehlerhaftes, weil sich von der Argumentation mit unionsrechtlichen Normen lösendes und daher nicht mehr mit der Rechtsprechungsaufgabe des Europäischen Gerichtshofs in Zusammenhang stehendes Handeln kann vom Bundesverfassungsgericht als ultra-vires-Akt identifiziert werden. Nur die Kontrolle über die Frage, ob der Europäische Gerichtshof seiner Rechtsprechungsaufgabe aus Art. 19 Abs. 1 Uabs. 1 Satz 2 EUV im Hinblick auf die Wahrung der Kompetenzordnung nachkam, ist mithin aus Sicht des deutschen Zustimmungsgesetzes zum Vertrag von Lissabon und vor dem Hintergrund einer möglichen Verletzung rechtsstaatlicher Grundsätze im Sinne des Art. 23 Abs. 1 Satz 1 GG einer verfassungsgerichtlichen Kontrolle zugänglich.

---

[533] Vgl. dazu BVerfGE 142, 123 (201 Rn. 150) – OMT-Urteil.

[534] BVerfGE 154, 17 (117 Rn. 154) – PSPP-Urteil: „Die Auslegung des Verhältnismäßigkeitsgrundsatzes und die darauf gestützte Bestimmung des Mandats des ESZB im Urteil des Gerichtshofs vom 11. Dezember 2018 überschreiten *offensichtlich* das ihm in Art. 19 Abs. 1 Satz 2 EUV erteilte Mandat […] und bewirken eine *strukturell bedeutsame Kompetenzverschiebung* zu Lasten der Mitgliedstaaten […]." (Hervorh. d. Verf.).

[535] Vgl. in diesem Zusammenhang auch *J. Ipsen*, Das Bundesverfassungsgericht *ultra vires* – Das Letztentscheidungsrecht im Spannungsfeld von Recht und Politik, Recht und Politik 2020, 344 (360).

4. Einzelfallprüfung oder Suspendierung des Prüfanspruchs?

An dieser Stelle verdient noch die Frage eine Untersuchung, ob – so wie es das Bundesverfassungsgericht und das ihm folgende Schrifttum implizit handhaben – eine Einzelfallprüfung im Hinblick auf etwaige ultra-vires-Handlungen der unionalen Stellen angezeigt ist oder ob eine generelle Suspendierung des Prüfungsanspruchs in Betracht kommt. Mit letzterer – und in Anlehnung an die Grundrechtsjudikatur des Bundesverfassungsgerichts aus der Solange II-Entscheidung –[536] ist gemeint, dass das Bundesverfassungsgericht *solange* die Einhaltung der Kompetenzmäßigkeit der Handlungen der unionalen Stellen nicht überprüft, wie der Europäische Gerichtshof als verlässlicher Hüter des Prinzips der begrenzten Einzelermächtigung fungiere und die der Union eingeräumten Kompetenzgrenzen beachte.[537] Das Bundesverfassungsgericht soll nach diesem Ansatz also erst dann zum Einschreiten berechtigt sein, wenn die Zuständigkeitsordnung durch den Europäischen Gerichtshof in mehreren Fällen ignoriert, diese durch ihn also „strukturell verletzt" wurde.[538] Begründet wird dieser Ansatz damit, dass durch die Zuordnung von Kompetenzen zugunsten der Europäischen Union regelmäßig – insbesondere auch durch das im Primärrecht verankerte Subsidiaritätsprinzip des Art. 5 Abs. 1 Satz 2, Abs. 3 EUV – Beurteilungs- und Einschätzungsspielräume für die unionalen Stellen einhergehen und nur durch diese generelle Suspendierung des Prüfungsanspruchs die weitgehende Einheitlichkeit der Geltung des Unionsrechts und das Rechtsprechungsmonopol des Europäischen Gerichtshofs gemäß Art. 19 Abs. 1 Uabs. 1 Satz 2 EUV sichergestellt werden können.[539]

---

[536] Siehe dazu noch umfassend unten den Dritten Teil A. IV. (S. 193 ff.).

[537] So insbesondere *Nicolaysen/Nowak*, Teilrückzug des BVerfG aus der Kontrolle der Rechtmäßigkeit gemeinschaftlicher Rechtsakte: Neuere Entwicklungen und Perspektiven, NJW 2001, 1233 (1237 f.). Ganz ähnlich auch *Everling*, Brauchen wir „Solange III"? – Zu den Forderungen nach Revision der Rechtsprechung des Bundesverfassungsgerichts, EuR 1990, 195 (224) und *Kiekebusch*, Der Grundsatz der begrenzten Einzelermächtigung, 2017, S. 171 f. *Ukrow*, Von Luxemburg lernen heißt Integrationsgrenzen bestimmen – Anmerkungen zur Vorlage-Entscheidung des Bundesverfassungsgerichts vom 14. Januar 2014, ZEuS 2014, 119 (138 f.) liefert schon einen Formulierungsvorschlag: „Solange die Europäische Union, insbesondere die Rechtsprechung des Europäischen Gerichtshofs, einen wirksamen Schutz davor generell gewährleistet, dass das Primärrecht durch Organe der EU verändert oder erweiternd ausgelegt wird, zumal gewährleistet, dass die Europäische Zentralbank ihre Befugnisse in einer Weise wahrnimmt, die den Kriterien des AEUV und der ESZB-Satzung hinsichtlich der Unabhängigkeit der EZB und der Priorität der Geldwertstabilität entspricht, wird das Bundesverfassungsgericht seine Gerichtsbarkeit über die Anwendbarkeit von abgeleitetem Unionsrecht, das als Rechtsgrundlage für ein Verhalten deutscher Gerichte und Behörden im Hoheitsbereich der Bundesrepublik Deutschland in Anspruch genommen wird, nicht mehr ausüben und dieses Recht mithin nicht mehr bei Verfassungsbeschwerden am Maßstab des Art. 38 Abs. 1 GG und bei Organstreitverfahren am Maßstab des Art. 23 Abs. 1 GG überprüfen."

[538] *Calliess*, Die europarechtliche Ultra-Vires-Kontrolle des Bundesverfassungsgerichts – Stumpfes Schwert oder Gefahr für die Autorität des Unionsrechts, in: Festschrift Stein, 2015, S. 446 (459).

[539] Vgl. *Calliess*, Die europarechtliche Ultra-Vires-Kontrolle des Bundesverfassungs-

Überzeugend ist jedoch, die ultra-vires-Kontrolle – zumindest auch –[540] als Einzelfallkontrolle im Hinblick auf die Einhaltung der Kompetenzgrenzen bei Handlungen der unionalen Stellen auszuüben.[541] Bei einer generellen Aussetzung der bundesverfassungsgerichtlichen Kompetenz könnte eine einzelne Handlung der Unionsstellen unbeachtet bleiben, auch wenn sie und das bestätigende Urteil des Europäischen Gerichtshofs bereits einen Verstoß gegen rechtsstaatliche Grundsätze bedeuteten. Denn schon ein einzelner, evident kompetenzwidriger Akt der unionalen Stellen unter nicht nachvollziehbarer Billigung des Europäischen Gerichtshofs kann rechtsstaatliche Grundsätze im Sinne des Art. 23 Abs. 1 Satz 1 GG erheblich verletzen. Zöge sich das Bundesverfassungsgericht auf eine nur generelle Prüfungskompetenz zurück und machte es die Aktivierung seiner Befugnis davon abhängig, dass der Europäische Gerichtshof „anhaltend"[542] respektive „dauerhaft"[543] gegen die Kompetenzordnung verstieße, so drohten nicht sanktionierte rechtsstaatliche Grundsatzverstöße. Im Extremfall kann also sogar bereits ein einzelner Akt der unionalen Stellen – beispielhaft und sicher überspitzt: die Ausrufung eines europäischen Bundesstaates – rechtstaatliche Grundsätze im Sinne des Art. 23 Abs. 1 Satz 1 GG verletzen. Nicht zu leugnen ist freilich, dass eine rechtsstaatliche Grundsatzverletzung wohl eher bei der Berücksichtigung mehrerer Urteile in der Rechtsprechungsentwicklung des Europäischen Gerichtshofs in Betracht kommt. In diesen Fällen wird das Zustimmungsgesetz zu den europäischen Primärverträgen in Gänze oder in Teilen verfassungswidrig. Der genaue Prüfungsumfang des Bundesverfassungsgerichts hängt dabei maßgeblich davon ab, in welchem Verfahren und auf welche Weise ihm die Frage nach einem ultra-vires-Handeln der Unionsstellen vorgelegt wird.[544] An dieser Stelle reicht es aus, festzustellen,

---

gerichts – Stumpfes Schwert oder Gefahr für die Autorität des Unionsrechts, in: Festschrift Stein, 2015, S. 446 (458 f.). Für eine nur generelle Kontrollbefugnis des Bundesverfassungsgerichts spricht sich auch *Sauer*, Jurisdiktionskonflikte im Mehrebenensystem, 2008, S. 191 aus, der allerdings bei einer strukturellen Missachtung der Kompetenzordnung nicht zu einer Einzelfallkontrolle durch das Bundesverfassungsgericht zurückkehren will, sondern in diesem Fall das Zustimmungsgesetz i. S.d. Art. 23 Abs. 1 Satz 2 GG für verfassungswidrig hält.

540 Dem in der vorherigen Fußnote wiedergegebenen Gedanken *Sauers* ist daneben aber subsidiär zuzustimmen: Sollte der Europäische Gerichtshof sogar strukturell und nachhaltig in einer Vielzahl von Fällen die Kompetenzordnung missachten, kann das Zustimmungsgesetz zum Vertrag von Lissabon in Gänze oder in Teilen wegen eines Verstoßes gegen Art. 23 Abs. 1 Satz 1 GG – eine solche Europäische Union entspräche nicht mehr rechtsstaatlichen Grundsätzen – für verfassungswidrig erklärt werden. Die äußerste Folge wäre, dass die Bundesrepublik Deutschland ein Austrittsverlangen nach Art. 50 EUV zu stellen hätte. Siehe dazu noch unten Fünfter Teil D. (S. 377 ff.).

541 So insbesondere auch *Dederer*, Die Grenzen des Vorrangs des Unionsrechts – Zur Vereinheitlichung von Grundrechts-, Ultra-vires- und Identitätskontrolle, JZ 2014, 313 (317 f.).

542 So *Hirsch*, Europäischer Gerichtshof und Bundesverfassungsgericht – Kooperation oder Konfrontation?, NJW 1996, 2457 (2466).

543 So *Proelß*, Bundesverfassungsgericht und überstaatliche Gerichtsbarkeit, 2014, S. 266.

544 Siehe dazu umfassend unten den Fünften Teil (S. 317 ff.).

dass eine Einzelfallkontrolle dem Bundesverfassungsgericht jedenfalls nicht von Beginn an verwehrt ist.

5. *Ergebnis*

Damit erhält die ultra-vires-Rüge eine klare zweistufige Konzeption: Vor dem Bundesverfassungsgericht ist – in einem zulässigen verfassungsprozessualen Verfahren –[545] zunächst in einem ersten Schritt geltend zu machen, dass eine Handlung der Unionsstellen einen Verstoß gegen die Kompetenzordnung im vertikalen Verhältnis der Europäischen Union zu ihren Mitgliedstaaten darstelle und insofern eine Verletzung der Struktursicherungsklausel des Art. 23 Abs. 1 Satz 1 GG wegen der Außerachtlassung des grundlegenden Prinzips der begrenzten Einzelermächtigung gemäß Art. 4 Abs. 1, Art. 5 Abs. 1 Satz 1, Abs. 2 EUV zu besorgen sei. Diesen Vortrag hat das Bundesverfassungsgericht zu prüfen: Hält es eine Kompetenzüberschreitung der Unionsstellen für *möglich* – und mehr hat es an dieser Stelle noch nicht zu untersuchen – hat das Bundesverfassungsgericht im Wege des Vorabentscheidungsverfahrens nach Art. 267 Uabs. 1 lit. b und Uabs. 3 AEUV dem Europäischen Gerichtshof die Frage nach der Gültigkeit des sekundären Unionsrechtsakts[546] vorzulegen.[547] Nach der Entscheidung des Europäischen Gerichtshofs, welche der unionalen Handlung Kompetenzmäßigkeit bescheinigt hat, verändert sich der Prüfungsmaßstab des Bundesverfassungsgerichts entscheidend: Es hat sich zunächst weitgehend von der Frage zu lösen, ob tatsächlich in der unionalen Handlung ein Verstoß gegen die Verbandszuständigkeit gesehen werden kann. Nun ist vielmehr die Entscheidung des Europäischen Gerichtshofs als solche in den Blick zu nehmen und allein darauf zu untersuchen, ob sie methodisch grob fehlerhaft ist und daher als willkürlich angesehen werden muss. Nur in diesem Fall entfernt sich der Europäische Gerichtshof von seinem in Art. 19 Abs. 1 Uabs. 1 Satz 2 EUV beschriebenen Auftrag auch zur Wahrung der Kompetenzordnung zwischen der Europäischen Union und ihren Mitgliedstaaten und nur in diesem Fall ist wegen eines Verstoßes gegen rechtsstaatliche Grundsätze aus Art. 23 Abs. 1 Satz 1 GG das Bundesverfassungsgericht zum Einschreiten befugt. Allein eine solche In-

---

[545] Siehe dazu unten den Fünften Teil (S. 317 ff.).

[546] In Betracht kommt daneben gegebenenfalls die Frage nach der Auslegung eines Urteils des Europäischen Gerichtshofs, wenn dieses als primärer ultra-vires-Akt angegriffen wird. Siehe oben Zweiter Teil D. VII. 3. (S. 129 ff.).

[547] Ist das Bundesverfassungsgericht hingegen mit der notwendigen Überzeugung der Ansicht, dass ein Verstoß gegen die Verbandskompetenz durch eine unionale Handlung ausscheidet, kann es mit Rekurs auf die acte-clair- respektive acte-éclairé-Doktrin des Europäischen Gerichtshofs die anhängigen verfassungsprozessualen Verfahren als unbegründet zurückweisen. So ist das Bundesverfassungsgericht auch in seinem Urteil zur Verfassungsmäßigkeit der Europäischen Bankenunion vorgegangen, wenngleich hier das Vorliegen eines acte éclairé zweifelhaft war (vgl. oben Zweiter Teil B. IX. 2., S. 73 f.). Siehe allgemein zur acte-clair- und acte-éclairé-Doktrin *Ehricke*, in: Streinz, EUV/AEUV, 3. Aufl. 2018, Art. 267 AEUV Rn. 47 f.

terpretation des Rechtsprechungsauftrags durch den Europäischen Gerichtshof verstößt in erheblicher Weise gegen die dem Europäischen Gerichtshof im Zustimmungsgesetz umschriebene Aufgabe nach Art. 19 Abs. 1 Uabs. 1 Satz 2 EUV und damit gegen rechtsstaatliche Grundsätze.[548] Auf die Kriterien der Offensichtlichkeit sowie der strukturellen Bedeutsamkeit der Kompetenzverletzung sollte dabei verzichtet werden. Für den Fall, dass tatsächlich ein willkürliches Handeln des Europäischen Gerichtshofs festgestellt wurde, hat das Bundesverfassungsgericht als Voraussetzung für die Feststellung eines ultra-vires-Akts schließlich noch selbst der Überzeugung zu sein, dass der angegriffene Akt auch im Ergebnis gegen die Verbandszuständigkeit der Europäischen Union verstößt.[549] Die Einordnung eines Urteils des Europäischen Gerichtshofs als „ultra vires“, wenn der zugrundeliegende Unionsakt rechtskonform ist, ist hingegen nicht möglich;[550] in diesen Fällen wird das Bundesverfassungsgericht indes zumeist schon von einer Vorlage absehen.

Mit diesem Maßstab geht zugleich einher, dass eine derartige Fehlentscheidung des Europäischen Gerichtshofs kaum vorstellbar ist – aber genau dies ist auch der Sinn und Zweck der hier vorgeschlagenen Vorgehensweise. Das Bundesverfassungsgericht zieht sich wegen des grundsätzlichen Rechtsprechungsmonopols des Europäischen Gerichtshofs, das ihm durch das europäische Primärrecht und das deutsche Zustimmungsgesetz im Sinne des Art. 23 Abs. 1 Satz 2 GG verliehen wurde, weitgehend zurück und wird erst bei einer Verletzung der Struktursicherungsklausel des Art. 23 Abs. 1 Satz 1 GG durch Entscheidungen des Europäischen Gerichtshofs aktiv. Denn das Zustimmungsgesetz zum Vertrag von Lissabon konnte vor dem Hintergrund der Strukturanforderungen des Art. 23 Abs. 1 Satz 1 GG den Europäischen Gerichtshof nicht dazu ermächtigen, willkürliche Entscheidungen über die Einhaltung der Kompetenzordnung zu treffen, weil damit zum einen die konkrete Gefahr der Begründung einer – zumindest faktischen – Kompetenz-Kompetenz zugunsten der Europäischen Union und zum anderen die Gefahr der Außerachtlassung rechtsstaatlicher Grundsätze durch schlechterdings nicht nachvollziehbare Ent-

---

[548] In anderen Worten kann auch der Aussage *Giegerichs*, Europäische Verfassung und deutsche Verfassung im transnationalen Konstitutionalisierungsprozeß, 2003, S. 713 zugestimmt werden: „Die Mißachtung einer EuGH-Entscheidung ist nur dann zulässig, wenn sie die Rechtsstaatlichkeit der Gemeinschaft weniger stark erschüttern würde als ihre Beachtung.“

[549] Eine gesonderte dahingehende Überzeugung ist nur dann vonnöten, wenn sich das Bundesverfassungsgericht – zutreffenderweise – im Vorlagebeschluss darauf beschränkte, die Rechtsansicht der Verfahrensbeteiligten in Bezug auf die angegriffene Unionshandlung für gut vertretbar zu halten und insofern „Zweifel“ an der Gültigkeit einer Unionshandlung im Sinne des Art. 267 Uabs. 1 lit. b AEUV hegte.

[550] Offengelassen hingegen von *Dietz*, Die gerichtliche Kontrolle der EZB durch den EuGH und das BVerfG – ein Konfliktfall im Verfassungsgerichtsverbund und Eurosystem?, EuZW 2019, 925 (932 f.).

scheidungen zu besorgen wäre. Im Grundsatz ist aber die Vorrangstellung des Europäischen Gerichtshofs nahezu uneingeschränkt anzuerkennen.[551]

Die vorgeschlagene klar getrennte zweistufige Vorgehensweise hat nebenbei bemerkt möglicherweise auch positive Auswirkungen auf den Individualrechtsschutz in der Europäischen Union gegen unionale Rechtsakte: Denn durch die abgesenkten Anforderungen auf der ersten Stufe sind gegebenenfalls mehr Vorabentscheidungsersuchen des Bundesverfassungsgerichts – in diesem Sinne durchaus als „funktionales Unionsgericht"[552] – an den Europäischen Gerichtshof zu erwarten. Dies wird sich wohl nicht nur positiv auf deren „Kooperationsverhältnis" auswirken, sondern kann auch – infolge der hohen Anforderungen des unionalen Individualrechtsschutzes insbesondere im Rahmen der Nichtigkeitsklage nach Art. 263 Uabs. 4 AEUV –[553] eine sinnvolle Ergänzung der Rechtsschutzmöglichkeiten des Einzelnen gegen Handlungen der Unionsstellen darstellen.[554]

VIII. Praktikabilität anhand ausgewählter Urteile des Europäischen Gerichtshofs

Basierend auf den Erörterungen, wie das Bundesverfassungsgericht bei potenziellen ultra-vires-Akten Urteile des Europäischen Gerichtshofs auf die Wahrung der Einhaltung rechtsmethodischer Standards hin zu untersuchen hat, soll im Folgenden anhand von drei Beispielen, in denen eine Kompetenzüberschrei-

---

[551] Vgl. auch *Berger*, Anwendungsvorrang und nationale Verfassungsgerichte, 2015, S. 366, nach der zu hoffen bleibt, dass das Bundesverfassungsgericht „an eine Verwerfung im Rahmen der *ultra vires*-Kontrolle derart hohe Anforderungen stellt, dass diese nicht in Betracht kommt" (Hervorh. i. O.). A. A. hingegen *Horn*, Rügevoraussetzungen für die Ultra-vires-Kontrolle von Rechtsakten der Europäischen Union durch das Bundesverfassungsgericht, in: Festschrift Landau, 2016, S. 215 (230): „Es wäre fatal, wenn die Ultra-vires-Kontrolle […] aus einem ‚effektiven Kontrollinstrument' ein ‚stumpfes Schwert' machen würde, das allenfalls in Extremsituationen in Betracht käme, im Übrigen aber in der Praxis kaum nachzuweisen wäre." und auch *Kahl*, Optimierungspotenzial im „Kooperationsverhältnis" zwischen EuGH und BVerfG, NVwZ 2020, 824 (827), der folgende Solange-Formel vorschlägt: „Solange der *EuGH* seiner Rolle als *europäisches Kompetenz- und Identitätsgericht* nicht genügt, sondern einseitig zugunsten der Union entscheidet, einen mitunter schneidigen ‚von oben herab'-Ton pflegt und im Selbstverständnis so hierarchisch-selbstreferentiell und gegenüber kritischen Anfragen von außen so hermetisch verbleibt, bedarf es daneben weiterer Kontrolleure und hin und wieder der Irritation ‚von unten' durch die nationalen Verfassungsgerichte […]." (Hervorh. i. O.).

[552] *Huber*, 70 Jahre Grundgesetz – zwischen Dankbarkeit, Stolz und Verantwortung, BayVBl. 2019, 829 (830) spricht schon davon, dass das Bundesverfassungsgericht durch seine Entscheidungen im europaverfassungsrechtlichen Kontext „in der Sache zu einem auch europäischen Gericht geworden ist".

[553] Hier insbesondere durch die strengen Kriterien der Plaumann-Formel für ein individuelles Betroffensein i. S. d. Art. 263 Uabs. 4 Var. 2 AEUV, siehe dazu näher: *Thiele*, Europäisches Prozessrecht, 2. Aufl. 2014, § 7 Rn. 55 ff.

[554] Zur Verfassungsbeschwerde siehe noch umfassend unten Fünfter Teil A. (S. 318 ff.).

tung des Europäischen Gerichtshofs diskutiert wurde (oder noch aktuell wird), eine solche Kontrolle praktischer Anschauung zugeführt werden.

1. Das Mangold-Urteil

Prototyp für eine etwaige Aktivierung der ultra-vires-Reservekompetenz war im Honeywell-Beschluss des Bundesverfassungsgerichts[555] das Mangold-Urteil des Gerichtshofs, das vielen als „ausbrechender Rechtsakt" galt.[556] Der Europäische Gerichtshof könnte in diesem Urteil durch die Entwicklung eines allgemeinen Grundsatzes des Verbots der Altersdiskriminierung sowie der Vorwirkung und – kumulativ hinzutretend – der unmittelbaren horizontalen Drittwirkung einer Richtlinienbestimmung[557] zulasten der Mitgliedstaaten in deren Zuständigkeit für die Beschäftigungspolitik übergegriffen haben. Es handelte sich also – im oben beschriebenen Sinne – um einen möglichen originären ultra-vires-Akt des Europäischen Gerichtshofs. Nach der hier vertretenen Auffassung hätte das Bundesverfassungsgericht zunächst bei der Prüfung, ob eine Verletzung des Prinzips der begrenzten Einzelermächtigung vorliegt, den Europäischen Gerichtshof erneut im Wege des Vorabentscheidungsverfahrens nach Art. 267 AEUV anrufen und um eine Klarstellung zur Auslegung des Urteils beziehungsweise dessen Begründung bitten müssen, wenn es das Vorbringen der Beschwerdeführer hinsichtlich des Vorliegens eines ultra-vires-Handelns für gut vertretbar gehalten haben sollte.[558] Erst danach wäre gemäß der hier befürworteten Konzeption die eigentliche Überprüfung der Entscheidung des Europäischen Gerichtshofs daraufhin zulässig gewesen, ob in ihr grundlegende rechtsmethodische Standards vor dem Hintergrund der Struktursicherungsklausel des Art. 23 Abs. 1 Satz 1 GG gewahrt wurden. Da eine solche Vorlage des

---

555 BVerfGE 126, 286 ff. und dazu oben Zweiter Teil B. VII. (S. 47 ff.).

556 Insbesondere *Gerken/Rieble/Roth/Stein/Streinz*, „Mangold" als ausbrechender Rechtsakt, 2009, passim. Siehe daneben *Kufer/Weishaupt*, Der Europäische Gerichtshof als neues Legislativorgan bei der Altersdiskriminierung?, EuZA 2011, 233 (241).

557 Es ging um Art. 6 Abs. 1 der Richtlinie 2000/78/EG des Rates vom 27.11.2000 zur Festlegung eines allgemeinen Rahmens für die Verwirklichung der Gleichbehandlung in Beschäftigung und Beruf, Abl. 2000 Nr. L 303/16.

558 Dabei hätte vor allem erfragt werden können, ob sich der EuGH bei seiner Argumentation der Unionsrechtswidrigkeit von § 14 Abs. 3 Satz 4 TzBfG a. F. auf die Bestimmung des Art. 6 Abs. 1 der Richtlinie 2000/78/EG oder auf einen allgemeinen Grundsatz des Verbots der Altersdiskriminierung gestützt hat. Vgl. für die Unklarheiten dieser dogmatischen Abstützung BVerfGE 126, 286 (308 f.) – Honeywell: „Diese Aussage [die Unionsrechtswidrigkeit des § 14 Abs. 3 Satz 4 TzBfG a. F.] wurde mit zwei Argumenten begründet, deren Beziehung zueinander unklar bleibt. […] Während eine Stelle in der englischen und französischen Sprachfassung der Mangold-Entscheidung darauf hindeutet, dass sich der Gerichtshof insbesondere auf das allgemeine Diskriminierungsverbot zu stützen scheint (vgl. EuGH, Urteil vom 22. November 2005, a. a. O., Rn. 74: ‚[z]weitens' [deutsche Sprachfassung], ‚[i]n the second place and above all' [englische Sprachfassung], ‚[e]n second lieu et surtout' [französische Sprachfassung]), könnte eine andere Stelle für das Gegenteil sprechen (EuGH, Urteil vom 22. November 2005, a. a. O., Rn. 78: ‚insbesondere Artikel 6 Absatz 1 der Richtlinie 2000/78')."

Bundesverfassungsgerichts – aus unterschiedlichen möglichen Gründen –[559] nicht erfolgt ist, muss für die Zwecke dieser Untersuchung unmittelbar auf das Mangold-Urteil des Europäischen Gerichtshofs Bezug genommen werden. Als Wesensmerkmal und zugleich Mindestvoraussetzung für eine rechtsmethodisch ordnungsgemäße Vorgehensweise wurde dabei angesehen, dass Urteile des Europäischen Gerichtshofs mit Bezug auf Normen des Unionsrechts und unter Auseinandersetzung mit Gegenpositionen hinreichend klar begründet werden und so die Rechtsüberzeugung des Gerichtshofs nicht willkürlich erscheint. Bei dieser Untersuchung bietet sich eine Unterscheidung hinsichtlich der einzelnen Begründungsansätze im Mangold-Urteil an.

a) Vorwirkung und unmittelbare Drittwirkung der Richtlinienbestimmung

Zunächst rekurrierte der Europäische Gerichtshof auf die Bestimmung des Art. 6 Abs. 1 der Richtlinie 2000/78 und erklärte eine nationale Bestimmung wie § 14 Abs. 3 Satz 4 TzBfG a. F.[560] für hiermit unvereinbar: Zwar stelle der Zweck der beruflichen Wiedereingliederung älterer Menschen in den Arbeitsmarkt ein legitimes Ziel dar,[561] allerdings widerspreche die ausschließliche Fokussierung auf das Kriterium des Lebensalters – ohne Berücksichtigung beispielsweise der Dauer der Arbeitslosigkeit – dem Verhältnismäßigkeitsgrundsatz, weil durch die Bestimmung des § 14 Abs. 3 Satz 4 TzBfG a. F. ältere Arbeitnehmer unbegrenzt in unsicheren, befristeten Arbeitsverhältnissen beschäftigt werden könnten.[562]

Besondere Beachtung muss allerdings der Umstand verdienen, dass die Frist für die Umsetzung der Richtlinie 2000/78/EG für die Bundesrepublik Deutschland noch nicht abgelaufen war. Fraglich erschien deshalb, ob nichtsdestotrotz eine solche Richtlinienbestimmung im Vorfeld bereits zur Unionsrechtswidrigkeit nationalen Rechts führen konnte. Der Europäische Gerichtshof meinte hierzu recht kursorisch:

„Dass die Frist zur Umsetzung der Richtlinie 2000/78 zum Zeitpunkt des Abschlusses des Vertrages noch nicht abgelaufen war, steht dieser Feststellung [der Unionsrechtswidrigkeit des § 14 Abs. 3 Satz 4 TzBfG a. F.] nicht entgegen […], [weil] die Mitgliedstaaten während der Frist für die Umsetzung einer Richtlinie keine Vorschriften erlassen dürfen,

559 Siehe dazu oben Zweiter Teil B. VII. 3. a) (S. 51 f.).

560 Die maßgeblichen Bestimmungen in § 14 Abs. 3 Satz 1 und Satz 4 TzBfG in der Fassung vom 23.12.2002, BGBl. I, S. 4607 lauteten: „Die Befristung eines Arbeitsvertrags bedarf keines sachlichen Grundes, wenn der Arbeitnehmer bei Beginn des befristeten Arbeitsverhältnisses das 58. Lebensjahr vollendet hat. […] Bis zum 31. Dezember 2006 ist Satz 1 mit der Maßgabe anzuwenden, dass an die Stelle des 58. Lebensjahres das 52. Lebensjahr tritt."

561 EuGH, Urt. v. 22.11.2005, Rs. C-144/04, Slg. 2005, S. I-9981 (10036 Rn. 59 f.) – Mangold.

562 EuGH, Urt. v. 22.11.2005, Rs. C-144/04, Slg. 2005, S. I-9981 (10037 f. Rn. 64 f.) – Mangold.

die geeignet sind, die Erreichung des in dieser Richtlinie vorgeschriebenen Ziels ernstlich in Frage zu stellen (Urteil Inter-Environnement Wallonie, Randnr. 45).“[563]

Akzeptiert man wegen des Frustrationsverbots[564] diesen Begründungsansatz des Europäischen Gerichtshofs unter Verweis auf „effet utile“-Gesichtspunkte, den Loyalitätsgrundsatz aus Art. 4 Abs. 3 EUV sowie Besonderheiten der Richtlinie 2000/78/EG[565], so muss immer noch beachtet werden, dass sich anscheinend der Einzelne bei einer Unanwendbarkeit des § 14 Abs. 3 Satz 4 TzBfG a. F. sogar vor Ablauf der Umsetzungsfrist der Richtlinie im horizontalen Privatrechtsverhältnis direkt auf diese Bestimmung berufen konnte. Ausdrücklich anerkannt ist durch den Europäischen Gerichtshof bisher nur eine „indirekte horizontale Drittwirkung“, also die richtlinienkonforme Auslegung bestehenden nationalen Rechts.[566] Dies gilt insbesondere, weil im Privatrechtsverhältnis der durchaus zutreffende Sanktionsgedanke eines die Umsetzungsfrist der Richtlinie säumigen Mitgliedstaats nicht greift. Daher hat auch der Generalanwalt in seinen Schlussanträgen darauf hingewiesen, dass durch die Unionsrechtswidrigkeit des § 14 Abs. 3 Satz 4 TzBfG a. F. wegen eines Verstoßes gegen Art. 6 Abs. 1 der Richtlinie 2000/78/EG diese Regelung nicht unangewendet bleiben dürfe, weil es anderenfalls jedenfalls faktisch zu einer unmittelbaren Drittwirkung von Richtlinien im Privatrechtsverhältnis käme.[567] In seinem Urteil ging der Europäische Gerichtshof auf die geschilderten Bedenken jedoch gar nicht ein, sondern konstatierte relativ schlicht:

„Es obliegt daher dem nationalen Gericht, bei dem ein Rechtsstreit über das Verbot der Diskriminierung wegen des Alters anhängig ist, im Rahmen seiner Zuständigkeiten den rechtlichen Schutz, der sich für den Einzelnen aus dem Gemeinschaftsrecht ergibt, zu gewährleisten und die volle Wirksamkeit des Gemeinschaftsrechts zu garantieren, *indem es jede möglicherweise entgegenstehende Bestimmung des nationalen Rechts unangewendet lässt* […].“[568]

Dies hatte zur Folge, dass nach Auffassung des Europäischen Gerichtshofs auch im Privatrechtsstreit § 14 Abs. 3 Satz 4 TzBfG a. F. keine Anwendung finden

[563] EuGH, Urt. v. 22.11.2005, Rs. C-144/04, Slg. 2005, S. I-9981 (10038 Rn. 66 f.) – Mangold. In dem zitierten Urteil wird das Verbot, der Richtlinienintention widersprechende Vorschriften zu erlassen, kurz mit Verweis auf die heutigen Bestimmungen des Art. 288 Uabs. 3 AEUV in Verbindung mit Art. 4 Abs. 3 EUV begründet.

[564] Siehe dazu näher *Haltern*, Europarecht Band II, 3. Aufl. 2017, Rn. 763 f., 791.

[565] Nach deren Art. 18 Uabs. 2 musste der Mitgliedstaat, der wie die Bundesrepublik Deutschland eine Verlängerung der Umsetzungsfrist für die Richtlinie in Anspruch genommen hat, der Europäischen Kommission in regelmäßigen Abständen Bericht über die Fortschritte zur Erreichung der Richtlinienziele erstatten.

[566] Siehe dazu z. B. EuGH, Urt. v. 14.07.1994, Rs. C-91/92, Slg. 1994, S. I-3325 (3357 Rn. 26) – Faccini Dori.

[567] Schlussanträge des Generalanwalts *Tizzano* v. 30.06.2005, Rs. C-144/04, Slg. 2005 S. I-9981 (10007 ff. Rn. 106 ff.) – Mangold.

[568] EuGH, Urt. v. 22.11.2005, Rs. C-144/04, Slg. 2005, S. I-9981 (10040 f. Rn. 77) – Mangold (Hervorh. d. Verf.).

konnte, sondern stattdessen § 14 Abs. 1 TzBfG gelten sollte, wonach nur bei Vorliegen eines sachlichen Grundes die Befristung des Arbeitsvertrags zulässig sei.

Diese Vorgehensweise stieß auf teilweise erhebliche Kritik: Es sei nicht einzusehen und zumindest kumulativ definitiv eine Überschreitung des dem Gerichtshof durch Art. 19 Abs. 1 Uabs. 1 Satz 2 EUV eingeräumten Mandats, wie trotz des eindeutigen Wortlauts in Art. 288 Uabs. 3 AEUV, wonach sich eine Richtlinienbestimmung an die Mitgliedstaaten richtet, sich der Einzelne erstens vor Ablauf der Umsetzungsfrist der Richtlinie und noch dazu zweitens unmittelbar im horizontalen Privatrechtsverhältnis darauf berufen können soll.[569]

In der Tat fällt hier eine geringe Argumentationsdichte bei der Begründung des Europäischen Gerichtshofs auf: Mögen sich in der Sache für die Vorwirkung einer noch nicht umgesetzten Richtlinienbestimmung durchaus gute Gründe finden lassen[570] – die allerdings vom Europäischen Gerichtshof allenfalls kursorisch und durch Verweis auf ein anderes Urteil dargelegt wurden – so ist es zumindest prima facie nicht nachvollziehbar, wie eine Richtlinienbestimmung direkt horizontal im Privatrechtsverhältnis wirken könne.[571] Dies steht auch im offensichtlichen Gegensatz zur bisherigen Rechtsprechung des Europäischen Gerichtshofs.[572] Erhellt wird dieser scheinbare Widerspruch zu früheren Judikaten dadurch, dass sich der Europäische Gerichtshof bei näherem Hinsehen in seiner Urteilsbegründung primär auf einen – mit der Richtlinienbestimmung inhaltsgleichen – ungeschriebenen Grundsatz des Primärrechts gestützt hat, der als solcher unmittelbare Geltung auch im Horizontalverhältnis zwischen Privaten beansprucht.[573] Aus diesem Grund gilt es sich primär auf diesen entwickelten ungeschriebenen Grundsatz des Primärrechts zu konzentrieren (b.).

b) Begründung eines allgemeinen Grundsatzes: Verbot der Altersdiskriminierung

Hinsichtlich dieses primärrechtlich verankerten Verbots der Altersdiskriminierung hieß es:

„Zweitens ist zu beachten, dass der Grundsatz der Gleichbehandlung in Beschäftigung und Beruf nicht in der Richtlinie 2000/78 selbst verankert ist. Nach ihrem Artikel 1 be-

---

[569] *Gerken/Rieble/Roth/Stein/Streinz*, „Mangold" als ausbrechender Rechtsakt, 2009, S. 24 ff.; abweichende Meinung des Richters *Landau*, in: BVerfGE 126, 286 (327) – Honeywell.

[570] Siehe dazu auch *Hobe/Fremuth*, Europarecht, 10. Aufl. 2020, § 10 Rn. 30 und *Streinz*, Europarecht, 11. Aufl. 2019, Rn. 514.

[571] Vgl. allgemein zur horizontalen Wirkung von Richtlinien *Streinz*, Europarecht, 11. Aufl. 2019, Rn. 498 ff.

[572] Siehe nur EuGH, Urt. v. 26.02.1986, Rs. 152/84, Slg. 1986, S. 723 (749 Rn. 48) – Marshall; EuGH, Urt. v. 14.07.1994, Rs. C-91/92, Slg. 1994, S. I-3325 (3356 Rn. 24 f.) – Faccini Dori.

[573] Siehe dazu *Haltern*, Europarecht Band II, 3. Aufl. 2017, Rn. 792 und *Sauer*, Horizontalwirkung von Richtlinien und Unionsgrundrechten, Jura 2021, 387 (394 f.).

zweckt die Richtlinie nämlich lediglich ‚die Schaffung eines allgemeinen Rahmens zur Bekämpfung der Diskriminierung wegen der Religion oder der Weltanschauung, einer Behinderung, des Alters oder der sexuellen Ausrichtung', wobei das grundsätzliche Verbot dieser Formen der Diskriminierung, wie sich aus der ersten und der vierten Begründungserwägung der Richtlinie ergibt, seinen *Ursprung in verschiedenen völkerrechtlichen Verträgen und den gemeinsamen Verfassungstraditionen der Mitgliedstaaten* hat."[574]

Eine ausführlichere Begründung für diesen allgemeinen Grundsatz des Verbots der Altersdiskriminierung als in dieser zur Gänze zitierten Randnummer des Urteils sucht man in der Entscheidung des Europäischen Gerichtshofs vergebens. Wagt man einen Blick in die durch die Erwägungsgründe in Bezug genommenen völkerrechtlichen Verträge, so findet sich an keiner Stelle ein spezielles Altersdiskriminierungsverbot, sondern nur ein Diskriminierungsverbot allgemeiner Natur.[575] Daneben muss darauf hingewiesen werden, dass zum Zeitpunkt der Entscheidung nur zwei Mitgliedstaaten in der Europäischen Union (Finnland und Portugal) ein explizites Verbot der Diskriminierung aufgrund des Alters kannten, sodass – jedenfalls wegen der Kürze der Ausführungen des Europäischen Gerichtshofs – Zweifel aufkommen, ob tatsächlich von einem solchen Verbot aufgrund *gemeinsamer* Verfassungsüberlieferungen in den Mitgliedstaaten ausgegangen werden konnte.[576] Es fällt also auf, dass der Europäische Gerichtshof seine Auffassung von der Existenz eines allgemeinen Diskriminierungsverbots nicht argumentativ begründete, sondern vielmehr bloß behauptete. Stellt dies nun eine willkürliche Vorgehensweise des Europäischen Gerichtshofs im Sinne des hier angelegten Maßstabs dar? Diesbezüglich ist – um den Besonderheiten der Entwicklung von Grundrechten in der Europäischen Union Rechnung zu tragen – uneingeschränkt der Einschätzung *Halterns* zu folgen:

„Die hieran zu übende Kritik liegt auf der Hand, doch handelt es sich bei diesem Vorgehen – der reinen Behauptung eines Grundrechts – um nichts Neues. Es ist sogar wesensmäßig in den Notwendigkeiten, Bedürfnissen und Schwierigkeiten der Grundrechtsrechtsprechung in Luxemburg angelegt […]. Hier kritisch anzusetzen ist einerseits einfach, andererseits zu oberflächlich, da dies die funktionalen Anforderungen, Zwänge und Beschränkungen, unter denen der EuGH agiert, zugunsten einer ‚reinen' (häufig deutschen) Methodik außer Acht lässt. Wollte man das ‚Erfinden' von Grundrechten kritisieren, wäre der angemessene Zeitpunkt dafür Ende der 1960er Jahre gewesen, als jedoch alle das Vorgehen des EuGH begrüßten. Natürlich lässt sich einwenden, dass der EuGH den Ansprüchen seiner eigenen Methode nicht gerecht wird, indem er eine nur

---

574 EuGH, Urt. v. 22.11.2005, Rs. C-144/04, Slg. 2005, S. I-9981 (10039 f. Rn. 74) – Mangold (Hervorh. d. Verf.).

575 *Gerken/Rieble/Roth/Stein/Streinz*, „Mangold" als ausbrechender Rechtsakt, 2009, S. 19 f.; *Kufen/Weishaupt*, Der Europäische Gerichtshof als neues Legislativorgan bei der Altersdiskriminierung?, EuZA 2011, 233 (237).

576 So auch *Gerken/Rieble/Roth/Stein/Streinz*, „Mangold" als ausbrechender Rechtsakt, 2009, S. 20.

oberflächliche oder gar unzutreffende Verfassungsvergleichung vornimmt: Immerhin leitet er aus nur zwei von 15 Verfassungsordnungen einen allgemeinen Grundsatz des Unionsrechts ab. Aber auch dies ist weder neu noch skandalös. Mir ist kein einziges Urteil des EuGH bekannt, in dem dieser zur Herleitung eines Unionsgrundrechtes jede einzelne mitgliedstaatliche Verfassungsordnung prüft und dort ein nationales Grundrecht nachweist. […] Der EuGH hat seine verfassungsvergleichende Methode zum Auffinden von Unionsgrundrechten nie so perfektionistisch ins Werk gesetzt, wie nun von der Kritik behauptet oder erwartet wird. Zudem gibt es gute Gründe dafür, dass man die allgemeinen Grundsätze des Unionsrechts nicht in allen mitgliedstaatlichen Verfassungen verankert vorfinden muss. Es ist selbstverständlich, dass sich die Grundrechte der Mitgliedstaaten z. T. stark voneinander unterscheiden. Der EuGH weicht einer kategorischen Festlegung aus, indem er von Fall zu Fall entscheidet und im Übrigen seine eigene Letztentscheidungskompetenz betont. M.a. W. handelt es sich bei der verfassungsvergleichenden Methode zur Findung von Unionsgrundrechten nicht um eine ‚strenge' Methode, sondern um eine Chiffre für ein eigenes Verfassungsethos des EuGH, das dieser funktional angeleitet fallweise einsetzt."[577]

In Bezug auf die Begründung eines allgemeinen Grundsatzes des Verbots der Altersdiskriminierung kann daher nicht festgestellt werden, dass sich die Begründung des Europäischen Gerichtshofs hier von rechtsmethodischen Standards gänzlich lösen und mit Behauptungen operieren würde, die als willkürliche Rechtsfindung angesehen werden müssten.[578] Zumindest verbleiben im oben dargelegten[579] Sinne Zweifel, ob die Urteilsbegründung des Europäischen Gerichtshofs noch rechtsmethodisch vertretbar erscheint oder schon auf einer willkürlichen Auslegung beruht – wegen der Integrationsfreundlichkeit des Grundgesetzes und der europafreundlichen Akzentuierung des Zustimmungsgesetzes zum Vertrag von Lissabon, das dem Europäischen Gerichtshof in Art. 19 Abs. 1 Uabs. 1 Satz 2 EUV eine sehr weite Kompetenz zuweist, ist ein ultra-vires-Akt des Europäischen Gerichtshofs abzulehnen.

c) Ergebnis

Im Ergebnis handelt es sich nach den hier entwickelten Maßstäben bei dem Mangold-Urteil des Europäischen Gerichtshofs nicht um einen ultra-vires-Akt, weil die Rechtsfindung noch nicht als willkürlich eingeordnet werden kann.

577 *Haltern*, Europarecht Band II, 3. Aufl. 2017, Rn. 794.

578 A. A. die abweichende Meinung des Richters *Landau*, in: BVerfGE 126, 286 (326) – Honeywell sowie *Gerken/Rieble/Roth/Stein/Streinz*, „Mangold" als ausbrechender Rechtsakt, 2009, S. 22: „Im Ergebnis ist die Methodik der Rechtsfindung und damit die Rationalität der Entscheidungsfindung inakzeptabel." Wie hier aber *Frenz*, Kastriertes Lissabon-Urteil? Die Relativierung durch den „Mangold"-Beschluss vom 6.7.2010, EWS 2010, 401 (404), der in dem damals noch nicht verbindlichen Art. 21 Abs. 1 der Grundrechte-Charta die „Anlage zu einem übergreifenden Grundsatz des Unionsrechts, der auch unmittelbar wirken kann", erblickt. Vgl. auch *Sauer*, Horizontalwirkung von Richtlinien und Unionsgrundrechten, Jura 2021, 387 (395).

579 Siehe Zweiter Teil D. VII. 3. (S. 129 ff.).

Nach der hier befürworteten Vorgehensweise hätte das Bundesverfassungsgericht bei Zweifeln vor seiner abschließenden Entscheidung noch einmal den Europäischen Gerichtshof im Wege des Vorabentscheidungsverfahrens gemäß Art. 267 AEUV anrufen müssen und eine eingehendere Begründung der Thesen aus dem Mangold-Urteil anregen sollen.

2. Das PSPP-Verfahren

Des Weiteren soll die Vorabentscheidung des Europäischen Gerichtshofs betreffend das PSPP-Programm der Europäischen Zentralbank in der Rechtssache Weiss[580] auf das tatsächliche Vorliegen eines ultra-vires-Akts hin untersucht werden. Schon oben wurde im Rahmen der Darstellung des PSPP-Verfahrens das Urteil in den wesentlichen Aspekten zusammengefasst, sodass sich an dieser Stelle auf die Prüfung beschränkt werden kann, ob der vom Bundesverfassungsgericht erhobene Vorwurf eines ausbrechenden Rechtsaktes stichhaltig ist. Maßgeblich störte sich der Zweite Senat bekanntlich an der seiner Ansicht nach nicht ordnungsgemäß durchgeführten Verhältnismäßigkeitsprüfung nach Art. 5 Abs. 1 Satz 2 Alt. 2, Abs. 4 EUV, weil die wirtschaftspolitischen Auswirkungen unbeachtet geblieben seien. Das Bundesverfassungsgericht versuchte darzulegen, dass die Außerachtlassung der faktischen – wirtschaftlichen – Auswirkungen der sonstigen Methodik des Europäischen Gerichtshofs widerspräche: Genannt wurden als Beispiele unter anderen faktische Grundrechtseingriffe oder mittelbare Diskriminierungen.[581] Dabei handelt es sich allerdings größtenteils um die Prüfung des Verhältnismäßigkeitsgrundsatzes in der Eingriffssituation, die von der kompetenziellen Verhältnismäßigkeitsprüfung zu trennen ist.[582] Der Europäische Gerichtshof hat zwar auch bei der Inanspruchnahme der Binnenmarktharmonisierungskompetenz in Art. 114 Abs. 1 AEUV und der Beihilfenkontrolle nach Art. 107 f. AEUV deutlich gemacht, dass die faktischen Folgen zu berücksichtigen seien.[583] Diese Urteile behandelten allerdings das Tätigwerden der Europäischen Kommission und konnten insofern nicht die besondere Problematik der Unabhängigkeit der Europäischen Zentralbank berücksichtigen.

Vor der kompetenziellen Verhältnismäßigkeitsprüfung nahm der Europäische Gerichtshof in 18 Randnummern eine Abgrenzung zwischen der Währungs- und der Wirtschaftspolitik vor. Für die Einordnung kam es ihm – in Bestätigung seiner früheren Rechtsprechung – zum einen auf die Ziele der Maßnahme und zum anderen auf die Frage an, mit welchen Mitteln diese erreicht werden

580 EuGH, Urt. v. 11.12.2018, Rs. C-493/17, ECLI:EU:C:2018:1000 – Weiss u. a.

581 BVerfGE 154, 17 (113 ff. Rn. 146 ff.) – PSPP-Urteil.

582 Siehe dazu auch *Hellwig*, Die Verhältnismäßigkeit als Hebel gegen die Union, NJW 2020, 2497 (2498); *Pernice*, Machtspruch aus Karlsruhe: „Nicht verhältnismäßig? – Nicht verbindlich? – Nicht zu fassen …", EuZW 2020, 508 (512).

583 Vgl. BVerfGE 154, 17 (116 Rn. 152) – PSPP-Urteil m. N.

sollen.[584] Als Ziel akzeptierte der Gerichtshof die Erhöhung der Inflationsraten auf nahe 2%.[585] Zugestanden wurde, dass das PSPP Auswirkungen auf die Bilanzierung der Geschäftsbanken und den finanziellen Handlungsspielraum der Mitgliedstaaten haben kann und dass diese Folgen auch mithilfe wirtschaftspolitischer Maßnahmen eintreten könnten.[586] Eine absolute Trennung zwischen Wirtschafts- und Währungspolitik wäre aber vom Vertragsgesetzgeber nicht intendiert gewesen;[587] die Geldpolitik habe notwendigerweise Konsequenzen für die Refinanzierungsmöglichkeiten von Banken und das mitgliedstaatliche Haushaltsdefizit.[588] Auch das Mittel – der Ankauf von Staatsanleihen – sei ausweislich des Art. 18 Abs. 1 der ESZB-Satzung ein währungspolitisches, sodass das Programm insgesamt der Währungspolitk zufiele.[589]

Damit hatte der Gerichtshof die grundsätzliche Zuständigkeit der Europäischen Union bejaht – anschließend folgt die recht umfangreiche Verhältnismäßigkeitsprüfung nach Art. 5 Abs. 1 Satz 2 Alt. 2, Abs. 4 EUV als Kompetenz*ausübungs*schranke; der Verhältnismäßigkeitsgrundsatz diene also nicht der Kompetenz*abgrenzung*. Insofern lässt sich nachvollziehen – was vom Bundesverfassungsgericht aber scharf kritisiert wird –,[590] warum der Gerichtshof in diese Verhältnismäßigkeitsprüfung die wirtschaftspolitischen Auswirkungen zur *Abgrenzung* der unionalen von den mitgliedstaatlichen Kompetenzen nicht miteinstellte.[591]

In der Sache gestand der Gerichtshof der Europäischen Zentralbank wegen der Notwendigkeit „komplexe[r] Prognosen und Beurteilungen" ein weites Ermessen zu.[592] Aufgrund der Praxis anderer Zentralbanken und verschiedener Studien bejahte er zum einen die Geeignetheit des Programms;[593] auch die Er-

[584] EuGH, Urt. v. 11.12.2018, Rs. C-493/17, ECLI:EU:C:2018:1000, Rn. 53 – Weiss u. a.

[585] EuGH, Urt. v. 11.12.2018, Rs. C-493/17, ECLI:EU:C:2018:1000, Rn. 54, 56 – Weiss u. a.

[586] EuGH, Urt. v. 11.12.2018, Rs. C-493/17, ECLI:EU:C:2018:1000, Rn. 59 – Weiss u. a.

[587] EuGH, Urt. v. 11.12.2018, Rs. C-493/17, ECLI:EU:C:2018:1000, Rn. 60 – Weiss u. a.

[588] EuGH, Urt. v. 11.12.2018, Rs. C-493/17, ECLI:EU:C:2018:1000, Rn. 64 – Weiss u. a.

[589] EuGH, Urt. v. 11.12.2018, Rs. C-493/17, ECLI:EU:C:2018:1000, Rn. 69 f. – Weiss u. a.

[590] BVerfGE 154, 17 (94 ff. Rn. 116 ff.) – PSPP-Urteil.

[591] Vgl. *Pernice*, Machtspruch aus Karlsruhe: „Nicht verhältnismäßig? – Nicht verbindlich? – Nicht zu fassen …", EuZW 2020, 508 (511) und *Wegener*, Stellungnahme für den Europa-Ausschuss des Bundestags zum Urteil des Bundesverfassungsgerichts vom 5. Mai 2020 (2 BvR 859/15) in Sachen Staatsanleihekäufe der Europäischen Zentralbank, aberufbar unter: https://www.bundestag.de/resource/blob/697490/19e094bd52ec5e0f4b22625644177275/wegener-data.pdf, S. 6.

[592] EuGH, Urt. v. 11.12.2018, Rs. C-493/17, ECLI:EU:C:2018:1000, Rn. 73 – Weiss u. a.

[593] EuGH, Urt. v. 11.12.2018, Rs. C-493/17, ECLI:EU:C:2018:1000, Rn. 77 – Weiss u. a.: „Die EZB hat sich insoweit auf die Praxis anderer Zentralbanken und verschiedene Studien berufen, die zeigten, dass der massive Ankauf von Staatsanleihen durch die Erleichterung des Zugangs zu Finanzierungen, die dem wirtschaftlichen Wachstum dienten, zur Erreichung dieses Ziels beitragen könne, indem er ein klares Signal für die Bestrebungen des ESZB sei, das gesetzte Inflationsziel zu erreichen, zugleich den Rückgang der Realzinssätze fördere und zudem

forderlichkeit läge zur Bekämpfung eines Deflationsrisikos insbesondere deshalb vor, weil mildere Mittel wie eine Leitzinssenkung oder der Ankauf von Anleihen des Privatsektors bereits ergriffen wurden und dem Programm auch keine Selektivität entnommen werden könne.[594] Die Angemessenheitsprüfung beschränkte sich auf das – akzeptierte – Verlustrisiko der Staatsanleihenankäufe[595] und erschöpfte sich davon abgesehen in der Aussage, dass die Europäische Zentralbank „die verschiedenen beteiligten Interessen so gegeneinander abgewogen [hat], dass tatsächlich vermieden wird, dass sich bei der Durchführung des PSPP Nachteile ergeben, die offensichtlich außer Verhältnis zu dessen Zielen stehen“[596].

Diese Strukturierung der Verhältnismäßigkeitsprüfung als Kompetenz*ausübungs*schranke überzeugt; Art. 5 Abs. 1 Satz 2 Alt. 2 EUV und Abs. 4 EUV setzt eine bestehende Kompetenz – hier konkret im Bereich der Währungspolitik – voraus und regelt nur die konkrete Ausübung der Verhaltensweisen der Union.[597] Für dieses Verständnis spricht schon der Wortlaut des Art. 5 Abs. 1 EUV, nach welchem für die *Abgrenzung* der Zuständigkeiten der Europäischen Union von den Kompetenzen der Mitgliedstaaten der Grundsatz der begrenzten Einzelermächtigung gelte; für die *Ausübung* der Zuständigkeiten hingegen – neben dem Subsidiaritätsprinzip – der Verhältnismäßigkeitsgrundsatz.[598] Dieses stellt eine Rechtmäßigkeitsanforderung dar, welche die Kompetenzgemäßheit bereits voraussetzt.[599] Die Kritik des Bundesverfassungsgerichts, dass die wirtschaftspolitischen Auswirkungen des Programms nicht hinreichend beachtet wurden,

---

die Geschäftsbanken dazu anhalte, mehr Kredite zu gewähren, um ihre Portfolios wieder ins Gleichgewicht zu bringen.“

594 EuGH, Urt. v. 11.12.2018, Rs. C-493/17, ECLI:EU:C:2018:1000, Rn. 80 f. – Weiss u. a.

595 EuGH, Urt. v. 11.12.2018, Rs. C-493/17, ECLI:EU:C:2018:1000, Rn. 94 ff. – Weiss u. a.

596 EuGH, Urt. v. 11.12.2018, Rs. C-493/17, ECLI:EU:C:2018:1000, Rn. 93 – Weiss u. a.

597 *Mayer*, Der Ultra vires-Akt, JZ 2020, 725 (730); *Pernice*, Machtspruch aus Karlsruhe: „Nicht verhältnismäßig? – Nicht verbindlich? – Nicht zu fassen …“, EuZW 2020, 508 (512); *Siekmann*, Gerichtliche Kontrolle der Käufe von Staatsanleihen durch das Eurosystem, EuZW 2020, 491 (494); *Wegener*, Stellungnahme für den Europa-Ausschuss des Bundestags zum Urteil des Bundesverfassungsgerichts vom 5. Mai 2020 (2 BvR 859/15) in Sachen Staatsanleihekäufe der Europäischen Zentralbank, aberufbar unter: https://www.bundestag.de/resource/blob/697490/19e094bd52ec5e0f4b22625644177275/wegener-data.pdf, S. 4 f. Vgl. auch *Kainer*, Aus der nationalen Brille: Das PSPP-Urteil des BVerfG, EuZW 2020, 533 (535). A. A. aber beispielsweise *Kahl/Lorenzen*, Die Ultra-vires-Kontrolle des Bundesverfassungsgerichts, StudZR Ausbildung 2021, 153 (172 f.).

598 *Pernice*, Machtspruch aus Karlsruhe: „Nicht verhältnismäßig? – Nicht verbindlich? – Nicht zu fassen …“, EuZW 2020, 508 (511). Vgl. auch *Kube*, Affront oder Wegweisung? – Die EZB-Entscheidung des Bundesverfassungsgerichts, DVBl. 2020, 1161 (1165).

599 *Kube*, Affront oder Wegweisung? – Die EZB-Entscheidung des Bundesverfassungsgerichts, DVBl. 2020, 1161 (1165); *Mayer*, Der Ultra vires-Akt, JZ 2020, 725 (730). Vgl. auch *Kavacs/Naujoks*, Das Spannungsverhältnis von BVerfG und EuGH, VR 2021, 1 (5), nach denen das Bundesverfassungsgericht unzulässigerweise eine falsche Rechtsanwendung mit einer Kompetenzverletzung gleichsetze.

betrifft in der Sache die vorausgehende Prüfung des Prinzips der begrenzten Einzelermächtigung nach Art. 5 Abs. 1 Satz 1, Abs. 2 EUV. Auch wenn an dieser Stelle die Dichte der Ausführungen des Europäischen Gerichtshofs verbesserungswürdig ist, so argumentierte er zur Abgrenzung der Währungs- von der Wirtschaftspolitik – kohärent zu den Kriterien aus seiner früheren Rechtsprechung – mit den Zielen und Mitteln der Maßnahme.[600] Eine vollständige und trennscharfe Abgrenzung der Währungspolitik von der Wirtschaftspolitik ist – entgegen den Vorstellungen des Bundesverfassungsgerichts – schlicht nicht möglich; Geldpolitik ist nur dann wirksam, wenn sie auch Auswirkungen auf den Wirtschaftssektor zeitigt.[601] Dieses Vorgehen ist nachvollziehbar und recht weit davon entfernt, einen Verstoß gegen rechtsstaatliche Grundsätze im Sinne des Art. 23 Abs. 1 Satz 1 GG darzustellen.[602] Dies zeigt sich auch schon daran, dass im Nachgang an das Urteil des Europäischen Gerichtshofs in der Rechtssache Weiss im Schrifttum keine größeren Einwände gegen die vorgenommene Verhältnismäßigkeitsprüfung unternommen wurden.[603]

Im Zuge der Prüfung eines möglichen Verstoßes gegen das Verbot monetärer Staatsfinanzierung aus Art. 123 Abs. 1 AEUV bestätigte und subsumierte der Gerichtshof seine zwei einschränkenden Kriterien, um eine Verletzung auszuschließen: Einerseits dürfe das Tätigwerden auf dem Sekundärmarkt nicht faktisch einem Ankauf auf dem Primärmarkt gleichen; zum anderen müsse sichergestellt sein, dass der Anreiz zur Verfolgung einer gesunden Haushaltspolitik nicht umgangen werde.[604] Hierauf soll nicht näher eingegangen werden; das Vorgehen und die Methodik des Europäischen Gerichtshofs ist an dieser Stelle nicht zu beanstanden und auch das Bundesverfassungsgericht konnte in seinem Endurteil keinen Verstoß gegen Art. 123 Abs. 1 AEUV erkennen.[605]

---

[600] Vgl. auch *Sikora*, PSPP auf dem Prüfstand – Das Weiss-Urteil des EuGH, EWS 2019, 139 (148).

[601] *Pernice*, Machtspruch aus Karlsruhe: „Nicht verhältnismäßig? – Nicht verbindlich? – Nicht zu fassen …“, EuZW 2020, 508 (514 f.).

[602] So auch *Kainer*, Aus der nationalen Brille: Das PSPP-Urteil des BVerfG, EuZW 2020, 533 (536); *Meier-Beck*, De iudicando ultra vires, EuZW 2020, 519 (524). Vgl. daneben *Pernice*, Machtspruch aus Karlsruhe: „Nicht verhältnismäßig? – Nicht verbindlich? – Nicht zu fassen …“, EuZW 2020, 508 (514).

[603] *Dietze/Kellerbauer/Klamert/Malferarri/Scharf/Schnichels*, Europa – Quo vadis, EuZW 2020, 525 (527); *Mayer*, Der Ultra vires-Akt, JZ 2020, 725 (730); *Sikora*, PSPP auf dem Prüfstand – Das Weiss-Urteil des EuGH, EWS 2019, 139 (148 f.); *Wegener*, Karlsruher Unheil – Das Urteil des Bundesverfassungsgerichts vom 5. Mai 2020 (2 BvR 859/15) in Sachen Staatsanleihekäufe der Europäischen Zentralbank, EuR 2020, 347 (352).

[604] EuGH, Urt. v. 11.12.2018, Rs. C-493/17, ECLI:EU:C:2018:1000, Rn. 106 f. – Weiss u. a.

[605] BVerfGE 154, 17 (127 ff. Rn. 180 ff.) – PSPP-Urteil.

3. Rechtssache Egenberger

Auf die beim Bundesverfassungsgericht anhängige Rechtssache Egenberger wurde bereits oben kurz im Rahmen der Darstellung aktueller und noch nicht entschiedener Verfahren eingegangen.[606] An dieser Stelle soll nach den hier befürworteten Kriterien das Urteil des Europäischen Gerichtshofs[607] auf das Vorliegen eines ultra-vires-Akts hin untersucht werden. In der bisher erschienenen Aufsatzliteratur sprechen sich einige für einen beachtlichen ultra-vires-Akt des Europäischen Gerichtshofs aus;[608] die wohl überwiegende Anzahl der Autoren verneint einen solchen hingegen.[609]

Zu Beginn sei noch einmal der Sachverhalt in Erinnerung gerufen:[610] Die konfessionslose Vera Egenberger bewarb sich auf eine vom Evangelischen Werk für Diakonie und Entwicklung e. V. ausgeschriebene Referentenstelle zur Ausarbeitung eines Parallelberichts zu einem Internationalen Übereinkommen der Vereinten Nationen. Bei der Stellenausschreibung – mit der Beschäftigung ging auch die Vertretung der Diakonie gegenüber der Politik, der Öffentlichkeit

---

[606] Siehe dazu oben Zweiter Teil B. XI. 2. (S. 86 f.).

[607] EuGH, Urt. v. 17.04.2018, Rs. C-414/16, ECLI:EU:C:2018:257 – Egenberger.

[608] Dezidiert *Kahl*, Die Integrationsfestigkeit des deutschen Staatskrichenrechts, ZevKR 2020, 107 (119 ff., insb. 131 f.), nach welchem der zugestandene „Anspruch auf Fehlertoleranz" überschritten sei und das Urteil des EuGH „schlechterdings nicht mehr nachvollziehbar und damit willkürlich" sei. Nach *Greiner*, Neuausrichtung des Kirchenarbeitsrechts durch den EuGH? Die Rechtssache Egenberger, jM 2018, 233 (235) liegt der Gedanke eines ultra-vires-Handelns des Europäischen Gerichtshofs zumindest „nicht fern". Offen hierfür auch *Thüsing/Mathy*, Kirchliche Loyalitätspflichten im Zugriff des EuGH – Zugleich Besprechung des Urteils des EuGH IR gegen JQ (C-68/17), BB 2018, 2805 (2808 f.), die aber eine erfolgreiche Verfassungsidentitätskontrolle für noch plausibler halten.

[609] *Klocke/Wolters*, Die Reichweite der Religionsfreiheit im Rahmen kirchlicher Arbeitsverhältnisse – Mit Besprechung zu EuGH, 17.4.2018 – C-414/16 – „Egenberger", BB 2018, 1460 (1464); *Malorny*, Diskriminierungsschutz als Grenze kirchlicher Selbstbestimmung, EuZA 2019, 441 (452); *Pieroth/Barczak*, Grenzen verfassungsgerichtlicher Überprüfung der Judikatur des EuGH am Beispiel des kirchlichen Selbstbestimmungsrechts, NJOZ 2019, 1649 ff.; *Sagan*, Anmerkung Arbeitsrecht: Unterschiedliche Behandlung von Bewerbern wegen ihrer Konfession im Stellenbesetzungsverfahren eines kirchlichen Arbeitgebers, EuZW 2018, 386 (387); *Sauer*, Horizontalwirkung von Richtlinien und Unionsgrundrechten, Jura 2021, 387 (396 Fn. 58). Tendenziell ablehnend auch *Fornasier*, Gleichbehandlung, konfessionelles Arbeitsrecht und horizontale Wirkung der Unionsgrundrechte, GPR 2019, 141 (144) und *Schneedorf*, Diskriminierungsschutz nach dem EuGH – Bröckelt das Fundament des kirchlichen Arbeitsrechts, NJW 2019, 177 (180). Nach *Wienbracke*, Anmerkung: Unterschiedliche Behandlung von Bewerbern wegen ihrer Konfession im Stellenbesetzungsverfahren eines kirchlichen Arbeitgebers, NZA-RR 2018, 349 (350) „drängt sich" eine ultra-vires-Kontrolle durch das Bundesverfassungsgericht jedenfalls „nicht auf". Siehe auch BAG, NZA 2019, 455 (470 Rn. 120), wonach „keine Zweifel" bestünden, dass das Urteil des Europäischen Gerichtshofs „einer Identitäts- und Ultra-vires-Kontrolle standhalten würde". Vgl. daneben *Joussen*, § 9 Abs. 1 AGG – Der EuGH und die Kirchenzugehörigkeit von Beschäftigten, 421 (435): „Insgesamt wäre es aber vorschnell, in der Entscheidung des EuGH einen Fall zu sehen, den man zum BVerfG tragen müsste. Dafür ist die Konsequenz, die der EuGH aus dem unklar gelassenen Art. 17 AEUV zieht, zu rechtssystematisch."

[610] Siehe auch schon oben Zweiter Teil B. XI. 2. (S. 86 f.).

und Nichtregierungsorganisationen einher – wurde ausdrücklich die evangelische Konfession verlangt. Nachdem Egenberger nicht eingestellt wurde, suchte sie auf der Grundlage des § 15 Abs. 2 AGG arbeitsgerichtlichen Rechtsschutz, um einen immateriellen Schadensersatzanspruch durchzusetzen. Das Bundesarbeitsgericht zweifelte an der Vereinbarkeit des § 9 Abs. 1 AGG[611], nach welchem weitgehend den Religionsgemeinschaften anheimgestellt sei, zu bestimmen, für welche Tätigkeiten die Religionszugehörigkeit eine gerechtfertigte Voraussetzung sei, mit Art. 4 Abs. 2 Uabs. 1 der Richtlinie 2000/78/EG[612] und rief im Rahmen eines Vorabentscheidungsverfahrens gemäß Art. 267 AEUV den Europäischen Gerichtshof an.

In Bezug auf die Frage, ob die Religionsgemeinschaften verbindlich selbst bestimmen können, wann und für welche Tätigkeiten sie die Konfessionsangehörigkeit fordern, hieß es gleich zu Beginn sehr dezidiert:

> „Insoweit ist festzustellen, dass die Kontrolle der Einhaltung dieser Kriterien [von Art. 4 Abs. 2 Uabs. 1 der Richtlinie 2000/78/EG] völlig ins Leere ginge, wenn sie in Zweifelsfällen keiner unabhängigen Stelle wie einem staatlichen Gericht obläge, sondern der Kirche oder der Organisation, die eine Ungleichbehandlung wegen der Religion […] vorzunehmen beabsichtigt."[613]

Der Europäische Gerichtshof erkannte aber an, dass Art. 4 Abs. 2 Uabs. 1 der Richtlinie 2000/78/EG nicht allein dem Diskriminierungsschutz der Arbeitnehmer zu dienen bestimmt sei, sondern darüber hinaus auch dem in Art. 17 AEUV verbürgten Recht auf Autonomie der Kirchen und Religionsgemeinschaften Rechnung tragen wolle und einen Ausgleich zwischen diesen beiden Rechtspositionen anstrebe.[614] Denn nach Art. 17 Abs. 1 AEUV achtet die Union

---

611 „Ungeachtet des § 8 ist eine unterschiedliche Behandlung wegen der Religion […] bei der Beschäftigung durch Religionsgemeinschaften, die ihnen zugeordneten Einrichtungen ohne Rücksicht auf ihre Rechtsform oder durch Vereinigungen, die sich die gemeinschaftliche Pflege einer Religion […] zur Aufgabe machen, auch zulässig, wenn eine bestimmte Religion […] *unter Beachtung des Selbstverständnisses* der jeweiligen Religionsgemeinschaft oder Vereinigung *im Hinblick auf ihr Selbstbestimmungsrecht* oder nach der Art der Tätigkeit eine gerechtfertigte berufliche Anforderung darstellt." (Hervorh. d. Verf.).

612 „Die Mitgliedstaaten können in Bezug auf berufliche Tätigkeiten innerhalb von Kirchen oder anderen öffentlichen oder privaten Organisationen, deren Ethos auf religiösen Grundsätzen […] beruht, Bestimmungen in ihren zum Zeitpunkt der Annahme dieser Richtlinie geltenden Rechtsvorschriften beibehalten oder in künftigen Bestimmungen vorsehen, die zum Zeitpunkt der Annahme der Richtlinie bestehende einzelstaatliche Gepflogenheiten widerspiegeln und wonach eine Ungleichbehandlung wegen der Religion […] einer Person keine Diskriminierung darstellt, wenn die Religion […] dieser Person *nach der Art dieser Tätigkeiten oder der Umstände ihrer Ausübung eine wesentliche, rechtmäßige und gerechtfertigte berufliche Anforderung angesichts des Ethos der Organisation* darstellt. Eine solche Ungleichbehandlung muss die verfassungsrechtlichen Bestimmungen und Grundsätze der Mitgliedstaaten sowie die allgemeinen Grundsätze des Gemeinschaftsrechts beachten und rechtfertigt keine Diskriminierung aus einem anderen Grund." (Hervorh. d. Verf.).

613 EuGH, Urt. v. 17.04.2018, Rs. C-414/16, ECLI:EU:C:2018:257, Rn. 46 – Egenberger. Vgl. auch ebd., Rn. 53 ff.

614 EuGH, Urt. v. 17.04.2018, Rs. C-414/16, ECLI:EU:C:2018:257, Rn. 50 f. – Egenberger.

den Status, den Kirchen und religiöse Vereinigungen oder Gemeinschaften in den Mitgliedstaaten nach deren Rechtsvorschriften genießen und beeinträchtigt diesen Status nicht. Bedenken, Art. 17 AEUV stünde daher einer gerichtlichen Kontrolle der Voraussetzungen des Art. 4 Abs. 2 Uabs. 1 der Richtlinie 2000/78/EG entgegen, verwarf der Europäische Gerichtshof aber recht knapp in nur drei Randnummern:

„Art. 17 AEUV vermag diese Schlussfolgerung nicht in Frage zu stellen. Zum einen entspricht der Wortlaut dieser Bestimmung nämlich im Kern der Erklärung Nr. 11 [zum Status der Kirchen und weltanschaulichen Gemeinschaften, die der Schlussakte des Vertrags von Amsterdam beigefügt wurde]. Die ausdrückliche Bezugnahme auf diese Erklärung im 24. Erwägungsgrund der Richtlinie 2000/78 macht deutlich, dass der Unionsgesetzgeber sie beim Erlass dieser Richtlinie und insbesondere ihres Art. 4 Abs. 2 berücksichtigt haben muss, da diese Vorschrift gerade auf die zum Zeitpunkt der Annahme der Richtlinie geltenden Rechtsvorschriften und einzelstaatlichen Gepflogenheiten verweist. Zum anderen ist festzustellen, dass Art. 17 AEUV die Neutralität der Union demgegenüber, wie die Mitgliedstaaten ihre Beziehungen zu den Kirchen und religiösen Vereinigungen oder Gemeinschaften gestalten, zum Ausdruck bringt. Hingegen kann dieser Artikel nicht bewirken, dass die Einhaltung der in Art. 4 Abs. 2 der Richtlinie 2000/78 genannten Kriterien einer wirksamen gerichtlichen Kontrolle entzogen wird.“[615]

Mehr als berechtigt ist die Kritik dahingehend, dass der Europäische Gerichtshof hier allzu apodiktisch auf die Vorschrift des Art. 17 Abs. 1 AEUV einging.[616] Auch der erste Begründungsansatz des Europäischen Gerichtshofs offenbart eklatante Schwächen: Für die Rechtmäßigkeit von Art. 4 Abs. 2 der Richtlinie 2000/78/EG kann es nicht genügen, dass der Unionsgesetzgeber die Erklärung Nr. 11 respektive den heutigen Art. 17 Abs. 1 AEUV beim Erlass der Richtlinie berücksichtigte –[617] das Sekundärrecht muss vielmehr den Vorgaben des Primärrechts entsprechen.[618] Zu klären ist daher der Rechtscharakter von Art. 17

---

[615] EuGH, Urt. v. 17.04.2018, Rs. C-414/16, ECLI:EU:C:2018:257, Rn. 56 ff. – Egenberger.

[616] Siehe dazu *Greiner*, Neuausrichtung des Kirchenarbeitsrechts durch den EuGH? Die Rechtssache Egenberger, jM 2018, 233 (233); *T. Klein/Bustami*, Ungleichbehandlung wegen der Religion oder Weltanschauung bei kirchlichen Arbeitgebern – Art. 4 Abs. 2 der Richtlinie 2000/78/EG nach den Urteilen in den Rs. Egenberger und IR, ZESAR 2019, 18 (19); *Tischbirek*, Ein europäisches Staatskirchenrecht?, Der Staat 58 (2019), 621 (640 mit Fn. 104); *Wienbracke*, Anmerkung: Unterschiedliche Behandlung von Bewerbern wegen ihrer Konfession im Stellenbesetzungsverfahren eines kirchlichen Arbeitgebers, NZA-RR 2018, 349 (350). Anders aber *Sagan*, Anmerkung Arbeitsrecht: Unterschiedliche Behandlung von Bewerbern wegen ihrer Konfession im Stellenbesetzungsverfahren eines kirchlichen Arbeitgebers, EuZW 2018, 386 (386): „Den auf Art. 17 AEUV gestützten Einwand hat der *EuGH* daher zu Recht und mit überzeugender Begründung zurückgewiesen […].“ (Hervorh. i. O.).

[617] Dezidiert *Kahl*, Die Integrationsfestigkeit des deutschen Staatskrichenrechts, ZevKR 2020, 107 (128): „Damit wird […] die Normenhierarchie des Unionsrechts ‚auf den Kopf gestellt‘ und gegen den Grundsatz vom Vorrang der Verfassung bzw. den Grundsatz primärrechtskonformer (verfassungskonformer) Auslegung des Sekundärrechts als Teil des Prinzips der Rechtsstaatlichkeit (Art. 2 S. 1 EUV) verstoßen.“

[618] *Fremuth*, Das letzte Amen ist noch nicht gesprochen – Zum kirchlichen Selbstbestim-

Abs. 1 AEUV: Stellte dieser eine „negative Kompetenznorm“[619] beziehungsweise eine „Bereichsausnahme vom Unionsrecht“[620] dar, spräche einiges für eine Kompetenzüberschreitung des Europäischen Gerichtshofs. Allerdings ist ein solches Verständnis einer generellen Bereichsausnahme für Sachverhalte mit religionsverfassungsrechtlichem Bezug abzulehnen:[621] Ist das Religionsverfassungsrecht bei Betätigungen der Religionsgemeinschaften betroffen, so muss der Europäische Gerichtshof die Auswirkungen hierauf zwar „achten“ und darf den Status der Religionsgemeinschaften nicht „beeinträchtigen“ – damit geht jedoch zugleich die Kompetenz des Europäischen Gerichtshofs einher, unter besonderer Berücksichtigung der Belange der Religionsgemeinschaften in eine offene Abwägung mit den Antidiskriminierungsschutzbelangen zu treten.[622] Dies folgt schon daraus, dass der Europäischen Union durch Art. 19 AEUV eine

---

mungs- und Arbeitsrecht im grund- und menschenrechtlichen Mehrebenensystem, EuZW 2018, 723 (729); *T. Klein/Bustami*, Ungleichbehandlung wegen der Religion oder Weltanschauung bei kirchlichen Arbeitgebern – Art. 4 Abs. 2 der Richtlinie 2000/78/EG nach den Urteilen in den Rs. Egenberger und IR, ZESAR 2019, 18 (19); *Kraus*, in: von der Groeben/Schwarze/Hatje, Europäisches Unionsrecht, 7. Aufl. 2015, Art. 17 AEUV Rn. 12. Siehe aber auch den Gedanken bei *Classen*, Das kirchliche Arbeitsrecht unter europäischem Druck – Anmerkungen zu den Urteilen des EuGH (jeweils GK) vom 17.04.2018 in der Rs. C-414/16 (Egenberger) und vom 11.09.2018 in der Rs. C-68/17 (IR), EuR 2018, 752 (760): „Im Grundsatz gehört es zu den Aufgaben eines Richters, die Einschätzung des Richtliniengebers kritisch zu hinterfragen, ob Art. 4 Abs. 2 tatsächlich dem Schutz des Status nach Art. 17 AEUV ausreichend Rechnung trägt. Dass der EuGH das hier nicht tut, ist nur deswegen verständlich, weil die Richtlinie dem Gebot der Einstimmigkeit unterlag (vgl. auch heute noch Art. 19 Abs. 1 AEUV), was der EuGH allerdings nicht explizit erwähnt. Wenn nämlich alle Mitgliedstaaten der Meinung sind, dass eine Richtlinie den allein mitgliedstaatlich zu definierenden Status von Religionsgemeinschaften ausreichend achtet, wäre es in der Tat merkwürdig, wenn der EuGH hier Zweifel äußern würde.“

[619] So *Classen*, in: Grabitz/Hilf/Nettesheim, Das Recht der Europäischen Union, Art. 17 AEUV Rn. 3 (Stand: 68. EGL. Oktober 2019); *Kahl*, Die Integrationsfestigkeit des deutschen Staatskirchenrechts, ZevKR 2020, 107 (122) und *F. Schmidt*, in: Schwarze, EU-Kommentar, 4. Aufl. 2019, Art. 17 AEUV Rn. 20.

[620] So *Greiner*, Neuausrichtung des Kirchenarbeitsrechts durch den EuGH? Die Rechtssache Egenberger, jM 2018, 233 (233).

[621] So auch *T. Klein/Bustami*, Ungleichbehandlung wegen der Religion oder Weltanschauung bei kirchlichen Arbeitgebern – Art. 4 Abs. 2 der Richtlinie 2000/78/EG nach den Urteilen in den Rs. Egenberger und IR, ZESAR 2019, 18 (19 f.); *Kraus*, in: von der Groeben/Schwarze/Hatje, Europäisches Unionsrecht, 7. Aufl. 2015, Art. 17 AEUV Rn. 9 und *Waldhoff*, in: Calliess/Ruffert, EUV/AEUV, 5. Aufl. 2016, Art. 17 AEUV Rn. 13. Vgl. auch *M. Klein*, Das Recht der Kirchen im Tauziehen zwischen Luxemburg und Karlsruhe – Das kirchliche Arbeitsrecht als Machtprobe?, EuR 2019, 338 (347 f.). *W. Michl*, in: Frankfurter Kommentar, 2017, Art. 17 AEUV Rn. 12 spricht sich dafür aus, dass Art. 17 AEUV eine besondere Ausprägung des allgemeinen Achtungsgebots, auf die nationale Identität Rücksicht zu nehmen (Art. 4 Abs. 2 Satz 1 EUV), darstellt; für eine vollständige Bereichsausnahme sei die Formulierung in Art. 17 AEUV „zu schwach“ (ebd., Rn. 15).

[622] *Kraus*, in: von der Groeben/Schwarze/Hatje, Europäisches Unionsrecht, 7. Aufl. 2015, Art. 17 AEUV Rn. 11; *Malorny*, Diskriminierungsschutz als Grenze kirchlicher Selbstbestimmung, EuZA 2019, 441 (443); *Waldhoff*, in Calliess/Ruffert, EUV/AEUV, 5. Aufl. 2016, Art. 17 AEUV Rn. 13. A. A. *Classen*, in: Grabitz/Hilf/Nettesheim, Das Recht der Europäischen Union,

beschränkte Kompetenz zur Bekämpfung von Diskriminierungen aus religiösen Gründen eingeräumt wurde.[623] Sämtliche Rechtsfragen, die auch Auswirkungen auf das Religionsverfassungsrecht zeitigen können, aus den Unionszuständigkeiten auszuklammern, widerspräche Wortlaut wie Telos des Art. 17 Abs. 1 AEUV.[624] Zu trennen ist vielmehr zwischen dem geschützten *Status* – also insbesondere der in die mitgliedstaatliche Kompetenz fallenden Bestimmung der rechtlichen Organisationsform der Religionsgemeinschaften –[625] und der nicht genannten bloßen *Betätigung* der Kirchen und Religionsgemeinschaften.[626] Weil aber eine stets treffsichere Unterscheidung zwischen beiden nicht immer möglich ist, soll bei der durch den Europäischen Gerichtshof vorzunehmenden Abwägung eine je-desto-Formel gelten: Je stärker der originäre *Status* der Religionsgemeinschaften betroffen ist, desto bedeutsamer wird dieser Belang in der vorzunehmenden Abwägung.[627] Gerade im Antidiskriminierungsrecht ist das genuine Statusrecht der Religionsgemeinschaften nur mittelbar tangiert[628] und damit in diesem Bereich eine offene Abwägung möglich. Auch das Bundesverfassungsgericht forderte in seiner letzten Grundsatzentscheidung zum kirchlichen Arbeitsrecht eine „offene Gesamtabwägung"[629], bei der den Belangen der Religionsgemeinschaften kein prinzipieller Vorrang zukommen solle[630] und übernahm das kirchliche Selbstverständnis damit keineswegs unbesehen für die Beurteilung der Rechtmäßigkeit einer Kündigung. Anders als

Art. 17 AEUV Rn. 35 (Stand: 68. EGL. Oktober 2019), der sich dafür ausspricht, dass dieser Ausgleich auf nationaler Ebene erfolgen soll.

[623] Siehe dazu auch *Tischbirek*, Ein europäisches Staatskirchenrecht?, Der Staat 58 (2019), 621 (630).

[624] *T. Klein/Bustami*, Ungleichbehandlung wegen der Religion oder Weltanschauung bei kirchlichen Arbeitgebern – Art. 4 Abs. 2 der Richtlinie 2000/78/EG nach den Urteilen in den Rs. Egenberger und IR, ZESAR 2019, 18 (20).

[625] *Kotzur*, in: Geiger/Khan/Kotzur, EUV/AEUV, 6. Aufl. 2017, Art. 17 AEUV Rn. 2.

[626] *T. Klein/Bustami*, Ungleichbehandlung wegen der Religion oder Weltanschauung bei kirchlichen Arbeitgebern – Art. 4 Abs. 2 der Richtlinie 2000/78/EG nach den Urteilen in den Rs. Egenberger und IR, ZESAR 2019, 18 (20). A. A. *Greiner*, Neuausrichtung des Kirchenarbeitsrechts durch den EuGH? Die Rechtssache Egenberger, jM 2018, 233 (233): „Der EuGH agiert insofern offenbar mit dem nur angedeuteten Vorverständnis, dass diese Primärrechtsnorm lediglich das unmittelbare Verhältnis von Staat und Kirche betrifft, jedoch keine Befreiung der Kirchen z. B. von antidiskriminierungsrechtlichen Vorgaben des Unionsrechts im Verhältnis zu Beschäftigten kirchlicher Einrichtungen bewirkt. Tatsächlich lassen sich beide Fragen aber nicht trennen, denn jede unionsrechtliche Normierung, die einen durch das mitgliedstaatliche Recht anerkannten Autonomieraum der Kirchen beschneidet, verletzt – sofern der ‚Status' i. S.d. Art. 17 AEUV betroffen ist – denknotwendig zugleich die durch Art. 17 AEUV gesicherte mitgliedstaatliche Kompetenz zur Ausgestaltung des Verhältnisses von Staat und Kirche."

[627] *T. Klein/Bustami*, Ungleichbehandlung wegen der Religion oder Weltanschauung bei kirchlichen Arbeitgebern – Art. 4 Abs. 2 der Richtlinie 2000/78/EG nach den Urteilen in den Rs. Egenberger und IR, ZESAR 2019, 18 (20).

[628] *Kotzur*, in: Geiger/Khan/Kotzur, EUV/AEUV, 6. Aufl. 2017, Art. 17 AEUV Rn. 5.

[629] BVerfGE 137, 273 (317 Rn. 120) – Chefarzt.

[630] BVerfGE 137, 273 (319 Rn. 125) – Chefarzt.

das Bundesverfassungsgericht in seiner bisherigen Rechtsprechung hat nun der Europäische Gerichtshof in nicht zu beanstandender Weise im konkreten Fall ein Überwiegen der Antidiskriminierungsschutzbelange angenommen.[631] Ein ultra-vires-Akt des Europäischen Gerichtshofs, für welchen sich dieser bei der Begründung völlig von rechtsmethodischen Maßstäben gelöst haben müsste, liegt mithin nach alledem nicht vor – für die zugegebenermaßen kryptische Begründung des Europäischen Gerichtshofs lassen sich in der Sache gute Gründe finden, sodass das Urteilsergebnis nachvollziehbar erscheint. Zudem entspricht das Verständnis des Europäischen Gerichtshofs von Art. 17 AEUV auch der herrschenden Lehre in der Literatur.

4. *Ergebnis*

Nach den hier entwickelten Maßstäben einer Willkürkontrolle in Bezug auf Entscheidungen des Europäischen Gerichtshofs kann festgestellt werden, dass keines der untersuchten Urteile des Europäischen Gerichtshofs – insbesondere auch nicht dessen Weiss-Entscheidung im PSPP-Verfahren – einen ultra-vires-Akt dargestellt hat. Nach der hier befürworteten Ausübung der ultra-vires-Reservekompetenz hätte das Bundesverfassungsgericht bei Zweifeln hinsichtlich einer möglichen Kompetenzüberschreitung im Mangold-Urteil und gegebenenfalls auch in der Rechtssache Weiss den Europäischen Gerichtshof nochmalig mit der Auslegung seines Urteils im Wege des Vorabentscheidungsverfahrens nach Art. 267 Uabs. 1 lit. b, Uabs. 3 AEUV befassen müssen, um dem Europäischen Gerichtshof die Möglichkeit zu einer Klarstellung seiner Argumentation zu geben – ein Mittel, das auch noch in dem anhängigen Egenberger-Verfahren besteht.

Diese sehr stark zurückgenommene, nur auf die Feststellung willkürlicher Rechtsfindung des Europäischen Gerichtshofs beschränkte, Kontrolle des Bundesverfassungsgerichts in Bezug auf die Einhaltung der Verbandskompetenzen der Europäischen Union ist ein tragfähiger Kompromiss zwischen der Wahrung der Anforderungen der Struktursicherungsklausel des Art. 23 Abs. 1 Satz 1 GG und der grundsätzlich möglichen Übertragung der Rechtsprechungsbefugnisse auch im Hinblick auf Kompetenzstreitigkeiten auf ein supranationales Organ

---

[631] Vgl. auch *Malorny*, Diskriminierungsschutz als Grenze kirchlicher Selbstbestimmung, EuZA 2019, 441 (453). Genauer hat der Europäische Gerichtshof dem Bundesarbeitsgericht die Beantwortung der Frage überlassen, ob die in Art. 4 Abs. 2 Uabs. 1 der Richtlinie 2000/78/EG genannten Erfordernisse der „wesentlichen, rechtmäßigen und gerechtfertigten beruflichen Anforderung“ für die hier fragliche Stellenausschreibung erfüllt sind – vgl. EuGH, Urt. v. 17.04.2018, Rs. C-414/16, ECLI:EU:C:2018:257, Rn. 60 ff. – Egenberger. Für die „Wesentlichkeit“, „Rechtmäßigkeit“ und „Rechtfertigung“ lieferte der Europäische Gerichtshof sodann auch jeweils Definitionen; vgl. ebd., Rn. 65 ff. Dabei soll das jeweilige Ethos der Religionsgemeinschaft nicht hinterfragt werden. Das Bundesarbeitsgericht hat in seinem Urteil die Kriterien für die Stellenausschreibung sodann als nicht erfüllt angesehen: BAG, NZA 2019, 455 (464 ff. Rn. 71 ff.).

wie den Europäischen Gerichtshof. Auf die Kriterien der „Offensichtlichkeit" des Kompetenzverstoßes, der noch dazu „strukturell bedeutsam" sein muss, kann verzichtet werden. Wenn der Europäische Gerichtshof den beschriebenen Anforderungen an eine nachvollziehbare Entscheidungsfindung gerecht wird, ist der hier befürwortete Maßstab im Ergebnis noch strenger als die vom Bundesverfassungsgericht zur Zeit angewendete Methode zur Feststellung eines ultra-vires-Akts. Ganz ausgeschlossen ist ein vom Bundesverfassungsgericht festzustellendes ultra-vires-Handeln des Europäischen Gerichtshofs indes nicht. Die ultra-vires-Kontrolle stellt allerdings vordergründig nur eine theoretische Residualkompetenz dar, die bestenfalls nie aktiviert werden muss, wenn der Europäische Gerichtshof stets seine Aufgabe zur Wahrung des Unionsrechts aus Art. 19 Abs. 1 Uabs. 1 Satz 2 EUV beachtet.

E. Die ultra-vires-Kontrolle in der Rechtsprechung anderer nationaler Verfassungs- und Höchstgerichte

„Die weitaus überwiegende Zahl[632] der Verfassungs- und Höchstgerichte der anderen Mitgliedstaaten teilt für ihren jeweiligen Zuständigkeitsbereich die Auffassung des Bundesverfassungsgerichts, dass der (Anwendungs-)Vorrang des Unionsrechts nicht unbegrenzt gilt, sondern dass ihm durch das nationale (Verfassungs-)Recht Grenzen gezogen werden […]."[633]

Diese These des Bundesverfassungsgerichts soll bezüglich des Bestehens einer etwaigen ultra-vires-Residualkompetenz auch in den anderen Mitgliedstaaten der Europäischen Union auf ihre Stichhaltigkeit hin überprüft, also geklärt werden, inwieweit diese Verfassungs- und Höchstgerichte anderer Mitgliedstaaten tatsächlich einen ultra-vires-Vorbehalt im Hinblick auf die Prüfung insbesondere der Kompetenzmäßigkeit abgeleiteten Unionsrechts kennen. Eine separate Auseinandersetzung wird mit den Urteilen zum einen des tschechischen Verfassungsgerichts Ústavní soud und zum anderen des dänischen Højesteret stattfinden, welche im Jahr 2012 respektive 2016 tatsächlich wegen eines – vermeintlichen – ultra-vires-Handelns des Europäischen Gerichtshofs die Nicht-

632 Schon an dieser Stelle sei angemerkt, dass das Bundesverfassungsgericht für die Fundierung seiner These lediglich die Rechtsprechung der Verfassungs- und Höchstgerichte aus zehn der zum Zeitpunkt der Entscheidung 27 anderen Mitgliedstaaten der Europäischen Union zitiert.

633 BVerfGE 142, 123 (197 Rn. 142) – OMT-Urteil. Noch weiter gehend *Huber*, Das Verständnis des Bundesverfassungsgerichts vom Kompetenzgefüge zwischen der EU und den Mitgliedstaaten – Konsequenzen für die Bewältigung der Finanzkrise, in: Möllers/Zeitler, Europa als Rechtsgemeinschaft – Währungsunion und Schuldenkrise, 2013, S. 229 (232): „Die (Verfassungs-)Gerichte nahezu aller Mitgliedstaaten nehmen für sich in Anspruch, […] ‚ultra-vires' einzuordnenden Maßnahmen von EU-Organen, die Anerkennung in ihrem Hoheitsbereich zu versagen".

verbindlichkeit dieser Entscheidung auf dem Hoheitsgebiet des jeweiligen Mitgliedstaats feststellten.

I. Voraussetzungen für einen gewinnbringenden Rechtsvergleich

Interessant ist, wie andere mitgliedstaatliche Verfassungs- und Höchstgerichte mit dem Problem von etwaigen kompetenzüberschreitenden Handlungen der unionalen Organe, Einrichtungen und sonstigen Stellen umgehen. Behalten sie sich ebenfalls eine Residualkompetenz wie das deutsche Bundesverfassungsgericht vor? Und falls dies zu bejahen sein sollte: Welche Anforderungen stellen sie an die Feststellung eines beachtlichen ultra-vires-Akts der Unionsstellen? Hat eine potenzielle ultra-vires-Prüfungskompetenz der mitgliedstaatlichen Verfassungs- oder Höchstgerichte einen originär nationalen Hintergrund oder wurden andere Verfassungsgerichte insbesondere durch die Maastricht-Entscheidung des Bundesverfassungsgerichts aus dem Jahr 1993 inspiriert?[634]

Insbesondere *Simon* äußert allerdings Bedenken gegen die methodische Zulässigkeit und den praktischen Nutzen eines Vergleichs der Verfassungsrechtsprechung in den einzelnen Mitgliedstaaten: Die Entscheidungen ergingen aufgrund von jeweils sehr unterschiedlichen mitgliedstaatlichen Verfassungen – sie seien erst nach einer umfangreichen Auseinandersetzung mit den verfassungsrechtlichen, historischen und (gesellschafts-)politischen Bezügen nachzuvollziehen.[635] Daher sei kurz auf die Zweckmäßigkeit einer rechtsvergleichenden Perspektive gerade im verfassungsrechtlichen und verfassungsgerichtlichen Kontext eingegangen.

Der Kritik ist insoweit zuzustimmen, als rechtsvergleichend gewonnene Aspekte keinesfalls unbesehen in die deutsche Verfassungsrechtsordnung übertragen werden oder als Leitbilder fungieren dürfen. Wenn man allerdings den jeweils unterschiedlichen rechtlichen, politischen und historischen Rahmenbedingungen insbesondere bei der abschließenden Frage, ob sich aus dem Blick auf andere mitgliedstaatliche Verfassungsgerichte Erkenntnisse für die Ausübung der ultra-vires-Reservekompetenz durch das Bundesverfassungsgericht ableiten lassen, hinreichend Beachtung schenkt, so erscheint eine Rechtsvergleichung auch im hier relevanten Kontext gewinnbringend.

Auf der anderen Seite ist aber auch zuzugestehen, dass ein Vergleich der Verfassungsrechtsprechung in den Mitgliedstaaten der Europäischen Union im Zusammenhang mit der ultra-vires-Kontrolle nicht nur auf methodische

---

634 Dies war nach dem Maastricht-Urteil des Bundesverfassungsgerichts die von *Frowein*, Das Maastricht-Urteil und die Grenzen der Verfassungsgerichtsbarkeit, ZaöRV 54 (1994), 1 (15) geäußerte Befürchtung, dass das Bundesverfassungsgericht ein „gefährlicher Ratgeber für die Gerichte anderer Mitgliedstaaten“ werden könnte.

635 *Simon*, Grenzen des Bundesverfassungsgerichts im europäischen Integrationsprozess, 2016, S. 8.

Schwierigkeiten, sondern auch auf Probleme ganz praktischer Art stößt: Schon angesichts der Sprachenvielfalt in der Europäischen Union mit derzeit 24 Amtssprachen[636] in den 27 Mitgliedstaaten ist eine umfassende Analyse aller Entscheidungen der mitgliedstaatlichen Verfassungs- und Höchstgerichte in ihrer originären Sprachquelle im Zusammenhang mit der ultra-vires-Problematik für einen einzelnen Bearbeiter nicht zu leisten.[637]

Dieser Problematik könnte dadurch abgeholfen werden, dass für die einzelnen Mitgliedstaaten jeweils eigene Berichterstatter berufen werden, die in ihrer jeweils eigenen Rechtsordnung über eine große Expertise verfügen. Diese Berichterstatter könnten jeweils Länderberichte erstellen, die sodann in einen Generalbericht eingebettet werden, der die eigentliche Rechtsvergleichung auf der Basis der einzelnen Darstellungen vornimmt.[638] Problematisch ist hieran indes, dass verschiedene Personen die Länderberichte erstellen und daher die Forschungsfrage möglicherweise jeweils (leicht) unterschiedlich interpretiert wird.[639]

Für eine originär rechtsvergleichende Untersuchung scheint dieser soeben aufgezeigte Weg trotzdem aufgrund der jeweiligen besonderen Expertisen vorzugswürdig zu sein.[640] Doch darum geht es in der vorliegenden Abhandlung nicht; den Kern der Untersuchung bildet die originär nationalverfassungsrechtliche Frage, ob die durch das deutsche Bundesverfassungsgericht in Anspruch genommenen Residualkompetenzen, hier insbesondere der ultra-vires-Vorbehalt, verfassungsrechtlich gerechtfertigt werden können und wie sie gegebenenfalls ausgeübt werden müssen. Der Rechtsvergleich dient (nur) dazu, herauszufinden, ob und inwieweit eine ultra-vires-Prüfung auch in der Rechtsprechung der anderen mitgliedstaatlichen Verfassungs- und Höchstgerichte anerkannt ist. Dabei soll auch nicht jede einzelne mitgliedstaatliche Rechtsordnung dargestellt, sondern sich auf wesentliche Leitlinien in der europäischen Verfassungsrechtsprechung zur Problematik von ultra-vires-Handlungen der Unionsstellen beschränkt werden.[641] Die nachfolgende Aufzählung einzelner mitgliedstaatlicher Verfassungs- und Höchstgerichte ist jedoch keinesfalls

---

636 Vgl. Art. 1 der Verordnung Nr. 1 zur Regelung der Sprachenfrage für die Europäische Wirtschaftsgemeinschaft, Abl. 1958, S. 385 f., zuletzt geändert durch Verordnung (EU) Nr. 517/2013, Abl. 2013 Nr. L 158, 1 ff.

637 So auch *Mayer*, Kompetenzüberschreitung und Letztentscheidung, 2000, S. 12.

638 Beispielhaft für dieses Vorgehen *Slaughter/Sweet/Weiler*, The European Court and National Courts – Doctrine and Jurisprudence, Legal Change in Its Social Context, Oxford 1998.

639 Zum Ganzen kritisch *Mayer*, Kompetenzüberschreitung und Letztentscheidung, 2000, S. 12.

640 Der Gefahr einer unterschiedlichen Interpretation des Forschungsgegenstandes und gegebenenfalls auch der unterschiedlich angewandten Methoden kann relativ weitgehend durch präzise Fragenkataloge entgegengewirkt werden – auch dazu jedoch kritisch *Mayer*, Kompetenzüberschreitung und Letztentscheidung, 2000, S. 12.

641 Für einen umfassenden Vergleich der ultra-vires-Problematik in den zum Zeitpunkt der Anfertigung der Arbeit im Jahr 2000 vierzehn weiteren Mitgliedstaaten der Europäischen Ge-

willkürlich gewählt – vielmehr bedeutet die nicht gesonderte Aufführung eines Mitgliedstaats, dass das jeweilige Verfassungs- oder Höchstgericht sich, soweit ersichtlich, bisher nicht mit der spezifischen Problematik von ultra-vires-Handlungen der unionalen Stellen auseinandersetzte.[642] Für die beschriebene eingeschränkte Forschungsfrage erscheint es vertretbar, zur Analyse der Rechtsprechung auf Sekundärquellen in deutscher, englischer und französischer Sprache zurückzugreifen, auch wenn damit die latente Gefahr einhergeht, feine Differenzierungen zu verwischen oder bestimmte Spezifika der jeweiligen (Verfassungs-)Rechtsordnung zu übersehen. Vor diesem Hintergrund und unter Beachtung dieser Prämissen sind die nachfolgenden Ausführungen zu verstehen.

II. Situation in anderen Mitgliedstaaten der Europäischen Union

In den sogleich dargestellten Entscheidungen wurde eine ultra-vires-Kontrolle zumeist – mehr oder minder klar – in obiter dicta umrissen; aktiviert wurde die Kontrolle nur in zwei Entscheidungen, die einem separaten Abschnitt vorbehalten sind.

1. Das Højesteret in Dänemark

Von besonderem Interesse – und daher den nachfolgenden Ausführungen auch vorangestellt – ist die Rechtsprechung des obersten dänischen Gerichts Højesteret. In einem Urteil aus dem Jahr 1998 ging es um die Vereinbarkeit des dänischen Zustimmungsgesetzes zum Vertrag von Maastricht mit der dänischen Verfassung.[643] Die rechtliche Auseinandersetzung drehte sich dabei insbeson-

---

meinschaft bzw. Union siehe *Mayer*, Kompetenzüberschreitung und Letztentscheidung, 2000, S. 140ff.

642 Insbesondere in den Niederlanden kann ein ultra-vires-Konflikt im hier beschriebenen Sinne gar nicht entstehen, weil Art. 94 der niederländischen Verfassung den Vorrang des Unionsrechts auch vor dem niederländischen Verfassungsrecht ohne Einschränkungen vorsieht; die Bestimmung ist in deutscher Übersetzung abrufbar unter: http://www.verfassungen.eu/nl/verf83.htm. Außerdem scheint in den Niederlanden die autonome Geltung des Unionsrechts anerkannt zu sein (vgl. *van der Schyff*, EU Member State Constitutional Identity: A Comparison of Germany and the Netherlands as Polar Opposites, ZaöRV 76 [2016], 167 [176ff.]). Siehe dazu auch *Mayer*, Verfassungsgerichtsbarkeit, in: v. Bogdandy/Bast, Europäisches Verfassungsrecht, 2. Aufl. 2009, S. 559 (580). Auch in Österreich stellten sich derartige Probleme bisher nicht – dies wohl aufgrund der beim Beitritt zur Europäischen Union erfolgten Gesamtänderung der Verfassung, die keine dem Art. 23 Abs. 1 GG entsprechenden Integrationsbeschränkungen enthält, siehe dazu *Schroeder*, Grundkurs Europarecht, 6. Aufl. 2019, § 5 Rn. 38.

643 Urt. v. 06.04.1998 – I 361/1997 – Carlsen u. a. ./. Rasmussen. Für die nachfolgenden Ausführungen wurde die deutsche Übersetzung in EuGRZ 1999, 49ff. zugrunde gelegt. Für eine ausführlichere Darstellung des Urteils siehe *Hofmann*, Der Oberste Gerichtshof Dänemarks und die europäische Integration, EuGRZ 1999, 1ff.; *Mayer*, Kompetenzüberschreitung und Letztentscheidung, 2000, S. 213ff. und *Thomas*, Das Maastricht-Urteil des dänischen Obersten Gerichtshofs vom 6. April 1998, ZaöRV 58 (1998), 879ff. (insb. 890ff.).

dere um die Frage, ob das Zustimmungsgesetz zum Maastricht-Vertrag trotz der weitreichenden Kompetenzen zugunsten der Europäischen Union und insbesondere der Vertragsabrundungsklausel des damaligen Art. 235 EGV (heute: Art. 352 AEUV) noch als ein „Gesetz in näher bestimmtem Umfang“ im Sinne des § 20 Abs. 1 der dänischen Verfassung[644] angesehen werden konnte.[645] Das Højesteret führte aus, dass die genannte Bestimmung es verböte, der Europäischen Union eine Kompetenz-Kompetenz zu übertragen,[646] jedoch würde der Maastricht-Vertrag dem Prinzip der begrenzten Einzelermächtigung und dem Bestimmtheitsgebot des § 20 Abs. 1 der dänischen Verfassung noch genügen.[647] Interessant ist in diesem Zusammenhang vor allem, dass das Højesteret aus § 20 Abs. 1 der dänischen Verfassung zugleich die Berechtigung zugunsten aller dänischen Gerichte ableitete, Handlungen der Unionsstellen auf ihre Kompetenzmäßigkeit hin überprüfen zu können – die entsprechende Urteilspassage dazu lautete:

„Durch das Beitrittsgesetz wurde gebilligt, daß die Befugnis, die Rechtmäßigkeit und Gültigkeit von Rechtsakten der Gemeinschaft zu überprüfen, dem Gerichtshof [der Europäischen Gemeinschaften, i. O.] zukommt. Dies bedeutet, daß dänische Gerichte einen Rechtsakt der Gemeinschaft nicht für in Dänemark unanwendbar erklären können, sofern nicht die Rechtsfrage betreffend seine Vereinbarkeit mit dem Vertrag vom Gerichtshof überprüft wurde, und daß dänische Gerichte im allgemeinen davon ausgehen können, daß entsprechende Entscheidungen des Gerichtshofs innerhalb der Grenzen der Übertragung von Hoheitsrechten liegen. Das Højesteret ist jedoch der Auffassung, daß aus dem Bestimmtheitsgebot des § 20 Abs. 1 des Grundgesetzes, verbunden mit der Befugnis dänischer Gerichte, die Vereinbarkeit von Gesetzen mit dem Grundgesetz zu überprüfen, folgt, daß den Gerichten *nicht die Zuständigkeit genommen werden kann, Rechtsfragen zu behandeln, ob ein Rechtsakt der Gemeinschaft die Grenzen der durch das Beitrittsgesetz vorgenommenen Souveränitätsübertragung überschreitet*. Die dänischen Gerichte können daher einen Rechtsakt der Gemeinschaft *für in Dänemark unanwendbar erklären*, falls die *außergewöhnliche Situation* entstehen sollte, daß mit der *notwendigen Sicherheit* festgestellt werden kann, daß ein Rechtsakt der Gemeinschaft, der *vom Gerichtshof bestätigt* wurde, auf einer Anwendung des Vertrages gegründet ist, die außerhalb der vom Beitrittsgesetz bewirkten Souveränitätsübertragung liegt. Entsprechendes gilt für gemeinschaftsrechtliche Regeln und Rechtsprinzipien, die auf der Praxis des Gerichtshofs beruhen.“[648]

---

644 Dieser lautet in deutscher Übersetzung folgendermaßen: „Befugnisse, die aufgrund dieses Grundgesetzes den Behörden des Königreichs zustehen, können durch Gesetz in näher bestimmtem Umfang solchen zwischenstaatlichen Behörden übertragen werden, die durch gegenseitige Übereinkunft zwecks Förderung zwischenstaatlicher Rechtsordnung und Zusammenarbeit errichtet worden sind.“ Zitiert nach http://www.verfassungen.eu/dk/. Hier besteht eine inhaltliche Ähnlichkeit mit Art. 23 Abs. 1 GG und noch mehr mit Art. 24 Abs. 1 GG.

645 Vgl. Højesteret, EuGRZ 1999, 49 (50).

646 Højesteret, EuGRZ 1999, 49 (50).

647 Højesteret, EuGRZ 1999, 49 (51 ff.).

648 Højesteret, EuGRZ 1999, 49 (52) – Hervorh. d. Verf.

Festhalten lässt sich, dass wohl auch aufgrund vergleichbarer verfassungstextlicher Gegebenheiten das Urteil des Højesteret starke Ähnlichkeiten mit der Rechtsprechung des Bundesverfassungsgerichts zum „ausbrechenden Rechtsakt" in seiner Maastricht-Entscheidung aus dem Jahr 1993 aufweist.[649] Auch das dänische Højesteret nimmt für sich insbesondere ein Letztentscheidungsrecht im Verhältnis zum Europäischen Gerichtshof im Hinblick auf die Einhaltung der der Europäischen Union übertragenen Kompetenzen in Anspruch.[650] Zu betonen ist aber, dass das Højesteret bereits – noch im Gegensatz zur Maastricht-Judikatur des Bundesverfassungsgerichts – eine Vorabbefassung des Europäischen Gerichtshofs forderte und die ultra-vires-Reservekompetenz auf „außergewöhnliche Situationen" beschränkt wissen wollte.[651] Allerdings ist – dies nach dänischem Recht wohl kohärent –[652] die ultra-vires-Prüfung nicht auf das Højesteret begrenzt, sondern kann durch jedes dänische Gericht durchgeführt werden. Fast 20 Jahre nach dieser Entscheidung erkannte das Højesteret sodann in einem Urteil des Europäischen Gerichtshofs einen ultra-vires-Akt (dazu unten III. 2.).

2. *Das Trybunał Konstytucyjny in Polen*

Ebenfalls interessant ist in diesem Zusammenhang eine Entscheidung des polnischen Trybunał Konstytucyjny (Verfassungsgerichtshof)[653] aus dem Jahr 2005, welches den Beitritt der Republik Polen zur Europäischen Union betraf.[654] In diesem Urteil bescheinigte der Polnische Verfassungsgerichtshof

[649] So auch *Mayer*, Kompetenzüberschreitung und Letztentscheidung, 2000, S. 215. Nach *Ring/Olsen-Ring*, Souveränitätsübertragung nach dänischem Verfassungsrecht, EuZW 1998, 589 (591) hat sich das Højesteret bei seiner Entscheidung sogar an den Aussagen des Bundesverfassungsgerichts in seinem Maastricht-Urteil „erkennbar orientiert".

[650] *Hofmann*, Der Oberste Gerichtshof Dänemarks und die europäische Integration, EuGRZ 1999, 1 (4); *Mayer*, Kompetenzüberschreitung und Letztentscheidung, 2000, S. 216.

[651] Siehe dazu auch *Büdenbender*, Das Verhältnis des Europäischen Gerichtshofs zum Bundesverfassungsgericht, 2005, S. 133; *Mayer*, Kompetenzüberschreitung und Letztentscheidung, 2000, S. 216 und *Pernice*, Das Verhältnis europäischer zu nationalen Gerichten im europäischen Verfassungsverbund, 2006, S. 37. Nach *Thomas*, Das Maastricht-Urteil des dänischen Obersten Gerichtshofs vom 6. April 1998, ZaöRV 58 (1998), 879 (896 f.) ist die Beschränkung der ultra-vires-Reservekompetenz auf „außergewöhnliche Situationen", in denen auch die „notwendige Sicherheit" besteht, als eine Art Evidenzkontrolle der dänischen Gerichte im Hinblick auf die Prüfung der Kompetenzeinhaltung der unionalen Stellen zu verstehen.

[652] Vgl. dazu *Hofmann*, Der Oberste Gerichtshof Dänemarks und die europäische Integration, EuGRZ 1999, 1 (4).

[653] Allgemein zum Verhältnis des polnischen Verfassungsgerichtshofs zum Europäischen Gerichtshof: *Wróbel*, Verfassungsgerichtshof und Europäischer Gerichtshof, in: Lukanko/Thiele, Reformprozesse der Europäischen Gemeinschaft, 2019, S. 1 ff.

[654] Trybunał Konstytucyjny, Urt. v. 11.05.2005 – Az. K 18/04. Eine deutsche Übersetzung der maßgeblichen Urteilspassagen findet sich in EuR 2006, 236 ff. Zum Urteil siehe *Banaszkiewicz*, Landesbericht Polen: Europäische Integration und nationales Verfassungsrecht. Die polnischen Erfahrungen, unter besonderer Berücksichtigung der Rechtsprechung des Verfas-

zwar dem Beitrittsvertrag Verfassungsmäßigkeit – machte jedoch zugleich gewisse Einschränkungen: So könne dem Unionsrecht insbesondere kein Vorrang vor dem polnischen Verfassungsrecht eingeräumt werden.[655] Zudem sei es der Republik Polen verboten, durch eine umfassende Kompetenzübertragung auf die Europäische Union ihre Souveränität faktisch oder rechtlich aufzugeben – dabei erfolgte ein ausdrücklicher Bezug auf das Maastricht-Urteil des Bundesverfassungsgerichts[656] und die soeben dargestellte Entscheidung des Højesteret[657] in Dänemark.[658] In Bezug auf die Einhaltung der Kompetenzordnung durch Handlungen der unionalen Organe, Einrichtungen und sonstigen Stellen hieß es sodann:

„Der Gerichtshof der Europäischen Gemeinschaften ist der hauptsächliche, aber nicht der einzige Depositar der Berechtigungen im Bereich der Anwendung der Verträge im Rechtssystem der Europäischen Gemeinschaften und der Union. Er entscheidet in Ausschließlichkeit […] über die Gültigkeit und die Auslegung des Gemeinschaftsrechts. Die Auslegung des Gemeinschaftsrechts durch den EuGH sollte innerhalb der durch die Mitgliedstaaten auf die Gemeinschaft übertragenen Funktionen und Kompetenzen erfolgen. […] Die *Mitgliedstaaten behalten das Recht* zur Beurteilung, ob die Gemeinschafts- (Unions-)Rechtsetzungsorgane bei dem Erlass eines bestimmten Aktes (einer Rechtsvorschrift) *im Rahmen der übertragenen Kompetenzen handelten* und ob sie ihre Befugnisse gemäß den *Grundsätzen der Subsidiarität und Verhältnismäßigkeit* ausübten. Eine Überschreitung dieser Rahmen bewirkt, dass die außerhalb von ihnen erlassenen Akte (Vorschriften) nicht dem Grundsatz des Vorrangs des Gemeinschaftsrechts unterfallen […].“[659]

Ohne in diesem Abschnitt explizit auf das deutsche Bundesverfassungsgericht und das dänische Højesteret Bezug zu nehmen, erscheint eine Anlehnung an deren Rechtsprechung unübersehbar. Die Folge ist, dass auch der Polnische Verfassungsgerichtshof – ohne diese Auffassung argumentativ zu begründen – für sich ein Prüfungsrecht dahingehend in Anspruch nimmt, ob die Hand-

---

sungsgerichtshofes, in: Kluth, Europäische Integration und nationales Verfassungsrecht, 2007, S. 199 (214 ff.).

[655] Trybunał Konstytucyjny, EuR 2006, 236 (239 f.). Vgl. auch *Bainczyk/Ernst*, Fragen der EU-Mitgliedschaft vor dem polnischen Verfassungsgerichtshof – Anmerkung zum Urteil des polnischen Verfassungsgerichtshofs vom 11.05.2005, EuR 2006, 247 (250 f.) und *Pernice*, Das Verhältnis europäischer zu nationalen Gerichten im europäischen Verfassungsverbund, 2006, S. 41.

[656] BVerfGE 89, 155 ff.

[657] Højesteret, Urt. v. 06.04.1998 – I 361/1997 – Carlsen u. a. ./. Rasmussen.

[658] Trybunał Konstytucyjny, EuR 2006, 236 (238 f.). Siehe dazu auch *Banaszkiewicz*, Landesbericht Polen: Europäische Integration und nationales Verfassungsrecht. Die polnischen Erfahrungen, unter besonderer Berücksichtigung der Rechtsprechung des Verfassungsgerichtshofes, in: Kluth, Europäische Integration und nationales Verfassungsrecht, 2007, S. 199 (216 f.) und *Wendel*, Permeabilität im europäischen Verfassungsrecht, 2011, S. 469.

[659] Trybunał Konstytucyjny, EuR 2006, 236 (243) – Hervorh. d. Verf. *Mayer*, Verfassungsgerichtsbarkeit, in: v. Bogdandy/Bast, Europäisches Verfassungsrecht, 2. Aufl. 2009, S. 559 (584) bezeichnet diese Äußerungen des polnischen Verfassungsgerichtshofs als „von Aussage und Stil her besonders drastisch“.

lungen der Unionsstellen sich im Rahmen der Zuständigkeitsordnung bewegen.[660] Kriterien, wann ein solcher Akt der Stellen der Europäischen Union infolge einer Kompetenzüberschreitung nicht am Anwendungsvorrang des Unionsrechts teilnehme, nannte der Polnische Verfassungsgerichtshof nicht. Da es sich ähnlich wie in der Maastricht-Entscheidung des Bundesverfassungsgerichts aber eher um ein obiter dictum handelte, war die präzise Bezeichnung der Voraussetzungen eines beachtlichen ultra-vires-Akts auch nicht zwingend erforderlich. Beachtenswert erscheint daneben die Feststellung, dass der Polnische Verfassungsgerichtshof nicht nur die Kompetenzmäßigkeit unionaler Handlungen im engeren Sinn zu prüfen bereit ist, sondern seinen Prüfungsanspruch ausdrücklich auch auf die Wahrung der Grundsätze der Subsidiarität und der Verhältnismäßigkeit erweiterte. In der Folgezeit setzte sich der Polnische Verfassungsgerichtshof allerdings – soweit ersichtlich – zunächst nicht mehr mit der Prüfung eines etwaigen ultra-vires-Akts auseinander.[661] Nicht eingegangen werden soll auf die aktuelle Auseinandersetzung zwischen Polen und der Europäischen Union – und dabei insbesondere zwischen dem Polnischen Verfassungsgerichtshof und dem Europäischen Gerichtshof – hinsichtlich der polnischen Justizreform. Aufgrund der noch nicht abgeschlossenen Entwicklungen sei dies einer eigenen Darstellung vorbehalten.

3. *Der Ústavní soud in Tschechien*

In seiner ersten von zwei Entscheidungen zur Vereinbarkeit des Vertrags von Lissabon mit der tschechischen Verfassung, nahm auch der Ústavní soud (das tschechische Verfassungsgericht) für sich eine Kompetenz dahingehend in Anspruch, zu prüfen, ob sich Handlungen der Unionsstellen im Rahmen der Zuständigkeitsordnung bewegen oder aus diesem ausbrechen.[662] Nachdem grundsätzlich dem Vertrag von Lissabon durch den tschechischen Ústavní soud Verfassungsmäßigkeit bescheinigt wurde, betonte dieser zugleich aber auch,

[660] *Wendel*, Permeabilität im europäischen Verfassungsrecht, 2011, S. 469 f. mit Fn. 242 weist darauf hin, dass die Aussagen des Polnischen Verfassungsgerichtshofs aber möglicherweise dahingehend zu verstehen seien, dass nur Rechtssetzungsakte der Union einer Kontrolle unterzogen werden – nicht aber beispielsweise Urteile des Europäischen Gerichtshofs auf einen ultra-vires-Akt hin untersucht werden sollen. Vgl. auch *Bainczyk/Ernst*, Fragen der EU-Mitgliedschaft vor dem polnischen Verfassungsgerichtshof – Anmerkung zum Urteil des polnischen Verfassungsgerichtshofs vom 11.05.2005, EuR 2006, 247 (251).

[661] *Weber*, Der Vertrag von Lissabon vor dem polnischen Verfassungsgericht, EuGRZ 2012, 139 (141) stellt fest, dass im späteren Urteil des Polnischen Verfassungsgerichtshofs zur Verfassungsmäßigkeit des Vertrags von Lissabon mit keiner Silbe auf die Problematik von ultra-vires-Handlungen der unionalen Stellen eingegangen wurde. Vgl. aber auch Trybunał Konstytucyjny, Urt. v. 16.11.2011 – Az. SK 45/09, S. 47 f., in englischer Sprache abrufbar unter: http://trybunal.gov.pl/fileadmin/content/omowienia/SK_45_09_EN.pdf.

[662] Ústavní soud, Urt. v. 26.11.2008 – Pl. ÚS 19/08. Das Urteil ist in englischer Sprache auf der Internetseite des tschechischen Verfassungsgerichts abrufbar: https://www.usoud.cz/en/decisions/2008-11-26-pl-us-19-08-treaty-of-lisbon-i.

dass die Tschechische Republik ein souveräner Staat bleiben müsse und keine unkontrollierte Kompetenzübertragung auf die Ebene der Europäischen Union stattfinden dürfe.[663] In einer wesentlichen Passage des Urteils zum hier behandelten ultra-vires-Vorbehalt führte das Gericht anschließend aus:

„The Constitutional Court of the Czech Republic will (may) also […] function as an *ultima ratio* and may review whether any act of Union bodies *exceeded the powers* that the Czech Republic transferred to the European Union under Art. 10a of the Constitution. However, the Constitutional Court assumes that such a situation can occur *only in quite exceptional cases*; these could be, in particular, abandoning the identity of values and […] exceeding the scope of conferred competences."[664]

Rechtsvergleichend wurde auch Rekurs auf die Rechtsprechung des polnischen[665] und sodann insbesondere des deutschen Verfassungsgerichts genommen:

„The German Federal Constitutional Court […] reserved to itself the final word on the question whether a community act exceeded the boundaries/limits that German law gave the Community, and which Community acts are thus ultra vires, outside the competence of the EU. Thus, from the perspective of German law, it is theoretically possible that the Court of Justice itself will exceed its jurisdiction (e. g. if its interpretation is no longer an interpretation of the founding treaties, but, on the contrary, impermissible norm creation). If the Federal Constitutional Court concluded that these acts are ultra vires, that would make them inapplicable (not valid or null) in Germany. Thus, the Maastricht decision meant a qualitative shift; however, we can obviously agree with the opinion that the Federal Constitutional Court's Maastricht doctrine (Kompetenz-Kompetenz) is *more in the nature of a potential warning, but need not ever be used in practice*."[666]

Deutlich wird, dass der tschechische Ústavní soud seinen ultra-vires-Vorbehalt nur als eine wirkliche Residualkompetenz für einen nicht näher umrissenen „außergewöhnlichen Fall" verstand, die er eigentlich in der Praxis nicht wirklich auszuüben gedachte. Ob das tschechische Verfassungsgericht in späteren Entscheidungen diesen selbst gesetzten Maßstäben gerecht wurde, soll an späterer Stelle erörtert werden.[667]

---

663 Ústavní soud, Urt. v. 26.11.2008 – Pl. ÚS 19/08, Rn. 109: „Art. 10a [der tschechischen Verfassung] clearly can not be used for an unlimited transfer of sovereignty; in other words, based on Article 10a on [sic] can not transfer – as already stated – powers, the transfer of which would affect Art. 1 par. 1 of the Constitution to the effect that it would no longer be possible to speak of the Czech Republic as a sovereign state."

664 Ústavní soud, Urt. v. 26.11.2008 – Pl. ÚS 19/08, Rn. 120 (Hervorh. d. Verf.).

665 Betont kritisch zur Rechtsprechung des Polnischen Verfassungsgerichtshofs Ústavní soud, Urt. v. 26.11.2008 – Pl. ÚS 19/08, Rn. 139: „The Polish Constitutional Tribunal, for example, expressly rules out the jurisdiction of the Court of Justice to evaluate the limits of conferral of competences on the EU, as, according to the Tribunal, that is a question of interpretation of domestic constitutional law. Although, in terms of the dogmatics of domestic constitutional law, we can agree with that conclusion to a certain extent, it is *questionable whether it is necessary to formulate it as sharply as the Tribunal did.*" (Hervorh. d. Verf.).

666 Ústavní soud, Urt. v. 26.11.2008 – Pl. ÚS 19/08, Rn. 139 (Hervorh. d. Verf.).

667 Siehe dazu unten Zweiter Teil E. III. 1. (S. 172 ff.).

4. Der Conseil constitutionnel und der Conseil d'État in Frankreich

Außerdem sei hier auf die Lage in Frankreich Bezug genommen – zunächst auf die Rolle des Conseil constitutionnel, der auch in Frankreich (mittlerweile) bedeutende verfassungsgerichtliche Funktionen wahrnimmt:[668] So überprüft dieser insbesondere die Verfassungsmäßigkeit von (Ratifikations-)Gesetzen – bis 2008 allerdings ausschließlich vor einem entsprechenden Gesetzesbeschluss durch das Parlament; eine nachträgliche Kontrolle war ihm verwehrt.[669] Vor dieser Verfassungsänderung galt es als unwahrscheinlich, dass sich auch in Frankreich die ultra-vires-Problematik stellen würde: Denn wenn dem Conseil constitutionnel nach der Bestätigung der Verfassungsmäßigkeit des völkervertraglichen Änderungsgesetzes zu den europäischen Verträgen keine Prüfungskompetenz mehr zukam, so konnte er Rechtsakten der Europäischen Union wegen Überschreitung der eingeräumten Kompetenzen die Anwendbarkeit in Frankreich nicht versagen.[670] Mit der Verfassungsreform von 2008 wurden die Kompetenzen des Conseil constitutionnel jedoch erheblich erweitert und einem vollwertigen Verfassungsgericht angenähert –[671] insbesondere durch die Einfügung eines konkreten Normenkontrollverfahrens (question prioritaire de constitutionnalité).[672] Ob hierdurch die Ausübung einer ultra-vires-Reservekompetenz des Conseil constitutionnel wahrscheinlicher geworden ist, darf bezweifelt werden. Nach wie vor scheint die Rechtsprechungslinie aus dem Jahr 2004 weiterhin Geltung zu beanspruchen, in welcher der Conseil constitutionnel deutlich gemacht hat, dass ihm kein Recht im Hinblick auf die Prüfung der Kompetenzmäßigkeit sekundären Unionsrechts zustehen würde:[673]

„Die Umsetzung einer Richtlinie der Gemeinschaft in das nationale Recht trägt daher einer verfassungsrechtlichen Forderung Rechnung, die nur insoweit begrenzt ist, wie eine Bestimmung ausdrücklich im Gegensatz zur Verfassung steht. Soweit eine solche Bestimmung nicht vorliegt, ist es *allein Sache des Gemeinschaftsrichters*, der gegebenenfalls im Wege eines Vorabentscheidungsverfahrens befasst wird, die *Beachtung der*

---

668 Vgl. *Haltern*, Europarecht Band II, 3. Aufl. 2017, Rn. 1261. Für eine Gegenüberstellung des deutschen Bundesverfassungsgerichts mit dem französischen Conseil constitutionnel siehe insbesondere *Marsch*, Verfassungsgerichtsbarkeit, in: ders./Vilain/Wendel, Französisches und Deutsches Verfassungsrecht – Ein Rechtsvergleich, 2015, § 6 S. 275 ff. Lange Zeit wurde in der französischen Literatur insbesondere die Gerichtsqualität des Conseil Constitutionnel bestritten – vgl. ebd., S. 282 ff.

669 Vgl. *Jouanjan*, Verfassungsrechtsprechung in Frankreich, in: v. Bogdandy/Grabenwarter/Huber, Handbuch Ius Publicum Europaeum Band VI, Verfassungsgerichtsbarkeit in Europa: Institutionen, 2016, § 99 Rn. 112.

670 Vgl. *Mayer*, Kompetenzüberschreitung und Letztentscheidung, 2000, S. 149.

671 Vgl. *Nettesheim*, in: Oppermann/Classen/Nettesheim, Europarecht, 9. Aufl. 2021, § 10 Rn. 28.

672 Hierdurch tritt nach *Haltern*, Europarecht Band II, 3. Aufl. 2017, Rn. 1261 der Conseil constitutionnel „nicht länger als humpelndes, sondern als genuines Verfassungsgericht" auf.

673 Dazu *Büdenbender*, Das Verhältnis des Europäischen Gerichtshofs zum Bundesverfassungsgericht, 2005, S. 110 ff.

durch die Verträge definierten Kompetenzen sowie der durch Art. 6 EUV garantierten Grundrechte durch die Richtlinie der Gemeinschaft zu kontrollieren."[674]

Betrachtete man für die französische Rechtsordnung aber allein den Conseil constitutionnel, so griffe dies zu kurz: Auch der Conseil d'État als höchstes Verwaltungsgericht fungiert nach seiner eigenen Rechtsprechung „als eine Art Nebenverfassungsgericht"[675], obwohl es dem Conseil d'État grundsätzlich wie allen französischen Gerichten (vom Conseil constitutionnel einmal abgesehen) nicht gestattet ist, die Einhaltung der französischen Verfassung durch nationale Parlamentsgesetze zu überprüfen.[676] Ohne die Rechtsprechungsentwicklung des – wohl überwiegend europakritischen –[677] Conseil d'État im Einzelnen nachzuzeichnen, sei doch ein Urteil aus dem Jahr 1978[678] herausgegriffen, das im Kontext mit dem europäischen Integrationsprozess als bedenklich einzustufen ist. Die Entscheidung und der ihr zugrunde liegende Sachverhalt sollen hier nicht im Einzelnen dargestellt werden;[679] es reicht in dem hier relevanten Kontext aus, hervorzuheben, dass der Conseil d'État einen Beschluss des Verwaltungsgerichts Paris aufhob, welches den Europäischen Gerichtshof wegen der Frage nach der unmittelbaren Wirkung einer Richtlinienbestimmung[680] anrufen wollte. Der Conseil d'État meinte hierzu:

„Aus Art. 189 des Vertrages [heute: Art. 288 AEUV] geht eindeutig hervor, daß diese Richtlinien zwar für die Mitgliedstaaten ‚hinsichtlich des zu erreichenden Ziels verbindlich' und die innerstaatlichen Stellen zwecks Erreichung der damit gesetzten Ziele gehalten sind, ihre Gesetzes- und Verwaltungsvorschriften den an sie ergehenden Richtlinien anzupassen, daß sie aber allein zuständig bleiben zu beschließen, in welcher Form

---

674 Conseil constitutionnel, Entscheidung vom 10.06.2004 – 2004-496 DC, JZ 2004, 969 (969), Hervorh. d. Verf. Siehe aber zum Identitätsvorbehalt noch unten Vierter Teil F. II (S. 281 f.).

675 *Mayer/Lenski/Wendel*, Der Vorrang des Europarechts in Frankreich – zugleich Anmerkung zur Entscheidung des französischen Conseil d'État vom 8. Februar 2007 (Arcelor u. a.), EuR 2008, 63 (68).

676 Vgl. *Mayer*, Kompetenzüberschreitung und Letztentscheidung, 2000, S. 143 f. Dies lässt sich historisch darauf zurückführen, dass es den Gerichten im Zuge der französischen Revolution verboten wurde, legislative Kompetenzen wahrzunehmen – vgl. ebd., S. 144 Fn. 373 und 374.

677 Vgl. *Mayer*, Kompetenzüberschreitung und Letztentscheidung, 2000, S. 151. Anderes scheint für den Cour de Cassation zu gelten – ebd., S. 150.

678 Conseil d'État, Urt. v. 22.12.1978 – Entscheidung Nr. 11604 – Cohn-Bendit. Eine deutsche Übersetzung findet sich in EuR 1979, 293 f.

679 Siehe dazu insbesondere die deutschsprachigen Urteilsanmerkungen von *Bieber*, Anmerkung zu Conseil d'État, Urteil vom 22.12.1978 – Entscheidung Nr. 11604, EuR 1979, 294 ff.; *Petzold*, Anmerkung zu Conseil d'État, Urteil vom 22.12.1978 – Entscheidung Nr. 11604, DVBl. 1980, 126 f. und *Tomuschat*, La justice – c'est moi – Zum Cohn-Bendit-Urteil des französischen Conseil d'État vom 22. Dez. 1978, EuGRZ 1979, 257 ff. Vgl. daneben *Mayer*, Kompetenzüberschreitung und Letztentscheidung, 2000, S. 152 ff.

680 Es ging um Art. 6 der Richtlinie Nr. 64/221 EWG des Rates vom 25.02.1964, Abl. 1964, S. 850 ff., wonach eine Begründungspflicht hinsichtlich einer verweigerten Einreise bestand.

die Richtlinien durchgeführt werden, und daß sie unter Kontrolle der einzelstaatlichen Gerichtsbarkeit selbst die geeigneten Mittel bestimmen, damit sie im innerstaatlichen Recht wirksam werden; so können sich die Staatsangehörigen der Mitgliedstaaten – wie auch immer die in den Richtlinien für die Mitgliedstaaten enthaltenen Angaben aussehen mögen – *nicht* zur Begründung einer Klage gegen einen einzelnen Verwaltungsakt darauf berufen […].“[681]

Im Kern hat der Conseil d'État damit – ohne dies explizit auszusprechen – in der Rechtsprechungslinie des Europäischen Gerichtshofs zur unmittelbaren Direktwirkung bestimmter Richtlinienbestimmungen zugunsten Einzelner[682] einen ultra-vires-Akt des Europäischen Gerichtshofs erkannt und ihm die Gefolgschaft verweigert.[683] Auffallend ist insbesondere, dass der Conseil d'État seinen durch die Abweichung von der Rechtsprechung des Europäischen Gerichtshofs manifestierten Letztentscheidungsanspruch argumentativ nicht begründete, sondern diesen schlicht voraussetzte.[684] Als „integrationsunfreundlich“ muss dabei auch gelten, dass in der Entscheidung ein Vorabentscheidungsgesuch des Verwaltungsgerichts Paris aufgehoben[685] und der Europäische Gerichtshof somit von einer gerichtlichen Kommunikation ausgegrenzt wurde.[686]

5. *Der Supreme Court im Vereinigten Königreich*

Zwar ist das Vereinigte Königreich mit Ablauf des 31. Januar 2020 aus der Europäischen Union ausgeschieden – doch traf der erst 2009 errichtete UK-Supreme Court eine Entscheidung, die der bundesverfassungsgerichtlichen Judikatur ähnelt und daher auch an dieser Stelle kurz wiedergegeben werden soll:

---

681 Conseil d'État, EuR 1979, 293 (293), Hervorh. d. Verf.

682 Siehe dafür im Vorfeld der Entscheidung des Conseil d'État: EuGH, Urt. v. 04.12.1974, Rs. 41/74, Slg. 1974, 1337 (1348 Rn. 12) – van Duyn ./. Home Office; EuGH, Urt. v. 01.02.1977, Rs. 51/76, Slg. 1977, 113 (126 f. Rn. 20/29) – Nederlandse Ondernemingen ./. Inspecteur der Invoerrechten en Accijnzen; EuGH, Urt. v. 23.11.1977, Rs. 38/77, Slg. 1977, 2203 (2211 Rn. 9/10) – Enka ./. Inspecteur der Invoerrechten en Accijnzen.

683 So auch *Mayer*, Kompetenzüberschreitung und Letztentscheidung, 2000, S. 163. *Petzold*, Anmerkung zu Conseil d'État, Urteil vom 22.12.1978 – Entscheidung Nr. 11604, DVBl. 1980, 126 (127): „Durch die Ablehnung der Direktwirkung von Richtlinien hat sich der CE […] frontal gegen den EuGH gestellt.“ Parallelen bestehen zu dem Widerstand des Bundesfinanzhofs in der „Kloppenburg“-Entscheidung des Bundesverfassungsgerichts; siehe dazu oben Zweiter Teil B. III. 1. (S. 37 f.).

684 Vgl. dazu auch *Mayer/Lenski/Wendel*, Der Vorrang des Europarechts in Frankreich – zugleich Anmerkung zur Entscheidung des französischen Conseil d'État vom 8. Februar 2007 (Arcelor u. a.), EuR 2008, 63 (67).

685 Der Conseil d'État hat sich so eine Prüfungskompetenz bezüglich des fachgerichtlichen Ermessens eines Vorabentscheidungsgesuchs nach Art. 267 Uabs. 2 AEUV zugesprochen – kritisch dazu *Tomuschat*, La justice – c'est moi – Zum Cohn-Bendit-Urteil des französischen Conseil d'État vom 22. Dez. 1978, EuGRZ 1979, 257 (258).

686 *Tomuschat*, La justice – c'est moi – Zum Cohn-Bendit-Urteil des französischen Conseil d'État vom 22. Dez. 1978, EuGRZ 1979, 257 (257): „Kampfansage an den Gerichtshof der Europäischen Gemeinschaften (EuGH) und damit an die EG insgesamt“. Auf S. 261 ist sogar dann von einem „Rechtsbruch“ durch den Conseil d'État die Rede.

„A domestic court faces a *particular dilemma* if, in the face of the clear language of a Treaty and of associated declarations and decisions […] the *Court of Justice reaches a decision which oversteps jurisdictional limits* which Member States have clearly set at the European Treaty level and which are reflected domestically in their constitutional arrangements. But, unless the Court of Justice has had conferred upon it under domestic law unlimited as well as unappealable power to determine and expand the scope of European Law, irrespective of what the Member States clearly agreed, a domestic court must *ultimately decide* for itself what is consistent with its own domestic constitutional arrangements, including in the case of the 1972 Act *what jurisdictional limits exist under the European Treaties* and upon the competence conferred on European institutions including the Court of Justice. It will be a *very rare case* indeed where any problem arises in this connection, and the recipe for avoiding any problem is that all concerned should act with mutual respect and with caution in areas where Member States' constitutional identity is or may be engaged – particularly so where, as in the present context, great care has been taken to emphasise this by declarations accompanying the relevant Treaty commitments. That reflects the spirit of *co-operation* of which both the Bundesverfassungsgericht and this court have previously spoken."[687]

Deutlich wird, dass sich auch der Supreme Court im Vereinigten Königreich eine Residualkompetenz dahingehend zusprach, zu prüfen, ob die an die Europäischen Union und insbesondere auch die an den Europäischen Gerichtshof übertragenen Kompetenzen eingehalten wurden. In einer Entscheidung aus dem Jahr 2014 folgte der Supreme Court auch einem Urteil des Europäischen Gerichtshofs[688] auf dem Gebiet der Strategischen Umweltprüfung nicht.[689] Die zugrunde liegende Richtlinie könne nicht mit dem Verständnis des Europäischen Gerichtshofs ausgelegt werden:

„In the result, a national court is faced with a clear legislative provision, to which the Fourth Chamber of the European Court of Justice has, in the interests of a more complete regulation of environmental developments, given a meaning which the European legislature clearly did not intend."[690]

In diesem zu Tage tretenden „Ungehorsam" gegenüber der Europäischen Gerichtsbarkeit und dem Verzicht, ein Vorabentscheidungsverfahren anzustrengen, kommt das Bemühen des Supreme Courts zum Ausdruck, die Rechtsprechung des Europäischen Gerichtshofs einzudämmen.

---

687 Supreme Court, Urt. v. 25.03.2015 – UKSC 2013/0150 Rn. 90 f.; abrufbar unter: http://www.bailii.org/uk/cases/UKSC/2015/19.html, Hervorh. d. Verf.

688 EuGH, Urt. v. 22.03.2012, Rs. C-567/10, ECLI:EU:C:2012:159 – Inter-Environnement Bruxelles.

689 Siehe dazu *Ellerbrok/Pracht*, Das Bundesverfassungsgericht als Taktgeber im horizontalen Verfassungsgerichtsverbund – Ausstrahlungswirkungen der Rechtsprechung zum Integrationsverfassungsrecht in Europa, EuR 2021, 188 (198 f.) und *Huber*, Die Ultra-vires-Rüge, in: Festschrift Landau, 2016, S. 233 (244).

690 Supreme Court, Urt. v. 22.01.2014 – UKSC 2014/3 Rn. 189; abrufbar unter: http://www.bailii.org/uk/cases/UKSC/2014/3.html.

6. Zwischenfazit

Es konnte im vorangegangen Abschnitt die Rechtsprechung aus fünf[691] weiteren Mitgliedstaaten in der Europäischen Union identifiziert werden, die sich – mal mehr, mal weniger präzise – mit der ultra-vires-Problematik von Handlungen der unionalen Organe, Einrichtungen und sonstigen Stellen der Union beschäftigte. Dabei haben insbesondere die Verfassungsgerichte Polens und Tschechiens sowie das oberste Gericht Dänemarks in ähnlicher Weise wie das deutsche Bundesverfassungsgericht für sich eine Prüfungskompetenz dahingehend in Anspruch genommen, ob sich die Handlungen der unionalen Stellen im Rahmen der Kompetenzordnung zwischen der Europäischen Union und den Mitgliedstaaten halten.

III. Annahme eines ultra-vires-Akts in Tschechien und Dänemark

Wurde soeben festgestellt, dass neben dem Bundesverfassungsgericht auch andere mitgliedstaatliche Verfassungs- und Höchstgerichte eine ultra-vires-Residualkompetenz kennen, so wurde deren Anwendung durch diese Gerichte bislang zumeist nur angedroht. Eine Ausnahme dazu stellt allerdings, wie eingangs bereits erwähnt, das tschechische Verfassungsgericht (Ústavní soud) dar, welches im Jahr 2012 einen ultra-vires-Akt der unionalen Stellen ausgemacht und einer Entscheidung des Europäischen Gerichtshofs auf dem Hoheitsgebiet der Tschechischen Republik die Verbindlichkeit abgesprochen hat (I.). In dieselbe Richtung ging das dänische Højesteret, das im Jahr 2016 einer Vorabentscheidung des Europäischen Gerichtshofs offen nicht gefolgt ist (II.). Diesen beiden Urteilen sei ein eigener Abschnitt gewidmet; gilt es doch in besonderer Weise herauszufinden, ob das Urteil des Ústavní soud – und gleiches gilt für das Højesteret – „lediglich vom Fehlen einer konzilianten Haltung […] gegenüber dem Gerichtshof der Europäischen Union zeugt oder aber substanziell tatsächlich zur Annahme eines Ultra-vires-Handelns des Unionsorgans (mit allen seinen Konsequenzen) berechtigt“[692].

1. Ústavní soud – Rechtssache Pl. ÚS 5/12

Um die ultra-vires-Entscheidung des tschechischen Verfassungsgerichts nachzuvollziehen, ist es erforderlich, den rechtlichen und tatsächlichen Hintergrund des einschlägigen Urteils in der Rechtssache Pl. ÚS 5/12 darzustellen.

[691] Hinzu könnte der ungarische Alkotmánybíróság treten, dessen Argumentationsschwerpunkt allerdings auf einem Identitätsvorbehalt liegt; siehe dazu daher erst unten Vierter Teil F. VIII. (S. 289 ff.).

[692] *Faix*, Genesis eines mehrpoligen Justizkonflikts: Das Verfassungsgericht der Tschechischen Republik wertet ein EuGH-Urteil als Ultra-vires-Akt, EuGRZ 2012, 597 (597).

a) Sachlicher Hintergrund des Konflikts

Nach der Auflösung der Tschechoslowakei zum Ende des Jahres 1992 regelten die Tschechische und die Slowakische Republik in einem völkerrechtlichen Vertrag unter anderem die Zuständigkeit des jeweiligen Leistungsträgers für die Rentenzahlungen: Nach Art. 20 Abs. 1 dieses Vertrags war für die Rentenansprüche (insbesondere für den Umfang und die Bewertung der Versicherungszeiten) entscheidend, in welchem heutigen Staat der Arbeitgeber im Zeitpunkt der Teilung der Tschechoslowakei seinen Sitz hatte.[693] Dies konnte dazu führen, dass tschechische Staatsbürger, die auch zu Zeiten der Tschechoslowakei auf dem Staatsgebiet der heutigen Tschechischen Republik arbeiteten, bei denen aber der (formelle) Sitz des Arbeitgebers in der jetzigen Slowakei lag, lediglich eine – wegen der unterschiedlichen ökonomischen Entwicklung in den beiden Staaten – niedrigere slowakische Rente bezogen.[694] Durch zahlreiche Verfassungsbeschwerden befasste sich der Ústavní soud mit der Frage nach der Verfassungsmäßigkeit dieser Regelung und stellte fest, dass für Bürger der Tschechischen Republik die unterschiedliche Höhe der Rentengewährung eine Verletzung des Rechts auf angemessene Altersversorgung und einen Verstoß gegen das allgemeine Gleichheitsgebot bedeutete.[695] Der Ústavní soud judizierte, dass in diesen Fällen die Renten mittels einer Art „Sonderzulage" durch die tschechische Sozialversicherungsverwaltung an die Höhe anzugleichen sei, die zu gewähren wäre, wenn der Arbeitgeber seinen Sitz auf dem Staatsgebiet der Tschechischen Republik gehabt hätte.[696] Wichtig ist in diesem Zusammenhang für die sogleich dargestellte Kontroverse hervorzuheben, dass nach Ansicht des tschechischen Verfassungsgerichts dieser Leistungsanspruch nur für tschechische Staatsangehörige gelten sollte – eine Verfassungsbeschwerde eines slowakischen Staatsangehörigen wurde hingegen abgewiesen.[697]

[693] Vgl. dazu und auch im Folgenden *Faix*, Genesis eines mehrpoligen Justizkonflikts: Das Verfassungsgericht der Tschechischen Republik wertet ein EuGH-Urteil als Ultra-vires-Akt, EuGRZ 2012, 597 (597 f.).

[694] *Faix*, Genesis eines mehrpoligen Justizkonflikts: Das Verfassungsgericht der Tschechischen Republik wertet ein EuGH-Urteil als Ultra-vires-Akt, EuGRZ 2012, 597 (597 mit Fn. 7); *Vincze*, Das tschechische Verfassungsgericht stoppt den EuGH – zum Urteil des tschechischen Verfassungsgerichts Pl. ÚS 5/12 vom 14.2.2012, EuR 2013, 194 (195).

[695] Ústavní soud, Urt. v. 03.06.2003 – Pl. ÚS 405/02; in englischer Sprache abrufbar unter https://www.usoud.cz/fileadmin/user_upload/ustavni_soud_www/Decisions/pdf/2-405-02.pdf und Ústavní soud, Urt. v. 25.01.2005 – Pl. ÚS 252/04; in englischer Sprache abrufbar unter: https://www.usoud.cz/en/decisions/2005-01-25-iii-us-252-04-constitutionally-conforming-interpretation. Siehe dazu näher mit einer Übersetzung der maßgeblichen Urteilspassage *Faix*, Genesis eines mehrpoligen Justizkonflikts: Das Verfassungsgericht der Tschechischen Republik wertet ein EuGH-Urteil als Ultra-vires-Akt, EuGRZ 2012, 597 (598). Vgl. daneben auch *Vincze*, Das tschechische Verfassungsgericht stoppt den EuGH – zum Urteil des tschechischen Verfassungsgerichts Pl. ÚS 5/12 vom 14.2.2012, EuR 2013, 194 (195).

[696] Vgl. *Vincze*, Das tschechische Verfassungsgericht stoppt den EuGH – zum Urteil des tschechischen Verfassungsgerichts Pl. ÚS 5/12 vom 14.2.2012, EuR 2013, 194 (195).

[697] *Faix*, Genesis eines mehrpoligen Justizkonflikts: Das Verfassungsgericht der Tsche-

Diese Unterscheidung zwischen tschechischen und slowakischen Staatsbürgern war der Ausgangspunkt einer Auseinandersetzung zwischen dem Ústavní soud und dem höchsten tschechischen Verwaltungsgericht (Nejvyšší správní soud): Letzteres erkannte in der unterschiedlichen Behandlung der tschechischen und der slowakischen Staatsbürger bei der Gewährung der Sonderzulage vor allem eine verbotene Diskriminierung wegen der Staatsangehörigkeit, die in den Anwendungsbereich der Verordnung Nr. 1408/71[698] fiel und rief mittels des Vorabentscheidungsverfahrens nach Art. 267 AEUV den Europäischen Gerichtshof an.

b) Die Vorabentscheidung des Europäischen Gerichtshofs

Der Europäische Gerichtshof kam in seinem Urteil zu dem Ergebnis, dass die Gewährung einer Sonderzulage hinsichtlich der erworbenen Rentenansprüche grundsätzlich durchaus mit dem Unionsrecht, insbesondere mit der Verordnung Nr. 1408/71, vereinbar sei.[699] Im Hinblick auf eine Diskriminierung der slowakischen Staatsbürger hieß es sodann aber unmissverständlich:

> „Aus den Akten ergibt sich zweifelsfrei, dass die Entscheidung des Ústavní soud eine auf die Staatsangehörigkeit gestützte Diskriminierung zwischen eigenen Staatsangehörigen und den Staatsangehörigen der anderen Mitgliedstaaten vornimmt. […] Vor dem Gerichtshof ist kein Gesichtspunkt dargetan worden, der eine solche diskriminierende Behandlung rechtfertigen könnte.“[700]

In Bezug auf die Folgen der festgestellten Diskriminierung judizierte der Europäische Gerichtshof, dass die Gleichbehandlung nur dadurch hergestellt werden könne, dass den slowakischen Staatsangehörigen ebenfalls die Sonderzulage gewährt werde.[701] Eine Entziehung der bereits an die tschechischen Staatsange-

---

chischen Republik wertet ein EuGH-Urteil als Ultra-vires-Akt, EuGRZ 2012, 597 (598 Fn. 13).

698 Verordnung Nr. 1408/71 des Rates vom 14.06.1971 zur Anwendung der Systeme der sozialen Sicherheit auf Arbeitnehmer und deren Familien, die innerhalb der Gemeinschaft zu- und abwandern, Abl. 1971 Nr. L 149/2.

699 EuGH, Urt. v. 22.06.2011, Rs. C-399/09, ECLI:EU:C:2011:415, Rn. 40 – Landtová.

700 EuGH, Urt. v. 22.06.2011, Rs. C-399/09, ECLI:EU:C:2011:415, Rn. 43, 47 – Landtová. In diesem Zusammenhang ist darauf hinzuweisen, dass selbst die tschechische Regierung im Verfahren vor dem Europäischen Gerichtshof die Rechtsprechung des Ústavní soud als unionsrechtswidrig einstufte. Daraufhin übermittelte das tschechische Verfassungsgericht dem Europäischen Gerichtshof ein Schreiben, in welchem die verfassungsgerichtliche Rechtsprechung näher erläutert wurde. Dieses wurde vom Europäischen Gerichtshof aber mit dem Hinweis darauf, dass dieser nach seiner Satzung (vgl. Art. 23 Uabs. 1 und 2) im Rahmen von anhängigen Vorabentscheidungsverfahren mit „Dritten“ keine Korrespondenz führe, zurückgewiesen, was im späteren verfassungsgerichtlichen Verfahren vom Ústavní soud als Verstoß gegen den Grundsatz „audiatur et altera pars“ gewertet wurde. Zum Ganzen *Faix*, Genesis eines mehrpoligen Justizkonflikts: Das Verfassungsgericht der Tschechischen Republik wertet ein EuGH-Urteil als Ultra-vires-Akt, EuGRZ 2012, 597 (600 f.).

701 Vgl. EuGH, Urt. v. 22.06.2011, Rs. C-399/09, ECLI:EU:C:2011:415, Rn. 51 – Landtová.

hörigen gewährten Sonderzulage sei hingegen unionsrechtlich nicht zwingend erforderlich.[702]

Die Vorabentscheidung des Europäischen Gerichtshofs wurde – in einer für die Tschechische Republik politisch wie rechtlich brisanten Frage – mit großer Aufmerksamkeit zur Kenntnis genommen.[703] In ihr bestätigte sich die Rechtsauffassung des obersten tschechischen Verwaltungsgerichts; daher wurde mit umso größerer Spannung erwartet, wie der Ústavní soud das Urteil des Europäischen Gerichtshofs aufnehmen würde.[704]

c) *Die Reaktion des Ústavní soud*

Die Gelegenheit, zu dem Vorabentscheidungsurteil des Europäischen Gerichtshofs Stellung zu beziehen, bot sich für den Ústavní soud bereits sieben Monate nach der Entscheidung des Europäischen Gerichtshofs in der Rechtssache Holubec.[705] In diesem Urteil sprach das tschechische Verfassungsgericht dem Europäischen Gerichtshof die Befugnis ab – so wie es in der Vorabentscheidung umfassend geschehen ist –, die Rechtmäßigkeit der Sonderzulage anhand der Verordnung Nr. 1408/71 zu prüfen, obwohl die völkerrechtliche Bestimmung zur Festlegung des Leistungsträgers für Rentenzahlungen zwischen der Tschechischen und der Slowakischen Republik in den Anhang III dieser Verordnung eingegliedert ist.[706] Denn die Verordnung sei auf den zu entscheidenden Fall gar

---

[702] EuGH, Urt. v. 22.06.2011, Rs. C-399/09, ECLI:EU:C:2011:415, Rn. 53 – Landtová.

[703] *Faix*, Genesis eines mehrpoligen Justizkonflikts: Das Verfassungsgericht der Tschechischen Republik wertet ein EuGH-Urteil als Ultra-vires-Akt, EuGRZ 2012, 597 (598) spricht von „vielfältige[n] Emotionen" und konzediert auf S. 599 Fn. 31: „Nicht gerade beruhigend wirkte auch die mediale Aufmerksamkeit, welche dem Urteil des EuGH gewidmet wurde. Es kann behauptet werden, dass noch nie ein EuGH-Urteil eine solche Aufregung zur Folge hatte. Insbesondere befürchtete man, dass aufgrund der Entscheidung nun auch die slowakischen Rentner die Sonderzulage beantragen werden, was wiederum zu immensen Kosten für das tschechische Rentensystem geführt hätte." Allerdings beschloss das Parlament ein Gesetz, welches die Gewährung der Sonderzulage für zukünftige Fälle ausschließen sollte. In einem obiter dictum des sogleich dargestellten Urteils des Ústavní soud wurde diese Regelung sodann aber als gegenstandlos bezeichnet – vgl. *Vincze*, Das tschechische Verfassungsgericht stoppt den EuGH – zum Urteil des tschechischen Verfassungsgerichts Pl. ÚS 5/12 vom 14.2.2012, EuR 2013, 194 (199 f.).

[704] *Faix*, Genesis eines mehrpoligen Justizkonflikts: Das Verfassungsgericht der Tschechischen Republik wertet ein EuGH-Urteil als Ultra-vires-Akt, EuGRZ 2012, 597 (599) versteht die Vorabentscheidung des Europäischen Gerichtshofs „als eine ausgestreckte Hand zu den tschechischen Verfassungshütern".

[705] Ústavní soud, Urt. v. 31.01.2012 – Pl. ÚS 5/12. Das Urteil ist in englischer Sprache auf der Internetseite des tschechischen Verfassungsgerichts abrufbar: https://www.usoud.cz/fileadmin/user_upload/ustavni_soud_www/Decisions/pdf/Pl%20US%205-12.pdf. Eine deutsche Übersetzung einzelner Urteilspassagen findet sich daneben bei *Faix*, Genesis eines mehrpoligen Justizkonflikts: Das Verfassungsgericht der Tschechischen Republik wertet ein EuGH-Urteil als Ultra-vires-Akt, EuGRZ 2012, 597 (600 f.).

[706] Vgl. *Faix*, Genesis eines mehrpoligen Justizkonflikts: Das Verfassungsgericht der Tschechischen Republik wertet ein EuGH-Urteil als Ultra-vires-Akt, EuGRZ 2012, 597 (600).

nicht anzuwenden gewesen, weil sie nur der Koordination der in unterschiedlichen Mitgliedstaaten erworbenen Ansprüche auf Sozialleistungen diene, hier mit der Tschechoslowakei aber nur ein und derselbe Staat vorgelegen habe.[707] In aller Deutlichkeit hieß es dazu:

„Failure to distinguish the legal relationships arising from the dissolution of a state with a uniform social security system from the legal relationships arising for social security from the free movement of persons in the European Communities, or the European Union, is a *failure to respect European history*, it is *comparing things that are not comparable*."[708]

Sodann wurde im Kernelement der Entscheidung folgendes festgehalten:

„We cannot do otherwise than state, in connection with the effects of ECJ judgement of 22 June 2011, C-399/09 on analogous cases, that in that case there were excesses on the part of a European Union body, that a situation occurred in which an act by a European body *exceeded the powers*, that the Czech Republic transferred to the European Union under Art. 10a of the Constitution; this exceeded the scope of the transferred powers, and was *ultra vires*."[709]

Das Urteil des Ústavní soud wurde sehr unterschiedlich aufgenommen.[710] Geäußert werden – trotz unterstellter Vertretbarkeit der materiell-rechtlichen Argumentation – „erhebliche Zweifel an der Fähigkeit des Gerichts […], die Kon-

Trotz der Eingliederung des völkerrechtlichen Vertrags in den Anhang III der Verordnung sei der maßgebliche völkerrechtliche Vertrag zwischen der Tschechischen und der Slowakischen Republik nach Ansicht des tschechischen Verfassungsgerichts weiterhin nicht durch Unionsrecht determiniert. Diese Feststellung des Ústavní soud ist zumindest zweifelhaft, denn durch die Integration der Bestimmung in die Verordnung und damit in das Unionsrecht liegt das Entscheidungsmonopol über die Reichweite und Bedeutung des Anhangs beim Europäischen Gerichtshof (vgl. Art. 19 Abs. 1 Uabs. 1 Satz 2 EUV), vgl. dazu auch ebd., S. 601. Positiver zur Rechtsansicht des Ústavní soud ist hingegen *Vincze*, Das tschechische Verfassungsgericht stoppt den EuGH – zum Urteil des tschechischen Verfassungsgerichts Pl. ÚS 5/12 vom 14.2.2012, EuR 2013, 194 (201 f.) eingestellt.

[707] Ústavní soud, Urt. v. 31.01.2012 – Pl. ÚS 5/12; https://www.usoud.cz/fileadmin/user_upload/ustavni_soud_www/Decisions/pdf/Pl%20US%205-12.pdf, S. 13. Vgl. *Vincze*, Das tschechische Verfassungsgericht stoppt den EuGH – zum Urteil des tschechischen Verfassungsgerichts Pl. ÚS 5/12 vom 14.2.2012, EuR 2013, 194 (198).

[708] Ústavní soud, Urt. v. 31.01.2012 – Pl. ÚS 5/12, S. 13; https://www.usoud.cz/fileadmin/user_upload/ustavni_soud_www/Decisions/pdf/Pl%20US%205-12.pdf- Hervorh. d. Verf.

[709] Ústavní soud, Urt. v. 31.01.2012 – Pl. ÚS 5/12, S. 13; https://www.usoud.cz/fileadmin/user_upload/ustavni_soud_www/Decisions/pdf/Pl%20US%205-12.pdf- Hervorh. d. Verf.

[710] Vgl. dazu auch insbesondere die Feststellung von *Faix*, Genesis eines mehrpoligen Justizkonflikts: Das Verfassungsgericht der Tschechischen Republik wertet ein EuGH-Urteil als Ultra-vires-Akt, EuGRZ 2012, 597 (601): „Anstatt Rechtssicherheit in der komplizierten Frage der ‚slowakischen Renten' und Beruhigung in der Beziehung zu der Verwaltungsgerichtsbarkeit und dem EuGH zu bringen, wurde durch das Urteil genau das Gegenteil bewirkt." Positiv zur Entscheidung mit Bezugnahme auf die bundesverfassungsgerichtliche Solange II-Rechtsprechung hingegen *Vincze*, Das tschechische Verfassungsgericht stoppt den EuGH – zum Urteil des tschechischen Verfassungsgerichts Pl. ÚS 5/12 vom 14.2.2012, EuR 2013, 194 (204): „In diesem Sinne war ein Urteil notwendig, da es auf den EuGH wieder disziplinierend wirkt. Diese Methodik kann man auch als eine Gewaltenteilung im Mehrebe-

sequenzen seiner Entscheidung abzuschätzen“[711]. Dieser Einwand ist zutreffend: Es muss erstaunen, wie leicht es sich der Ústavní soud damit gemacht hat, ein Urteil des Europäischen Gerichtshofs als ultra-vires-Akt einzustufen. Denn das tschechische Verfassungsgericht war im Hinblick auf die Auslegung des Anhangs III der Verordnung Nr. 1408/71 lediglich anderer Auffassung als der Europäische Gerichtshof und stellte bereits schlicht aus diesem Grund die Unanwendbarkeit dieser Entscheidung auf dem Hoheitsgebiet der Tschechischen Republik fest. Es erfolgte jedoch keine Auseinandersetzung mit der Frage, ob der Ústavní soud überhaupt zu einer ultra-vires-Kontrolle befugt ist; keine Auseinandersetzung mit der Frage, ob und gegebenenfalls welche (qualifizierten) Voraussetzungen für die Annahme eines ultra-vires-Aktes der unionalen Stellen erfüllt sein müssen;[712] und schließlich keine Auseinandersetzung mit der Frage, ob und auf welche Weise der Europäische Gerichtshof vor der Feststellung eines beachtlichen ultra-vires-Handelns zu beteiligen ist.[713] Vielmehr manifestierte das tschechische Verfassungsgericht in einer – wie bereits erwähnt – für die Tschechische Republik politisch wie rechtlich höchst konfliktgeladenen Frage sein Letztentscheidungsrecht gegenüber dem obersten Verwaltungsgericht (Nejvyšší správní soud) und vor allem auch gegenüber dem Europäischen Gerichtshof. Der Ústavní soud wich damit auch deutlich von seiner in der Lissabon-Entscheidung vertretenen Auffassung ab, wonach die ultra-vires-Kontrolle auf kaum vorstellbare Ausnahmefälle beschränkt sein solle.[714] Ob der Ústavní soud auch zukünftig so leichtfertig einen ultra-vires-Akt des Europäischen Gerichtshofs annehmen wird, ist unklar – vielleicht ist die Deutlichkeit der Entscheidung auch den besonderen Umständen des Falls geschuldet.[715] Wegen des spezifischen, auf die

---

nensystem auffassen, in der die mitgliedstaatliche Verfassungsgerichtsbarkeit die europäische kontrolliert.“

[711] *Faix*, Genesis eines mehrpoligen Justizkonflikts: Das Verfassungsgericht der Tschechischen Republik wertet ein EuGH-Urteil als Ultra-vires-Akt, EuGRZ 2012, 597 (602).

[712] Anzudenken und zu erörtern wären beispielsweise ähnliche Voraussetzungen gewesen, wie sie in der Honeywell-Entscheidung des Bundesverfassungsgerichts entwickelt wurden, siehe dazu oben Zweiter Teil B. VII. (S. 47 ff.). Der Ústavní soud scheint jedoch die Entwicklung der bundesverfassungsgerichtlichen Rechtsprechung nach dem Maastricht-Urteil nicht weiter verfolgt zu haben. So auch *Faix*, Genesis eines mehrpoligen Justizkonflikts: Das Verfassungsgericht der Tschechischen Republik wertet ein EuGH-Urteil als Ultra-vires-Akt, EuGRZ 2012, 597 (602).

[713] Der Ústavní soud sieht sich dabei nicht von der Vorlageverpflichtung des Art. 267 Uabs. 3 AEUV erfasst, siehe dazu *Faix*, Genesis eines mehrpoligen Justizkonflikts: Das Verfassungsgericht der Tschechischen Republik wertet ein EuGH-Urteil als Ultra-vires-Akt, EuGRZ 2012, 597 (598).

[714] Im Lissabon-Urteil hieß es noch, die ultra-vires-Kontrollbefugnis „[is] more in the nature of a potential warning, but need not ever be used in practice“ (Ústavní soud, Urt. v. 26.11.2008 – Pl. ÚS 19/08, Rn. 139). Siehe zum Ganzen auch oben Zweiter Teil E. II. 3. (S. 166 f.).

[715] Vgl. *Haltern*, Europarecht Band II, 3. Aufl. 2017, Rn. 1269: „Die Wendung des Verfassungsgerichts erklärt sich am besten aus einer innerstaatlichen Konfrontationsstellung der tschechischen Gerichte, nicht aus einer gewandelten Haltung gegenüber dem unionsrechtlichen Vorrang.“ Zur Bedeutung des Urteils allgemein ebd., Rn. 1271: „Das *ultra vires*-Urteil des Ver-

Tschechische Republik zugeschnittenen Sachverhalts hat die Entscheidung auch keine Nachahmer in anderen Mitgliedstaaten gefunden – eine Gefahr, die ultra-vires-Feststellungen nationaler Gerichte anderenfalls inhärent ist.

2. *Højesteret – Rechtssache 15/2014*

Viele Jahre nach der Ankündigung zur Vornahme einer ultra-vires-Kontrolle[716] beschäftigte sich das dänische Højesteret in einem Urteil aus dem Dezember 2016[717] wieder mit den Grenzen des Vorranganspruchs des Unionsrechts. In diesem Urteil kam es zwar nicht expressis verbis zur Feststellung eines ultra-vires-Akts der Europäischen Union, aber das Højesteret verweigerte einer Entscheidung des Europäischen Gerichtshofs die Gefolgschaft, weil das Zustimmungsgesetz die rechtsfortbildende Tätigkeit des Europäischen Gerichtshofs nicht trüge.[718] Ohne also explizit den Vorwurf einer ultra-vires-Handlung der unionalen Stellen zu erheben, hat das Højesteret implizit eine solche festgestellt.

In dem Ausgangsrechtsstreit ging es darum, dass dem Kläger Rasmussen nach § 2a Abs. 1 des dänischen Gesetzes über die Rechtsverhältnisse zwischen Arbeitgebern und Angestellten wegen langjähriger Betriebszugehörigkeit grundsätzlich eine Entlassungsabfindung in Höhe von drei Monatsgehältern zugestanden hätte. Allerdings entfällt nach § 2a Abs. 3 dieses Gesetzes die Abfindung, wenn der Arbeitnehmer bei seinem Ausscheiden eine Altersrente vom Arbeitgeber erhält und der Arbeitnehmer diesem Rentensystem vor Vollendung des 50. Lebensjahres beigetreten ist, was auf den Ausgangskläger zutraf. Hiergegen klagte Rasmussen und begehrte die Auszahlung der Entlassungsabfindung. Das dänische Højesteret legte dem Europäischen Gerichtshof im Wege des Vorabentscheidungsverfahrens nach Art. 267 AEUV die Frage vor, ob erstens die Ausschlussklausel des § 2a Abs. 3 des dänischen Gesetzes über die Rechtsverhältnisse zwischen Arbeitgebern und Angestellten wegen langjähriger Betriebszugehörigkeit gegen das allgemeine unionsrechtliche Verbot der Altersdiskriminierung verstoße und ob bejahendenfalls diese nationale Regelung trotzdem bei einer Abwägung mit den Grundsätzen der Rechtssicherheit und des Vertrauensschutzes anwendbar bleiben könne.[719]

---

fassungsgerichts wird nicht mehr als eine Fußnote in der juristischen Integrationsgeschichte sein. Die Kommentierungen sind spärlich, inzwischen beschränkt sich die Erwähnung des Urteils nur noch auf ein akademisches Achselzucken.“ (Hervorh. i. O.).

[716] Siehe dazu oben Zweiter Teil E. II. 1. (S. 162 ff.).

[717] Højesteret, Urt. v. 06.12.2016, Rs. 15/2014, in englischer Sprache abrufbar unter: https://europeanlawblog.eu/wp-content/uploads/2020/05/Judgment-15-2014-Danish-Constitutional-Court-DI-Final-Judgment.pdf.

[718] Højesteret, Urt. v. 06.12.2016, Rs. 15/2014, S. 48; https://europeanlawblog.eu/wp-content/uploads/2020/05/Judgment-15-2014-Danish-Constitutional-Court-DI-Final-Judgment.pdf.

[719] Vgl. EuGH, Urt. v. 19.04.2016, Rs. C-441/14, ECLI:EU:C:2016:278, Rn. 20 – Dansk Industri.

Der Europäische Gerichtshof judizierte – in Bestätigung seiner früheren Rechtsprechung zu § 2a Abs. 3 des dänischen Gesetzes über die Rechtsverhältnisse zwischen Arbeitgebern und Angestellten –[720], dass in dieser Bestimmung ein Verstoß gegen den allgemeinen Grundsatz des Verbots der Altersdiskriminierung liege.[721] In deutlichen Worten[722] machte der Europäische Gerichtshof zudem klar, dass die streitgegenständliche Vorschrift – wenn eine unionsrechtskonforme Auslegung nicht möglich sei – von den dänischen Gerichten nicht angewendet werden dürfe[723] und auch Vertrauensschutzgesichtspunkte außer Betracht bleiben müssten.[724]

Das dänische Højesteret sah sich allerdings im Anschluss nicht dazu in der Lage, dem Urteil des Europäischen Gerichts zu folgen, sondern meinte:

> „[…] that the state of the law is clear and that it is not possible, in applying the rules of interpretation recognised under Danish Law, to arrive at an interpretation of Paragraph 2a (3) of the Law on salaried employees as then in force in a manner that is consistent with the Employment Directive as interpreted by the EU Court of Justice […].“[725]

Wegen einer so bezeichneten „contra legem situation“[726] konnte das Højesteret seiner Ansicht nach in diesem Fall das dänische Recht nicht im Einklang mit den Anforderungen des Europäischen Gerichtshofs auslegen:

---

[720] EuGH, Urt. v. 12.10.2010, Rs. C-499/08, ECLI:EU:C:2010:600 – Ingeniørforeningen i Danmark.

[721] EuGH, Urt. v. 19.04.2016, Rs. C-441/14, ECLI:EU:C:2016:278, Rn. 26 f. – Dansk Industri.

[722] Siehe insbesondere EuGH, Urt. v. 19.04.2016, Rs. C-441/14, ECLI:EU:C:2016:278, Rn. 33 f. – Dansk Industri: „In diesem Zusammenhang ist klarzustellen, dass das Erfordernis einer unionsrechtskonformen Auslegung die Verpflichtung der nationalen Gerichte umfasst, eine gefestigte Rechtsprechung gegebenenfalls abzuändern, wenn sie auf einer Auslegung des nationalen Rechts beruht, die mit den Zielen einer Richtlinie nicht vereinbar ist […]. Somit darf das vorlegende Gericht im Ausgangsverfahren nicht davon ausgehen, dass es die in Rede stehende nationale Vorschrift allein deshalb nicht im Einklang mit dem Unionsrecht auslegen könne, weil es sie in ständiger Rechtsprechung in einem nicht mit dem Unionsrecht vereinbaren Sinne ausgelegt habe.“

[723] EuGH, Urt. v. 19.04.2016, Rs. C-441/14, ECLI:EU:C:2016:278, Rn. 35, 37 – Dansk Industri.

[724] EuGH, Urt. v. 19.04.2016, Rs. C-441/14, ECLI:EU:C:2016:278, Rn. 38 – Dansk Industri. Siehe auch ebd., Rn. 39: „Die Anwendung des Grundsatzes des Vertrauensschutzes in der vom vorlegenden Gericht in Betracht gezogenen Weise liefe nämlich in Wirklichkeit darauf hinaus, die zeitlichen Wirkungen der vom Gerichtshof vorgenommenen Auslegung zu begrenzen, da diese Auslegung dann im Ausgangsverfahren keine Anwendung fände.“

[725] Højesteret, Urt. v. 06.12.2016, Rs. 15/2014, S. 43; https://europeanlawblog.eu/wp-content/uploads/2020/05/Judgment-15-2014-Danish-Constitutional-Court-DI-Final-Judgment.pdf. Vgl. auch ebd., S. 48: „In summary, we accordingly find that the Law on accession does not provide the legal basis to allow the unwritten principle prohibiting discrimination on grounds of age to take precedence over Paragraph 2a (3) of the Law on salaried employees in so far as the provision is contrary to the prohibition.“

[726] Højesteret, Urt. v. 06.12.2016, Rs. 15/2014, S. 44; https://europeanlawblog.eu/wp-content/uploads/2020/05/Judgment-15-2014-Danish-Constitutional-Court-DI-Final-Judgment.pdf.

„The Supreme Court would be acting outside the scope of its powers as a judicial authority if it were to disapply the provision in this situation.“[727]

Es liege zwar innerhalb der Kompetenzen des Europäischen Gerichtshofs, das EU-Recht zu interpretieren und festzustellen, ob eine Regelung direkte Anwendung finde – ob eine Bestimmung aber auch in Dänemark unmittelbare Wirkung entfalte, richte sich nach der Auslegung des Zustimmungsgesetzes.[728] Das Zustimmungsgesetz ermächtige nicht dazu, dass ungeschriebene allgemeine Rechtsgrundsätze auf der Basis von Art. 6 Abs. 3 EUV und auch das Verbot der Altersdiskriminierung aus Art. 21 Abs. 1 der Grundrechte-Charta in einem Privatrechtsstreit direkt anwendbar sein und nationales Recht verdrängen könnten.[729] Bei Richtlinienbestimmungen lehne auch der Europäische Gerichtshof eine solche unmittelbare horizontale Direktwirkung ab; aus diesen Gründen wies das Højesteret die Klage ab, weil sich der Arbeitgeber legitimerweise auf den Ausschlussgrund des § 2a Abs. 3 des Gesetzes über die Rechtsverhältnisse zwischen Arbeitgebern und Angestellten berufen konnte.[730]

Durch diese Entscheidung des Højesteret wurden innerstaatlich die Vorgaben, die der Europäische Gerichtshof in seiner Vorabentscheidung gemacht hat, in Dänemark nicht umgesetzt.[731] Implizit wurde die Vorabentscheidung des Europäischen Gerichtshofs damit als ultra-vires-Akt eingeordnet und das Urteil des Europäischen Gerichtshofs konnte in Dänemark keine Verbindlichkeit beanspruchen.[732] Auffallend ist, dass keine ausdrückliche Subsumtion unter die 1998 herausgearbeiteten Kriterien für einen beachtlichen ultra-vires-Akt erfolg-

[727] Højesteret, Urt. v. 06.12.2016, Rs. 15/2014, S. 48; https://europeanlawblog.eu/wp-content/uploads/2020/05/Judgment-15-2014-Danish-Constitutional-Court-DI-Final-Judgment.pdf.

[728] Højesteret, Urt. v. 06.12.2016, Rs. 15/2014, S. 45; https://europeanlawblog.eu/wp-content/uploads/2020/05/Judgment-15-2014-Danish-Constitutional-Court-DI-Final-Judgment.pdf: „The EU Court of Justice has jurisdiction to rule on questions concerning the interpretation of EU law: see Article 267 TFEU. It is therefore for the EU Court of Justice to rule on whether a rule of EU law has direct effect and takes precedence over a conflicting national provision, including in disputes between individuals. The question whether a rule of EU law can be given direct effect in Danish Law, as required under EU law, turns first and foremost on the Law on accession by which Denmark acceded to the European Union.“

[729] Højesteret, Urt. v. 06.12.2016, Rs. 15/2014, S. 46 f.; https://europeanlawblog.eu/wp-content/uploads/2020/05/Judgment-15-2014-Danish-Constitutional-Court-DI-Final-Judgment.pdf. Siehe auch schon ebd., S. 45: „A situation as this, in which a principle at treaty level under EU law is to have direct effect (thereby creating obligations) and be allowed to take precedence over conflicting Danish law in a dispute between individuals, without the principle having any basis in a specific treaty provision, is not foreseen in the Law on accession.“

[730] Højesteret, Urt. v. 06.12.2016, Rs. 15/2014, S. 48; https://europeanlawblog.eu/wp-content/uploads/2020/05/Judgment-15-2014-Danish-Constitutional-Court-DI-Final-Judgment.pdf.

[731] So auch *Nettesheim*, in: Oppermann/Classen/Nettesheim, Europarecht, 9. Aufl. 2021, § 10 Rn. 28.

[732] Vgl. *Schill/Krenn*, in: Grabitz/Hilf/Nettesheim, Das Recht der Europäischen Union, Art. 4 EUV Rn. 26 (Stand: 65. EGL. August 2018).

te – denn das Højesteret wollte hiernach eigentlich nur „in außergewöhnlichen Situationen“ eine ultra-vires-Feststellung treffen, bei der eine Kompetenzüberschreitung des Europäischen Gerichtshofs zudem auch mit der „notwendigen Sicherheit“ vorläge.[733] Auch die Unterscheidung zwischen der Kompetenz des Europäischen Gerichtshofs, Unionsrecht unmittelbare und vorrangige Wirkung zuzusprechen und der Kompetenz des Højesteret, zu entscheiden, ob diese unmittelbare und vorrangige Wirkung auch über das Zustimmungsgesetz in Dänemark gelte,[734] kann nicht überzeugen. In Wahrheit wird hier in einem nicht zu unterschätzenden Umfang die Monopolstellung des Europäischen Gerichtshofs zur Wahrung und Auslegung des Unionsrechts (vgl. Art. 19 Abs. 1 Uabs. 1 Satz 2 EUV) bestritten.

IV. Vorbildfunktion für das Bundesverfassungsgericht?

Abschließend ist zu fragen, ob sich aus der Handhabung der ultra-vires-Kontrollbefugnis durch die anderen mitgliedstaatlichen Verfassungs- und Höchstgerichte Erkenntnisse für das Bundesverfassungsgericht ergeben.

Festzustellen ist, dass sich der ultra-vires-Vorbehalt der obersten Gerichte beziehungsweise Verfassungsgerichte in den anderen Mitgliedstaaten erst nach dem maßgeblichen Maastricht-Urteil des Bundesverfassungsgerichts aus dem Jahr 1993 verbreitete. Es liegt also nahe, dass andere mitgliedstaatliche Gerichte sich am Bundesverfassungsgericht und dessen Maastricht-Rechtsprechung anlehnten oder zumindest grob orientierten.[735] Diese Anlehnung scheint aber in Bezug auf einige mitgliedstaatliche Verfassungsgerichte bei dem Maastricht-Urteil des Bundesverfassungsgerichts Halt gemacht und die weitere Entwicklung der bundesverfassungsgerichtlichen Rechtsprechung nicht mehr in den Blick genommen zu haben.[736] Gerade Dänemark und Tschechien lassen bereits

[733] In einer abweichenden Meinung der Richterin *Scharling* kommt auch ebendies zum Ausdruck – siehe Højesteret, Urt. v. 06.12.2016, Rs. 15/2014, S. 50; https://europeanlawblog.eu/wp-content/uploads/2020/05/Judgment-15-2014-Danish-Constitutional-Court-DI-Final-Judgment.pdf: „I find that there is not such an extraordinary situation that it can be held with the requisite certainty that the application of a general principle of EU law prohibiting discrimination on grounds of age in the employment sphere falls outside the jurisdiction conferred on the EU Court of Justice by the Law on accession.“

[734] Højesteret, Urt. v. 06.12.2016, Rs. 15/2014, S. 45; https://europeanlawblog.eu/wp-content/uploads/2020/05/Judgment-15-2014-Danish-Constitutional-Court-DI-Final-Judgment.pdf.

[735] Zum Ganzen: *Ellerbrok/Pracht*, Das Bundesverfassungsgericht als Taktgeber im horizontalen Verfassungsgerichtsverbund – Ausstrahlungswirkungen der Rechtsprechung zum Integrationsverfassungsrecht in Europa, EuR 2021, 188 ff. Vgl. auch *Claes/Reestman*, The Protection of National Constitutional Identity and the Limits of European Integration at the Occasion of the *Gauweiler* Case, GLJ 2015, 917 (941).

[736] So in Bezug auf das tschechische Verfassungsgericht auch *Faix*, Genesis eines mehrpoligen Justizkonflikts: Das Verfassungsgericht der Tschechischen Republik wertet ein EuGH-Urteil als Ultra-vires-Akt, EuGRZ 2012, 597 (602).

die einfache Kompetenzüberschreitung der unionalen Stellen aus der Sicht des Verfassungs- respektive Höchstgerichts genügen, um dieser Handlung die Anwendbarkeit auf dem jeweiligen Staatsgebiet zu versagen.

Besonders auffallend und wegen fehlenden Problembewusstseins nicht nachahmenswert erscheint in diesem Zusammenhang die schlichte Annahme eines ultra-vires-Aktes durch das Urteil des tschechischen Ústavní soud aus dem Jahr 2012, der ohne großen Begründungsaufwand in einem rechtlich wie politisch umstrittenen Sachverhalt eine gewisse Ignoranz gegenüber dem europäischen Rechtssystem im Allgemeinen und dem Europäischen Gerichtshof im Besonderen zeigte. Auch die faktische ultra-vires-Feststellung durch das dänische Højesteret ist wegen der Insuffizienz der Begründung und der Ausblendung der möglichen Folgen nicht beispielgebend.

Jenseits dessen konnten auch in der Rechtsprechung anderer Mitgliedstaaten keine überzeugenden Kriterien identifiziert werden, nach denen ein beachtliches ultra-vires-Handeln der Unionsstellen zu beurteilen ist. Davon abgesehen muss jedoch auch an dieser Stelle noch einmal betont werden, dass die Rechtsprechung der anderen mitgliedstaatlichen Verfassungs- und Höchstgerichte ohnehin – falls überhaupt – nur eine vage Orientierung für das Bundesverfassungsgericht hätte darstellen können, weil jedes mitgliedstaatliche Verfassungsgericht allein auf der Grundlage der eigenen nationalen Verfassung entscheidet.[737] Eine Vorbildfunktion hat die Rechtsprechung in den anderen Mitgliedstaaten aber unabhängig davon nicht entfalten können; diese orientierte sich eher an derjenigen des Bundesverfassungsgerichts.

Allerdings sollte aufgrund der Tatsache, dass die ultra-vires-Problematik in einer gewissen Anzahl von Mitgliedstaaten bekannt ist, überlegt werden, inwieweit auch deren Erfahrungen fruchtbar gemacht werden können. Nach hier befürworteter Konzeption ist vor jeder Annahme eines ultra-vires-Akts der Europäische Gerichtshof mithilfe des Vorabentscheidungsverfahrens zu beteiligen. Es könnte erwogen werden, durch eine Ergänzung der Satzung des Gerichtshofs der Europäischen Union den anderen mitgliedstaatlichen Verfassungs- und Höchstgerichten in dem Verfahren vor dem Europäischen Gerichtshof (ausdrücklich)[738] die Gelegenheit zur Stellungnahme einzuräumen. Dies könnte für

[737] Das Bundesverfassungsgericht sei allerdings dazu aufgerufen, die Rechtsprechung der anderen mitgliedstaatlichen Verfassungs- und Höchstgerichte im europäischen Verfassungsgerichtsverbund intensiv zu verfolgen, vgl. *Ellerbrok/Pracht*, Das Bundesverfassungsgericht als Taktgeber im horizontalen Verfassungsgerichtsverbund – Ausstrahlungswirkungen der Rechtsprechung zum Integrationsverfassungsrecht in Europa, EuR 2021, 188 (208).

[738] Schon heute wird teilweise angenommen, dass aufgrund von Art. 23 und 24 der Satzung die Möglichkeit zur Einbeziehung der nationalen Verfassungsgerichte durch den Europäischen Gerichtshof besteht (so insb. *Hofmann/Heger*, Das Selbstverständnis des Bundesverfassungsgerichts als Hüter des Kompetenzverhältnisses zwischen der Europäischen Union und Deutschland, EuGRZ 2020, 176 [189]); vorsichtiger *Wischmeyer*, Nationale Identität und Verfassungsidentität, AöR 140 [2015], 415 [450 mit Fn. 155]). Allerdings sind die genannten Satzungsbestimmungen recht allgemein gehalten und der Europäische Gerichtshof in ihrer An-

den Austausch aller Beteiligten fruchtbar sein: Das Bundesverfassungsgericht und der Europäische Gerichtshof würden erfahren, ob auch andere mitgliedstaatliche Verfassungs- und Höchstgerichte an der Kompetenzmäßigkeit eines näher bestimmten Handelns der Unionsstellen Zweifel hegen und so eine weitere Sichtweise in den Diskurs einbringen.

F. Zusammenfassung

Der Begriff der ultra-vires-Handlung stammt ursprünglich aus dem anglo-amerikanischen Gesellschaftsrecht und ist auch im allgemeinen Völkerrecht geläufig.

Die Judikatur des Bundesverfassungsgerichts nimmt eine Kompetenz zur Feststellung eines „ausbrechenden Rechtsakts" in Bezug auf Handlungen der Unionsstellen spätestens seit dem Maastricht-Urteil aus dem Jahr 1993 an. Im Lissabon-Urteil wurde die Kompetenz zur Identifizierung kompetenzwidriger Rechtsakte beim Bundesverfassungsgericht monopolisiert, ehe im Honeywell-Beschluss 2010 einschränkende Kriterien formuliert wurden: Zum einen muss der Europäische Gerichtshof mit der Angelegenheit vor einer etwaigen ultra-vires-Feststellung befasst werden; zum anderen sind nur „offensichtliche" und im Verhältnis der Europäischen Union zu ihren Mitgliedstaaten „strukturell bedeutsame" Kompetenzverletzungen beachtlich. Während diese materiellen Kriterien bei der Prüfung im OMT-Verfahren nicht erfüllt waren, nahm das Bundesverfassungsgericht im Hinblick auf den PSPP-Beschluss des Rates der Europäischen Zentralbank einen ultra-vires-Akt an.

Nach der neueren Rechtsprechung des Bundesverfassungsgerichts soll sich dessen Kompetenz zur Bestimmung von ultra-vires-Akten aus Art. 23 Abs. 1 Satz 3 in Verbindung mit Art. 79 Abs. 3 und Art. 20 Abs. 1 und 2 GG ergeben. Die Residualkompetenz des Bundesverfassungsgerichts zur Vornahme einer ultra-vires-Kontrolle wurzelt allerdings nicht in dieser Bestandssicherungsklausel, sondern in der Struktursicherungsklausel des Art. 23 Abs. 1 Satz 1 GG. Bei schlechterdings nicht nachvollziehbaren und daher willkürlichen Urteilen des Europäischen Gerichtshofs im Hinblick auf die Einhaltung der Kompetenzordnung zwischen der Europäischen Union und ihren Mitgliedstaaten droht ein rechtsstaatlicher Grundsatzverstoß. Allerdings ist der Kontrollmaßstab des Bundesverfassungsgerichts bei der ultra-vires-Prüfung von Handlungen der Unionsstellen stark zurückgenommen – durch die im Zustimmungsgesetz nach

---

wendung auch sehr zurückhaltend, sodass eine Ergänzung der Satzung anzuraten ist (in diese Richtung auch *Wischmeyer*, Nationale Identität und Verfassungsidentität, AöR 140 [2015], 415 [450 mit Fn. 155]), die ggf. auch nicht bloß eine Möglichkeit, sondern sogar eine Verpflichtung zur Einholung von Stellungnahmen der mitgliedstaatlichen Verfassungsgerichten bei in Rede stehenden ultra-vires-Konstellationen normieren könnte.

Art. 23 Abs. 1 Satz 2 GG enthaltenen Bestimmungen des Art. 19 Abs. 1 Uabs. 1 Satz 2 EUV sowie der Art. 263 Uabs. 1, Uabs. 2 Var. 1, Art. 267 und 344 AEUV ist das eigentliche Kompetenzkontrollgericht der Europäische Gerichtshof. Dieser muss daher zwingend mithilfe des Vorabentscheidungsverfahrens mit der Frage befasst werden, ob die angegriffene unionale Handlung einen Verstoß gegen die Verbandskompetenz darstellt. Die anschließende Entscheidung des Europäischen Gerichtshofs ist durch das Bundesverfassungsgericht weitgehend zu akzeptieren, da das Zustimmungsgesetz im Sinne des Art. 23 Abs. 1 Satz 2 GG die Kompetenz zur Wahrung der Zuständigkeitsverteilung zwischen der Europäischen Union und ihren Mitgliedstaaten dem Europäischen Gerichtshof überantwortet. Allerdings muss sich dessen Rechtsprechung in den Grenzen des in Art. 19 Abs. 1 Uabs. 1 Satz 2 EUV umschriebenen Auftrags zur Wahrung des Rechts bei der Auslegung und Anwendung der Verträge halten – die Rechtsfindung des Europäischen Gerichtshofs darf also nicht als willkürlich qualifiziert werden. Der Gerichtshof hat daher seine Entscheidungen mit Bezug auf Normen und unter Auseinandersetzung mit den vorgebrachten unterschiedlichen Positionen kohärent zu begründen, woran aber wegen der Offenheit des im Zustimmungsgesetz beschriebenen Auftrags keine überhöhten Anforderungen gestellt werden dürfen. Ausgeschlossen muss jedoch sein, dass der Europäische Gerichtshof rechtschöpfend und nicht mehr rechtsprechend tätig wird. Nur in diesem Fall willkürlicher, rechtschöpfender Tätigkeit darf das Bundesverfassungsgericht eine Entscheidung des Europäischen Gerichtshofs und gegebenenfalls die ihr zugrunde liegende Handlung der unionalen Organe, Einrichtungen und sonstigen Stellen als ultra-vires-Akt wegen eines Verstoßes gegen Art. 23 Abs. 1 Satz 1 GG einstufen. Klar ist damit auch: Ultra-vires-Akte kann es unmittelbar (zunächst) allein in Bezug auf Entscheidungen des Europäischen Gerichtshofs geben – ein direkter Zugriff auf die angegriffene unionale Handlung ist wegen der zwingenden Einbeziehung des Europäischen Gerichtshofs unstatthaft. Keines der untersuchten Urteile des Gerichtshofs – insbesondere auch nicht dessen Entscheidung in der dem PSPP-Verfahren zugrunde liegenden Rechtssache Weiss – stellte nach den hier befürworteten Maßstäben einen ultra-vires-Akt dar.

In zwei Mitgliedstaaten (Tschechien und Dänemark) wurde schon vor dem PSPP-Urteil des Bundesverfassungsgerichts ein ultra-vires-Akt des Europäischen Gerichtshofs erkannt. Die Begründung hierfür konnte in den einzelnen Entscheidungen allerdings nicht überzeugen. Ganz allgemein ist das Institut der ultra-vires-Kontrolle bei anderen mitgliedstaatlichen Verfassungs- und Höchstgerichten weniger verbreitet, als es das Bundesverfassungsgericht vorgibt.

Dritter Teil

Der Grundrechtsvorbehalt nach „Solange II"

Der dritte Hauptteil der Arbeit setzt sich mit der ältesten Reservekompetenz des Bundesverfassungsgerichts, dem Grundrechtsvorbehalt aus der Solange II-Entscheidung, auseinander. Bei der Nachzeichnung der Rechtsprechung des Bundesverfassungsgerichts kann sich auf wesentliche Punkte in der Entwicklung der heute geltenden Residualkompetenz beschränkt werden, weil der Grundrechtsvorbehalt, welcher in der bundesverfassungsgerichtlichen Rechtsprechung seit über 30 Jahren Geltung beansprucht, bereits wissenschaftlich weitgehend aufbereitet wurde.[1] Diese Gesichtspunkte lassen es vertretbar erscheinen, sich im Rahmen dieser Arbeit bei dem Grundrechtsvorbehalt auf die wesentlichen Leitlinien und Kritikpunkte zu beschränken. Bis vor kurzem war sicherlich auch die Äußerung *Nettesheims* zutreffend, dass Fragen um den Grundrechtsschutz den Anfang der Auseinandersetzung des Bundesverfassungsgerichts mit der europäischen Integration bildeten, mittlerweile aber in den Hintergrund getreten seien.[2] Allerdings fasste der Erste Senat des Bundesverfassungsgerichts Ende 2019 zwei Beschlüsse zum „Recht auf Vergessen"[3], die als ein wahrer „Paukenschlag" gelten dürfen und sich auch auf den Grundrechtsvorbehalt der Solange II-Entscheidung nachhaltig auswirken werden – diesen neueren Entwicklungen sei daher besondere Aufmerksamkeit geschenkt. Auf einen separaten Rechtsvergleich soll in diesem Teil verzichtet werden; die Solange-Rechtsprechung hat zwar über Deutschland hinaus Beachtung gefunden, dürfte aber anderenorts nicht zu einem vergleichbaren Konzept geführt haben.[4]

---

[1] Siehe dazu insbesondere *Streinz*, Bundesverfassungsgerichtlicher Grundrechtsschutz und Europäisches Gemeinschaftsrecht, 1989, passim.

[2] *Nettesheim*, in: Oppermann/Classen/Nettesheim, Europarecht, 8. Aufl. 2018, § 10 Rn. 23 (Voraufl.).

[3] Siehe dazu BVerfGE 152, 152 ff. – Recht auf Vergessen I und BVerfGE 152, 216 ff. – Recht auf Vergessen II.

[4] Eine Ausnahme hierzu könnte Polen bilden, da der Verfassungsgerichtshof wohl die Rechtsprechung des Bundesverfassungsgerichts auch in das polnische Recht implementierte; siehe dazu Trybunał Konstytucyjny, Urt. v. 16.11.2011 – Az. SK 45/09, S. 48 ff., in englischer Sprache abrufbar unter: http://trybunal.gov.pl/fileadmin/content/omowienia/SK_45_09_EN.pdf. Oftmals wird die Wahrung essentieller Grundrechtsstandards aber als Teilbereich der Verfassungsidentität aufgefasst – siehe dazu unten Vierter Teil F. (S. 280 ff.).

A. Entwicklungslinien in der bundesverfassungsgerichtlichen Rechtsprechung

Die Rechtsprechung des Bundesverfassungsgerichts unterlag hinsichtlich einer Residualkompetenz im Grundrechtsbereich einigen Schwankungen. Sie reicht von einer – jedenfalls möglicherweise so aufzufassenden – gänzlichen Verneinung der Zuständigkeit zur Überprüfung, ob Rechtsakte der Europäischen Union mit den Grundrechten des Grundgesetzes vereinbar sind, bis hin zur hierzu kategorial entgegensetzten Ansicht, dass Handlungen der Unionsstellen vollumfassend mit dem Grundrechtsteil der deutschen Verfassung übereinstimmen müssen. Zwischen diesen beiden Polen liegt die derzeitige Rechtsprechungslinie des Bundesverfassungsgerichts.

I. Verneinung jeglicher Zuständigkeit im Beschluss zu EWG-Verordnungen

Das erste Mal – seit seiner Gründung gut 15 Jahre zuvor – beschäftigte sich das Bundesverfassungsgericht mit der Verfassungsmäßigkeit sekundären Unionsrechts in einem Beschluss aus dem Jahr 1967. Die Beschwerdeführer griffen zwei Verordnungen der damaligen Europäischen Wirtschaftsgemeinschaft an, durch die sie sich in ihren Grundrechten aus Art. 2 Abs. 1, 3 Abs. 1, 12 Abs. 1 und 14 Abs. 1 GG verletzt sahen. Die Verfassungsbeschwerde wurde von ihnen dabei aus zwei Gründen für zulässig gehalten:[5] Die Verordnungen der Europäischen Wirtschaftsgemeinschaft müssten zum einen als Akte der deutschen öffentlichen Gewalt im Sinne von Art. 93 Abs. 1 Nr. 4 lit. a GG und § 90 Abs. 1 BVerfGG angesehen werden, da die unionalen Organe ihre Kompetenz für die Ausübung von Hoheitsgewalt auf dem Staatsgebiet der Bundesrepublik Deutschland aus der heutigen Bestimmung des Art. 23 Abs. 1 GG (damals: Art. 24 Abs. 1 GG) ableiteten. Zum anderen bestünde kein anderer Rechtsweg als derjenige zum Bundesverfassungsgericht; insbesondere wäre keine Klagemöglichkeit vor dem Europäischen Gerichtshof vorhanden.

Diesen Argumenten folgte das Bundesverfassungsgericht allerdings nicht, sondern es verwarf die Verfassungsbeschwerden als unzulässig. Unter Bezugnahme auf frühere Entscheidungen fielen unter den Begriff der „öffentlichen Gewalt“ im Sinne von Art. 93 Abs. 1 Nr. 4 lit. a GG und § 90 Abs. 1 BVerfGG nur Verhaltensweisen der deutschen, an das Grundgesetz gebundenen öffentlichen Gewalt.[6] Bei den angegriffenen Verordnungen handele es sich allerdings um Handlungen einer besonderen, von der Staatsgewalt der Mitgliedstaaten

---

[5] Vgl. dazu BVerfGE 22, 293 (294) – EWG-Verordnungen.

[6] BVerfGE 22, 293 (295) – EWG-Verordnungen mit Rekurs auf BVerfGE 1, 10 (11); 6, 15 (18); 18, 385 (387 f.); 22, 91 (92).

sich deutlich unterscheidenden supranationalen Gewalt.[7] Diese supranationale Gewalt sei selbständig und unabhängig; ihre Akte bedürften weder einer Bestätigung durch die einzelnen Mitgliedstaaten noch hätten diese die Befugnis, die Handlungen der supranational organisierten Gemeinschaft aufzuheben.[8] Aus diesen Gründen könne Verfassungsbeschwerde nicht unmittelbar gegen Verordnungen der Europäischen Wirtschaftsgemeinschaft erhoben werden.[9] Zum Argument der Beschwerdeführer, dass die Qualifikation als deutsche öffentliche Gewalt auf dem Rechtsanwendungsbefehl des heutigen Art. 23 Abs. 1 GG (damals Art. 24 Abs. 1 GG) beruhe, meinte das Bundesverfassungsgericht:

„Für die Zuständigkeit des Bundesverfassungsgerichts nach § 90 BVerfGG ist allein die formale Qualifikation des Organs entscheidend, das den angegriffenen Akt erlassen hat; ein Organ, das außerhalb des Gefüges der deutschen Staatsorganisation steht, übt keine deutsche öffentliche Gewalt aus. Ohne Bedeutung ist hierfür, daß die öffentliche Gewalt der EWG nur durch die Mitwirkung der deutschen Staatsgewalt entstehen konnte. Wollte man jede Art von supranationaler oder internationaler öffentlicher Gewalt, die auf dem Wege über Art. 24 Abs. 1 GG konstituiert worden ist, wegen dieser Mitwirkung der Bundesrepublik Deutschland als *deutsche* öffentliche Gewalt ansehen, so würde der für die Zuständigkeit des Bundesverfassungsgerichts nach der ständigen Rechtsprechung entscheidende Unterschied zwischen ‚deutscher' und ‚nicht-deutscher' öffentlicher Gewalt wieder verlorengehen, da keine supra- oder internationale Gewalt im Bereich der Bundesrepublik Deutschland ohne irgendeine Mitbeteiligung der deutschen Staatsgewalt tätig wird."[10]

Interessant sind in diesem Zusammenhang auch die weiteren Ausführungen des Bundesverfassungsgerichts. Als zweites Argument brachten die Beschwerdeführer vor, dass die Zuständigkeit des Bundesverfassungsgerichts wegen der Unzulänglichkeiten des Rechtsschutzes auf Unionsebene – insbesondere aufgrund der hohen Anforderungen der Nichtigkeitsklage für natürliche Personen im Rahmen des heutigen Art. 263 Uabs. 4 AEUV – bestehen müsse. Dies wies das Bundesverfassungsgericht dezidiert zurück:

„Dieser Gedankengang ist schon aus grundsätzlichen Erwägungen abzulehnen. Die Zuständigkeit des Bundesverfassungsgerichts würde auch durch ein noch so dringendes rechtspolitisches Bedürfnis nicht erweitert werden können; sie ist im Grundgesetz und im Gesetz über das Bundesverfassungsgericht abschließend geregelt. Namentlich ginge es nicht an, das Rechtsschutzsystem der EWG, weil ihm bestimmte prozessuale Institute des deutschen Rechts fehlen, als unzulänglich anzusehen und es deshalb auf dem Weg über die deutsche Gerichtsbarkeit zu ergänzen oder zu verbessern. Das würde zu einer Verwischung der Grenzen zwischen nationaler und supranationaler Gerichtsbarkeit und zu ungleichmäßigem Rechtsschutz in den Mitgliedstaaten führen."[11]

[7] BVerfGE 22, 293 (295 f.) – EWG-Verordnungen.
[8] BVerfGE 22, 293 (296) – EWG-Verordnungen.
[9] BVerfGE 22, 293 (297) – EWG-Verordnungen.
[10] BVerfGE 22, 293 (297) – EWG-Verordnungen (Hervorh. i. O.).
[11] BVerfGE 22, 293 (298) – EWG-Verordnungen.

In dem Beschluss verneinte das Bundesverfassungsgericht also mit großer Entschlossenheit – jedenfalls im Rahmen von Verfassungsbeschwerden – seine Kompetenz zur Prüfung der Grundrechtskonformität von Handlungen der Unionsstellen. Nichtsdestotrotz sah sich der Erste Senat am Ende seiner Entscheidung noch zu folgender Klarstellung veranlasst, die später dem Zweiten Senat in seiner Solange I-Entscheidung Interpretationsmöglichkeiten eröffnete:

„Die Entscheidung beschränkt sich auf den Ausspruch, daß das Bundesverfassungsgericht nicht unmittelbar mit der Verfassungsbeschwerde gegen Verordnungen des Rates und der Kommission der EWG angerufen werden kann. *Nicht entschieden ist damit, ob und in welchem Umfang das Bundesverfassungsgericht im Rahmen eines zulässigerweise bei ihm anhängig gemachten Verfahrens Gemeinschaftsrecht an den Grundrechtsnormen des Grundgesetzes messen kann* – eine Frage, die ersichtlich von der Entscheidung der weitergreifenden Vorfrage abhängt, ob und in welchem Sinne von einer Bindung der Organe der EWG an die Grundrechtsordnung der Bundesrepublik Deutschland gesprochen werden kann oder – anders gewendet – ob und in welchem Maße die Bundesrepublik Deutschland bei der Übertragung von Hoheitsrechten nach Art. 24 Abs. 1 GG die Gemeinschaftsorgane von solcher Bindung freistellen konnte.“[12]

II. Zubilligung einer eigenen umfassenden Zuständigkeit – Solange I

Sieben Jahre nach dem soeben erörterten Beschluss war das Bundesverfassungsgericht – dieses Mal der Zweite Senat – in dem sogenannten Solange I-Beschluss wieder mit der Frage konfrontiert, ob Unionsrecht die Grundrechtsverbürgungen des Grundgesetzes beachten müsse.[13]

In dem der Entscheidung zugrunde liegenden Sachverhalt klagte ein deutsches Import- und Exportunternehmen gegen einen Bescheid der Einfuhr- und Vorratsstelle für Getreide- und Futtermittel auf der Grundlage von Art. 12 Abs. 1 Uabs. 3 der Verordnung Nr. 120/67/EWG[14] sowie Art. 9 der Verordnung Nr. 473/67/EWG[15], wonach eine Kaution für verfallen erklärt wurde, nachdem das Unternehmen eine Ausfuhrlizenz nur teilweise ausgenutzt hatte. Das hiermit befasste Verwaltungsgericht Frankfurt a. M. rief im Wege des Vorabentscheidungsverfahrens den Europäischen Gerichtshof an und legte ihm die Frage

---

[12] BVerfGE 22, 293 (298 f.) – EWG-Verordnungen (Hervorh. d. Verf.).

[13] BVerfGE 37, 271 ff. Zeitgenössische Kritik des Solange I-Beschlusses insbesondere bei *H. P. Ipsen*, BVerfG versus EuGH re „Grundrechte“, EuR 1975, 1 (1): „in Ergebnis und Begründung falsch und […] abwegig, überflüssig und rechtspolitisch verfehlt“. Daneben *Scheuner*, Der Grundrechtsschutz in der Europäischen Gemeinschaft und die Verfassungsrechtsprechung, AöR 100 (1975), 30 (51): „Im Ergebnis ist die Entscheidung des Bundesverfassungsgerichts sehr zu bedauern.“ *Bülow*, Kommentar zu Bundesverfassungsgericht „Solange“-Beschluß vom 29.5.1974, EuGRZ 1974, 19 (20) spricht sich hingegen dafür aus, den Beschluss nicht zu „dramatisieren“.

[14] Verordnung des Rates der Europäischen Wirtschaftsgemeinschaft vom 13.06.1967, Abl. 1967, 2269/67.

[15] Verordnung der Kommission der Europäischen Wirtschaftsgemeinschaft vom 21.08.1967, Abl. 1967 Nr. 204/16.

vor, ob die genannten Rechtsvorschriften gültig wären. In der Entscheidung des Europäischen Gerichtshofs – es handelte sich um das bekannte Urteil in der Rechtssache „Internationale Handelsgesellschaft“[16] – wurde die Gültigkeit der Verordnungsbestimmungen bestätigt.[17] Hiernach legte das Verwaltungsgericht dem Bundesverfassungsgericht durch eine konkrete Normenkontrolle nach Art. 100 Abs. 1 GG die Frage vor, ob die nach Unionsrecht bestehende Ausfuhrverpflichtung und die damit einhergehende Pflicht zur Kautionshinterlegung mit dem Grundgesetz vereinbar sei.

1. Die Mehrheitsauffassung im Zweiten Senat

Fraglich und umstritten war die Zulässigkeit der Vorlage des Verwaltungsgerichts. Im Wege der konkreten Normenkontrolle können nach Art. 100 Abs. 1 GG grundsätzlich nur formelle, nachkonstitutionelle Bundes- oder Landesgesetze dem Bundesverfassungsgericht zur Entscheidung vorgelegt werden.[18] Hier waren Vorlagegegenstand durch das Verwaltungsgericht aber Verordnungen der Europäischen Wirtschaftsgemeinschaft. Der Rechtsprechungslinie mit dem soeben dargestellten Beschluss des Ersten Senats hätte es wohl entsprochen, wenn das Bundesverfassungsgericht die Vorlage für unzulässig erklärt hätte; die Mehrheitsmeinung im Zweiten Senat kam allerdings zu einem anderen Ergebnis:

> „Im Normenkontrollverfahren auf Vorlage eines Gerichts geht es immer um die Überprüfung einer gesetzlichen Vorschrift. Da das Gemeinschaftsrecht die im nationalen Recht herkömmliche Unterscheidung zwischen Vorschriften eines förmlichen Gesetzes und Vorschriften einer auf ein förmliches Gesetz gestützten Verordnung nicht kennt, ist jede Form einer Verordnung der Gemeinschaft im Sinne der Verfahrensvorschriften für das Bundesverfassungsgericht eine gesetzliche Vorschrift. […] Eine erste Schranke ergibt sich für die Zuständigkeit des Bundesverfassungsgerichts daraus, daß es nur Akte der deutschen Staatsgewalt, also Entscheidungen der Gerichte, Verwaltungsakte der Behörden und Maßnahmen der Verfassungsorgane der Bundesrepublik Deutschland zum Gegenstand seiner Kontrolle machen kann. Deshalb hält das Bundesverfassungsgericht die Verfassungsbeschwerde eines Bürgers der Bundesrepublik Deutschland unmittelbar gegen eine Verordnung der Gemeinschaft für unzulässig. […] Vollzieht eine Verwaltungsbehörde der Bundesrepublik Deutschland oder handhabt ein Gericht der Bundesrepublik Deutschland eine Verordnung der Gemeinschaft, so liegt darin Ausübung deutscher Staatsgewalt; und dabei sind Verwaltungsbehörde und Gerichte auch an das Verfassungsrecht der Bundesrepublik Deutschland gebunden. Was den Grundrechtsschutz anbelangt, vollzieht er sich nach dem Verfahrensrecht des Bundesverfassungs-

---

[16] Siehe dazu schon oben Erster Teil B. IV. (S. 23 f.).

[17] EuGH, Urt. v. 17.12.1970, Rs. 11/70, Slg. 1970, 1125 ff. – Internationale Handelsgesellschaft.

[18] Siehe dazu statt aller *Dederer*, in: Maunz/Dürig, GG, Art. 100 Rn. 76 ff. (Stand: 70. EGL. Dezember 2013).

gerichts […] im Wege der Gerichtsvorlage im sog. Normenkontrollverfahren vor dem Bundesverfassungsgericht."[19]

Diese Inanspruchnahme eines Entscheidungsmonopols durch das Bundesverfassungsgericht und der damit verbundene Schutz der Geltung der Gemeinschaftsrechtsordnung entspreche den in Art. 100 Abs. 1 und Abs. 2 GG zum Ausdruck kommenden Rechtsgedanken und liege auch im Interesse des Rechts der Europäischen Gemeinschaft.[20] Die Ausführungen des Zweiten Senats gipfelten sodann in der berühmt gewordenen Aussage:

„Solange der Integrationsprozeß der Gemeinschaft nicht so weit fortgeschritten ist, daß das Gemeinschaftsrecht auch einen von einem Parlament beschlossenen und in Geltung stehenden formulierten Katalog von Grundrechten enthält, der dem Grundrechtskatalog des Grundgesetzes adäquat ist, ist nach Einholung der in Art. 177 des Vertrags [heute: Art. 267 AEUV] geforderten Entscheidung des Europäischen Gerichtshofs die Vorlage eines Gerichts der Bundesrepublik Deutschland an das Bundesverfassungsgericht im Normenkontrollverfahren zulässig und geboten, wenn das Gericht die für es entscheidungserhebliche Vorschrift des Gemeinschaftsrechts in der vom Europäischen Gerichtshof gegebenen Auslegung für unanwendbar hält, weil und soweit sie mit einem der Grundrechte des Grundgesetzes kollidiert."[21]

Diese als „Fortbildung des Verfahrensrechts"[22] bezeichnete Vorgehensweise kam nach Auffassung der Senatsmehrheit ohne eine Anrufung des Plenums aus, weil sie nicht im Widerspruch zur oben dargestellten Entscheidung des Ersten Senats und dessen Rechtsprechungslinie stünde.[23]

Es würde eine erhebliche Rechtsschutzlücke für den einzelnen Bürger bedeuten, wenn die Grundrechte des Grundgesetzes bei Rechtsakten deutscher Behörden und Gerichte nur deshalb nicht geprüft würden, weil die angegriffene Handlung mittelbar auf das Recht der supranational organisierten Europäischen Gemeinschaft zurückgehe.[24] Es schade im Übrigen auch der Gemeinschaft nicht, wenn einzelne Mitgliedstaaten einen höheren Grundrechtsschutz gewährleisteten.[25] Bei der Übertragung von Hoheitsrechten nach Art. 24 Abs. 1 GG bestehe ein ungeschriebener Vorbehalt – diese Übertragung dürfe nicht dazu führen, dass der Grundrechtsteil des Grundgesetzes infolge der Ausübung supranationaler Gewalt in seinen Wesenszügen relativiert werde.[26]

In der Sache konnten die Richter des Zweiten Senats – und dem schlossen sich im Übrigen auch die Richter mit der abweichenden Meinung an – keine

[19] BVerfGE 37, 271 (283 f.) – Solange I.
[20] BVerfGE 37, 271 (284 f.) – Solange I.
[21] BVerfGE 37, 271 (285) – Solange I.
[22] BVerfGE 37, 271 (285) – Solange I.
[23] BVerfGE 37, 271 (285 ff.) – Solange I. Damit machte sich der Zweite Senat das obiter dictum des Ersten Senats, in: BVerfGE 22, 293 (298 f.) – EWG-Verordnungen zu Nutze.
[24] BVerfGE 37, 271 (282) – Solange I.
[25] BVerfGE 37, 271 (282 f.) – Solange I.
[26] BVerfGE 37, 271 (279 f.) – Solange I.

Verletzung der deutschen Grundrechte durch die Verordnungsbestimmungen erkennen,[27] sodass die Vorlage des Verwaltungsgerichts Frankfurt a. M. zwar zulässig, aber unbegründet war. Zu einem offenen Widerspruch zum Urteil des Europäischen Gerichtshofs ist es daher nicht gekommen.

Insgesamt lassen sich drei Ungereimtheiten in der Entscheidung ausmachen: Zum einen wird die Verbindung zwischen effektivem Grundrechtsschutz und Demokratieprinzip (infolge der Forderung nach einem vom Parlament beschlossenen Grundrechtskatalog) nicht klar. Zum zweiten – und dies ist noch schwerwiegender – unterscheidet die Mehrheitsauffassung nicht kohärent zwischen der auf Art. 24 Abs. 1 GG gestützten Zulässigkeit der Hoheitsrechteübertragung einerseits und der Anwendbarkeit des sekundären Gemeinschaftsrechts auf dem Hoheitsgebiet der Bundesrepublik Deutschland andererseits.[28] Es wird lediglich deutlich, dass nach der Konzeption der Senatsmehrheit Art. 24 Abs. 1 GG nicht nur im Rahmen der Prüfung der Verfassungsmäßigkeit des Zustimmungsgesetzes relevant wird, sondern darüber hinaus eine Abwehrfunktion für abgeleitetes Gemeinschaftsrecht bei der Verletzung von Grundrechtsverbürgungen des Grundgesetzes erfüllen soll.[29] Zum dritten vermischt die Argumentation des Bundesverfassungsgerichts schließlich das materielle Recht um den Problemkreis des Verhältnisses von Gemeinschaftsrecht und deutschem Verfassungsrecht mit der Frage der Zulässigkeit einer konkreten Normenkontrolle nach Art. 100 Abs. 1 GG.[30]

2. *Die abweichende Meinung der Richter* Rupp, Hirsch *und* Wand

Gleich drei Richter des Senats konnten die Mehrheitsmeinung zur Zulässigkeit der Vorlage nicht mittragen und verfassten ein Sondervotum, in dem es gleich zu Beginn dezidiert hieß:

---

[27] BVerfGE 37, 271 (288 ff.) – Solange I.

[28] So auch *König*, Die Übertragung von Hoheitsrechten im Rahmen des europäischen Integrationsprozesses – Anwendungsbereich und Schranken des Art. 23 des Grundgesetzes, 2000, S. 422.

[29] *König*, Die Übertragung von Hoheitsrechten im Rahmen des europäischen Integrationsprozesses – Anwendungsbereich und Schranken des Art. 23 des Grundgesetzes, 2000, S. 422 f.: „Die Senatsmehrheit versteht Art. 24 Abs. 1 GG somit – um es bildlich auszudrücken – nicht als Schlagbaum an der Grenze zum deutschen Rechtsraum, der mit dem Zustimmungsgesetz sozusagen hochgezogen wird, wenn bestimmte Voraussetzungen auf der europäischen Ebene erfüllt sind. Sie gibt der Norm vielmehr die Funktion eines Filters, mit dem jede einzelne Vorschrift des sekundären Gemeinschaftsrechts auf ihre Vereinbarkeit mit deutschen Grundrechtsnormen und anderen wesentlichen Verfassungsstrukturen hin überprüft werden muß. Nur die Bestimmungen, die durch den Filter hindurch passen, sind im deutschen Rechtsraum anwendbar."

[30] Dazu *Büdenbender*, Das Verhältnis des Europäischen Gerichtshofs zum Bundesverfassungsgericht, 2005, S. 56; *Streinz*, Bundesverfassungsgerichtlicher Grundrechtsschutz und Europäisches Gemeinschaftsrecht, 1989, S. 145.

„Rechtsvorschriften, die von Organen der Europäischen Gemeinschaften aufgrund der ihnen übertragenen Kompetenzen erlassen worden sind (sekundäres Gemeinschaftsrecht), können nicht auf ihre Vereinbarkeit mit den Grundrechtsnormen des Grundgesetzes geprüft werden.“[31]

Dies wurde damit begründet, dass durch die Übertragung von Hoheitsrechten auf der Grundlage von Art. 24 Abs. 1 GG ein autonomes Rechtssystem entstanden sei, das eigene Organe, einen eigenen Normenbestand und ein eigenes Rechtsschutzsystem besitze.[32] Über diese autonome und vom nationalen Rechtskreis unabhängige Rechtsordnung wache der Europäische Gerichtshof, der durch die Entwicklung allgemeiner ungeschriebener Rechtsgrundsätze auch den Grundrechtsschutz, der im Wesentlichen den Grundrechtsverbürgungen im Grundgesetz entspreche, gewährleisten würde.[33] Daher müssten Normen des Gemeinschaftsrechts nur den Grundrechtsgewährleistungen auf Gemeinschaftsebene, nicht aber auch noch zusätzlich denjenigen des Grundgesetzes genügen.[34] Zur Funktion des Art. 24 Abs. 1 GG wurde weiter ausgeführt:

„Art. 24 Abs. 1 GG besagt bei sachgerechter Auslegung nicht nur, daß die Übertragung von Hoheitsrechten auf zwischenstaatliche Einrichtungen überhaupt zulässig ist, sondern auch, daß die Hoheitsakte der zwischenstaatlichen Einrichtungen von der Bundesrepublik Deutschland anzuerkennen sind […]. Das schließt es von vornherein aus, sie nationaler Kontrolle zu unterwerfen. Denn darauf hat die Bundesrepublik Deutschland durch den Beitritt zur EWG, ihre Zustimmung zur Errichtung von Gemeinschaftsorganen und ihre Mitwirkung an der Begründung autonomer Hoheitsgewalt gerade verzichtet. Zu den anzuerkennenden, keiner nationalen Kontrolle unterliegenden Hoheitsakten gehört auch die Rechtsetzung der europäischen Gemeinschaftsorgane. Die von ihnen erlassenen Rechtsvorschriften können daher in ihrer Geltung und Anwendbarkeit nicht davon abhängig sein, ob sie den Maßstäben des innerstaatlichen Rechts entsprechen. Gemeinschaftsrecht geht inhaltlich abweichenden Bestimmungen des nationalen Rechts vor. Dies gilt nicht nur im Verhältnis zu innerstaatlichen Normen des einfachen Rechts, sondern auch gegenüber Grundrechtsnormen der nationalen Verfassung.“[35]

Ferner sah das abweichende Votum in der Konzeption der Senatsmehrheit die Gefahr, dass es durch verschiedene Grundrechtsgewährleistungen in den einzelnen Mitgliedstaaten zu einer Rechtszersplitterung mit problematischen Auswirkungen kommen könnte.[36]

---

[31] Abweichende Meinung der Richter *Rupp*, *Hirsch* und *Wand*, in: BVerfGE 37, 271 (291) – Solange I.

[32] Abweichende Meinung der Richter *Rupp*, *Hirsch* und *Wand*, in: BVerfGE 37, 271 (291 f.) – Solange I.

[33] Abweichende Meinung der Richter *Rupp*, *Hirsch* und *Wand*, in: BVerfGE 37, 271 (292 ff.) – Solange I.

[34] Abweichende Meinung der Richter *Rupp*, *Hirsch* und *Wand*, in: BVerfGE 37, 271 (297) – Solange I.

[35] Abweichende Meinung der Richter *Rupp*, *Hirsch* und *Wand*, in: BVerfGE 37, 271 (295 f.) – Solange I.

[36] Abweichende Meinung der Richter *Rupp*, *Hirsch* und *Wand*, in: BVerfGE 37, 271

III. Vorsichtige Abkehr von Solange I im Vielleicht- und Dreierausschussbeschluss

Bereits 1979 geriet das Bundesverfassungsgericht ins Zweifeln, ob die Maßgabe aus der Solange I-Entscheidung, sekundäres Gemeinschaftsrecht umfassend an den Grundrechten des Grundgesetzes zu prüfen, noch aufrechterhalten werden kann.[37] In einem obiter dictum – in der Entscheidung ging es eigentlich um die Vereinbarkeit *primären* Gemeinschaftsrechts mit dem Grundgesetz – hieß es:

„Der Senat läßt offen, ob und gegebenenfalls inwieweit – etwa angesichts mittlerweile eingetretener politischer und rechtlicher Entwicklungen im europäischen Bereich – für künftige Vorlagen von Normen des *abgeleiteten* Gemeinschaftsrechts die Grundsätze des Beschlusses vom 29. Mai 1974 (BVerfGE 37, 271 ff.) weiterhin uneingeschränkt Geltung beanspruchen können."[38]

Eine weitere – noch deutlichere – Andeutung zur Abkehr von der Solange I-Rechtsprechung fand sich in einem Beschluss des Zweiten Senats aus dem Jahr 1983, in dem der Leitsatz der sogleich dargestellten Solange II-Entscheidung schon zum Teil vorweggenommen wurde:

„Deshalb kann hier dahinstehen, ob das BVerfG seine Gerichtsbarkeit über die Anwendung von Verordnungen der Gemeinschaft im Hoheitsbereich und durch die öffentliche Gewalt der Bundesrepublik Deutschland, wenn diese Anwendung als unvereinbar mit den Grundrechten des Grundgesetzes angegriffen wird, solange nicht mehr in Anspruch nimmt, als auf der Ebene des Gemeinschaftsrechts ein, gemessen am Grundgesetz, ausreichender Grundrechtsschutz, insbesondere durch den EuGH, generell gewährleistet erscheint."[39]

IV. Ausübungsverzicht auf die grundsätzlich bestehende Kompetenz – Solange II

Zwölf Jahre nach dem Solange I-Beschluss fasste der Zweite Senat – nun in anderer Besetzung – im Jahr 1986 einstimmig den bekannten Solange II-Beschluss,[40] der die in den vorangegangenen Beschlüssen schon angedeutete Rechtsprechungsänderung festschrieb.

(298) – Solange I: „Diese Möglichkeit eröffnen, heißt ein Stück europäischer Rechtseinheit preisgeben, den Bestand der Gemeinschaft gefährden und den Grundgedanken der europäischen Einigung verleugnen."

37 Zum Vielleicht-Beschluss siehe auch schon oben Zweiter Teil B.II. (S. 35 f.).

38 BVerfGE 52, 187 (202 f.) – Vielleicht (Hervorh. i. O.).

39 BVerfG, NJW 1983, 1258 (1259) – Dreierausschussbeschluss.

40 BVerfGE 73, 339 ff. Zustimmung erntet der Beschluss u. a. bei *H. P. Ipsen*, Das Bundesverfassungsgericht löst die Grundrechtsproblematik – Zum „Mittlerweile"-Beschluß des 2. Senats vom 22. Oktober 1986, EuR 1987, 1 ff. Eine überwiegend positive Besprechung findet sich daneben bei *Hilf*, Solange II: Wie lange noch Solange? – Der Beschluß des Bundesverfassungsgerichts vom 22. Oktober 1986, EuGRZ 1987, 1 ff.

1. Sachverhalt

Die Beschwerdeführerin importierte Champignonkonserven aus der Europäischen Gemeinschaft nicht angehörenden sogenannten Drittstaaten. Aufgrund einer befürchteten ernstlichen Störung des Pilzkonservenmarktes erließ die Kommission eine Verordnung, wonach eine Einfuhrgenehmigung erforderlich war. Die Beschwerdeführerin beantragte sodann beim zuständigen Bundesamt für Ernährung und Forstwirtschaft eine Genehmigung für die Einfuhr von 1000 Tonnen Champignonkonserven aus Taiwan – dieser Antrag wurde mit Blick auf die Bestimmungen der Verordnung Nr. 2107/74[41] abgelehnt. Hiergegen klagte die Beschwerdeführerin, weil sie der Auffassung war, dass eine „ernsthafte Störung des Pilzkonservenmarktes“ – von welcher die Kommission ausgegangen war und die zur Ablehnung des Antrags als Begründung herangezogen wurde – nicht vorgelegen habe. Das im Wege der Sprungrevision angerufene Bundesverwaltungsgericht legte die Frage nach der Gültigkeit der angegriffenen Verordnung dem Europäischen Gerichtshof vor, der ihre Rechtmäßigkeit unter Verweis auf den Beurteilungsspielraum der Europäischen Kommission bestätigte.[42] Aus diesem Grund wies das Bundesverwaltungsgericht die Sprungrevision zurück – hiergegen legte die Beschwerdeführerin Verfassungsbeschwerde zum Bundesverfassungsgericht ein.

2. Entscheidungsgründe

Zu Beginn seiner Erwägungen setzte sich das Bundesverfassungsgericht recht umfassend mit der Frage auseinander, ob das Bundesverwaltungsgericht zu einer nochmaligen Vorlage an den Europäischen Gerichtshof verpflichtet gewesen war.[43]

Im hier interessierenden Kontext konstatierte das Bundesverfassungsgericht zunächst, dass es die Ermächtigung des Art. 24 Abs. 1 GG erlaube, dem Recht einer zwischenstaatlichen, supranationalen Organisation Anwendungsvorrang vor nationalem Recht zu gewähren.[44] Allerdings sei die Ermächtigung in Art. 24 Abs. 1 GG nicht schrankenlos – sie gestatte es nicht, dass die Identität der Verfassungsordnung der Bundesrepublik Deutschland, wozu insbesondere ihr

[41] Verordnung (EWG) der Kommission vom 08.08.1974 über Schutzmaßnahmen bei der Einfuhr von Pilzkonserven, Abl. 1974 Nr. L 218/54 und Verordnung (EWG) Nr. 1869/15 der Kommission vom 22.07.1975 zur Änderung der Verordnung (EWG) Nr. 2107/74, Abl. 1975 Nr. L 190/23.

[42] EuGH, Urt. v. 06.05.1982, Rs. 126/81, Slg. 1981, 1479 (1492 f. Rn. 17 f.) – Wünsche.

[43] BVerfGE 73, 339 (366 ff.) – Solange II. Da dies für den vorliegenden Untersuchungsgegenstand nicht weiter von Bedeutung ist, bleiben diese Überlegungen hier unberücksichtigt. Es sei nur kurz hervorgehoben, dass in dieser Entscheidung das Bundesverfassungsgericht den Europäischen Gerichtshof erstmals als gesetzlichen Richter i. S.d. Art. 101 Abs. 1 Satz 2 GG qualifizierte und den Willkürmaßstab zur Kontrolle der Vorlageverpflichtung in Bezug auf die heutige Bestimmung des Art. 267 Uabs. 3 AEUV entwickelte.

[44] BVerfGE 73, 339 (375) – Solange II.

Grundrechtsteil gehöre, gänzlich aufgegeben werde.[45] Daraus zog das Bundesverfassungsgericht folgenden Schluss:

„Sofern und soweit mithin einer zwischenstaatlichen Einrichtung im Sinne des Art. 24 Abs. 1 GG Hoheitsgewalt eingeräumt wird, die im Hoheitsbereich der Bundesrepublik Deutschland den Wesensgehalt der vom Grundgesetz anerkannten Grundrechte zu beeinträchtigen in der Lage ist, muß, wenn damit der nach Maßgabe des Grundgesetzes bestehende Rechtsschutz entfallen soll, statt dessen eine Grundrechtsgeltung gewährleistet sein, die nach Inhalt und Wirksamkeit dem Grundrechtsschutz, wie er nach dem Grundgesetz unabdingbar ist, im wesentlichen gleichkommt."[46]

Im Gegensatz zur Lage zur Zeit des Solange I-Beschlusses war das Bundesverfassungsgericht – nach intensiver Analyse der Rechtsprechung des Europäischen Gerichtshofs im Grundrechtsbereich – der Auffassung, dass mittlerweile auf europäischer Ebene ein Grundrechtsschutz gewährleistet werde, der dem Grundrechtsstandard des Grundgesetzes adäquat sei.[47] Auch infolge von Erklärungen der europäischen Organe, sich an die Grundrechte gebunden zu fühlen, gab das Bundesverfassungsgericht daher seinen umfassenden Kontrollvorbehalt aus der Solange I-Entscheidung auf und hielt fest:

„Solange die Europäischen Gemeinschaften, insbesondere die Rechtsprechung des Gerichtshofs der Gemeinschaften einen wirksamen Schutz der Grundrechte gegenüber der Hoheitsgewalt der Gemeinschaften generell gewährleisten, der dem vom Grundgesetz als unabdingbar gebotenen Grundrechtsschutz im wesentlichen gleichzuachten ist, zumal den Wesensgehalt der Grundrechte generell verbürgt, wird das Bundesverfassungsgericht seine Gerichtsbarkeit über die Anwendbarkeit von abgeleitetem Gemeinschaftsrecht, das als Rechtsgrundlage für ein Verhalten deutscher Gerichte und Behörden im Hoheitsbereich der Bundesrepublik Deutschland in Anspruch genommen wird, nicht mehr ausüben und dieses Recht mithin nicht mehr am Maßstab der Grundrechte des Grundgesetzes überprüfen; entsprechende Vorlagen nach Art. 100 Abs. 1 GG sind somit unzulässig."[48]

Aus diesem Grund prüfte das Bundesverfassungsgericht im konkreten Fall nicht, ob die Beschwerdeführerin in ihrem Grundrecht aus Art. 12 Abs. 1 GG verletzt war – dies sei die abschließende Aufgabe des Europäischen Gerichtshofs und es waren keine Anhaltspunkte dafür erkennbar, dass der Europäische Gerichtshof die Berufsfreiheit schlechthin und generell nicht zu gewährleisten bereit oder in der Lage wäre.[49]

Auffallend ist, dass das Bundesverfassungsgericht auf seine im Solange I-Beschluss noch geforderte Voraussetzung verzichtete, wonach der Grundrechtskatalog auf Unionsebene durch das Parlament beschlossen sein müsse – nun

[45] BVerfGE 73, 339 (375 f.) – Solange II. Dies sind ähnliche Erwägungen, wie sie auch in BVerfGE 37, 271 (279 f.) – Solange I anzutreffen sind. Siehe dazu auch unten Vierter Teil B. I. (S. 227 f.).
[46] BVerfGE 73, 339 (376) – Solange II.
[47] BVerfGE 73, 339 (378 ff.) – Solange II.
[48] BVerfGE 73, 339 (387) – Solange II.
[49] BVerfGE 73, 339 (387) – Solange II.

genügte bereits die normative Verankerung des Verweises auf die in den Verfassungen der Mitgliedstaaten und in der EMRK enthaltenen Grundrechte.[50]

Zusammenfassend ist wichtig hervorzuheben, dass der Zweite Senat des Bundesverfassungsgerichts im Solange II-Beschluss keinesfalls die abweichende Meinung der drei Richter zur Solange I-Entscheidung übernahm, die eine Kompetenz des Bundesverfassungsgerichts zur Prüfung der Grundrechtskonformität unionalen Handelns schlechthin ablehnten. Vielmehr hielt das Bundesverfassungsgericht – insoweit in Übereinstimmung mit der Mehrheitsmeinung des Solange I-Beschlusses – an seiner grundsätzlichen Zuständigkeit fest; es setzte diese aber nun aus, solange auf Unionsebene ein dem Grundrechtskatalog des Grundgesetzes vergleichbarer Grundrechtsschutz gewährleistet werde.[51] Dass auf eine nach dem Selbstverständnis des Bundesverfassungsgerichts bestehende Kompetenz zur Prüfung der Grundrechtskonformität sekundären Unionsrechts richterrechtlich verzichtet werden könne, ist verbreitet Gegenstand von Kritik im Schrifttum.[52]

V. Bestätigung von Solange II im Maastricht-Urteil

Diese Rechtsprechungslinie, nach welcher sich das Bundesverfassungsgericht im Bereich des Grundrechtsschutzes zurückzieht und von seiner selbst zugestandenen Kompetenz bei der Prüfung von Rechtsakten der Europäischen Union im Hinblick auf ihre Grundrechtskonformität erst dann wieder Gebrauch machen wird, wenn auf Unionsebene *generell* kein vergleichbarer Grundrechtsstandard

[50] BVerfGE 73, 339 (384 f.) – Solange II. Vgl. dazu die heutige Bestimmung des Art. 6 Abs. 3 EUV.

[51] Vgl. *Büdenbender*, Das Verhältnis des Europäischen Gerichtshofs zum Bundesverfassungsgericht, 2005, S. 62; *Cremer*, Europäische Hoheitsgewalt und deutsche Grundrechte, Der Staat 34 (1995), 268 (280); *P. Kirchhof*, Gegenwartsfragen an das Grundgesetz, JZ 1989, 453 (454); *König*, Die Übertragung von Hoheitsrechten im Rahmen des europäischen Integrationsprozesses – Anwendungsbereich und Schranken des Art. 23 des Grundgesetzes, 2000, S. 431 f.; *Mayer*, Kompetenzüberschreitung und Letztentscheidung, 2000, S. 98; *Sauer*, Jurisdiktionskonflikte in Mehrebenensystemen, 2008, S. 290; *Simon*, Grenzen des Bundesverfassungsgerichts im europäischen Integrationsprozess, 2016, S. 61; *Streinz*, Bundesverfassungsgerichtlicher Grundrechtsschutz und Europäisches Gemeinschaftsrecht, 1989, S. 132; *Voßkuhle*, Der europäische Verfassungsgerichtsverbund, NVwZ 2010, 1 (6).

[52] Siehe nur *Sauer*, Staatsrecht III, 6. Aufl. 2020, § 9 Rn. 31: „Zu kritisieren war diese Entscheidung weniger für ihr Ergebnis als hinsichtlich der Prämisse, das Bundesverfassungsgericht könne aus eigener Kompetenz auf eine an sich gegebene Prüfungskompetenz verzichten […].“ Daneben *Everling*, Bundesverfassungsgericht und Gerichtshof der Europäischen Gemeinschaften nach dem Maastricht-Urteil, in: Gedächtnisschrift Grabitz, 1995, S. 57 (61) und *Nettesheim*, Die Bananenmarkt-Entscheidung des BVerfG: Europarecht und nationaler Mindestgrundrechtsstandard, Jura 2001, 686 (689). Nach *P. Kirchhof*, Rechtsschutz durch Bundesverfassungsgericht und Europäischen Gerichtshof, in: Merten, Föderalismus und Europäische Gemeinschaften, 1990, S. 109 (118) sei der Solange II-Beschluss hingegen ein „Kooperationsangebot, keinesfalls ein Rechtsprechungsverzicht“.

gewährleistet sein sollte, findet in der Maastricht-Entscheidung[53] aus dem Jahr 1993 ihre Bestätigung.[54] Primär ging es in diesem Urteil um die Verfassungsmäßigkeit des Beitritts der Bundesrepublik Deutschland zur neu gegründeten Europäischen Union im Rahmen einer Eingangskontrolle[55] vor der Ratifikation des Zustimmungsgesetzes. Bei der Prüfung der Zulässigkeit (der Beschwerdeführer rügte neben Art. 38 Abs. 1 Satz 1 GG auch eine Verletzung einer Vielzahl von weiteren Grundrechten) machte das Bundesverfassungsgericht jedoch interessante und für das Verständnis des sogleich dargestellten Bananenmarkt-Beschlusses erforderliche Ausführungen:

„Das Bundesverfassungsgericht gewährleistet durch seine Zuständigkeit (vgl. BVerfGE 37, 271 [280 ff.]; 73, 339 [376 f.]), daß ein wirksamer Schutz der Grundrechte für die Einwohner Deutschlands auch gegenüber der Hoheitsgewalt der Gemeinschaften generell sichergestellt und dieser dem vom Grundgesetz als unabdingbar gebotenen Grundrechtsschutz im wesentlichen gleich zu achten ist, zumal den Wesensgehalt der Grundrechte generell verbürgt. Das Bundesverfassungsgericht sichert so diesen Wesensgehalt auch gegenüber der Hoheitsgewalt der Gemeinschaft (vgl. BVerfGE 73, 339 [386]). Auch Akte einer besonderen, von der Staatsgewalt der Mitgliedstaaten geschiedenen öffentlichen Gewalt einer supranationalen Organisation betreffen die Grundrechtsberechtigten in Deutschland. Sie berühren damit die Gewährleistungen des Grundgesetzes und die Aufgaben des Bundesverfassungsgerichts, die den Grundrechtsschutz in Deutschland und insoweit nicht nur gegenüber deutschen Staatsorganen zum Gegenstand haben (Abweichung von BVerfGE 58, 1 [27]). Allerdings übt das Bundesverfassungsgericht seine Gerichtsbarkeit über die Anwendbarkeit von abgeleitetem Gemeinschaftsrecht in Deutschland in einem ‚Kooperationsverhältnis' zum Europäischen Gerichtshof aus, in dem der Europäische Gerichtshof den Grundrechtsschutz in jedem Einzelfall für das gesamte Gebiet der Europäischen Gemeinschaften garantiert, das Bundesverfassungsgericht sich deshalb auf eine generelle Gewährleistung der unabdingbaren Grundrechtsstandards (vgl. BVerfGE 73, 339 [387]) beschränken kann."[56]

Die Aussagen aus der Solange II-Entscheidung wurden also bestätigt, allerdings ist auf eine wichtige Konkretisierung hinzuweisen: Die Erfindung der Rechtsfigur des „Kooperationsverhältnisses zum Europäischen Gerichtshof" manifestiert dauerhaft den Grundrechtsvorbehalt; das Bundesverfassungsgericht ist also nicht bereit, auf diesen – infolge etwaiger weiterer Entwicklungen auf Unionsebene – zu irgendeinem späteren Zeitpunkt gänzlich zu verzichten, sondern erklärt die zurückgezogene „Wächterstellung" zum „Dauerzustand".[57]

---

[53] BVerfGE 89, 155 ff. Siehe dazu schon oben Zweiter Teil B. IV. (S. 39 ff.).

[54] Siehe insbesondere *Everling*, Bundesverfassungsgericht und Gerichtshof der Europäischen Gemeinschaften nach dem Maastricht-Urteil, in: Gedächtnisschrift Grabitz, 1995, S. 57 (62): Das Bundesverfassungsgericht bestätigte „im wesentlichen die Aussagen des Solange II-Beschlusses, verwendete aber Formulierungen, deren Tragweite schwer einzuschätzen ist".

[55] Zum Begriff siehe oben Einleitung Fußnote 17 (S. 3 f.).

[56] BVerfGE 89, 155 (174 f.) – Maastricht.

[57] So zutreffend *Huber*, in: v. Mangoldt/Klein/Starck, GG Band 1, 7. Aufl. 2018, Art. 19 Rn. 179 f. Vgl. auch *Odendahl*, Das „Kooperationsverhältnis" zwischen BVerfG und EuGH in Grundrechtsfragen, JA 2000, 219 (221).

VI. Die hohen Anforderungen an die Begründung im Bananenmarkt-Beschluss

Im Jahr 2000 hatte sich das Bundesverfassungsgericht mit einer Vorlage des Verwaltungsgerichts Frankfurt a. M. zu beschäftigen, welches in Bezug auf die sogenannte Bananenmarkt-Verordnung Nr. 404/93[58] der Auffassung war, dass der Europäische Gerichtshof in seinen Beschlüssen über die Gültigkeit dieser Verordnung[59] nicht hinreichend die Grundrechte der Bananenmarktimporteure beachtete. Dabei meinte das Verwaltungsgericht im Maastricht-Urteil des Bundesverfassungsgerichts zwei Modifikationen im Vergleich zum Solange II-Beschluss erkannt zu haben: So würde das Bundesverfassungsgericht zum einen seine Prüfungskompetenz auch auf in Deutschland gültige Rechtsakte der Gemeinschaft erstrecken und gewährleiste den Grundrechtsschutz somit auch gegenüber Gemeinschaftsorganen.[60] Außerdem glaubte das vorlegende Gericht, das Bundesverfassungsgericht in der Maastricht-Entscheidung dahingehend verstanden zu haben, dass dieses seine Reservekompetenz, die in der Solange II-Entscheidung noch ausgesetzt wurde, seit dem Maastricht-Urteil wieder in einem „Kooperationsverhältnis“ mit dem Europäischen Gerichtshof ausübe.[61] Anschließend versuchte das Verwaltungsgericht noch darzulegen, dass im konkreten Fall die Wirtschaftsgrundrechte der Kläger in der Entscheidung des Europäischen Gerichtshofs überhaupt nicht oder zumindest nicht hinreichend berücksichtigt wurden.

Das Bundesverfassungsgericht verwarf die Vorlage indes als unzulässig.[62] Insbesondere wies das Bundesverfassungsgericht einen vermeintlichen Widerspruch der Maastricht-Entscheidung zum Solange II-Beschluss zurück.[63]

„Sonach sind auch nach der Entscheidung des Senats in BVerfGE 89, 155 Verfassungsbeschwerden und Vorlagen von Gerichten von vornherein unzulässig, wenn ihre Begründung nicht darlegt, dass die europäische Rechtsentwicklung einschließlich der Rechtsprechung des Europäischen Gerichtshofs nach Ergehen der Solange II-Entscheidung (BVerfGE 73, 339 [378 bis 381]) unter den erforderlichen Grundrechtsstandard abgesun-

---

[58] Verordnung (EWG) des Rates der Europäischen Gemeinschaften vom 13.02.1993 über die gemeinsame Marktorganisation für Bananen, Abl. 1993 Nr. L 47/1.

[59] EuGH, Urt. v. 09.11.1995, Rs. C-466/93, Slg. 1995 I-3799 – Atlanta Fruchthandelsgesellschaft und EuGH, Urt. v. 05.10.1994, Rs. C-280/93, Slg. 1994 I-4973 – Bundesrepublik Deutschland ./. Rat.

[60] Vgl. BVerfGE 102, 147 (155) – Bananenmarkt.

[61] Vgl. BVerfGE 102, 147 (155) – Bananenmarkt.

[62] BVerfGE 102, 147 (160 ff.) – Bananenmarkt. Zu kritisieren ist die überlange Verfahrensdauer für die Entscheidung über die Unzulässigkeit: Der Aussetzungs- und Vorlagebeschluss des Verwaltungsgerichts datiert auf den 24.10.1996; die Entscheidung des Bundesverfassungsgerichts ist erst nahezu vier Jahre später am 07.06.2000 gefallen. Zu möglichen – aber diese lange Zeitspanne keinesfalls rechtfertigenden – Gründen siehe *Mayer*, Grundrechtsschutz gegen europäische Rechtsakte durch das BVerfG: Zur Verfassungsmäßigkeit der Bananenmarktordnung, EuZW 2000, 685 (686).

[63] BVerfGE 102, 147 (163, 165) – Bananenmarkt.

ken sei. Deshalb muss die Begründung der Vorlage eines nationalen Gerichts oder einer Verfassungsbeschwerde, die eine Verletzung in Grundrechten des Grundgesetzes durch sekundäres Gemeinschaftsrecht geltend macht, im Einzelnen darlegen, dass der jeweils als unabdingbar gebotene Grundrechtsschutz generell nicht gewährleistet ist. Dies erfordert eine Gegenüberstellung des Grundrechtsschutzes auf nationaler und auf Gemeinschaftsebene in der Art und Weise, wie das Bundesverfassungsgericht sie in BVerfGE 73, 339 (378 bis 381) geleistet hat.“[64]

Weil die Begründung des Vorlagebeschlusses durch das Verwaltungsgericht Frankfurt a. M. diesen Anforderungen nicht entsprach, wurde die Vorlage als unzulässig verworfen.[65]

Eine sich möglicherweise aus der genauen Betrachtung der soeben dargestellten Entscheidungen des Bundesverfassungsgerichts zu Solange II und Bananenmarkt ergebende Frage soll an dieser Stelle noch beantwortet werden: Reicht es zur „Wiederbelebung“ der Grundrechtsprüfung durch das Bundesverfassungsgericht aus, dass der Europäische Gerichtshof in Bezug auf ein einziges Grundrecht – sachbereichsbezogen – keinen adäquaten Grundrechtsschutz mehr gewährleistet oder muss das Grundrechtsdefizit eine Mehrzahl von Grundrechten, also den Grundrechtsschutz insgesamt, betreffen? Was ist also die exakte Bedeutung der in diesem Zusammenhang verwendeten Wortgruppe des „generell gewährleisteten Grundrechtsschutzes“?

Vergleicht man recht oberflächlich die Aussagen des Bundesverfassungsgerichts aus dem Solange II-Beschluss[66] mit denjenigen der Bananenmarktentscheidung[67], so könnte man zunächst an eine weitgehende Kontinuität in

---

[64] BVerfGE 102, 147 (164) – Bananenmarkt.

[65] BVerfGE 102, 147 (164 ff.) – Bananenmarkt. Sehr dezidiert ebd., S. 164: „Die Begründung der Vorlage verfehlt die besondere Zulässigkeitsvoraussetzung bereits im Ansatz, weil sie auf einem Missverständnis des Maastricht-Urteils beruht.“ Die Annahme eines Widerspruchs zwischen Maastricht und Solange II sei darüber hinaus „ohne tragfähige Grundlage“ (ebd., S. 165). Überwiegend Zustimmung findet die Entscheidung bei *Mayer*, Grundrechtsschutz gegen europäische Rechtsakte durch das BVerfG: Zur Verfassungsmäßigkeit der Bananenmarktordnung, EuZW 2000, 685 (686 ff.).

[66] BVerfGE 73, 339 (387): „Solange die Europäischen Gemeinschaften, insbesondere die Rechtsprechung des Gerichtshofs der Gemeinschaften einen wirksamen Schutz der Grundrechte gegenüber der Hoheitsgewalt der Gemeinschaften generell gewährleisten, der dem vom Grundgesetz als unabdingbar gebotenen Grundrechtsschutz im wesentlichen gleichzuachten ist, zumal den Wesensgehalt der Grundrechte generell verbürgt, wird das Bundesverfassungsgericht seine Gerichtsbarkeit über die Anwendbarkeit von abgeleitetem Gemeinschaftsrecht, das als Rechtsgrundlage für ein Verhalten deutscher Gerichte und Behörden im Hoheitsbereich der Bundesrepublik Deutschland in Anspruch genommen wird, nicht mehr ausüben und dieses Recht mithin nicht mehr am Maßstab der Grundrechte des Grundgesetzes überprüfen; entsprechende Vorlagen nach Art. 100 Abs. 1 GG sind somit unzulässig.“

[67] BVerfGE 102, 147 (164): „Sonach sind auch nach der Entscheidung des Senats in BVerfGE 89, 155 Verfassungsbeschwerden und Vorlagen von Gerichten von vornherein unzulässig, wenn ihre Begründung nicht darlegt, dass die europäische Rechtsentwicklung einschließlich der Rechtsprechung des Europäischen Gerichtshofs nach Ergehen der Solange II-Entscheidung (BVerfGE 73, 339 [378 bis 381]) unter den erforderlichen Grundrechtsstandard abgesunken sei. Deshalb muss die Begründung der Vorlage eines nationalen Gerichts oder

der Rechtsprechungsentwicklung denken.[68] Betrachtet man die entscheidenden Passagen im Wortlaut aber genau, fällt auf, dass das Bundesverfassungsgericht in der Bananenmarktentscheidung eine kleine, aber recht weitreichende Konkretisierung vorgenommen hat: Gefordert für die Revitalisierung der Prüfungskompetenz des Bundesverfassungsgerichts wird nun (nur noch), dass der „*jeweils* als unabdingbar gebotene Grundrechtsschutz“ generell nicht mehr gewährleistet sei. Dieses „jeweils“ kann allein bedeuten, dass das Bundesverfassungsgericht – anders als bei der generellen Gegenüberstellung im Solange II-Beschluss – nun in Bezug auf jedes einzelne Grundrecht die Wahrung unverzichtbarer Mindeststandards fordert.[69] Einem Beschwerdeführer kann somit nicht entgegengehalten werden, dass zwar bei dem von ihm gerügten Grundrecht strukturelle Defizite bestünden, diese aber durch das Niveau der Schutzgewährleistungen bei anderen Grundrechten ausgeglichen werden.[70] Die Wendung zur Wahrung des „*jeweils* als unabdingbar gebotene[n] Grundrechtsschutz[es]“ findet sich auch in den anschließenden bundesverfassungsgerichtlichen Judikaten, die den Grundrechtsvorbehalt bestätigen.[71] Im – sogleich darzustellenden – „Recht auf Vergessen II“-Beschluss des Bundesverfassungsgerichts ist nun sogar ausdrücklich davon die Rede, dass eine „auf das jeweilige Grundrecht des Grundgesetzes bezogene generelle Betrachtung“ stattfinden müsse.[72] Damit ist die Aktivierung der Reservekompetenz zwar immer noch unwahrscheinlich, aber zumindest nicht mehr ganz so ausgeschlossen, wie es noch nach der Solange II-Entscheidung der Fall zu sein schien. Es dürfte verhältnismäßig einfacher nachzuweisen sein, dass die Rechtsprechung des Europäischen Gerichtshofs ein einzelnes Grundrecht – und zwar das im Fall des Beschwerdeführers auch konkret betroffene – strukturell vernachlässige, als dass bei einer Fokussierung auf das gesamte Grundrechtsschutzniveau auf Unionsebene ein strukturelles Defizit vorliege. Bei dem Nachweis eines Schutzdefizits hat sich der Beschwerdeführer respektive das vorlegende Gericht sodann an

einer Verfassungsbeschwerde, die eine Verletzung in Grundrechten des Grundgesetzes durch sekundäres Gemeinschaftsrecht geltend macht, im Einzelnen darlegen, dass der jeweils als unabdingbar gebotene Grundrechtsschutz generell nicht gewährleistet ist. Dies erfordert eine Gegenüberstellung des Grundrechtsschutzes auf nationaler und auf Gemeinschaftsebene in der Art und Weise, wie das Bundesverfassungsgericht sie in BVerfGE 73, 339 (378 bis 381) geleistet hat.“

[68] So wohl *Sauer*, Staatsrecht III, 6. Aufl. 2020, § 9 Rn. 29 ff.

[69] So auch *Dörr*, Der europäisierte Rechtsschutzauftrag deutscher Gerichte, 2003, S. 124 f. und *Proelß*, Bundesverfassungsgericht und überstaatliche Gerichtsbarkeit, 2014, S. 280. Vgl. auch *Bäcker*, Solange IIa oder Basta I? – Das Vorratsdaten-Urteil des Bundesverfassungsgerichts aus europarechtlicher Sicht, EuR 2011, 103 (119) und *Eifert/Gerberding*, Verfassungsbeschwerde und Unionsgewalt, Jura 2016, 628 (631).

[70] Vgl. *Nettesheim*, Die Zulässigkeit von Verfassungsbeschwerden und Richtervorlagen nach Art. 23 GG, NVwZ 2002, 932 (933 f.).

[71] Hiervon sprechen auch BVerfGE 118, 79 (95) – Emissionshandel; BVerfGE 125, 260 (306) – Vorratsdatenspeicherung und BVerfGE 129, 186 (199) – Investitionszulagengesetz.

[72] BVerfGE 152, 216 (235 f. Rn. 47) – Recht auf Vergessen II.

der Gegenüberstellung des Bundesverfassungsgerichts in der Solange II-Entscheidung zu orientieren, also insbesondere wohl anhand mehrerer Judikate des Europäischen Gerichtshofs plausibel darzulegen, dass das entsprechende Grundrecht auf Unionsebene generell – losgelöst von seinem konkreten Fall – nicht mehr in dem erforderlichen Mindestmaß geschützt wird.[73]

VII. Der andersartige Kontrollzugriff in den „Recht auf Vergessen"-Beschlüssen

Nach diesem soeben dargestellten Beschluss des Bundesverfassungsgerichts zur Bananenmarktordnung ergaben sich in der bundesverfassungsgerichtlichen Rechtsprechung seit dem Jahr 2000 zunächst keine weiteren Modifizierungen, sodass die Ausführungen des Solange II-Beschlusses und vor allem auch der Bananenmarktentscheidung viele Jahre lang uneingeschränkt Gültigkeit beansprucht haben.[74] Im Lissabon-Urteil wurde der Grundrechtsvorbehalt lediglich kurz bestätigt.[75] Schon zuvor wurde der Vorbehalt in einer Entscheidung des Ersten Senats auch auf nationale Gesetze, die zwingende Richtlinienvorgaben umsetzen, erweitert.[76] Das Bundesverfassungsgericht nahm sich also als Akteur bei der Grundrechtskontrolle in unionsrechtlich determinierten Berei-

[73] Nach *Kahl*, Die Integrationsfestigkeit des deutschen Staatskirchenrechts, ZevKR 2020, 107 (139) sei der Grundrechtsvorbehalt in der Rechtssache Egenberger zu aktivieren: „Das damit errichtete ‚Kirchen- bzw. Religionsrichtertum' *à la luxemburgeoise* kollidiert diametral mit dem in Deutschland seit über 100 Jahren gewählten und bewährten, verfassungsrechtlich fundierten Weg grundsätzlicher kirchlicher Selbstbestimmung in eigenen Angelegenheiten. Diese Grundrechtsverletzung durch den EuGH begründet ein *generelles Absinken* des Grundrechtsschutzes auf Unionsebene. Durch die Urteile des EuGH, die von einem antidiskriminierungsrechtlichen Unitarisierungsfuror (‚in dubio pro aequalitate') geprägt sind, ist der Wesensgehalt (Art. 52 Abs. 1 S. 1 Halbs. 2 GRCh) der Religionsfreiheit (Art. 10 Abs. 1 GRCh) berührt und ein strukturelles Defizit beim Schutz der Religionsfreiheit gegeben." (Hervorh. i. O.). Zum Fall Egenberger siehe schon oben Zweiter Teil B. XI. 2. (S. 86 f.) und Zweiter Teil D. VIII. 3. (S. 153 ff.).

[74] A. A. *Sauer*, Der novellierte Kontrollzugriff des Bundesverfassungsgerichts auf das Unionsrecht, EuR 2017, 186 (202 f.), der meint, dass infolge des OMT-Urteils (BVerfGE 142, 123 ff.) der Zweite Senat wohl die Rechtsprechungslinie aus Solange II aufgegeben hat. Hierfür fehlen allerdings die Indizien: In BVerfGE 142, 123 (180 Rn. 99) wird vielmehr ausdrücklich auf die Entscheidungen zu Solange II und Bananenmarkt Bezug genommen. Wie hier *Ludwigs/Sikora*, Der Vorrang des Unionsrechts unter Kontrollvorbehalt des BVerfG, EWS 2016, 121 (129). Siehe jetzt auch BVerfGE 152, 216 (235 f. Rn. 47 f.) – Recht auf Vergessen II.

[75] BVerfGE 123, 267 (335, 399) – Lissabon.

[76] BVerfGE 118, 79 (Ls. 1a) – Emissionshandel: „Auch die innerstaatliche Umsetzung von Richtlinien des Gemeinschaftsrechts, die den Mitgliedstaaten keinen Umsetzungsspielraum belassen, sondern zwingende Vorgaben machen, wird vom Bundesverfassungsgericht und den Fachgerichten nicht am Maßstab der Grundrechte des Grundgesetzes gemessen, solange die Rechtsprechung des Gerichtshofs der Europäischen Gemeinschaften einen wirksamen Schutz der Grundrechte gegenüber der Hoheitsgewalt der Gemeinschaften generell gewährleistet, der dem vom Grundgesetz jeweils als unabdingbar gebotenen Grundrechtsschutz im Wesentlichen gleich zu achten ist."

chen weitgehend zurück und überließ die Grundrechtskontrolle ganz der Fachgerichtsbarkeit und dem Europäischen Gerichtshof. 19 Jahre nach der Bananenmarktentscheidung fasste der Erste Senat dann überraschend[77] und jeweils einstimmig zwei Beschlüsse zum sogenannten Recht auf Vergessen[78], die den Kontrollzugriff des Bundesverfassungsgerichts erheblich ausweiteten.[79]

1. Der „Recht auf Vergessen I“-Beschluss

Im ersten der beiden zeitgleich bekanntgegebenen Entscheidungen des Bundesverfassungsgerichts ging es um die Frage, ob ein seit 1999 online abrufbarer Bericht von Spiegel-Online über einen 1982 verurteilten Mörder weiterhin dessen Klarnamen nennen dürfe oder ob dem Beschwerdeführer nach so langer

[77] Vgl. aber bereits eine frühere Veröffentlichung des Berichterstatters *Masing*, Einheit und Vielfalt des Europäischen Grundrechtsschutzes, JZ 2015, 477 ff. (insb. 485 f.).

[78] BVerfGE 152, 152 ff. – Recht auf Vergessen I und BVerfGE 152, 216 ff. – Recht auf Vergessen II. Die Entscheidungen werden besprochen bei *Classen*, Über das Ziel hinausgeschossen? Anmerkung zu den zwei Beschlüssen des BVerfG zu Recht auf Vergessen vom 6.11.2019, 1 BvR 16/13, 276/17, EuR 2021, 92 ff.; *Hoffmann*, Unionsgrundrechte als verfassungsrechtlicher Prüfungsmaßstab, NVwZ 2020, 33 ff.; *Kämmerer/Kotzur*, Vollendung des Grundrechtsverbunds oder Heimholung des Grundrechtsschutzes? – Die BVerfG-Beschlüsse zum „Recht auf Vergessen“ als Fanal, NVwZ 2020, 177 ff.; *Karpenstein/Kottmann*, Vom Gegen- zum Mitspieler – Das BVerfG und die Unionsgrundrechte, EuZW 2020, 185 ff.; *Kühling*, Das „Recht auf Vergessenwerden“ vor dem BVerfG – November(r)evolution für die Grundrechtsarchitektur im Mehrbenensystem, NJW 2020, 275 ff.; *Marsch*, Kontrafakturen und Cover-Versionen aus Karlsruhe, ZEuS 2020, 597 ff.; *Muckel*, Grundrechte im Internet: „Recht auf Vergessen I“, JA 2020, 233 ff.; *ders.*, „Recht auf Vergessen II“, JA 2020, 237 ff.; *Peifer*, Das Recht auf Vergessenwerden – ein neuer Klassiker vom Karlsruher Schlossplatz. Zugleich Besprechung von BVerfG „Recht auf Vergessen I und II“, GRUR 2020, 34 ff.; *Preßlein*, Grundgesetz vs. Grundrechtecharta? Zur „europäisierten Grundrechtsprüfung“ des BVerfG nach den Beschlüssen zum „Recht auf Vergessen“ und „Europäischer Haftbefehl III“, EuR 2021, 247 ff.; *Sachs*, Verfassungsprozessrecht: Grundrechtskontrolle des BVerfG bei Durchführung von Unionsrecht, JuS 2020, 282 ff.; *ders.*, Verfassungsprozessrecht: Verfassungsbeschwerde und Unionsgrundrechte, JuS 2020, 284 ff.; *Toros/M. Weiß*, Echte Kooperation?! – Wandel des Grundrechtsschutzes im Mehrebenensystem. Zu den Entscheidungen „Recht auf Vergessen I“ und „Recht auf Vergessen II“ des BVerfG, ZJS 2020, 100 ff.; *Wendel*, Das Bundesverfassungsgericht als Garant der Unionsgrundrechte – Zugleich Besprechung von BVerfG, Beschlüsse v. 6.11.2019 – 1 BvR 16/13 (Recht auf Vergessen I) und 1 BvR 276/17 (Recht auf Vergessen II), JZ 2020, 157 ff.; *Wendt*, Öffnung der Verfassungsbeschwerde für die Unionsgrundrechte – Neugestaltung des europäischen Grundrechtsföderalismus durch das BVerfG, DVBl. 2020, 549 ff.; *Wolff*, Anmerkung zu BVerfG, Beschluss vom 06.11.2019, 1 BvR 16/13 und Beschluss vom 06.11.2019, 1 BvR 276/17, BayVBl. 2020, 118 ff. Die verfassungsprozessualen Konsequenzen beleuchtet *Scheffcyzk*, Verfassungsprozessuale Folgefragen von „Recht auf Vergessen I+II“, NVwZ 2020, 977 ff.

[79] *Kämmerer/Kotzur*, Vollendung des Grundrechtsverbunds oder Heimholung des Grundrechtsschutzes? – Die BVerfG-Beschlüsse zum „Recht auf Vergessen“ als Fanal, NVwZ 2020, 177 (177) und *Sachs*, Verfassungsprozessrecht: Verfassungsbeschwerde und Unionsgrundrechte, JuS 2020, 284 (284): „Paukenschlag“. *Wendel*, Das Bundesverfassungsgericht als Garant der Unionsgrundrechte – Zugleich Besprechung von BVerfG, Beschlüsse v. 6.11.2019 – 1 BvR 16/13 (Recht auf Vergessen I) und 1 BvR 276/17 (Recht auf Vergessen II), JZ 2020, 157 (157): „bahnbrechend“ und „Denkmal“.

Zeit ein Löschungsanspruch in Bezug auf die Nennung seines Familiennamens zukommen würde. Denn bei der Eingabe seines Namens in einer gängigen Internetsuchmaschine fand sich dieser Artikel bei den ersten Suchtreffern und der Beschwerdeführer rügte daher – weil ihm hierdurch die Neugestaltung seiner Sozialbeziehungen schwerfiele – eine Verletzung seines Allgemeinen Persönlichkeitsrechts. Durchzuführen war in dem Fall also eine Abwägung zwischen dem Allgemeinen Persönlichkeitsrecht auf der einen Seite und der Meinungs- und Pressefreiheit auf der anderen Seite. Der unionsrechtliche Bezug ergab sich aus der Datenschutzgrundverordnung[80], die in ihrem Art. 17 einen Löschungsanspruch, ein „Recht auf Vergessen", enthält. Allerdings griff in dieser Fallkonstellation das sogenannte Medienprivileg des Art. 85 Abs. 2 der Datenschutzgrundverordnung, wonach die Mitgliedstaaten Gestaltungsspielräume besitzen, um den Datenschutz mit der Meinungs- und Pressefreiheit in Ausgleich zu bringen. Der Sachverhalt war damit nicht vollständig, sondern nur teilweise unionsrechtlich determiniert – nichtsdestotrotz führen die mitgliedstaatlichen Stellen bei der Anwendung datenschutzrechtlicher Bestimmungen nach Art. 51 Abs. 1 Satz 1 der Grundrechte-Charta (wohl) Unionsrecht aus, sodass deren Grundrechtsverbürgungen anwendbar sind.[81] Bisher hatte das Bundesverfassungsgericht die These einer strikten Trennung der Anwendbarkeit der beiden Grundrechtssysteme vertreten: Entweder seien die Grundrechte der Grundrechte-Charta anwendbar oder die Grundrechte des Grundgesetzes – jedoch niemals beide gleichzeitig.[82]

---

[80] Verordnung (EU) 2016/679 des Europäischen Parlamentes und des Rates vom 27.04.2016 zum Schutz natürlicher Personen bei der Verarbeitung personenbezogener Daten, zum freien Datenverkehr und zur Aufhebung der Richtlinie 95/46/EG, Abl. 2016 Nr. L 119/1. Auf den dargestellten Sachverhalt war in zeitlicher Hinsicht noch diese zuletzt genannte Richtlinie anwendbar; doch auch diese regelte den hier angesprochenen Bereich nicht vollharmonsierend, vgl. BVerfGE 152, 152 (184 Rn. 74) – Recht auf Vergessen I.

[81] Das Bundesverfassungsgericht ließ zwar offen, ob in dieser Fallkonstellation der Anwendungsbereich der Grundrechte-Charta nach deren Art. 51 Abs. 1 Satz 1 eröffnet ist (vgl. BVerfGE 152, 152 [184 Rn. 74] – Recht auf Vergessen I). Aufgrund der tendenziell großzügigen Rechtsprechung des Europäischen Gerichtshofs dürfte dies indes zu bejahen sein: Vgl. EuGH, Urt. v. 26.02.2013, Rs. C-617/10, ECLI:EU:C:2013:105, Rn. 19 – Åkerberg Fransson und die Folgerechtsprechung EuGH, Urt. v. 06.03.2014, Rs. C-206/13, ECLI:EU:C:2014:126, Rn. 24 f. – Siragusa sowie EuGH, Urt. v. 10.07.2014, Rs. C-198/13, ECLI:EU:C:2014:2055, Rn. 32 ff. – Hernández und jüngst EuGH, Urt. v. 19.11.2019, Rs. C-609/17 und C-610/17, ECLI:EU:C:2019:981, Rn. 45 ff. – TSN.

[82] Vgl. dazu *Classen*, Über das Ziel hinausgeschossen? Anmerkung zu den zwei Beschlüssen des BVerfG zu Recht auf Vergessen vom 6.11.2019, 1 BvR 16/13, 276/17, EuR 2021, 92 (96); *Heselhaus*, Grundrechte und Kompetenzen, in: ders./Nowak, Handbuch der Europäischen Grundrechte, 2. Aufl. 2020, § 6 Rn. 33; *W. Michl*, Die Neuausrichtung des Bundesverfassungsgerichts in der digitalisierten Grundrechtelandschaft, Jura 2020, 479 (480); *Thym*, Die Reichweite der EU-Grundrechte-Charta – Zu viel Grundrechtsschutz?, NVwZ 2013, 889 (892); *Toros/M. Weiß*, Echte Kooperation?! – Wandel des Grundrechtsschutzes im Mehrebenensystem. Zu den Entscheidungen „Recht auf Vergessen I" und „Recht auf Vergessen II" des BVerfG, ZJS 2020, 100 (101 f.); *Wendel*, Das Bundesverfassungsgericht als Garant der Uni-

Das sah der Erste Senat des Bundesverfassungsgerichts nun anders und führte aus, dass im unionsrechtlich nicht vollständig determinierten Bereich *primär* die Grundrechte des Grundgesetzes vom Bundesverfassungsgericht geprüft werden, selbst wenn die Mitgliedstaaten Unionsrecht durchführen und daher nach Art. 51 Abs. 1 Satz 1 der Grundrechte-Charta ebenderen Anwendungsbereich eröffnet ist.[83] Weiter meinte das Bundesverfassungsgericht:

> „Die primäre Anwendung der Grundrechte des Grundgesetzes im Bereich der Durchführung des Unionsrechts (vgl. Art. 51 Abs. 1 Satz 1 GRCh) stützt sich darauf, dass das Unionsrecht dort, wo es den Mitgliedstaaten Gestaltungsspielräume einräumt, regelmäßig nicht auf eine Einheitlichkeit des Grundrechtsschutzes zielt [...], und auf die Vermutung, dass dort ein auf Vielfalt gerichtetes grundrechtliches Schutzniveau des Unionsrechts durch die Anwendung der Grundrechte des Grundgesetzes mitgewährleistet ist [...]."[84]

Diese Rechtsprechungsänderung des Ersten Senats lag im Bereich des Erwartbaren und ist begrüßenswert:[85] Die Trennungsthese von der scharfen Unterscheidbarkeit des Anwendungsbereichs von Charta-Grundrechten und Grundgesetz-Grundrechten ließ sich ohnehin kaum noch aufrechterhalten, denn heutzutage sind eine Vielzahl von Fallkonstellationen unionsrechtlich überwölbt.[86] Dies gilt umso mehr, als der Europäische Gerichtshof den Begriff der „Durchführung des Unionsrechts" in Art. 51 Abs. 1 Satz 1 der Grundrechte-Charta weit auslegt und schon einen recht losen Bezug zum Unionsrecht ausreichen lässt, um die Anwendbarkeit der Grundrechte-Charta für die Mitgliedstaaten zu begründen.[87] Auch der Europäische Gerichtshof dürfte die Neuausrichtung des Prüfungsmaßstabs durch das Bundesverfassungsgericht recht unaufgeregt zur Kenntnis nehmen: Er eröffnet den Mitgliedstaaten schon seit einiger Zeit die Möglichkeit der gleichzeitigen Anwendbarkeit der nationalen Grundrechte im unionsrechtlich nicht vollständig harmonisierten Bereich, wenn das Schutzniveau der Grundrechte-Charta in der Auslegung durch den Gerichtshof sowie Vorrang, Einheit und Wirksamkeit des Unionsrechts nicht gefährdet sind.[88]

---

onsgrundrechte – Zugleich Besprechung von BVerfG, Beschlüsse v. 6.11.2019 – 1 BvR 16/13 (Recht auf Vergessen I) und 1 BvR 276/17 (Recht auf Vergessen II), JZ 2020, 157 (159 f.).

[83] BVerfGE 152, 152 (168 f. Rn. 41 f.) – Recht auf Vergessen I.

[84] BVerfGE 152, 152 (171 Rn. 49) – Recht auf Vergessen I.

[85] Zustimmung auch bei *Kühling*, Das „Recht auf Vergessenwerden" vor dem BVerfG – November(r)evolution für die Grundrechtsarchitektur im Mehrbenensystem, NJW 2020, 275 (276).

[86] So auch *Bilz*, Margin of Appreciation der EU-Mitgliedstaaten, 2020, S. 31 f. Siehe auch *Kühling*, Das „Recht auf Vergessenwerden" vor dem BVerfG – November(r)evolution für die Grundrechtsarchitektur im Mehrbenensystem, NJW 2020, 275 (278); *W. Michl*, Die Neuausrichtung des Bundesverfassungsgerichts in der digitalisierten Grundrechtelandschaft, Jura 2020, 479 (487), nach denen die Trennungsthese „wirklichkeitsfern" ist und *Hofmann/Heger/Gharibyan*, Die Wandlung des Grundrechtsschutzes durch das Bundesverfassungsgericht – Recht auf Vergessen I und II als „Solange III"?, KritV 2019, 275 (286).

[87] Vgl. oben die Nachweise in Fußnote 81 (S. 203).

[88] EuGH, Urt. v. 26.02.2013, Rs. C-399/11, ECLI:EU:C:2013:107, Rn. 60 – Melloni;

2. Der „Recht auf Vergessen II"-Beschluss

In seinen theoretischen wie praktischen Folgen weitreichender[89] ist der „Recht auf Vergessen II"-Beschluss[90] des Ersten Senats vom selben Tage. In dem dieser Entscheidung zugrundeliegenden Sachverhalt wehrte sich die Beschwerdeführerin dagegen, dass ein Interview, welches sie mit dem NDR unter dem Titel „Kündigung: Die fiesen Tricks der Arbeitgeber" geführt hatte, durch die Eingabe des Klarnamens von einer bekannten Suchmaschine angezeigt worden war. Sie sah sich durch diese Anzeige in ihrem Allgemeinen Persönlichkeitsrecht verletzt, weil der Titel, unter welchem das Interview geführt worden war, eine negative Vorstellung über sie als Person hervorrufen würde. Anders als in der „Recht auf Vergessen I"-Entscheidung war dieser Sachverhalt unionsrechtlich vollständig vereinheitlicht – insbesondere griff das Medienprivileg des Art. 85 Abs. 2 der Datenschutzgrundverordnung in dieser Konstellation einer Klage gegen den Suchmaschinenbetreiber nicht ein.[91] Nach dieser Feststellung führte das Bundesverfassungsgericht aus, dass wegen dieser gänzlichen unionsrechtlichen Harmonisierung die Grundrechte des Grundgesetzes nicht anwendbar seien; denn die Anwendung deutscher Grundrechte würde dem Ziel einer einheitlichen, unionsweiten Rechtsanwendung zuwiderlaufen.[92] Der seit über 30 Jahren geltenden Solange II-Rechtsprechung hätte es entsprochen, wenn das Bundesverfassungsgericht deshalb die Verfassungsbeschwerde als unzulässig verworfen hätte, weil auf Unionsebene ein vergleichbarer Grundrechtsstandard gewährleistet und damit die Reservefunktion der deutschen Grundrechte nicht zur Anwendung berufen wäre. Doch gerade diese Feststellung traf der Erste Senat des Bundesverfassungsgerichts nicht, sondern führte aus:

> „Soweit die Grundrechte des Grundgesetzes durch den Anwendungsvorrang des Unionsrechts verdrängt werden, kontrolliert das Bundesverfassungsgericht dessen Anwendung durch deutsche Stellen am Maßstab der *Unionsgrundrechte* […]."[93]

Das Bundesverfassungsgericht will zukünftig also unmittelbar die Charta-Grundrechte prüfen und beruft sich zur Rechtfertigung seiner Kompetenz auch

---

EuGH, Urt. v. 26.02.2013, Rs. C-617/10, ECLI:EU:C:2013:105, Rn. 29 – Åkerberg Fransson sowie jüngst EUGH, Urt. v. 29.07.2019, Rs. C-476/17, ECLI:EU:C:2019:624, Rn. 80 f. – Pelham u. a.

[89] Nach *Kühling*, Das „Recht auf Vergessenwerden" vor dem BVerfG – November(r)evolution für die Grundrechtsarchitektur im Mehrbenensystem, NJW 2020, 275 (277) sogar „revolutionär". Ähnlich *Kämmerer/Kotzur*, Vollendung des Grundrechtsverbunds oder Heimholung des Grundrechtsschutzes? – Die BVerfG-Beschlüsse zum „Recht auf Vergessen" als Fanal, NVwZ 2020, 177 (177).

[90] BVerfGE 152, 216 ff. – Recht auf Vergessen II.

[91] Vgl. BVerfGE 152, 216 (230 ff. Rn. 34 ff., insb. Rn. 41) – Recht auf Vergessen II.

[92] BVerfGE 152, 216 (233 f. Rn. 44) – Recht auf Vergessen II.

[93] BVerfGE 152, 216 (236 Rn. 50) – Recht auf Vergessen II (Hervorh. d. Verf.).

auf den Verfassungsgerichtshof in Österreich, der dies seit einigen Jahren ebenfalls für sich beansprucht.[94] Es stellt sich die Frage, worin die dogmatische Begründung für die Ausweitung der Prüfungskompetenz des Bundesverfassungsgerichts auch auf die Verbürgungen der Grundrechte-Charta liegt. Denn dieses Ergebnis muss prima facie vor allem deshalb überraschen, weil Art. 93 Abs. 1 Nr. 4 lit. a GG und § 90 Abs. 1 BVerfGG davon sprechen, dass die Verfassungsbeschwerde dann begründet ist, wenn der Beschwerdeführer in einem seiner Grundrechte oder den dort genannten grundrechtsgleichen Rechten verletzt ist. Unstreitig war bisher, dass mit den „Grundrechten“ im Wortlaut der Verfassung als Korrelat zur materiellen Grundrechtsbindung in Art. 1 Abs. 3 GG nur die Grundrechte des Grundgesetzes gemeint sind.[95]

Nach dem Bundesverfassungsgericht solle sich dessen erweiterte Prüfungskompetenz aus „Art. 23 Abs. 1 GG in Verbindung mit den grundgesetzlichen Vorschriften über die Aufgaben des Bundesverfassungsgerichts im Bereich des Grundrechtsschutzes“ ergeben.[96] Durch eine Prüfung der Charta-Grundrechte nehme das Bundesverfassungsgericht seine Integrationsverantwortung wahr, an der Anwendung von Unionsrecht mitzuwirken.[97] Den naheliegenden Einwand, dass sich die Grundrechtsprüfung im Rahmen der Verfassungsbeschwerde nach Art. 93 Abs. 1 Nr. 4 lit. a GG nur auf die Grundrechte des Grundgesetzes beziehen könne, wischte das Bundesverfassungsgericht recht apodiktisch beiseite: Die Integrationsverantwortung gebiete, dass die „offene Formulierung“ im Verfassungswortlaut im Sinne der Einbeziehung der Grundrechte-Charta verstanden werde.[98] An früheren – möglicherweise entgegenstehenden – Judikaten wurde ausdrücklich nicht festgehalten.[99] Für die Ausdehnung seiner Prüfungskompetenz legte das Bundesverfassungsgericht auch noch ein weiteres Argu-

---

[94] Vgl. Verfassungsgerichtshof Österreich, Erkenntnis v. 14.03.2012, Az. U 466/11 u. a. – abrufbar unter https://www.vfgh.gv.at/downloads/VfGH_U_466-11__U_1836-11_EU-Grundrechte-Charta.pdf, S. 11 Rn. 34 f. Zur Rechtfertigung seiner Prüfungskompetenz stützt sich dieser allerdings nicht auf das Bundes-Verfassungsgesetz, sondern argumentiert mit dem unionsrechtlichen Äquivalenzprinzip. Siehe dazu näher *Edenharter*, Die EU-Grundrechte-Charta als Prüfungsmaßstab des Bundesverfassungsgerichts, DÖV 2020, 349 (356).

[95] Siehe nur *Detterbeck*, in: Sachs, GG, 9. Aufl. 2021, Art. 93 Rn. 88; *Michael/Morlok*, Grundrechte, 7. Aufl. 2020, Rn. 927.

[96] BVerfGE 152, 216 (238 Rn. 53) – Recht auf Vergessen II.

[97] BVerfGE 152, 216 (238 Rn. 53; 243 Rn. 67) – Recht auf Vergessen II.

[98] BVerfGE 152, 216 (243 Rn. 67) – Recht auf Vergessen II: „Eine solche Einbeziehung der Unionsgrundrechte verbietet auch nicht der Wortlaut der Verfassung, insbesondere nicht Art. 93 Abs. 1 Nr. 4a GG. Zwar hat diese Vorschrift trotz ihrer offenen Formulierung von ihrer Entstehungsgeschichte her nur die Grundrechte des Grundgesetzes im Blick. Aus der dem Bundesverfassungsgericht nach Art. 23 Abs. 1 Satz 1 GG aufgetragenen Mitwirkung an der Anwendung von Unionsrecht im Rahmen der hiermit verbundenen Integrationsverantwortung folgt jedoch zugleich, dass Art. 93 Abs. 1 Nr. 4a GG insoweit auf Rügen einer Verletzung von Rechten der Charta der Grundrechte der Europäischen Union dementsprechend Anwendung findet.“

[99] BVerfGE 152, 216 (243 Rn. 67) – Recht auf Vergessen II.

ment dar: Sollten die Unionsgrundrechte nicht zum Prüfungsmaßstab des Bundesverfassungsgerichts gehören, bliebe der Grundrechtsschutz insbesondere bei vollständig vereinheitlichtem Unionsrecht gegenüber der fachgerichtlichen Rechtsanwendung unvollständig, auch weil es keine Möglichkeit einer „Grundrechtsverfassungsbeschwerde" zum Europäischen Gerichtshof gäbe.[100] Es wäre auch nicht mehr ausreichend, lediglich die Vorlageverpflichtung der Fachgerichte über die Garantie des gesetzlichen Richters aus Art. 101 Abs. 1 Satz 2 GG zu kontrollieren.[101]

Die Begründung des Bundesverfassungsgerichts für seinen ausgedehnten Kontrollzugriff kann nicht überzeugen.[102] Das Argument, dass es Schutzlücken bei der Kontrolle der fachgerichtlichen Rechtsanwendung und insbesondere keine „Grundrechtsverfassungsbeschwerde" zum Europäischen Gerichtshof gäbe, ist rechtspolitisch motiviert, aber kein teleologisches Argument.[103] Auch die „unionsrechtskonforme" Auslegung von Art. 93 Abs. 1 Nr. 4 lit. a GG aufgrund der Integrationsverantwortung ist angreifbar:[104] Zum einen fragt es sich – etwas überspitzt –, ob damit einhergeht, dass das Bundesverfassungsgericht zumindest in den letzten zehn Jahren seit Inkrafttreten der Grundrechte-Charta gegen seine Integrationsverantwortung dauerhaft verstoßen hat, weil es bisher gerade keine Prüfung der Unionsgrundrechte vornahm. Zum anderen und vor allem bereitet eine unionsrechtskonforme Auslegung im Prozessrecht und insbesondere bei Zuständigkeitsbestimmungen – anders als bei materiellen Normen: zum Beispiel die Erstreckung der Grundrechtsberechtigung für juristische Personen aus dem EU-Ausland –[105] immer Unbehagen.[106] Denn das Bundesverfassungsgericht weitet in eigener Machtvollkommenheit seinen Prüfungsmaßstab enorm aus und kommt auf diese Weise in Konflikt mit dem Gewaltenteilungsgrundsatz aus Art. 20 Abs. 2 Satz 2 und Abs. 3 GG, weil es Aufgabe des Gesetzgebers ist, anzuordnen, dass im Rahmen der Verfassungsbeschwerde auch Charta-Grundrechte geprüft werden.[107] Erkennbar wird jedenfalls, dass

---

[100] BVerfGE 152, 216 (240 f. Rn. 60 f.) – Recht auf Vergessen II.

[101] BVerfGE 152, 216 (242 f. Rn. 64 ff.) – Recht auf Vergessen II.

[102] Dezidiert *Detterbeck*, in: Sachs, GG, 9. Aufl. 2021, Art. 93 Rn. 27b, nach welchem die bundesverfassungsgerichtlichen Judikate „lupenreine Ultra-vires-Akte" und einen „Dammbruch" darstellen. Vgl. auch *ders.*, Das Bundesverfassungsgericht – ein selbst ernannter Hüter der Unionsgrundrechte, JZ 2021, 593 (598). A. A. *Hoffmann*, Unionsgrundrechte als verfassungsrechtlicher Prüfungsmaßstab, NVwZ 2020, 33 (34).

[103] Vgl. dazu auch *Hillgruber/Goos*, Verfassungsprozessrecht, 5. Aufl. 2020, Rn. 1172.

[104] Zweifel hegt auch *Muckel*, „Recht auf Vergessen II", JA 2020, 237 (239).

[105] BVerfGE 129, 78 (94 ff.) – Le Corbusier.

[106] Dezidierte, aber teils polemische Kritik bei *Wolff*, Anmerkung zu BVerfG, Beschluss vom 06.11.2019, 1 BvR 16/13 und Beschluss vom 06.11.2019, 1 BvR 276/17, BayVBl. 2020, 118 (123).

[107] Ähnlich *Edenharter*, Die EU-Grundrechte-Charta als Prüfungsmaßstab des Bundesverfassungsgerichts, DÖV 2020, 349 (353); *Muckel*, „Recht auf Vergessen II", JA 2020, 237 (239). Vgl. auch *E. Klein*, Kompetenzielle Würdigung und verfassungsprozessuale Konsequenzen der „Recht auf Vergessen"-Entscheidungen, DÖV 2020, 341 (342 ff.) und *W. Michl*,

der Beschluss – zumindest auch – machtpolitisch motiviert ist.[108] Das Bundesverfassungsgericht will wieder ein bedeutsames Instrument im Orchester des europäischen Grundrechtsschutzes spielen, nachdem es sich aus diesem infolge der Solange II-Rechtsprechung weitestgehend zurückgezogen hat.

Zutreffend ist allerdings, dass bei der Anwendung vollharmonisierten Unionsrechts durch deutsche Behörden oder Gerichte die Grundrechte des Grundgesetzes nicht anwendbar sind – um der in diesem Fall besonders wichtigen einheitlichen Geltung des Unionsrechts willen wird die Grundrechtsbindung der deutschen Stellen nach Art. 1 Abs. 3 GG verdrängt. Dies ist akzeptabel, weil an die Stelle der deutschen Grundrechte als Surrogat die Bindung an die Grundrechte-Charta tritt. Die Fachgerichte wachen in Zusammenarbeit mit dem Europäischen Gerichtshof über die Einhaltung derselben; dem Bundesverfassungsgericht ist es de constitutione lata indes verwehrt, die Charta-Grundrechte zum Prüfungsmaßstab zu machen.

Interessant ist auch, dass es der Erste Senat ist, der diese Weichenstellungen getroffen hat. Im europaverfassungsrechtlichen Kontext ist es – natürlich auch ob der Zuständigkeitsregelungen – normalerweise stets der Zweite Senat, der sich im weiten Sinne mit der Kontrolle des europäischen Integrationsprozesses beschäftigt. Der Erste Senat wurde nichtsdestotrotz bisher als unionsrechtsfreundlicher wahrgenommen. Nicht überzeugend ist es dessen ungeachtet jedenfalls, dass der Erste Senat für seine Rechtsprechungsinnovation nicht das Plenum aller 16 Bundesverfassungsrichter angerufen hat.[109]

Immerhin will das Bundesverfassungsgericht seine Kontrolle über die Einhaltung der Grundrechte-Charta „in enger Kooperation“ mit dem Europäischen

---

Die Neuausrichtung des Bundesverfassungsgerichts in der digitalisierten Grundrechtelandschaft, Jura 2020, 479 (485).

[108] Vgl. *Marsch*, Kontrafakturen und Cover-Versionen aus Karlsruhe, ZEuS 2020, 597 (603) und *Wolff*, Anmerkung zu BVerfG, Beschluss vom 06.11.2019, 1 BvR 16/13 und Beschluss vom 06.11.2019, 1 BvR 276/17, BayVBl. 2020, 118 (122 ff.). Siehe dazu auch *Kämmerer/Kotzur*, Vollendung des Grundrechtsverbunds oder Heimholung des Grundrechtsschutzes? – Die BVerfG-Beschlüsse zum „Recht auf Vergessen“ als Fanal, NVwZ 2020, 177 (179): „Das kunstfertige Judikat prägt eine irisierende Dialektik: Auf der einen Seite transponiert es einen kaum verhohlenen, vielleicht auch anmaßenden, Machtanspruch, auf der anderen betont der *Senat* in so brillanter Diktion seine Bereitschaft zur Kooperation und Treuhandschaft, dass ihm verfassungs- wie europarechtlich kaum etwas entgegenzusetzen ist.“ (Hervorh. i. O.).

[109] Dazu: BVerfGE 152, 216 (249 ff. Rn. 85 ff.) – Recht auf Vergessen II. So auch *Edenharter*, Die EU-Grundrechte-Charta als Prüfungsmaßstab des Bundesverfassungsgerichts, DÖV 2020, 349 (354) und wohl implizit auch *Voßkuhle*, Die Zukunft der Verfassungsgerichtsbarkeit in Deutschland und Europa, EuGRZ 2020, 165 (169), wenn er ausführt, dass der Erste Senat „entgegen der bisherigen Rechtsprechung des Gerichts“ judizierte. *W. Michl*, Die Neuausrichtung des Bundesverfassungsgerichts in der digitalisierten Grundrechtelandschaft, Jura 2020, 479 (485) bezeichnet die Argumentation des Ersten Senats als „äußerst dünn“. A. A. wohl *Kühling*, Das „Recht auf Vergessenwerden“ vor dem BVerfG – November(r)evolution für die Grundrechtsarchitektur im Mehrbenensystem, NJW 2020, 275 (277 f.), nach welchem sich die Argumentation des Ersten Senats durchaus „hören“ lässt.

Gerichtshof über das Vorabentscheidungsverfahren ausüben.[110] Dies ist gewiss begrüßenswert – ebenso wie die Anerkennung des Auslegungsmonopols des Europäischen Gerichtshofs über die Grundrechte-Charta. Doch verdient in diesem Zusammenhang eine Passage im Beschluss des Bundesverfassungsgerichts besondere Aufmerksamkeit: Denn zur Zuständigkeit des Europäischen Gerichtshofs gehörten

> „die Auslegung der Grundrechte der Charta und die Entwicklung der aus ihnen abzuleitenden *Grundsätze* für deren Anwendung. Demgegenüber betrifft die Prüfungskompetenz des Bundesverfassungsgerichts die *richtige Anwendung* der Unionsgrundrechte."[111]

Diese Formulierung kann dem Bundesverfassungsgericht zukünftig die Möglichkeit einräumen – wie ohnehin in der Vergangenheit schon sehr großzügig geschehen – von der acte clair-Ausnahme Gebrauch zu machen, um von einer Vorlage an den Europäischen Gerichtshof gemäß Art. 267 AEUV abzusehen.[112] Die Grundsätze zu den einzelnen Charta-Grundrechten, also insbesondere deren Schutzbereichsbestimmungen, sind weitgehend in der Rechtsprechung des Europäischen Gerichtshofs entfaltet worden.[113] Die konkrete Einzelfallabwägung und Einzelfallentscheidung würde dann immer dem Bundesverfassungsgericht ohne vorherige Vorlage an den Europäischen Gerichtshof zukommen. Diesbezüglich gilt es allerdings, die Entwicklungen der Rechtsprechung in der kommenden Zeit abzuwarten.[114]

---

[110] BVerfGE 152, 216 (243 ff. Rn. 68 ff.) – Recht auf Vergessen II.

[111] BVerfGE 152, 216 (244 Rn. 69) – Recht auf Vergessen II (Hervorh. d. Verf.).

[112] Vgl. auch *Karpenstein/Kottmann*, Vom Gegen- zum Mitspieler – Das BVerfG und die Unionsgrundrechte, EuZW 2020, 185 (188) und *E. Klein*, Kompetenzielle Würdigung und verfassungsprozessuale Konsequenzen der „Recht auf Vergessen"-Entscheidungen, DÖV 2020, 341 (345 f.). Abwartend *Thym*, Freundliche Übernahme, oder: die Macht des „ersten Wortes" – „Recht auf Vergessen" als Paradigmenwechsel, JZ 2020, 1017 (1020).

[113] *Kämmerer/Kotzur*, Vollendung des Grundrechtsverbunds oder Heimholung des Grundrechtsschutzes? – Die BVerfG-Beschlüsse zum „Recht auf Vergessen" als Fanal, NVwZ 2020, 177 (181). A. A. wohl *Toros/M. Weiß*, Echte Kooperation?! – Wandel des Grundrechtsschutzes im Mehrebenensystem. Zu den Entscheidungen „Recht auf Vergessen I" und „Recht auf Vergessen II" des BVerfG, ZJS 2020, 100 (107 f.): „Derzeit besteht auf unionaler Ebene aufgrund des Alters der GRCh zu einzelnen Grundrechten noch eine lediglich rudimentäre Kasuistik, sodass – bis auf wenige Ausnahmefälle – von einer Vorlagepflicht des BVerfG im vollständig determinierten Bereich ausgegangen werden kann."

[114] Siehe auch *Kämmerer/Kotzur*, Vollendung des Grundrechtsverbunds oder Heimholung des Grundrechtsschutzes? – Die BVerfG-Beschlüsse zum „Recht auf Vergessen" als Fanal, NVwZ 2020, 177 (184): „Kooperatives Miteinander und Konkurrenz im ‚Kampf um die Grundrechte' sind in der Volte des *Ersten Senats* gleichermaßen angelegt. Welches der beiden Potenziale sich (stärker) entfaltet, ob es zu einem echten Schulterschluss der Höchstgerichte oder zumindest ‚kompetitiver Kooperation' oder gar zu einer Art Stellungskrieg kommt, wird die Rechtsprechungsentwicklung zeigen." (Hervorh. i. O.). Die hier beschriebene Gefahr sieht *Edenharter*, Die EU-Grundrechte-Charta als Prüfungsmaßstab des Bundesverfassungsgerichts, DÖV 2020, 349 (355) wohl nicht, wenn sie ausführt: „Der EuGH seinerseits dürfte durch die beiden Beschlüsse in seiner Position gestärkt werden, da der Erste Senat des Bundesverfassungsgerichts seine Kooperationsbereitschaft zeigt und dem Luxemburger Gerichtshof

Am Vorbehalt aus der Solange II- und Bananenmarkt-Entscheidung hielt der Erste Senat ausdrücklich fest.[115] Die subsidiäre Geltung der Grundrechte des Grundgesetzes hinter den Gewährleistungen der Grundrechte-Charta bliebe unangetastet; die deutschen Grundrechte seien „ruhend in Kraft“.[116] Allerdings hat durch diese Entscheidung der Grundrechtsvorbehalt weiter entscheidend an – zumindest praktischer – Bedeutung verloren: Durch die unmittelbare Prüfungsmöglichkeit der Charta-Grundrechte ist es für den Beschwerdeführer wenig praktikabel, zusätzlich mit den sehr hohen Substantiierungserfordernissen aus der Bananenmarkt-Entscheidung geltend zu machen, dass der Grundrechtsschutz auf Unionsebene derartig abgesunken ist, dass nun wieder die Grundrechte des Grundgesetzes anwendbar seien. Denn ob die Grundrechtsprüfung anhand der Grundrechte des Grundgesetzes oder anhand der Charta-Grundrechte vorgenommen wird, ist für die Beschwerdeführer von untergeordnetem Interesse. Dies gilt jedenfalls, wenn die im Streit stehende Unionshandlung von deutschen Stellen angewendet wurde. Denn hinzuweisen ist noch darauf, dass das Bundesverfassungsgericht sich bisher nur eine Prüfungskompetenz im Hinblick auf die *Anwendung* der Charta-Grundrechte bei Verhaltensweisen deutscher Stellen zuschrieb; über die Frage, ob es auch Normen *an sich* auf ihre Vereinbarkeit mit den Grundrechten aus der Charta überprüfen könne, wurde noch keine Entscheidung getroffen.[117]

Die „Recht auf Vergessen“-Beschlüsse dürfen damit insgesamt als wegweisende Entscheidungen des Bundesverfassungsgerichts bewertet werden. Sie machen das Bundesverfassungsgericht im unionsrechtlich determinierten Grundrechtsbereich wieder zu einem bedeutsamen Akteur und lassen die in den Solange-Entscheidungen begründete Residualkompetenz in den Hintergrund treten.[118] Mittlerweile hat auch der Zweite Senat die Rechtsprechung des Ersten Senats aus den „Recht auf Vergessen“-Beschlüssen akzeptiert und sich zu eigen gemacht.[119]

---

ausdrücklich das letzte Wort bei der Auslegung der Grundrechte-Charta zugesteht.“ Ähnlich *Hofmann/Heger/Gharibyan*, Die Wandlung des Grundrechtsschutzes durch das Bundesverfassungsgericht – Recht auf Vergessen I und II als „Solange III“?, KritV 2019, 275 (288).

[115] BVerfGE 152, 216 (235 f. Rn. 47 f.) – Recht auf Vergessen II. Siehe dazu auch *Wendel*, Das Bundesverfassungsgericht als Garant der Unionsgrundrechte – Zugleich Besprechung von BVerfG, Beschlüsse v. 6.11.2019 – 1 BvR 16/13 (Recht auf Vergessen I) und 1 BvR 276/17 (Recht auf Vergessen II), JZ 2020, 157 (167).

[116] BVerfGE 152, 216 (235 Rn. 47) – Recht auf Vergessen II.

[117] BVerfGE 152, 216 (237 Rn. 51) – Recht auf Vergessen II und in der Folge BVerfG, NJW 2020, 2699 (2703 Rn. 84) – Bestandsdatenauskunft II sowie Beschl. der 1. Kammer des Ersten Senats v. 18.08.2020, DVBl. 2021, 36 (37 f. Rn. 17).

[118] *Hofmann/Heger/Gharibyan*, Die Wandlung des Grundrechtsschutzes durch das Bundesverfassungsgericht – Recht auf Vergessen I und II als „Solange III“?, KritV 2019, 275 (291) sprechen wegen der Bedeutsamkeit der Entscheidungen von einem „Solange III“.

[119] BVerfG, NJW 2021, 1518 (1519 f. Rn. 34 ff.) – Europäischer Haftbefehl III.

VIII. Zusammenfassung

Zusammengefasst gesteht sich das Bundesverfassungsgericht selbst also eine Prüfungskompetenz dahingehend zu, sekundäres Unionsrecht auf die Einhaltung der Grundrechtsverbürgungen des Grundgesetzes zu überprüfen – diese Kompetenz wird allerdings ausgesetzt, *solange* der Europäische Gerichtshof auf Unionsebene einen den deutschen Grundrechten jeweils vergleichbaren Grundrechtsschutz gewährleistet.[120] Wann dies der Fall sein soll, wird – wahrscheinlich auch wegen der fehlenden praktischen Bedeutung einer Reaktivierung der Residualkompetenz – nicht näher thematisiert. Vieles dürfte aber dafür sprechen, bei einer Verletzung des Wesensgehalts des jeweiligen Grundrechts im Sinne des Art. 19 Abs. 2 GG von einem fehlenden vergleichbaren Grundrechtsschutz auszugehen.[121] Durch die Erweiterung seines Prüfungsmaßstabs insbesondere im „Recht auf Vergessen II"-Beschluss auf die Verbürgungen der Grundrechte-Charta hat der Grundrechtsvorbehalt aber weiter an der Wahrscheinlichkeit seiner praktischen Revitalisierungsmöglichkeit verloren.

B. Kritische Würdigung

Kritisch sollen in diesem Zusammenhang insbesondere drei Ausprägungen des Grundrechtsvorbehalts betrachtet werden: die praktische Relevanz dieser Reservekompetenz, die Suspendierung des Prüfungsanspruchs anstatt der Vornahme einer Einzelfallkontrolle und vor allem die verfassungsrechtliche Grundlage respektive die grundgesetzliche Rechtfertigung für den „Solange II- und Bananenmarkt-Maßstab". An dieser Stelle unberücksichtigt bleibt der andersartige Kontrollzugriff des Bundesverfassungsgerichts in den „Recht auf Vergessen"-Beschlüssen, weil es sich hierbei um eine originäre Befugnis und nicht nur um eine Residualkompetenz des Bundesverfassungsgerichts handelt.[122]

---

[120] *Calliess*, Staatsrecht III, 3. Aufl. 2020, § 8 Rn. 76; *Sydow*, in: ders./Wittreck, Deutsches und Europäisches Verfassungsrecht I, 2. Aufl. 2020, Kap. 4 Rn. 87. Vor dem Hintergrund der verfassungsrechtlichen Rechtsschutzgewähr findet *Nettesheim*, in: Oppermann/Classen/Nettesheim, Europarecht, 9. Aufl. 2021, § 10 Rn. 24 die Suspendierung des Prüfungsanspruchs nicht unbedenklich. Für den Versuch, der Vergleichbarkeit des Grundrechtsschutzes auf unionaler und nationaler Ebene mehr Konturen zu verleihen, siehe *Kischel*, Der unabdingbare grundrechtliche Mindeststandard in der Europäischen Union, Der Staat 39 (2000), 523 (531 ff.).

[121] Vgl. *Huber*, Das Verhältnis des Europäischen Gerichtshofes zu den nationalen Gerichten, in: Merten/Papier, Handbuch der Grundrechte VI/2, 2009, § 172 Rn. 66 f.

[122] Siehe zur Kritik an diesem Prüfungsmaßstab daher aber schon oben im Zusammenhang mit der Darstellung dieser beiden Entscheidungen Dritter Teil A. VII. (S. 201 ff.).

I. Praktische Relevanz

Das Bundesverfassungsgericht übt die sich selbst zugestandene Kompetenz zur Prüfung, ob sekundäres Unionsrecht die Grundrechte des Grundgesetzes verletzt, einstweilen nicht mehr aus, solange auf Unionsebene ein der deutschen Verfassung jeweils im Wesentlichen adäquater Grundrechtsschutz gewährleistet wird. Wie im Zusammenhang mit der Darstellung des Bananenmarkt-Beschlusses herausgearbeitet,[123] muss für die Revitalisierung dieser Residualkompetenz die Begründung der Verfassungsbeschwerde respektive des Vorlagebeschlusses bei einer konkreten Normenkontrolle im Einzelnen unter genauer Analyse der Rechtsprechung des Europäischen Gerichtshofs nachweisen, dass der „jeweils als unabdingbar gebotene Grundrechtsschutz generell nicht gewährleistet ist“[124].

Da der Europäische Gerichtshof – wie bereits die Aufbereitung von dessen Rechtsprechung in der Solange II-Entscheidung des Bundesverfassungsgerichts aus dem Jahr 1986 gezeigt hat –[125] umfassende Grundrechtsgarantien sowie insbesondere den Grundsatz der Verhältnismäßigkeit anerkannte und diese seiner Prüfung zur Gültigkeit von Handlungen der Unionsstellen zugrunde legte, schien es schon damals relativ unwahrscheinlich, dass das Bundesverfassungsgericht auf absehbare Zeit seine Reservekompetenz wiederbeleben würde.[126] Trotz der im Bananenmarkt-Beschluss aus dem Jahr 2000 vorgenommenen Konkretisierung[127] gilt dies umso mehr, als dort für eine zulässige Gerichtsvorlage beziehungsweise Verfassungsbeschwerde eine umfassende Analyse der Rechtsprechung des Europäischen Gerichtshofs im Grundrechtsbereich gefordert wurde, deren Ergebnis generelle und strukturelle Defizite im Grundrechtsschutz auf unionaler Ebene sein müssten.[128] Zumindest aber mit der Aus-

[123] Siehe dazu oben Dritter Teil A. VI. (S. 198 ff.).

[124] BVerfGE 102, 147 (164) – Bananenmarkt.

[125] Siehe dazu BVerfGE 73, 339 (378 ff.) – Solange II.

[126] Aus der zeitgenössischen Literatur siehe nur *Friauf*, Die Bindung deutscher Verfassungsorgane an das Grundgesetz bei Mitwirkung an europäischen Organakten, in: ders./Scholz, Europarecht und Grundgesetz, 1990, S. 11 (29): „nahezu völlige Aufgabe seiner Gerichtsbarkeit“. Vgl. daneben auch *Stein*, Umgekehrt! Bemerkungen zum „Solange II“-Beschluß des Bundesverfassungsgerichts, in: Festschrift Zeidler Band 2, 1987, S. 1711 (1724 ff.) und *Tomuschat*, Aller guten Dinge sind III? – Zur Diskussion um die Solange-Rechtsprechung des BVerfG, EuR 1990, 340 (340).

[127] Siehe dazu oben Dritter Teil A. VI. (S. 198 ff.).

[128] *Classen*, Anmerkung zu BVerfG, Beschluss v. 07.06.2000 – 2 BvL 1/97, JZ 2000, 1157 (1158): „hohe, faktisch irreale Hürden“; *Hofmann*, Zurück zu Solange II! Zum Bananenmarktordnungsbeschluss des Bundesverfassungsgerichts, in: Festschrift Steinberger, 2002, S. 1207 (1222): die Reservekompetenz sei nur noch „theoretischer Natur“; *Limbach*, Die Kooperation der Gerichte in der zukünftigen europäischen Grundrechtsarchitektur, EuGRZ 2000, 417 (420): „sehr theoretische […] Reservekompetenz“; *Schmid*, Ein enttäuschender Rückzug – Anmerkungen zum „Bananenbeschluss“ des BVerfG, NVwZ 2001, 249 (254) und *Streinz*, Prüfung von sekundärem Gemeinschaftsrecht auf seine Vereinbarkeit mit den Grundrechtsnormen, NJW 2017, 3067 (3067); *ders.*, Die Europarechts-Rechtsprechung des Bundesverfas-

arbeitung und vor allem der rechtlichen Verbindlichkeit und Gleichstellung der Grundrechte-Charta mit den europäischen Primärverträgen (vgl. Art. 6 Abs. 1 Uabs. 1 EUV) zum 01. Dezember 2009, die textlich sogar noch bisweilen über die deutschen Grundrechtsgewährleistungen hinausgeht, darf es als nahezu ausgeschlossen gelten, dass das Bundesverfassungsgericht je infolge struktureller Defizite des Grundrechtsschutzes auf Unionsebene seine Residualkompetenz reaktivieren wird.[129] Eine Verletzung des Wesensgehalts der deutschen Grundrechte käme allenfalls dann in Betracht, wenn der Europäische Gerichtshof anhaltend und systematisch einzelne Grundrechtsverbürgungen in seiner Rechtsprechung ignorieren sollte.[130]

Es darf daher konstatiert werden, dass die praktische Relevanz der Reservekompetenz aus der Solange II-Entscheidung zur Prüfung der Grundrechtskonformität sekundären Unionsrechts wegen der recht umfassenden Grundrechtsschutz gewährenden und gefestigten Rechtsprechung des Europäischen Gerichtshofs und insbesondere der für alle Unionsstellen rechtsverbindlichen Grundrechte-Charta auf der einen sowie der vom Bundesverfassungsgericht gesetzten hohen Anforderungen an die Begründung der Verfassungsbeschwerde respektive des Vorlagebeschlusses im Falle einer konkreten Normenkontrolle auf der anderen Seite nahe Null liegt.[131]

---

sungsgerichts und ihre Rezeption in der Politik, EWS 2019, 241 (248). Siehe auch *Möller*, Verfassungsrechtlicher Grundrechtsschutz gegen Gemeinschaftsrecht, Jura 2006, 91 (92): „In der Praxis dürfte das BVerfG damit unüberwindbare Anforderungen aufgestellt haben: Kaum ein Kläger dürfte in der Lage sein, eine umfangreiche, nicht nur auf den eigenen Fall beschränkte Bestandsaufnahme der Rechtsprechung des EuGH durchzuführen und im Detail zu analysieren, um dann darzulegen, dass der Mindeststandard nicht mehr erfüllt sei."

[129] Nach *Mayer/Wendel*, Die verfassungsrechtlichen Grundlagen des Europarechts, in: Hatje/Müller-Graff, Enzyklopädie Europarecht I, 2014, § 4 Rn. 225 gehört eine Wiederbelebung des bundesverfassungsgerichtlichen Vorbehalts daher dem „Reich des Hypothetischen" an. Auch der frühere Gerichtspräsident *Voßkuhle*, Der europäische Verfassungsgerichtsverbund, NVwZ 2010, 1 (6) sprach nur noch von einer dem Bundesverfassungsgericht theoretisch zukommenden Reservekompetenz, deren Reaktivierung in der Rechtspraxis unwahrscheinlich erscheint. Schwächer *Huber*, in: Streinz, EUV/AEUV, 3. Aufl. 2018, Art. 19 EUV Rn. 69: „eher unwahrscheinlich". Vgl. auch *Classen*, Zuviel des Guten? Unionsrechtliche Neuakzentuierungen beim Grundrechtsschutz, JZ 2019, 1057 (1057), der konstatiert, dass in einigen Bereichen der Grundrechtsschutz auf Unionsebene sogar demjenigen des Grundgesetzes überlegen ist.

[130] Dies ist freilich eher nicht zu erwarten; eingehend zur Prüfungsdichte des Europäischen Gerichtshofs bezogen auf die Charta-Grundrechte: *Riedel*, Die Grundrechtsprüfung durch den EuGH, 2020, passim.

[131] Bekannt ist in diesem Zusammenhang insbesondere die Metapher von *Steiner*, Richterliche Grundrechtsverantwortung in Europa, in: Festschrift Maurer, 2001, S. 1005 (1013 Fn. 43): „Das BVerfG ist jedenfalls in bezug auf den Schutz der Grundrechtsberechtigten in Deutschland in der Rolle des ‚Edelreservisten' ohne ernsthafte Aussicht auf Spieleintritt." Siehe daneben auch *Bender*, Ambivalenz der Offensichtlichkeit, ZEuS 2020, 409 (418): „Nachtwächterfunktion" der Solange-Rechtsprechung und *Funke*, Virtuelle verfassungsgerichtliche Kontrolle von EU-Rechtsakten: der Schlußstein?, ZG 2011, 166 (168): „Praktisch gesehen, läuft diese Kontrolle leer."

Allerdings muss eine vor allem in der Theorie bestehende Residualkompetenz des Bundesverfassungsgerichts in Bezug auf abgeleitetes Unionsrecht keinesfalls kritikwürdig sein. Denn nationalen Reservekompetenzen ist die große Gefahr inhärent, die Einheitlichkeit der Unionsrechtsordnung und gegebenenfalls den supranationalen Integrationsprozess insgesamt zu gefährden.[132] Daher sollten – so wie es auch für die Residualkompetenz der ultra-vires-Kontrolle befürwortet wurde – nationale Vorbehalte nur behutsam und sehr zurückhaltend behauptet werden.[133]

II. Suspendierung des Prüfungsanspruchs

Im Hinblick auf die Aussetzung des Prüfanspruchs lässt sich folgende „Dissonanz“[134] in der Rechtsprechung des Bundesverfassungsgerichts festhalten: Anders als bei dem Verfassungsidentitätsvorbehalt[135] und auch im Unterschied zur bereits eingehend untersuchten ultra-vires-Kontrolle[136] praktiziert das Bundesverfassungsgericht wie beschrieben seinen Grundrechtsvorbehalt aus der Solange II-Entscheidung nicht im Einzelfall, sondern setzt seine – nach eigenem Verständnis grundsätzlich voll bestehende – Kompetenz zur Prüfung der Grundrechtskonformität sekundären Unionsrechts aus, solange auf Unionsebene ein im Wesentlichen vergleichbarer Grundrechtsschutz gewährleistet wird.[137] Diese Aussetzung der Prüfungsbefugnis und das Erfordernis eines *generell* unzureichenden Grundrechtsschutzes auf Unionsebene für die Revitalisierung der Prüfungskompetenz führen zu einigen Schwierigkeiten: So wird vorgebracht, dass die Forderung nach einem generellen Absinken des unionalen Schutzstandards redlicherweise nicht zur Folge haben könne, dass einem Kläger (noch) bundesverfassungsgerichtlicher Rechtsschutz versagt, während dieser dem nächsten gewährt wird, weil erst in diesem zweiten Fall – infolge additiver Verletzungen und nun nicht mehr hinnehmbarer Vernachlässigung des Grundrechtsschutzes – von einer *generellen* Abkehr der Unionsgewalt vom

---

[132] Vgl. *Mayer*, Grundrechtsschutz gegen europäische Rechtsakte durch das BVerfG: Zur Verfassungsmäßigkeit der Bananenmarktordnung, EuZW 2000, 685 (688), nach welchem die Handhabung des Solange II-Vorbehalts in Gestalt der Bananenmarktentscheidung einen „Beitrag zu Rechtsfrieden und Rechtssicherheit in der EU“ bedeutet.

[133] So auch *Voßkuhle*, Der europäische Verfassungsgerichtsverbund, NVwZ 2010, 1 (7): „‚Notbremse-Verfahren‘ behalten gerade dann ihre Berechtigung, wenn sie nicht in Anspruch genommen werden müssen.“

[134] *Dederer*, Die Grenzen des Vorrangs des Unionsrechts – Zur Vereinheitlichung von Grundrechts-, Ultra-vires- und Identitätskontrolle, JZ 2014, 313 (315).

[135] Siehe dazu noch unten Vierter Teil (S. 225 ff.).

[136] Siehe dazu umfassend den Zweiten Teil (S. 29 ff.).

[137] Von einer „bemerkenswerte[n] Ungereimtheit“ sprechen auch *Karaosmanoğlu/Ebert*, Einzelfallbezogener Grundrechtsschutz gegen EU-Akte – Abkehr von der Solange-Rechtsprechung, DVBl. 2016, 875 (877).

Schutzstandard des Grundgesetzes gesprochen werden könne.[138] Für den konkret Betroffenen sei es unerheblich und kann für sein beim Gericht anhängigen Verfahren nicht entscheidend sein, ob jenseits seines Falls, bei dem möglicherweise eine schwerwiegende und durch den Europäischen Gerichtshof nicht sanktionierte Grundrechtsverletzung vorliegt, die Europäische Union hiervon abgesehen generell einen hinreichenden Grundrechtsschutz gewährleiste.[139]

Diese zugegebenermaßen problematischen Aspekte sind durch den neuen Kontrollzugriff des Bundesverfassungsgerichts, der – zumindest bei der Anwendung unionsrechtlich determinierter Normen – auch die Grundrechte-Charta in die Prüfung miteinbezieht, teilweise in den Hintergrund getreten. Sie wären aber ohnehin dann als unbeachtlich und verfassungsrechtlich irrelevant hinzunehmen, sollte das Grundgesetz – ganz im Sinne der Rechtsprechung des Bundesverfassungsgerichts – diese allgemeine Aussetzung der Kompetenz zur Prüfung der Grundrechtskonformität sekundären Unionsrechts fordern, worauf im Folgenden einzugehen ist.

III. Grundgesetzliches Fundament

Die bedeutsamsten Fragestellungen sind folglich: Aufgrund welcher verfassungsrechtlichen Norm nimmt das Bundesverfassungsgericht grundsätzlich seine Residualkompetenz zur Überprüfung der Grundrechtskonformität sekundären Unionsrechts in Anspruch? Welche Verfassungsbestimmung ermächtigt das Bundesverfassungsgericht, auf die vermeintlich bestehende Kompetenz einstweilen zu verzichten? Mit anderen Worten: Was ist das grundgesetzliche Fundament für den seit den Solange-Entscheidungen geltenden Grundrechtsvorbehalt?

Analysiert man die Begründung des Bundesverfassungsgerichts in den Solange-Beschlüssen für die selbst zugestandene Kompetenz zur Durchführung einer Grundrechtskontrolle, fällt ein großes Defizit auf. In der Solange I-Entscheidung beruft sich das Bundesverfassungsgericht insbesondere darauf, dass Art. 24 Abs. 1 GG[140] ein Vorbehalt inhärent sei, der es verböte, „die Identität der geltenden Verfassung der Bundesrepublik Deutschland durch Einbruch in die sie konstituierenden Strukturen“[141] aufzuheben. Zu dieser nicht relativierbaren

[138] Vgl. *Huber*, Die EU als Herausforderung für das Bundesverfassungsgericht, in: Pernice/Schwarz, Europa in der Welt – Von der Finanzkrise zur Reform der Union, 2013, S. 329 (351 f.); *ders.*, Rolle der Verfassungsgerichte in der europäischen Integration – Die Karlsruher Perspektive, in: Festschrift Klein, 2013, S. 111 (119).

[139] *Sauer*, Staatsrecht III, 6. Aufl. 2020, § 9 Rn. 35.

[140] Der heute die Integration in die Europäische Union gestattende Art. 23 Abs. 1 GG wurde erst zur Ermöglichung des Inkrafttretens des Vertrags von Maastricht im Jahr 1992 geschaffen (BGBl. I 1992, S. 2086). Siehe dazu auch oben Erster Teil A. III. 1. (S. 12 f.).

[141] BVerfGE 37, 271 (279) – Solange I. Ganz ähnlich auch BVerfGE 73, 339 (375 f.) – Solange II.

Identität gehöre insbesondere der Grundrechtsteil des Grundgesetzes.[142] Diese Erwägungen des Bundesverfassungsgerichts wären bei einer potenziellen Eingangskontrolle zur Überprüfung der Verfassungsmäßigkeit des Zustimmungsgesetzes zu den europäischen Primärverträgen durchaus überzeugend gewesen: Eine Hoheitsrechtsübertragung auf eine supranationale Organisation wie die Europäische Gemeinschaft respektive Union ist nur dann möglich, wenn nicht in den – durch Art. 79 Abs. 3 GG zumindest in den Grundzügen des Art. 1 GG geschützten –[143] Grundrechtsteil des Grundgesetzes eingegriffen wird. Mit anderen Worten kommt eine Hoheitsrechtsübertragung auf die Europäische Union nur in Betracht, wenn die supranationale Organisation ein dem Grundrechtsstandard des Grundgesetzes im Wesentlichen vergleichbares grundrechtliches Schutzniveau bietet.[144] Wie sich aber aus diesen Aussagen des Bundesverfassungsgerichts zugleich das zwingende Ergebnis ergeben soll, dass das sekundäre Unionsrecht *vollumfassend* den Grundrechtsverbürgungen des Grundgesetzes zu entsprechen habe (worüber das Bundesverfassungsgericht wache), bleibt offen. Zustimmung verdient vielmehr das Sondervotum der drei Richter mit einer abweichenden Meinung zu dem Solange I-Beschluss.[145] An anderer Stelle

---

142 BVerfGE 37, 271 (280) – Solange I; BVerfGE 73, 339 (376) – Solange II.

143 Auf Art. 79 Abs. 3 GG nahm das Bundesverfassungsgericht in seinen Solange-Beschlüssen allerdings keinen Bezug – die geschützte „Identität der geltenden Verfassung“ wurde weiter verstanden als die integrationsfeste Ewigkeitsgarantie. Siehe dazu auch noch unten Vierter Teil B. I. (S. 227 f.).

144 In die Richtung, dass diese Prüfung eigentlich ausschließlich bei der Kontrolle der Verfassungsmäßigkeit des Zustimmungsgesetzes für einen vertieften europäischen Einigungsprozess durchzuführen ist, könnte auch folgender Auszug in BVerfGE 73, 339 (376) – Solange II deuten: „Art. 24 Abs. 1 GG gestattet nicht vorbehaltlos, diese Rechtsprinzipien zu relativieren. Sofern und soweit mithin einer zwischenstaatlichen Einrichtung im Sinne des Art. 24 Abs. 1 GG Hoheitsgewalt eingeräumt wird, die im Hoheitsbereich der Bundesrepublik Deutschland den Wesensgehalt der vom Grundgesetz anerkannten Grundrechte zu beeinträchtigen in der Lage ist, muß, wenn damit der nach Maßgabe des Grundgesetzes bestehende Rechtsschutz entfallen soll, statt dessen eine Grundrechtsgeltung gewährleistet sein, die nach Inhalt und Wirksamkeit dem Grundrechtsschutz, wie er nach dem Grundgesetz unabdingbar ist, im wesentlichen gleichkommt.“ In diesem, hier befürworteten Sinne versteht das Bundesverfassungsgericht seine Äußerungen allerdings nicht.

145 Abweichende Meinung der Richter *Rupp*, *Hirsch* und *Wand*, in: BVerfGE 37, 271 (295 f.) – Solange I: „Art. 24 Abs. 1 GG besagt bei sachgerechter Auslegung nicht nur, daß die Übertragung von Hoheitsrechten auf zwischenstaatliche Einrichtungen überhaupt zulässig ist, sondern auch, daß die Hoheitsakte der zwischenstaatlichen Einrichtungen von der Bundesrepublik Deutschland anzuerkennen sind […]. Das schließt es von vornherein aus, sie nationaler Kontrolle zu unterwerfen. Denn darauf hat die Bundesrepublik Deutschland durch den Beitritt zur EWG, ihre Zustimmung zur Errichtung von Gemeinschaftsorganen und ihre Mitwirkung an der Begründung autonomer Hoheitsgewalt gerade verzichtet. Zu den anzuerkennenden, keiner nationalen Kontrolle unterliegenden Hoheitsakten gehört auch die Rechtsetzung der europäischen Gemeinschaftsorgane. Die von ihnen erlassenen Rechtsvorschriften können daher in ihrer Geltung und Anwendbarkeit nicht davon abhängig sein, ob sie den Maßstäben des innerstaatlichen Rechts entsprechen. Gemeinschaftsrecht geht inhaltlich abweichenden Bestimmungen des nationalen Rechts vor. Dies gilt nicht nur im Verhältnis zu in-

hat das Bundesverfassungsgericht diesen dort beschriebenen Zweck des Art. 24 Abs. 1 GG auch ausdrücklich anerkannt:

„Zwar mag die Gewährung innerstaatlichen Rechtsschutzes gegen die Anwendung und Wirkung von Akten einer zwischenstaatlichen Einrichtung nicht von vornherein ‚logisch' ausgeschlossen sein […]; sie liefe aber dem Sinn und Zweck der Ermächtigung des Art. 24 Abs. 1 GG entgegen. Durch sie könnte die Funktionsfähigkeit der zwischenstaatlichen Einrichtung beeinträchtigt werden, zumal sie die Gefahr ungleichmäßigen Rechtsschutzes in den einzelnen Mitgliedstaaten beschwörte […]. Art. 24 Abs. 1 GG räumt dem Gesetzgeber ein weites Ermessen ein, ob und inwieweit einer zwischenstaatlichen Einrichtung Hoheitsrechte eingeräumt werden und in welcher Weise diese Einrichtung rechtlich und organisatorisch ausgestaltet werden soll. Dies schließt grundsätzlich auch die Befugnis ein, hinsichtlich der Ausgestaltung des Rechtsschutzes gegen Handlungen der zwischenstaatlichen Einrichtung besondere Regelungen zu treffen."[146]

Das Bundesverfassungsgericht hat also – auch vor dem Hintergrund des Sinns und Zwecks der Ermächtigungen in Art. 23 Abs. 1, 24 Abs. 1 GG – für eine vollumfassende Grundrechtskontrolle im Einzelfall keine Kompetenz und überschreitet zugleich in bedenklicher Weise die Grenzen seiner Gerichtsbarkeit, wenn es grundsätzlich für sich in Anspruch nimmt, sekundäres Unionsrecht anhand der Grundrechtsverbürgungen des Grundgesetzes überprüfen zu können.[147] Denn die Grundrechte der Art. 1 bis 19 GG binden nach Art. 1 Abs. 3 GG die *deutsche*[148] Gesetzgebung, vollziehende Gewalt und Rechtsprechung als unmittelbar geltendes Recht. Davon wird die Unionsgewalt also nicht adressiert – ist diese nicht grundrechtsverpflichtet, kann sie die Grundrechte des Grundgesetzes auch nicht verletzen,[149] weshalb die vermeintliche Prüfungs-

---

nerstaatlichen Normen des einfachen Rechts, sondern auch gegenüber Grundrechtsnormen der nationalen Verfassung." Ähnlich bereits zuvor BVerfGE 31, 145 (174) – Milchpulver.

[146] BVerfGE 58, 1 (28) – Eurocontrol I.

[147] Vgl. dazu nochmals die abweichende Meinung der Richter *Rupp*, *Hirsch* und *Wand*, in: BVerfGE 37, 271 (299) – Solange I: „Das Bundesverfassungsgericht besitzt keine Kompetenz, Vorschriften des Gemeinschaftsrechts am Maßstab des Grundgesetzes, insbesondere seines Grundrechtsteiles, zu prüfen, um danach die Frage ihrer Gültigkeit zu beantworten. […] Daß die Mehrheit des Senats sie gleichwohl in Anspruch nimmt, ist ein unzulässiger Eingriff in die dem Europäischen Gerichtshof vorbehaltene Kompetenz, deren Anerkennung Art. 24 Abs. 1 GG gebietet […]."

[148] Dass von Art. 1 Abs. 3 GG nur die deutsche Hoheitsgewalt verpflichtet wird, ist unstreitig: Vgl. nur *Höfling*, in: Sachs, GG, 9. Aufl. 2021, Art. 1 Rn. 88; *Kunig/Kotzur*, in: v. Münch/Kunig, GG Band 1, 7. Aufl. 2021, Art. 1 Rn. 74 und *Stern*, Staatsrecht III/1, 1988, § 72 V 5 (S. 1229). Vgl. auch BVerfG, NVwZ 2009, 1156 (1157).

[149] Siehe auch *Kees*, Grundlagen und Grenzen der europäischen Integration, in: Scheffczyk/Wolter, Linien der Rechtsprechung des Bundesverfassungsgerichts, Band 4, 2017, S. 439 (450): „Der Unionsrechtsakt kann zwar – wie jedes nicht an das Grundgesetz gebundene Verhalten – verfassungsrechtlich geschützte Rechtsgüter tatsächlich berühren. Einen Verfassungsverstoß begeht aber nur der in Art. 1 Abs. 3, Art. 20 Abs. 3 GG angesprochene Adressatenkreis des Grundgesetzes, der ein solches Verhalten durchsetzt oder es pflichtwidrig nicht verhindert." A. A. aber wohl, wenngleich nicht näher begründet: *Wolff*, De lege ferenda: Das Integrationskontrollverfahren, DÖV 2010, 49 (57): „Dogmatisch entsteht die paradoxe Situa-

kompetenz des Bundesverfassungsgerichts ins Leere läuft. Allerdings können die Ausführungen des Bundesverfassungsgerichts wohl auch nicht dahingehend verstanden werden, dass es die Bindung der Unionsgewalt an die deutschen Grundrechte über Art. 1 Abs. 3 GG annehmen würde.[150] Vielmehr scheint das Bundesverfassungsgericht davon auszugehen, dass durch die grundgesetzlichen Vorschriften der Art. 1 bis 19 GG ein alles umspannender Grundrechtsbereich in Deutschland gebildet wurde, den jede öffentliche Gewalt, die auf dem Hoheitsgebiet der Bundesrepublik Deutschland tätig wird, beachten müsse und über dessen Einhaltung das Bundesverfassungsgericht wache.[151] Neben dem integrationshinderlichen gedanklichen Ausgangspunkt, welcher der Grundausrichtung des Grundgesetzes (Präambel, Art. 23 Abs. 1 Satz 1 GG) zur Mitwirkung an dem europäischen Integrationsprozess widerspricht, ist insbesondere nicht klar, warum dieser Grundrechtsraum existiert, dem *jede* in Deutschland ausgeübte öffentliche Gewalt genügen muss. Art. 23 Abs. 1 Satz 1 und Satz 3 in Verbindung mit Art. 79 Abs. 3 GG fordern im Vorfeld der Übertragung von Hoheitsrechten auf die Europäische Union lediglich, dass die in Deutschland ausgeübte supranationale Gewalt ein vergleichbares Maß an Grundrechtsschutz gewährleistet – ist dies der Fall, ist das Zustimmungsgesetz verfassungsgemäß und die Kontrolle der Grundrechtskonformität grundsätzlich der jeweiligen supranationalen Organisation anheimgestellt. Die Grundrechte des Grundgesetzes hingegen gelten in der Bundesrepublik Deutschland genau und nur in dem Fall, dass die deutsche öffentliche Gewalt nach Art. 1 Abs. 3 GG Hoheitsgewalt ausübt.[152] Der Grundrechtsteil des Grundgesetzes ist kein „Filter“, den jede supranationale Rechtsnorm vor ihrer Anwendbarkeit in Deutschland zu durchlaufen hat. Denn für eine über Art. 1 Abs. 3 GG hinausgehende Grundrechtsverpflichtung oder zumindest Grundrechtsbeachtungspflicht für eine andere öffentliche Gewalt, die in der Bundesrepublik Deutschland tätig wird, gibt es kein grundgesetzliches Fundament. Anzudenken wäre höchstens eine analoge Anwendung des Art. 1 Abs. 3 GG:[153] Die vergleichbare Interessenlage ließe sich

---

tion, dass zwar das Organ der EU nicht an die Art. 1 bis 19 GG gebunden ist, die von ihm erlassenen Rechtsakte aber dennoch diese Grundrechte verletzen können.“

[150] Vgl. *Kunig/Kotzur*, in: v. Münch/Kunig, GG Band 1, 7. Aufl. 2021, Art. 1 Rn. 74. So aber *Odendahl*, Das „Kooperationsverhältnis“ zwischen BVerfG und EuGH in Grundrechtsfragen, JA 2000, 219 (222).

[151] So versteht auch *E. Klein*, Grundrechtsdogmatische und verfassungsprozessuale Überlegungen zur Maastricht-Entscheidung des Bundesverfassungsgerichts, in: Gedächtnisschrift Grabitz, 1995, S. 271 (277) das Bundesverfassungsgericht.

[152] *Cremer*, Europäische Hoheitsgewalt und deutsche Grundrechte, Der Staat 34 (1995), 268 (279); *Isensee*, Vorrang des Europarechts und deutsche Verfassungsvorbehalte – offener Dissens, in: Festschrift Stern, 1997, S. 1239 (1245); *Sauer*, Grundrechtskollisionsrecht für das europäische Mehrebenensystem: Konkurrenzbestimmung – Kollisionsvermeidung – Kohärenzsicherung, in: Matz-Lück/Hong, Grundrechte und Grundfreiheiten im Mehrebenensystem – Konkurrenzen und Interferenzen, 2012, S. 1 (20).

[153] Dazu *Sauer*, Grundrechtskollisionsrecht für das europäische Mehrebenensystem: Kon-

möglicherweise damit begründen, dass mehr und mehr Unionsgewalt funktional an die Stelle deutscher Hoheitsgewalt tritt. Allerdings fehlt es jedenfalls an der notwendigen planwidrigen Regelungslücke: Art. 23 Abs. 1 Satz 1 GG verlangt, dass die Europäische Union einen im Wesentlichen vergleichbaren Grundrechtsstandard gewährt und dieser Schutz ist durch die Rechtsprechung des Europäischen Gerichtshofs sowie durch die Bindung der Unionsstellen an die Verbürgungen der Grundrechte-Charta gemäß deren Art. 51 Abs. 1 Satz 1 gegeben. Daneben spricht die Struktursicherungsanforderung des „*im Wesentlichen* vergleichbaren Grundrechtsschutzes" gerade gegen eine umfassende Bindungserstreckung der deutschen Grundrechte, die bei einer Geltung der deutschen Grundrechte nicht notwendig wäre.[154] Daher entbehrt der Anspruch des Bundesverfassungsgerichts, sekundäres Unionsrecht der Unionsstellen umfassend an den Grundrechten des Grundgesetzes zu prüfen, einer verfassungsrechtlichen Grundlage.[155] Art. 23 Abs. 1 Satz 2 GG ermächtigt den Gesetzgeber vielmehr, der Europäischen Union sehr weitgehende Hoheitsrechte einzuräumen und insbesondere auch die Kontrolle über die Einhaltung von Grundrechten auf eine supranationale Rechtsprechungsinstanz wie den Europäischen Gerichtshof zu übertragen. Dass dann in Deutschland öffentliche Gewalt ausgeübt wird, ohne dass diese den Grundrechten des Grundgesetzes genügen muss, ist Folge der Integrationsermächtigungen in Art. 23 Abs. 1, 24 Abs. 1 GG und dem dahinter stehenden Grundsatz der offenen Staatlichkeit.[156]

Mit einer anderen Akzentuierung ist dem Bundesverfassungsgericht aber die Kontrolle des unionalen Grundrechtsschutzniveaus nicht gänzlich vorenthalten. Wie schon oben bei der ultra-vires-Kontrollbefugnis vertreten, ist Anknüpfungspunkt die Struktursicherungsklausel des Art. 23 Abs. 1 Satz 1 GG. Hiernach wirkt die Bundesrepublik Deutschland zur Verwirklichung eines vereinten Europas bei der Entwicklung der Europäischen Union (nur dann) mit, wenn diese demokratischen, rechtsstaatlichen, sozialen und föderativen Grundsätzen und dem Grundsatz der Subsidiarität verpflichtet ist und *einen diesem*

---

kurrenzbestimmung – Kollisionsvermeidung – Kohärenzsicherung, in: Matz-Lück/Hong, Grundrechte und Grundfreiheiten im Mehrebenensystem – Konkurrenzen und Interferenzen, 2012, S. 1 (20 f.).

[154] *Sauer*, Grundrechtskollisionsrecht für das europäische Mehrebenensystem: Konkurrenzbestimmung – Kollisionsvermeidung – Kohärenzsicherung, in: Matz-Lück/Hong, Grundrechte und Grundfreiheiten im Mehrebenensystem – Konkurrenzen und Interferenzen, 2012, S. 1 (21).

[155] Vgl. auch *Huber*, Bundesverfassungsgericht und Europäischer Gerichtshof als Hüter der Gemeinschaftsrechtlichen Kompetenzordnung, AöR 116 (1991), 210 (230 f.). A. A. wohl *Calliess*, Staatsrecht III, 3. Aufl. 2020, § 8 Rn. 77, der den vom Bundesverfassungsgericht praktizierten Grundrechtsvorbehalt zumindest „gerade mit Blick auf die gemeinsamen Werte des Art. 2 EUV und die in Art. 4 Abs. 2 EUV verbürgte nationale Identität auch [als] europarechtlich legitim" einordnet.

[156] Vgl. *Huber*, Bundesverfassungsgericht und Europäischer Gerichtshof als Hüter der Gemeinschaftsrechtlichen Kompetenzordnung, AöR 116 (1991), 210 (231).

Grundgesetz im Wesentlichen vergleichbaren Grundrechtsschutz gewährleistet. Der Anwendungsvorrang des Unionsrechts findet seine Grenze also in den Struktursicherungselementen des Art. 23 Abs. 1 Satz 1 GG.[157] Das das Unionsrecht in der Bundesrepublik Deutschland legitimierende Zustimmungsgesetz zu den europäischen Primärverträgen im Sinne des Art. 23 Abs. 1 Satz 2 GG muss laufend diesen Strukturelementen entsprechen. Ist dies nicht der Fall – wird also beispielsweise auf unionaler Ebene infolge von strukturellen Defiziten in der Rechtsprechung des Europäischen Gerichtshofs kein dem Grundgesetz im Wesentlichen vergleichbarer Grundrechtsschutz mehr gewährt –, so wird das Zustimmungsgesetz zum Vertrag von Lissabon insoweit verfassungswidrig.[158] Dies dürfte nur dann in Betracht kommen, wenn durch die Europäische Union gewährleistete Grundrechte schlechthin aus inhaltlichen oder verfahrensrechtlichen Gründen keinen Schutz gegenüber der Unionsgewalt böten.[159] Der Wesensgehalt der deutschen Grundrechte muss auch auf Unionsebene gewährleistet sein. So bedeutet der „diesem Grundgesetz im wesentlichen vergleichbare Grundrechtsschutz“ im Sinne des Art. 23 Abs. 1 Satz 1 GG, dass – in Übereinstimmung zur in der Bananenmarkt-Entscheidung begründeten Rechtsprechung des Bundesverfassungsgerichts – nicht nur ein *generell-abstrakter* Vergleich des Grundrechtsschutzes auf Unionsebene mit dem Grundrechtsstandard des deutschen Grundgesetzes erfolgt.[160] Insbesondere können Defizite bei einem Grundrecht nicht durch Gewährleistungsstärken bei anderen Grundrechten ausgeglichen werden, sondern ein Verstoß gegen die Struktursicherungsklausel liegt schon dann vor, wenn bei einer einzelnen Grundrechtsverbürgung der unionsrechtliche Schutz dem deutschen Standard nicht mehr adäquat ist. Allerdings ist auch hier die Prüfungsdichte des Bundesverfassungsgerichts gering – der supranationalen Rechtsordnung muss auch beim Grundrechtsschutz ein weitgehender Bewegungsspielraum konzediert werden, damit diese sich wirksam entfalten kann. Der Grundrechtsschutz muss auch nur „im Wesentlichen“ vergleichbar sein; insbesondere ist bei Grundrechtskollisionen die Betonung eines im Vergleich zur nationalen Rechtsprechung anderen Schwerpunktes zu akzeptieren. Für einen Verstoß gegen die Struktursicherungsklausel ist darzulegen – unter Auseinandersetzung mit der Rechtsprechung des Europäischen Ge-

[157] Siehe dazu schon oben Zweiter Teil C. VI. (S. 102 ff.).

[158] Zur (unproblematischen) verfassungsprozessualen und verfassungsrechtlichen Möglichkeit einer Überprüfung des Zustimmungsgesetzes siehe *Streinz*, Bundesverfassungsgerichtlicher Grundrechtsschutz und Europäisches Gemeinschaftsrecht, 1989, S. 154 ff. Siehe dazu noch umfassend den Fünften Teil (S. 317 ff.).

[159] Vgl. *Eifert/Gerberding*, Verfassungsbeschwerde und Unionsgewalt, Jura 2016, 628 (631).

[160] Zweifelnd *Sauer*, „Solange“ geht in Altersteilzeit – Der unbedingte Vorrang der Menschenwürde vor dem Unionsrecht, NJW 2016, 1134 (1136): „Auch die Frage, ob die EU nicht doch nur in der Gesamtperspektive einen hinreichenden Grundrechtschutz bieten muss, sollte nicht aus dem Blick geraten.“

richtshofs –, dass ein bestimmtes Grundrecht durch den Gerichtshof nahezu ignoriert wird. Sollte dann in einem Einzelfall – was vor dem Hintergrund der recht geringen Anforderungen der Struktursicherungsklausel in Art. 23 Abs. 1 Satz 1 GG wenig wahrscheinlich erscheint – erfolgreich vor dem Bundesverfassungsgericht dargelegt werden, dass ein im Wesentlichen vergleichbarer Grundrechtsschutz auf unionaler Ebene nicht mehr garantiert wird, so könnte dieser Rechtsakt und in der Folge wegen der Verfassungswidrigkeit des Zustimmungsgesetzes im Hinblick auf den gewährten Grundrechtsschutz auch jede andere freiheitsverkürzende, dieses Grundrecht betreffende, Unionsmaßnahme unbeachtet bleiben. Allerdings – und dies ist der entscheidende Unterschied der hier vertretenen Ansicht zur bundesverfassungsgerichtlichen Solange-Rechtsprechung – wird in einem solchen Fall mangels Grundrechtsbindung kein Grundrecht des Grundgesetzes verletzt, sondern es liegt ein Verstoß gegen eines der Strukturelemente des Art. 23 Abs. 1 Satz 1 GG vor.[161] Dies gilt jedenfalls in Fällen, in denen die vollharmonisierende Unionsmaßnahme direkt angegriffen wird. Sollte Gegenstand der Beschwer nur mittelbar die Unionsmaßnahme und unmittelbar der bloße Vollzugsakt einer deutschen Stelle sein, sind auch in diesem Fall grundsätzlich die Grundrechte des Grundgesetzes nicht anwendbar.[162] Verstößt die Unionshandlung allerdings gegen die Struktursicherungsklausel des Art. 23 Abs. 1 Satz 1 GG, lebt die Bindung der deutschen Stellen an die Grundrechte des Grundgesetzes wieder auf, sodass in diesem Fall dann eine Kontrolle anhand derselben durchzuführen ist.

Schon aus der Formulierung und der Funktion des Art. 23 Abs. 1 Satz 1 GG wird deutlich: Durch diese Bestimmung wird das Bundesverfassungsgericht keinesfalls dazu ermächtigt, ohne Weiteres eine Einzelfallkontrolle zur Prüfung sekundären Unionsrechts anhand der Grundrechtsgewährleistungen des Grundgesetzes vorzunehmen –[163] ein Anspruch, dies sei an dieser Stelle noch

[161] *Jarass*, in: ders./Pieroth, GG, 16. Aufl. 2020, Art. 24 Rn. 12 vertritt die Ansicht, dass bei Überschreitung der Übertragungsgrenzen das Zustimmungsgesetz dann nicht unwirksam wird, wenn eine innerstaatliche Kompensation möglich ist; hinsichtlich des Grundrechtsschutzes denkt er als Surrogatmöglichkeit an die Grundrechtsverbürgungen des Grundgesetzes. Dabei handelt es sich allerdings um kein probates Mittel, denn dadurch wird auf Unionsebene ein – möglicherweise andauernder – Verstoß gegen die Strukturvorgaben des Art. 23 Abs. 1 Satz 1 GG toleriert, obwohl das Verfassungsrecht von den deutschen Staatsorganen schon auf Unionsebene die Beseitigung der Verletzung verlangt. Zum anderen wird auch hier nicht klar, auf welche Weise dogmatisch die Grundrechte des Grundgesetzes in Stellung gebracht werden können. Kritisch auch *Kloepfer*, Verfassungsrecht I, 2011, § 35 Rn. 90.

[162] Vgl. insofern zutreffend BVerfGE 118, 79 (Ls. 1a) – Emissionshandel. Die Bindung der deutschen Stellen an die Grundrechte des Grundgesetzes nach Art. 1 Abs. 3 GG wird um der in diesem Fall besonders wichtigen einheitlichen Anwendung des Unionsrechts willen verdrängt. Der Unionsakt muss aber freilich den Charta-Grundrechten entsprechen, welche allerdings nach hier vertretener Auffassung nicht in die Prüfungskompetenz des Bundesverfassungsgerichts fallen, siehe dazu oben Dritter Teil A. VII. 2. (S. 205 ff.).

[163] A. A. *Polzin*, Verfassungsidentität, 2018, S. 185, allerdings ohne hierfür eine Begründung zu geben.

einmal betont, wie er sich hinter den Solange-Entscheidungen verbirgt. Hat das Bundesverfassungsgericht – im Rahmen einer Eingangskontrolle des Zustimmungsgesetzes – auf Unionsebene einen im Wesentlichen vergleichbaren Grundrechtsstandard festgestellt (nur dann sind die Anforderungen des Art. 23 Abs. 1 Satz 1 GG erfüllt), geht die Kontrollbefugnis weitgehend auf den Europäischen Gerichtshof über, der nach seinem in Art. 19 Abs. 1 Uabs. 1 Satz 2 EUV umschriebenen Auftrag die Rechtmäßigkeit der unionalen Handlungen auch im Hinblick auf die Einhaltung der Unionsgrundrechte überwacht. Lediglich wenn strukturell kein adäquater Grundrechtsschutz auf Unionsebene mehr verfügbar ist *und* das Zustimmungsgesetz in einem zulässigen verfassungsprozessualen Verfahren anhängig gemacht wurde, darf das Bundesverfassungsgericht intervenieren.[164] Ehe aber eine Verletzung der Anforderung des im Wesentlichen vergleichbaren Grundrechtsschutzes im Sinne des Art. 23 Abs. 1 Satz 1 GG angenommen wird, muss aus Gründen der Integrationsoffenheit und Europarechtsfreundlichkeit des Grundgesetzes der Europäische Gerichtshof mithilfe des Vorabentscheidungsverfahrens gemäß Art. 267 AEUV angerufen werden, um detailliertere Auskunft über dessen Grundrechtsrechtsprechung zu gewinnen und diesem gegebenenfalls die Möglichkeit zu geben, seine Grundrechtsrechtsprechung zu korrigieren.[165]

Anknüpfungspunkt für eine verfassungsrechtliche Kontrolle des im Wesentlichen gleichwertigen unionalen Grundrechtsschutzes ist folglich das Zustimmungsgesetz, welches fortlaufend den strukturellen Anforderungen des Art. 23 Abs. 1 Satz 1 GG genügen muss.

C. Zusammenfassung

Es hat sich gezeigt, dass der vom Bundesverfassungsgericht so verstandene und weiterhin behauptete Grundrechtsvorbehalt in seiner aktuell gültigen Konzeption aus der Solange II-Entscheidung und dem Bananenmarkt-Beschluss mit dem Anspruch, Unionshandlungen an den Grundrechtsverbürgungen des Grundgesetzes zu überprüfen, einer Rechtfertigung entbehrt und dass das Bundesverfassungsgericht durch ihn seine Kompetenzen überschreitet. Der Grundrechtsvorbehalt ist vielmehr so auszuüben, dass das Zustimmungsgesetz, welches die Anwendung des Unionsrechts in der Bundesrepublik Deutschland legitimiert, stets den Strukturanforderungen des Art. 23 Abs. 1 Satz 1 GG und damit insbesondere auch der Voraussetzung eines im Wesentlichen vergleichbaren Grundrechtsschutzniveaus genügen muss. Sollte dies nicht gewährleistet

---

[164] Vgl. auch *Sauer*, Jurisdiktionskonflikte in Mehrebenensystemen, 2008, S. 479, nach welchem in echten „Notfällen“ die Möglichkeit der Überprüfung der Verfassungsmäßigkeit des Zustimmungsgesetzes in Betracht kommt.

[165] So auch *Polzin*, Verfassungsidentität, 2018, S. 185.

sein, kommt eine direkte Feststellung einer Grundrechtsverletzung durch die Unionsstellen gleichwohl nicht in Betracht, da diese – infolge der fehlenden Bindung an die Grundrechte des Grundgesetzes (vgl. Art. 1 Abs. 3 GG) – die deutschen Grundrechte gar nicht verletzen können. In einem solchen Fall läge aber eine Verletzung der Struktursicherungsklausel des Art. 23 Abs. 1 Satz 1 GG vor. Die Möglichkeit einer Verletzung der Struktursicherungsklausel ist durch die gefestigte Grundrechtsrechtsprechung des Europäischen Gerichtshofs und die rechtsverbindliche Grundrechte-Charta (vgl. Art. 6 Abs. 1 Uabs. 1 EUV) ein sehr unwahrscheinliches Szenario.

Die praktische Bedeutung des Grundrechtsvorbehalts hat durch den erweiterten Kontrollzugriff des Bundesverfassungsgerichts, den der Erste Senat in zwei Entscheidungen im November 2019 begründet hat, weiter abgenommen. Indes kann die dort enthaltene Feststellung, dass das Bundesverfassungsgericht auch dazu ermächtigt ist, die Einhaltung der Charta-Grundrechte zu überprüfen, nicht überzeugen.

Auf die von *Piekenbrock* aufgeworfene Frage „Wie lange noch Solange?“[166] ist abschließend zu antworten: Das Bundesverfassungsgericht sollte in der nächsten Entscheidung, in der es sich mit unionsrechtlichen Fragestellungen beschäftigt, den Anspruch, Unionshandlungen anhand der Grundrechte des Grundgesetzes – und auch anhand der Grundrechte der Grundrechte-Charta – prüfen zu können, aufgeben und sich auf die Kontrolle der Strukturanforderung des Art. 23 Abs. 1 Satz 1 GG zur Wahrung eines im Wesentlichen vergleichbaren Grundrechtsstandards besinnen.

[166] *Piekenbrock*, Wie lange noch Solange?, GPR 2016, 53 (53).

Vierter Teil

Der Verfassungsidentitätsvorbehalt

Der Vierte Teil dieser Abhandlung betrifft die Residualkompetenz des Bundesverfassungsgerichts im Hinblick auf die Prüfung, ob Handlungen der unionalen Organe, Einrichtungen und sonstigen Stellen die Verfassungsidentität des Grundgesetzes nach Art. 23 Abs. 1 Satz 3 in Verbindung mit Art. 79 Abs. 3 GG verletzen. Von den Reservekompetenzen handelt es sich bei dem Verfassungsidentitätsvorbehalt um diejenige Auffangzuständigkeit, mit der sich das Bundesverfassungsgericht die größtmögliche Flexibilität hinsichtlich des Zugriffs auf das Unionsrecht gewährt. Ursprünglich berührt die Verfassungsidentitätskontrolle allerdings die – hier nicht näher behandelte – Frage nach der Zulässigkeit weiterer Hoheitsrechtsübertragungen auf supranationale Organisationen im Vorfeld einer völkerrechtlich verbindlichen Ratifikation. So setzte sich das Bundesverfassungsgericht in der Maastricht-Entscheidung und dem Lissabon-Urteil umfassend mit der Frage auseinander, ob die jeweiligen Zustimmungsgesetze, die die vertraglichen Grundlagen der Europäischen Union änderten, mit der deutschen Verfassungsidentität im Sinne des Art. 79 Abs. 3 GG vereinbar waren. Eine solche Kontrolle im Vorfeld der völkerrechtlich verbindlichen Ratifikation ist verfassungs- und unionsrechtlich unproblematisch möglich[1] und bleibt daher im Folgenden weitgehend unberücksichtigt. Interessant und untersuchenswert ist jedoch, ob das Konzept einer Verfassungsidentitätskontrolle nicht nur diese präventive Funktion hat, sondern auch nachträglich zur Kontrolle von Handlungen der Unionsstellen fruchtbar gemacht werden kann.[2]

---

[1] So auch *Schwerdtfeger*, Europäisches Unionsrecht in der Rechtsprechung des Bundesverfassungsgerichts – Grundrechts-, ultra-vires- und Identitätskontrolle im gewaltenteiligen Mehrebenensystem, EuR 2015, 290 (301). Fraglich ist diesbezüglich freilich, ob das Bundesverfassungsgericht in den bisherigen Entscheidungen die richtige Kontrolldichte an den Tag legte oder insbesondere durch die Aufzählung nicht übertragbarer Materien in BVerfGE 123, 267 (359) – Lissabon die Grenzen seiner Rechtsprechungsgewalt überschritt. Kritisch dazu beispielsweise *Polzin*, Verfassungsidentität, 2018, S. 164 ff. Siehe auch noch unten Vierter Teil B. II. (S. 228 ff.).

[2] Lesenswerte, grundsätzliche Kritik des Konzepts bei *C. Schönberger*, Identitäterä – Verfassungsidentität zwischen Widerstandsformel und Musealisierung des Grundgesetzes, JöR n. F. 63 (2015), 41 ff. (insb. S. 58): Das Konzept der Verfassungsidentität „entbehrt jeder Textgrundlage, blendet die für das Grundgesetz konstitutive europäische Dimension aus und sakralisiert den europapolitischen Status quo in einer Form, welche die Rechtsprechung ansonsten nur der Menschenwürde angedeihen lässt."

A. Hinführung und Begriffsklärung

Der Gesetzgeber ist bei der Übertragung von Hoheitsrechten nicht völlig ungebunden, sondern durch Art. 23 Abs. 1 Satz 3 GG beschränkt, wonach bei der Begründung der Europäischen Union sowie bei Änderungen ihrer vertraglichen Grundlagen und vergleichbaren Regelungen, durch die dieses Grundgesetz seinem Inhalt nach geändert oder ergänzt wird oder solche Änderungen oder Ergänzungen ermöglicht werden, Art. 79 Abs. 2 und 3 GG gelten. Art. 79 Abs. 2 GG nimmt dabei als formelle Voraussetzung die Zustimmung von zwei Dritteln der Mitglieder des Deutschen Bundestages und zwei Dritteln der Stimmen des Bundesrates in Bezug. Eine inhaltliche Beschränkung erfährt die Möglichkeit der Übertragung von Hoheitsrechten auf die Europäische Union sodann durch Art. 79 Abs. 3 GG: Das Zustimmungsgesetz im Sinne des Art. 23 Abs. 1 Satz 2 GG darf nicht die Gliederung des Bundes in Länder, die grundsätzliche Mitwirkung der Länder bei der Gesetzgebung oder die in den Artikeln 1 und 20 niedergelegten Grundsätze berühren. Die sogenannte Ewigkeitsgarantie des Art. 79 Abs. 3 GG, die sich dem Wortlaut nach allein an den verfassungsändernden Gesetzgeber richtet, ist somit jedenfalls durch den Verweis in Art. 23 Abs. 1 Satz 3 GG integrationsfest. Eine Änderung der europäischen Primärverträge infolge eines deutschen Zustimmungsgesetzes darf folglich nicht dazu führen, dass die durch Art. 79 Abs. 3 GG geschützten Grundsätze tangiert werden – eine Revision des Primärrechts darf mit anderen Worten nicht zur Folge haben, dass die deutsche „Verfassungsidentität“[3] als Oberbegriff[4] für die durch Art. 79 Abs. 3 GG geschützten Materien ausgehöhlt wird.

[3] Der Begriff der „Verfassungsidentität“ geht wohl auf *Carl Schmitt* und *Carl Bilfinger* zurück, die ihn im Zusammenhang mit der Weimarer Reichsverfassung erstmals erwähnten; siehe dazu sowie für eine umfassende Untersuchung des Konzepts der „Verfassungsidentität“ seit der Reichsverfassung von 1871: *Polzin*, Irrungen und Wirrungen um den Pouvoir constituant – Die Entwicklung des Konzepts der Verfassungsidentität im deutschen Verfassungsrecht seit 1871, Der Staat 53 (2014), 61 ff. und *dies.*, Verfassungsidentität, 2018, S. 9 ff. Das Bundesverfassungsgericht verwendete einen ähnlichen Begriff bereits in den Solange-Entscheidungen – eine textliche Anknüpfung an Art. 79 Abs. 3 GG erfolgte allerdings erst in der Entscheidung zum Vertrag von Lissabon (BVerfGE 123, 267 ff.) im Jahr 2009. Siehe dazu näher sogleich unten Vierter Teil B. (S. 227 ff.).

[4] In Übereinstimmung mit der Rechtsprechung des Bundesverfassungsgerichts und dem ganz herrschenden Verständnis im Schrifttum umfasst die Verfassungsidentitätsgarantie nur den Gewährleistungsbereich des Art. 79 Abs. 3 GG und geht hierüber nicht noch hinaus; Zweifel in Bezug auf das Verständnis der Rechtsprechung des Bundesverfassungsgerichts äußert hieran allerdings *Polzin*, Verfassungsidentität, 2018, S. 59 ff.

B. Entwicklungslinien in der bundesverfassungsgerichtlichen Rechtsprechung

Der Vorbehalt der Prüfung von Handlungen der Unionsstellen auf die Einhaltung der Verfassungsidentität gemäß Art. 23 Abs. 1 Satz 3 in Verbindung mit Art. 79 Abs. 3 GG ist der jüngste unter den drei vom Bundesverfassungsgericht in Anspruch genommenen Residualkompetenzen. Nach ersten Andeutungen in den Solange-Entscheidungen wurde er erst im Lissabon-Urteil aus dem Jahr 2009 geschaffen und im Dezember 2015 in einer Entscheidung in Bezug auf den Europäischen Haftbefehl sogar aktiviert.

I. Vorläufer in den Solange-Entscheidungen

Bereits in den Solange-Entscheidungen[5] aus den Jahren 1974 und 1986 finden sich erste vage Anhaltspunkte, die auf einen Verfassungsidentitätsvorbehalt hindeuteten. So war in der Solange I-Entscheidung davon die Rede, dass die damals für den europäischen Integrationsprozess herangezogene Ermächtigung des Art. 24 Abs. 1 GG nicht gestatte, „die Grundstruktur der Verfassung, auf der ihre *Identität* beruht, ohne Verfassungsänderung, nämlich durch die Gesetzgebung der zwischenstaatlichen Einrichtung zu ändern“[6]. Ähnlich und ein wenig konkreter hieß es sodann im Solange II-Beschluss:

> „Die Ermächtigung auf Grund des Art. 24 Abs. 1 GG ist indessen nicht ohne verfassungsrechtliche Grenzen. Die Vorschrift ermächtigt nicht dazu, im Wege der Einräumung von Hoheitsrechten für zwischenstaatliche Einrichtungen die *Identität* der geltenden Verfassungsordnung der Bundesrepublik Deutschland durch Einbruch in ihr Grundgefüge, in die sie konstituierenden Strukturen aufzugeben […]. Dies gilt namentlich für Rechtsetzungsakte der zwischenstaatlichen Einrichtung, die, gegebenenfalls zufolge entsprechender Auslegung oder Fortbildung des zugrundeliegenden Vertragsrechts, wesentliche Strukturen des Grundgesetzes aushöhlten. Ein unverzichtbares, zum Grundgefüge der geltenden Verfassung gehörendes Essentiale sind jedenfalls die Rechtsprinzipien, die dem Grundrechtsteil des Grundgesetzes zugrundeliegen […].“[7]

Der Begriff der „Verfassungsidentität“ oder verwandte Formulierungen wurden vom Bundesverfassungsgericht also schon länger verwendet.[8] Zu meinen, der Verfassungsidentitätsvorbehalt in seiner jetzigen Form wäre bereits in den Solange-Entscheidungen der Sache nach im Wesentlichen angelegt ge-

[5] Siehe zu den Solange-Beschlüssen ausführlich im Zusammenhang mit dem Grundrechtsvorbehalt schon oben Dritter Teil A. II. (S. 188 ff.) und Dritter Teil A. IV. (S. 193 ff.).
[6] BVerfGE 37, 271 (279) – Solange I (Hervorh. d. Verf.).
[7] BVerfGE 73, 339 (375 f.) – Solange II (Hervorh. d. Verf.).
[8] Vgl. *v. Bogdandy/Schill*, Die Achtung der nationalen Identität unter dem reformierten Unionsvertrag, ZaöRV 70 (2010), 701 (718).

wesen,[9] führte aber zu weit. Denn was das Bundesverfassungsgericht damals genau unter der „Identität der geltenden Verfassungsordnung" verstanden wissen wollte, blieb noch unklar. Es erfolgte kein Bezug auf die „Ewigkeitsgarantie" des Art. 79 Abs. 3 GG und als Konkretisierung für die Identität der Verfassung wurde insbesondere der – gesamte – Grundrechtsteil des Grundgesetzes genannt, was auf ein deutlich weiteres Verständnis als bei einem strikten Rekurs auf Art. 79 Abs. 3 GG, der nur auf die Grundsätze des Art. 1 GG verweist, hindeutete. Außerdem war – zumindest in der Solange I-Entscheidung – davon die Rede, dass zwar die Rechtsakte der zwischenstaatlichen Einrichtungen nicht die Grundstruktur der Verfassung aushebeln dürften; allerdings sei eine Verfassungsänderung möglich, was sich jedoch bei einer Verortung des Verfassungsidentitätsvorbehalts in Art. 79 Abs. 3 GG als „höherrangigem Verfassungsrecht"[10] verbietet.[11] Die „Verfassungsidentität" wurde in den Solange-Entscheidungen also noch wesentlich weiter als in der Lissabon-Entscheidung verstanden.[12]

II. Genese im Lissabon-Urteil

Im Urteil des Bundesverfassungsgerichts zur Verfassungsmäßigkeit des Vertrags von Lissabon vom 30. Juni 2009 entwickelte das Bundesverfassungsgericht dann seinen Verfassungsidentitätsvorbehalt im Hinblick auf die Prüfung abgeleiteten Unionsrechts. Das Bundesverfassungsgericht nahm dabei für sich die Kompetenz in Anspruch, in Bezug auf Handlungen der Unionsstellen zu prüfen, „ob der unantastbare Kerngehalt der Verfassungsidentität des Grundgesetzes nach Art. 23 Abs. 1 Satz 3 in Verbindung mit Art. 79 Abs. 3 GG gewahrt ist"[13]. Zur Begründung und Konkretisierung hieß es:

> „Die Ausübung dieser verfassungsrechtlich radizierten Prüfungskompetenz folgt dem Grundsatz der Europarechtsfreundlichkeit des Grundgesetzes, und sie widerspricht deshalb auch nicht dem Grundsatz der loyalen Zusammenarbeit (Art. 4 Abs. 3 EUV-Lissabon); anders können die von Art. 4 Abs. 2 Satz 1 EUV-Lissabon anerkannten grundlegenden politischen und verfassungsmäßigen Strukturen souveräner Mitgliedstaaten bei fortschreitender Integration nicht gewahrt werden. Insoweit gehen die verfassungs-

[9] So *Thiele*, Die Integrationsidentität des Art. 23 Abs. 1 GG als (einzige) Grenze des Vorrangs des Europarechts, EuR 2017, 367 (367 mit Fn. 2). In diese Richtung wohl auch *Wischmeyer*, Nationale Identität und Verfassungsidentität, AöR 140 (2015), 415 (435).

[10] Vgl. dazu *Dreier*, in: ders., GG Band II, 3. Aufl. 2015, Art. 79 III Rn. 14; *Kment*, in: Jarass/Pieroth, GG, 16. Aufl. 2020, Art. 79 Rn. 8.

[11] Siehe dazu auch *Schwerdtfeger*, Europäisches Unionsrecht in der Rechtsprechung des Bundesverfassungsgerichts – Grundrechts-, ultra-vires- und Identitätskontrolle im gewaltenteiligen Mehrebenensystem, EuR 2015, 290 (297 f.).

[12] So auch *Schwerdtfeger*, Europäisches Unionsrecht in der Rechtsprechung des Bundesverfassungsgerichts – Grundrechts-, ultra-vires- und Identitätskontrolle im gewaltenteiligen Mehrebenensystem, EuR 2015, 290 (297).

[13] BVerfGE 123, 267 (354) – Lissabon.

und die unionsrechtliche Gewährleistung der nationalen Verfassungsidentität im europäischen Rechtsraum Hand in Hand. Die Identitätskontrolle ermöglicht die Prüfung, ob infolge des Handelns europäischer Organe die in Art. 79 Abs. 3 GG für unantastbar erklärten Grundsätze der Art. 1 und 20 GG verletzt werden. Damit wird sichergestellt, dass der Anwendungsvorrang des Unionsrechts nur kraft und im Rahmen der fortbestehenden verfassungsrechtlichen Ermächtigung gilt."[14]

Zum Schutz der Unionsrechtsordnung und unter Heranziehung des in Art. 100 Abs. 1 GG zum Ausdruck kommenden Rechtsgedankens beanspruchte das Bundesverfassungsgericht für die Feststellung, ob eine Verfassungsidentitätsverletzung vorliegt, auch eine Monopolstellung gegenüber den Fachgerichten und sonstigen staatlichen Stellen.[15]

Das Bundesverfassungsgericht verankerte in der Lissabon-Entscheidung also seinen Verfassungsidentitätsvorbehalt verfassungstextlich ausdrücklich in der integrationsfesten „Ewigkeitsgarantie" des Art. 23 Abs. 1 Satz 3 in Verbindung mit Art. 79 Abs. 3 GG. Das Handeln der unionalen Organe, Einrichtungen und sonstigen Stellen muss sich in diesem Rahmen halten, darf also insbesondere nicht die Grundsätze der Art. 1 und 20 GG verletzen. Das grobe Konzept einer Verfassungsidentitätskontrolle war damit umrissen – wann allerdings eine Verletzung der Grundsätze der Art. 1 und 20 GG vorliegen könnte und was überhaupt diese „Grundsätze" der Art. 1 und 20 GG sind, blieb an dieser Stelle noch ziemlich konturenlos. Entgegen mancher Urteilsanmerkung, die auch aus diesem Grund dem Verfassungsidentitätsvorbehalt keine große Bedeutung zusprechen wollte,[16] hat sich das Bundesverfassungsgericht im Lissabon-Urteil eine weitgehende und recht offen gehaltene Residualkompetenz geschaffen, die ihm einen flexiblen Zugriff auf das Unionsrecht erlaubt.

Art. 79 Abs. 3 GG spielte im weiteren Verlauf der Entscheidung insofern noch eine bedeutende Rolle, als das Bundesverfassungsgericht vor allem aus dem Demokratieprinzip einige Sachbereiche ableitete, die einer supranationalen Hoheitsausübung auf Unionsebene im Weg stünden.[17] Diese Urteilspassage

---

[14] BVerfGE 123, 267 (354) – Lissabon.

[15] Vgl. BVerfGE 123, 267 (354) – Lissabon.

[16] Siehe insbesondere *Bergmann/Karpenstein*, Identitäts- und Ultra-vires-Kontrolle durch das Bundesverfassungsgericht – Zur Notwendigkeit einer gesetzlichen Vorlageverpflichtung, ZEuS 2009, 529 (533): „Ein gründliches Missverständnis der Identitätskontrolle wäre es also, wenn einzelne Rechtsakte und Urteile der Unionsorgane, weil ihnen zum Beispiel die Ermächtigungsgrundlage fehlt oder sie gegen den – ebenfalls aus dem Rechtsstaatspostulat gewonnen – Verhältnismäßigkeitsgrundsatz verstoßen, als in Deutschland ‚unanwendbar' qualifiziert würden. Vor diesem Hintergrund erscheint es wenig wahrscheinlich, dass die Inanspruchnahme von Zuständigkeiten durch die Europäische Union eines Tages den unantastbaren Kerngehalt der Verfassungsidentität des Grundgesetzes nach Art. 23 Abs. 1 Satz 3 in Verbindung mit Art. 79 Abs. 3 GG verletzen könnte."

[17] Dies betrifft das materielle und formelle Strafrecht, das polizeiliche und militärische Gewaltmonopol, die fiskalischen Grundentscheidungen über öffentliche Einnahmen und Ausgaben, die sozialstaatliche Gestaltung der Lebensverhältnisse sowie kulturell bedeutsame Ent-

bezieht sich jedoch auf die Zulässigkeit künftiger Übertragungen von Zuständigkeiten auf die Europäische Union und nicht auf die nachträgliche verfassungsgerichtliche Kontrolle der Handlungen von Unionsstellen, sodass diese Aussagen des Bundesverfassungsgerichts an dieser Stelle nicht weiter vertieft werden sollen.[18]

III. Bestätigung in Entscheidungen des Ersten Senats

Beiläufig genannt und nicht weiter konkretisiert wurde die Verfassungsidentitätsprüfung in einem Urteil des Ersten Senats aus dem Jahr 2010 zur Vorratsdatenspeicherung.[19] Ein gutes Jahr später war es wiederum der – mit den Residualkompetenzen primär nicht so häufig befasste – Erste Senat, der in einem Beschluss zur Anwendungserweiterung des Art. 19 Abs. 3 GG in Bezug auf juristische Personen aus dem EU-Ausland an die Vorbehalte des Bundesverfassungsgerichts und insbesondere auch an die Verfassungsidentitätskontrolle erinnerte:

„Die dem Bundesverfassungsgericht aufgegebene Kontrolle des europäischen Rechts auf Einhaltung der Identität der nationalen Verfassung, auf Einhaltung der nach dem System der begrenzten Einzelermächtigung überlassenen Kompetenzen und der Gewährleistung eines im Wesentlichen dem deutschen Grundrechtsschutz gleichkommenden Schutzniveaus bleibt erhalten. Die Identität der Verfassung (vgl. BVerfGE 123, 267 [354, 398 ff.]; 126, 286 [302 f.]) wird durch die Erweiterung der Anwendung des Art. 19 Abs. 3 GG offensichtlich nicht berührt."[20]

Polzin gibt diesbezüglich zu bedenken, dass der Erste Senat im Unterschied zur Rechtsprechung des Zweiten Senats den Verfassungsidentitätsvorbehalt nicht ausdrücklich in Verbindung mit der normativen Bestimmung des Art. 79 Abs. 3 GG brachte, was ihrer Meinung nach auf ein möglicherweise weiter gehendes Verständnis des Ersten Senats von der „Verfassungsidentität" hindeuten könnte.[21] Allerdings lag in den soeben angesprochenen Entscheidungen ein Verfassungsidentitätsverstoß fern und vor allem wurde in diesen Entscheidungen auf die Rechtsprechung des Zweiten Senats – insbesondere auf das Lissabon-Ur-

---

scheidungen über das Familienrecht, das Bildungswesen oder den Umgang mit religiösen Gemeinschaften; vgl. BVerfGE 123, 267 (359) – Lissabon.

[18] Siehe dazu mit überwiegend berechtigter Kritik *Simon*, Grenzen des Bundesverfassungsgerichts im europäischen Integrationsprozess, 2016, S. 128 ff.

[19] Vgl. BVerfGE 125, 260 (324) – Vorratsdatenspeicherung: „Dass die Freiheitswahrnehmung der Bürger nicht total erfasst und registriert werden darf, gehört zur verfassungsrechtlichen Identität der Bundesrepublik Deutschland (vgl. zum grundgesetzlichen Identitätsvorbehalt BVerfGE 123, 267 [353 f.]), für deren Wahrung sich die Bundesrepublik in europäischen und internationalen Zusammenhängen einsetzen muss. Durch eine vorsorgliche Speicherung der Telekommunikationsverkehrsdaten wird der Spielraum für weitere anlasslose Datensammlungen auch über den Weg der Europäischen Union erheblich geringer."

[20] BVerfGE 129, 78 (100) – Le Corbusier.

[21] *Polzin*, Verfassungsidentität, 2018, S. 59 ff.

teil – verwiesen, sodass von einer Kontinuität der Rechtsprechung zwischen dem Ersten und dem Zweiten Senat auszugehen ist.

IV. Prüfung einer Verfassungsidentitätsverletzung im OMT-Verfahren

Zum ersten Mal virulent, also über bloße obiter dicta hinausgehend, wurde der Verfassungsidentitätsvorbehalt im Hinblick auf abgeleitetes Unionsrecht im OMT-Vorlagebeschluss aus dem Jahr 2014 sowie dem sich hieran anschließenden OMT-Urteil aus dem Jahr 2016. Primär ging es in diesem Verfahren in Bezug auf das angekündigte OMT-Programm des Rates der Europäischen Zentralbank, mithilfe dessen ein Ankauf von Staatsanleihen in unbegrenzter Höhe beabsichtigt war, um einen potenziellen ultra-vires-Akt, sodass auf das Verfahren bereits umfassend im Zweiten Teil eingegangen wurde.[22] Doch finden sich im Vorlagebeschluss an den Europäischen Gerichtshof sowie im späteren Urteil auch Aussagen zur Verfassungsidentität – so hieß es im OMT-Vorlagebeschluss sehr deutlich:

„Hat die Maßnahme eines Organs oder einer sonstigen Stelle der Europäischen Union Auswirkungen, die die durch Art. 79 Abs. 3 GG geschützte Verfassungsidentität berühren, so ist sie in Deutschland von vornherein *unanwendbar*. Auf einer primärrechtlichen Grundlage kann eine derartige Maßnahme nicht beruhen, weil auch der mit der Mehrheit des Art. 23 Abs. 1 Satz 3 GG in Verbindung mit Art. 79 Abs. 2 GG entscheidende Integrationsgesetzgeber der Europäischen Union keine Hoheitsrechte übertragen darf, mit deren Inanspruchnahme eine Berührung der von Art. 79 Abs. 3 GG geschützten Verfassungsidentität einherginge. [...] Ob die durch Art. 79 Abs. 3 GG für unantastbar erklärten Grundsätze durch eine Maßnahme der Europäischen Union berührt sind, prüft das Bundesverfassungsgericht im Rahmen der Identitätskontrolle [...]. Dabei legt es seiner Prüfung die Auslegung der Maßnahme zugrunde, die in einem Vorabentscheidungsverfahren gemäß Art. 267 Abs. 2 und 3 AEUV durch den Gerichtshof vorgegeben wird. Im Rahmen des bestehenden Kooperationsverhältnisses obliegt dem Gerichtshof die Auslegung der Maßnahme. Dem Bundesverfassungsgericht obliegt demgegenüber die Feststellung des unantastbaren Kernbestandes der Verfassungsidentität und die Prüfung, ob die Maßnahme (in der vom Gerichtshof festgestellten Auslegung) in diesen Kernbestand eingreift."[23]

Zu dem durch Art. 79 Abs. 3 GG in seinen wesentlichen Grundsätzen geschützten Demokratieprinzip zählten nach Einschätzung des Bundesverfassungsgerichts insbesondere das Budgetrecht und die haushaltspolitische Gesamtverantwortung des Deutschen Bundestages, welche durch das beschlossene OMT-Programm des Rates der Europäischen Zentralbank nicht unterlaufen werden dürften.[24] Die integrationsfeste Ewigkeitsgarantie des Art. 79 Abs. 3 GG sei – im Gegensatz zur Achtung der nationalen Identität auf Unionsebene in

[22] Siehe dazu oben Zweiter Teil B. VIII. (S. 56 ff.).
[23] BVerfGE 134, 366 (384 f. Rn. 27) – OMT-Vorlagebeschluss (Hervorh. d. Verf.).
[24] BVerfGE 134, 366 (385 f. Rn. 28) – OMT-Vorlagebeschluss.

Art. 4 Abs. 2 Satz 1 EUV – nicht abwägungsfähig oder relativierbar.[25] Aus unionsrechtlicher Perspektive besonders bedrohlich erschienen die Äußerungen, die die Senatsmehrheit[26] am Ende des Vorlagebeschlusses machte:

„Ob das durch Art. 20 Abs. 1 und Abs. 2 in Verbindung mit Art. 79 Abs. 3 GG geschützte Budgetrecht des Deutschen Bundestages und dessen haushaltspolitische Gesamtverantwortung durch den OMT-Beschluss oder seine Umsetzung im Hinblick auf mögliche Verluste der Bundesbank berührt werden können, ist derzeit nicht sicher absehbar. Eine Verletzung der Verfassungsidentität des Grundgesetzes durch den OMT-Beschluss käme in Betracht, wenn hierdurch ein Mechanismus begründet würde, der auf eine Haftungsübernahme für Willensentscheidungen Dritter mit schwerkalkulierbaren [sic] Folgewirkungen hinausliefe [...], so dass aufgrund dieses Mechanismus der Deutsche Bundestag nicht ‚Herr seiner Beschlüsse' bliebe und sein Budgetrecht nicht mehr in eigener Verantwortung ausüben könnte [...]. Gegebenenfalls hätte der Senat dies auf der Grundlage der Auslegung des OMT-Beschlusses durch den Gerichtshof ohne erneute Vorlage zu prüfen und die Unanwendbarkeit entsprechender Umsetzungsmaßnahmen für den Geltungsbereich des Grundgesetzes festzustellen, weil die Identitätskontrolle keine Prüfung am Maßstab des Unionsrechts, sondern ausschließlich am Maßstab des deutschen Verfassungsrechts darstellt."[27]

Nach der Auslegung des OMT-Programms und der Bejahung von dessen Primärrechtskonformität durch den Europäischen Gerichtshof[28] konnte das Bundesverfassungsgericht im OMT-Urteil indes keine Verfassungsidentitätsverletzung feststellen, weil nicht absehbar war, ob sich die dem OMT-Programm inhärenten Risiken überhaupt verwirklichen würden.[29]

V. Aktivierung in der Entscheidung zum Europäischen Haftbefehl

Für besonderes Aufsehen sorgte der Beschluss des Zweiten Senats des Bundesverfassungsgerichts vom 15. Dezember 2015, in welchem eine Verfassungsidentitätskontrolle durchgeführt und ein Verstoß gegen Art. 23 Abs. 1 Satz 3 in Verbindung mit Art. 79 Abs. 3 GG und Art. 1 Abs. 1 GG festgestellt wurde.[30]

---

[25] BVerfGE 134, 366 (386 f. Rn. 29) – OMT-Vorlagebeschluss. Im Lissabon-Urteil bemühte sich das Bundesverfassungsgericht hingegen noch, eine weitgehende Übereinstimmung zwischen Art. 4 Abs. 2 Satz 1 EUV und Art. 23 Abs. 1 Satz 3 in Verbindung mit Art. 79 Abs. 3 GG herzustellen – vgl. BVerfGE 123, 267 (354): „Insoweit gehen die verfassungs- und die unionsrechtliche Gewährleistung der nationalen Verfassungsidentität im europäischen Rechtsraum Hand in Hand."

[26] Die Entscheidung ist mit 6:2 Stimmen ergangen.

[27] BVerfGE 134, 366 (418 f. Rn. 102 f.) – OMT-Vorlagebeschluss.

[28] EuGH, Urt. v. 16.06.2015, Rs. C-62/14, ECLI:EU:C:2015:400 – Gauweiler. Siehe dazu bereits näher oben Zweiter Teil B. VIII. 2. (S. 63 ff.).

[29] Vgl. BVerfGE 142, 123 (230 ff. Rn. 210 ff.) – OMT-Urteil.

[30] BVerfGE 140, 317 ff. – Europäischer Haftbefehl II. Urteilsanmerkungen zu diesem Beschluss finden sich u. a. bei *Bender*, Entscheidungsanmerkung zu BVerfG, Beschluss v. 15.12.2015 – 2 BvR 2735/14, ZJS 2016, 260 ff.; *Burchardt*, Die Ausübung der Identitätskontrolle durch das Bundesverfassungsgericht, ZaöRV 76 (2016), 527 ff.; *Classen*, Zu wenig, zu

1. Sachverhalt

Der Beschwerdeführer mit Staatsangehörigkeit der Vereinigten Staaten von Amerika wandte sich gegen einen Beschluss des Oberlandesgerichts Düsseldorf[31], in welchem aufgrund eines Europäischen Haftbefehls seine Auslieferung an die Italienische Republik für zulässig erklärt wurde. Im Jahr 1992 wurde der Beschwerdeführer in Italien in Abwesenheit wegen Mitgliedschaft in einer kriminellen Vereinigung sowie der Einfuhr und des Besitzes von Kokain zu einer Freiheitsstrafe von 30 Jahren verurteilt und aufgrund des Europäischen Haftbefehls 2014 in Deutschland festgenommen. Nach dem Rahmenbeschluss zum Europäischen Haftbefehl kann die Auslieferung bei einer Abwesenheitsverurteilung verweigert werden, wenn der verurteilten Person im ersuchenden Staat kein Recht auf Wiederaufnahme des Verfahrens oder ein Berufungsverfahren eingeräumt wird, in welchen es zu einer erneuten Prüfung des Sachverhalts kommt.[32] Auch das in Umsetzung des Rahmenbeschlusses erlassene deutsche Gesetz über die internationale Rechtshilfe in Strafsachen (IRG) verbot eine Auslieferung, wenn der in Abwesenheit Verurteilte kein Recht auf ein neues Gerichtsverfahren hatte, in dem der erhobene Vorwurf umfassend überprüft werde.[33] Im Kern ging es sodann in der gerichtlichen Auseinandersetzung

---

fundamentalistisch – zur grundrechtlichen Kontrolle „unionsrechtlich determinierter" nationaler Hoheitsakte, EuR 2016, 304 ff.; *Eßlinger/Herzmann*, Die verfassungsgerichtliche Identitätskontrolle und ihre Konkretisierung durch die Entscheidung 2 BvR 2735/14 – „Identitätskontrolle I" als Vorbote von „Solange III"?, Jura 2016, 852 (857 ff.); *Kühne*, Anmerkung zu BVerfG, Beschluss v. 15.12.2015 – 2 BvR 2735/14, StV 2016, 299 ff.; *Rung*, Grundrechtsschutz zwischen Verfassungsidentität und der Melloni-Rechtsprechung des EuGH, EWS 2016, 145 ff.; *Sachs*, Grundrechte: Identitätskontrolle bei Anwendung von Unionsrecht, JuS 2016, 373 ff.; *Sauer*, „Solange" geht in Altersteilzeit – Der unbedingte Vorrang der Menschenwürde vor dem Unionsrecht, NJW 2016, 1134 ff.; *C. Schönberger*, Anmerkung zu BVerfG, Beschluss v. 15.12.2015 – 2 BvR 2735/14, JZ 2016, 422 ff.

31 OLG Düsseldorf, Beschluss v. 07.11.2014, Az.: III-3 Ausl 108/14, abrufbar unter: http://www.justiz.nrw.de/nrwe/olgs/duesseldorf/j2014/III_3_Ausl_108_14_Beschluss_20141107.html.

32 Art. 4a Abs. 1 lit. d) i) des Rahmenbeschlusses des Rates vom 13.06.2002 über den Europäischen Haftbefehl und die Übergabeverfahren zwischen den Mitgliedstaaten (2002/584/JI), Abl. 2002 Nr. L 190, S. 1, zuletzt geändert durch Art. 2 ÄndRB 2009/299/EG vom 26.02.2009, Abl. 2009 Nr. L 81, S. 24 lautet: „Die vollstreckende Justizbehörde kann die Vollstreckung eines zur Vollstreckung einer Freiheitsstrafe […] ausgestellten Europäischen Haftbefehls auch verweigern, wenn die Person nicht persönlich zu der Verhandlung erschienen ist, die zu der Entscheidung geführt hat, es sei denn, aus dem Europäischen Haftbefehl geht hervor, dass die Person im Einklang mit den weiteren verfahrensrechtlichen Vorschriften des einzelstaatlichen Rechts des Ausstellungsmitgliedstaats […] die Entscheidung nicht persönlich zugestellt erhalten hat, aber sie unverzüglich nach der Übergabe persönlich zugestellt erhalten wird und ausdrücklich von ihrem Recht auf Wiederaufnahme des Verfahrens oder auf ein Berufungsverfahren in Kenntnis gesetzt werden wird, an dem die Person teilnehmen kann und bei dem der Sachverhalt, einschließlich neuer Beweismittel, erneut geprüft werden und die ursprünglich ergangene Entscheidung aufgehoben werden kann […]."

33 § 83 Nr. 3 IRG i. d. F. v. 20.07.2006 (BGBl. I, S. 1721 [1723]) lautete: „Die Auslieferung ist nicht zulässig, wenn […] bei Ersuchen zur Vollstreckung das dem Ersuchen zugrunde

um die Frage, ob das italienische Strafprozessrecht dem verurteilten US-Amerikaner hinreichende Garantien für eine erneute Aufnahme des gerichtlichen Verfahrens einräumte, mithilfe dessen der Tatvorwurf umfassend in tatsächlicher und rechtlicher Hinsicht noch einmal hätte überprüft werden können. Das Oberlandesgericht Düsseldorf bejahte diese Frage und ging – auch nach Ergänzungen der Generalstaatsanwaltschaft Florenz – davon aus, dass dem Verurteilten nach seiner Überstellung in die Italienische Republik ein Recht auf ein neues Gerichtsverfahren zustehe, in welchem eine umfassende Prüfung der gegen ihn erhobenen Vorwürfe möglich wäre.[34]

2. *Grundlegende Ausführungen zum Verfassungsidentitätsvorbehalt*

Zu Beginn der Begründetheit referierte das Bundesverfassungsgericht sein Verständnis vom Verhältnis des Unionsrechts zum nationalen Verfassungsrecht: Handlungen der unionalen Stellen und unionsrechtlich determinierte Rechtsakte der deutschen Staatsorgane seien wegen des Anwendungsvorrangs des Unionsrechts grundsätzlich nicht an den Verbürgungen des Grundgesetzes zu messen – dieser Anwendungsvorrang finde aber seine Grenze im integrationsfesten Ewigkeitskern der Verfassung nach Art. 23 Abs. 1 Satz 3 in Verbindung mit Art. 79 Abs. 3 GG.[35] Griffen Handlungen der unionalen Organe, Einrichtun-

liegende Urteil in Abwesenheit des Verfolgten ergangen ist und der Verfolgte zu dem Termin nicht persönlich geladen oder nicht auf andere Weise von dem Termin, der zu dem Abwesenheitsurteil geführt hat, unterrichtet worden war, es sei denn, dass der Verfolgte in Kenntnis des gegen ihn gerichteten Verfahrens, an dem ein Verteidiger beteiligt war, eine persönliche Ladung durch Flucht verhindert hat oder ihm nach seiner Überstellung das Recht auf ein neues Gerichtsverfahren, in dem der gegen ihn erhobene Vorwurf umfassend überprüft wird, und auf Anwesenheit bei der Gerichtsverhandlung eingeräumt wird […].“

[34] OLG Düsseldorf, Beschluss v. 07.11.2014, Az.: III-3 Ausl 108/14, Rn. 21, abrufbar unter: http://www.justiz.nrw.de/nrwe/olgs/duesseldorf/j2014/III_3_Ausl_108_14_Beschluss_20141107.html. Vgl. auch ebd., Rn. 25: „Offen bleiben kann, ob diese [umfassende Überprüfung des Abwesenheitsurteils] im Rahmen einer Berufungshauptverhandlung oder in einem neuen erstinstanzlichen Verfahren stattfindet. Es ist schon in erheblichem Maße fraglich, ob der Einwand des Verfolgten, das Berufungsverfahren nach italienischem Recht biete keine umfassende Überprüfung im Sinne des § 83 Nr. 3 IRG, vom Grundsatz her überhaupt durchgreifen kann. Selbst wenn – wie von dem Verfolgten vorgetragen – im Rahmen des italienischen Berufungsverfahrens (appello, Art. 593 ff. CPP) in der Hauptverhandlung im Regelfall keine erneute Beweisaufnahme stattfindet, so handelt es sich dennoch um ein Rechtsmittel, mit dem sowohl die Tat- als auch die Rechtsfrage der erneuten Prüfung unterworfen werden […]. Daraus ergibt sich, dass in der Sache eine umfassende tatsächliche und rechtliche Überprüfung des Abwesenheitsurteils stattfindet, im Rahmen derer eine erneute Beweisaufnahme jedenfalls nicht ausgeschlossen ist. Ein solches Verfahren genügt dem Maßstab des § 83 Nr. 3 IRG.“

[35] BVerfGE 140, 317 (334 Rn. 36) – Europäischer Haftbefehl II. Die numerische Bezeichnung im Hinblick auf den Entscheidungsnamen geht darauf zurück, dass das Bundesverfassungsgericht bereits im Jahr 2005 (BVerfGE 113, 273 ff.) eine Entscheidung in Bezug auf den Rahmenbeschluss zum Europäischen Haftbefehl traf – hierbei wurde die Verfassungswidrigkeit des deutschen Umsetzungsgesetzes wegen eines Verstoßes gegen Art. 16 Abs. 2 GG festgestellt. Andere bezeichnen den Beschluss als „Solange III“ (so *Burchardt*, Die Ausübung der Identitätskontrolle durch das Bundesverfassungsgericht, ZaöRV 76 [2016], 527 [543]) oder

gen und sonstigen Stellen der Europäischen Union in diese absolut geschützte Verfassungsidentität ein, so seien die verfassungsrechtlichen Grenzen offener Staatlichkeit überschritten.[36] Da die Prüfung einer möglichen Verfassungsidentitätsverletzung zu einer partiellen Unanwendbarkeit von Unionsrecht in der Bundesrepublik Deutschland führen könnte, bestätigte das Bundesverfassungsgericht unter Beachtung der Rechtsgedanken in Art. 100 Abs. 1 und Abs. 2 GG sein Entscheidungsmonopol aus der Lissabon-Entscheidung.[37] Zur Rechtfertigung der Verfassungsidentitätskontrolle hieß es im Anschluss:

„Die Identitätskontrolle verstößt nicht gegen den Grundsatz der loyalen Zusammenarbeit im Sinne von Art. 4 Abs. 3 EUV. Sie ist vielmehr in Art. 4 Abs. 2 Satz 1 EUV angelegt […] und entspricht insoweit auch den besonderen Gegebenheiten der Europäischen Union. Die Europäische Union ist ein Staaten-, Verfassungs-, Verwaltungs- und Rechtsprechungsverbund, der seine Grundlagen letztlich in völkerrechtlichen Verträgen der Mitgliedstaaten findet. Als Herren der Verträge entscheiden diese durch nationale Geltungsanordnungen darüber, ob und inwieweit das Unionsrecht im jeweiligen Mitgliedstaat Geltung und Vorrang beanspruchen kann […]. Es bedeutet daher keinen Widerspruch zur Europarechtsfreundlichkeit des Grundgesetzes (Präambel, Art. 23 Abs. 1 Satz 1 GG), wenn das Bundesverfassungsgericht unter eng begrenzten Voraussetzungen die Maßnahme eines Organs oder einer Stelle der Europäischen Union für in Deutschland ausnahmsweise nicht anwendbar erklärt […]. Eine substantielle Gefahr für die einheitliche Anwendung des Unionsrechts ergibt sich daraus nicht. Zum einen wird gerade im Hinblick auf die hier in Rede stehenden Grundsätze des Art. 1 GG eine Verletzung schon deshalb nur selten vorkommen, weil Art. 6 EUV, die Charta der Grundrechte und die Rechtsprechung des Gerichtshofs der Europäischen Union in der Regel einen wirksamen Schutz der Grundrechte gegenüber Maßnahmen von Organen, Einrichtungen und sonstigen Stellen der Europäischen Union gewährleisten […]. Zum anderen sind die dem Bundesverfassungsgericht vorbehaltenen Kontrollbefugnisse zurückhaltend und europarechtsfreundlich auszuüben […].“[38]

Darüber hinaus solle sich die Vereinbarkeit des bundesverfassungsgerichtlichen Verfassungsidentitätskontrollkonzepts mit dem Unionsrecht daraus ergeben, dass auch andere Mitgliedstaaten „Vorkehrungen zum Schutz der Verfassungsidentität“ getroffen haben.[39] Daneben hob das Bundesverfassungs-

„Solange II,5“ (so *Edenharter*, Grundrechtsschutz in föderalen Mehrebenensystemen, 2018, S. 106 f.).

[36] BVerfGE 140, 317 (336 Rn. 42) – Europäischer Haftbefehl II.

[37] BVerfGE 140, 317 (337 Rn. 43) – Europäischer Haftbefehl II. Vgl. zuvor BVerfGE 123, 267 (354) – Lissabon.

[38] BVerfGE 140, 317 (337 ff. Rn. 44 ff.) – Europäischer Haftbefehl II.

[39] BVerfGE 140, 317 (339 ff. Rn. 47) – Europäischer Haftbefehl II. *Satzger*, Grund- und menschenrechtliche Grenzen für die Vollstreckung eines Europäischen Haftbefehls? – „Verfassungsgerichtliche Identitätskontrolle“ vs. Vollstreckungsaufschub bei „außergewöhnlichen Umständen“ nach dem EuGH, NStZ 2016, 514 (517) bezeichnet dies als „Versuch einer rechtsvergleichenden Absicherung“. Zur Frage, ob in anderen Mitgliedstaaten der Europäischen Union ebenfalls ähnliche Identitätsvorbehalte gegenüber Handlungen der Unionsstellen bestehen, siehe noch unten Vierter Teil F. (S. 280 ff.).

gericht hervor, dass die europarechtsfreundliche Ausübung des Verfassungsidentitätsvorbehalts insbesondere fordere, dass vor der Feststellung einer Verfassungsidentitätsverletzung grundsätzlich eine Vorlage an den Europäischen Gerichtshof mithilfe des Vorabentscheidungsverfahrens gemäß Art. 267 AEUV erfolgen müsse.[40]

Nachdem das Bundesverfassungsgericht im Anschluss herausgearbeitet hat, dass der Grundsatz „nulla poena sine culpa" einen wesentlichen Ausfluss der Verfassungsidentität des Grundgesetzes nach Art. 79 Abs. 3 in Verbindung mit Art. 1 Abs. 1 GG darstelle,[41] hieß es am Ende dieses Abschnitts in einer zentralen Aussage, die zugleich den ersten Leitsatz der Entscheidung darstellt:

> „Vor diesem Hintergrund gewährleistet das Bundesverfassungsgericht im Wege der Identitätskontrolle den gemäß Art. 23 Abs. 1 Satz 3 in Verbindung mit Art. 79 Abs. 3 und Art. 1 Abs. 1 GG unabdingbar gebotenen Grundrechtsschutz *uneingeschränkt und im Einzelfall*."[42]

Schon nach der „Geburt" des Verfassungsidentitätsvorbehalts in der Lissabon-Entscheidung[43] wurde spekuliert,[44] ob das Bundesverfassungsgericht infolgedessen von seiner Maßgabe in der Solange II- und Bananenmarktentscheidung abrücken würde, wonach Unionshandlungen *generell* nicht mehr am Maßstab der deutschen Grundrechte gemessen werden, solange auf Unionsebene ein dem Grundgesetz adäquater Grundrechtschutz gewährleistet wird.[45] Nun brachte es also gegen eine einzelne Handlung der Unionsstellen die Menschenwürdegarantie aus Art. 1 Abs. 1 GG in Stellung, die stets und absolut in jedem Einzelfall durch das Bundesverfassungsgericht geschützt werden solle.

---

[40] BVerfGE 140, 317 (339 Rn. 46) – Europäischer Haftbefehl II.

[41] BVerfGE 140, 317 (341 Rn. 48 f.) – Europäischer Haftbefehl II. Dies wird auch noch einmal auf den Seiten 342 ff. (Rn. 52 ff.) vertieft. Siehe insb. S. 347 (Rn. 61): „Soll der Verfolgte im ersuchenden Staat nicht zum bloßen Objekt eines ihn betreffenden staatlichen Verfahrens gemacht werden, muss er die Möglichkeit haben, auf das Verfahren einzuwirken, sich persönlich zu den gegen ihn erhobenen Vorwürfen zu äußern, entlastende Umstände vorzutragen sowie deren Nachprüfung und gegebenenfalls auch Berücksichtigung zu erreichen." Schon im Lissabon-Urteil (BVerfGE 123, 267 [413]) hatte das Bundesverfassungsgericht den Grundsatz, dass jede Strafe Schuld voraussetze, in der integrationsfesten Verfassungsidentität des Art. 79 Abs. 3 i. V.m. Art. 1 Abs. 1 GG verortet.

[42] BVerfGE 140, 317 (341 Rn. 49) – Europäischer Haftbefehl II (Hervorh. d. Verf.).

[43] Siehe dazu oben Vierter Teil B. II. (S. 228 ff.).

[44] Siehe *Sauer*, Staatsrecht III, 3. Aufl. 2015, § 9 Rn. 45 (Voraufl.): „Jedenfalls theoretisch eröffnet die Identitätskontrolle auch wieder die Möglichkeit einer eingeschränkten, d. h. auf den Menschenwürdekern von Grundrechten bezogenen Grundrechtskontrolle von Europarecht, und zwar ohne Eingreifen des Solange-Vorbehalts."

[45] Zur sog. Solange-Rechtsprechung des Bundesverfassungsgerichts siehe umfassend oben den Dritten Teil (S. 185 ff.).

3. *Subsumtion auf den Ausgangssachverhalt*

Nach diesen allgemeinen, in ihrer Bedeutung jedoch kaum zu unterschätzenden, Ausführungen prüfte das Bundesverfassungsgericht, ob im Ausgangsfall das Oberlandesgericht Düsseldorf die deutsche Verfassungsidentität dadurch verletzt hatte, dass es dem Auslieferungsersuchen der Italienischen Republik nachkam; mit anderen Worten, ob in dem Auslieferungsbeschluss also möglicherweise ein Verstoß gegen das aus der Würde des Menschen gemäß Art. 1 Abs. 1 GG entspringende Verbot, dass jede Strafe Schuld voraussetze, lag. Damit der verfassungsrechtliche Schuldgrundsatz verwirklicht werden könne, müsse – so das Bundesverfassungsgericht – zum einen die Ermittlung des wahren Sachverhalts sichergestellt sein und zum anderen bedürfe es für eine angemessene Strafe der Auseinandersetzung mit der Täterpersönlichkeit, sodass auch eine persönliche Anwesenheit notwendig sei.[46]

Das Bundesverfassungsgericht gab im weiteren Verlauf der Entscheidung die Rechtsprechung des Europäischen Gerichtshofs in der Rechtssache Melloni[47] wieder, wonach die Auslieferung eines in Abwesenheit Verurteilten im Falle des Art. 4a Abs. 1 lit. b des Rahmenbeschlusses nicht davon abhängig gemacht werden dürfe, dass der Urteilsspruch im ersuchenden Mitgliedsstaat überprüft werden könne.[48] Das Bundesverfassungsgericht verpflichtete deutsche Behörden jedoch dazu, bei Auslieferungen zur Vollstreckung eines Europäischen Haftbefehls die integrationsfeste Menschenwürdegarantie des Art. 1 Abs. 1 GG zu schützen, welche um des Schuldgrundsatzes willen die Aufnahme eines Überprüfungsverfahrens fordere.[49] Hieran schloss sich ein Satz an, der später[50] noch eine nähere Betrachtung verdient:[51]

> „Einer unter Rückgriff auf Art. 79 Abs. 3 GG in Verbindung mit Art. 1 Abs. 1 GG begründeten Begrenzung des dem Rahmenbeschluss zukommenden Anwendungsvorrangs bedarf es im vorliegenden Zusammenhang jedoch nicht, weil sowohl der Rahmenbeschluss selbst […] als auch das diesen umsetzende Gesetz über die internationale Rechtshilfe in Strafsachen […] eine Auslegung gebieten, die den von Art. 1 Abs. 1 GG geforderten Mindestgarantien von Beschuldigtenrechten bei einer Auslieferung Rechnung trägt.“[52]

Wenn also weder der Rahmenbeschluss zum Europäischen Haftbefehl noch das deutsche IRG Bedenken im Hinblick auf die Einhaltung der Menschenwürdegarantie hervorrufen, so galt dies nach Ansicht des Bundesverfassungsgerichts

---

46 BVerfGE 140, 317 (344 f. Rn. 56) – Europäischer Haftbefehl II.

47 EuGH, Urt. v. 26.02.2013, Rs. C-399/11, ECLI:EU:C:2013:107, Rn. 42 – Melloni.

48 BVerfGE 140, 317 (354 f. Rn. 82) – Europäischer Haftbefehl II.

49 BVerfGE 140, 317 (355 Rn. 83) – Europäischer Haftbefehl II.

50 Siehe sogleich die Würdigung unten Vierter Teil B. V. 4. (S. 238 ff.).

51 *Sachs*, Grundrechte: Identitätskontrolle bei Anwendung von Unionsrecht, JuS 2016, 373 (375) spricht mit Rekurs auf die vorangegangenen Ausführungen des Bundesverfassungsgerichts von einer „bemerkenswerte[n] Kehrtwende“.

52 BVerfGE 140, 317 (355 Rn. 84) – Europäischer Haftbefehl II.

jedoch nicht für die Einzelfallanwendung durch das Oberlandesgericht Düsseldorf:

„Die angegriffene Entscheidung des Oberlandesgerichts wird diesen Anforderungen [der Menschenwürdegarantie] nicht in vollem Umfang gerecht. Zwar hat es zutreffend gesehen, dass die Auslieferung des Beschwerdeführers nur zulässig ist, wenn ihm nach seiner Überstellung ein effektiver Rechtsbehelf zur Verfügung steht. Es hat jedoch den Umfang der ihm obliegenden Pflicht zur Aufklärung des Sachverhalts und damit Bedeutung und Tragweite von Art. 1 Abs. 1 GG […] verkannt. Der Beschwerdeführer hat substantiiert dargelegt, dass ihm das italienische Prozessrecht nicht die Möglichkeit eröffne, eine erneute Beweisaufnahme im Berufungsverfahren zu erwirken. Dem ist das Oberlandesgericht nicht in ausreichendem Maße nachgegangen. Es hat sich damit zufrieden gegeben, dass eine erneute Beweisaufnahme in Italien ‚jedenfalls nicht ausgeschlossen sei'. Dies verletzt die Rechte des Beschwerdeführers aus Art. 1 Abs. 1 GG […].“[53]

Das Bundesverfassungsgericht konstatierte sodann, dass nach den einschlägigen Bestimmungen der italienischen Strafprozessordnung dem Berufungsgericht ein nicht unwesentlicher Entscheidungsspielraum zukomme, ob es in dem Berufungsverfahren eine erneute Beweisaufnahme durchführe oder nicht. Da jedenfalls in Italien eine Pflicht zur erneuten Beweisaufnahme nicht bestünde und das Oberlandesgericht Düsseldorf sich keine Gewissheit darüber verschafft hatte, dass eine solche im konkreten Fall doch stattfinden würde, war die Menschenwürdegarantie des Art. 1 Abs. 1 GG verletzt.[54]

4. *Würdigung*

Der Beschluss des Bundesverfassungsgerichts lässt den Leser aus mehreren Gründen etwas verwundert zurück.[55] Hierbei geht es nicht so sehr um das materielle Ergebnis des Beschlusses, welches in der unzureichenden Aufklärung des Sachverhalts eine Verletzung der Menschenwürdegarantie durch das Oberlandesgericht Düsseldorf feststellte, sondern um Schwächen in der Argumentation und insbesondere um die fehlende Kohärenz der Entscheidungsbegründung des Bundesverfassungsgerichts.

a) Der Ausschluss des Europäischen Gerichtshofs

Zum einen betrifft diese Kritik die Aussage, dass das Bundesverfassungsgericht *vor* der Annahme einer Verfassungsidentitätsverletzung dem Europäischen Gerichtshof mithilfe des Vorabentscheidungsverfahrens nach Art. 267 AEUV die Möglichkeit einräumen will, über die angegriffene Handlung der Unionsstel-

---

53 BVerfGE 140, 317 (366 f. Rn. 109) – Europäischer Haftbefehl II.

54 BVerfGE 140, 317 (372 Rn. 117) – Europäischer Haftbefehl II.

55 Siehe auch *Kühne*, Anmerkung zu BVerfG, Beschluss v. 15.12.2015 – 2 BvR 2735/14, StV 2016, 299 (299): „Der Beschluss des *BVerfG* hinterlässt spontan zwiespältige Gefühle.“ (Hervorh. i. O.).

len zu judizieren.[56] Im vorliegenden Fall hat das Bundesverfassungsgericht zwar einen Verstoß gegen den Verfassungsidentitätsvorbehalt aus Art. 23 Abs. 1 Satz 3 in Verbindung mit Art. 79 Abs. 3 und Art. 1 Abs. 1 GG angenommen – von einer Vorlage an den Europäischen Gerichtshof hat es indes abgesehen. Dieser mögliche Widerspruch scheint sich dadurch aufzuklären, dass das Bundesverfassungsgericht nach eigenem Verständnis nur „soweit erforderlich“[57] ein Vorabentscheidungsverfahren zum Europäischen Gerichtshof initiieren will. Dieser Erforderlichkeitsvorbehalt nimmt wohl Bezug auf die Ausnahmen von der Vorlageverpflichtung in der Rechtsprechung des Europäischen Gerichtshofs,[58] denn am Ende des Urteils subsumierte das Bundesverfassungsgericht seine Auslegung des Rahmenbeschlusses zum Europäischen Haftbefehl der acte-clair-Ausnahme und ging von einer fehlenden Vorlageverpflichtung aus.[59]

Diese Subsumtion ist aus zwei Gründen anzugreifen: Auf der einen Seite war wegen des Urteils des Europäischen Gerichtshofs in der Rechtssache Melloni[60], in welcher der Europäische Gerichtshof die Anwendbarkeit nationaler Grundrechte im Anwendungsbereich des Rahmenbeschlusses zum Europäischen Haftbefehl ablehnte und meinte, dass eine unterlassene Auslieferung durch die nationalen Stellen nur mit den im Rahmenbeschluss abschließend genannten Gründen gerechtfertigt werden könne, die Auslegung des Unionsrechts in dem vom Bundesverfassungsgericht zu entscheidenden Fall keineswegs evident.[61] Ist die Rechtsauslegung des Bundesverfassungsgerichts auch nahelie-

[56] BVerfGE 140, 317 (339 Rn. 46) – Europäischer Haftbefehl II.

[57] BVerfGE 140, 317 (339 Rn. 46) – Europäischer Haftbefehl II.

[58] Vgl. insbesondere EuGH, Urt. v. 06.10.1982, Rs. 283/81, Slg. 1982, 3415 (3430 Rn. 16) – C. I. L. F. I. T. Siehe dazu näher *Classen*, in: Oppermann/Classen/Nettesheim, Europarecht, 9. Aufl. 2021, § 13 Rn. 78 und *Ehricke*, in: Streinz, EUV/AEUV, 3. Aufl. 2018, Art. 267 AEUV Rn. 47. *Burchardt*, Die Ausübung der Identitätskontrolle durch das Bundesverfassungsgericht, ZaöRV 76 (2016), 527 (536 f.) scheint eher nicht von einer unionsrechtlichen, sondern von einer verfassungsrechtlichen Ausrichtung des Erforderlichkeitsvorbehalts auszugehen. Wie hier allerdings *Dietz*, Die europarechtsfreundliche Verfassungsidentität in der Kontrolltrias des Bundesverfassungsgerichts, AöR 142 (2017), 78 (112).

[59] BVerfGE 140, 317 (376 Rn. 125) – Europäischer Haftbefehl II: „Einer Vorlage an den Gerichtshof der Europäischen Union bedarf es nicht. Die richtige Anwendung des Unionsrechts ist derart offenkundig, dass für einen vernünftigen Zweifel keinerlei Raum bleibt [...].“ Die Annahme eines acte clair bezeichnet *Haltern*, Europarecht Band II, 3. Aufl. 2017, Rn. 1244 als „ironisch“ und als „eine kluge, diplomatisch verpackte List“.

[60] EuGH, Urt. v. 26.02.2013, Rs. C-399/11, ECLI:EU:C:2013:107 – Melloni. Mit der Entscheidung setzte sich auch das Bundesverfassungsgericht kurz auseinander, vgl. BVerfGE 140, 317 (354 f. Rn. 82) – Europäischer Haftbefehl II.

[61] So auch *Burchardt*, Die Ausübung der Identitätskontrolle durch das Bundesverfassungsgericht, ZaöRV 76 (2016), 527 (537). Erst in einer dem Beschluss des Bundesverfassungsgerichts nachfolgenden Entscheidung des Europäischen Gerichtshofs judizierte dieser, dass einem Auslieferungsersuchen gegebenenfalls dann nicht nachgekommen werden müsse, wenn die Haftanstalten im ersuchenden Mitgliedstaat einen Verstoß gegen das Verbot der unmenschlichen oder erniedrigenden Behandlung gem. Art. 4 der Grundrechte-Charta bedeuteten; vgl. EuGH, Urt. v. 05.04.2016, Rs. C-404/15 und C-659/15 PPU, ECLI:EU:C:2016:198, Rn. 104 – Pál Aranyosi und Robert Căldăraru.

gend, so ist sie doch nicht die einzig mögliche, sodass allein aus diesem Grund bereits wegen fehlender Offenkundigkeit der Auslegung des Unionsrechts eine Vorlage an den Europäischen Gerichtshof erforderlich gewesen wäre.[62]

Auf der anderen Seite ging das Bundesverfassungsgericht mit den vom Europäischen Gerichtshof entwickelten Kriterien zur acte-clair-Ausnahme unsauber um: Neben der Offenkundigkeit des richtigen Auslegungsergebnisses fordert diese zusätzlich noch die Annahme, dass diese Offenkundigkeit auch von allen anderen mitgliedstaatlichen Gerichten und vom Europäischen Gerichtshof geteilt wird.[63] Durch die Nichtberücksichtigung dieses Kriteriums in der Subsumtion offenbarte das Bundesverfassungsgericht sodann mehr als nur kleinere handwerkliche Mängel.[64] Das Bundesverfassungsgericht hätte daher entweder selbst den Europäischen Gerichtshof mithilfe des Art. 267 AEUV anrufen[65] oder zumindest einen Verstoß des Fachgerichts, welches ein Vorabentscheidungsverfahren wohl gar nicht in Betracht gezogen hatte, gegen die Garantie des gesetzlichen Richters aus Art. 101 Abs. 1 Satz 2 GG[66] wegen unterlassener Vorlage an den Europäischen Gerichtshof annehmen müssen. Vorzugswürdig wäre es darüber hinaus, wenn das Bundesverfassungsgericht bei der Prüfung einer etwaigen Verfassungsidentitätsverletzung wegen der damit verbundenen schwer kalkulierbaren Auswirkungen auf die Europäische Union als Rechtsgemeinschaft stets den Europäischen Gerichtshof im Wege des Vorabentschei-

---

62 Treffend auch *Reinbacher/Wendel*, Menschenwürde und Europäischer Haftbefehl – Zum ebenenübergreifenden Schutz grundrechtlicher Elementargarantien im europäischen Auslieferungsverfahren, EuGRZ 2016, 333 (342): „Eine überzeugende Auslegung ist noch keine evidente Auslegung."

63 Vgl. EuGH, Urt. v. 06.10.1982, Rs. 283/81, Slg. 1982, 3415 (3430 Rn. 16) – C. I. L. F. I. T.

64 Vgl. *Burchardt*, Die Ausübung der Identitätskontrolle durch das Bundesverfassungsgericht, ZaöRV 76 (2016), 527 (536 f.) und *Schnettger*, Verbundidentität, 2020, S. 367.

65 So auch *Satzger*, Grund- und menschenrechtliche Grenzen für die Vollstreckung eines Europäischen Haftbefehls? – „Verfassungsgerichtliche Identitätskontrolle" vs. Vollstreckungsaufschub bei „außergewöhnlichen Umständen" nach dem EuGH, NStZ 2016, 514 (519). Auch *Kühne*, Anmerkung zu BVerfG, Beschluss v. 15.12.2015 – 2 BvR 2735/14, StV 2016, 299 (302) hätte eine Vorlage an den EuGH für „sinnvoll und möglich" gehalten. A. A. allerdings *Sauer*, „Solange" geht in Altersteilzeit – Der unbedingte Vorrang der Menschenwürde vor dem Unionsrecht, NJW 2016, 1134 (1135), wonach die Annahme eines „acte clair" und die damit verbundene fehlende Pflicht zur Vorlage an den EuGH „gut nachvollziehbar" sei.

66 Diese Möglichkeit sieht auch *Haltern*, Europarecht Band II, 3. Aufl. 2017, Rn. 1236. Zuzugeben ist zwar, dass der Beschwerdeführer in seiner Beschwerdeschrift keine Verletzung seines grundrechtsgleichen Rechts aus Art. 101 Abs. 1 Satz 2 GG rügte, doch ist das Bundesverfassungsgericht nicht an die vom Beschwerdeführer gerügten Grundrechte gebunden. Siehe nur BVerfG, Stattgebender Kammerbeschluss vom 23.10.2014 – 2 BvR 2566/10, Rn. 14, juris: „Die Kammer konnte einen Verstoß gegen den gesetzlichen Richter prüfen, obwohl die Beschwerdeführerin Art. 101 Abs. 1 Satz 2 GG nicht gerügt hat. Im Rahmen einer zulässig erhobenen Verfassungsbeschwerde ist das Bundesverfassungsgericht nicht darauf beschränkt, zu untersuchen, ob die gerügte Grundrechtsverletzung vorliegt. Es kann die angegriffenen Entscheidungen vielmehr unter jedem in Betracht kommenden Gesichtspunkt auf ihre verfassungsrechtliche Unbedenklichkeit hin überprüfen […]." So später auch BVerfGE 147, 364 (378 Rn. 36) – Auslieferung nach Rumänien.

dungsverfahrens anriefe und sich nicht auf die Ausnahmen von der Vorlagepflicht in der unionsrechtlichen Rechtsprechung berufen würde.[67]

b) Notwendigkeit des Rekurses auf die Verfassungsidentität

Schließlich und vor allem bleibt unklar, warum sich das Bundesverfassungsgericht überhaupt in dieser Entscheidung des Verfassungsidentitätsvorbehalts bedient hat.[68] Ein solcher Rückgriff wäre nach der gerichtseigenen Argumentation nicht erforderlich gewesen, weil bereits der Europäische Rahmenbeschluss – in der „acte-clair"-Auslegung des Bundesverfassungsgerichts – im vorliegenden Fall nicht zur Auslieferung verpflichtete.[69] Aufgrund des fehlenden Widerspruchs zwischen Unionsrecht und deutschem (Verfassungs-)Recht hätte mithin keine Notwendigkeit bestanden, auf den Verfassungsidentitätsvorbehalt aus Art. 23 Abs. 1 Satz 3 in Verbindung mit Art. 79 Abs. 3 GG zu rekurrieren.[70] Eine schlichte Prüfung, ob das Oberlandesgericht die grundgesetzlichen Gewährleistungen der Achtung der Menschenwürde aus Art. 1 Abs. 1 GG respektive des Anspruchs auf ein faires Gerichtsverfahren[71] beachtet hatte, wäre hinreichend gewesen und hätte der Entscheidung des Bundesverfassungsgerichts die enorme Sprengkraft genommen. Zu meinen, aus diesem Grunde seien die Aussagen des Bundesverfassungsgerichts zum Verfassungsidentitäts-

[67] So auch *Dietz*, Die europarechtsfreundliche Verfassungsidentität in der Kontrolltrias des Bundesverfassungsgerichts, AöR 142 (2017), 78 (112).

[68] Vgl. *Classen*, Zu wenig, zu fundamentalistisch – zur grundrechtlichen Kontrolle „unionsrechtlich determinierter" nationaler Hoheitsakte, EuR 2016, 304 (311 f.).

[69] BVerfGE 140, 317 (355 Rn. 84) – Europäischer Haftbefehl II: „Einer unter Rückgriff auf Art. 79 Abs. 3 GG in Verbindung mit Art. 1 Abs. 1 GG begründeten Begrenzung des dem Rahmenbeschluss zukommenden Anwendungsvorrangs bedarf es im vorliegenden Zusammenhang jedoch nicht, weil sowohl der Rahmenbeschluss selbst […] als auch das diesen umsetzende Gesetz über die internationale Rechtshilfe in Strafsachen […] eine Auslegung gebieten, die den von Art. 1 Abs. 1 GG geforderten Mindestgarantien von Beschuldigtenrechten bei einer Auslieferung Rechnung trägt. Insofern genügen die einschlägigen Vorgaben des Unionsrechts den durch das Grundgesetz zur Absicherung des integrationsfesten Schuldprinzips gebotenen Mindestgarantien von Beschuldigtenrechten."

[70] So auch *Reinbacher/Wendel*, Menschenwürde und Europäischer Haftbefehl – Zum ebenenübergreifenden Schutz grundrechtlicher Elementargarantien im europäischen Auslieferungsverfahren, EuGRZ 2016, 333 (336 f.); *Rung*, Grundrechtsschutz zwischen Verfassungsidentität und der Melloni-Rechtsprechung des EuGH, EWS 2016, 145 (149) und *C. Schönberger*, Anmerkung zu BVerfG, Beschluss v. 15.12.2015 – 2 BvR 2735/14, JZ 2016, 422 (422). Vgl. daneben *Burchardt*, Die Ausübung der Identitätskontrolle durch das Bundesverfassungsgericht, ZaöRV 76 (2016), 527 (549 f.).

[71] In dem ersten Beschluss der 3. Kammer des Zweiten Senats in diesem Fall betreffend eine einstweilige Anordnung hinsichtlich eines vorläufigen Auslieferungsverbots wurde für die im Rahmen von § 32 Abs. 1 BVerfGG aufgeworfene Frage der Unzulässigkeit oder offensichtlichen Unbegründetheit der Verfassungsbeschwerde noch darauf abgestellt, dass möglicherweise der Kern des Rechts auf ein faires Verfahren nach Art. 2 Abs. 1 i. V.m. Art. 20 Abs. 3 GG verletzt sein könne – BVerfG, Beschl. vom 27.11.2014, Az.: 2 BvR 2735/14, juris. Dies bezeichnet auch *C. Schönberger*, Anmerkung zu BVerfG, Beschluss v. 15.12.2015 – 2 BvR 2735/14, JZ 2016, 422 (424) als den „naheliegende[n] Prüfungsmaßstab".

vorbehalt im Wesentlichen als „obiter dicta" zu verstehen,[72] führte aber zu weit. Das Bundesverfassungsgericht aktivierte den Verfassungsidentitätsvorbehalt, weil es der Auffassung war, im „unionsrechtlich determinierten Bereich" nur auf diese Weise die Grundrechte des Grundgesetzes in Stellung bringen zu können.[73] In dieser These steckte das Verständnis einer strikten Trennung zwischen dem Anwendungsbereich der deutschen Grundrechte und den Verbürgungen der europäischen Grundrechte-Charta.[74] Diese Prämisse wurde erst später durch zwei Beschlüsse des Ersten Senats des Bundesverfassungsgerichts aufgegeben.[75] Der Europäische Gerichtshof ging indes auch schon davor nicht von einer strengen Abgrenzung der beiden Grundrechtssysteme aus, sondern gestattete den mitgliedstaatlichen (Verfassungs-)Gerichten durchaus, nationale Grundrechte in Stellung zu bringen, wenn und soweit sie nicht dazu führen, dass die einheitliche Anwendung und die Wirksamkeit des Unionsrechts beeinträchtigt werden.[76] Dem Bundesverfassungsgericht hätte also wohl unter Billi-

---

[72] Insbesondere *C. Schönberger*, Anmerkung zu BVerfG, Beschluss v. 15.12.2015 – 2 BvR 2735/14, JZ 2016, 422 (422): „Die reichhaltigen *obiter dicta* der Entscheidung, in denen der Senat in Aussicht stellt, in Einzelfällen eine Grundrechtskontrolle des europäischen Sekundärrechts am Maßstab der durch die Verfassungsidentität verbürgten Menschenwürde vorzunehmen, bleiben mangels Fallrelevanz völlig hypothetisch." (Hervorh. i. O.). Vgl. auch *Hofmann/Heger/Gharibyan*, Die Wandlung des Grundrechtsschutzes durch das Bundesverfassungsgericht – Recht auf Vergessen I und II als „Solange III"?, KritV 2019, 275 (282 f.) und *Satzger*, Grund- und menschenrechtliche Grenzen für die Vollstreckung eines Europäischen Haftbefehls? – „Verfassungsgerichtliche Identitätskontrolle" vs. Vollstreckungsaufschub bei „außergewöhnlichen Umständen" nach dem EuGH, NStZ 2016, 514 (518 f.).

[73] Vgl. *Classen*, Zu wenig, zu fundamentalistisch – zur grundrechtlichen Kontrolle „unionsrechtlich determinierter" nationaler Hoheitsakte, EuR 2016, 304 (308 f.) und *Hong*, Der Menschenwürdegehalt der Grundrechte, 2019, S. 486 ff.

[74] Vgl. *Heselhaus*, Grundrechte und Kompetenzen, in: ders./Nowak, Handbuch der Europäischen Grundrechte, 2. Aufl. 2020, § 6 Rn. 33; *W. Michl*, Die Neuausrichtung des Bundesverfassungsgerichts in der digitalisierten Grundrechtelandschaft, Jura 2020, 479 (480); *Thym*, Die Reichweite der EU-Grundrechte-Charta – Zu viel Grundrechtsschutz?, NVwZ 2013, 889 (892); *Toros/M. Weiß*, Echte Kooperation?! – Wandel des Grundrechtsschutzes im Mehrebenensystem. Zu den Entscheidungen „Recht auf Vergessen I" und „Recht auf Vergessen II" des BVerfG, ZJS 2020, 100 (101 f.); *Wendel*, Das Bundesverfassungsgericht als Garant der Unionsgrundrechte – Zugleich Besprechung von BVerfG, Beschlüsse v. 6.11.2019 – 1 BvR 16/13 (Recht auf Vergessen I) und 1 BvR 276/17 (Recht auf Vergessen II), JZ 2020, 157 (159 f.). Dazu auch *Ehlers*, Allgemeine Lehren der Unionsgrundrechte, in: ders., Europäische Grundrechte und Grundfreiheiten, 4. Aufl. 2014, § 14 Rn. 74 und *Kämmerer/Kotzur*, Vollendung des Grundrechtsverbunds oder Heimholung des Grundrechtsschutzes? – Die BVerfG-Beschlüsse zum „Recht auf Vergessen" als Fanal, NVwZ 2020, 177 (178).

[75] Siehe dazu BVerfGE 152, 152 ff. – Recht auf Vergessen I und BVerfGE 152, 216 ff. – Recht auf Vergessen II und schon oben Dritter Teil A. VII. (S. 201 ff.).

[76] Siehe dazu EuGH, Urt. v. 26.02.2013, Rs. C-617/10, ECLI:EU:C:2013:105, Rn. 29 – Åkerberg Fransson und EuGH, Urt. v. 26.02.2013, Rs. C-399/11, ECLI:EU:C:2013:107, Rn. 60 – Melloni. Siehe in gewisser Weise konkretisierend hierzu auch die Ausführungen des Präsidenten des Europäischen Gerichtshofs *Lenaerts*, Kooperation und Spannung im Verhältnis von EuGH und nationalen Verfassungsgerichten, EuR 2015, 3 (24 f.): „Die Antwort auf die Frage, ob es den Mitgliedstaaten weiterhin freisteht, nationale Schutzstandards für die Grundrechte anzuwenden, hängt also davon ab, ob durch den Unionsgesetzgeber definierte einheitli-

gung der Rechtsprechung des Europäischen Gerichtshofs ein Weg offen gestanden hätte, zur Begründetheit der Verfassungsbeschwerde zu gelangen, ohne den Verfassungsidentitätsvorbehalt aktivieren zu müssen.

In einem aktuellen Beschluss, der von der Konstellation her dem Sachverhalt aus der Europäischen Haftbefehl II-Entscheidung sehr vergleichbar ist, hat das Bundesverfassungsgericht nun auch auf die Anwendung des Verfassungsidentitätsvorbehalts verzichtet und – unter Rückgriff auf die „Recht auf Vergessen"-Dogmatik –[77] einen Verstoß der Fachgerichte bei der Prüfung einer Auslieferung aufgrund eines Europäischen Haftbefehls gegen das Verbot unmenschlicher oder erniedrigender Behandlung aus Art. 4 der Grundrechte-Charta angenommen.[78]

VI. Europäische Bankenunion

Das Urteil des Bundesverfassungsgerichts vom 30. Juli 2019 zur Verfassungsmäßigkeit der Europäischen Bankenunion[79] behandelte auch einen möglichen Verstoß der SSM-Verordnung gegen die deutsche Verfassungsidentität und ermöglichte die Rüge des zur Verfassungsidentität zählenden Demokratieprinzips auf der Basis des grundrechtsgleichen Rechts aus Art. 38 Abs. 1 Satz 1 GG.[80] In der Sache stufte das Bundesverfassungsgericht die Unabhängigkeit der Europäischen Zentralbank bei der Wahrnehmung der Aufgaben der Bankenaufsicht zwar als problematisch im Hinblick auf den Grundsatz der Volkssouveränität ein.[81] Dies sei vor dem Hintergrund von Art. 79 Abs. 3 in Verbindung mit Art. 20 Abs. 1 und 2 GG aber noch akzeptabel, weil die Europäische Zentralbank an das Primär- und Sekundärrecht der Europäischen Union gebunden sei und vor allem Rechtsschutzmöglichkeiten vor dem Europäischen Gerichtshof sowie Rechenschaftspflichten gegenüber dem Europäischen Parlament und den nationalen Parlamenten bestünden.[82] Gleiches gelte für den un-

che Grundrechtsstandards existieren, oder nicht. Spiegelt der fragliche Unionsrechtsakt einen solchen Konsens bezüglich des Grundrechtsschutzes wider, dann ist die Anwendung eines höheren nationalen Standards ausgeschlossen. Dies ist die Folge des Umstands, dass der Unionsgesetzgeber bei Erlass des Rechtsaktes eine Abwägung zwischen den von der Union verfolgten grundsätzlichen Interessen und dem Grundrechtsschutz getroffen hat. Die Anwendung eines höheren Standards des Grundrechtsschutzes würde die bereits getroffene Abwägung konterkarieren und damit den Vorrang, die Einheit und die Wirksamkeit des Unionsrechts beeinträchtigen."

[77] Siehe dazu BVerfGE 152, 152 ff. – Recht auf Vergessen I und BVerfGE 152, 216 ff. – Recht auf Vergessen II und schon oben Dritter Teil A. VII. (S. 201 ff.).

[78] BVerfG, NJW 2021, 1518 (1519 f. Rn. 33 ff.) – Europäischer Haftbefehl III.

[79] Siehe dazu schon oben Zweiter Teil B. IX. (S. 72 ff.).

[80] BVerfGE 151, 202 (301 f. Rn. 154 f.) – Europäische Bankenunion.

[81] BVerfGE 151, 202 (328 Rn. 210) – Europäische Bankenunion.

[82] BVerfGE 151, 202 (329 ff. Rn. 212 ff.) – Europäische Bankenunion.

abhängigen Bankenabwicklungsausschuss auf der Grundlage der SRM-Verordnung.[83]

VII. Prüfung im PSPP-Verfahren

Auch im Vorlagebeschluss des Bundesverfassungsgerichts betreffend das PSPP-Programm (Public Sector Purchase Programme) der Europäischen Zentralbank[84] wurde ein etwaiger Verfassungsidentitätsverstoß thematisiert.[85] In diesem Zusammenhang hob das Bundesverfassungsgericht in besonderer Klarheit hervor, dass die Feststellung einer möglichen Verfassungsidentitätsverletzung eine vorherige Befassung des Europäischen Gerichtshofs zwingend voraussetze.[86]

Im PSPP-Urteil nahm die Prüfung einer möglichen Verfassungsidentitätsverletzung zwar nur einen recht geringen Raum ein, nichtsdestotrotz traf das Bundesverfassungsgericht folgende allgemeine Aussagen, die das entwickelte Konzept allgemein gut zusammenfassen:

> „Art. 38 Abs. 1 Satz 1 GG in Verbindung mit der Integrationsverantwortung der Verfassungsorgane schützt die Wahlberechtigten nicht nur davor, dass der Europäischen Union Hoheitsrechte entgegen Art. 23 Abs. 1 Satz 3 in Verbindung mit Art. 79 Abs. 3 GG jenseits des für eine Übertragung offenstehenden Bereichs eingeräumt werden, sondern auch davor, dass Maßnahmen von Organen, Einrichtungen und sonstigen Stellen der Europäischen Union umgesetzt werden, die eine entsprechende Wirkung entfalten und jedenfalls faktisch einer mit dem Grundgesetz unvereinbaren Kompetenzübertragung gleichkämen […]. Soweit Maßnahmen von Organen, Einrichtungen oder sonstigen Stellen der Europäischen Union Auswirkungen zeitigen, die mit den Grundsätzen der Art. 1 und Art. 20 GG die Verfassungsidentität des Grundgesetzes berühren, gehen sie über die durch die Verfassung gezogenen Grenzen offener Staatlichkeit hinaus […]. Das betrifft die Wahrung des Menschenwürdekerns der Grundrechte gemäß Art. 1 GG […] ebenso wie die Grundsätze, die das Demokratie-, Rechts-, Sozial- und Bundesstaatsprinzip im Sinne des Art. 20 GG prägen.“[87]

Eine Verletzung der Verfassungsidentität wurde erwogen, falls im PSPP-Beschluss eine Risikoverteilung zwischen den einzelnen Nationalbanken enthalten gewesen wäre, welche die haushaltspolitische Gesamtverantwortung des Deutschen Bundestages durch die mögliche Notwendigkeit einer Rekapitalisierung der Bundesbank beträfe. Die entsprechende fünfte Vorlagefrage erklärte der Europäische Gerichtshof in seinem Urteil wegen eines rein hypothetischen

---

[83] BVerfGE 151, 202 (354 ff. Rn. 266 ff.) – Europäische Bankenunion.

[84] Siehe dazu umfassend, da auch hier primär eine ultra-vires-Rüge in Rede stand, oben Zweiter Teil B. X. (S. 75 ff.).

[85] Insbesondere BVerfGE 146, 216 (289 ff. Rn. 124 ff.) – PSPP-Vorlagebeschluss.

[86] BVerfGE 146, 216 (256 Rn. 58) – PSPP-Vorlagebeschluss.

[87] BVerfGE 154, 17 (93 f. Rn. 114 f.) – PSPP-Urteil.

Charakters für unzulässig.[88] Daraus zog das Bundesverfassungsgericht folgenden – freilich zweifelhaften –[89] Schluss:

„Vor diesem Hintergrund besitzt die Einordnung der fünften Vorlagefrage als unzulässig einen spezifisch materiell-rechtlichen Sinn, nämlich als Absage an eine entsprechende sekundär- oder tertiärrechtliche Regelung in der Zukunft, weil der Gerichtshof sie auf der Basis des geltenden Integrationsprogramms nicht nur in tatsächlicher Hinsicht für ungewiss, sondern auch für rechtlich nicht möglich und daher hypothetisch hält."[90]

Jedenfalls würde eine von der Europäischen Zentralbank angeordnete Risikoverteilung bei einem möglichen Ausfall von Staatsanliehen die haushaltspolitische Gesamtverantwortung des Deutschen Bundestages berühren und bedeutete einen Verstoß gegen Art. 23 Abs. 1 Satz 3 in Verbindung mit Art. 79 Abs. 3 und Art. 20 Abs. 1 und 2 GG.[91] Da eine solche Risikoverteilung von der Europäischen Zentralbank aber nicht intendiert und auch primärrechtlich untersagt sei, schied eine Verletzung der Verfassungsidentität aus.[92]

VIII. Zusammenfassung

Der Verfassungsidentitätsvorbehalt hat sich in seiner Eigenschaft als jüngster Vorbehalt in der bundesverfassungsgerichtlichen Rechtsprechung als derjenige erwiesen, mit dem sich das Bundesverfassungsgericht die größtmögliche Flexibilität im Hinblick auf die Prüfung der Handlungen der Unionsstellen zugesteht.[93] So wurden bisher keine rechtssicheren Maßstäbe entwickelt, anhand derer eine Verletzung der Grundsätze des Art. 1 GG oder der Grundsätze der Staatsstrukturprinzipien des Art. 20 Abs. 1 bis 3 GG durch eine Handlung einer Unionsstelle festgestellt werden könnte. Dieser Frage soll in den folgenden Abschnitten besondere Aufmerksamkeit gewidmet werden. Daneben wurde vor allem im Zusammenhang mit dem Lissabon-Urteil deutlich, dass der Vorbehalt der Einhaltung der Grenzen der integrationsfesten „Ewigkeitsgarantie" nach Art. 23 Abs. 1 Satz 3 in Verbindung mit Art. 79 Abs. 3 GG vom ursprünglichen

---

[88] EuGH, Urt. v. 11.12.2018, Rs. C-493/17, ECLI:EU:C:2018:1000, Rn. 162 ff. – Weiss u. a.

[89] Der Europäische Gerichtshof hat in seinem Urteil nicht die Möglichkeit der Europäischen Zentralbank in Abrede gestellt, einen Beschluss zur Risikoumverteilung zu treffen. So auch *Nettesheim*, Das PSPP-Urteil des BVerfG – ein Angriff auf die EU?, NJW 2020, 1631 (1634). *Ludwigs*, Scherbenhaufen oder Chance? – Zwölf Thesen zum PSPP-Urteil des BVerfG vom 5.5.2020, EuZW 2020, 530 (532): „methodisch kaum haltbar".

[90] BVerfGE 154, 17 (147 Rn. 224) – PSPP-Urteil.

[91] BVerfGE 154, 17 (149 Rn. 227) – PSPP-Urteil.

[92] BVerfGE 154, 17 (149 f. Rn. 228) – PSPP-Urteil.

[93] Siehe auch *Polzin*, Verfassungsidentität, 2018, S. 223, nach der das Konzept der Verfassungsidentität „durchaus geschickt und kreativ erdacht" sei, weil es das Bundesverfassungsgericht befähige, „aufbauend auf bekannten verfassungsrechtlichen Begriffen, seine Stellung im Verfassungsgefüge des Grundgesetzes zu vergrößern und gegenüber dem EuGH auszubauen".

Ansatz her die – hier weitgehend ausgeblendete – Frage nach der Zulässigkeit von Hoheitsrechtsübertragungen im Vorfeld einer völkervertraglichen Ratifikation betrifft.[94] Inwieweit es de constitutione lata legitim ist, dass das Bundesverfassungsgericht seine Prüfungskompetenz auch auf sekundäre Rechtsakte und sonstige Handlungen der Europäischen Union erstreckt, wird nun im folgenden Abschnitt eingehend untersucht.

C. Befugnis des Bundesverfassungsgerichts zur Prüfung einer Verfassungsidentitätsverletzung

Nach Auffassung des Bundesverfassungsgerichts wurzelt der Verfassungsidentitätsvorbehalt zur Kontrolle von Handlungen der Organe, Einrichtungen und sonstigen Stellen der Europäischen Union in Art. 23 Abs. 1 Satz 3 in Verbindung mit Art. 79 Abs. 3 GG; in der Literatur wurde noch nicht hinreichend untersucht, ob diesen Verfassungsbestimmungen eine derartige Befugnis tatsächlich entnommen werden kann.

I. Vertragsänderungsgesetzgeber als unmittelbarer Adressat

Zu Beginn dieser Ausführungen gilt es, sich noch einmal die einschlägigen Verfassungsbestimmungen zu vergegenwärtigen, die vom Bundesverfassungsgericht zur Begründung seiner Residualkompetenz geltend gemacht werden. Der Verweis des Art. 23 Abs. 1 Satz 3 GG auf die „Ewigkeitsklausel" des Art. 79 Abs. 3 GG gilt dem klaren Wortlaut nach für die Begründung der Europäischen Union sowie für Änderungen ihrer vertraglichen Grundlagen und vergleichbare Regelungen, durch die dieses Grundgesetz seinem Inhalt nach geändert oder ergänzt wird oder solche Änderungen oder Ergänzungen ermöglicht werden. Adressiert wird also der deutsche Vertragsgesetzgeber, der Primärrecht der Europäischen Union in Form des deutschen Zustimmungsgesetzes im Sinne des Art. 23 Abs. 1 Satz 2 GG nur zustimmen darf, wenn die Anforderungen des Art. 79 Abs. 3 GG – also die Gliederung des Bundes in Länder, die grundsätzliche Mitwirkung der Länder bei der Gesetzgebung und die Grundsätze der Artikel 1 und 20 GG – gewahrt sind.[95] Mit anderen Worten ist der Vertragsgesetz-

---

[94] Dies wird von *Reinbacher/Wendel*, Menschenwürde und Europäischer Haftbefehl – Zum ebenenübergreifenden Schutz grundrechtlicher Elementargarantien im europäischen Auslieferungsverfahren, EuGRZ 2016, 333 (334) als „*vorbeugende* Identitätskontrolle" bezeichnet, während die nachträgliche Kontrolle von Handlungen der Unionsstellen die Situation einer „*abwehrenden* Identitätskontrolle" betrifft.

[95] Vgl. *Büdenbender*, Das Verhältnis des Europäischen Gerichtshofs zum Bundesverfassungsgericht, 2005, S. 88; *Dietz*, Die europarechtsfreundliche Verfassungsidentität in der Kontrolltrias des Bundesverfassungsgerichts, AöR 142 (2017), 78 (90). *Eßlinger/Herzmann*, Die verfassungsgerichtliche Identitätskontrolle und ihre Konkretisierung durch die Entscheidung

geber aufgrund der Verfassung dazu verpflichtet, ein Zustimmungsgesetz zu schaffen, das die Verfassungsidentität im Sinne des Art. 79 Abs. 3 GG beachtet und das möglichst so bestimmt und präzise ist, dass schon keine Möglichkeit identitätsverletzender Verhaltensweisen der Unionsstellen besteht.[96] Die nachgeschaltete Kontrolle, ob Handlungen der Unionsstellen dann tatsächlich die Verfassungsidentität des Grundgesetzes verletzen, ergibt sich allerdings – zumindest prima facie – nicht aus den Verfassungsbestimmungen der Art. 23 Abs. 1 Satz 3 in Verbindung mit Art. 79 Abs. 3 GG.[97] Daneben kann auch nicht isoliert auf Art. 79 Abs. 3 GG zurückgegriffen werden, weil dieser nur den verfassungsändernden Gesetzgeber bei einer Änderung des Grundgesetzes verpflichtet.

II. Erstreckung auf die Kontrolle von Sekundärrecht

Aus diesen Feststellungen ergibt sich die Frage, mithilfe welcher Begründung das Bundesverfassungsgericht für sich die Kompetenz in Anspruch nimmt, sekundäres Unionsrecht auf eine Verfassungsidentitätsverletzung hin überprüfen zu können, wenn Art. 23 Abs. 1 Satz 3 in Verbindung mit Art. 79 Abs. 3 GG nur den Zustimmungsgesetzgeber (vgl. Art. 23 Abs. 1 Satz 2 GG) im Vorfeld einer völkerrechtlich verbindlichen Ratifikation des ausgehandelten Vertragswerks adressiert.

1. Der Begründungsansatz des Bundesverfassungsgerichts

Bei der Beantwortung dieser Frage fällt in der bisherigen bundesverfassungsgerichtlichen Rechtsprechung sowie in der sie begleitenden Literatur ein hohes Begründungsdefizit auf.[98] Dem Lissabon-Urteil lässt sich entnehmen, dass die Residualkompetenzen – und insbesondere auch der Verfassungsidentitätsvorbehalt – durch das Bundesverfassungsgericht vor allem deshalb beansprucht

2 BvR 2735/14 – „Identitätskontrolle I“ als Vorbote von „Solange III“?, Jura 2016, 852 (856) sprechen diesbezüglich von der „Grundkonstellation“.

[96] *Dietz*, Die europarechtsfreundliche Verfassungsidentität in der Kontrolltrias des Bundesverfassungsgerichts, AöR 142 (2017), 78 (90).

[97] Vgl. *Sauer*, Staatsrecht III, 6. Aufl. 2020, § 9 Rn. 9, 22. Siehe auch *Ingold*, Die verfassungsrechtliche Identität der Bundesrepublik Deutschland, AöR 140 (2015), 1 (11).

[98] Dies erkennt wohl auch *Sauer*, Staatsrecht III, 6. Aufl. 2020, § 9 Rn. 90: „Die Geltung der Ewigkeitsgarantie ergibt sich für verfassungsrechtlich relevante Primärrechtsänderungen zwanglos aus Art. 23 Abs. 1 Satz 3 GG, während die Anwendung von Art. 79 Abs. 3 GG auf das Handeln der Unionsorgane […] Zweifeln unterliegt […].“ Paradigmatisch geht *Simon*, Grenzen des Bundesverfassungsgerichts im europäischen Integrationsprozess, 2016, S. 277 f. unproblematisch von einer Prüfungskompetenz des Bundesverfassungsgerichts im Hinblick auf eine Verfassungsidentitätsverletzung durch Handlungen der unionalen Stellen aus und hinterfragt diese nicht. Auch *Haltern*, Europarecht Band II, 3. Aufl. 2017, Rn. 1219 meint, dass die Identitätskontrolle „völlig im Einklang mit den vertragsrechtlichen Grundlagen der Union“ stehe.

werden, weil anderenfalls die Begründung einer faktischen Kompetenz-Kompetenz zugunsten der Europäischen Union konkret möglich erscheine und nur durch die Vorbehalte sichergestellt werden könne, dass der Anwendungsvorrang des Unionsrechts allein innerhalb der verfassungsrechtlichen Ermächtigung des Zustimmungsgesetzes gelte.[99]

Der Beschluss zum Europäischen Haftbefehl aus dem Jahr 2015 enthielt für die darin ausgeübte Identitätskontrolle sodann folgende Überlegungen:

„Soweit Maßnahmen eines Organs oder einer sonstigen Stelle der Europäischen Union Auswirkungen zeitigen, die die durch Art. 79 Abs. 3 GG in Verbindung mit den in Art. 1 und 20 GG niedergelegten Grundsätzen geschützte Verfassungsidentität berühren, gehen sie über die grundgesetzlichen Grenzen offener Staatlichkeit hinaus. Auf einer primärrechtlichen Ermächtigung kann eine derartige Maßnahme nicht beruhen, weil auch der mit der Mehrheit des Art. 23 Abs. 1 Satz 3 GG in Verbindung mit Art. 79 Abs. 2 GG entscheidende Integrationsgesetzgeber der Europäischen Union keine Hoheitsrechte übertragen kann, mit deren Inanspruchnahme eine Berührung der von Art. 79 Abs. 3 GG geschützten Verfassungsidentität einherginge [...]. Die Identitätskontrolle verstößt nicht gegen den Grundsatz der loyalen Zusammenarbeit im Sinne von Art. 4 Abs. 3 EUV. Sie ist vielmehr in Art. 4 Abs. 2 Satz 1 EUV der Sache nach angelegt [...] und entspricht insoweit auch den besonderen Gegebenheiten der Europäischen Union. Die Europäische Union ist ein Staaten-, Verfassungs-, Verwaltungs- und Rechtsprechungsverbund, der seine Grundlagen letztlich in völkerrechtlichen Verträgen der Mitgliedstaaten findet. Als Herren der Verträge entscheiden diese durch nationale Geltungsanordnungen darüber, ob und inwieweit das Unionsrecht im jeweiligen Mitgliedstaat Geltung und Vorrang beanspruchen kann [...].“[100]

Im OMT-Urteil hieß es zum Verfassungsidentitätsvorbehalt nur noch lapidar:

„Die Identitätskontrolle verhindert nicht nur, dass der Europäischen Union Hoheitsrechte jenseits des für eine Übertragung offen stehenden Bereichs eingeräumt werden, sondern auch, dass Maßnahmen von Organen, Einrichtungen und sonstigen Stellen der Europäischen Union umgesetzt werden, die eine entsprechende Wirkung entfalten und jedenfalls faktisch einer mit dem Grundgesetz unvereinbaren Kompetenzübertragung gleichkämen [...].“[101]

Die Literatur folgt dem weitgehend recht unreflektiert und führt aus, dass der sich aus dem deutschen Zustimmungsgesetz ergebende Anwendungsvorrang des Unionsrechts durch Art. 79 Abs. 3 GG begrenzt werde – vor dem Hintergrund dieser „dogmatische[n] Konstruktion“ sei es „einleuchtend, dass Bezugspunkt der Identitätskontrolle auch Maßnahmen eines Organs oder einer Stelle der Union sein können“[102]. Daraus solle sich auch ergeben, dass bei einer Ver-

[99] BVerfGE 123, 267 (352 ff.) – Lissabon.

[100] BVerfGE 140, 317 (336 ff. Rn. 42, 44) – Europäischer Haftbefehl II.

[101] BVerfGE 142, 123 (195 f. Rn. 139) – OMT-Urteil.

[102] *Dietz*, Die europarechtsfreundliche Verfassungsidentität in der Kontrolltrias des Bundesverfassungsgerichts, AöR 142 (2017), 78 (89). Siehe auch *Kees*, Grundlagen und Grenzen der europäischen Integration, in: Scheffczyk/Wolter, Linien der Rechtsprechung des Bundesverfassungsgerichts, Band 4, 2017, S. 439 (450): „Auf eine Kurzformel gebracht bedeutet das:

letzung der deutschen Verfassungsidentität durch eine unmittelbare Handlung einer unionalen Stelle die deutschen Verfassungsorgane durch Art. 23 Abs. 1 Satz 3 in Verbindung mit Art. 79 Abs. 3 GG adressiert und verpflichtet werden, sich auf Unionsebene auf rechtlichem oder politischem Weg für eine Aufhebung oder zumindest eine Korrektur des verfassungsidentitätsverletzenden Akts einzusetzen.[103] Dass die so verstandene Verfassungsidentitätskontrolle nicht originärer Zweck des Art. 23 Abs. 1 Satz 3 in Verbindung mit Art. 79 Abs. 3 GG sei, gestehen aber selbst diese Stimmen zu.[104]

Ehe die Frage behandelt wird, ob dem Bundesverfassungsgericht tatsächlich de constitutione lata die Befugnis zukommt, sekundäre Rechtsakte der Europäischen Union auf eine mögliche Verfassungsidentitätsverletzung hin zu überprüfen (3. und 4.), soll zuvor der Frage nachgegangen werden, auf welche dogmatische Weise das Bundesverfassungsgericht mittels der Verfassungsidentitätsgarantie den Vorrang des Unionsrechts begrenzen will (2.).

2. Die Verfassungsidentität als Grenze für das Handeln der Union

Nach der Argumentation des Bundesverfassungsgerichts, dass der Verfassungsidentitätsvorbehalt aus Art. 23 Abs. 1 Satz 3 GG in Verbindung mit Art. 79 Abs. 3 GG auch die Prüfung der Handlungen der Unionsstellen im Hinblick auf eine mögliche Verletzung der integrationsfesten Ewigkeitsgarantie miteinschließe, ist insbesondere unklar, welche Reichweite der identitätswahrende Verfassungsvorbehalt hat und welche Folgen sich hieraus für die Rechtmäßigkeit des unionalen Handelns ergeben.[105] Zu unterscheiden sind diesbezüglich eine völkerrechtliche und eine verfassungsrechtliche Betrachtungsweise.[106] Im Kern geht es bei der Frage darum, ob bei einer Verletzung der Verfassungsidentitätsgarantie aus Art. 23 Abs. 1 Satz 3 GG in Verbindung mit Art. 79 Abs. 3 GG das unionale Handeln bereits rechtswidrig ist oder das unionale Handeln zwar rechtmäßig sein, aber in der Bundesrepublik Deutschland keine Geltung be-

---

Der Anwendungsvorrang reicht nicht weiter als die Befugnis des Integrationsgesetzgebers zur Kompetenzübertragung. Dürfen der Union auf Grundlage des Art. 23 Abs. 1 Satz 2 GG keine Kompetenzen übertragen werden, die die durch Art. 23 Abs. 1 Satz 3 i. V.m. Art. 79 Abs. 3 GG geschützten Grundsätze berühren, untersagt das Grundgesetz erst recht die Ausübung von Zuständigkeiten, die überhaupt nicht übertragen worden sind. Ansonsten dürfte eine Kompetenz zwar nicht übertragen, aber ohne Übertragung ausgeübt werden."

[103] Vgl. *Dietz*, Die europarechtsfreundliche Verfassungsidentität in der Kontrolltrias des Bundesverfassungsgerichts, AöR 142 (2017), 78 (90). Siehe zur verfassungsrechtlichen Reaktionspflicht der Verfassungsorgane mit Integrationsverantwortung noch unten Fünfter Teil D. III. (S. 381 ff.).

[104] Siehe *Dietz*, Die europarechtsfreundliche Verfassungsidentität in der Kontrolltrias des Bundesverfassungsgerichts, AöR 142 (2017), 78 (90).

[105] Diese Frage hat *Sauer*, Der novellierte Kontrollzugriff des Bundesverfassungsgerichts auf das Unionsrecht, EuR 2017, 186 (192 ff.) prägnant aufgeworfen.

[106] Vgl. dazu und im Folgenden vor allem *Sauer*, Der novellierte Kontrollzugriff des Bundesverfassungsgerichts auf das Unionsrecht, EuR 2017, 186 (192 ff.).

anspruchen kann. Mit anderen Worten: *Kann* sich die Bundesrepublik Deutschland im Außenverhältnis durch das Zustimmungsgesetz im Sinne des Art. 23 Abs. 1 Satz 2 GG weiter verpflichten, als sie es innerstaatlich vor dem Hintergrund der unveräußerlichen Verfassungsidentität verfassungsrechtlich *darf*?

a) Ausdehnung auf das Handeln von Unionsstellen

Zum einen könnte man der Meinung sein, dass die Schranken des Art. 23 Abs. 1 Satz 3 GG in Verbindung mit Art. 79 Abs. 3 GG bei der Hoheitsrechtsübertragung durch das Zustimmungsgesetz zu Schranken des unionalen Handelns werden, sodass ein Verstoß gegen Art. 23 Abs. 1 Satz 3 in Verbindung mit Art. 79 Abs. 3 GG diesen Unionsrechtsakt zugleich auch unionsrechtswidrig machen würde und dieser daher folgerichtig auch im Hoheitsgebiet der Bundesrepublik Deutschland keine Verbindlichkeit beanspruchte.[107] Das liefe darauf hinaus, dass eine Hoheitsrechtsübertragung in völkerrechtlichen Beziehungen nur in dem Maße wirksam sein kann, wie sie das Grundgesetz erlaubt.[108] Der Zustimmungsgesetzgeber könnte also die Unionsorgane schon gar nicht wirksam zu verfassungsidentitätsverletzenden Rechtsakten ermächtigen – griffen Handlungen der unionalen Stellen in die Verfassungsidentität des Grundgesetzes ein, so wären sie bereits unionsrechtswidrig.

b) Lediglich innerstaatliche Unverbindlichkeit

Die verfassungsrechtliche Betrachtungsweise geht davon aus, dass die Identitätsgarantie aus Art. 23 Abs. 1 Satz 3 GG in Verbindung mit Art. 79 Abs. 3 GG zwar nicht unmittelbar die Unionsstellen verpflichte, aber gleichwohl eine Grenze für die Geltung des Unionsrechts in der Bundesrepublik Deutschland

[107] In diese Richtung wohl *Schorkopf*, in: Bonner Kommentar zum GG, Art. 23 Rn. 82 (Stand: 211. Aktualisierung April 2021), wenn er meint, dass durch Art. 23 Abs. 1 GG auch mittelbar die Europäische Union adressiert wird, die sich mit dem normativen Anspruch des deutschen Verfassungsrechts auseinandersetzen muss. Daneben siehe insbesondere auch *Simon*, Grenzen des Bundesverfassungsgerichts im europäischen Integrationsprozess, 2016, S. 277 f.: „Auf einer primärrechtlichen Grundlage kann – zumindest aus verfassungsrechtlicher Sicht – eine derartige Maßnahme nicht beruhen, weil auch der mit der Mehrheit des Art. 23 Abs. 1 Satz 3 GG i. V.m. Art. 79 Abs. 2 GG entscheidende Integrationsgesetzgeber der Europäischen Union keine Hoheitsrechte übertragen darf, mit deren Inanspruchnahme eine Berührung der von Art. 79 Abs. 3 GG geschützten Verfassungsidentität einherginge. Deshalb *überschreitet eine Verletzung von Art. 79 Abs. 3 GG zugleich die primärrechtlichen Kompetenzen der Union* und kann vom Bundesverfassungsgericht im äußersten Fall für in Deutschland unanwendbar erklärt werden." (Hervorh. d. Verf.).

[108] Vgl. dazu *Sauer*, Der novellierte Kontrollzugriff des Bundesverfassungsgerichts auf das Unionsrecht, EuR 2017, 186 (193). Das entspricht im Wesentlichen der früher vertretenen „Hypothekentheorie" (vgl. ebd., Fn. 40), nach deren Kernthese die Bundesrepublik Deutschland nicht mehr Rechte zu übertragen imstande sei, als ihr selbst zustünden. Dazu: *Funk-Rüffert*, Kooperation von Europäischem Gerichtshof und Bundesverfassungsgericht im Bereich des Grundrechtsschutzes, 1999, S. 83 f.

bilde. Im Völkerrechtsverkehr zwischen den Staaten sei es allgemein anerkannt, dass die völkerrechtliche Wirksamkeit eines Vertrags im Außenverhältnis nicht zugleich auch die innerstaatliche Verfassungsmäßigkeit zur Folge haben müsse.[109] Handlungen der Unionsstellen, die die Verfassungsidentität verletzen, können daher in der Bundesrepublik Deutschland wegen der unaufgebbaren Verfassungsidentitätsgarantie aus Art. 23 Abs. 1 Satz 3 in Verbindung mit Art. 79 Abs. 3 GG keine Wirksamkeit entfalten – insoweit trage der Rechtsanwendungsbefehl für die Geltung des Unionsrechts durch das Zustimmungsgesetz im Sinne des Art. 23 Abs. 1 Satz 2 GG nicht.[110] Dies führte wegen der Rechtmäßigkeit des Unionshandelns zu einem möglichen – zulässigen und begründeten – Vertragsverletzungsverfahren nach Art. 258 ff. AEUV. Dessen Folgen seien aber vor dem Hintergrund der einer Abwägung nicht zugänglichen verfassungsrechtlichen Identitätsgarantie aus Art. 23 Abs. 1 Satz 3 GG in Verbindung mit Art. 79 Abs. 3 GG hinzunehmen,[111] zumal Verstöße des sekundären Unionsrechts gegen den integrationsfesten „Ewigkeitskern" der Verfassung wohl nur sehr selten zu besorgen seien.

Zusammengefasst ist nach dieser Auffassung das unionale Handeln bei Identitätsverletzungen zwar unionsrechtskonform, wegen Eingriffs in die durch Art. 23 Abs. 1 Satz 3 in Verbindung mit Art. 79 Abs. 3 GG absolut geschützte Identitätsgarantie indes verfassungswidrig.

c) *Rechtsprechung des Bundesverfassungsgerichts*

Die Rechtsprechung des Bundesverfassungsgerichts verhält sich zum aufgezeigten Problem – bewusst oder unbewusst – nicht eindeutig. Wie dargelegt können in diesem Zusammenhang die eine Befugnis ausdrückenden Wörter „kann" und „darf" nicht als Synonyme verwendet werden. Das „kann" deutet auf eine fehlende Fähigkeit auch im Außenverhältnis hin, während das „darf" auf eine im Außenverhältnis zwar wirksame, aber im Innenverhältnis die eingeräumte Befugnis überschreitende Handlung abzielt. Im OMT-Vorlagebeschluss hieß es:

„Hat die Maßnahme eines Organs oder einer sonstigen Stelle der Europäischen Union Auswirkungen, die die durch Art. 79 Abs. 3 GG geschützte Verfassungsidentität berühren, so ist sie in Deutschland von vornherein unanwendbar. Auf einer primärrechtlichen Grundlage kann eine derartige Maßnahme nicht beruhen, weil auch der mit der Mehrheit des Art. 23 Abs. 1 Satz 3 GG in Verbindung mit Art. 79 Abs. 2 GG entscheidende Integrationsgesetzgeber der Europäischen Union keine Hoheitsrechte übertragen *darf*, mit deren

---

[109] *Sauer*, Der novellierte Kontrollzugriff des Bundesverfassungsgerichts auf das Unionsrecht, EuR 2017, 186 (195).

[110] *Dietz*, Die europarechtsfreundliche Verfassungsidentität in der Kontrolltrias des Bundesverfassungsgerichts, AöR 142 (2017), 78 (89 f. mit Fn. 68); *Sauer*, Der novellierte Kontrollzugriff des Bundesverfassungsgerichts auf das Unionsrecht, EuR 2017, 186 (195).

[111] Das Bundesverfassungsgericht spricht von der „Inkaufnahme entsprechender Konsequenzen im Staatenverkehr", vgl. BVerfGE 123, 267 (400) – Lissabon.

Inanspruchnahme eine Berührung der von Art. 79 Abs. 3 GG geschützten Verfassungsidentität einherginge.“[112]

Hingegen war im OMT-Urteil in fast – aber an der entscheidenden Stelle eben nicht – wortlautidentischer Weise davon die Rede, dass

„auf einer primärrechtlichen Ermächtigung [...] eine derartige Maßnahme nicht beruhen [kann], weil auch der mit der Mehrheit des Art. 23 Abs. 1 Satz 3 in Verbindung mit Art. 79 Abs. 2 GG entscheidende Integrationsgesetzgeber der Europäischen Union keine Hoheitsrechte übertragen *kann*, mit deren Inanspruchnahme eine Berührung der von Art. 79 Abs. 3 GG geschützten Verfassungsidentität einherginge.“[113]

Dieser Passus – mit dem entscheidenden „kann“ – findet sich auch wortlautgleich im Urteil zum Europäischen Haftbefehl[114] und in der Entscheidung zur Verfassungsmäßigkeit der Europäischen Bankenunion[115]. Hieraus ergibt sich, dass das Bundesverfassungsgericht tatsächlich – zumindest mittlerweile – davon auszugehen scheint, dass eine die Verfassungsidentität verletzende Ermächtigung den unionalen Stellen durch den Zustimmungsgesetzgeber schon gar nicht wirksam erteilt werden *kann*. Dies hat konsequenterweise zur Folge, dass nach Auffassung des Bundesverfassungsgerichts die Grenzen des Art. 23 Abs. 1 Satz 3 in Verbindung mit Art. 79 Abs. 3 GG auch das Handeln der Unionsorgane – im Sinne der zuerst dargestellten Ansicht – beschränken.

d) Stellungnahme

Folgt man der verfassungstextlichen Abstützung des Bundesverfassungsgerichts für die Identitätskontrolle auf Art. 23 Abs. 1 Satz 3 in Verbindung mit Art. 79 Abs. 3 GG, ist es allein überzeugend, dass das Zustimmungsgesetz der Europäischen Union weiter gehende Befugnisse erteilen kann, als verfassungsrechtlich innerstaatlich möglich ist.[116] Im Völkerrechtsverkehr ist allgemein anerkannt, dass die Verfassungswidrigkeit des Zustimmungsgesetzes nicht die vertraglich eingegangenen Verpflichtungen im Außenverhältnis beeinflussen kann: So spricht Art. 27 Satz 1 der Wiener Vertragsrechtskonvention[117] davon, dass sich eine Vertragspartei nicht auf ihr innerstaatliches Recht berufen kann, um die Nichterfüllung eines Vertrags zu rechtfertigen.

Es ist also möglich, dass der Zustimmungsgesetzgeber der Europäischen Union Befugnisse einräumt, die die Verfassungsidentität im Sinne des Art. 23

---

[112] BVerfGE 134, 366 (384 Rn. 27) – OMT-Vorlagebeschluss (Hervorh. d. Verf.).

[113] BVerfGE 142, 123 (195 Rn. 137) – OMT-Urteil (Hervorh. d. Verf.).

[114] BVerfGE 140, 317 (336 Rn. 42) – Europäischer Haftbefehl II.

[115] BVerfGE 151, 202 (326 Rn. 205) – Europäische Bankenunion.

[116] Vgl. auch *Dietz*, Die europarechtsfreundliche Verfassungsidentität in der Kontrolltrias des Bundesverfassungsgerichts, AöR 142 (2017), 78 (89 f. mit Fn. 68).

[117] Wiener Übereinkommen über das Recht der Verträge vom 23.05.1969, ratifiziert von der Bundesrepublik Deutschland durch Gesetz v. 03.08.1985 (BGBl. II, S. 926), in Kraft getreten am 20.08.1987.

Abs. 1 Satz 3 GG in Verbindung mit Art. 79 Abs. 3 GG vermeintlich verletzen – eine solche Maßnahme ist dann nichtsdestotrotz unionsrechtskonform. Anders ausgedrückt: Der Zustimmungsgesetzgeber im Sinne des Art. 23 Abs. 1 Satz 2 GG *kann* der Europäischen Union im Außenverhältnis eine Ermächtigung für Handlungen erteilen, die die integrationsfeste Verfassungsidentität im Sinne des Art. 23 Abs. 1 Satz 3 GG in Verbindung mit Art. 79 Abs. 3 GG verletzen, auch wenn er dies verfassungsrechtlich nicht *darf*. Zu klären ist aber noch, ob der Unionsrechtsakt dann wegen eines Verstoßes gegen Art. 23 Abs. 1 Satz 3 GG in Verbindung mit Art. 79 Abs. 3 GG verfassungswidrig ist. Dies ist nur dann der Fall, wenn die Verfassungsidentitätsgarantie tatsächlich auch die Überprüfung sekundären Unionsrechts gestattet (dazu sogleich unter 3. und 4.). An dieser Stelle kann aber mit Bezug auf die Rechtsprechung des Bundesverfassungsgerichts schon festgehalten werden, dass ihr dogmatischer Ansatz über Art. 79 Abs. 3 GG zahlreiche Schwächen offenbart, da das Bundesverfassungsgericht „hier Können und Dürfen, also Rechtsmacht und Rechtmäßigkeit, miteinander verwechselt“[118].

3. Die konturlose Verfassungsidentität als Grenze des unionalen Vorranganspruchs

Die gravierenden Folgen, die die Ausweitung der bundesverfassungsgerichtlichen Kontrolle auf Unionssekundärrecht und sonstige Handlungen von Unionsstellen mit sich bringen, werden häufig nicht gesehen oder es wird ihnen zumindest keine hinreichende Aufmerksamkeit geschenkt.[119] Schon ganz grundsätzlich ist der Zugriff des Bundesverfassungsgerichts auf abgeleitetes Unionsrecht keinesfalls evident – es bedarf hierfür einer überzeugenden Begründung. Daneben ruft insbesondere die Verortung des Verfassungsidentitätsvorbehalts in Art. 23 Abs. 1 Satz 3 in Verbindung mit Art. 79 Abs. 3 GG Bedenken hervor.

Weder dem Bundesverfassungsgericht noch der Literatur[120] ist es bisher gelungen, rechtssicher herauszuarbeiten, was die Grundsätze des Artikels 1 und 20 GG sind, deren „Berührung“ die „integrationsfeste Ewigkeitsgarantie“ des Art. 79 Abs. 3 GG verbietet. Ist diesbezüglich aber keine hinreichende Sicherheit gegeben, so besteht die begründete Gefahr, dass das Bundesverfassungs-

---

[118] *Sauer*, Staatsrecht III, 6. Aufl. 2020, § 9 Rn. 22.

[119] Beispielhaft nur *Schweitzer/Dederer*, Staatsrecht III, 12. Aufl. 2020, Rn. 213, die die Argumentation des Bundesverfassungsgerichts zur Erstreckung der Prüfungskompetenz auch auf Handlungen der Unionsstellen „nicht ganz schlüssig“ finden, da sich der Wortlaut des Art. 23 Abs. 1 Satz 3 GG lediglich auf primäres Unionsrecht bezieht, aber die gleichzeitig die Vorgehensweise des Bundesverfassungsgerichts nichtsdestotrotz in teleologischer Auslegung für vertretbar halten.

[120] Paradigmatisch *Huber*, Grundlagen und Grenzen der Mitgliedschaft Deutschlands in der Europäischen Union, in: Festschrift Müller-Graff, 2015, S. 893 (898): „Was die Grundsätze der Art. 1 und 20 GG sind, weiß eigentlich niemand so genau.“

gericht als „Superrevisionsinstanz" nahezu jede Maßnahme einer Unionsstelle wegen eines vermeintlichen Verstoßes gegen die Verfassungsidentitätsgarantie nach einer Entscheidung des Europäischen Gerichtshofs nochmals überprüfen und gegebenenfalls für in Deutschland unanwendbar erklären könnte.[121] Damit würde ein zentrales Prinzip in der Europäischen Union – die einheitliche Rechtsgeltung unionsweit – teilweise ausgehebelt und die Rechtsgemeinschaft gefährdet.[122] Nach Art. 344 AEUV haben sich die Mitgliedstaaten jedoch dazu verpflichtet, Streitigkeiten über die Auslegung oder Anwendung der Verträge nicht anders als hierin vorgesehen – also vor dem Europäischen Gerichtshof – zu regeln. Sollte durch mitgliedstaatliche Gerichte das Unionsrecht partiell unangewendet bleiben, so stellte dies eine Vertragsverletzung dar, der mit den Mitteln der Art. 258 ff. AEUV begegnet werden kann –[123] ein auch vor dem Hintergrund der Europafreundlichkeit des Grundgesetzes (vgl. Präambel, Art. 23 Abs. 1 Satz 1 GG) unerwünschtes Ergebnis.[124] Daher muss die „Verfassungsidentität" im Unionskontext jedenfalls restriktiv ausgelegt werden – nicht jede Ausprägung beispielsweise des deutschen Demokratie- oder Rechtsstaatsprinzips kann integrationsfest vor Einwirkungen der Unionsstellen geschützt werden.[125]

4. Die Vernachlässigung des Art. 23 Abs. 1 Satz 1 GG und des Zustimmungsgesetzes

Von diesen Bedenken gegen die praktischen Auswirkungen einer Verfassungsidentitätskontrolle zu unterscheiden ist die Kritik an der dogmatischen Verwurzelung des Verfassungsidentitätsvorbehalts in der sogenannte Ewigkeitsklausel des Art. 79 Abs. 3 GG. Diese sollte nach dem Willen des verfassungsgebenden Gesetzgebers niemals als eine Art „Integrationsbollwerk" verstanden werden.[126] Den Müttern und Vätern des Grundgesetzes lag bei der Schaffung des Art. 79 Abs. 3 GG vor dem Hintergrund der Schreckensherrschaft der Nationalsozialisten und deren Machtübernahme im Januar 1933 die Sicherung der freiheitlich-demokratischen Grundordnung am Herzen. Schon allein deshalb ist eine Heranziehung des Art. 79 Abs. 3 GG wenig überzeugend.[127] Wegen der

[121] Kritisch auch *Nettesheim*, in: Oppermann/Classen/Nettesheim, Europarecht, 9. Aufl. 2021, § 10 Rn. 17: „Das Konzept der Verfassungsidentität gibt dem BVerfG die Möglichkeit, in den politisch zu verantwortenden Integrationsprozess in beinahe beliebiger Weise einzugreifen. Denn was zur Verfassungsidentität gehört (oder eben auch nicht), hängt letztlich von der subjektiven Anschauung der Richter ab […]."

[122] Vgl. *Polzin*, Verfassungsidentität, 2018, S. 182 f.

[123] Das Bundesverfassungsgericht spricht wohl mit Rekurs auf diesen Punkt von der „Inkaufnahme entsprechender Konsequenzen im Staatenverkehr", vgl. BVerfGE 123, 267 (400) – Lissabon.

[124] So auch *Polzin*, Verfassungsidentität, 2018, S. 182 f.

[125] Siehe dazu näher unten Vierter Teil D. (S. 258 ff.).

[126] Vgl. *Polzin*, Verfassungsidentität, 2018, S. 149 ff.

[127] Siehe dazu die abweichende Meinung der Richterin *Lübbe-Wolff*, in: BVerfGE 113,

statischen Verweisung der in Bezug genommenen geschützten Sachbereiche ist dem Willen des historischen verfassungsgebenden Gesetzgebers eine besonders hohe Bedeutung zuzumessen – dem verfassungsändernden Gesetzgeber ist ein Zugriff auf Art. 79 Abs. 3 GG versperrt.[128] Auch die Anordnung des verfassungsändernden Gesetzgebers im Zuge der Neuregelung des Art. 23 GG, dass Art. 79 Abs. 3 GG (vgl. Art. 23 Abs. 1 Satz 3 GG) gelten solle, bezieht sich nur auf das Stadium vor der Ratifizierung; nur auf das Verhalten des vertragsändernden Gesetzgebers.[129] Durch die Bestandssicherungsklausel in Art. 23 Abs. 1 Satz 3 in Verbindung mit Art. 79 Abs. 3 GG sollen die wesentlichen Staatsstrukturmerkmale der Bundesrepublik Deutschland geschützt werden. Insofern ist es aber – wie es Wortlaut und Systematik auch anordnen – ganz zutreffend, wenn diese Kontrolle vor allem bei der Ratifikation des Zustimmungsgesetzes zu europäischem Primärrecht durchgeführt wird.[130] Denn dass nach einer Feststellung der Verfassungsmäßigkeit des Zustimmungsgesetzes spätere Handlungen der Unionsstellen geeignet wären, insbesondere die *deutschen* Staatsstrukturprinzipien des Art. 20 GG in ihren Grundsätzen auszuhöhlen, ist schließlich kaum vorstellbar: Eine Unionshandlung kann durchaus beispielsweise gegen elementare Ausprägungen der Rechtsstaatlichkeit verstoßen – dies führt aber nicht dazu, dass damit zugleich auch Grundzüge der Rechtsstaatlichkeit der Bundesrepublik Deutschland im Sinne des Art. 79 Abs. 3 GG verletzt wären.[131] Die Kontrolle der Einhaltung demokratischer und rechtsstaatlicher Grundsätze muss also vielmehr anhand der Struktursicherungsklausel in Art. 23 Abs. 1 Satz 1 GG erfolgen, die die Verfasstheit auf Unionsebene in den Blick nimmt. Hiermit kann auch – so wie es bei der Schaffung der Norm beabsichtigt war – den Besonderheiten eines supranational organisierten Staatenverbundes Rechnung getragen werden.

Hingegen folgt aus der Verfassungsidentitätsgarantie des Art. 23 Abs. 1 Satz 3 in Verbindung mit Art. 79 Abs. 3 GG, dass der deutsche Vertragsgesetz-

273 (336) – Europäischer Haftbefehl I: „Art. 79 Abs. 3 GG als verfassungsrechtliche Grenze der europäischen Integration ist in diesem Urteil zu Recht mit Vorsicht gehandhabt worden, denn Sinn dieser Bestimmung ist es, einen Rückfall unseres Landes in Diktatur und Barbarei auszuschließen, und nichts dient diesem Ziel mit höherer Wahrscheinlichkeit als Deutschlands Integration in die Europäische Union."

[128] Vgl. *Möllers/Redcay*, Das Bundesverfassungsgericht als europäischer Gesetzgeber oder als Motor der Union?, EuR 2013, 409 (426); *Sannwald*, in: Schmidt-Bleibtreu/Hofmann/Henneke, GG, 14. Aufl. 2018, Art. 79 Rn. 36 f.

[129] *Sauer*, Der novellierte Kontrollzugriff des Bundesverfassungsgerichts auf das Unionsrecht, EuR 2017, 186 (196). Vgl. auch *Polzin*, Verfassungsidentität, 2018, S. 179 f., die betont, dass Art. 79 Abs. 3 GG nur Vorgaben für die Gestalt des Grundgesetzes aufstellen und keine Bindung für die Unionsstellen entfalten könne.

[130] Vgl. *Thiele*, Die Integrationsidentität des Art. 23 Abs. 1 GG als (einzige) Grenze des Vorrangs des Europarechts, EuR 2017, 367 (376).

[131] Siehe auch *Bergmann/Karpenstein*, Identitäts- und Ultra-vires-Kontrolle durch das Bundesverfassungsgericht – Zur Notwendigkeit einer gesetzlichen Vorlageverpflichtung, ZEuS 2009, 529 (533).

geber aufgrund der Verfassung dazu verpflichtet wird, das Zustimmungsgesetz so auszugestalten, dass eine Verletzung insbesondere der Grundsätze der Art. 1 und 20 GG möglichst ausgeschlossen ist.[132] Dies ist vor allem dadurch gelungen, dass sich die Europäische Union in Art. 2 Satz 1 EUV unter anderen zu den Werten der Achtung der Menschenwürde, der Freiheit, der Demokratie, der Gleichheit und der Rechtsstaatlichkeit bekennt. Nichtsdestotrotz begrenzt Art. 23 Abs. 1 Satz 3 in Verbindung mit Art. 79 Abs. 3 GG – wie auch bereits weiter oben ausgeführt –[133] den Vorranganspruch des Unionsrechts. Sieht man von der sogenannten Ewigkeitsgarantie des Art. 79 Abs. 3 GG die souveräne Staatlichkeit der Bundesrepublik Deutschland als geschützt an, so bedeutete – beispielsweise und höchst hypothetisch – die in einer Verordnung enthaltene Ausrufung eines europäischen Bundesstaates eine Verfassungsidentitätsverletzung.[134]

Anknüpfungspunkt für eine bundesverfassungsgerichtliche Kontrolle des unionalen Einigungsprozesses bildet aber in erster Linie die Struktursicherungsklausel des Art. 23 Abs. 1 Satz 1 GG. Dabei kann insbesondere die Prüfung verlangt werden, ob die Europäische Union aufgrund bestimmter Entwicklungen noch den verfassungsrechtlichen Vorgaben des dem Anwendungsvorrang des Unionsrechts nicht unterliegenden Art. 23 Abs. 1 Satz 1 GG gerecht wird. Denn nach Art. 23 Abs. 1 Satz 1 GG muss die Europäische Union fortlaufend demokratischen, rechtsstaatlichen, sozialen und föderativen Grundsätzen sowie dem Grundsatz der Subsidiarität verpflichtet sein und einen diesem Grundgesetz im Wesentlichen vergleichbaren Grundrechtsschutz gewährleisten. Verletzt die Europäische Union durch Handlungen ihrer Organe, Einrichtungen und sonstigen Stellen *strukturell*[135] diese Grundsätze, wird das hierzu ermächtigende Zustimmungsgesetz verfassungswidrig.[136]

Insoweit kommen also theoretisch sowohl Verstöße gegen Art. 23 Abs. 1 Satz 1 GG als auch gegen Art. 23 Abs. 1 Satz 3 in Verbindung mit Art. 79 Abs. 3 GG in Betracht, die beide die Vorrangwirkung des Zustimmungsgesetzes be-

---

[132] Vgl. *Dietz*, Die europarechtsfreundliche Verfassungsidentität in der Kontrolltrias des Bundesverfassungsgerichts, AöR 142 (2017), 78 (90); *Schiffbauer*, Über Hoheitsrechte und deren „Übertragbarkeit", AöR 141 (2016), 551 (572 f.).

[133] Siehe dazu Zweiter Teil C. VI. (S. 102 ff.).

[134] Dazu noch unten Vierter Teil D. I. 3. c) (S. 267).

[135] Diese strukturelle Verletzung kann in Abhängigkeit von der Schwere des Verstoßes auch schon bei einer einzelnen unionalen Handlung der Organe, Einrichtungen und sonstigen Stellen vorliegen.

[136] *Kees*, Grundlagen und Grenzen der europäischen Integration, in: Scheffczyk/Wolter, Linien der Rechtsprechung des Bundesverfassungsgerichts, Band 4, 2017, S. 439 (465) lehnt eine nachträgliche Möglichkeit der Verfassungswidrigkeit des Zustimmungsgesetzes ab, da bereits das Urteil des Europäischen Gerichtshofs keine Bindungswirkung entfalte. Darauf ist jedoch zu entgegnen, dass dies grundsätzlich wegen der Weite des Zustimmungsgesetzes zu Art. 19 Abs. 1 Uabs. 1 Satz 2 EUV der Fall ist – dies gilt nur dann nicht, wenn ebendiese Weite als verfassungswidrig einzuordnen ist.

schränken.[137] Die Struktursicherungsklausel des Art. 23 Abs. 1 Satz 1 GG enthält Voraussetzungen, denen die Europäische Union gerecht werden muss, während Art. 23 Abs. 1 Satz 3 in Verbindung mit Art. 79 Abs. 3 GG auf nationaler Ebene den „Kern" der deutschen Verfassung zu sichern beabsichtigt.[138] Die Vorbehalte aus Art. 23 Abs. 1 Satz 1 GG und Art. 23 Abs. 1 Satz 3 in Verbindung mit Art. 79 Abs. 3 GG stehen daher nebeneinander und setzen der europäischen Integration unabhängig voneinander Schranken.[139] Indes ist es – das sei an dieser Stelle wiederholt – nach der grundsätzlichen Bejahung der Verfassungsmäßigkeit des Zustimmungsgesetzes zum Vertrag von Lissabon durch eine positive „Eingangskontrolle" vor Ratifizierung der Primärverträge unwahrscheinlich, dass ein Verstoß gegen Art. 23 Abs. 1 Satz 3 in Verbindung mit Art. 79 Abs. 3 GG in Betracht kommt, da kaum ein Unionsakt die Grundstrukturen der *deutschen* Verfassung im Sinne des Art. 20 Abs. 1 bis 3 GG zu verletzen imstande sein dürfte.[140] Auch die durch Art. 79 Abs. 3 GG ebenfalls in Bezug genommene Menschenwürdegarantie des Art. 1 Abs. 1 GG ist kaum dazu in der Lage, den Vorranganspruch des Unionsrechts infolge der Verfassungswidrigkeit des Zustimmungsgesetzes zu begrenzen. Denn das europäische Primärrecht wird den Anforderungen an die Wahrung der Menschenwürde gerecht (vgl. Art. 2 Satz 1 EUV sowie Art. 1 der Grundrechte-Charta) und hinsichtlich einzelner Fälle ist zu beachten, dass sich bei systematischer Betrachtung des Art. 23 Abs. 1 Satz 1 GG der verfassungsgebende Gesetzgeber dazu entschieden hat, dass die Europäische Union nur einen im Wesentlichen vergleichbaren Grundrechtsschutz gewährleisten, also insbesondere nicht jede Einzelausprägung der deutschen Menschenwürdegarantie des Art. 1 Abs. 1 GG auch durch die Union beachtet werden muss.[141] Hinzu kommt, dass jedenfalls Unionsstellen bei der Ausübung der in den Primärverträgen umschriebenen Befugnisse nicht an die deutschen Grundrechte gebunden sind.[142]

---

[137] Vgl. auch *Schiffbauer*, Über Hoheitsrechte und deren „Übertragbarkeit", AöR 141 (2016), 551 (571).

[138] Vgl. *Dietz*, Die europarechtsfreundliche Verfassungsidentität in der Kontrolltrias des Bundesverfassungsgerichts, AöR 142 (2017), 78 (103); *Thiele*, Die Integrationsidentität des Art. 23 Abs. 1 GG als (einzige) Grenze des Vorrangs des Europarechts, EuR 2017, 367 (375).

[139] *Thiele*, Die Integrationsidentität des Art. 23 Abs. 1 GG als (einzige) Grenze des Vorrangs des Europarechts, EuR 2017, 367 (375).

[140] Vgl. dazu auch *Thiele*, Die Integrationsidentität des Art. 23 Abs. 1 GG als (einzige) Grenze des Vorrangs des Europarechts, EuR 2017, 367 (376): „Sofern allerdings eine verfassungsrechtliche Prüfung des Zustimmungsgesetzes erfolgt ist – und das ist für die Lissabon-EU der Fall – kommt eine Verletzung der Verfassungsidentität in diesen Fällen nur dort in Betracht, wo es sich um Auswirkungen handelt, die bei dieser Vorabprüfung nicht zu antizipieren waren."

[141] A. A. *Thiele*, Die Integrationsidentität des Art. 23 Abs. 1 GG als (einzige) Grenze des Vorrangs des Europarechts, EuR 2017, 367 (376 f.).

[142] Dazu ausführlich oben Dritter Teil B. III. (S. 215 ff.). Bei deutschen Stellen, die nicht vollharmonisiertes Unionsrecht vollziehen, ist hingegen wegen der Verpflichtung in Art. 1 Abs. 3 GG zugleich eine Bindung an die Grundrechte des Grundgesetzes anzunehmen.

Das deutsche Zustimmungsgesetz ist daher also primär und stets am Maßstab der Struktursicherungsklausel des Art. 23 Abs. 1 Satz 1 GG zu messen;[143] Art. 23 Abs. 1 Satz 3 in Verbindung mit Art. 79 Abs. 3 GG rückt in den Hintergrund und betrifft Konstellationen, die vom Schutz der Struktursicherungsklausel nicht erfasst sind. Werden also insbesondere „demokratische" und „rechtsstaatliche" Grundsätze aber bereits durch Art. 23 Abs. 1 Satz 1 GG angesprochen, bleibt für einen Schutz dieser Prinzipien über Art. 23 Abs. 1 Satz 3 in Verbindung mit Art. 79 Abs. 3 GG kein Raum mehr. Was die praktischen – nicht dogmatischen – Anforderungen an Grundsatzverletzungen betrifft, bestehen zwischen Art. 23 Abs. 1 Satz 1 GG und Art. 23 Abs. 1 Satz 3 in Verbindung mit Art. 79 Abs. 3 GG aber ohnehin große Übereinstimmungen.[144] Das Bundesverfassungsgericht kann infolgedessen feststellen, dass die Europäische Union durch eine oder mehrere Handlungen ihrer Stellen nicht mehr den Strukturanforderungen des Art. 23 Abs. 1 Satz 1 GG gerecht wird oder dass eine Bestimmung des Zustimmungsgesetzes und damit der europäischen Primärverträge, mithilfe derer die Möglichkeit einhergeht, dass sogar die übrigen durch die Ewigkeitsklausel geschützten Grundsätze in der Bundesrepublik Deutschland verletzt werden, wegen eines Verstoßes gegen Art. 79 Abs. 3 GG verfassungswidrig ist. Art. 23 Abs. 1 Satz 1 GG und Art. 23 Abs. 1 Satz 3 in Verbindung mit Art. 79 Abs. 3 GG sehen also nur eine sehr eingeschränkte und auf Strukturverletzungen begrenzte Kontrolle der Entwicklungen auf Unionsebene vor – in diesem beschriebenen Rahmen ist aber eine „Identitätskontrolle" durch das Bundesverfassungsgericht statthaft, die gegebenenfalls zur (teilweisen) Verfassungswidrigkeit des Zustimmungsgesetzes führen kann.

D. Die geschützten identitätsrelevanten Bereiche im Einzelnen

I. Konzeption des Bundesverfassungsgerichts: Art. 23 Abs. 1 Satz 3 in Verbindung mit Art. 79 Abs. 3 GG

Nach dem Bundesverfassungsgericht folgt die Befugnis zur Kontrolle des von Unionsstellen gesetzten, abgeleiteten Unionsrechts – vor allem oder ausschließlich – aus Art. 23 Abs. 1 Satz 3 in Verbindung mit Art. 79 Abs. 3 GG. Diesem

[143] So auch *Sauer*, Der novellierte Kontrollzugriff des Bundesverfassungsgerichts auf das Unionsrecht, EuR 2017, 186 (197) und *Uerpmann-Wittzack*, in: v. Münch/Kunig, GG Band 1, 7. Aufl. 2021, Art. 23 Rn. 94: „Insgesamt ist aber davon auszugehen, dass eine EU, die den Anforderungen des Art. 23 Abs. 1 S. 1 genügt, auch und erst recht mit dem unantastbaren Kerngehalt des GG nach Art. 79 Abs. 3 vereinbar ist."

[144] Siehe dazu auch BVerfGE 123, 267 (363 f.) – Lissabon: „Die Struktursicherungsklausel des Art. 23 Abs. 1 Satz 1 GG begrenzt das in der Staatszielbestimmung angesprochene Mitwirkungsziel auf eine Europäische Union, die in ihren elementaren Strukturen den durch Art. 79 Abs. 3 GG auch vor Veränderungen durch den verfassungsändernden Gesetzgeber geschützten Kernprinzipien entspricht […]."

Verständnis lässt sich mit gewichtigen Argumenten entgegentreten;[145] im Folgenden sei dies jedoch als zutreffend unterstellt. Es soll in diesem Abschnitt vielmehr um die Frage gehen, welche Grenzen durch die „integrationsfeste Ewigkeitsgarantie" des Art. 23 Abs. 1 Satz 3 in Verbindung mit Art. 79 Abs. 3 GG gezogen werden und wie Handlungen der Unionsstellen aussehen könnten, die einen Verstoß hiergegen darstellten. Ausgangspunkt der Überlegungen ist dabei Art. 79 Abs. 3 GG, wonach weder die Gliederung des Bundes in Länder, noch die grundsätzliche Mitwirkung der Länder bei der Gesetzgebung, noch die in den Art. 1 und 20 GG niedergelegten Grundsätze berührt werden dürfen. Während die ersten beiden Aspekte bei Handlungen der Unionsstellen keine Rolle spielen dürften,[146] geht es maßgeblich um die Grundsätze der Art. 1 und 20 GG. Selbst der Richter am Bundesverfassungsgericht *Huber* gesteht zu: „Was die Grundsätze der Art. 1 und 20 GG sind, weiß eigentlich niemand so genau."[147]

1. *Verstoß gegen die Menschenwürde*

Relativ klar dürfte insoweit noch sein, dass ein Verstoß gegen die in Art. 1 Abs. 1 GG verbürgte Menschenwürde einen Verfassungsidentitätsverstoß bedeutet, so wie es auch in einer Entscheidung des Bundesverfassungsgerichts aus dem Jahr 2015 angenommen wurde.[148] Mit der Möglichkeit einer Berufung auf eine Verletzung der Menschenwürde geht aber die große Gefahr einher, dass der Schutzbereich zu weit gezogen wird, obwohl Art. 79 Abs. 3 GG lediglich die Grundsätze des Art. 1 GG schützen will. Insofern lässt sich aber einer Kammerentscheidung aus dem Jahr 2016[149] eine begrüßenswerte Tendenz zur restriktiven Auslegung der Menschenwürdegarantie entnehmen.[150] In dem Verfahren wandte sich der Beschwerdeführer gegen einen Auslieferungsbeschluss des Kammergerichts Berlin auf der Grundlage eines Europäischen Haftbefehls mit

145 Siehe dazu oben Vierter Teil C.II.4. (S. 254 ff.). Insbesondere wird Art. 23 Abs. 1 Satz 3 in Verbindung mit Art. 79 Abs. 3 GG vor allem als Maßstab bei der Übertragung von Hoheitsrechten auf die Europäische Union relevant.

146 So auch *Bergmann/Karpenstein*, Identitäts- und Ultra-vires-Kontrolle durch das Bundesverfassungsgericht – Zur Notwendigkeit einer gesetzlichen Vorlageverpflichtung, ZEuS 2009, 529 (533).

147 *Huber*, Grundlagen und Grenzen der Mitgliedschaft Deutschlands in der Europäischen Union, in: Festschrift Müller-Graff, 2015, S. 893 (898). Auch *Sauer*, Staatsrecht III, 6. Aufl. 2020, § 9 Rn. 67 führt aus, dass „auch die anderen über Art. 79 Abs. 3 GG abgesicherten ‚Grundsätze' des Art. 20 GG, also vor allem das Rechtsstaatsprinzip und das Sozialstaatsprinzip, ‚europarechtsfest' sind. Welche Maßnahmen der Unionsorgane es aber sein könnten, die in diesem Bereich ernstliche Probleme aufwerfen könnten, ist einstweilen noch unklar."

148 BVerfGE 140, 317 ff. – Europäischer Haftbefehl II. Siehe dazu umfassend oben Vierter Teil B.V. (S. 232 ff.). *Bäcker*, Solange IIa oder Basta I? – Das Vorratsdaten-Urteil des Bundesverfassungsgerichts aus europarechtlicher Sicht, EuR 2011, 103 (118) spricht sich allerdings dafür aus, die Identitätskontrolle nicht in Bezug auf Grundrechte in Stellung zu bringen.

149 BVerfG, Kammerbeschluss v. 06.09.2016 – 2 BvR 890/16, JZ 2016, 1113 ff.

150 Positiv auch die Besprechung bei *Gärditz*, Anmerkung zu BVerfG, Kammerbeschluss v. 06.09.2016 – 2 BvR 890/16, JZ 2016, 1116 ff.

der Begründung, dass im Vereinigten Königreich aus dem Schweigen eines Angeklagten auch negative Rückschlüsse gezogen werden könnten, was gegen die „integrationsfeste Ewigkeitsgarantie" des Art. 23 Abs. 1 Satz 3 in Verbindung mit Art. 79 Abs. 3 und Art. 1 Abs. 1 GG verstoßen sollte. Dem folgte die Zweite Kammer des Zweiten Senats nicht:

„Daraus, dass der Grundsatz der Selbstbelastungsfreiheit in der Menschenwürde wurzelt, folgt allerdings nicht, dass jede verfassungsrechtlich gewährleistete Ausprägung dieses Grundsatzes auch unmittelbar dem Schutz von Art. 1 GG unterfiele. Die Beachtung dieses Grundsatzes wird verfassungsrechtlich durch Art. 2 Abs. 1 i. V. mit Art. 20 Abs. 3 GG sowie Art. 2 Abs. 1 i. V. mit Art. 1 Abs. 1 GG sichergestellt. Nur wenn der unmittelbar zur Menschenwürde gehörende Kerngehalt der Selbstbelastungsfreiheit berührt ist, liegt auch eine Verletzung von Art. 1 GG vor. Dies wäre etwa der Fall, wenn ein Beschuldigter durch Zwangsmittel dazu angehalten würde, eine selbstbelastende Aussage zu tätigen und so die Voraussetzungen für seine strafgerichtliche Verurteilung zu schaffen. Dagegen folgt unmittelbar aus Art. 1 GG nicht, dass ein Schweigen des Beschuldigten unter keinen Umständen einer Beweiswürdigung unterzogen und gegebenenfalls zu seinem Nachteil verwendet werden darf. [...] Eine Auslieferung auf der Grundlage eines Europäischen Haftbefehls ist somit nicht schon dann unzulässig, wenn die Selbstbelastungsfreiheit im Prozessrecht des ersuchenden Staates nicht in demselben Umfang gewährleistet ist, wie dies von Verfassungs [sic] wegen im deutschen Strafverfahren der Fall ist. Vielmehr ist die Auslieferung erst dann unzulässig, wenn selbst der dem Schutz von Art. 1 GG unterfallende Kernbereich des Nemo-tenetur-Grundsatzes nicht mehr gewährleistet ist."[151]

Dieses Vorgehen überzeugt insbesondere vor dem Hintergrund, dass der Schutz der Menschenwürde auch in Art. 1 der Grundrechte-Charta verbürgt ist und selbst das Bundesverfassungsgericht seinen Verfassungsidentitätsvorbehalt nur als Reservekompetenz versteht, was nicht zu einer umfassenden einzelfallbezogenen Grundrechtskontrolle führen darf.[152] Auf der anderen Seite gilt aber auch: Immer dann, wenn nach der engen „Objektformel"[153] die Menschenwürde betroffen ist, führt dies zu einem Verstoß gegen Art. 23 Abs. 1 Satz 3 in Verbindung mit Art. 79 Abs. 3 und Art. 1 Abs. 1 GG. Eine Verengung des Gewährleistungsbereichs auf die Grundsätze des Art. 1 Abs. 1 GG lässt sich rechtspraktisch nicht bewerkstelligen – aus diesem Grund ist umso mehr auf eine enge Grenzziehung des Schutzbereichs der Menschenwürdegarantie zu achten.

---

[151] BVerfG, Kammerbeschluss v. 06.09.2016 – 2 BvR 890/16, JZ 2016, 1113 (1115).

[152] Siehe auch *Thiele*, Die Integrationsidentität des Art. 23 Abs. 1 GG als (einzige) Grenze des Vorrangs des Europarechts, EuR 2017, 367 (379): „Verfehlt wäre es daher, den Begriff der Menschenwürde soweit auszudehnen, dass praktisch jede Grundrechtsverletzung zugleich als Verstoß gegen die Verfassungsidentität anzusehen wäre."

[153] Dazu *Hong*, Der Menschenwürdegehalt der Grundrechte, 2019, S. 417 ff.

2. Verstoß gegen den „Menschenwürdekern" der anderen Grundrechte und Bedeutung von Art. 1 Abs. 2 und 3 GG

Problematisch erscheint, dass das Bundesverfassungsgericht im OMT-Urteil ausdrücklich den Schutz der Verfassungsidentitätsgarantie auch auf den „Menschenwürdekern" der anderen Grundrechte erweiterte.[154] Neben der hier noch größeren Gefahr, dass eine weitreichende Einzelfallkontrolle des Unionsrechts durch das Bundesverfassungsgericht im Hinblick auf einen wie auch immer gearteten Kern aller Grundrechte möglich erscheint,[155] fällt insbesondere die rechtssichere Bestimmung eines „Menschenwürdekerns" schwer.[156] Bei einer Gleichstellung mit der Wesensgehaltsgarantie aus Art. 19 Abs. 2 GG[157] ergibt sich das Problem, dass eine solche Konzeption zu unkritisch unterstellt, dass jedes Grundrecht über einen Menschenwürdekern verfügt, was sich mit guten Argumenten bestreiten lässt.[158] Ferner droht die Entscheidung des verfassungsgebenden Gesetzgebers in Art. 79 Abs. 3 GG, dass lediglich die Grundsätze der Art. 1 *und* 20 und nicht diejenigen der Art. 1 *bis* 20 GG geschützt werden sollen, unterlaufen zu werden, wenn auch jedes andere Freiheits- oder Gleichheitsgrundrecht mit der Berufung auf die Verletzung seines Menschenwürdekerns gegen die Unionshandlung in Stellung gebracht werden kann.[159]

Außerdem besteht rechtspraktisch gesehen auf dem Boden der Konzeption des Bundesverfassungsgerichts zum Grundrechtsvorbehalt und zum Verfassungsidentitätsvorbehalt das Problem, festzustellen, ob bereits der „Menschenwürdekern" eines Grundrechts betroffen ist oder ob es sich lediglich um ein „normales" Rechtsproblem dieses gerügten Grundrechts handelt. Ersteres er-

---

[154] BVerfGE 142, 123 (195 Rn. 138) – OMT-Urteil. Kritisch auch *Thiele*, Die Integrationsidentität des Art. 23 Abs. 1 GG als (einzige) Grenze des Vorrangs des Europarechts, EuR 2017, 367 (377 Fn. 52).

[155] *Burchardt*, Die Ausübung der Identitätskontrolle durch das Bundesverfassungsgericht, ZaöRV 76 (2016), 527 (544). Nicht überzeugend ist es beispielsweise, wenn *Thüsing/Mathy*, Kirchliche Loyalitätspflichten im Zugriff des EuGH – Zugleich Besprechung des Urteils des EuGH IR gegen JQ (C-68/17), BB 2018, 2805 (2808 f.) das kirchliche Selbstbestimmungsrecht als Ausfluss eines Menschenwürdekerns von Art. 4 Abs. 1 und 2 GG begreifen.

[156] Vgl. *Polzin*, Verfassungsidentität, 2018, S. 186.

[157] Dafür *Huber*, in: v. Mangoldt/Klein/Starck, GG Band 1, 7. Aufl. 2018, Art. 19 Rn. 128, 152; *Simon*, Grenzen des Bundesverfassungsgerichts im europäischen Integrationsprozess, 2016, S. 117. Dagegen *Hong*, Der Menschenwürdegehalt der Grundrechte, 2019, S. 633.

[158] Siehe dazu insbesondere *Hong*, Der Menschenwürdegehalt der Grundrechte, 2019, passim und *Even*, Die Bedeutung der Unantastbarkeitsgarantie des Art. 79 Abs. 3 GG für die Grundrechte, 1988, S. 133 ff., die aber ebenfalls bei allen Grundrechten einen Menschenwürdeausfluss erkennen. Wie hier kritisch *Polzin*, Verfassungsidentität, 2018, S. 186 und *Thiele*, Die Integrationsidentität des Art. 23 Abs. 1 GG als (einzige) Grenze des Vorrangs des Europarechts, EuR 2017, 367 (377 mit Fn. 52).

[159] Vgl. dazu *Dietz*, Die europarechtsfreundliche Verfassungsidentität in der Kontrolltrias des Bundesverfassungsgerichts, AöR 142 (2017), 78 (99 f. mit Fn. 137) und *Thiele*, Die Integrationsidentität des Art. 23 Abs. 1 GG als (einzige) Grenze des Vorrangs des Europarechts, EuR 2017, 367 (377).

möglichte eine einzelfallbezogene bundesverfassungsgerichtliche Identitätskontrolle, während sich das Bundesverfassungsgericht bei einem „normalen Grundrechtsproblem“ infolge seiner Solange II-Rechtsprechung nicht für zuständig hält, solange die Europäische Union im Allgemeinen einen wesentlich vergleichbaren Grundrechtsschutz gewährleistet.[160]

Daneben besteht keine Notwendigkeit, explizit den „Menschenwürdekern“ der anderen Freiheits- und Gleichheitsgrundrechte von der Verfassungsidentität als umfasst anzusehen. Denn so schwierig die Bestimmung eines „Menschenwürdekerns“ auch sein dürfte, spricht vieles dafür, dass immer dann, wenn der „Menschenwürdekern“ eines Grundrechts betroffen ist, zugleich auch der Schutzbereich des Art. 1 Abs. 1 GG eröffnet ist.[161] Insofern müsste also geltend gemacht werden, dass sich das gerügte Grundrechtsproblem aufgrund seiner Auswirkungen bereits zu einem Menschenwürdeproblem komprimiert hat. Allein in diesem Rahmen ist eine Verfassungsidentitätskontrolle durch das Bundesverfassungsgericht statthaft, wenn man dem grundsätzlichen Begründungsansatz des Bundesverfassungsgerichts folgt. Gerade die oben kurz wiedergegebene Kammerentscheidung liegt ganz auf dieser Linie: Eine Verfassungsidentitätskontrolle kommt allein dann in Betracht, wenn sich das grundrechtliche Problem so verdichtet, dass der Schutzbereich der Menschenwürde aus Art. 1 Abs. 1 GG betroffen ist.

Es sei allerdings darauf hingewiesen, dass durch die nun selbst zugestandene Befugnis der Prüfung einer Verletzung von Grundrechten aus der europäischen Grundrechte-Charta[162] das aufgezeigte Problem in der Zukunft wohl weniger praktisch relevant wird. Denn wenn das Bundesverfassungsgericht auch eine Verletzung der Charta-Grundrechte prüfen kann, ist es für den einzelnen Beschwerdeführer nicht länger erforderlich, geltend zu machen, dass sich das Grundrechtsproblem zu einem Menschenwürdeproblem verdichtet hat. Auch der Zweite Senat des Bundesverfassungsgerichts sprach in einem aktuellen Beschluss nun davon, dass durch die Kontrollmöglichkeit der Charta-Grundrechte eine Berührung der grundrechtlichen Identitätsgarantie aus Art. 1 Abs. 1 in Verbindung mit Art. 23 Abs. 1 Satz 3 und Art. 79 Abs. 3 GG „in der Regel vermieden“ werden dürfte.[163] Vielmehr genügt es im unionsrechtlich vollständig determinierten Bereich, eine Verletzung der Charta-Grundrechte zu rügen, um eine materiell-rechtliche Prüfung durch das Bundesverfassungsgericht zu ermöglichen. Freilich geschieht diese Prüfung anhand der Grundrechte-Charta

---

[160] Vgl. *Sauer*, Staatsrecht III, 6. Aufl. 2020, § 9 Rn. 39.

[161] Ähnlich *Kment*, in: Jarass/Pieroth, GG, 16. Aufl. 2020, Art. 79 Rn. 15; *Sachs*, in: ders., GG, 9. Aufl. 2021, Art. 79 Rn. 51.

[162] Siehe dazu BVerfGE 152, 152 ff. – Recht auf Vergessen I und BVerfGE 152, 216 ff. – Recht auf Vergessen II und oben Dritter Teil A. VII. (S. 201 ff.).

[163] BVerfG, NJW 2021, 1518 (1520 Rn. 40) – Europäischer Haftbefehl III. Vgl. auch *Ruffert*, Europarecht und Verfassungsrecht: Unionsrechtliche Grundrechtsprüfung durch das BVerfG, JuS 2021, 374 (376).

dann unter Anerkennung der Auslegungshoheit des Europäischen Gerichtshofs,[164] sodass die Verfassungsidentitätskontrolle in der Ausprägung der Gewährleistung der Menschenwürde respektive des Menschenwürdekerns der anderen Grundrechte wohl nicht ganz obsolet werden wird; zumal bisher in der Rechtsprechung des Bundesverfassungsgerichts auch noch explizit offen gelassen wurde, ob auch Normen *an sich* auf die Vereinbarkeit mit den Grundrechten aus der Charta überprüft werden können.[165]

Daneben bekennt sich das Deutsche Volk nach Art. 1 Abs. 2 GG zu unverletzlichen und unveräußerlichen Menschenrechten als Grundlage jeder menschlichen Gemeinschaft, des Friedens und der Gerechtigkeit in der Welt – ein Verstoß gegen das Prinzip der universalen Geltung der Menschenrechte durch eine unionale Handlung wird allerdings kaum jemals in Betracht kommen können.

Die Bindungswirkung der Legislative, Exekutive und Judikative an die Grundrechte nach Art. 1 Abs. 3 GG könnte theoretisch nur dann verletzt sein, wenn sich die Organe, Einrichtungen und sonstigen Stellen der Union völlig von einer Grundrechtsbindung lösten und dies auch von den deutschen Behörden bei der Anwendung von nur teilweise vereinheitlichtem Unionsrecht verlangten. Bei vollharmonisiertem Unionsrecht wird – wie bereits dargelegt –[166] legitimerweise die Grundrechtsbindung der deutschen Stellen an die Grundrechte des Grundgesetzes wegen der in diesen Fällen besonders wichtigen einheitlichen Rechtsgeltung unionsweit ausgesetzt; an deren Stelle tritt als Surrogat die Bindung an die Grundrechte der europäischen Grundrechte-Charta. Keinesfalls darf daneben – wie ebenfalls schon ausgeführt – Art. 1 Abs. 3 GG dahingehend interpretiert werden, dass dadurch sämtliche Grundrechte des Grundgesetzes am Schutz der Ewigkeitsgarantie teilhaben.

3. *Verstoß gegen die Grundsätze des Art. 20 Abs. 1 bis 3 GG*

Neben dem Schutz der Menschenwürde respektive des Menschenwürdekerns der anderen Freiheits- und Gleichheitsgrundrechte kommt den Grundsätzen des Art. 20 Abs. 1 bis 3 GG eine große Bedeutung für den Verfassungsidentitätsvorbehalt zu.

a) *Insbesondere Demokratieprinzip*

In der bisherigen Rechtsprechung des Bundesverfassungsgerichts nahm bei Verfassungsidentitätskontrollen vor allem das Demokratieprinzip eine herausragende Rolle ein.[167] Dies gilt zum einen für ultra-vires-Prüfungen, bei denen

164 So auch BVerfGE 152, 216 (244 Rn. 69) – Recht auf Vergessen II.

165 BVerfGE 152, 216 (237 Rn. 51) – Recht auf Vergessen II und in der Folge BVerfG, NJW 2020, 2699 (2703 Rn. 84) – Bestandsdatenauskunft II sowie Beschl. der 1. Kammer des Ersten Senats v. 18.08.2020, DVBl. 2021, 36 (37 f. Rn. 17).

166 Siehe dazu oben Dritter Teil A. VII. 2. (S. 205 ff.).

167 Vgl. *Kees*, Grundlagen und Grenzen der europäischen Integration, in: Scheffczyk/Wol-

es nach der (neueren) Rechtsprechung des Bundesverfassungsgerichts um den Schutz des Grundsatzes der Volkssouveränität geht.[168] Zum anderen ordnet das Bundesverfassungsgericht die Haushaltsautonomie des Deutschen Bundestages und so die Entscheidung über Einnahmen und Ausgaben als Teil des Demokratieprinzips der Verfassungsidentität des Grundgesetzes zu –[169] eine Verletzung wurde insbesondere in den von der Europäischen Zentralbank beschlossenen Programmen zum Ankauf von Staatsanleihen diskutiert, weil hierbei die konkrete Möglichkeit einer Haftungsübernahme für die Entscheidungen anderer Mitgliedstaaten erkannt wurde.[170]

In der Eilentscheidung zu CETA prüfte das Bundesverfassungsgericht, ob die Ausgestaltung des Ausschusssystems, das Änderungen am Handelsabkommen beschließen kann, ohne dass möglicherweise eine Zustimmung der Vertragsparteien erforderlich ist, einen Verstoß gegen die Grundsätze des Demokratieprinzips im Sinne des Art. 20 Abs. 1 und 2 GG darstellte.[171]

Im Urteil zur Europäischen Bankenunion, in dem es um die Verfassungsmäßigkeit zweier Verordnungen ging,[172] brachte das Bundesverfassungsgericht das Demokratieprinzip des Art. 20 Abs. 1 und 2 GG insoweit zur Geltung, als es ein Mindestmaß an demokratischer Legitimation und Kontrolle von unabhängigen Agenturen der Unionseigenverwaltung verlangte.[173] Wie im originär nationalen Bereich seien unabhängige, weisungsfreie Verwaltungsgliederungen nicht schlechthin ausgeschlossen;[174] auch auf europäischer Ebene bedürfe es aber einer spezifischen Rechtfertigung für diesen „Einflussknick" an demokratischer Legitimation, die in einer gerichtlichen Kontrolle durch den Europäischen Gerichtshof und Überwachungskompetenzen des Europäischen Parlaments gesehen werden könne.[175]

Es ist zu erwarten, dass das Bundesverfassungsgericht auch zukünftig das Demokratieprinzip in den Mittelpunkt seiner Verfassungsidentitätskonzeption rückt. Es scheint beispielsweise nicht ausgeschlossen, dass das Bundesverfassungsgericht in der anhängigen Rechtssache Egenberger[176] mit Blick auf die im

ter, Linien der Rechtsprechung des Bundesverfassungsgerichts, Band 4, 2017, S. 439 (448) und *Kube*, Affront oder Wegweisung? – Die EZB-Entscheidung des Bundesverfassungsgerichts, DVBl. 2020, 1161 (1162).

[168] Vgl. nur BVerfGE 142, 123 (199 f. Rn. 145) – OMT-Urteil.

[169] BVerfGE 151, 202 (288 f. Rn. 123) – Europäische Bankenunion. Vgl. auch BVerfG, Beschl. v. 15.04.2021, Az.: 2 BvR 547/21, Rn. 95 ff.

[170] BVerfGE 142, 123 (230 ff. Rn. 210 ff.) – OMT-Urteil; BVerfGE 146, 216 (253 ff. Rn. 54 ff. und 289 ff. Rn. 124 ff.) – PSPP-Vorlagebeschluss und BVerfGE 154, 17 (146 ff. Rn. 222 ff.) – PSPP-Urteil.

[171] BVerfGE 143, 65 (95 ff. Rn. 59 ff.) – CETA-Eilentscheidung I.

[172] Siehe dazu ausführlich oben Zweiter Teil B. IX. (S. 72 ff.).

[173] BVerfGE 151, 202 (290 f. Rn. 127) – Europäische Bankenunion.

[174] BVerfGE 151, 202 (292 f. Rn. 133) – Europäische Bankenunion.

[175] BVerfGE 151, 202 (293 Rn. 134) – Europäische Bankenunion.

[176] Dazu oben Zweiter Teil B. XI. 2. (S. 86 f.) und Zweiter Teil D. VIII. 3. (S. 153 ff.).

Lissabon-Urteil vorgenommenen Konkretisierungen des Demokratieprinzips[177] eine Verletzung desselben annimmt.[178] Insgesamt ist aber vor einer Überfrachtung des Demokratieprinzips mit verschiedensten in der mitgliedstaatlichen Kompetenz zwingend zu verbleibenden Regelungskomplexen zu warnen – nicht jede nationale Besonderheit kann über den Schutz der Grundsätze des Art. 20 Abs. 1 und 2 GG als integrationsfest qualifiziert werden. Dies erkannte auch das Bundesverfassungsgericht an:

„Ein Gleichlauf von verfassungsrechtlichen und unionsrechtlichen Anforderungen an die demokratische Legitimation und Kontrolle amtlichen Handelns ist nicht gefordert. Angesichts der unterschiedlichen Verfassungstraditionen und der verschiedenen Ausprägungen, die das Demokratiegebot in den Mitgliedstaaten erfahren hat, können die Anforderungen an das Legitimationsniveau von Maßnahmen der deutschen öffentlichen Gewalt nicht ohne weiteres auf Maßnahmen von Organen, Einrichtungen und sonstigen Stellen der Europäischen Union übertragen werden [...]. Vielmehr lässt das Grundgesetz auf der Basis von Art. 23 Abs. 1 Satz 1 GG Abweichungen von den innerstaatlichen Anforderungen an die demokratische Organisation der Verwaltung zu, wenn diese durch die Erfordernisse der auf dem Prinzip der Staatengleichheit gründenden und völkervertraglich ausgehandelten europäischen Integration bedingt sind [...].“[179]

b) Rechtsstaatsprinzip

Das Rechtsstaatsprinzip des Art. 20 Abs. 3 GG ist vom Bundesverfassungsgericht bisher im Rahmen der ultra-vires-Kontrolle zur Geltung gebracht worden:

---

[177] BVerfGE 123, 267 (357 f.): „Die europäische Vereinigung auf der Grundlage einer Vertragsunion souveräner Staaten darf allerdings nicht so verwirklicht werden, dass in den Mitgliedstaaten kein ausreichender Raum zur politischen Gestaltung der wirtschaftlichen, kulturellen und sozialen Lebensverhältnisse mehr bleibt. Dies gilt insbesondere für Sachbereiche, die die Lebensumstände der Bürger, vor allem ihren von den Grundrechten geschützten privaten Raum der Eigenverantwortung und der persönlichen und sozialen Sicherheit prägen, sowie für solche politische Entscheidungen, die in besonderer Weise auf kulturelle, historische und sprachliche Vorverständnisse angewiesen sind, und die sich im parteipolitisch und parlamentarisch organisierten Raum einer politischen Öffentlichkeit diskursiv entfalten. Zu wesentlichen Bereichen demokratischer Gestaltung gehören unter anderem die Staatsbürgerschaft, das zivile und militärische Gewaltmonopol, Einnahmen und Ausgaben einschließlich der Kreditaufnahme sowie die für die Grundrechtsverwirklichung maßgeblichen Eingriffstatbestände, vor allem bei intensiven Grundrechtseingriffen wie dem Freiheitsentzug in der Strafrechtspflege oder bei Unterbringungsmaßnahmen. Zu diesen bedeutsamen Sachbereichen gehören auch kulturelle Fragen wie die Verfügung über die Sprache, die Gestaltung der Familien- und Bildungsverhältnisse, die Ordnung der Meinungs-, Presse- und Versammlungsfreiheit oder der *Umgang mit dem religiösen oder weltanschaulichen Bekenntnis*.“ (Hervorh. d. Verf.).

[178] Dafür *Kahl*, Die Integrationsfestigkeit des deutschen Staatskirchenrechts, ZevKR 2020, 107 (133 ff.). Gegen die „Mobilisierung“ dieser Garantie spricht sich *Classen*, Das kirchliche Arbeitsrecht unter europäischem Druck – Anmerkungen zu den Urteilen des EuGH (jeweils GK) vom 17.04.2018 in der Rs. C-414/16 (Egenberger) und vom 11.09.2018 in der Rs. C-68/17 (IR), EuR 2018, 752 (765 f.) aus.

[179] BVerfGE 151, 202 (289 f. Rn. 125) – Europäische Bankenunion.

„Die Ultra-vires-Kontrolle dient darüber hinaus der Gewährleistung des Rechtsstaatsprinzips. Im innerstaatlichen Recht verlangt der Grundsatz der Gesetzmäßigkeit der Verwaltung eine gültige Aufgabenzuweisung und für Eingriffe in den Rechtskreis des Einzelnen auch eine begrenzte und näher bestimmte gesetzliche Ermächtigung der Exekutive […]. Dies gilt entsprechend für die durch die Europäische Union ausgeübte öffentliche Gewalt […]. Maßnahmen von Organen, Einrichtungen und sonstigen Stellen der Europäischen Union, die auf Kompetenzüberschreitungen beruhen, lassen sich weder auf eine gültige Aufgabenzuweisung durch die Verträge in Verbindung mit dem jeweiligen Zustimmungsgesetz stützen (Art. 5 Abs. 1 Satz 1 EUV) noch sind sie in der Lage, Eingriffe in die Rechtssphäre der Bürger zu rechtfertigen. Sie sind daher – wie im nationalen Bereich – rechtswidrig und verletzen insoweit *immer* auch das Rechtsstaatsprinzip (Art. 20 Abs. 3 GG; vgl. BVerfGE 134, 366 [388 Rn. 30]).“[180]

Das kann in dieser Pauschalität freilich nicht überzeugen – die bloße rechtsfehlerhafte Rechtsanwendung kann nicht zugleich auch stets einen Verstoß gegen die Grundsätze des deutschen Rechtsstaatsprinzips zur Folge haben, weil es an einer tauglichen Ermächtigungsgrundlage fehle. Bei ultra-vires-Akten ist aber nach hier vertretener Auffassung das Rechtsstaatsprinzip des Art. 23 Abs. 1 Satz 1 GG bei willkürlichen Entscheidungen des Europäischen Gerichtshofs in Ansehung des Prinzips der begrenzten Einzelermächtigung nach Art. 4 Abs. 1, Art. 5 Abs. 1 Satz 1, Abs. 2 EUV betroffen und insoweit eine bundesverfassungsgerichtliche Kontrolle statthaft.[181]

Daneben ist es theoretisch denkbar, Verstöße gegen die Grundsätze des Rechtsstaatsprinzips anzunehmen, wenn wesentliche Erfordernisse auf Unionsebene – Verhältnismäßigkeitsgrundsatz, Vorrang und Vorbehalt des Gesetzes, Vertrauensschutzgesichtspunkte, Unabhängigkeit der und Zugang zu den Gerichten, Gewaltenteilung – *strukturell* nicht mehr gewährleistet werden.[182] Die Voraussetzung einer strukturellen Missachtung ergibt sich daraus, dass nur die Grundsätze des Rechtsstaatsprinzips geschützt werden und von einer Grundsatzverletzung nicht schon gesprochen werden kann, wenn im Einzelfall die Anforderungen des deutschen Rechtsstaatsprinzips auf Unionsebene nicht erfüllt werden. Die Voraussetzung eines strukturellen Defizits sollte in Bezug auf die genannten Bereiche auch das Bundesverfassungsgericht fordern, welches sich hiermit noch nicht ausdrücklich beschäftigte, da es anderenfalls eine – unerwünschte, da zu weitgehende – Wächterstellung als eine Art „Superrevisionsinstanz“ über den Europäischen Gerichtshof einnähme. Die oben wiedergegebene Entscheidungspassage spricht indes für das Gegenteil.

---

180 BVerfGE 142, 123 (202 Rn. 152) – OMT-Urteil (Hervorh. d. Verf.).

181 Siehe dazu oben Zweiter Teil C. VI. (S. 102 ff.) und Zweiter Teil D. VII. (S. 123 ff.).

182 Siehe dazu auch *Thiele*, Die Integrationsidentität des Art. 23 Abs. 1 GG als (einzige) Grenze des Vorrangs des Europarechts, EuR 2017, 367 (374).

c) Souveräne Staatlichkeit

Ferner ist nach Ansicht des Bundesverfassungsgerichts[183] und der herrschenden Lehre[184] die souveräne Staatlichkeit der Bundesrepublik Deutschland und damit ihre Inhaberschaft der Kompetenz-Kompetenz als durch Art. 79 Abs. 3 GG geschützter Grundsatz in Art. 20 Abs. 1 GG niedergelegt. Ein Rechtsakt der Unionsstellen dürfte demnach also nicht diese Staatlichkeit der Bundesrepublik Deutschland – beispielsweise durch die Ausrufung eines europäischen Bundesstaates und die Inanspruchnahme einer Kompetenz-Kompetenz – aufheben. Ohne den Argumenten zu dieser Kontroverse an dieser Stelle im Einzelnen nachzugehen,[185] ist diese herrschende Ansicht überzeugend: Der pouvoir constituant hat der verfassten Gewalt durch den Auftrag zur Ausarbeitung des Grundgesetzes nicht die Befugnis erteilt, den pouvoir constituant später auszutauschen respektive zu erweitern und die Souveränität der Bundesrepublik Deutschland aufzugeben.[186] Zu diesem verfassungstheoretischen Argument kommt hinzu, dass in Art. 20 Abs. 1 GG nicht nur der Bundesstaat als Organisationsform, sondern auch die Staatlichkeit der Bundesrepublik als solche geschützt wird.[187] Für den Beitritt zu einem europäischen Bundesstaat ist daher eine Willensäußerung der verfassungsgebenden Gewalt über ein zustimmungsbedürftiges Referendum zwingend erforderlich.[188]

[183] Vgl. BVerfGE 123, 267 (331 f., 343, 347 f., 364) – Lissabon.

[184] Siehe nur *Vosgerau*, Staatliche Gemeinschaft und Staatengemeinschaft, 2016, S. 252 f. Vgl. auch ebd., S. 255: „Die souveräne Staatlichkeit ist als verfassungsrechtlicher Ausdruck des übergeordneten Selbstbestimmungsrechts der Völker ein vom Verfassungsgeber als selbstverständlich vorausgesetzter und mithin dem Grundgesetz zugrundeliegender Verfassungsgrundsatz." Daneben *Hain*, in: v. Mangoldt/Klein/Starck, GG Band 2, 7. Aufl. 2018, Art. 79 Rn. 136 und *P. Kirchhof*, Die Identität der Verfassung, in: Isensee/Kirchhof, Handbuch des Staatsrechts II, 3. Aufl. 2004, § 21 Rn. 55.

[185] Gegen einen Schutz der souveränen Staatlichkeit durch Art. 79 Abs. 3 GG spricht sich aus neuerer Zeit *Polzin*, Verfassungsidentität, 2018, S. 159 ff. aus. Siehe ferner zur strittigen Frage, ob die „Ewigkeitsgarantie" des Art. 79 Abs. 3 GG einen europäischen Bundesstaat ermöglicht: verneinend *Sachs*, in: ders., GG, 9. Aufl. 2021, Art. 79 Rn. 60; bejahend *Bryde*, in: v. Münch/Kunig, GG Band 2, 7. Aufl. 2021, Art. 79 Rn. 64. Zum Ganzen: *König*, Die Übertragung von Hoheitsrechten im Rahmen des europäischen Integrationsprozesses – Anwendungsbereich und Schranken des Art. 23 des Grundgesetzes, 2000, S. 508 ff.; *Rüß*, Vereintes Europa – das unerreichbare Staatsziel, 2005, S. 69 ff.; *Simon*, Grenzen des Bundesverfassungsgerichts im europäischen Integrationsprozess, 2016, S. 120 ff.; *Stiegemeyer*, Die parlamentarische Behandlung der europäischen Integrationsakte und ihre Prüfung durch das Bundesverfassungsgericht, 2020, S. 146 ff.

[186] Vgl. *Murswiek*, Maastricht und der pouvoir constituant – Zur Bedeutung der verfassungsgebenden Gewalt im Prozeß der europäischen Integration, Der Staat 32 (1993), 161 (163).

[187] *Hain*, in: v. Mangoldt/Klein/Starck, GG Band 2, 7. Aufl. 2018, Art. 79 Rn. 136; *P. Kirchhof*, Die Identität der Verfassung, in: Isensee/Kirchhof, Handbuch des Staatsrechts II, 3. Aufl. 2004, § 21 Rn. 55; *Sachs*, in: ders., GG, 9. Aufl. 2021, Art. 20 Rn. 7.

[188] Vgl. *Dreier*, in: ders., GG Band II, 3. Aufl. 2015, Art. 79 III Rn. 58; *Murswiek*, Maastricht und der pouvoir constituant – Zur Bedeutung der verfassungsgebenden Gewalt im Prozeß der europäischen Integration, Der Staat 32 (1993), 161 (165).

d) Republik-, Bundesstaats- und Sozialstaatsprinzip

Beeinträchtigungen der übrigen durch Art. 20 Abs. 1 GG geschützten Staatsstrukturprinzipien – also des Republik-, Bundessstaats- und Sozialstaatsprinzips – durch Handlungen der Unionsstellen sind kaum denkbar und wurden in der bisherigen Rechtsprechung des Bundesverfassungsgerichts auch nicht thematisiert.

Ein theoretisches Beispiel für einen Verstoß gegen das Republikprinzip wäre die durch eine Richtlinie geforderte Einführung einer Monarchie in den einzelnen Mitgliedstaaten.[189] Das Bundesstaatsprinzip könnte theoretisch dann betroffen sein, wenn auf Unionsebene versucht wird, Zentralisierungstendenzen in den Mitgliedstaaten zu fördern oder Einflüsse der deutschen Bundesländer gravierend zu beschneiden.[190] Da diesbezüglich aber auch offenkundig keinerlei Kompetenzen auf die Europäische Union übertragen wurden, würden solche Rechtsakte – vorausgesetzt auch der Europäische Gerichtshof bejahte ihre Gültigkeit – mit großer Gewissheit einen Verstoß gegen rechtsstaatliche Grundsätze im Sinne des Art. 23 Abs. 1 Satz 1 GG als ultra-vires-Handlung darstellen, weil die Bejahung der Gültigkeit derartiger Handlungen wohl nur auf willkürliche Art und Weise denkbar wäre.[191]

II. Eigene Konzeption: Art. 23 Abs. 1 Satz 1 GG

Nach der hier befürworteten Vorgehensweise ist Maßstab des Bundesverfassungsgerichts für die Kontrolle der Entwicklungen auf Unionsebene primär Art. 23 Abs. 1 Satz 1 GG: Die Bundesrepublik Deutschland darf zur Verwirklichung eines vereinten Europas bei der Entwicklung der Europäischen Union nur dann mitwirken, wenn diese demokratischen, rechtsstaatlichen, sozialen und föderativen Grundsätzen und dem Grundsatz der Subsidiarität verpflichtet ist und einen diesem Grundgesetz im Wesentlichen vergleichbaren Grundrechtsschutz gewährleistet.

Hinsichtlich der demokratischen, rechtsstaatlichen und sozialen Grundsätze ergeben sich im Grundsatz keine Veränderungen zur bundesverfassungsgerichtlichen Konzeption, die diese Grundsätze über Art. 79 Abs. 3 in Verbindung mit Art. 20 Abs. 1 bis 3 GG als geschützt ansieht. Allerdings sollte in der künftigen Rechtsprechung des Bundesverfassungsgerichts das Demokratieprinzip nicht überfrachtet werden und den Besonderheiten der supranational organisierten Union, die im Einzelnen anderen Anforderungen an Demokratie genügen

[189] *Huber*, Bundesverfassungsgericht und Europäischer Gerichtshof als Hüter der Gemeinschaftsrechtlichen Kompetenzordnung, AöR 116 (1991), 210 (238).

[190] *Polzin*, Das Rangverhältnis von Verfassungs- und Unionsrecht nach der neuesten Rechtsprechung des BVerfG, JuS 2012, 1 (5).

[191] Siehe dazu umfassend oben Zweiter Teil C. VI. (S. 102 ff.) und Zweiter Teil D. VII. (S. 123 ff.).

kann,[192] Rechnung getragen werden.[193] Diese Berücksichtigung möglicherweise anderer, gesenkter Anforderungen an das unionale Demokratieprinzip ist auch ein Mehrwert der Verortung in Art. 23 Abs. 1 Satz 1 GG.

Die Anforderung der Wahrung rechtsstaatlicher Grundsätze verpflichtet – über die ultra-vires-Kontrolle bei möglichen Verbandskompetenzverletzungen hinaus – dazu, sämtliche Entscheidungen des Europäischen Gerichtshofs auf die Möglichkeit einer Verletzung rechtsstaatlicher Grundsätze zu untersuchen. Dabei hat sich das Bundesverfassungsgericht – entsprechend des oben dargelegten Maßstabs – allerdings sehr zurückzuhalten, sodass ein Urteil des Europäischen Gerichtshofs kaum jemals rechtsstaatliche Grundsätze im Sinne des Art. 23 Abs. 1 Satz 1 GG zu verletzen im Stande sein dürfte. Der Gerichtshof muss nichtsdestotrotz gemäß seiner in Art. 19 Abs. 1 Uabs. 1 Satz 2 EUV beschriebenen Pflicht die unionale Herrschaftsgewalt tatsächlich und effektiv kontrollieren. In Übereinstimmung mit dem zur ultra-vires-Kontrolle bereits Ausgeführten[194] bedeutet dies, dass der Gerichtshof nicht auf willkürliche Weise zu seinem Urteilsergebnis gelangen darf.

Die Voraussetzung der Einhaltung föderativer Grundsätze und des Grundsatzes der Subsidiarität zielt insbesondere auf den Schutz der deutschen Bundesländer und auf eine weitgehende Dezentralisierung,[195] sodass auch insoweit große Übereinstimmungen mit dem Schutz der Bundesstaatlichkeit nach Art. 79 Abs. 3 in Verbindung mit Art. 20 Abs. 1 GG bestehen.

Die Strukturanforderung des im Wesentlichen vergleichbaren Grundrechtsschutzes ermöglicht dem Bundesverfassungsgericht die Wahrung des Grundrechtsschutzniveaus auf Unionsebene im Blick zu behalten. Sie ist weiter als die strikt auf die Menschenwürde bezogene Kontrolle nach Art. 79 Abs. 3 in Verbindung mit Art. 1 Abs. 1 GG gefasst; erlaubt ein Eingreifen aber erst bei der völligen Außerachtlassung eines Grundrechts.[196]

Bei alledem sollte die Kontrollintensität des Bundesverfassungsgerichts sehr zurückhaltend sein – dies ergibt sich daraus, dass zur Struktursicherungsklausel des Art. 23 Abs. 1 Satz 1 GG auch das Staatsziel gehört, zur Verwirklichung eines vereinten Europas an der Entwicklung der Europäischen Union zu partizipieren. Erscheint eine Verletzung der Struktursicherungsklausel des Art. 23 Abs. 1 Satz 1 GG durch eine Handlung der Unionsstellen konkret möglich, so ist stets vorab unter Verweis auf Bedenken im Hinblick auf die Achtung der na-

---

[192] Dies anerkennt auch das Bundesverfassungsgericht, wenn es mit Blick auf die Einhaltung der demokratischen Grundsätze durch die Europäische Union keine „strukturelle Kongruenz“ mit dem deutschen Demokratieprinzip fordert, siehe BVerfGE 123, 267 (365 f.) – Lissabon. Vgl. auch BVerfGE 151, 202 (289 f. Rn. 125) – Europäische Bankenunion.

[193] Dazu auch *Büdenbender*, Das Verhältnis des Europäischen Gerichtshofs zum Bundesverfassungsgericht, 2005, S. 223.

[194] Siehe dazu oben Zweiter Teil D. VII. (S. 123 ff.).

[195] *Streinz*, in: Sachs, GG, 9. Aufl. 2021, Art. 23 Rn. 32 ff.

[196] Siehe dazu schon oben Dritter Teil B. III. (S. 215 ff.).

tionalen Identität nach Art. 4 Abs. 2 Satz 1 EUV[197] ein Vorabentscheidungsersuchen gemäß Art. 267 AEUV an den Europäischen Gerichtshof zu richten. Dies gilt – wie schon im Rahmen des ultra-vires-Vorbehalts befürwortet –[198] auch dann, wenn der primäre, mögliche identitätsverletzende Akt in einer Entscheidung des Europäischen Gerichtshofs wurzelt. Insofern sollte das Bundesverfassungsgericht beispielsweise im Fall Egenberger[199] eine (nochmalige) Vorlage an den Europäischen Gerichtshof in Erwägung ziehen, in welcher in substantiierter Weise auf die – vermeintliche – Identitätsrelevanz des Judikats des Gerichtshofs wegen einer möglichen Berührung der Grundsätze des Art. 140 GG in Verbindung mit Art. 137 Abs. 3 Satz 1 WRV (die dem Europäischen Gerichtshof im vom Bundesarbeitsgericht eingeleiteten Vorabentscheidungsverfahren in dem möglichen Ausmaß vielleicht noch nicht bewusst gewesen ist) aufmerksam gemacht wird. Dies würde den Luxemburger Richtern die Möglichkeit geben, in unional rechtmäßiger Weise vor dem Hintergrund und der Bedeutung der Achtung nationaler Identität in Art. 4 Abs. 2 Satz 1 EUV ihr Urteil im Dialog mit dem Bundesverfassungsgericht zu überprüfen. Diese Pflicht zur Anrufung des Europäischen Gerichtshofs ergibt sich schon daraus, dass von einem Grundsatzverstoß im Sinne des Art. 23 Abs. 1 Satz 1 GG erst dann ausgegangen werden kann, wenn die strukturverletzende Handlung auch durch das unionale Rechtsschutzsystem aufrechterhalten wird.[200] Im Regelfall vermag aber nicht bereits eine einzige Handlung der Unionsstellen, die im Hinblick auf die in Art. 23 Abs. 1 Satz 1 GG genannten Bereiche bedenklich erscheint, zugleich eine *Grundsatz*verletzung begründen. Das dürfte wohl eher bei einer defizitären und strukturell negativen Gesamtentwicklung auf Unionsebene in Betracht kommen. Das Bundesverfassungsgericht sollte sich also weitgehend zurückziehen und die Aufgabe zur Wahrung der in Art. 23 Abs. 1 Satz 1 GG genannten Grundsätze – die im Wesentlichen insbesondere den in Art. 2 EUV niedergelegten Werten entsprechen – dem Europäischen Gerichtshof anvertrauen.[201] Dieser muss bei seiner Urteilsfindung allerdings stets auch die von Art. 23 Abs. 1 Satz 1 GG geforderten rechtsstaatlichen Grundsätze wahren. Der Europäische Gerichtshof darf also insbesondere nicht willkürlich zu einer Entscheidung gelangen; er muss tatsächlich und effektiv die Handlungen der Unionsstellen kontrollieren und seine Urteilsfindung muss nachvollziehbar erscheinen. Wie aber auch schon im Rahmen der ultra-vires-Kontrolle hervorgehoben,[202] hat die Kontrolldichte des Bundesverfassungsgerichts wegen der Anforderung

---

197 Dazu ausführlich unten Vierter Teil G. (S. 291 ff.).

198 Siehe dazu oben Zweiter Teil D. VII. 3. (S. 129 ff.).

199 Siehe dazu oben Zweiter Teil B. XI. 2. (S. 86 f.) und Zweiter Teil D. VIII. 3. (S. 153 ff.).

200 So auch *Thiele*, Die Integrationsidentität des Art. 23 Abs. 1 GG als (einzige) Grenze des Vorrangs des Europarechts, EuR 2017, 367 (378).

201 Vgl. *Polzin*, Verfassungsidentität, 2018, S. 179 f.

202 Siehe dazu oben Zweiter Teil D. VII. (S. 123 ff.).

an eine *Grundsatz*verletzung dabei sehr gering zu sein. Nur im äußersten Fall darf das Bundesverfassungsgericht intervenieren: So verstanden handelt es sich auch bei dem Struktursicherungsvorbehalt im besten Sinne um eine Residualkompetenz. Konkrete Fallkonstellationen, in denen ein Eingreifen des Bundesverfassungsgerichts möglich und erforderlich erscheint, lassen sich im Hinblick auf die nicht vorhersehbaren Entwicklungen im europäischen Integrationsprozess nicht abschließend im Vorfeld benennen. Dies gilt sowohl für die hier vertretene Konzeption, die im Wesentlichen auf Art. 23 Abs. 1 Satz 1 GG beruht, als auch für das vom Bundesverfassungsgericht befürwortete Konzept auf der Grundlage von Art. 23 Abs. 1 Satz 3 in Verbindung mit Art. 79 Abs. 3 GG. Stets darf dabei nicht vergessen werden, dass sowohl die Präambel als auch Art. 23 Abs. 1 Satz 1 GG einen ausdrücklichen Integrationsauftrag enthalten, der um der einheitlichen Rechtsgeltung unionsweit willen nur eine sehr zurückhaltende Ausübung der Residualkompetenzen gestattet.[203] Aus diesem Grund war bisher zutreffenderweise in keinem der beim Bundesverfassungsgericht in der Vergangenheit anhängigen Verfahren (auch nicht im Beschluss zum Europäischen Haftbefehl II)[204] auf einen Identitätsverstoß zu erkennen; zwar mögen gewisse Einrichtungen (wie unabhängige Agenturen) oder Verhaltensweisen (zum Beispiel der OMT- und PSPP-Beschluss der Europäischen Zentralbank) nicht zweifelsfrei mit dem deutschen Demokratieverständnis übereinstimmen, doch erfüllen sie die demokratischen Anforderungen an eine supranational verfasste Gemeinschaft, bei der kein völliger Gleichlauf mit nationalen Verständnissen möglich ist und erwartet werden kann.

E. Verhältnis des Verfassungsidentitätsvorbehalts zu den anderen Residualkompetenzen

Auf der Grundlage der Rechtsprechung des Bundesverfassungsgerichts kann nun untersucht werden, in welchem Verhältnis der Verfassungsidentitätsvorbehalt zur im Zweiten Teil dargestellten ultra-vires-Residualkompetenz und zum im Dritten Teil behandelten Grundrechtsvorbehalt aus der Solange II-Entscheidung steht, denn das Verhältnis dieser Kontrollvorbehalte zueinander ist ungeklärt.[205]

---

[203] So auch *Thiele*, Die Integrationsidentität des Art. 23 Abs. 1 GG als (einzige) Grenze des Vorrangs des Europarechts, EuR 2017, 367 (377).

[204] Zumindest wäre in diesem Verfahren die Einleitung eines Vorabentscheidungsverfahrens notwendig gewesen, das detailliertere Auskünfte zur Grundrechtsrechtsprechung des Europäischen Gerichtshofs – insbesondere zu dessen Menschenwürderechtsprechung – erbeten hätte.

[205] Vgl. *Calliess*, Konfrontation statt Kooperation zwischen BVerfG und EuGH?, NVwZ 2020, 897 (900); *Huber*, in: Streinz, EUV/AEUV, 3. Aufl. 2018, Art. 19 EUV Rn. 88.

I. Verhältnis der ultra-vires-Kontrolle zum Verfassungsidentitätsvorbehalt

Höchst unklar ist, in welcher Beziehung die ultra-vires-Kontrolle zur Reservekompetenz hinsichtlich der Wahrung der Verfassungsidentität steht.[206] Dies ergibt sich daraus, dass oftmals nicht genau herausgearbeitet wird, was die eigentliche verfassungsdogmatische Grundlage für den ultra-vires-Vorbehalt ist.[207]

1. Stimmen für ein Nebeneinander der beiden Integrationsvorbehalte

Im Schrifttum sprechen sich – sofern auf die Frage überhaupt eingegangen wird – einige Stimmen dafür aus, dass die ultra-vires-Kontrolle und die Verfassungsidentitätskontrolle selbständig nebeneinander stehen.[208] Sie seien jeweils voneinander gänzlich unabhängige Kontrollinstrumente – die ultra-vires-Kontrolle betreffe die Prüfung der Grenzen des *Übertragenen*, während es bei der Prüfung der Einhaltung der Verfassungsidentität um die Grenzen des *Übertragbaren* gehe. Daher bestünden für diese beiden Residualkompetenzen zwei verschiedene Prüfungsmaßstäbe, die die Kontrollinstrumente voneinander loslösten.[209] Außerdem sollen „die Wertigkeit der Schutzobjekte, der Prüfungsmaßstab sowie die Konsequenzen" die Selbständigkeit der beiden Integrationsvorbehalte nahelegen.[210] Auch hätten die Verfassungsidentitätskontrolle und die ultra-vires-Kontrolle – zumindest in ihrer ursprünglichen Verwendung – einen unterschiedlichen Bezugspunkt: Die Identitätskontrolle richte sich nach dem Wortlaut des Art. 23 Abs. 1 Satz 3 in Verbindung mit Art. 79 Abs. 3 GG an

---

206 *Klement*, Der Euro und seine Demokratie, ZG 2014, 169 (187): „Das Binnenverhältnis der beiden Kontrollformen ist schwer zu bestimmen."

207 Vgl. dazu schon oben Zweiter Teil C. (S. 89 ff.).

208 *Burchardt*, Die Ausübung der Identitätskontrolle durch das Bundesverfassungsgericht, ZaöRV 76 (2016), 527 (545); *Eifert/Gerberding*, Verfassungsbeschwerde und Unionsgewalt, Jura 2016, 628 (633); *Reyes y Ráfales*, Bundesverfassungsgerichtliche Kontrolle der Europäischen Integration, ZEuS 2017, 119 (128 f.); *Schwerdtfeger*, Europäisches Unionsrecht in der Rechtsprechung des Bundesverfassungsgerichts – Grundrechts-, ultra-vires- und Identitätskontrolle im gewaltenteiligen Mehrebenensystem, EuR 2015, 290 (296). Siehe auch *Nettesheim*, Kompetenzdenken als Legitimationsdenken, JZ 2014, 585 (588): „[…] wird nicht jede (auch evidente und strukturrelevante) Kompetenzüberschreitung die Verfassungsidentität berühren". Siehe auch *Huber*, Grundlagen und Grenzen der Mitgliedschaft Deutschlands in der Europäischen Union, in: Festschrift Müller-Graff, 2015, S. 893 (895 Fn. 10): „Eine Harmonisierung beider Vorbehalte […] dürfte nicht möglich sein, weil die Ultra-vires-Kontrolle eine Art Vorfeldsicherung für die in Art. 79 Abs. 3 GG geschützte Verfassungsidentität ist […]." Vgl. darüber hinaus die abweichende Meinung des Richters *Gerhardt*, in: BVerfGE 134, 366 (433 Rn. 141) – OMT-Vorlagebeschluss: „der kategoriale Unterschied zwischen beiden [zwischen der ultra-vires- und der Verfassungsidentitätskontrolle] kann gar nicht eingeebnet werden".

209 *Eifert/Gerberding*, Verfassungsbeschwerde und Unionsgewalt, Jura 2016, 628 (633).

210 *Schwerdtfeger*, Europäisches Unionsrecht in der Rechtsprechung des Bundesverfassungsgerichts – Grundrechts-, ultra-vires- und Identitätskontrolle im gewaltenteiligen Mehrebenensystem, EuR 2015, 290 (296). Was hiermit jedoch genau gemeint sein soll, bleibt unklar.

den Zustimmungsgesetzgeber und ist damit Teil einer (präventiven) *Eingangs*kontrolle im Hinblick auf das geschaffene europäische Primärrecht, während sich die ultra-vires-Kontrolle zwingend auf die Prüfung des Sekundärrechts als (nachträglicher) *Ausübungs*kontrolle[211] begrenze.[212] Bekanntlich erweitert das Bundesverfassungsgericht seine Verfassungsidentitätskontrolle aber auch auf die Prüfung des abgeleiteten Unionsrechts, sodass das Argument an Überzeugungskraft verliert.

2. *ultra-vires-Kontrolle als Unterfall des Verfassungsidentitätsvorbehalts*

Daneben wird die These vertreten, dass die ultra-vires-Kontrolle einen speziellen Anwendungsfall, eine Konkretisierung der Verfassungsidentitätskontrolle darstelle.[213] Als Grund hierfür wird angegeben, dass die ultra-vires-Kontrollbefugnis auf dem integrationsfesten Schutz der Verfassungsidentität aus Art. 23 Abs. 1 Satz 3 in Verbindung mit Art. 79 Abs. 3 GG ruhe und in dieser daher zur Gänze aufgehe.[214] Ein – qualifiziertes – ultra-vires Handeln der unionalen Organe, Einrichtungen und sonstigen Stellen verletze die durch Art. 20 Abs. 1 und Abs. 2 GG geschützten Grundsätze des Demokratieprinzips in der Ausprägung der Volkssouveränität, weil das Volk nicht von einer Hoheitsgewalt betroffen sein dürfe, welche es selbst nicht legitimiert habe. Daher sei für die Wahrung des Demokratieprinzips aus Art. 79 Abs. 3 GG in Verbindung mit Art. 20 Abs. 1 und Abs. 2 GG die ultra-vires-Kontrolle eine besondere Ausprägung des Verfassungsidentitätsvorbehalts im Sinne des Art. 23 Abs. 1 Satz 3 in Verbindung mit Art. 79 Abs. 3 GG.

3. *Verfassungsidentitätsvorbehalt als Unterfall der ultra-vires-Kontrolle*

Hierzu entgegengesetzt wird im Schrifttum vereinzelt auch die Ansicht vertreten, dass der Verfassungsidentitätsvorbehalt in der ultra-vires-Kontrolle aufgehe.[215] Begründet wird dies damit, dass der deutsche Verfassungsgesetzgeber

211 Zu den Begriffen der Eingangs- und Ausübungskontrolle vgl. *Murswiek*, Die Ultra-vires-Kontrolle im Kontext der Integrationskontrolle, EuGRZ 2017, 327 (327 f.) und oben Einleitung Fußnote 17 (S. 3 f.).

212 *Schwerdtfeger*, Europäisches Unionsrecht in der Rechtsprechung des Bundesverfassungsgerichts – Grundrechts-, ultra-vires- und Identitätskontrolle im gewaltenteiligen Mehrebenensystem, EuR 2015, 290 (294 f.).

213 *Dietz*, Die europarechtsfreundliche Verfassungsidentität in der Kontrolltrias des Bundesverfassungsgerichts, AöR 142 (2017), 78 (125 ff.); *Ludwigs*, Der Ultra-vires-Vorbehalt des BVerfG – Judikative Kompetenzanmaßung oder legitimes Korrektiv?, NVwZ 2015, 537 (539); *Müller*, in: v. Mangoldt/Klein/Starck, GG Band 2, 7. Aufl. 2018, Art. 38 Rn. 179; *Schweitzer/Dederer*, Staatsrecht III, 12. Aufl. 2020, Rn. 227.

214 *Ludwigs*, Der Ultra-vires-Vorbehalt des BVerfG – Judikative Kompetenzanmaßung oder legitimes Korrektiv?, NVwZ 2015, 537 (539); *Schweitzer/Dederer*, Staatsrecht III, 12. Aufl. 2020, Rn. 227.

215 *Klement*, Der Euro und seine Demokratie, ZG 2014, 169 (188); *Weißgärber*, Die Le-

im Zustimmungsgesetz zum Vertrag von Lissabon keine Ermächtigung für Handlungen durch die Unionsstellen erteilen durfte, welche die durch Art. 23 Abs. 1 Satz 3 in Verbindung mit Art. 79 Abs. 3 GG geschützte Verfassungsidentität verletzen: Ein solcher identitätsverletzender Rechtsakt der Europäischen Union ergehe daher sogleich auch immer außerhalb ihrer Befugnisse und daher „ultra vires".[216]

4. Beurteilung der Rechtsprechung des Bundesverfassungsgerichts

Was die Rechtsprechung des Bundesverfassungsgerichts zum Verhältnis der beiden Residualkompetenzen anbelangt, so unterscheiden sich die Bewertungen grundsätzlich: Teilweise wird durch die Begrenzung der ultra-vires-Kontrolle auf offensichtliche und strukturell bedeutsame Kompetenzverstöße im Honeywell-Beschluss[217] die Schlussfolgerung gezogen, dass die ultra-vires-Reservekompetenz des Bundesverfassungsgerichts im Verfassungsidentitätsvorbehalt aufgehe.[218] Darauf könnten tatsächlich auch spätere Äußerungen des Bundesverfassungsgerichts im OMT-Urteil deuten, welche die ultra-vires-Kontrolle vor dem Hintergrund des Demokratieprinzips und des Grundsatzes der Volkssouveränität aus Art. 20 Abs. 2 Satz 1 GG rechtfertigten.[219] So hieß es in den Urteilsgründen an einer Stelle beispielsweise:

> „Usurpieren Organe, Einrichtungen und sonstige Stellen Aufgaben und Befugnisse, die ihnen das im Zustimmungsgesetz niedergelegte Integrationsprogramm nicht übertragen hat, so verletzen sie damit den durch Art. 1 Abs. 1 GG geschützten Kern der Volkssouveränität, weil sie den Bürger einer öffentlichen Gewalt aussetzen, die er nicht legitimiert hat und auf die er angesichts des institutionellen Gefüges zwischen den Organen der Europäischen Union […] auch nicht in Freiheit und Gleichheit wirkungsvoll Einfluss nehmen kann."[220]

Insbesondere durch die Anknüpfung an die Menschenwürde gemäß Art. 1 Abs. 1 GG könnte man die Ausführungen dahingehend verstehen, dass die ultra-vires-Kontrolle einen Unterfall des weiter gehenden integrationsfesten Ver-

gitimation unabhängiger europäischer und nationaler Agenturen, 2016, S. 407 f. In diese Richtung auch *Frenz*, Ultra-vires-Kontrolle kraft Europarechts – Das Schrems-Urteil des EuGH im Vergleich zum OMT-Beschluss des BVerfG, EWS 2015, 257 (258), wenn er von der Identitätskontrolle als „Ultra-vires-Kontrolle im weiteren Sinne" spricht. Sympathien hierfür lassen auch *Ludwigs/Pascher/Sikora*, Das Bankenunion-Urteil als judikativer Kraftakt des BVerfG – Wegweisendes zu Kontrollvorbehalten und Europäischem Verwaltungsrecht (Teil I), EWS 2020, 1 (3) erkennen.

[216] *Klement*, Der Euro und seine Demokratie, ZG 2014, 169 (188).

[217] BVerfGE 126, 286 ff. Siehe dazu ausführlich oben Zweiter Teil B. VII. (S. 47 ff.).

[218] So *Proelß*, Zur verfassungsgerichtlichen Kontrolle der Kompetenzmäßigkeit von Maßnahmen der Europäischen Union: Der „ausbrechende Rechtsakt" in der Praxis des BVerfG, EuR 2011, 241 (261). Vgl. auch *Edenharter*, Auflösung von Jurisdiktionskonflikten durch eine Variierung der richterlichen Prüfungsdichte, Der Staat 57 (2018), 227 (231 f.).

[219] Vgl. BVerfGE 142, 123 (186 Rn. 115) – OMT-Urteil.

[220] BVerfGE 142, 123 (194 Rn. 135) – OMT-Urteil.

fassungsidentitätsvorbehalts aus Art. 23 Abs. 1 Satz 3 in Verbindung mit Art. 79 Abs. 3 GG darstelle.

Auf der anderen Seite könnte man die Rechtsprechung des Bundesverfassungsgerichts aber auch so interpretieren, dass die Identitätskontrolle als Unterfall der ultra-vires-Kontrolle zu verstehen sei. Dafür ließe sich ebenfalls eine Stelle im OMT-Urteil anführen, wenn davon die Rede war, dass

„auf einer primärrechtlichen Ermächtigung […] eine derartige Maßnahme nicht beruhen [kann], weil auch der mit der Mehrheit des Art. 23 Abs. 1 Satz 3 in Verbindung mit Art. 79 Abs. 2 GG entscheidende Integrationsgesetzgeber der Europäischen Union keine Hoheitsrechte übertragen *kann*, mit deren Inanspruchnahme eine Berührung der von Art. 79 Abs. 3 GG geschützten Verfassungsidentität einherginge."[221]

Denn dann würden die Schranken des Verfassungsidentitätsvorbehalts zugleich zu Schranken unionalen Handelns mit der Folge, dass jeder Verstoß gegen die Verfassungsidentität zugleich aus den der Union übertragenen Kompetenzen ausbrechen und damit einen ultra-vires-Akt darstellen würde.

Schließlich wird in der Literatur auch mit teils großer Entschiedenheit betont, dass das Bundesverfassungsgericht von einem losgelösten Nebeneinander der beiden Integrationsvorbehalte ausgehe.[222] Die Verwirrung wird vollkommen, wenn das Bundesverfassungsgericht wiederum im OMT-Urteil nicht gänzlich kohärente Ausführungen zum Verhältnis des Verfassungsidentitätsvorbehalts zur ultra-vires-Reservekompetenz machte:

„Die Identitätskontrolle einerseits und die Ultra-vires-Kontrolle andererseits stehen als *eigenständige Prüfverfahren* nebeneinander. Da hinreichend qualifizierte Kompetenzüberschreitungen zugleich die Identität der Verfassung berühren […], stellt die Ultra-vires-Kontrolle einen besonderen, an das Zustimmungsgesetz gemäß Art. 23 Abs. 1 Satz 2 GG anknüpfenden *Anwendungsfall des allgemeinen Schutzes der Verfassungsidentität* durch das Bundesverfassungsgericht dar […]. Auch wenn sich beide Kontrollvorbehalte auf Art. 79 Abs. 3 GG zurückführen lassen, liegt ihnen ein jeweils *unterschiedlicher Prüfungsansatz* zugrunde. […] Da Kompetenzen gemäß Art. 23 Abs. 1 Satz 3 GG nur in den Grenzen des Art. 79 Abs. 3 GG auf die Europäische Union übertragen werden dürfen, tritt *neben* die Ultra-vires-Kontrolle die Identitätskontrolle […]."[223]

---

221 BVerfGE 142, 123 (195 Rn. 137) – OMT-Urteil (Hervorh. d. Verf.).

222 *Giegerich*, Zwischen Europafreundlichkeit und Europaskepsis – Kritischer Überblick über die bundesverfassungsgerichtliche Rechtsprechung zur europäischen Integration, ZEuS 2016, 3 (30); *Hatje*, Warten auf Ultra vires – Kritische Würdigung des OMT-Urteils des Bundesverfassungsgerichts, IWRZ 2016, 195 (197); *Klement*, Der Euro und seine Demokratie, ZG 2014, 169 (188); *Schwerdtfeger*, Europäisches Unionsrecht in der Rechtsprechung des Bundesverfassungsgerichts – Grundrechts-, ultra-vires- und Identitätskontrolle im gewaltenteiligen Mehrebenensystem, EuR 2015, 290 (296), die allerdings auf S. 294 noch meint, dass der OMT-Beschluss die Identitätskontrolle im ultra-vires-Vorbehalt wohl aufgehen lasse. Diese fehlende Kohärenz in der Darstellung ist ein Sinnbild für die unterschiedlichen Betrachtungsweisen der einschlägigen bundesverfassungsgerichtlichen Entscheidungen.

223 BVerfGE 142, 123 (203 Rn. 153) – OMT-Urteil (Hervorh. d. Verf.).

Es spricht insgesamt wohl mehr dafür, dass das Bundesverfassungsgericht im OMT-Urteil – trotz etwas unklarer Formulierungen im Detail – grundsätzlich weiter von dem in der Lissabon-Entscheidung entwickelten Nebeneinander von ultra-vires-Kontrolle und dem Verfassungsidentitätsvorbehalt ausging,[224] weil es im OMT-Urteil in besonderer Weise die Selbständigkeit der Prüfverfahren hervorgehoben hat.[225] Zur Bestätigung hierfür könnten auch spätere Aussagen im Urteil zur Europäischen Bankenunion angeführt werden:

„Dieses Recht wird verletzt, wenn bei der Übertragung von Hoheitsrechten oder beim Vollzug des Integrationsprogramms die Grenzen des Art. 79 Abs. 3 GG nicht beachtet werden […], *oder* Organe, Einrichtungen und sonstige Stellen der Europäischen Union (*innerhalb der Grenzen des Art. 79 Abs. 3 GG*) Maßnahmen treffen, die vom Integrationsprogramm nicht gedeckt sind […]. Darüber hinaus trifft die Verfassungsorgane aufgrund der ihnen obliegenden Integrationsverantwortung eine Verpflichtung, Maßnahmen von Organen, Einrichtungen und sonstigen Stellen der Europäischen Union, die eine Identitätsverletzung bewirken, sowie *Ultra-vires-Akten, auch wenn sie nicht den gemäß Art. 23 Abs. 1 Satz 3 in Verbindung mit Art. 79 Abs. 3 GG integrationsfesten Bereich betreffen*, entgegenzutreten […].“[226]

---

[224] So auch *Berger*, Anwendungsvorrang und nationale Verfassungsgerichte, 2015, S. 156 f. und *Kees*, Grundlagen und Grenzen der europäischen Integration, in: Scheffczyk/Wolter, Linien der Rechtsprechung des Bundesverfassungsgerichts, Band 4, 2017, S. 439 (455). Vgl. BVerfGE 123, 267 (353 f.) – Lissabon: „Das Bundesverfassungsgericht hat […] bereits den Weg der Ultra-vires-Kontrolle eröffnet, die im Fall von Grenzdurchbrechungen bei der Inanspruchnahme von Zuständigkeiten durch Gemeinschafts- und Unionsorgane greift. Wenn Rechtsschutz auf Unionsebene nicht zu erlangen ist, prüft das Bundesverfassungsgericht, ob Rechtsakte der europäischen Organe und Einrichtungen sich unter Wahrung des gemeinschafts- und unionsrechtlichen Subsidiaritätsprinzips […] in den Grenzen der ihnen im Wege der begrenzten Einzelermächtigung eingeräumten Hoheitsrechte halten […]. *Darüber hinaus* prüft das Bundesverfassungsgericht, ob der unantastbare Kerngehalt der Verfassungsidentität des Grundgesetzes nach Art. 23 Abs. 1 Satz 3 in Verbindung mit Art. 79 Abs. 3 GG gewahrt ist […].“ (Hervorh. d. Verf.).

[225] Ähnlich: *Ludwigs*, Der ultra-vires-Vorbehalt des BVerfG – Judikative Kompetenzanmaßung oder legitimes Korrektiv?, NVwZ 2015, 537 (539). Vgl. dazu auch die abweichende Meinung des Richters *Gerhardt*, in: BVerfGE 134, 366 (433 Rn. 141) – OMT-Vorlagebeschluss: „Trotz einer weitgehenden Heranführung der ultra-vires-Kontrolle an die Identitätskontrolle dürfte der Senat dies nicht anders sehen; der kategoriale Unterschied zwischen beiden kann gar nicht eingeebnet werden.“ Auch der damalige Senatsvorsitzende *Voßkuhle*, in: v. Mangoldt/Klein/Starck, GG Band 3, 7. Aufl. 2018, Art. 93 Rn. 84 betont die Unterscheidung zwischen ultra-vires- und Verfassungsidentitätskontrolle.

[226] BVerfGE 151, 202 (275 f. Rn. 92, 94) – Europäische Bankenunion (Hervorh. d. Verf.). Auf. S. 325 Rn. 204 heißt es noch: „Zwar stehen die Ultra-vires-Kontrolle einerseits und die Identitätskontrolle andererseits als eigenständige Prüfverfahren nebeneinander. Auch wenn sich beide Kontrollvorbehalte auf Art. 79 Abs. 3 GG zurückführen lassen, liegt ihnen ein jeweils unterschiedlicher Prüfungsansatz zugrunde. So ist Gegenstand der Ultra-vires-Kontrolle, ob das Handeln der Organe, Einrichtungen und sonstigen Stellen der Europäischen Union von den im Zustimmungsgesetz gemäß Art. 23 Abs. 1 Satz 2 GG enthaltenen Vorgaben des Integrationsprogramms gedeckt ist oder die Maßnahme aus dem vom parlamentarischen Gesetzgeber vorgegebenen Rahmen ausbricht […], während die Identitätskontrolle nicht die Einhaltung der Reichweite der übertragenen Zuständigkeit betrifft, sondern die ‚absolute Grenze‘ des Art. 79 Abs. 3 GG […]. Verfassungsbeschwerden, die auf eine Ultra-vires- oder eine Identitätskontrol-

Gegen eine Trennung der beiden Residualkompetenzen sprechen allerdings Ausführungen an späterer Stelle:

„Soweit mit der Verfassungsbeschwerde dagegen zulässigerweise eine Verletzung des ‚Anspruchs auf Demokratie' gerügt wird, geht es um einen einzigen Prüfungsmaßstab. In diesem Fall haben Ultra-vires- und Identitätskontrolle nicht nur dieselbe verfassungsrechtliche Wurzel, sie decken sich auch im Hinblick auf das als verletzt gerügte Recht und das Ziel der Verfassungsbeschwerde. Die Ultra-vires-Kontrolle ist ein *besonderer Anwendungsfall einer auf das Demokratieprinzip bezogenen Identitätskontrolle* [...], weil mit ihr eine hinreichend qualifizierte Kompetenzüberschreitung von Organen, Einrichtungen und sonstigen Stellen der Europäischen Union verhindert werden soll, die nach ständiger Rechtsprechung des Senats zwangsläufig auch den Grundsatz der Volkssouveränität und das in Art. 38 Abs. 1 Satz 1 GG enthaltene Recht der Bürgerinnen und Bürger verletzt, keiner Hoheitsgewalt ausgesetzt zu werden, die diese nicht legitimieren und auf die sie nicht in Freiheit und Gleichheit Einfluss nehmen können. Umgekehrt kann eine mit der Berührung des ‚Anspruchs auf Demokratie' verbundene Maßnahme der Europäischen Union nicht auf einer primärrechtlichen Ermächtigung beruhen, weil auch der mit der Mehrheit des Art. 23 Abs. 1 Satz 3 in Verbindung mit Art. 79 Abs. 2 GG entscheidende Integrationsgesetzgeber der Europäischen Union keine Hoheitsrechte übertragen kann, mit deren Inanspruchnahme eine Berührung der von Art. 79 Abs. 3 GG geschützten Verfassungsidentität einherginge [...]. Mit Blick auf den ‚Anspruch auf Demokratie', sind Ultra-vires- und Identitätskontrolle somit *zwei Seiten einer Medaille*."[227]

Eine abschließende Einschätzung, wie das Bundesverfassungsgericht das Binnenverhältnis zwischen der ultra-vires-Kontrolle und dem Verfassungsidentitätsvorbehalt beurteilt, kann aufgrund der festgestellten Inkohärenzen auch in der jüngeren Rechtsprechung nicht erfolgen. Das Bundesverfassungsgericht scheint sich hinsichtlich des genauen Verhältnisses der beiden Kontrollvorbehalte zueinander unsicher zu sein, neigt wohl aber seit dem Urteil zur Europäischen Bankenunion dazu, dass dogmatisch die ultra-vires-Kontrolle einen Unterfall der Verfassungsidentitätskontrolle darstellen solle. Insbesondere bei einer Rüge des „Anspruchs auf Demokratie" aus Art. 38 Abs. 1 Satz 1 GG[228] wird sowohl eine ultra-vires-Kontrolle als auch eine Untersuchung einer Verletzung der Verfassungsidentität im Hinblick auf die Grundsätze des Demokratieprinzips aus Art. 20 Abs. 1 und 2 GG vorgenommen – in diesem Fall besteht

le zielen, haben unterschiedliche Tatbestandsvoraussetzungen: Eine hinreichend qualifizierte Kompetenzüberschreitung einerseits und die Verletzung der in Art. 79 Abs. 3 GG genannten Schutzgüter andererseits. Eine zulässige Verfassungsbeschwerde erfordert daher einen gemäß § 23 Abs. 1 Satz 2 und § 92 BVerfGG hinreichend substantiierten Vortrag zu den Voraussetzungen entweder der Ultra-vires-Rüge oder der Identitätsrüge [...] An diese Wahl der jeweils zulässig erhobenen Rüge durch den Beschwerdeführer ist das Bundesverfassungsgericht gebunden. Es kann seine Überprüfung im Rahmen der beiden Kontrollvorbehalte daher nicht auf Rechte erstrecken, die mit der Verfassungsbeschwerde nicht gerügt worden sind."

[227] BVerfGE 151, 202 (325 f. Rn. 205) – Europäische Bankenunion (Hervorh. d. Verf.).

[228] Siehe dazu noch umfassend unten Fünfter Teil A. II. 2. a) (S. 339 ff.).

also eine sehr enge Verbindung zwischen diesen beiden Residualkompetenzen.[229]

5. *Stellungnahme*

Anders als es der Konzeption des Bundesverfassungsgerichts und der herrschenden Lehre im Schrifttum entspricht, wurzeln die ultra-vires-Kontrollbefugnis, der Grundrechts- sowie der Identitätsvorbehalt in Art. 23 Abs. 1 Satz 1 GG. Alle drei Residualkompetenzen sind daher Ausprägungen der Struktursicherungselemente des Art. 23 Abs. 1 Satz 1 GG und gehen daher in dieser Bestimmung auf. Insbesondere die ultra-vires-Kontrolle, bei welcher Entscheidungen des Europäischen Gerichtshofs auf die Wahrung rechtsstaatlicher Grundsätze im Sinne des Art. 23 Abs. 1 Satz 1 GG überprüft werden, ist damit nur ein Unterfall dieser Struktursicherung. Denn jedes Urteil des Europäischen Gerichtshofs kann – unabhängig von der Frage nach einer Verbandskompetenzverletzung – nach dem hier befürworteten Maßstab auf seine Rechtsstaatlichkeit hin überprüft werden.[230] Weil die Prüfungsdichte dabei aber sehr gering ist, dürfte kaum eine Entscheidung den Anforderungen der Struktursicherungsklausel an eine rechtsstaatliche Urteilsfindung nicht gerecht werden.

Folgt man dem nicht, spricht aber auch auf Basis der herrschenden Meinung vieles dafür, dass die ultra-vires-Kontrolle bloß einen speziellen Unterfall der Verfassungsidentitätskontrolle darstellt.[231] Mit anderen Worten: Der ultra-vires-Vorbehalt geht zur Gänze im Vorbehalt der Verfassungsidentität auf. Daran vermag auch nicht zu ändern, dass die Verfassungsidentitätskontrolle im engeren Sinn und die ultra-vires-Kontrolle unterschiedliche Ansatzpunkte und Prüfungsmaßstäbe haben: Die Prüfung der Wahrung der Verfassungsidentität solle ja die Grenzen des *Übertragbaren* und die ultra-vires-Kontrolle die Grenzen des *Übertragenen* betreffen. Dies überzeugt nicht:[232] Man kann auch bei der Verfassungsidentitätskontrolle im Hinblick auf sekundäres Unionsrecht davon sprechen, dass es um die Grenzen des *Übertragenen* geht – die Unterscheidung zwischen den „Grenzen des Übertragbaren“ und den „Grenzen des Übertragenen“ ist nur dann sinnvoll und möglich, wenn man die Verfassungsidentitätskontrolle allein präventiv im Vorfeld der Übertragung von Hoheitsrechen auf die Europäische Union zur Anwendung gelangen lässt. Wie oben dargelegt, nimmt das Bundesverfassungsgericht die Verfassungsidentitätskontrolle aber auch nachträglich in Bezug auf sekundäres Unionsrecht in Anspruch. Zum anderen schließen es unterschiedliche Prüfungsansätze im Detail keinesfalls aus,

[229] BVerfGE 151, 202 (326 f. Rn. 206) – Europäische Bankenunion. Vgl. auch *Ohler*, Das Bundesverfassungsgericht als europäisches Kompetenzgericht, ZG 2020, 95 (99 f.).

[230] Siehe dazu oben Vierter Teil D. II. (S. 268 ff.).

[231] So auch explizit *Ludwigs*, Der Ultra-vires-Vorbehalt des BVerfG – Judikative Kompetenzanmaßung oder legitimes Korrektiv?, NVwZ 2015, 537 (539).

[232] Tendenziell a. A. *Sauer*, Staatsrecht III, 6. Aufl. 2020, § 9 Rn. 41.

dass die ultra-vires-Kontrolle als Unterfall eines umfassenderen Verfassungsidentitätsvorbehalts zu verstehen ist.

Jedenfalls kann die dazu gegensätzliche These, dass der Verfassungsidentitätsvorbehalt als Unterfall der ultra-vires-Kontrolle einzuordnen sei, keine Zustimmung verdienen. Der Gedankengang ist zwar auf den ersten Blick durchaus nachvollziehbar, doch leidet er an folgendem Mangel: Es ist zwar richtig, dass deutsche Verfassungsorgane im Rahmen des Zustimmungsgesetzes die Unionsorgane nicht dazu ermächtigen *dürfen*, Handlungen vorzunehmen, die in die durch Art. 23 Abs. 1 Satz 3 in Verbindung mit Art. 79 Abs. 3 GG geschützte Verfassungsidentität eingreifen – daraus folgt jedoch nicht zugleich, dass der Zustimmungsgesetzgeber die Europäische Union hierzu nicht ermächtigen *kann*. In Übereinstimmung mit der allgemeinen Auffassung im Völkerrecht, kann sich der deutsche Gesetzgeber nach außen hin in einem größeren Umfang verpflichten, als er dazu im Innenverhältnis nationalverfassungsrechtlich befugt ist.[233] Daraus folgt, dass ein die Verfassungsidentität verletzender Unionsrechtsakt nicht zwingend außerhalb der der Europäischen Union übertragenen Kompetenzen liegen muss – mit anderen Worten: Die Verfassungsidentität kann durch ein Handeln der unionalen Organe, Einrichtungen und sonstigen Stellen verletzt werden, obwohl diese *intra vires* handeln.

II. Verhältnis von Solange II zum Verfassungsidentitätsvorbehalt

Aus den Erwägungen im Dritten Teil wurde deutlich, dass der Grundrechtsvorbehalt aus der Solange II-Entscheidung mit dem grundsätzlichen Anspruch, sekundäres Unionsrecht umfassend an den Grundrechtsverbürgungen des Grundgesetzes messen zu können, einer verfassungsrechtlichen Rechtfertigungsgrundlage entbehrt und durch das Bundesverfassungsgericht aufgegeben werden sollte. Nach hier vertretener Auffassung ist eine Grundrechtskontrolle nur anhand des Strukturelements in Art. 23 Abs. 1 Satz 1 GG mit seiner Forderung nach einem im Wesentlichen vergleichbaren grundrechtlichen Schutzniveau möglich. Insofern geht der Grundrechtsvorbehalt in der Struktursicherungsklausel des Art. 23 Abs. 1 Satz 1 GG auf.

Auf Basis der Konzeption des Bundesverfassungsgerichts ist allerdings von einem Nebeneinander des Grundrechtsvorbehalts aus der Solange II-Entscheidung mit dem Konzept der Verfassungsidentitätskontrolle auszugehen, weil sich jener nicht unter Art. 23 Abs. 1 Satz 3 in Verbindung mit Art. 79 Abs. 3 GG fassen lässt.[234] Dies hat zur Folge, dass sich in zukünftigen Entscheidungen des

[233] Zum Ganzen schon oben Vierter Teil C. II. 2. (S. 249 ff.).

[234] So auch *Sauer*, Staatsrecht III, 6. Aufl. 2020, § 9 Rn. 69, der freilich mit Rekurs auf die fehlende praktische Bedeutung des Solange-Vorbehalts zugleich betont, dass dieser „theoretisch als eine Art Fossil neben der Identitätskontrolle bestehen bleiben“ dürfte. A. A. *Thiele*, Die Integrationsidentität des Art. 23 Abs. 1 GG als (einzige) Grenze des Vorrangs des Europa-

Bundesverfassungsgerichts die schwierige Frage stellen könnte, ob es sich nur um ein „normales" Grundrechtsproblem handelt, für das sich das Bundesverfassungsgericht in Folge seiner Solange II-Rechtsprechung für unzuständig erklärt hat, oder ob bereits der „Menschenwürdekern" des Grundrechts respektive sogar originär die Menschenwürde des Art. 1 Abs. 1 GG mit der Folge betroffen ist, dass eine Einzelfallkontrolle durchzuführen ist.[235] Diese Frage hat aber wohl – dies sei an dieser Stelle nochmals betont – durch die Erweiterung des Prüfungsmaßstabs des Bundesverfassungsgerichts auch auf die Verbürgungen der Grundrechte-Charta an praktischer Bedeutung verloren.[236]

F. Verfassungsidentitätsvorbehalte in anderen Mitgliedstaaten

An dieser Stelle sei – ähnlich wie bereits im Zweiten Teil zur ultra-vires-Kontrolle – untersucht, ob auch in anderen Mitgliedstaaten vergleichbare Konzeptionen zur Begrenzung des unionalen Vorranganspruchs existieren. Es geht dabei aber – in Übereinstimmung mit dem gesamten Anliegen der Arbeit – nur um solche von den mitgliedstaatlichen Gerichten in Anspruch genommene Verfassungsvorbehalte, die den unionalen Vorranganspruch begrenzen. Keine Beachtung finden hingegen Entscheidungen, die im Vorfeld der völkerrechtlich verbindlichen Ratifikation der Primärverträge Grenzen künftiger Integrationsschritte aufzeigten.

I. Vorbemerkung

In der Literatur findet sich bisweilen die Aussage, dass das durch das Bundesverfassungsgericht im Lissabon-Urteil geschaffene Konzept einer Prüfung abgeleiteten Unionsrechts auf die Wahrung der Verfassungsidentität in den anderen Mitgliedstaaten nicht verbreitet sei.[237] Allerdings hat die Rechtsprechung in Frankreich, Belgien, Italien, Tschechien, Polen, Spanien und Ungarn ähnliche Grenzen des abgeleiteten Unionsrechts entwickelt, die im Folgenden dargestellt werden. Zumindest hinsichtlich der Verwendung des Begriffs der „Verfassungs-

---

rechts, EuR 2017, 367 (368 Fn. 6), nach welchem „zu vermuten" sei, dass auch der Grundrechtsvorbehalt eine spezielle Ausprägung des Verfassungsidentitätsvorbehalts darstelle.

235 Dieses Problem erkennt auch *Sauer*, Staatsrecht III, 6. Aufl. 2020, § 9 Rn. 39, der hierzu meint: „Schließlich kann man sich kaum einen Grundrechtsfall vorstellen, der wichtig genug wäre, um den verfassungspolitischen Konflikt mit dem Vorrang des Unionsrechts zu wagen, aber nicht als Menschenwürdeproblem verhandelt werden kann." Siehe dazu schon oben Vierter Teil D. I. 2. (S. 261 ff.).

236 Siehe dazu schon oben Dritter Teil A. VII. (S. 201 ff.) und Vierter Teil D. I. 2. (S. 261 ff.).

237 *Wendel*, Kompetenzrechtliche Grenzgänge: Karlsruhes Ultra-vires-Vorlage an den EuGH, ZaöRV 74 (2014), 615 (667): „Die Identitätskontrolle des BVerfG ist […] durchaus einzigartig".

identität" ist das Bundesverfassungsgericht – wie die nachfolgenden Ausführungen beweisen sollen – im Kreis der mitgliedstaatlichen Verfassungs- und Höchstgerichte nicht allein.

II. Der Conseil constitutionnel in Frankreich

Insbesondere der französische Conseil constitutionnel kennt eine Pflicht zur Wahrung der Verfassungsidentität – seine Rechtsprechung bezieht sich dabei bisher allerdings ausschließlich auf die Grenzen bei der Umsetzungsverpflichtung von Richtlinien der Europäischen Union.[238] Nach Andeutungen in früheren Entscheidungen[239] führte der Conseil constitutionnel in einer Entscheidung aus dem Jahr 2006 aus, dass

> „[…] die Umsetzung einer Richtlinie nicht gegen eine Bestimmung oder einen Grundsatz, in welchen die *verfassungsrechtliche Identität Frankreichs* zum Ausdruck kommt, verstoßen darf, es sei denn der Vertragsgesetzgeber hätte dem zugestimmt"[240].

Zwar wird diese verfassungsrechtliche Identität Frankreichs nicht näher beschrieben,[241] doch wird ein klarer Unterschied zum Verfassungsidentitätsvorbehalt des Bundesverfassungsgerichts erkennbar: Die Verfassungsidentität Frankreichs ist keinesfalls „ewig" und nicht veränderbar – der verfassungsändernde Gesetzgeber ist befugt, die verfassungsrechtliche Identität zu ändern; es handelt sich also nicht um einen absoluten, sondern nur um einen relativ wirkenden Identitätsvorbehalt.[242] Von der verfassungsrechtlichen Identität Frankreichs dürfte jedenfalls Art. 89 Abs. 5 der Verfassung umfasst sein, nach welchem die republikanische Staatsform nicht zulässiger Gegenstand einer Ver-

---

[238] Vgl. *Walter*, Integrationsgrenze Verfassungsidentität – Konzept und Kontrolle aus europäischer, deutscher und französischer Perspektive, ZaöRV 72 (2012), 177 (185).

[239] Vgl. dazu die Nachweise bei *Walter*, Integrationsgrenze Verfassungsidentität – Konzept und Kontrolle aus europäischer, deutscher und französischer Perspektive, ZaöRV 72 (2012), 177 (184 Fn. 33). Näher dazu *Millet*, Constitutional Identity in France, in: Calliess/van der Schyff, Constitutional Identity in a Europe of Multilevel Constitutionalism, 2020, S. 134 (140 ff.).

[240] Conseil constitutionnel, Entscheidung vom 27.07.2006 – 2006-540 DC, Rn. 19; abrufbar unter: https://www.conseil-constitutionnel.fr/decision/2006/2006540DC.htm – Hervorh. d. Verf. Dieser Identitätsvorbehalt wurde auch in späteren Entscheidungen des Conseil constitutionnel hervorgehoben; siehe nur die Nachweise bei *Schill/Krenn*, in: Grabitz/Hilf/Nettesheim, Das Recht der Europäischen Union, Art. 4 EUV Rn. 32 (Stand: 65. EGL. August 2018).

[241] Vgl. *Millet*, Constitutional Identity in France, in: Calliess/van der Schyff, Constitutional Identity in a Europe of Multilevel Constitutionalism, 2020, S. 134 (146 ff.); *Schill/Krenn*, in: Grabitz/Hilf/Nettesheim, Das Recht der Europäischen Union, Art. 4 EUV Rn. 32 (Stand: 65. EGL. August 2018); *Walter*, Integrationsgrenze Verfassungsidentität – Konzept und Kontrolle aus europäischer, deutscher und französischer Perspektive, ZaöRV 72 (2012), 177 (187 f.).

[242] *C. Schönberger*, Identitäterä – Verfassungsidentität zwischen Widerstandsformel und Musealisierung des Grundgesetzes, JöR 63 (2015), 41 (57); *Walter*, Integrationsgrenze Verfassungsidentität – Konzept und Kontrolle aus europäischer, deutscher und französischer Perspektive, ZaöRV 72 (2012), 177 (187).

fassungsänderung sein kann – damit könnte auch ein Verweis auf die in Art. 2 Abs. 1 der Verfassung genannten Strukturprinzipen der Laizität, Demokratie, Sozialstaatlichkeit und des Gleichheitssatzes einhergehen,[243] wozu sich der Conseil constitutionnel allerdings bisher noch nicht äußerte. Insgesamt ist der vom Conseil constitutionnel behauptete Identitätsvorbehalt durch die ausdrückliche Möglichkeit einer Verfassungsänderung jedenfalls integrationsfreundlicher als die bundesverfassungsgerichtliche Konzeption ausgestaltet.[244]

III. Die Cour constitutionnelle in Belgien

Im Jahr 2016 hat die belgische Cour constitutionnelle in einem Verfahren betreffend den Europäischen Fiskalpakt eine Verfassungsidentität Belgiens gebildet, welche einer Unterordnung unter europäisches (Sekundär-)Recht entgegensteht.[245] Dies kam ein wenig überraschend, weil der belgische Verfassungsgerichtshof zuvor Möglichkeiten ungenutzt ließ, zum Verhältnis des Unionsrechts zum nationalen Verfassungsrecht Stellung zu nehmen und nun ein Verfahren bemühte, indem ein unionaler Sekundärrechtsakt gar nicht Streitgegenstand war.[246] Wörtlich hieß es in dem betreffenden Urteil:

> „L'article 34 de la Constitution n'autorise en aucun cas qu'il soit porté une atteinte discriminatoire à l'identité nationale inhérente aux strucures fondamentales, politiques et constitutionnelles ou aux valeurs fondamentales de la protection que la Constitution confère aux sujets de droit."[247]

[243] Siehe dazu *Rousseau*, Die Verfassungsidentität – Schutzschirm für die nationale Identität oder Teil des europäischen Sterns?, JöR n. F. 63 (2015), 91 (99 f.). Vgl. auch *Millet*, Constitutional Identity in France, in: Calliess/van der Schyff, Constitutional Identity in a Europe of Multilevel Constitutionalism, 2020, S. 134 (146 ff.) und *Walter*, Integrationsgrenze Verfassungsidentität – Konzept und Kontrolle aus europäischer, deutscher und französischer Perspektive, ZaöRV 72 (2012), 177 (188).

[244] Vgl. *C. Schönberger*, Identitäterä – Verfassungsidentität zwischen Widerstandsformel und Musealisierung des Grundgesetzes, JöR 63 (2015), 41 (57). *Millet*, Constitutional Identity in France, in: Calliess/van der Schyff, Constitutional Identity in a Europe of Multilevel Constitutionalism, 2020, S. 134 (151) meint: „[O]ne should not be afraid of constitutional identity in the French context". Vgl. aber für einen aktuellen Fall vor dem Conseil d'État die Vorratsdatenspeicherung betreffend: https://www.usine-digitale.fr/article/pourquoi-la-france-entame-t-elle-un-bras-de-fer-avec-l-europe-sur-la-conservation-des-metadonnees.N1072109.

[245] Siehe dazu auch schon *Ellerbrok/Pracht*, Das Bundesverfassungsgericht als Taktgeber im horizontalen Verfassungsgerichtsverbund – Ausstrahlungswirkungen der Rechtsprechung zum Integrationsverfassungsrecht in Europa, EuR 2021, 188 (203 f.).

[246] Dazu und mit möglichen Erklärungsansätzen zur Auswahl gerade dieses Verfahrens *Cloots*, Constitutional Identity in Belgium, in: Calliess/van der Schyff, Constitutional Identity in a Europe of Multilevel Constitutionalism, 2020, S. 59 (67 ff.).

[247] Cour constituionnelle, Urt. v. 28.04.2016 – 62/2016, abrufbar unter: https://www.const-court.be/public/f/2016/2016-062f.pdf, S. 22 (B.8.7.). Übersetzung d. Verf.: „Artikel 34 der Verfassung erlaubt in keinem Fall eine diskriminierende Verletzung der nationalen Identität, die in ihren grundlegenden politischen und verfassungsmäßigen Strukturen oder in den grundlegenden Schutzwerten, die die Verfassung den Rechtssubjekten verleiht, zum Ausdruck kommt."

Während die erste Alternative einen Gleichlauf mit der Gewährleistung der nationalen Identität in Art. 4 Abs. 2 Satz 1 EUV intendiert, wird in der zweiten Alternative von Grundwerten der belgischen Verfassung gesprochen, mit welcher eine Verfassungsidentität im Sinne des Konzepts des Bundesverfassungsgerichts gemeint sein könnte. Allerdings wurde diese Verfassungsidentität inhaltlich nicht näher konkretisiert, sodass nicht abzuschätzen ist, wie die Cour constitutionnelle in Zukunft mit ihr umgehen wird und welche Folgen ein Verstoß gegen diese Identität haben könnte.[248] Es kam aber bei der Entwicklung jedenfalls nicht zu einer Übernahme des französischen Models.[249]

IV. Die Corte Costituzionale in Italien

Auch die italienische Corte Costituzionale (Verfassungsgerichtshof) akzeptiert den uneingeschränkten Vorrang des Unionsrechts vor italienischem Verfassungsrecht nicht.[250] Zwar erlaube Art. 11 der italienischen Verfassung Beschränkungen der staatlichen Souveränität zugunsten der Europäischen Union – diese Beschränkungen sind zugleich aber Gegenbeschränkungen („controlimiti")[251] unterworfen, weil nur die Beschränkung, nicht jedoch die Preisgabe der Souveränität Italiens zulässig sei.[252] Im Zusammenhang mit den der Gemeinschaft zustehenden Rechtsetzungskompetenzen hieß es in einem Urteil aus dem Jahr 1973 in Bezug auf diese „controlimiti":

„Daher ist auszuschließen, daß derartige Beschränkungen [...] irgendwie eine unannehmbare Befugnis der Organe der EWG zur Verletzung der ‚Grundprinzipien' unserer verfassungsrechtlichen Ordnung oder der unveräußerlichen Rechte der menschlichen Person zulassen könnten. Sollte man jemals Art. 189 [heute: Art. 288 AEUV] eine so *abwegige* Interpretation geben müssen, so ist es offensichtlich, daß in dieser Hypothese stets die Garantie der Rechtskontrolle durch dieses Gericht über die fortdauernde Vereinbarkeit des Vertrages mit den vorgenannten ‚Grundprinzipien' gewährleistet wäre."[253]

---

[248] Vgl. *Cloots*, Constitutional Identity in Belgium, in: Calliess/van der Schyff, Constitutional Identity in a Europe of Multilevel Constitutionalism, 2020, S. 59 (71 ff.), der sich im Anschluss um eine Festlegung der belgischen Verfassungsidentität bemüht.

[249] Siehe schon *Ellerbrok/Pracht*, Das Bundesverfassungsgericht als Taktgeber im horizontalen Verfassungsgerichtsverbund – Ausstrahlungswirkungen der Rechtsprechung zum Integrationsverfassungsrecht in Europa, EuR 2021, 188 (204).

[250] Vgl. dazu insbesondere *Mayer*, Kompetenzüberschreitung und Letztentscheidung, 2000, S. 165 ff.

[251] Eingehend dazu *Mannefeld*, Verfassungsrechtliche Vorgaben für die europäische Integration, 2017, S. 176 ff. Siehe auch *Tizzano*, Der italienische Verfassungsgerichtshof (Corte costituzionale) und der Gerichtshof der Europäischen Union, EuGRZ 2010, 1 (4 ff.).

[252] Vgl. *Mayer*, Kompetenzüberschreitung und Letztentscheidung, 2000, S. 171; *Panara*, Offene Staatlichkeit: Italien, in: v. Bogdandy/Villalón/Huber, Handbuch Ius Publicum Europaeum Band II, Offene Staatlichkeit – Wissenschaft vom Verfassungsrecht, 2008, § 18 Rn. 34.

[253] Corte Costituzionale, Urt. v. 18.12.1973 – Nr. 185, EuR 1974, 255 (261 f.), Hervorh. d. Verf.

Es lässt sich daher festhalten, dass die Corte Costituzionale in Italien ebenfalls – und sogar zeitlich noch vor der Solange I-Entscheidung des Bundesverfassungsgerichts – ein Letztentscheidungsrecht im Verhältnis zum Europäischen Gerichtshof in Anspruch nahm, was ein weiterer Entscheidungsauszug beweist:

„It cannot therefore be stated that the Constitutional Court has no competence to verify whether or not a treaty norm, as interpreted and applied by the institutions and organs of the EEC, is in conflict with the *fundamental principles* of the Italian Constitution or violates the *inalienable rights of man*. The Constitutional Court is competent to verify the position in this regard by examining the constitutionality of the laws implementing such norms. Such a conflict, whilst being *highly unlikely*, could still happen. Moreover, it must be taken into account that, at least theoretically, it cannot be stated absolutely that all the fundamental principles of the Italian constitutional order are to be found amongst the principles which are common to the legal orders of the other Member States and are therefore included in the Community legal order."[254]

Es fällt auf, dass die Corte Costituzionale bei der Inanspruchnahme seiner Letztentscheidungskompetenz hauptsächlich mit dem Vorrang der Verfassung – insbesondere den italienischen Grundrechtsgewährleistungen und weiteren „Grundprinzipien" – argumentierte und nicht die etwaige Unanwendbarkeit von Unionsrecht wegen eines Verstoßes gegen die Verbandszuständigkeit in den Mittelpunkt seiner Ausführungen rückte.[255] Aus diesem Grund bestehen bei dem Begrenzungsmodell des italienischen Verfassungsgerichtshofs mehr Übereinstimmungen mit dem Verfassungsidentitätsvorbehalt des Bundesverfassungsgerichts als mit seiner ultra-vires-Kontrolle.[256] Die Corte Costituzionale überprüft dabei – auf Vorlage der Fachgerichte – laufend die Verfassungsmäßigkeit des italienischen Zustimmungsgesetzes zu den europäischen Verträgen. Kommt die Corte Costituzionale zu dem Ergebnis, dass der Unionsrechtsakt auf Basis des Zustimmungsgesetzes in seiner konkreten Ausgestaltung gegen die Grundzüge der Verfassung verstößt, ist das Zustimmungsgesetz insoweit verfassungswidrig und trägt den Unionsrechtsakt nicht.[257] Diese Anknüpfung an das Zustimmungsgesetz entspricht der hier vorgeschlagenen Vor-

---

[254] Corte Costituzionale, Urt. v. 13.04.1989 – Nr. 232, in: Oppenheimer, The relationship between European Community Law and National Law: The Cases 1, S. 653 (657), Hervorh. d. Verf.

[255] So auch *Mayer*, Kompetenzüberschreitung und Letztentscheidung, 2000, S. 173.

[256] *Lochmann*, Taricco I – ein Ultra-vires-Akt? Zur Rechtsfortbildung durch den EuGH, EuR 2019, 61 (65) betont die Verwandtschaft des controlimiti-Vorbehalts mit der bundesverfassungsgerichtlichen Identitätskontrolle. Siehe auch *Mannefeld*, Verfassungsrechtliche Vorgaben für die europäische Integration, 2017, S. 234: „Für eine Ultra-vires-Kontrolle der Corte costituzionale fehlt es […] an Anknüpfungspunkten."

[257] *Mayer*, Kompetenzüberschreitung und Letztentscheidung, 2000, S. 172; *Panara*, Offene Staatlichkeit: Italien, in: v. Bogdandy/Villalón/Huber, Handbuch Ius Publicum Europaeum Band II, Offene Staatlichkeit – Wissenschaft vom Verfassungsrecht, 2008, § 18 Rn. 34.

gehensweise für die Ausübung der Residualkompetenz durch das Bundesverfassungsgericht.[258]

Im Rahmen der unten noch darzustellenden Auseinandersetzung mit der Achtung der nationalen Identität aus Art. 4 Abs. 2 Satz 1 EUV in der Rechtssache M. A. S. und M. B.[259] hat die Corte Costituzionale den Europäischen Gerichtshof auch deshalb angerufen, damit die Einleitung eines „Controlimiti"-Verfahrens verhindert werden könne.[260] Zu einer Geltendmachung der „controlimiti" ist es in der Rechtsprechung der Corte Costituzionale in diesem und anderen Verfahren mit Bezug zum Unionsrecht[261] allerdings bisher noch nicht gekommen.[262]

V. Der Ústavní soud in Tschechien

Das tschechische Verfassungsgericht (Ústavní soud) hat in Anlehnung an die „controlimiti"-Rechtsprechung des italienischen Verfassungsgerichtshofs[263] ebenfalls die Souveränität und Immunität der Tschechischen Republik gegen mögliche Entwicklungen auf Unionsebene betont – den Begriff der „Verfassungsidentität" dabei allerdings vermieden[264]:

„The delegation of a part of the powers of national organs may persist only so long as these powers are exercised in a manner that is compatible with the preservation of the *foundations of state sovereignty* of the Czech Republic, and in a manner which does not

---

258 Siehe dazu insbesondere noch unten Fünfter Teil A. I. 3. (S. 334 ff.).

259 Siehe Vierter Teil G. III. 2. g) (S. 307 ff.).

260 Vgl. die Schlussanträge des Generalanwalts *Bot* vom 28.07.2017, Rs. C-42/17, ECLI:EU:C:2017:564, Rn. 10 – M. A. S. und M.B: „Die Corte costituzionale (Verfassungsgerichtshof) macht sehr deutlich, dass sie für den Fall, dass der Gerichtshof seine Auslegung von Art. 325 AEUV im Urteil Taricco u. a. mit denselben Worten aufrechterhalten sollte, das nationale Ratifizierungs- und Durchführungsgesetz zum Vertrag von Lissabon – soweit es Art. 325 AEUV ratifiziert und durchführt – für unvereinbar mit den obersten Grundsätzen seiner Verfassungsordnung erklären und die nationalen Gerichte von ihrer Pflicht zur Beachtung des Urteils Taricco u. a. entbinden könnte." Siehe daneben *Staffler*, Verfassungsidentität und strafrechtliche Verjährung – Das (vorläufige) Ende des Konflikts zweier Höchstgerichte in der Rechtssache Taricco, EuGRZ 2018, 613 (614 f.).

261 Anderes gilt für das allgemeine Völkerrecht; vgl. Corte Costituzionale Entscheidung Nr. 238/14. Siehe dazu *Mannefeld*, Verfassungsrechtliche Vorgaben für die europäische Integration, 2017, S. 195 ff. und *Raffeiner*, Jenseits der Staatenimmunität im deutsch-italienischen Staatenimmunitäten-Fall: Wege und Hürden nach dem Urteil der Corte costituzionale, ZaöRV 76 (2016), 451 ff.

262 *Fabbrini/Pollicino*, Constitutional Identity in Italy, in: Calliess/van der Schyff, Constitutional Identity in a Europe of Multilevel Constitutionalism, 2020, S. 201 (214). Vgl. auch *Panara*, Offene Staatlichkeit: Italien, in: v. Bogdandy/Villalón/Huber, Handbuch Ius Publicum Europaeum Band II, Offene Staatlichkeit – Wissenschaft vom Verfassungsrecht, 2008, § 18 Rn. 35, der die Aktivierung des Vorbehalts für „sehr unwahrscheinlich" hält.

263 So auch *Wendel*, Permeabilität im europäischen Verfassungsrecht, 2011, S. 457.

264 *Kosar/Vyhnánek*, Constitutional Identity in the Czech Republic, in: Calliess/van der Schyff, Constitutional Identity in a Europe of Multilevel Constitutionalism, 2020, S. 85 (86).

threaten the *very essence of the substantive law-based state*. Should one of these conditions for the transfer of powers cease to be fulfilled, that is, should developments in the EC, or the EU, threaten the very essence of state sovereignty of the Czech Republic or the essential attributes of a democratic state governed by the rule of law, it will be necessary to insist that these powers be once again taken up by the Czech Republic's state bodies […].“[265]

Diesen Vorbehalt hat der Ústavní soud auch in seinem ersten Urteil zum Vertrag von Lissabon bestätigt;[266] nichtsdestotrotz spielte dieser „Souveränitätsvorbehalt“ in der Rechtsprechung des tschechischen Verfassungsgerichts bisher keine herausragende Rolle. Es wird auch nicht restlos klar, ob das Konzept gegen Sekundärrecht der Unionsstellen überhaupt in Stellung gebracht werden kann oder ob es nur primärrechtsrelevante Integrationsschranken betrifft.[267] Im Mittelpunkt stand in der Vergangenheit vielmehr der ultra-vires-Vorbehalt, den der Ústavní soud auch bereits aktivierte.[268]

VI. Das Trybunał Konstytucyjny in Polen

Das polnische Verfassungsgericht hat 2010 in seiner Entscheidung zum Vertrag von Lissabon eine Verfassungsidentität angenommen, die nicht nur bezogen auf die Ähnlichkeit der aufgezählten Elemente Übereinstimmungen mit dem Konzept des Bundesverfassungsgerichts aufweist:

„The Constitutional Tribunal shares the view expressed in the doctrine that the competences, under the prohibition of conferral, manifest about a *constitutional identity*, and thus they reflect the values the Constitution is based on […]. Regardless of the difficulties related to setting a detailed catalogue of inalienable competences, the following should be included among the matters under the complete prohibition of conferral: decisions specifying the fundamental principles of the Constitution and decisions concerning the rights of the individual which determine the identity of the state, including, in particular, the requirement of protection of human dignity and constitutional rights, the principle of statehood, the principle of democratic governance, the principle of a state ruled by law, the principle of social justice, the principle of subsidiarity, as well as the requirement of

---

265 Ústavní soud, Urt. v. 08.03.2006 – Pl. ÚS 50/04. Das Urteil ist in englischer Sprache auf der Internetseite des tschechischen Verfassungsgerichts abrufbar: https://www.usoud.cz/fileadmin/user_upload/ustavni_soud_www/Decisions/pdf/Pl%20US%2050-04.pdf, S. 34 f. (Hervorh. d. Verf.).

266 Ústavní soud, Urt. v. 26.11.2008 – Pl. ÚS 19/08, Rn. 97, 196. Das Urteil ist in englischer Sprache auf der Internetseite des tschechischen Verfassungsgerichts abrufbar: https://www.usoud.cz/fileadmin/user_upload/ustavni_soud_www/Decisions/pdf/Pl%20US%20 19-08.pdf.

267 Nach *Kosar/Vyhnánek*, Constitutional Identity in the Czech Republic, in: Calliess/van der Schyff, Constitutional Identity in a Europe of Multilevel Constitutionalism, 2020, S. 85 (102) könnten das tschechische Demokratie- und Souveränitätsverständnis als Teil der Identität zu einem Konflikt mit dem Recht der Europäischen Union führen.

268 Siehe dazu schon oben Zweiter Teil E. II. 3. (S. 166 f.) und Zweiter Teil E. III. 1. (S. 172 ff.).

ensuring better implementation of constitutional values and the prohibition to confer the power to amend the Constitution and the competence to determine competences […].“[269]

Mit diesem Katalog wird zum einen negativ ausgeschlossen, was nicht auf die supranationale Ebene der Europäischen Union übertragen werden darf; zum anderen soll aber auch den unionalen Stellen eine Handlungsgrenze aufgezeigt werden.[270]

VII. Das Tribunal Constitucional in Spanien

Grob skizziert[271] wurde ein Verfassungsvorbehalt im Hinblick auf die Geltung des Unionsrechts auch durch das spanische Verfassungsgericht in seinem Gutachten[272] zur Vereinbarkeit des – gescheiterten – Verfassungsvertrags mit der Verfassung Spaniens:

„Für den kaum denkbaren Fall, dass das Recht der Europäischen Union in seiner weiteren Entwicklung nicht mehr mit der spanischen Verfassung in Einklang zu bringen wäre, ohne dass die hypothetischen Überschreitungen des europäischen Rechts hinsichtlich der eigenen europäischen Verfassung über die dort vorgesehenen herkömmlichen Rechtsbehelfe behoben würden, *könnten die Wahrung der Souveränität des spanischen Volkes* und der Vorherrschaft (supremacía), mit der sich die Verfassung versehen hat, in letzter Instanz *von diesem Gerichtshof verlangen*, die Probleme, die einem solchen Fall [sic] aufgeworfen würden und die aus der aktuellen Perspektive als inexistent angesehen werden, über die einschlägigen verfassungsrechtlichen Verfahren anzugehen.“[273]

Damit manifestierte der spanische Verfassungsgerichtshof jedenfalls die Vorherrschaft der spanischen Verfassung vor dem Unionsrecht und beanspruchte für sich – in nicht näher umrissenen Fallkonstellationen,[274] deren Eintritt als sehr unwahrscheinlich bezeichnet wird – ein Letztentscheidungsrecht. Bei diesem Vorbehalt des Tribunal Constitucional bestehen ebenfalls mehr Ähnlichkeiten mit dem Verfassungsidentitätskontrollkonzept des Bundesverfas-

[269] Trybunał Konstytucyjny, Urt. v. 24.11.2010, K 32/09, abrufbar unter: https://trybunal.gov.pl/fileadmin/content/omowienia/K_32_09_EN.pdf, S. 22 f. (Hervorh. d. Verf.). Näher zur polnischen Verfassungsidentität *Sledzinska-Simon/Ziólkowski*, Constitutional Identity in Poland, in: Calliess/van der Schyff, Constitutional Identity in a Europe of Multilevel Constitutionalism, 2020, S. 243 ff. Vgl. auch *Ellerbrok/Pracht*, Das Bundesverfassungsgericht als Taktgeber im horizontalen Verfassungsgerichtsverbund – Ausstrahlungswirkungen der Rechtsprechung zum Integrationsverfassungsrecht in Europa, EuR 2021, 188 (203).

[270] *Sledzinska-Simon/Ziólkowski*, Constitutional Identity in Poland, in: Calliess/van der Schyff, Constitutional Identity in a Europe of Multilevel Constitutionalism, 2020, S. 243 (254 f.).

[271] Als „vage und relativ unbestimmt“ werden die Äußerungen des spanischen Verfassungsgerichts auch von *Becker*, Vorrang versus Vorherrschaft – Anmerkung zum Urteil des spanischen Tribunal Constitucional DTC 1/2004, EuR 2005, 353 (354) bezeichnet.

[272] Urt. des Tribunal Constitucional vom 13.12.2004 – DTC 1/2004. Eine deutsche Übersetzung findet sich in: EuR 2005, 339 ff.

[273] Tribunal Constitucional, EuR 2005, 339 (347) – Hervorh. d. Verf.

[274] *Berger*, Anwendungsvorrang und nationale Verfassungsgerichte, 2015, S. 317.

sungsgerichts als mit dessen ultra-vires-Kontrolle.[275] Allerdings würde eine Verletzung von Kernprinzipien der spanischen Verfassung nicht zur Unanwendbarkeit der Unionshandlungen in Spanien, sondern wohl dazu führen, dass ein Austrittsverlangen nach Art. 50 EUV zu stellen wäre.[276] Zu einer Aktivierung dieser entwickelten Residualkompetenz ist es in der späteren Rechtsprechung des Tribunal Constitucional aber freilich nicht gekommen.[277] Insgesamt ist die Rechtsprechung des spanischen Verfassungsgerichtshofs durch dessen weitgehenden Rückzug als ausgesprochen integrationsfreundlich zu werten:[278] Dies kommt auch in dem gelungenen Versuch zum Ausdruck, die – in Deutschland bisher so nicht bekannte,[279] nach hier vertretener Auffassung indes für übertragbar gehaltene – Vorherrschaft (supremacía) der Verfassung mit dem Vorrang (primacía) des Unionsrechts zu harmonisieren.[280]

---

[275] Vgl. *Berger*, Anwendungsvorrang und nationale Verfassungsgerichte, 2015, S. 332, nach der eine ultra-vires-Kontrolle vom Tribunal Constitucional nicht in Anspruch genommen wird. A. A. wohl *Martín/Nanclares*, Constitutional Identity in Spain, in: Calliess/van der Schyff, Constitutional Identity in a Europe of Multilevel Constitutionalism, 2020, S. 268 (279).

[276] *Berger*, Anwendungsvorrang und nationale Verfassungsgerichte, 2015, S. 332. Vgl. auch Tribunal Constitucional, EuR 2005, 339 (347).

[277] Dieser Entscheidungspassus wurde lediglich wortlautgleich im Urteil des Tribunal Constitucional vom 13.02.2014 – STC 26/2014, in englischer Sprache abrufbar unter: https://www.tribunalconstitucional.es/ResolucionesTraducidas/STC%2026-2014%20EN.pdf, S. 8 f., wiederholt.

[278] So auch *Berger*, Anwendungsvorrang und nationale Verfassungsgerichte, 2015, S. 332.

[279] *Becker*, Vorrang versus Vorherrschaft – Anmerkung zum Urteil des spanischen Tribunal Constitucional DTC 1/2004, EuR 2005, 353 (355).

[280] Tribunal Constitucional, EuR 2005, 339 (346): „Die Verkündung des Vorrangs (primacía) des Rechts der Union durch Art. I-6 des Vertrags widerspricht der Vorherrschaft (supremacía) der Verfassung […] nicht. Vorrang (primacía) und Vorherrschaft (supremacía) sind Kategorien, die sich in verschiedenen Ordnungen entfalten. Der Vorrang (primacía) kommt bei der Anwendung gültiger Normen zum Tragen, die Vorherrschaft (supremacía) in den Rechtsetzungsverfahren. Hinter der Vorherrschaft (supremacía) steht der hierarchisch höherrangige Charakter einer Norm, weswegen sie Geltungsgrund der ihr nachgeordneten Normen ist, mit der Folge der Ungültigkeit der niedrigeren Normen, wenn sie gegen das in der höherrangigen Norm zwingend Angeordnete verstoßen. Der Vorrang (primacía) dagegen behauptet sich nicht notwendigerweise über Hierarchie, sondern besteht in der Unterscheidung der Anwendungsbereiche verschiedener, grundsätzlich gültiger, Normen, von denen trotzdem die eine oder einige die Fähigkeit besitzen, andere aus verschiedenen Gründen aufgrund ihrer vorzugsweisen oder vorgehenden Anwendung zu verdrängen. Prinzipiell impliziert jede Vorherrschaft (supremacía) auch den Vorrang (primacía) […], es sei denn, dass dieselbe höchste Norm in irgendeinem Bereich ihre eigene Verdrängung oder Nicht-Anwendung vorgesehen hat. Die Vorherrschaft (supremacía) der Verfassung ist also mit Anwendungsregimen vereinbar, die den Normen einer anderen als der nationalen Rechtsordnung Anwendungspräferenz verleihen, vorausgesetzt, dass die Verfassung selbst es so bestimmt hat. Genau das ist es, was bei der in Art. 93 enthaltenen Regelung geschieht, mittels derer die Übertragung von aus der Verfassung abgeleiteten Kompetenzen zugunsten einer internationalen Institution ermöglicht wird. Dadurch wird diese Institution von Verfassungs [sic] wegen ermächtigt, in Sachgebieten, die bis dahin der innerstaatlichen verfassungsmäßigen Gewalt vorbehalten waren, Normen zu setzen und auf dieselben anzuwenden. Zusammenfassend: es war die Verfassung

VIII. Der Alkotmánybíróság in Ungarn

Ein dem Bundesverfassungsgericht ganz ähnliches Kontrollkonzept im Hinblick auf die Wahrung zentraler Verfassungsgrundsätze nimmt das ungarische Alkotmánybíróság (Verfassungsgericht) für sich in Anspruch.[281] In einer Entscheidung aus dem Jahr 2016 hieß es nach einer Darstellung der Rechtsprechung in den anderen Mitgliedstaaten:

„On the basis of the review of case law of the Member States' supreme courts performing the tasks of constitutional courts and of the Member States' constitutional courts, the Constitutional Court established that within its own scope of competences, on the basis of a relevant petition, in exceptional cases and as a resort of *ultima ratio*, i. e. along with paying respect to the constitutional dialogue between the Member States, it can examine whether exercising competences on the basis of Article E) (2) of the Fundamental Law results in the violation of human dignity, the essential content of any other fundamental right or the sovereignty (including the extent of the competences transferred by the State) and the constitutional self-identity of Hungary."[282]

Die in Art. E (2) enthaltene Ermächtigung zur Teilnahme Ungarns am europäischen Integrationsprozess sei nicht schrankenlos – auch die übertragenen Hoheitsrechte unterliegen den genannten Grenzen.[283] Die Entscheidung erging auf dem Höhepunkt der politisch wie rechtlich umstrittenen Flüchtlings- und Migrationskrise und betraf den Beschluss des Rates 2015/1601[284], nach welchem Asylsuchende von Italien und Griechenland aus auf die anderen Mitgliedstaaten der Europäischen Union – und damit auch auf Ungarn – verteilt werden sollten. Interessant ist nicht nur die offensichtliche Vergleichbarkeit der Kontrollbefugnisse mit dem bundesverfassungsgerichtlichen Konzept, sondern auch die Tatsache, dass der Alkotmánybíróság sich zur Begründung seines Prüfanspruchs insbesondere rechtsvergleichend auf die Verfassungs- und Höchstgerichte in

---

selbst, die, kraft ihres Art. 93 CE den Vorrang (primacía) des Unionsrecht [sic] in dem ihm zustehenden Bereich, akzeptiert hat, so, wie man ihn jetzt ausdrücklich in Art. I-6 des Vertrags anerkennt."

281 Vgl. *Schill/Krenn*, in: Grabitz/Hilf/Nettesheim, Das Recht der Europäischen Union, Art. 4 EUV Rn. 37 (Stand: 65. EGL. August 2018).

282 Alkotmánybíróság, Urt. v. 30.11.2016, Rs. 22/2016, in englischer Sprache abrufbar unter: https://hunconcourt.hu/uploads/sites/3/2017/11/en_22_2016-1.pdf, S. 13 f. Rn. 46, Hervorh. i. O. Kritische Besprechung des Urteils bei *Bakó*, The Zauberlehrling Unchained? – The Recycling of the German Federal Constitutional Court's Case Law on Identity-, *Ultra Vires*- and Fundamental Rights Review in Hungary, ZaöRV 2018, 863 ff. Siehe auch *Drinóczi*, Constitutional Identity in Europe: The Identity of the Constitution. A Regional Approach, GLJ 2020, 105 (109 f.).

283 Siehe Alkotmánybíróság, Urt. v. 30.11.2016, Rs. 22/2016, in englischer Sprache abrufbar unter: https://hunconcourt.hu/uploads/sites/3/2017/11/en_22_2016-1.pdf, S. 15 Rn. 53 und S. 17 Rn. 69.

284 Beschluss (EU) 2015/1601 des Rates vom 22.09.2015 zur Einführung von vorläufigen Maßnahmen im Bereich des internationalen Schutzes zugunsten von Italien und Griechenland, Abl. 2015 Nr. L 248/80.

den anderen Mitgliedstaaten der Europäischen Union berief.[285] Das ungarische Verfassungsgericht nannte zwei „Hauptbeschränkungen“[286], die dem Vorranganspruch des Unionsrechts entgegengehalten werden können: eine Souveränitätskontrolle[287] und eine Identitätskontrolle.[288] Was zur Verfassungsidentität Ungarns gehört, zählte der Alkotmánybíróság anschließend ohne Vollständigkeitsanspruch beispielhaft auf:

„The constitutional self-identity of Hungary is not a list of static and closed values, nevertheless many of its important competences – identical with the constitutional values generally accepted today – can be highlighted as examples: freedoms, the division of powers, republic as the form of government, respect of autonomies under public law, the freedom of religion, exercising lawful authority, parliamentarism, the equality of rights, acknowledging judicial power, the protection of the nationalities living with us. These are, among others, the achievements of our historical constitution, the Fundamental Law and thus the whole Hungarian legal system are based upon.“[289]

Die Verfassungsidentität Ungarns wird damit vom Alkotmánybíróság ziemlich weit ausgelegt; eine genaue Klärung der Reichweite der Verfassungsidentität ist aber bisher unterblieben.[290]

---

[285] Dazu *Ellerbrok/Pracht*, Das Bundesverfassungsgericht als Taktgeber im horizontalen Verfassungsgerichtsverbund – Ausstrahlungswirkungen der Rechtsprechung zum Integrationsverfassungsrecht in Europa, EuR 2021, 188 (197 f.). Vgl. auch *Sulyok/Deli*, Perspektiven des Europarechts aus der Sicht des ungarischen Verfassungsgerichts, JöR n. F. 68 (2020), 721 (732).

[286] „main limitations“, siehe: Alkotmánybíróság, Urt. v. 30.11.2016, Rs. 22/2016, in englischer Sprache abrufbar unter: https://hunconcourt.hu/uploads/sites/3/2017/11/en_22_2016-1.pdf, S. 15 Rn. 54.

[287] Mit der Souveränitätskontrolle könnte auch eine ultra-vires-Kontrollkompetenz einhergehen, wenn das ungarische Verfassungsrecht davon spricht, dass auch „the extent of transferred competences“ für die Souveränitätskontrolle von Bedeutung ist, vgl. Alkotmánybíróság, Urt. v. 30.11.2016, Rs. 22/2016, in englischer Sprache abrufbar unter: https://hunconcourt.hu/uploads/sites/3/2017/11/en_22_2016-1.pdf, S. 17 Rn. 69. In diesem Sinne auch *Bakó*, The Zauberlehrling Unchained? – The Recycling of the German Federal Constitutional Court's Case Law on Identity-, *Ultra Vires*- and Fundamental Rights Review in Hungary, ZaöRV 2018, 863 (872).

[288] Alkotmánybíróság, Urt. v. 30.11.2016, Rs. 22/2016, in englischer Sprache abrufbar unter: https://hunconcourt.hu/uploads/sites/3/2017/11/en_22_2016-1.pdf, S. 15 Rn. 54: „On the one hand the joint exercising of a competence shall not violate Hungary's sovereignty (sovereignty control), and on the other hand it shall not lead to the violation of constitutional identity (identity control).“

[289] Alkotmánybíróság, Urt. v. 30.11.2016, Rs. 22/2016, in englischer Sprache abrufbar unter: https://hunconcourt.hu/uploads/sites/3/2017/11/en_22_2016-1.pdf, S. 16 f. Rn. 65. Siehe dazu auch *Sulyok/Deli*, Perspektiven des Europarechts aus der Sicht des ungarischen Verfassungsgerichts, JöR n. F. 68 (2020), 721 (729 f.).

[290] Vgl. *Bakó*, The Zauberlehrling Unchained? – The Recycling of the German Federal Constitutional Court's Case Law on Identity-, *Ultra Vires*- and Fundamental Rights Review in Hungary, ZaöRV 2018, 863 (865).

IX. Fazit

Ein der bundesverfassungsgerichtlichen Rechtsprechung vollkommen vergleichbares Konzept zur Wahrung der Verfassungsidentität bei Handlungen der unionalen Organe, Einrichtungen und sonstigen Stellen besteht allein in Ungarn seit dem Jahr 2016.[291] Zwar kann man ähnliche Grundansätze auch bei anderen Verfassungsgerichten identifizieren, doch ist die konkrete Ausgestaltung – durch die Möglichkeit einer Verfassungsänderung oder der Betonung einer höchst hypothetischen Fallkonstellation – insgesamt zumeist unionsrechtsfreundlicher. Generell fällt auf, dass noch von keinem der Verfassungsgerichte eine abschließende Konkretisierung dessen erfolgt ist, was unter der jeweiligen Verfassungsidentität zu verstehen sei – möglicherweise, um hinreichend flexibel auf die Entwicklungen auf Unionsebene reagieren zu können.[292] Typischerweise gehören zur Verfassungsidentität in den einzelnen Mitgliedstaaten aber grundlegende Staatsstrukturprinzipien wie Demokratie, Rechtsstaat und Bundesstaatlichkeit sowie der elementare Gehalt von Grundrechten.[293]

G. Die Bedeutung der Achtung der „nationalen Identität" in Art. 4 Abs. 2 Satz 1 EUV

Die Vornahme einer einzelfallbezogenen Identitätskontrolle durch das Bundesverfassungsgericht – so haben es die bisherigen Ausführungen ergeben – kann im Wesentlichen nicht auf Art. 23 Abs. 1 Satz 3 in Verbindung mit Art. 79 Abs. 3 GG gestützt werden.[294] Vorrangiger Anknüpfungspunkt für das Bundesverfassungsgericht ist die Kontrolle, ob die Europäische Union den Strukturanforderungen des Art. 23 Abs. 1 Satz 1 GG entspricht. Daneben ist ein Identitätsschutz aber auch auf unionaler Ebene vorgesehen: So achtet die Europäische Union gemäß Art. 4 Abs. 2 Satz 1 EUV die Gleichheit der Mitgliedstaaten vor den Verträgen und ihre jeweilige nationale Identität, die in ihren grundlegenden politischen und verfassungsmäßigen Strukturen einschließlich der regionalen und lokalen Selbstverwaltung zum Ausdruck kommt. Dieser Bestimmung wohnt das Potential inne, als zentrale konfliktentschärfende Norm im Mehrebenensystem zwischen Unionsrecht und mitgliedstaatlichem Verfassungsrecht zu fungieren.[295]

---

291 Vgl. auch *Schill/Krenn*, in: Grabitz/Hilf/Nettesheim, Das Recht der Europäischen Union, Art. 4 EUV Rn. 37 (Stand: 65. EGL. August 2018).

292 So die Mutmaßung von *v. Bogdandy/Schill*, Die Achtung der nationalen Identität unter dem reformierten Unionsvertrag, ZaöRV 70 (2010), 701 (725).

293 So auch *Schill/Krenn*, in: Grabitz/Hilf/Nettesheim, Das Recht der Europäischen Union, Art. 4 EUV Rn. 38 (Stand: 65. EGL. August 2018).

294 Siehe dazu ausführlich oben Vierter Teil C. II. 4. (S. 254 ff.).

295 *v. Bogdandy/Schill*, Die Achtung der nationalen Identität unter dem reformierten Uni-

I. Zur Entstehungsgeschichte der Norm

Bei der Verpflichtung zur Achtung der nationalen Identität handelt es sich nicht um eine Bestimmung, die schon den europäischen Gründungsverträgen entnommen werden konnte. Erst im Zuge der Vertragsrevision von Maastricht wurde 1993 in Art. F Abs. 1 die Verpflichtung aufgenommen, die nationale Identität der Mitgliedstaaten zu schützen.[296] Beweggrund hierfür war, dass die Mitgliedstaaten ihre Souveränität – möglicherweise wegen einer als zu weitgehend empfundenen rechtsfortbildenden Rechtsprechung des Europäischen Gerichtshofs – bedroht sahen und ihre Eigenstaatlichkeit bewahren und betonen wollten.[297]

Bei den Konventberatungen für den gescheiterten Verfassungsvertrag bestand Einigkeit, diese Achtungsklausel weiter zu konsolidieren, indem sich in Bezug auf die nationale Identität der Mitgliedstaaten in Art. I-5 Abs. 1 Satz 1 der erklärende Relativsatz anschloss, dass diese Identität der Mitgliedstaaten „in deren grundlegender politischer und verfassungsrechtlicher Struktur einschließlich der regionalen und kommunalen Selbstverwaltung zum Ausdruck kommt".[298] Diese Fassung wurde nahezu unverändert – unter leichter sprachlicher, nicht jedoch inhaltlicher Modifizierung – in den Vertrag von Lissabon übernommen.

II. Zu Funktion und Voraussetzungen des Art. 4 Abs. 2 Satz 1 EUV

Ausgangspunkt der Überlegungen zu den Funktionen und tatbestandlichen Voraussetzungen des Art. 4 Abs. 2 Satz 1 EUV ist die Feststellung, dass es sich bei der Achtung der nationalen Identität um einen unionalen Rechtsbegriff handelt, der damit wegen Art. 19 Abs. 1 Uabs. 1 Satz 2 EUV der Auslegungshoheit des Europäischen Gerichtshofs unterliegt.[299] Adressat der Achtungsverpflichtung sind alle unionalen Organe, Einrichtungen und sonstigen Stellen.[300] Allerdings

onsvertrag, ZaöRV 70 (2010), 701 (702): „Schlüsselnorm für das Verhältnis zwischen Unionsrecht und mitgliedstaatlichem Verfassungsrecht"; *Wendel*, Permeabilität im europäischen Verfassungsrecht, 2011, S. 572: „Kern vielfaltswahrender Permeabilität".

[296] Vgl. *Calliess/Puttler*, in: Calliess/Ruffert, EUV/AEUV, 5. Aufl. 2016, Art. 4 EUV Rn. 5. Der Wortlaut lautete: „Die Union achtet die nationale Identität ihrer Mitgliedstaaten, deren Regierungssysteme auf demokratischen Grundsätzen beruhen." In Art. 6 Abs. 3 in der Fassung des Vertrags von Amsterdam hieß es dann nur noch: „Die Union achtet die nationale Identität ihrer Mitgliedstaaten."

[297] Vgl. *Haratsch*, Nationale Identität aus europarechtlicher Sicht, EuR 2016, 131 (133); *Streinz*, in: ders., EUV/AEUV, 3. Aufl. 2018, Art. 4 EUV Rn. 11.

[298] Siehe dazu näher: *Calliess/Puttler*, in: Calliess/Ruffert, EUV/AEUV, 5. Aufl. 2016, Art. 4 EUV Rn. 6.

[299] Vgl. *Hatje*, in: Schwarze, EU-Kommentar, 4. Aufl. 2019, Art. 4 EUV Rn. 21; *Pernice*, Der Schutz nationaler Identität in der Europäischen Union, AöR 136 (2011), 185 (215); *Schill/Krenn*, in: Grabitz/Hilf/Nettesheim, Das Recht der Europäischen Union, Art. 4 EUV Rn. 15 (Stand: 65. EGL. August 2018).

[300] *Haratsch*, Nationale Identität aus europarechtlicher Sicht, EuR 2016, 131 (134); *Hatje*,

dürfte die Bestimmung der Reichweite der nationalen Identität nicht ohne mitgliedstaatliche Mitwirkung möglich sein.[301] Trotz der mit dem Vertrag von Lissabon aufgenommenen Konkretisierung dessen, was mit der nationalen Identität gemeint sein soll, bleibt dieser Begriff immer noch sehr wertungsoffen. Dies liegt auch daran, dass sowohl der Begriff der „Identität" als auch derjenige der „Nation" in den einzelnen Mitgliedstaaten höchst unterschiedlich verstanden und interpretiert werden.[302] *Puttler* versucht sich – noch unabhängig von der systematischen Einbettung des Art. 4 Abs. 2 Satz 1 EUV – an einer allgemeinen Definition der „nationalen Identität":

> „Zur nationalen Identität eines Staates oder eines Volkes gehört grundsätzlich ein Bestand an Ideengehalten und Werten, die das Selbstverständnis und die Eigenart dieses Staates oder des Volkes prägen und die aus unterschiedlichen Bereichen stammen können, wie etwa der Geschichte, dem Recht, der Wirtschaft, der Religion, der Sprache und der Kultur."[303]

Hierbei handelt es sich um einen sehr weiten Identitätsbegriff, dem eine entsprechend weite Achtungspflicht korrespondieren würde. Zur genauen Bestimmung des materiellen Gehalts der nationalen Identität scheint es allerdings geboten, Systematik und Telos der Achtungspflicht zu erörtern, um daraus Rückschlüsse auf die Inhalte und die Funktion der nationalen Identität ziehen zu können.

1. Systematische Einbettung und Telos

Systematisch steht die Identitätsachtungspflicht in Art. 4 EUV inmitten von vier weiteren grundlegenden Prinzipien zum Verhältnis zwischen der Europäischen Union und ihren Mitgliedstaaten:[304] dem Prinzip der begrenzten Einzelermächtigung (Abs. 1), dem Grundsatz der loyalen Zusammenarbeit (Abs. 3) sowie dem Prinzip der Staatengleichheit und einer Staatsaufgabengarantie (Abs. 2). Da es sich bei diesen Prinzipien um ganz grundsätzliche Aussagen zum Wesen der Europäischen Union als Staatenverbund handelt, kann zunächst einmal festgestellt werden, dass selbige Bedeutung auch der Identitätsklausel zukommen muss. Damit diese – auch vor dem Hintergrund der anderen Grundsätze, ins-

---

in: Schwarze, EU-Kommentar, 4. Aufl. 2019, Art. 4 EUV Rn. 5; *Schill/Krenn*, in: Grabitz/Hilf/Nettesheim, Das Recht der Europäischen Union, Art. 4 EUV Rn. 6 (Stand: 65. EGL. August 2018).

301 *Streinz*, in: ders., EUV/AEUV, 3. Aufl. 2018, Art. 4 EUV Rn. 14.

302 Dazu näher *v. Bogdandy/Schill*, Die Achtung der nationalen Identität unter dem reformierten Unionsvertrag, ZaöRV 70 (2010), 701 (711 ff.).

303 *Puttler*, in: Calliess/Ruffert, EUV/AEUV, 5. Aufl. 2016, Art. 4 EUV Rn. 14. *Puttler* gesteht aber zu, dass mit dem Vertrag von Lissabon eine solch weitgehende Interpretation der nationalen Identität im Sinne des Art. 4 Abs. 2 Satz 1 EUV nicht mehr zulässig ist.

304 *v. Bogdandy/Schill*, Die Achtung der nationalen Identität unter dem reformierten Unionsvertrag, ZaöRV 70 (2010), 701 (709); *Hatje*, in: Schwarze, EU-Kommentar, 4. Aufl. 2019, Art. 4 EUV Rn. 1. Vgl. auch *Streinz*, in: ders., EUV/AEUV, 3. Aufl. 2018, Art. 4 EUV Rn. 3: „Geschäftsgrundlage des gesamten Integrationsprojekts".

besondere des Loyalitätsgebots aus Art. 4 Abs. 3 EUV – nicht dem Verbundcharakter der Europäischen Union widerspricht, darf die Identitätsklausel aber nicht unter – vermeintlicher – Berufung auf die Betroffenheit der nationalen Identität zu häufig in Anspruch genommen werden; andererseits darf sie mit Blick auf die anderen Prinzipien nicht gänzlich leer laufen. Dem Grundsatz der loyalen Zusammenarbeit kommt keineswegs ab initio eine höhere Bedeutung als der Identitätsklausel zu.

Mit systematischem Blick auf die anderen Grundsätze könnte man vielmehr meinen, dass Art. 4 Abs. 2 Satz 1 EUV gerade Ausdruck eines besonderen Loyalitätsgebots ist, welches die Unionsstellen zur Rücksichtnahme auf mitgliedstaatliche, identitätsrelevante Bereiche verpflichtet.[305] Denn allgemein werden durch den Loyalitätsgrundsatz nicht nur die Mitgliedstaaten, sondern auch die Unionsstellen gebunden.[306]

Der erläuternde Halbsatz mit seinem Verweis auf die *grundlegenden* politischen und verfassungsmäßigen Strukturen deutet auf den Staat in seinem innersten Wesen ausmachende Belange hin.[307] Es geht also um den Schutz „fundamentaler Verfassungsprinzipien“[308] beziehungsweise „prinzipielle[r] Strukturentscheidungen einer Verfassungsordnung“[309]. Dazu dürften – ohne Anspruch auf Vollständigkeit – zunächst die souveräne Staatlichkeit, das monarchische oder republikanische Prinzip, das Demokratie- und Rechtsstaatsprinzip und die jeweiligen Besonderheiten der Staatsorganisation, herausgehobene Grundrechtsverbürgungen und beispielsweise föderale Strukturen gehören.[310] Dabei stehen unter dem Schutz der Achtungsverpflichtung nicht nur die abstrakten Prinzipien als solche, sondern auch ihre Ausgestaltung und Konkretisierung in der mitgliedstaatlichen Verfassungsordnung.[311] Nicht erforderlich ist, dass die ausgemachte nationale Identität auch in anderen Mitgliedstaaten zu

305 *Hatje*, in: Schwarze, EU-Kommentar, 4. Aufl. 2019, Art. 4 EUV Rn. 3; *Puttler*, in: Calliess/Ruffert, EUV/AEUV, 5. Aufl. 2016, Art. 4 EUV Rn. 10. A. A. wohl *Wendel*, Permeabilität im europäischen Verfassungsrecht, 2011, S. 586 f.

306 Vgl. nur EuGH, Urt. v. 22.10.2002, Rs. C-94/00, Slg. 2002, I-9011 (9054 Rn. 31) – Roquette Frères.

307 Ähnlich *Puttler*, in: Calliess/Ruffert, EUV/AEUV, 5. Aufl. 2016, Art. 4 EUV Rn. 15: Erfasst werden „nur die wesentlichen, den Aufbau und das Eigenverständnis des Staates prägenden Entscheidungen“. Auch nach *v. Bogdandy/Schill*, Die Achtung der nationalen Identität unter dem reformierten Unionsvertrag, ZaöRV 70 (2010), 701 (711) wird durch den erläuternden Halbsatz der Begriff aus kulturellen Zusammenhängen gelöst und sich auf verfassungsrechtliche Kriterien konzentriert. Hingegen sind nach *Streinz*, in: ders., EUV/AEUV, 3. Aufl. 2018, Art. 4 EUV Rn. 15 (weiterhin) auch soziale und kulturelle Besonderheiten erfasst.

308 *Schill/Krenn*, in: Grabitz/Hilf/Nettesheim, Das Recht der Europäischen Union, Art. 4 EUV Rn. 18 (Stand: 65. EGL. August 2018).

309 *Haratsch*, Nationale Identität aus europarechtlicher Sicht, EuR 2016, 131 (136).

310 Vgl. *Haratsch*, Nationale Identität aus europarechtlicher Sicht, EuR 2016, 131 (134 ff.); *Hatje*, in: Schwarze, EU-Kommentar, 4. Aufl. 2019, Art. 4 EUV Rn. 11; *Pernice*, Der Schutz nationaler Identität in der Europäischen Union, AöR 136 (2011), 185 (189 f.).

311 *Haratsch*, Nationale Identität aus europarechtlicher Sicht, EuR 2016, 131 (136).

finden ist,[312] was schon durch den Wortlaut deutlich wird, der zur Achtung der *jeweiligen* nationalen Identität verpflichtet. Derartige Strukturen dürften und sollten regelmäßig in der Verfassungsurkunde des jeweiligen Mitgliedstaats verankert sein;[313] dies ergibt sich insbesondere auch daraus, dass beispielsweise die englische und französische Sprachfassung nicht nur ein „zum Ausdruck kommen" der grundlegenden politischen und verfassungsmäßigen Strukturen verlangen, sondern von „inherent" beziehungsweise „inhérente" sprechen.[314] Idealerweise wird sogar bereits im Verfassungstext eine Verortung als „höherrangiges Verfassungsrecht"[315] erkennbar,[316] weil so die Unabänderlichkeit und damit die besondere Bedeutung des jeweiligen mitgliedstaatlichen Prinzips gesondert unterstrichen wird. Daneben kommen auch Vorschriften in Betracht, die eine Verfassungsänderung nur unter erhöhten Voraussetzungen – beispielsweise durch das Erfordernis eines zustimmenden Referendums oder einer zwischenzeitlichen Parlamentsauflösung – zulassen.[317]

Doch kann es mit der verfassungstextlichen Anknüpfung allein noch nicht sein Bewenden haben: Die nationale Verfassungsidentität wird vor allem auch durch die Rechtsprechung der mitgliedstaatlichen Verfassungs- und Höchstgerichte – insbesondere bei einer Prüfung der Verfassungsmäßigkeit des Zustimmungsgesetzes zu geänderten europäischen Primärverträgen – ausgeformt.[318] Auch diese muss Beachtung in der Unionsrechtsordnung finden, wenn sie – nach dem Selbstverständnis des jeweiligen Mitgliedstaats – als „grundlegend"

---

[312] *v. Bogdandy/Schill*, Die Achtung der nationalen Identität unter dem reformierten Unionsvertrag, ZaöRV 70 (2010), 701 (714 f.); *Haratsch*, Nationale Identität aus europarechtlicher Sicht, EuR 2016, 131 (137).

[313] So auch *Puttler*, in: Calliess/Ruffert, 5. Aufl. 2016, EUV/AEUV, Art. 4 EUV Rn. 15.

[314] Vgl. dazu auch *v. Bogdandy/Schill*, Die Achtung der nationalen Identität unter dem reformierten Unionsvertrag, ZaöRV 70 (2010), 701 (714) und *Schill/Krenn*, in: Grabitz/Hilf/Nettesheim, Das Recht der Europäischen Union, Art. 4 EUV Rn. 4 (Stand: 65. EGL. August 2018).

[315] Dies trifft in Deutschland beispielsweise auf Art. 79 Abs. 3 GG zu, weil die Änderung der dort geschützten Materien auch dem verfassungsändernden Gesetzgeber entzogen ist. In Frankreich (Art. 89 Abs. 5 der Verfassung) und Italien (Art. 139 der Verfassung) kann die republikanische Staatsform nicht zulässiger Gegenstand einer Verfassungsänderung sein und so ist diese Unabänderlichkeit ebenfalls Ausdruck von „höherrangigem Verfassungsrecht". Für weitere Beispiele siehe *v. Bogdandy/Schill*, Die Achtung der nationalen Identität unter dem reformierten Unionsvertrag, ZaöRV 70 (2010), 701 (715 Fn. 56).

[316] Ähnlich *v. Bogdandy/Schill*, Die Achtung der nationalen Identität unter dem reformierten Unionsvertrag, ZaöRV 70 (2010), 701 (715); *Haratsch*, Nationale Identität aus europarechtlicher Sicht, EuR 2016, 131 (139): „Indizwirkung für die Wichtigkeit einer Verfassungsentscheidung".

[317] Siehe dazu mit Beispielen aus den mitgliedstaatlichen Verfassungen *v. Bogdandy/Schill*, Die Achtung der nationalen Identität unter dem reformierten Unionsvertrag, ZaöRV 70 (2010), 701 (715 f. mit Fn. 57).

[318] *v. Bogdandy/Schill*, Die Achtung der nationalen Identität unter dem reformierten Unionsvertrag, ZaöRV 70 (2010), 701 (716 f.); *Schill/Krenn*, in: Grabitz/Hilf/Nettesheim, Das Recht der Europäischen Union, Art. 4 EUV Rn. 25 (Stand: 65. EGL. August 2018); *Streinz*, in: ders., EUV/AEUV, 3. Aufl. 2018, Art. 4 EUV Rn. 14.

anzusehen ist.[319] Denn die nationale Identität kann nicht abstrakt auf Unionsebene abschließend festgelegt werden.[320] Art. 4 Abs. 2 Satz 1 EUV bildet durch die Anknüpfungsmöglichkeiten an den Verfassungstext und die Rechtsprechung des Verfassungs- oder Höchstgerichts eines Mitgliedstaats vielmehr nur einen recht weiten Rahmen innerhalb der Homogenitätsanforderungen des Art. 2 EUV – primär wird die nationale Identität durch die mitgliedstaatlichen Gerichte bestimmt.[321]

2. *Nachträgliche und präventive Bedeutung*

Zugleich enthält Art. 4 Abs. 2 Satz 1 EUV zugunsten der Mitgliedstaaten aber keine pauschale Ermächtigung, den Anwendungsvorrang des Unionsrechts immer dann und dort nicht zu akzeptieren, wo die jeweilige nationale Identität betroffen ist.[322] Art. 4 Abs. 2 Satz 1 EUV kann aber auf der anderen Seite unter hohen Voraussetzungen unionsrechtskonform den Anwendungsvorrang des Unionsrechts aussetzen,[323] weil er in eng begrenzten Bereichen die Berufung auf nationales Verfassungsrecht und dort niedergelegte Staatsstrukturprinzipien ermöglicht. Oftmals wird aber eine Berufung auf die nationale Identität schon gar nicht erforderlich sein, weil sich häufig Übereinstimmungen der nationalen Identität mit den in Art. 2 EUV niedergelegten Werten ergeben werden, die die Union ohnehin zu beachten hat;[324] Art. 4 Abs. 2 Satz 1 EUV dürfte damit nur in besonderen Konstellationen zur Anwendung gelangen.[325] Dies betrifft insbesondere solche Fälle, in denen grundlegende mitgliedstaatliche Verfassungs-

---

[319] *Franzius*, in: Frankfurter Kommentar, 2017, Art. 4 EUV Rn. 34; *Haratsch*, Nationale Identität aus europarechtlicher Sicht, EuR 2016, 131 (140): „Gebot der judiziellen Klugheit".

[320] So auch *Bilz*, Margin of Appreciation der EU-Mitgliedstaaten, 2020, S. 172.

[321] Vgl. auch *Schill/Krenn*, in: Grabitz/Hilf/Nettesheim, Das Recht der Europäischen Union, Art. 4 EUV Rn. 15 (Stand: 65. EGL. August 2018).

[322] *Giegerich*, BVerfG verzögert europäische Patentreform – Vorschläge zur Schadensbegrenzung, EuZW 2020, 560 (565); *Sauer*, Staatsrecht III, 6. Aufl. 2020, § 9 Rn. 25. In der Lissabon-Entscheidung (BVerfGE 123, 267 [354]) hieß es allerdings: „Die Ausübung dieser verfassungsrechtlich radizierten Prüfungskompetenz folgt dem Grundsatz der Europarechtsfreundlichkeit des Grundgesetzes, und sie widerspricht deshalb auch nicht dem Grundsatz der loyalen Zusammenarbeit (Art. 4 Abs. 3 EUV-Lissabon); anders können die von Art. 4 Abs. 2 Satz 1 EUV-Lissabon anerkannten grundlegenden politischen und verfassungsmäßigen Strukturen souveräner Mitgliedstaaten bei fortschreitender Integration nicht gewahrt werden. Insoweit gehen die verfassungs- und die unionsrechtliche Gewährleistung der nationalen Verfassungsidentität im europäischen Rechtsraum Hand in Hand." Dies darf nicht dahingehend verstanden werden, dass das Bundesverfassungsgericht allein aus eigener Machtvollkommenheit und ohne in den Dialog mit dem Europäischen Gerichtshof zu treten, bestimmen kann, ob eine Handlung der Unionsstellen die mitgliedstaatliche Verfassungsidentität verletzt.

[323] So auch *v. Bogdandy/Schill*, Die Achtung der nationalen Identität unter dem reformierten Unionsvertrag, ZaöRV 70 (2010), 701 (702).

[324] Vgl. *Streinz*, in: ders., EUV/AEUV, 3. Aufl. 2018, Art. 4 EUV Rn. 14.

[325] Noch weiter gehend *v. Bogdandy/Schill*, Die Achtung der nationalen Identität unter dem reformierten Unionsvertrag, ZaöRV 70 (2010), 701 (716), nach denen „Konflikte zwischen Vorgaben des Unionsrechts und der nationalen Identität im Sinne von Art. 4 Abs. 2 S. 1

strukturen über die gemeinsamen Werte des Art. 2 EUV – zum Beispiel in ihrem Verständnis von Demokratie und Rechtsstaatlichkeit – hinausgehen.[326]

Sollte die nationale Identität eines Mitgliedstaats betroffen sein, so folgt hieraus noch keine zwingende Unbeachtlichkeit der fraglichen Maßnahme der Unionsstellen. Nach dem Wortlaut ist die nationale Identität der Mitgliedstaaten zwar zu achten; sie ist aber nicht „unantastbar" – eine Abwägung mit anderen grundlegenden Unionsprinzipien ist daher möglich.[327] Der Achtungspflicht aus Art. 4 Abs. 2 Satz 1 EUV kommt mithin keine höhere Bedeutung zu als dem aus Art. 4 Abs. 3 EUV abzuleitenden Effektivitätsgrundsatz, wonach das Unionsrecht möglichst einheitliche Geltung beansprucht.[328] Vielmehr ist durch eine Abwägung ein Ausgleich zwischen diesen beiden entgegenlaufenden Interessen zu suchen.[329]

Aus den oben herausgearbeiteten verschiedenen möglichen Anknüpfungspunkten für die nationale Identität („einfaches" Verfassungsrecht, Rechtsprechung des Höchst- beziehungsweise Verfassungsgerichts, „höherrangiges" Verfassungsrecht) könnte sich sogleich für die Ermittlung der Gewichtung der entgegenstehenden Interessen ein unterschiedliches Maß der Betroffenheit der nationalen Identität ergeben.[330] Handelt es sich um „einfache" Verfassungsnormen oder um gegebenenfalls auf Rechtsfortbildung beruhende Rechtsprechung der mitgliedstaatlichen Verfassungs- und Höchstgerichte, so hat der Europäische Gerichtshof diese in seiner Abwägung mit dem Interesse an einer möglichst einheitlichen, unionsweiten Geltung des Unionsrechts einzustellen. Welches Interesse überwiegt, hängt vom jeweiligen Einzelfall ab und kann nicht abstrakt im Vorhinein bestimmt werden. Handelt es sich aber sogar um Verfassungsbestimmungen, die nach dem nationalen Verfassungsrecht nur unter erhöhten Voraus-

EUV ein ganz und gar exzeptionelles Phänomen bilden sollten" und *Hatje*, in: Schwarze, EU-Kommentar, 4. Aufl. 2019, Art. 4 EUV Rn. 23, der von „Extremsituationen" spricht.

[326] *Streinz*, in: ders., EUV/AEUV, 3. Aufl. 2018, Art. 4 EUV Rn. 14.

[327] *Ingold*, Die verfassungsrechtliche Identität der Bundesrepublik Deutschland, AöR 140 (2015), 1 (25); *Pernice*, Der Schutz nationaler Identität in der Europäischen Union, AöR 136 (2011), 185 (194 mit Fn. 34); *Polzin*, Verfassungsidentität, 2018, S. 191; *Reyes y Ráfales*, Bundesverfassungsgerichtliche Kontrolle der Europäischen Integration, ZEuS 2017, 119 (137); *Wendel*, Permeabilität im europäischen Verfassungsrecht, 2011, S. 576 f. Vgl. auch *Schill/Krenn*, in: Grabitz/Hilf/Nettesheim, Das Recht der Europäischen Union, Art. 4 EUV Rn. 43 (Stand: 65. EGL. August 2018).

[328] *v. Bogdandy/Schill*, Die Achtung der nationalen Identität unter dem reformierten Unionsvertrag, ZaöRV 70 (2010), 701 (725). *Walter/Vordermayer*, Verfassungsidentität als Instrument richterlicher Selbstbeschränkung in transnationalen Integrationsprozessen, JöR n. F. 63 (2015), 129 (133): Art. 4 Abs. 2 Satz 1 EUV stelle ein „Rücksichtnahmegebot, keine absolute Integrationsgrenze" dar.

[329] *Franzius*, in: Frankfurter Kommentar, 2017, Art. 4 EUV Rn. 58; *Hatje*, in: Schwarze, EU-Kommentar, 4. Aufl. 2019, Art. 4 EUV Rn. 22; *Schill/Krenn*, in: Grabitz/Hilf/Nettesheim, Das Recht der Europäischen Union, Art. 4 EUV Rn. 43 (Stand: 65. EGL. August 2018).

[330] A. A. *C. Schönberger*, Identitäterä – Verfassungsidentität zwischen Widerstandsformel und Musealisierung des Grundgesetzes, JöR 63 (2015), 41 (53).

setzungen oder gar überhaupt nicht abänderbar sind, steigt das Gewicht des Interesses an der Achtung der nationalen Identität noch einmal stark an.[331] Vieles dürfte dafür sprechen, dass in derartigen Fällen die Achtungspflicht hinsichtlich der nationalen Identität überwiegt.[332] Rechtsfolge eines Verstoßes gegen Art. 4 Abs. 2 Satz 1 EUV ist dann aber nicht die Rechtswidrigkeit der unionalen Maßnahme,[333] sondern lediglich die Unanwendbarkeit in dem Mitgliedstaat, dessen nationale Identität betroffen ist. Das Interesse an einer möglichst weitgehenden Geltung des Unionsrechts spricht grundsätzlich dafür, dass in den anderen Mitgliedstaaten die unionale Handlung weiterhin Rechtswirkungen auslösen kann.[334] Art. 4 Abs. 2 Satz 1 EUV ist damit kein „Rechtswidrigkeitsgrund

---

[331] Ähnlich *Franzius*, in: Frankfurter Kommentar, 2017, Art. 4 EUV Rn. 66; *Walter/Vordermayer*, Verfassungsidentität als Instrument richterlicher Selbstbeschränkung in transnationalen Integrationsprozessen, JöR n.F. 63 (2015), 129 (148 f.). Kritisch hingegen zur Anknüpfung an mitgliedstaatliche verfassungsrechtliche „Ewigkeitsklauseln“: *Polzin*, Verfassungsidentität, 2018, S. 194 f.

[332] *Haratsch*, Nationale Identität aus europarechtlicher Sicht, EuR 2016, 131 (141) denkt an einen absoluten, nicht einschränkbaren Kernbereich der nationalen Identität und an einen lediglich relativ geschützten Randbereich. Wie aber auch bei der Garantie kommunaler Selbstverwaltung aus Art. 28 Abs. 2 Satz 1 GG und der Menschenwürdegarantie aus Art. 1 Abs. 1 GG, bei denen ähnliche Vorschläge unterbreitet werden, fällt die Abgrenzung des unantastbaren Kernbereichs und des abwägbaren Randbereichs schwer, sodass mehr für die hier vorgeschlagene Lösung spricht, die eine Abwägung immer zulässt, aber die Entscheidung bei der Betroffenheit herausragender Verfassungsbestimmungen schon vorzeichnet. Zu leicht macht es sich hingegen *Haratsch* (ebd., S. 141 f.), wenn er ausführt: „Die Suche nach dem Kernbereich erweist sich meines Erachtens als nicht so schwierig oder gar aussichtslos, wie man vielleicht vermuten könnte. Einen wichtigen Anhaltspunkt gibt das Unionsrecht selbst in Art. 2 EUV. Die dort genannten prinzipiellen Grundwerte der Europäischen Union, also etwa Freiheit, Demokratie, Gleichheit, Rechtsstaatlichkeit, Menschenrechtsbindung, Solidarität, müssen auch in den Mitgliedstaaten verwirklicht sein. Diese Grundprinzipien genießen einen besonderen unionsrechtlichen Schutz. Die nationale Identität der Mitgliedstaaten, die in diesen Prinzipien zum Ausdruck kommt, ist auch unionsrechtlich grundsätzlich absolut geschützt. Hier trifft sich der unionsrechtliche mit dem mitgliedstaatlichen Identitätsschutz.“ Denn zum einen können die einzelnen Ausprägungen auf Unionsebene und mitgliedstaatlicher Ebene – hier sei nur das deutsche Demokratieprinzip genannt – unterschiedlich sein und zum anderen kann jedes Problem der nationalen Identität plausibel auf einen der in Art. 2 EUV genannten Werte zurückgeführt werden, sodass stets der absolut geschützte Kernbereich betroffen sein könnte und damit entgegenstehende Unionsinteressen über die Maßen hintangestellt würden.

[333] So aber *Obwexer*, in: von der Groeben/Schwarze/Hatje, Europäisches Unionsrecht, 7. Aufl. 2015, Art. 4 EUV Rn. 36, nach dem der Unionsakt bereits „invalidiert“ sei, wenn nur ein Verstoß gegen eine einzige mitgliedstaatliche nationale Identität vorliege. Auch: *Schnettger*, Verbundidentität, 2020, S. 264 f.

[334] A. A. *v. Bogdandy/Schill*, Die Achtung der nationalen Identität unter dem reformierten Unionsvertrag, ZaöRV 70 (2010), 701 (727 f.), die sich für eine Einzelfallabwägung hinsichtlich der möglichen Rechtsfolgen aussprechen. Sollte die nationale Identität indes in einer nicht unbedeutenden Zahl von Mitgliedstaaten gleichzeitig betroffen sein, so indiziert das Interesse an einer möglichst einheitlichen Geltung des Unionsrechts wohl, dass die Beachtungspflicht hinsichtlich der streitigen Handlung europaweit sistiert wird.

für Maßnahmen der Union“, sondern ein „Rechtfertigungsgrund für eine Nichtbefolgung von Unionsrecht durch die Mitgliedstaaten“[335].

Pernice misst der Achtungsverpflichtung des Art. 4 Abs. 2 Satz 1 EUV zusammenfassend den Charakter eines „föderalen Grundrechts“ zu, das zum einen als Abwehrrecht – im status negativus – der Mitgliedstaaten gegenüber dem Handeln der Unionsstellen fungiert und zum anderen – im status positivus – der Europäischen Union aktive „Schutzpflichten“ im Hinblick auf die identitätsrelevanten mitgliedstaatlichen Belange auferlegt.[336] Es sei an dieser Stelle betont, dass die Identitätsklausel nicht nur in dem soeben beschriebenen Sinne repressiv, sondern auch präventiv konfliktentschärfende Wirkung zeitigen kann und soll: Bei der Beschlussfassung in den unionalen Stellen – insbesondere bei der Willensbildung innerhalb des Rates der Europäischen Union – können die Mitgliedstaaten auf identitätsrelevante Konsequenzen der beabsichtigen Maßnahme hinweisen.[337] In diesem Fall folgt aus der „Schutzpflicht“ des Art. 4 Abs. 2 Satz 1 EUV, dass die Unionsstellen diesen Vortrag prüfen und gegebenenfalls bei der Beschlussfassung auch berücksichtigen müssen.[338] Beispielsweise können für den betroffenen Mitgliedstaat Ausnahmevorschriften hinsichtlich der Geltungsreichweite des betreffenden Sekundärrechtsakts erlassen werden oder es kommt nur zu einer partiellen Teilnahme der Mitgliedstaaten an den Unionshandlungen im Rahmen einer Verstärkten Zusammenarbeit nach Art. 20 EUV und Art. 326 ff. AEUV.[339] Hierdurch können schon vor dem Erlass der identitätssensiblen Maßnahme Konflikte vermieden werden.

3. *Fazit*

Der Pflicht zur Achtung der nationalen Identität aus Art. 4 Abs. 2 Satz 1 EUV wohnt materiell-rechtlich ein immenses Potential zur Vermeidung von Konflikten zwischen dem Unionsrecht und dem mitgliedstaatlichen Verfassungsrecht im Rechtsprechungsverbund der Europäischen Union inne.[340] Präventiv können bereits vor dem Erlass einer Unionshandlung durch Berufung auf die nationale Identität spätere Konflikte weitgehend entschärft werden, indem bei der

---

335 *v. Bogdandy/Schill*, Die Achtung der nationalen Identität unter dem reformierten Unionsvertrag, ZaöRV 70 (2010), 701 (727).

336 *Pernice*, Der Schutz nationaler Identität in der Europäischen Union, AöR 136 (2011), 185 (194).

337 *C. Schönberger*, Identitäterä – Verfassungsidentität zwischen Widerstandsformel und Musealisierung des Grundgesetzes, JöR 63 (2015), 41 (52). Vgl. auch *Franzius*, Demokratie, aber wo? – Über die Schwierigkeiten europäischer Demokratie?, Recht und Politik 2019, 164 (172).

338 Vgl. *Pernice*, Der Schutz nationaler Identität in der Europäischen Union, AöR 136 (2011), 185 (212 f.).

339 *Schill/Krenn*, in: Grabitz/Hilf/Nettesheim, Das Recht der Europäischen Union, Art. 4 EUV Rn. 46 (Stand: 65. EGL. August 2018).

340 Die Vorteile betont auch *Polzin*, Verfassungsidentität, 2018, S. 196.

Beschlussfassung die betroffene nationale Identität der Mitgliedstaaten berücksichtigt wird. Sollte dies aus unterschiedlichen Gründen nicht möglich oder erfolgreich gewesen sein, dann hat die nationale Identität auch bei der Rechtskontrolle durch den Europäischen Gerichtshof eine Bedeutung: Sie tritt stets in Widerstreit mit dem Interesse der Union an einer möglichst einheitlichen Rechtsgeltung, welches ebenfalls ein grundlegendes Prinzip der Union für das Gelingen des Integrationsprojekts darstellt (vgl. Art. 4 Abs. 3 EUV).[341] In dieser Abwägung setzt sich die nationale Identität insbesondere dann durch, wenn Verfassungsnormen betroffen sind, die erschwerten oder sogar keinen Änderungsmöglichkeiten unterliegen.[342]

Selbstverständlich muss auch die Geltendmachung des Prinzips zur Achtung der nationalen Identität vom Grundsatz der loyalen Zusammenarbeit geprägt sein: Weder dürfen die Mitgliedstaaten respektive ihre Verfassungs- und Höchstgerichte Unionshandlungen zu häufig unter vermeintlicher Berufung auf eine – zu weit verstandene – nationale Identität zu verhindern suchen; noch dürfen die Unionsstellen und insbesondere der Europäische Gerichtshof bei der Abwägung mit dem Effektivitätsgrundsatz die nationale Identität stets hintanstellen.[343] Es hat also der Grundsatz des gegenseitigen Vertrauens zu gelten, der charakteristisch für den Rechtsprechungsverbund zwischen Europäischem Gerichtshof und mitgliedstaatlichen Verfassungs- und Höchstgerichten ist. Das Verhältnis muss von gegenseitiger Rücksichtnahme und ständiger Dialogbereitschaft geprägt sein.[344]

III. Die Rechtsprechung des Europäischen Gerichtshofs

Nach diesen hermeneutischen Überlegungen zu Art. 4 Abs. 2 Satz 1 EUV ist an dieser Stelle die Rechtsprechung des Europäischen Gerichtshofs zur Achtung der mitgliedstaatlichen Identität näher zu untersuchen. Dargestellt werden dabei die wesentlichen Aspekte der Entscheidungen – keinesfalls ist eine erschöpfende Auseinandersetzung mit allen rechtlichen Problemen, die durch die einzelnen Sachverhalte aufgeworfen wurden, intendiert. Es soll sich aber zei-

---

341 Siehe auch *Wendel*, Permeabilität im europäischen Verfassungsrecht, 2011, S. 577: „Die im Regelfall vorzunehmende Abwägung auf Unionsebene beugt einer Inflationierung der nationalen Verfassungsidentität zur allgemeinen Derogationsermächtigung vor.“

342 Vgl. auch die Aussage des Präsidenten des Europäischen Gerichtshofs *Lenaerts*, Kooperation und Spannung im Verhältnis von EuGH und nationalen Verfassungsgerichten, EuR 2015, 3 (21): „In Fällen, in denen verfassungsrechtliche Grundwerte der Mitgliedstaaten zur Disposition stehen, kommt diesen Grundwerten insoweit der Vorrang gegenüber einer einheitlichen Anwendung des Unionsrechts zu, als keine Grundwerte des Unionsrechts gefährdet sind.“

343 Vgl. auch *v. Bogdandy/Schill*, Die Achtung der nationalen Identität unter dem reformierten Unionsvertrag, ZaöRV 70 (2010), 701 (732).

344 So auch *Lenaerts*, Kooperation und Spannung im Verhältnis von EuGH und nationalen Verfassungsgerichten, EuR 2015, 3 (26).

gen, dass der Europäische Gerichtshof schon recht häufig unmittelbar oder zumindest mittelbar die nationale Identität der Mitgliedstaaten in seiner Judikatur berücksichtigt hat.

1. Rechtsprechung vor dem Inkrafttreten des Vertrags von Lissabon

Die nationale Identitätsachtungsverpflichtung, die bereits in den Verträgen von Maastricht und Amsterdam enthalten war,[345] unterlag ursprünglich bis zum Inkrafttreten des Vertrags von Lissabon nicht der Jurisdiktion des Europäischen Gerichtshofs.[346] Diese Tatsache sollte ihn jedoch nicht daran hindern, die Achtungsverpflichtung als Ausprägung des allgemeinen Grundsatzes zur loyalen Zusammenarbeit in seine Rechtsprechung zu implementieren.[347]

a) Rechtssache Groener

Noch vor dem Inkrafttreten des Vertrags von Maastricht erkannte der Europäische Gerichtshof in einem Urteil aus dem Jahr 1989 zumindest implizit erstmals eine Verpflichtung zur Achtung der nationalen Identität durch die Europäische Union an.[348] In dem der Vorabentscheidung zugrunde liegenden Rechtsstreit ging es um die Frage, ob es zulässig sei, die Ernennung auf eine Vollzeitstelle als Dozent an einer öffentlichen Bildungseinrichtung vom Nachweis ausreichender Kenntnisse der irischen Sprache abhängig zu machen. Die irische Regierung hatte in ihrer Politik dabei seit langem die Förderung der irischen Sprache als Ausdruck der nationalen Identität und Kultur gefördert.[349] Im Ergebnis kam der Europäische Gerichtshof zu dem Schluss, dass hierdurch rechtmäßigerweise die Arbeitnehmerfreizügigkeit eingeschränkt werden könne.[350]

b) Rechtssache Kommission ./. Luxemburg

Auch im Jahr 1996 war es die Arbeitnehmerfreizügigkeit, welche die Rechtsprechung des Europäischen Gerichtshofs auf den ersten Schritten der Entwicklung hin zu einer Anerkennung der Berücksichtigungspflicht bezüglich der

---

[345] Siehe dazu schon oben Vierter Teil G. I. (S. 292).

[346] Art. L EUV i. d. F. des Vertrags von Maastricht bzw. Art. 46 EUV i. d. F. des Vertrags von Amsterdam.

[347] *v. Bogdandy/Schill*, Die Achtung der nationalen Identität unter dem reformierten Unionsvertrag, ZaöRV 70 (2010), 701 (705 f. mit Fn. 14).

[348] EuGH, Urt. v. 28.11.1989, Rs. C-379/87, Slg. 1989, 3967 ff. – Groener.

[349] Vgl. EuGH, Urt. v. 28.11.1989, Rs. C-379/87, Slg. 1989, 3967 (3993 Rn. 18) – Groener.

[350] EuGH, Urt. v. 28.11.1989, Rs. C-379/87, Slg. 1989, 3967 (3994 Rn. 24) – Groener: „Die Vollzeitdauerplanstelle eines Dozenten an einer öffentlichen Bildungseinrichtung ist eine Stelle, deren Besonderheit es im Sinne von Artikel 3 Absatz 1 Unterabsatz 2 der Verordnung Nr. 1612/68 des Rates rechtfertigt, Sprachkenntnisse zu verlangen, sofern dieses Verlangen Teil einer Politik zur Förderung der National- und ersten Amtssprache ist und verhältnismäßig und ohne Diskriminierung durchgeführt wird."

nationalen Identität begleiten sollte.[351] In dem Vertragsverletzungsverfahren wurde von der Kommission gerügt, dass das Großherzogtum Luxemburg für gewisse Bereiche des öffentlichen Dienstes (beispielsweise im Bildungs- und Gesundheitswesen) weiterhin einen Staatsangehörigkeitsvorbehalt aufgestellt hatte, obwohl die Voraussetzungen des Art. 45 Abs. 4 AEUV nicht vorlagen. Diese Praxis ließ sich auf die damalige Bestimmung des Art. 11 Abs. 2 der luxemburgischen Verfassung zurückführen, wonach nur luxemburgische Staatsangehörige zu den Zivil- und Militärämtern zugelassen wurden. Der Europäische Gerichtshof verneinte in seinem Urteil aber – unter Anerkennung der nationalen Identität Luxemburgs – die Möglichkeit einer so weit greifenden Bereichsausnahme nach dem heutigen Art. 45 Abs. 4 AEUV.[352]

c) *Rechtssache Omega*

Schließlich sei an dieser Stelle das bekannte Urteil des Europäischen Gerichtshofs in der Rechtssache Omega[353] genannt. Zwar kam hier die Achtung der nationalen Identität der Mitgliedstaaten nicht ausdrücklich zur Sprache, allerdings ließ es der Europäische Gerichtshof zu, dass eine Grundfreiheit aufgrund einer nationalen Grundrechtsverbürgung – genauer die Dienstleistungsfreiheit wegen der Menschenwürdegarantie[354] – legitimerweise eingeschränkt werden kann. Aus dieser zugelassenen Rechtfertigungsmöglichkeit ergibt sich, dass es dem Europäischen Gerichtshof in dem Verfahren – zumindest auch – darum ging, die nationale Identität Deutschlands zu wahren.[355]

---

[351] EuGH, Urt. v. 02.07.1996, Rs. C-473/93, Slg. 1996, I-3207 ff. – Kommission ./. Luxemburg.

[352] EuGH, Urt. v. 02.07.1996, Rs. C-473/93, Slg. 1996, I-3207 (3258 Rn. 35) – Kommission ./. Luxemburg: „Dem stehen auch Erwägungen im Zusammenhang mit der Schutzbedürftigkeit der nationalen Identität in einer so speziellen demographischen Situation wie derjenigen des Großherzogtums Luxemburg nicht entgegen. Zwar stellt der Schutz der nationalen Identität der Mitgliedstaaten ein rechtmäßiges Ziel dar, das von der Gemeinschaftsrechtsordnung geachtet wird (wie dies im übrigen Artikel F Absatz 1 des Vertrags über die Europäische Union anerkennt), doch kann das Interesse, das Luxemburg geltend macht, selbst in besonders empfindlichen Bereichen wie dem Bildungswesen durch andere Mittel als den allgemeinen Ausschluss der Staatsangehörigen der anderen Mitgliedstaaten gewahrt werden. Wie der Generalanwalt in Nummern 132 bis 141 seiner Schlußanträge ausgeführt hat, müssen die Staatsangehörigen der anderen Mitgliedstaaten ebenso wie die eigenen Staatsangehörigen alle Einstellungsvoraussetzungen, insbesondere im Hinblick auf die Ausbildung, die Erfahrung und die Sprachkenntnisse, erfüllen."

[353] EuGH, Urt. v. 14.10.2004, Rs. C-36/02, Slg. 2004, I-9609 ff.

[354] EuGH, Urt. v. 14.10.2004, Rs. C-36/02, Slg. 2004, I-9609 (9652 ff. Rn. 31 ff.) – Omega.

[355] Noch weiter gehend *Wendel*, Permeabilität im europäischen Verfassungsrecht, 2011, S. 585: „dem Ergebnis nach […] geradezu typusprägender Anwendungsfall für die Achtung der nationalen Verfassungsidentität". Ähnlich *v. Bogdandy/Schill*, Die Achtung der nationalen Identität unter dem reformierten Unionsvertrag, ZaöRV 70 (2010), 701 (707 f.) m. N. zu weiteren Urteilen des Europäischen Gerichtshofs, die die Rechtsprechung aus der Rechtssache Omega bestätigen.

2. Rechtsprechung nach dem Inkrafttreten des Vertrags von Lissabon

Mit der Geltung der heutigen Bestimmung in Art. 4 Abs. 2 Satz 1 EUV war ein spürbarer Anstieg der Bedeutung der Achtung der nationalen Identität in der Rechtsprechung des Europäischen Gerichtshofs zu verzeichnen.

a) Rechtssache Sayn-Wittgenstein

So wurde die Verpflichtung zur Achtung der nationalen Identität in einem Fall aus dem Dezember 2010 prominent unterstrichen.[356] In dem Rechtsstreit ging es vereinfacht und verkürzt darum, dass eine österreichische Staatsangehörige durch eine Erwachsenenadoption nach deutschem Recht den Adelstitel „Fürstin von" in ihrem Namen hätte führen dürfen – nach österreichischem Recht[357] (der Bestimmung kommt sogar Verfassungsrang zu) sind derlei Titel aber unzulässig, weshalb eine Namensänderung verweigert wurde. Nach österreichischem[358] und deutschem[359] internationalen Privatrecht richtet sich das anzuwendende Recht in Bezug auf den Namen nach der Staatsangehörigkeit. Frau Sayn-Wittgenstein sah sich durch die Weigerung der österreichischen Behörden, ihren nach deutschem Recht erworbenen Adelstitel anzuerkennen, in ihrem Freizügigkeitsrecht aus Art. 21 Abs. 1 AEUV verletzt. Vor dem durch den österreichischen Verwaltungsgerichtshof angerufenen Europäischen Gerichtshof führte die österreichische Regierung zur Rechtfertigung der Beschränkung des Freizügigkeitsrechts aus, dass das Adelsaufhebungsgesetz eine fundamentale Entscheidung für die formelle Gleichbehandlung aller Staatsangehörigen sei; es handele sich um eine Bestimmung, die der Wahrung der verfassungsrechtlichen Identität der Republik Österreich diene.[360]

Dem folgte der Europäische Gerichtshof: Im Kontext mit der österreichischen Geschichte sei das Adelsaufhebungsgesetz Teil der nationalen Identität im Sinne des Art. 4 Abs. 2 Satz 1 EUV; es sei Ausdruck der republikanischen Staatsform, welche die Union zu achten habe.[361] Daher sei es keine unverhältnismäßige Beschränkung des Freizügigkeitsrechts, wenn Österreich seinen

---

[356] EuGH, Urt. v. 22.12.2010, Rs. C-208/09, ECLI:EU:C:2010:806 – Sayn-Wittgenstein.

[357] § 1 des Adelsaufhebungsgesetzes hat folgenden Wortlaut: „Der Adel, seine äußeren Ehrenvorzüge sowie bloß zur Auszeichnung verliehene, mit einer amtlichen Stellung, dem Beruf oder einer wissenschaftlichen oder künstlerischen Befähigung nicht im Zusammenhange stehenden Titel und Würden und die damit verbundenen Ehrenvorzüge österreichischer Staatsbürger werden aufgehoben."

[358] § 9 Abs. 1 Satz 1 und § 13 Abs. 1 des österreichischen Bundesgesetzes über das internationale Privatrecht (Bundesgesetz v. 15.06.1978, BGBl. Nr. 304/1978).

[359] Art. 10 Abs. 1 des Einführungsgesetzes zum Bürgerlichen Gesetzbuch (Gesetz v. 21.09.1994, BGBl. I, S. 2494; zuletzt geändert durch Gesetz v. 22.10.2020, BGBl. I, S. 3328).

[360] Vgl. EuGH, Urt. v. 22.12.2010, Rs. C-208/09, ECLI:EU:C:2010:806, Rn. 74 – Sayn-Wittgenstein.

[361] EuGH, Urt. v. 22.12.2010, Rs. C-208/09, ECLI:EU:C:2010:806, Rn. 83, 92 – Sayn-Wittgenstein.

Staatsangehörigen die Führung von Adelstiteln im Namen verbiete.[362] Diese Rechtsprechung wurde auch in einem ganz ähnlich gelagerten Rechtsstreit im Jahr 2016 bestätigt.[363]

b) *Rechtssachen Runevic-Vardyn und Las*

In einem Urteil aus dem Jahr 2011 stand für die Aktivierung der Achtungsverpflichtung aus Art. 4 Abs. 2 Satz 1 EUV wiederum das Namensrecht im Fokus.[364] Nach litauischem Recht wird zum Schutz der offiziellen Landessprache bei Eintragungen in das Namensregister die Schreibweise dem Litauischen angeglichen. Die Klägerin des Ausgangsverfahrens sah hierin eine nicht gerechtfertigte Beschränkung ihres Freizügigkeitsrechts aus Art. 21 Abs. 1 AEUV. Der Europäische Gerichtshof judizierte hingegen, dass zur nationalen Identität der Mitgliedstaaten auch der Schutz der jeweiligen offiziellen Landessprache gehöre[365] und dass es insofern keine unzulässige Beschränkung des Freizügigkeitsrechts darstelle, wenn in Personenstandsurkunden nur die Schreibweise der Sprache des jeweiligen Mitgliedstaats zulässig sei.[366]

Grundsätzlich wurde diese Rechtsprechung sodann auch in einem Urteil aus dem Jahr 2013 bestätigt: Die Verpflichtung, Arbeitsverträge in niederländischer Sprache abzuschließen, unterfalle dem Schutz zur Achtung der nationalen Identität gemäß Art. 4 Abs. 2 Satz 1 EUV;[367] im konkreten Fall hielt der Europäische Gerichtshof aber die Beschränkung der Arbeitnehmerfreizügigkeit für unverhältnismäßig.[368]

c) *Rechtssache O'Brien*

In einer Vorabentscheidung aus dem Jahr 2011 war fraglich, ob die europäische Rahmenvereinbarung über Teilzeitarbeit auch Richter im Vereinigten Königreich erfasste, denen nach nationalem Recht aufgrund der Teilzeittätigkeit eine Pensionszahlung verweigert wurde. Die lettische (sic) Regierung sah hierin einen möglichen Verstoß gegen Art. 4 Abs. 2 Satz 1 EUV: Die rechtsprechende Gewalt und die Beschäftigung der Richter sei eine originäre Angelegenheit der Mitgliedstaaten – in diesen Bereich dürfe sich die Europäische Union nicht ein-

---

362 EuGH, Urt. v. 22.12.2010, Rs. C-208/09, ECLI:EU:C:2010:806, Rn. 93 f. – Sayn-Wittgenstein.

363 EuGH, Urt. v. 02.06.2016, Rs. C-438/14, ECLI:EU:C:2016:401 – Bogendorff von Wolffersdorff.

364 EuGH, Urt. v. 12.05.2011, Rs. C-391/09, ECLI:EU:C:2011:291 – Runevic-Vardyn.

365 EuGH, Urt. v. 12.05.2011, Rs. C-391/09, ECLI:EU:C:2011:291, Rn. 86 – Runevic-Vardyn.

366 EuGH, Urt. v. 12.05.2011, Rs. C-391/09, ECLI:EU:C:2011:291, Rn. 94 – Runevic-Vardyn.

367 EuGH, Urt. v. 16.04.2013, Rs. C-202/11, ECLI:EU:C:2013:239, Rn. 26 f. – Las.

368 EuGH, Urt. v. 16.04.2013, Rs. C-202/11, ECLI:EU:C:2013:239, Rn. 31 ff. – Las.

mischen.[369] Der Europäische Gerichtshof bejahte hingegen auch für Richter die Anwendung der Rahmenvereinbarung über Teilzeitarbeit und lehnte eine Betroffenheit der nationalen Identität ab, weil den teilzeitbeschäftigten Richtern im Vereinigten Königreich lediglich der allgemeine Grundsatz der Gleichbehandlung und damit ein Schutz vor Diskriminierung von Teilzeitbeschäftigten zu Gute käme.[370]

d) Rechtssache Digibet und Albers

Die Achtung der Bundesstaatlichkeit der Mitgliedstaaten als Aspekt der nationalen Identität gemäß Art. 4 Abs. 2 Satz 1 EUV unterstreicht ein Urteil des Europäischen Gerichtshofs aus dem Jahr 2014:[371] 15 Bundesländer der Bundesrepublik Deutschland ratifizierten zunächst den Glücksspieländerungsstaatsvertrag von 2012 – einzig Schleswig-Holstein erließ ein eigenes Gesetz zur Neuordnung des Glücksspiels. Anders als der Glücksspielstaatsvertrag ließ dieses schleswig-holsteinische Gesetz Werbung für öffentliches Glückspiel und die Veranstaltung und Vermittlung von Glücksspielen im Internet grundsätzlich zu. Die Gesellschaft Digibet bot im Internet Glücksspiele und Sportwetten an; in einem Zivilrechtsstreit verurteilte das Landgericht Köln Digibet dazu, die Veranstaltung von Glücksspielen im Internet zu unterlassen. Der Rechtsstreit gelangte vor den Bundesgerichtshof – dieser schloss nicht aus, dass aufgrund der in Schleswig-Holstein geltenden besonderen Rechtslage in dem Unterlassungsurteil eine nicht gerechtfertigte Beschränkung der Dienstleistungsfreiheit aus Art. 56 AEUV lag und rief im Wege des Vorabentscheidungsverfahrens nach Art. 267 AEUV den Europäischen Gerichtshof an. Dieser judizierte sodann, dass die unterschiedliche Rechtslage in den Bundesländern keinesfalls zu einer unverhältnismäßigen Beschränkung des freien Dienstleistungsverkehrs führen müsse:[372] Die Verteilung der Zuständigkeiten zwischen den Ländern – und damit das Bundesstaatsprinzip – sei vor dem Hintergrund der Achtung der jeweiligen nationalen Identität des Mitgliedstaats zu akzeptieren.[373] Die mit dem Verbot des Glücksspiels beabsichtigte Eignung zur Erreichung der legitimen Ziele des Allgemeinwohls (Verbraucherschutz, Betrugsbekämpfung) in den anderen 15 Bundesländern werde nicht dadurch in Frage gestellt, dass in einem Bundesland weniger strenge Vorschriften gälten.[374]

---

[369] Vgl. EuGH, Urt. v. 01.03.2012, Rs. C-393/10, ECLI:EU:C:2012:110, Rn. 49 – O'Brien.

[370] EuGH, Urt. v. 01.03.2012, Rs. C-393/10, ECLI:EU:C:2012:110, Rn. 49 – O'Brien.

[371] EuGH, Urt. v. 12.06.2014, Rs. C-156/13, ECLI:EU:C:2014:1756 – Digibet und Albers.

[372] EuGH, Urt. v. 12.06.2014, Rs. C-156/13, ECLI:EU:C:2014:1756, Rn. 39, 41 – Digibet und Albers.

[373] EuGH, Urt. v. 12.06.2014, Rs. C-156/13, ECLI:EU:C:2014:1756, Rn. 34 – Digibet und Albers.

[374] EuGH, Urt. v. 12.06.2014, Rs. C-156/13, ECLI:EU:C:2014:1756, Rn. 36 – Digibet und Albers.

e) Rechtssache Torresi

In der Rechtssache Torresi hatte das vorlegende italienische Gericht Zweifel, ob Art. 3 der Richtlinie 98/5/EG[375] mit Art. 4 Abs. 2 Satz 1 EUV vereinbar sei, soweit hiermit die Möglichkeit einherging, dass italienische Staatsangehörige den Rechtsanwaltsberuf in Italien ausüben können, obwohl sie die „Berufsbezeichnung" in einem anderen Mitgliedstaat erworben haben. Art. 33 Abs. 5 der italienischen Verfassung sieht vor, dass zum Rechtsanwalt nur zugelassen werde, wer eine Staatsprüfung erfolgreich absolviert habe – würden ausländische Qualifikationen als gleichwertig anerkannt, so würde diese Verfassungsbestimmung umgangen. Allerdings wurde in dem Vorabentscheidungsersuchen nicht wirklich erkennbar, inwieweit durch die Verfassungsbestimmung zugleich die nationale Identität Italiens betroffen sein sollte.[376] Dies ist wohl der maßgebliche Grund dafür, warum der Europäische Gerichtshof dieses Vorbringen des italienischen Gerichts in wenigen Sätzen abwies.[377]

f) Rechtssache Remondis

In einem Urteil aus dem Jahr 2016 beschäftigte sich der Europäische Gerichtshof mit der Frage, ob die Gründung eines Zweckverbands durch zwei Gebietskörperschaften einen „öffentlichen Auftrag" im Sinne des Art. 1 Abs. 2 lit. a der Richtlinie 2004/18/EG[378] bildete und damit in den Anwendungsbereich des Unionsrechts fiel.[379] Die Klägerin des Ausgangsverfahrens berief sich darauf, dass eine ausschreibungsfreie Vergabe an den gegründeten Zweckverband nicht zulässig gewesen sei. Die beklagte Region Hannover machte hingegen geltend, dass das Vergaberecht nicht berührt sei, weil der Zusammenschluss aufgrund einer Satzung und nicht aufgrund eines Vertrages oder einer Verwaltungsvereinbarung erfolgte. Es ging also vor dem Europäischen Gerichtshof um die Frage, ob durch die Gründung eines Zweckverbands durch einen nationalen Organi-

---

[375] Richtlinie 98/5/EG des Europäischen Parlaments und des Rates vom 16.02.1998 zur Erleichterung der ständigen Ausübung des Rechtsanwaltsberufs in einem anderen Mitgliedstaat als dem, in dem die Qualifikation erworben wurde, Abl. 1998 Nr. L 77/36.

[376] Besonders deutlich die Schlussanträge des Generalanwalts *Wahl* vom 10.04.2014, Rs. C-58/13 und C-59/13, ECLI:EU:C:2014:265, Rn. 99: „Zunächst muss ich eingestehen, dass ich ernsthafte Schwierigkeiten habe, der Begründung des CNF zu folgen. Mir ist nicht klar, inwieweit darin, dass Unionsbürger zur Rechtsanwaltskammer zugelassen werden, die eine Berufsbezeichnung in einem anderen Mitgliedstaat erworben haben, eine derartige Bedrohung für die italienische Rechtsordnung zu sehen sein sollte, dass dies die italienische nationale Identität verletzen sollte."

[377] EuGH, Urt. v. 17.07.2014, Rs. C-58/13 und C-59/13, ECLI:EU:C:2014:2088, Rn. 53 ff. – Torresi. Auch die italienische Regierung schloss sich in der mündlichen Verhandlung der Sicht des vorlegenden italienischen Gerichts ausdrücklich nicht an; vgl. ebd., Rn. 58.

[378] Richtlinie 2004/18/EG des Europäischen Parlaments und des Rates vom 31.03.2004 über die Koordinierung der Verfahren zur Vergabe öffentlicher Bauaufträge, Lieferaufträge und Dienstleisungsaufträge, Abl. 2004 Nr. L 134/114.

[379] EuGH, Urt. v. 21.12.2016, Rs. C-51/15, ECLI:EU:C:2016:985 – Remondis.

sationsakt lediglich Kompetenzen verlagert wurden, oder ob die Vorschriften des Vergaberechts hätten beachtet werden müssen, weil es sich um einen „öffentlichen Auftrag“ im Sinne der Richtlinienbestimmung handelte. Auch vor dem Hintergrund der Achtung der nationalen Identität aus Art. 4 Abs. 2 Satz 1 EUV – betroffen war die in Art. 28 Abs. 2 Satz 1 GG garantierte kommunale Selbstverwaltung – ordnete der Europäische Gerichtshof die Gründung des Zweckverbands als eine innerstaatliche Organisationshandlung ein, die keinen „öffentlichen Auftrag“ im Sinne der Richtlinienbestimmung darstellte.[380]

g) *Rechtssache M. A. S. und M. B.*

Besondere Aufmerksamkeit sei schließlich noch einer Entscheidung des Europäischen Gerichtshofs aus dem Dezember 2017[381] gewidmet, in welcher Art. 4 Abs. 2 Satz 1 EUV zwar nicht ausdrücklich[382] erwähnt wurde, aber nichtsdestoweniger implizit eine bedeutende Rolle spielte.[383]

Gegen M. A. S. und M. B. wurde wegen Mehrwertsteuerstraftaten ein italienisches Strafverfahren eröffnet. Nach Art. 325 Abs. 1 und 2 AEUV bekämpfen die Mitgliedstaaten Betrügereien und sonstige gegen die finanziellen Interessen der Union gerichtete Handlungen mit abschreckenden und effektiven Maßnahmen. In der Vergangenheit hatte der Europäische Gerichtshof schon entschieden, dass auch Mehrwertsteuerbetrug die finanziellen Interessen der Europäischen Union beeinträchtigen kann, weil die Eigenmittel der Union auch Einnahmen umfassen, die sich aus der Mehrwertsteuer-Eigenbemessungsgrundlage ergeben: Wird die Mehrwertsteuer durch die Mitgliedstaaten nicht wirksam – hierzu zählen auch effektive Strafvorschriften – erhoben, so sinkt auch der Anteil dessen, was der Europäischen Union hiervon zugute kommt.[384] Im vor-

---

[380] EuGH, Urt. v. 21.12.2016, Rs. C-51/15, ECLI:EU:C:2016:985, Rn. 40 ff. – Remondis. Dieses Urteil in Bezug nehmend: EuGH, Urt. v. 18.06.2020, Rs. C-328/19, ECLI:EU:C:2020:483, Rn. 45 ff.

[381] EuGH, Urt. v. 05.12.2017, Rs. C-42/17, ECLI:EU:C:2017:936 – M. A. S. und M. B.

[382] Siehe auch *Burchardt*, Kehrtwende in der Grundrechts- und Vorrangrechtsprechung des EuGH? – Anmerkung zum Urteil des EuGH vom 5.12.2017 in der Rechtssache M. A. S. und M. B. (C-42/17, „Taricco II“), EuR 2018, 248 (261): „unausgesprochene Erwägung“ und „gewissermaßen der ‚Elefant im Raum‘, der das Urteil zu motivieren scheint“.

[383] Einzig Generalanwalt *Bot* hat sich in den Rn. 169 ff. seines Gutachtens mit der Achtung der nationalen Identität nach Art. 4 Abs. 2 Satz 1 EUV beschäftigt – eine Betroffenheit der nationalen Identität wurde indes verneint; siehe dazu die Schlussanträge des Generalanwalts *Bot* vom 28.07.2017, Rs. C-42/17, ECLI:EU:C:2017:564 – M. A. S. und M. B. Insbesondere ebd., Rn. 178 f.: „Außerdem bin ich nicht davon überzeugt, dass die sofortige Anwendung einer längeren Verjährungsfrist infolge der Erfüllung der vom Gerichtshof in dem Urteil Taricco u. a. aufgestellten Verpflichtung geeignet ist, die nationale Identität der Italienischen Republik zu berühren. […] Zwar handelt es sich im vorliegenden Fall um ein durch die italienische Verfassung geschütztes Grundrecht, dessen Bedeutung nicht hoch genug eingeschätzt werden kann, das bedeutet aber nicht, dass hier die Anwendung von Art. 4 Abs. 2 EUV in Erwägung zu ziehen wäre.“

[384] EuGH, Urt. v. 26.02.2013, Rs. C-617/10, ECLI:EU:C:2013:105, Rn. 26 – Åkerberg

liegenden Fall waren nach innerstaatlichem Recht[385] die Straftaten der Beschuldigten bereits verjährt: Der Anwendungsvorrang des Unionsrechts hätte es allerdings geboten, dass die innerstaatlichen Verjährungsvorschriften unangewendet blieben – dies hatte der Europäische Gerichtshof so auch in der Rechtssache Taricco festgestellt.[386] An dieser Folge hatte die italienische Corte Costituzionale (Verfassungsgerichtshof) verfassungsrechtliche Zweifel im Hinblick auf die Wahrung des Bestimmtheitsgebots und des Rückwirkungsverbots für noch laufende Strafsachen und die Straftaten, die vor dem Urteil des Europäischen Gerichtshofs im September 2015 begangen wurden. Wichtig ist dabei hervorzuheben, dass im Unterschied zum deutschen Recht den Verjährungsvorschriften nach italienischem Recht materiell-rechtlicher Charakter zukommt.[387] Aus diesen Gründen rief die Corte Costituzionale im Wege des Vorabentscheidungsverfahrens nach Art. 267 AEUV den Europäischen Gerichtshof an und fragte im Wesentlichen, ob Art. 325 Abs. 1 und 2 AEUV – vor allem auch unter Berücksichtigung der nationalen Identität Italiens gemäß Art. 4 Abs. 2 Satz 1 EUV – die Nichtanwendung der Verjährungsvorschriften zwingend gebieten würden.

Zwar betonte der Europäische Gerichtshof zunächst, dass die innerstaatlichen Gerichte nationale Rechtsnormen – auch Verjährungsvorschriften – grundsätzlich unangewendet lassen müssen, soweit sie der aus Art. 325 Abs. 1 und 2 AEUV abgeleiteten Verpflichtung zur Verhängung effektiver und abschreckender Strafen widersprächen.[388] Zugleich hätten die nationalen Gerichte aber auch sicherzustellen, dass die Grundrechte der Person beachtet werden.[389] Der Europäische Gerichtshof anerkannte dabei die „hohe Bedeutung", die dem Bestimmtheitsgebot und dem Verbot der Rückwirkung im Bereich der Anwendung von Strafvorschriften zukomme.[390] Daraus folge, dass die italienischen Gerichte nicht verpflichtet seien, die Verjährungsvorschriften des italienischen Strafgesetzbuchs unangewendet zu lassen, wenn dies zu einer Verletzung des Bestimmt-

Fransson und EuGH, Urt. v. 08.09.2015, Rs. C-105/14, ECLI:EU:C:2015:555, Rn. 37 ff. – Taricco.

385 Es ging um Art. 160 und Art. 161 Abs. 2 des Codice penale.

386 EuGH, Urt. v. 08.09.2015, Rs. C-105/14, ECLI:EU:C:2015:555, Rn. 52 – Taricco. Dies gelte gerade deshalb, weil bei den komplexen Straftaten des Mehrwertsteuerbetrugs oftmals infolge der italienischen Vorschriften des Codice penale Verjährung eintreten würde (ebd., Rn. 47) und daher effektive und abschreckende Sanktionen nicht in ausreichendem Maße bestünden.

387 Vgl. *Burchardt*, Kehrtwende in der Grundrechts- und Vorrangrechtsprechung des EuGH? Anmerkung zum Urteil des EuGH vom 5.12.2017 in der Rechtssache M. A. S. und M. B. (C-42/17, „Taricco II"), EuR 2018, 248 (251).

388 EuGH, Urt. v. 05.12.2017, Rs. C-42/17, ECLI:EU:C:2017:936, Rn. 39 – M. A. S. und M. B.

389 EuGH, Urt. v. 05.12.2017, Rs. C-42/17, ECLI:EU:C:2017:936, Rn. 46 – M. A. S. und M. B.

390 EuGH, Urt. v. 05.12.2017, Rs. C-42/17, ECLI:EU:C:2017:936, Rn. 51 – M. A. S. und M. B.

heitsgrundsatzes und des Rückwirkungsverbots führen würde.[391] Der Anwendungsvorrang des Unionsrechts wurde damit in diesem Fall durchbrochen.[392]

Ohne die Norm des Art. 4 Abs. 2 Satz 1 EUV zu erwähnen, nahm der Europäische Gerichtshof also in seiner Entscheidung die ebendort beschriebene Achtungsverpflichtung auf: Wegen der nationalen Identität Italiens – der Besonderheit, dass die dortigen Verjährungsvorschriften materiell-rechtlichen Charakter aufweisen und deren Nichtanwendung insofern innerstaatlich mit den verfassungsrechtlich garantierten Grundsätzen des Bestimmtheitsgebots und des Rückwirkungsverbots in Konflikt geriete – wurde in einer Abwägung mit dem Effektivitätsgrundsatz aus Art. 4 Abs. 3 EUV der Anwendungsvorrang des Unionsrechts in diesem Fall nicht behauptet.[393]

h) Rechtssachen Coman und Moreira

Auch in jüngster Zeit beschäftigte sich der Europäische Gerichtshof mit der Achtung der nationalen Identität aus Art. 4 Abs. 2 Satz 1 EUV: Im Jahr 2018

---

[391] EuGH, Urt. v. 05.12.2017, Rs. C-42/17, ECLI:EU:C:2017:936, Rn. 59 f. – M. A. S. und M. B. In Bezug auf diese im Grundsatz begrüßenswerte Feststellung ist allerdings der Kritik *Rufferts*, Europarecht – Vorrang des Unionsrechts und Grundrechtsschutz, JuS 2018, 496 (498) zuzustimmen, dass unklar bleibt, ob mit dem Bestimmtheitsgrundsatz und dem Rückwirkungsverbot Grundrechte der italienischen Verfassung, der EMRK oder der Grundrechte-Charta in Bezug genommen wurden. Vgl. auch *Wegner*, Vorhang zu und alle Fragen offen? – Zum Verhältnis von nationalem Verfassungsrecht und unmittelbar anwendbarem Unionsrecht nach „Taricco II“, Recht und Politik 2018, 74 (76). Eine Antwort darauf sucht *Gappa*, Der Schutz der mitgliedstaatlichen Verfassungsidentität im Unionsrecht anhand der „Taricco Saga“, ZEuS 2020, 641 (651 ff.).

[392] Im genauen Wortlaut antwortete der Europäische Gerichtshof auf die von der Corte Costituzionale unterbreitete Vorlagefrage (EuGH, Urt. v. 05.12.2017, Rs. C-42/17, ECLI:EU:C:2017:936, Rn. 62 – M. A. S. und M. B.): „Angesichts der vorstehenden Erwägungen ist […] zu antworten, dass Art. 325 Abs. 1 und 2 AEUV dahin auszulegen ist, dass die nationalen Gerichte verpflichtet sind, im Rahmen eines Strafverfahrens wegen Mehrwertsteuerstraftaten innerstaatliche Verjährungsvorschriften, die zum nationalen materiellen Recht gehören und der Verhängung wirksamer und abschreckender strafrechtlicher Sanktionen in einer beträchtlichen Anzahl von gegen die finanziellen Interessen der Union gerichteten schweren Betrugsfällen entgegenstehen oder für schwere Betrugsfälle zum Nachteil der finanziellen Interessen der Union kürzere Verjährungsvorschriften vorsehen als für Fälle zum Nachteil der finanziellen Interessen des betreffenden Mitgliedstaats, unangewendet zu lassen, es sei denn, ihre Nichtanwendung führt wegen mangelnder Bestimmtheit der anwendbaren Rechtsnorm oder wegen der rückwirkenden Anwendung von Rechtsvorschriften, die strengere Strafbarkeitsvorschriften aufstellen als die zum Zeitpunkt der Begehung der Straftat geltenden Rechtsvorschriften, zu einem Verstoß gegen den Grundsatz der Gesetzmäßigkeit im Zusammenhang mit Straftaten und Strafen.“

[393] Vgl. dazu auch *Burchardt*, Kehrtwende in der Grundrechts- und Vorrangrechtsprechung des EuGH? – Anmerkung zum Urteil des EuGH vom 5.12.2017 in der Rechtssache M. A. S. und M. B. (C-42/17, „Taricco II“), EuR 2018, 248 (255 f.). Nach *Skouris*, Der Vorrang des Europäischen Unionsrechts vor dem nationalen Recht. Unionsrecht bricht nationales Recht, EuR 2021, 3 (14) „kann man sich allerdings fragen, […] ob der EuGH in Taricco II dem italienischen Verfassungsgericht nicht zu weit entgegenkommt“.

musste er sich mit der Frage beschäftigen, ob das Freizügigkeitsrecht nach Art. 21 Abs. 1 AEUV es auch zulasse, dass sich ein gleichgeschlechtlicher, nicht-europäischer Ehegatte im Hoheitsgebiet des Staates des anderen Ehegatten aufhalten darf. Unter anderem die lettische Regierung rügte einen Verstoß gegen Art. 4 Abs. 2 Satz 1 EUV, weil unter den Ehebegriff nur eine Verbindung zwischen Mann und Frau falle.[394] Der Europäische Gerichtshof konstatierte zunächst, dass der Begriff „Ehegatte" in der Richtlinie 2004/38[395] geschlechtsneutral sei und daher auch gleichgeschlechtliche Ehegatten umfasse.[396] Er akzeptierte wohl grundsätzlich zwar die Betroffenheit der nationalen Identität,[397] kam aber zu dem Ergebnis, dass das Institut der Ehe nicht dadurch beeinträchtigt werde, dass einem durch eine anderenorts geschlossene gleichgeschlechtliche Ehe verbundenen Drittstaatsangehörigen ein abgeleitetes Aufenthaltsrecht gewährt werde – denn hieraus folge nicht, dass der betroffene Mitgliedstaat ebenfalls das Institut einer gleichgeschlechtlichen Ehe schaffen müsste.[398] Dies entspricht der hier befürworteten Abwägung zwischen dem Unionsinteresse an weitgehender Entfaltung des Freizügigkeitsrechts und dem Maß der Betroffenheit der jeweiligen nationalen Identität.

In einem weiteren Urteil betreffend die Richtlinie 2001/23[399] führte der Europäische Gerichtshof aus, dass die nationale Identität nicht in Stellung gebracht werden kann, wenn die Mitgliedstaaten – wie im zu entscheidenden Fall bezüglich des Schutzes der Ansprüche der Arbeitnehmer bei einem Unternehmensübergang – ihre Kompetenzen auf die Europäische Union übertragen hätten; denn anderernfalls würde den Arbeitnehmern der unionsrechlich gewährte Schutz genommen.[400]

3. *Fazit*

Schon vor dem Inkrafttreten des Vertrags von Lissabon hatte die nationale Identität der Mitgliedstaaten in der Rechtsprechung des Europäischen Gerichtshofs eine gewisse Bedeutung – gerade zur Einschränkung von Grundfreihei-

[394] Vgl. EuGH, Urt. v. 05.06.2018, Rs. C-673/16, ECLI:EU:C:2018:385, Rn. 42 – Coman.

[395] Richtlinie 2004/38/EG des Rates vom 29.04.2004 über das Recht der Unionsbürger und ihrer Familienangehörigen, sich im Hoheitsgebiet der Mitgliedstaaten frei zu bewegen und aufzuhalten, zur Änderung der Verordnung (EWG) Nr. 1612/68 und zur Aufhebung der Richtlinien 64/221/EWG, 68/360/EWG, 72/194/EWG, 73/148/EWG, 75/34/EWG, 75/35/EWG, 90/364/EWG, 90/365/EWG und 93/96/EWG, Abl. 2004 Nr. L 158.

[396] EuGH, Urt. v. 05.06.2018, Rs. C-673/16, ECLI:EU:C:2018:385, Rn. 35 – Coman.

[397] So auch *F. Michl*, Anmerkung zu: Art. 7 I Richtlinie 2004/38/EG: Aufenthaltsrecht gleichgeschlechtlicher Ehepartner, FamRZ 2018, 1147 (1148).

[398] EuGH, Urt. v. 05.06.2018, Rs. C-673/16, ECLI:EU:C:2018:385, Rn. 45 – Coman.

[399] Richtlinie 2001/23/EG des Rates vom 12.03.2001 zur Angleichung der Rechtsvorschriften über die Wahrung von Ansprüchen der Arbeitnehmer beim Übergang von Unternehmen, Betrieben oder Unternehmens- oder Betriebsteilen, Abl. 2001 Nr. L 82/16.

[400] EuGH, Urt. v. 13.06.2019, Rs. C-317/18, ECLI:EU:C:2019:499, Rn. 61 f. – Moreira.

ten konnten nationale wesentliche Verfassungsgrundsätze legitimerweise die durch das Unionsrecht unmittelbar gewährten Rechte beschränken. Mit der Geltung des Art. 4 Abs. 2 Satz 1 EUV hat die Relevanz der Achtungsverpflichtung noch einmal zugenommen: Der Europäische Gerichtshof anerkennt das legitime Interesse an der weitgehenden Wahrung wesentlicher mitgliedstaatlicher Verfassungsgrundsätze und ist insofern bereit, die unionseinheitliche Geltung des Unionsrechts zum Teil aufzuheben beziehungsweise die unmittelbar den Unionsbürgern zukommenden subjektiven Rechte einzuschränken. Dies ist im Rechtsprechungsverbund insbesondere mit den mitgliedstaatlichen Verfassungs- und Höchstgerichten ein wichtiges, notwendiges und begrüßenswertes Zeichen gerichtlicher Kommunikation und Rücksichtnahme. Für die Zukunft ist zu hoffen, dass die nationale Identität der Mitgliedstaaten für den Europäischen Gerichtshof auch in bedeutenderen Verfahren als beispielsweise im Zusammenhang mit dem Namensrecht intensiv berücksichtigt wird – das spezifisch ausgeformte deutsche Demokratieprinzip hätte dafür in den Verfahren zu den Staatsanleihenkaufprogrammen der Europäischen Zentralbank oder zur Europäischen Bankenunion (in welchem unzulässigerweise eine Vorlage des Bundesverfassungsgerichts an den Gerichtshof unterblieben ist)[401] Anlass bieten können.

IV. Vorschlag einer Prozeduralisierung des Art. 4 Abs. 2 Satz 1 EUV

Zu der oben herausgearbeiteten materiellen Schwierigkeit, die nationale Identität subsumtionsfähig für alle Mitgliedstaaten zu bestimmen, tritt das praktische Problem hinzu, dass es nach den Verträgen Aufgabe der supranational organisierten unionalen Stellen – und insbesondere des Europäischen Gerichtshofs – ist, die nationale Identität der 27 Mitgliedstaaten zu achten. Dieser Aufgabe können diese schwerlich gerecht werden; es liegt gerade in der Autonomie der Mitgliedstaaten, ihre grundlegenden politischen und verfassungsmäßigen Strukturen zu bestimmen.[402] Des Weiteren besteht nicht immer – wie aber beispielsweise im Rat der Europäischen Union durch die Vertreter der mitgliedstaatlichen Regierungen – die Möglichkeit, dass die Unionsstellen vor Erlass des betreffenden Rechtsakts auf die etwaige Betroffenheit der nationalen Identität eines Mitgliedstaats aufmerksam gemacht werden. Dies gilt insbesondere für Handlungen der Kommission, unabhängiger Agenturen oder der Europäischen Zentralbank, bei denen eine mitgliedstaatliche Mitwirkung am Erlass der Unionshandlung nicht vorgesehen ist.

Relativ problemlos kann die Achtungsverpflichtung im Hinblick auf die nationale Identität dann geltend gemacht werden, wenn mittelbar die streiti-

[401] Siehe dazu oben Zweiter Teil B. IX. 2. (S. 73 f.).

[402] *Puttler*, in: Calliess/Ruffert, EUV/AEUV, 5. Aufl. 2016, Art. 4 EUV Rn. 16.

ge Unionsmaßnahme bereits vor einem mitgliedstaatlichen (Verfassungs- oder Höchst-)Gericht anhängig ist.[403] Mittels eines Vorabentscheidungsverfahrens gemäß Art. 267 AEUV kann und muss der Europäische Gerichtshof angerufen werden, um über die Gültigkeit respektive Verbindlichkeit der Unionsmaßnahme in dem betreffenden Mitgliedstaat zu judizieren. In dem Vorlagebeschluss sollte dann bereits auf die Identitätsrelevanz der umstrittenen Unionshandlung eingegangen werden, sodass der Europäische Gerichtshof die Rechtsfrage auch vor dem Hintergrund des Art. 4 Abs. 2 Satz 1 EUV entscheiden kann. In diesem Fall könnte überlegt werden – wie schon im ultra-vires-Teil vorgeschlagen –,[404] ob auch die anderen mitgliedstaatlichen Verfassungs- und Höchstgerichte im Verfahren vor dem Gerichtshof durch ein Recht zur Stellungnahme beteiligt werden.[405]

Mehr Probleme bestehen, wenn die Unionsmaßnahme – insbesondere auf dem Weg der Nichtigkeitsklage nach Art. 263 AEUV – direkt vor dem Europäischen Gerichtshof angegriffen wird und Rechtsschutzmöglichkeiten vor den mitgliedstaatlichen Gerichten gerade bei unionsunmittelbaren Handlungen möglicherweise nicht in Betracht kommen. In diesen Fällen sollte die materiellrechtliche Achtungspflicht des Art. 4 Abs. 2 Satz 1 EUV prozeduralisiert werden. Hüter der Verfassungsidentität in den Mitgliedstaaten sind primär deren jeweilige Verfassungs- und Höchstgerichte. Der Europäische Gerichtshof sollte also bei der Prüfung, ob eine Unionsmaßnahme die nationale Identität der Mitgliedstaaten beeinträchtigt, in einen Dialog mit den mitgliedstaatlichen Verfassungs- und Höchstgerichten treten können.[406] Stellt sich im gerichtlichen Verfahren in plausibler Weise ein Problem mit der nationalen Identität eines Mitgliedstaats, dann sollte der Europäische Gerichtshof – in einem „umgedrehten" Vorlageverfahren zu Art. 267 AEUV – das mitgliedstaatliche Höchst- beziehungsweise Verfassungsgericht fragen, wie in dem durch den Fall gezogenen Rahmen die mitgliedstaatliche Verfassungsidentität beschaffen ist.[407] Die

---

[403] Vgl. dazu auch *Wendel*, Permeabilität im europäischen Verfassungsrecht, 2011, S. 579.

[404] Siehe dazu oben Zweiter Teil E. IV. (S. 181 ff.).

[405] Da die nationalen Verfassungsidentitäten zumeist aber unterschiedlich ausgestaltet sind, ist eine Beteiligung der Verfassungs- und Höchstgerichte aus anderen Mitgliedstaaten möglicherweise nicht ganz so naheliegend wie im Rahmen der ultra-vires-Problematik – sie böte aber nichtsdestotrotz einen Erkenntnisgewinn dahingehend, ob der betreffende Aspekt auch Ausprägung einer nationalen Identität in anderen Mitgliedstaaten ist.

[406] So schon angedacht von *Ukrow*, Von Luxemburg lernen heißt Integrationsgrenzen bestimmen – Anmerkungen zur Vorlage-Entscheidung des Bundesverfassungsgerichts vom 14. Januar 2014, ZEuS 2014, 119 (139). Dabei handelt es sich nach *Simon*, Grenzen des Bundesverfassungsgerichts im europäischen Integrationsprozess, 2016, S. 293 um einen „bedenkenswerte[n] Ansatz". Vgl. auch *Schnettger*, Verbundidentität, 2020, S. 358 ff. und in einem anderen Zusammenhang: *Pechstein/Cirkel*, EuGH-Zuständigkeit für deutsches Verfassungsrecht?, DÖV 1997, 365 (369).

[407] Vgl. *Ukrow*, Von Luxemburg lernen heißt Integrationsgrenzen bestimmen – Anmerkungen zur Vorlage-Entscheidung des Bundesverfassungsgerichts vom 14. Januar 2014, ZEuS 2014, 119 (139).

eingeholte Entscheidung des mitgliedstaatlichen Gerichts hat dabei hinsichtlich der Reichweite der dargelegten nationalen Identität für den Europäischen Gerichtshof Bindungswirkung;[408] der Europäische Gerichtshof hat also einen Beurteilungsspielraum der nationalen Gerichte hinzunehmen.[409] Diese Einschätzungsprärogative ist erst dann überschritten, wenn durch das nationale Gericht keine substantielle Begründung für die Betroffenheit der nationalen Identität geltend gemacht wird oder die Berufung hierauf offenkundig missbräuchlich erfolgt, um unliebsame Unionshandlungen zu verhindern.[410] Hierauf darf der Europäische Gerichtshof die Vorlageentscheidung des mitgliedstaatlichen Gerichts überprüfen – die Kontrolldichte muss aber gering sein.[411]

Daher sollten in Art. 4 Abs. 2 EUV folgende Sätze nach Satz 1 in einem Vertragsänderungsverfahren eingefügt werden:

[2]Stellt sich in einem Verfahren nach den Art. 258, 259, 263, 265 oder 268 AEUV vor dem Europäischen Gerichtshof die Frage, ob eine Handlung der Organe, Einrichtungen und sonstigen Stellen der Union die nationale Identität eines Mitgliedstaats berührt, hat der Europäische Gerichtshof das Verfahren auszusetzen und die Entscheidung des mitgliedstaatlichen Verfassungs- respektive Höchstgerichts in Bezug auf die Reichweite der nationalen Identität einzuholen. [3]Gleiches gilt in einem Verfahren nach Art. 267 AEUV dann, wenn das vorlegende nationale Gericht nicht Verfassungs- oder Höchstgericht ist.

---

[408] Bedenklich und nicht nachahmenswert erscheint es daher, wenn Generalanwalt *Bot* eine Nachprüfung der Betroffenheit der nationalen Identität Italiens beanspruchte; siehe dazu die Schlussanträge des Generalanwalts *Bot* vom 28.07.2017, Rs. C-42/17, ECLI:EU:C:2017:564, Rn. 181 – M. A. S. und M. B.: „Ich stelle fest, dass die italienische Verfassung die als ‚fundamental' qualifizierten Grundsätze in ihren Art. 1 bis 12 aufzählt, so dass also der Grundsatz der Gesetzmäßigkeit im Zusammenhang mit Straftaten und Strafen [Art. 25 Abs. 2 der italienischen Verfassung] *a priori* nicht dazugehört." (Hervorh. i. O.). Positiver hingegen *Burchardt*, Kehrtwende in der Grundrechts- und Vorrangrechtsprechung des EuGH? – Anmerkung zum Urteil des EuGH vom 5.12.2017 in der Rechtssache M. A. S. und M. B. (C-42/17, „Taricco II"), EuR 2018, 248 (262 f.).

[409] *Bilz*, Margin of Appreciation der EU-Mitgliedstaaten, 2020, S. 197. Vgl. auch *Hatje*, in: Schwarze, EU-Kommentar, 4. Aufl. 2019, Art. 4 EUV Rn. 23; *M. Klein*, Friedensgrüße aus Luxemburg: Neue Entwicklungen im europäischen Grundrechteverbund, DÖV 2018, 605 (611).

[410] Vgl. *Hatje*, in: Schwarze, EU-Kommentar, 4. Aufl. 2019, Art. 4 EUV Rn. 24.

[411] Für eine Plausibilitätskontrolle auch *Burchardt*, Kehrtwende in der Grundrechts- und Vorrangrechtsprechung des EuGH? – Anmerkung zum Urteil des EuGH vom 5.12.2017 in der Rechtssache M. A. S. und M. B. (C-42/17, „Taricco II"), EuR 2018, 248 (263). Insofern bestehen Ähnlichkeiten mit der „margin of appreciation"-Doktrin des Europäischen Gerichtshofs für Menschenrechte. Diese sollte, falls man sie so bezeichnen wollte, aber nur bei der Betroffenheit der nationalen Identität i. S.d. Art. 4 Abs. 2 Satz 1 EUV zur Anwendung gelangen und nicht – so wie vom EGMR gehandhabt – immer dann, wenn Rechtsunterschiede in den einzelnen Mitgliedstaaten bestehen. *Edenharter*, Auflösung von Jurisdiktionskonflikten durch eine Variierung der richterlichen Prüfungsdichte, Der Staat 57 (2018), 227 (242 f.) sieht die Rechtsprechungslinie des EGMR hingegen offener als „Inspirationsquelle" für den EuGH. Gegen eine umfassende Anwendung der „margin of appreciation"-Doktrin des EGMR aber zutreffend *Simon*, Rechtskulturelle Differenzen in Europa, AöR 143 (2018), 597 (616 f.), der darauf verweist, dass diese richterliche Selbstzurücknahme sich grundsätzlich nicht mit dem Ziel der Europäischen Union an einheitlicher Rechtsgeltung – auch in rechtskulturell nicht homogenen Gebieten – vereinbaren lässt.

[4]In einem Protokoll zu den Verträgen teilen die Mitgliedstaaten mit, welches ihrer Gerichte für eine Entscheidung nach Satz 2 zuständig ist.

Nach der eingeholten Entscheidung des mitgliedstaatlichen Verfassungs- oder Höchstgerichts hat der Europäische Gerichtshof in eine Abwägung mit dem Interesse der Union an einer einheitlichen europaweiten Geltung des Unionsrechts zu treten und hat sich bei dieser Abwägung – insbesondere bei einer Betroffenheit von „höherrangigem“ Verfassungsrecht – in der Regel zugunsten der Achtung der mitgliedstaatlichen Identität zu entscheiden.[412] Auf diese Weise kann in kooperativer und unional wie national rechtmäßiger Weise in eng begrenzten und souveränitätsrelevanten Bereichen der Vorranganspruch des Unionsrechts ausgesetzt werden. Eine dem Bundesverfassungsgericht zustehende und an den Strukturvorgaben des Art. 23 Abs. 1 Satz 1 GG ansetzende Kontrolle ist daher idealiter in der Praxis gar nicht erforderlich.

H. Zusammenfassung

Die vom Bundesverfassungsgericht in Anspruch genommene Verfassungsidentitätskontrolle im Hinblick auf Handlungen der Organe, Einrichtungen und sonstigen Stellen der Europäischen Union wurzelt jedenfalls nicht ausschließlich in Art. 23 Abs. 1 Satz 3 in Verbindung mit Art. 79 Abs. 3 GG. Diese Bestimmung richtet sich dem klaren Wortlaut und der Systematik nach vor allem an den Vertragsgesetzgeber, der der Europäischen Union Hoheitsrechte durch Gesetz im Sinne des Art. 23 Abs. 1 Satz 2 GG zu übertragen beabsichtigt. Das Zustimmungsgesetz zu den europäischen Primärverträgen muss zwar stets auch nach der Ratifizierung den Anforderungen des Art. 23 Abs. 1 Satz 3 in Verbindung mit Art. 79 Abs. 3 GG genügen. Eine Identitätskontrolle durch das Bundesverfassungsgericht kommt aber vielmehr insofern in Betracht, als es auch die Einhaltung der Struktursicherungselemente in Art. 23 Abs. 1 Satz 1 GG überwacht. Art. 23 Abs. 1 Satz 3 in Verbindung mit Art. 79 Abs. 3 GG sowie Art. 23 Abs. 1 Satz 1 GG begrenzen also beide den Vorranganspruch des Unionsrechts, sodass Art. 23 Abs. 1 Satz 1 GG und Art. 23 Abs. 1 Satz 3 in Verbindung mit Art. 79 Abs. 3 GG nebeneinander stehen. Art. 23 Abs. 1 Satz 1 GG nimmt dabei als Struktursicherungsklausel die Entwicklungen auf Unionsebene in den Blick, während die Bestandssicherungsklausel des Art. 23 Abs. 1 Satz 3 in Verbindung mit Art. 79 Abs. 3 GG binnengerichtet im Prozess der europäischen Integration die Wahrung fundamentaler Grundsätze in der Bundesrepublik Deutschland fordert. Da dem Zustimmungsgesetz zum Vertrag von Lissabon Verfassungsmäßigkeit bescheinigt wurde, ist ein späterer Verstoß gegen die sogenannte integrationsfeste Ewigkeitsgarantie nur schwer vorstellbar, weil kaum eine Hand-

---

[412] Siehe dazu ausführlich oben Vierter Teil G. II. (S. 292 ff.).

lung der Unionsstellen dazu geeignet ist, die grundlegende Verfassungsstruktur der Bundesrepublik Deutschland auszuhebeln. Es müsste sich um gravierende, im Zustimmungsgesetz nicht antizipierbare Unionshandlungen handeln – beispielsweise die in einer Verordnung enthaltene Ausrufung eines zentralistischen europäischen Bundesstaats. Etwas weniger unwahrscheinlich – und daher in der Praxis nach hier vertretener Auffassung primärer Prüfungsmaßstab – sind indes Verstöße gegen die Strukturanforderungen der in Art. 23 Abs. 1 Satz 1 GG genannten Grundsätze, die allerdings im Lichte des Charakters der Europäischen Union als supranationale Gemeinschaft ausgelegt werden müssen. Dies gestattet Abweichungen im Hinblick auf die Anforderungen des deutschen Demokratie- und Rechtsstaatsprinzips.

Inhaltlich ist das Konzept der Verfassungsidentitätskontrolle durch das Bundesverfassungsgericht noch nicht hinreichend umrissen,[413] was vor dem Hintergrund der nicht vorhersehbaren Entwicklungen im Integrationsprozess und der Vielzahl an theoretisch in Betracht kommenden Fallgestaltungen aber auch nicht überraschend ist. Die Identitätsmerkmale der Bundesrepublik Deutschland können nicht abschließend im Vorfeld beschrieben werden. Die Anknüpfung an die Struktursicherungsklausel des Art. 23 Abs. 1 Satz 1 GG, der zugleich ein ausdrücklicher Integrationsauftrag zu entnehmen ist, gebietet jedenfalls, diese Kontrolle äußerst zurückhaltend und in ständiger Gesprächsbereitschaft mit dem Europäischen Gerichtshof auszuüben. Die Verpflichtung der Union – und insbesondere des Europäischen Gerichtshofs – zur Achtung der nationalen Identität in Art. 4 Abs. 2 Satz 1 EUV wirkt dabei, wie auch die zahlreichen Beispiele aus der Rechtsprechung des Europäischen Gerichtshofs gezeigt haben, konfliktentschärfend.[414] Insbesondere bei einer Prozeduralisierung des Art. 4 Abs. 2 Satz 1 EUV dahingehend, dass auch der Europäische Gerichtshof in einen Dialog mit den mitgliedstaatlichen Verfassungs- und Höchstgerichten treten kann, erscheint diese Norm geeignet, Konflikte zwischen der Betroffenheit der mitgliedstaatlichen Verfassungsidentität und dem Interesse an einer möglichst einheitlichen Geltung des Unionsrechts auszutarieren.

---

[413] So auch *Nettesheim*, in: Oppermann/Classen, Nettesheim, Europarecht, 9. Aufl. 2021, § 10 Rn. 17: „Das Konzept bleibt weitgehend konturenlos". Ähnlich auch *Hofmann/Heger*, Das Selbstverständnis des Bundesverfassungsgerichts als Hüter des Kompetenzverhältnisses zwischen der Europäischen Union und Deutschland, EuGRZ 2020, 176 (180).

[414] In den Worten von *C. Schönberger*, Identitäterä – Verfassungsidentität zwischen Widerstandsformel und Musealisierung des Grundgesetzes, JöR 63 (2015), 41 (54): „Die nationale Identität wirkt dabei nicht als absolute Position, sondern als Argumentationsgesichtspunkt. Sie wird in eine Argumentationsform des Mehr oder Weniger hineingestellt, die auf Konfliktvermeidung durch Interpretation abzielt. Identität ist hier eher flüssig als fest, eher Schild als Schwert."

Fünfter Teil

Verfassungsprozessuale Fragestellungen

In den vorangegangenen drei großen Hauptteilen dieser Arbeit ging es um die materiell-rechtliche Handhabung der Residualkompetenzen, die sich das Bundesverfassungsgericht bei der Prüfung abgeleiteten Unionsrechts selbst zugesteht. Im Zuge der Auseinandersetzungen hiermit hat sich allerdings herauskristallisiert, dass Anknüpfungspunkt für eine bundesverfassungsgerichtliche Kontrolle primär die Struktursicherungsklausel des Art. 23 Abs. 1 Satz 1 GG ist, womit die Aufgabe zur Wahrung der dort genannten Elemente auf Unionsebene die alleinige Residualkompetenz des Bundesverfassungsgerichts darstellt. Sowohl die ultra-vires-Kontrolle als auch der vom Bundesverfassungsgericht so verstandene Verfassungsidentitätsvorbehalt und ein Grundrechtsvorbehalt haben ihre Grundlage in Art. 23 Abs. 1 Satz 1 GG, sodass eine gemeinsame Abhandlung der verfassungsprozessualen Fragestellungen opportun erscheint. Ein weiterer Grund für die Darstellung der verfassungsprozessualen Fragen in einem gesonderten Fünften Teil und nicht nur als Annex zu den jeweils einzeln behandelten Reservekompetenzen liegt darin, dass das Verfassungsprozessrecht für die Ausübung der Residualkompetenzen von herausragender Bedeutung ist. Damit das Bundesverfassungsgericht überhaupt eine Prüfung der Verfassungsmäßigkeit sekundären Unionsrechts vornehmen kann, muss zunächst der verfassungsgerichtliche Zugriff hergestellt werden. Das Bundesverfassungsgericht wird dabei nur im Rahmen der im Grundgesetz oder in einem Bundesgesetz (vgl. Art. 93 Abs. 3 GG) festgelegten Verfahren tätig – sein Zuständigkeitsbereich ist enumerativ erschöpfend aufgezählt und insoweit ebenfalls von einem „Prinzip der begrenzten Einzelermächtigung“ bestimmt. Im Folgenden sollen mögliche Verfahren im Zusammenhang mit dem hier so verstandenen Vorbehalt der Wahrung der Struktursicherungsklausel erörtert und Schwächen der herrschenden Konzeption aufgezeigt werden. Verfassungsprozessual können insbesondere die Verfassungsbeschwerde, das Organstreitverfahren sowie die abstrakte und konkrete Normenkontrolle im Kontext mit der Überprüfung von abgeleitetem Unionsrecht durch das Bundesverfassungsgericht relevant werden. In diesen Themenkomplex gehört auch die Frage, welche Rechtsfolgen und welchen Entscheidungsausspruch eine vom Bundesverfassungsgericht festgestellte Verletzung des Art. 23 Abs. 1 Satz 1 GG auslöst.

A. Verfassungsbeschwerde

Nach Art. 93 Abs. 1 Nr. 4 lit. a GG in Verbindung mit §§ 13 Nr. 8 lit. a, 90 ff. BVerfGG kann jedermann mit der Behauptung, in einem seiner Grundrechte oder grundrechtsgleichen Rechte verletzt zu sein, Verfassungsbeschwerde zum Bundesverfassungsgericht erheben.[1] Im Zuge der hier untersuchten Thematik treten bei einzelnen Zulässigkeitsstationen Probleme auf.

I. Beschwerdegegenstand

Zunächst betrifft dies den statthaften Beschwerdegegenstand – bei diesem muss es sich nach Art. 93 Abs. 1 Nr. 4 lit. a GG, § 90 Abs. 1 BVerfGG um einen Akt der „öffentlichen Gewalt" handeln. Insoweit gilt es, verschiedene Szenarien zu unterscheiden.

1. Mitgliedstaatlich vermitteltes Handeln der Europäischen Union

Verhältnismäßig unproblematisch ist der Beschwerdegegenstand, wenn und soweit – wie in den meisten Fällen aufgrund des dezentralen Vollzugs des Unionsrechts (vgl. Art. 291 Abs. 1 AEUV) – der die Strukturelemente des Art. 23 Abs. 1 Satz 1 GG möglicherweise verletzende Akt der Unionsstellen über nationale Behörden vermittelt wird. Diese Mitwirkung kann beispielsweise darin gesehen werden, dass ein deutsches Gericht einen Rechtsstreit zu entscheiden hat, in dessen Rahmen ein Urteil des Europäischen Gerichtshofs in Bezug auf die Auslegung von primärem oder sekundärem Unionsrecht maßgebend ist. So lag dem Honeywell-Beschluss des Bundesverfassungsgerichts ein nationales Arbeitsgerichtsverfahren zugrunde, das mit einem letztinstanzlichen Urteil des Bundesarbeitsgerichts, in welchem die Mangold-Rechtsprechung des Europäischen Gerichtshofs berücksichtigt wurde, ein vorläufiges Ende fand. Diese Entscheidung des Bundesarbeitsgerichts konnte die Beschwerdeführerin im Wege der Verfassungsbeschwerde angreifen, weil es sich hierbei um eine Maßnahme der *deutschen* öffentlichen Gewalt handelte.[2]

Gleiches gilt für den Fall, dass ein Verwaltungsakt durch nationale Behörden aufgrund einer Verordnung erging, die unter einer möglichen Verletzung des Art. 23 Abs. 1 Satz 1 GG durch den Unionsgesetzgeber erlassen wurde. Bei dem Verwaltungsakt – und wegen der erforderlichen Rechtswegerschöpfung und des Grundsatzes der Subsidiarität wohl auch bei den ihn bestätigenden ge-

---

[1] Allgemein zur Verfassungsbeschwerde beispielsweise *Zuck*, Das Recht der Verfassungsbeschwerde, 5. Aufl. 2017, passim.

[2] Vgl. BVerfGE 126, 286 (298 f.) – Honeywell. Dieselbe Konstellation betrifft das Egenberger-Verfahren, in welchem ein Urteil des Bundesarbeitsgerichts, das wiederum die umstrittene Entscheidung des Europäischen Gerichtshofs (EuGH, Urt. v. 17.04.2018, Rs. C-414/16, ECLI:EU:C:2018:257) berücksichtigte, angegriffen wurde.

richtlichen Entscheidungen der Fachgerichtsbarkeit – handelt es sich ebenfalls um Akte der *deutschen* öffentlichen Gewalt, die ohne weiteres einen tauglichen Beschwerdegegenstand im Sinne des Art. 93 Abs. 1 Nr. 4 lit. a GG und des § 90 Abs. 1 BVerfGG darstellen.

Schließlich – aber schon nicht mehr ganz so eindeutig – ist der Fall zu nennen, in dem ein deutsches Umsetzungsgesetz, welches nach Ansicht des Beschwerdeführers auf einer die Strukturelemente des Art. 23 Abs. 1 Satz 1 GG verletzenden Richtlinie der Europäischen Union beruht, vor das Bundesverfassungsgericht gebracht werden soll. Grundsätzlich geht das Bundesverfassungsgericht davon aus, dass das deutsche Umsetzungsgesetz in den Fällen der „Eins-zu-Eins-Umsetzung"[3] keinen statthaften Beschwerdegegenstand darstellt, weil ansonsten de facto eine Überprüfung des unionalen Rechtsakts anhand der Grundrechtsgewährleistungen des Grundgesetzes erfolgen würde.[4] Wenn die Beschwerdeführer aber vortragen, dass die zugrunde liegende Richtlinie unionsrechtswidrig sei und hiermit ein Vorabentscheidungsersuchen durch das Bundesverfassungsgericht an den Europäischen Gerichtshof initiieren wollen, soll die Verfassungsbeschwerde vor dem Bundesverfassungsgericht zulässig sein.[5] Dies muss insbesondere dann gelten, wenn die Richtlinie nach Auffassung der Beschwerdeführer einen ultra-vires- oder verfassungsidentitätsverletzenden Akt der Unionsstellen darstellt. Sollte der Europäische Gerichtshof im Rahmen des – zwingend notwendigen –[6] Vorabentscheidungsverfahrens zu dem Ergebnis gelangen, dass die Richtlinie kompetenzwidrig ergangen ist, so wird das Bundesverfassungsgericht aber nicht sogleich das deutsche Umsetzungsgesetz für nichtig erklären. Vielmehr wird es anhand der Grundrechte des Grundgesetzes eine Verfassungsverletzung prüfen,[7] sofern in diesem Fall nicht ohnehin ein politischer Wille erkennbar ist, das Umsetzungsgesetz aufzuheben. Stellt das Bundesverfassungsgericht eine Grundrechtsverletzung fest, hat es das nationale Gesetz für (teil)nichtig zu erklären.

---

[3] Damit sind Fälle gemeint, in denen der nationale Gesetzgeber ohne eigenen Gestaltungsspielraum die Richtlinienbestimmungen in ein deutsches Gesetz überführt, weil es sich um eine vollharmonisierende Richtlinie handelt. Vgl. dazu auch *Schwarze*, Richtlinienumsetzung „eins zu eins", in: Festschrift Scholz, 2007, S. 167 ff.

[4] BVerfGE 118, 79 (95) – Emissionshandel. Dies würde der Solange II-Rechtsprechung widersprechen, vgl. dazu umfassend oben Dritter Teil A. (S. 186 ff.).

[5] BVerfGE 125, 260 (307) – Vorratsdatenspeicherung; BVerfGE 130, 151 (177 f.) – Bestandsdatenspeicherung.

[6] Siehe oben Zweiter Teil D. VII. 3. (S. 129 ff.) und Vierter Teil D. II. (S. 268 ff.).

[7] Vgl. BVerfGE 118, 79 (97 f.) – Emissionshandel. Besteht infolge eines Verstoßes gegen Art. 23 Abs. 1 Satz 1 GG keine Pflicht zur Beachtung des auf vollständige Harmonisierung abzielenden Unionsrechtsakts, lebt die grundsätzlich sistierte Bindung der deutschen Stellen an die Grundrechte des Grundgesetzes nach Art. 1 Abs. 3 GG wieder auf. Siehe dazu schon oben Dritter Teil B. III. (S. 215 ff.).

2. *Unionsunmittelbare Verhaltensweisen*

Die soeben aufgezeigten Fälle boten keine besonderen Schwierigkeiten;[8] anders ist allerdings der Fall zu beurteilen, in welchem die gegen die Struktursicherungsklausel des Art. 23 Abs. 1 Satz 1 GG verstoßende Handlung der Unionsstellen keines Mitwirkungsaktes von deutschen Behörden oder Gerichten bedarf. Hierbei geht es – wegen der Grundregel in Art. 291 Abs. 1 AEUV – um den atypischen Fall unionsunmittelbaren Handelns.[9] Als wohl prominentestes Beispiel können Handlungen der Europäischen Zentralbank beziehungsweise des Rates der Europäischen Zentralbank angeführt werden. Nach Art. 130 AEUV agieren diese in voller Unabhängigkeit – losgelöst von mitgliedstaatlichen Einflussnahmen oder gar Weisungen.[10] Beschließt der Rat der Europäischen Zentralbank sodann beispielsweise ein Ankaufprogramm von Staatsanleihen wie das OMT- oder PSPP-Programm, so sind unweigerlich hiervon auch die Bürger in der Bundesrepublik Deutschland betroffen, ohne dass es einer weiteren Mitwirkung durch deutsche Staatsorgane bedarf.[11] Diese Situation ist auch bei Handlungen der Kommission[12] oder von unabhängigen Agenturen in den Fällen des Eigenverwaltungsrechts denkbar, wenn sie – wie bei Regulierungsagenturen möglich –[13] unmittelbar mit den Bürgern in der Bundesrepublik Deutschland in Kontakt treten. Auch in diesem Fall ist für die unmittelbare Rechtsbeeinträchtigung keine Vermittlung über nationale Stellen notwendig. In all diesen Fällen stellt sich die Frage, auf welche Weise eine solche Handlung überhaupt einer Entscheidung durch das Bundesverfassungsgericht zugeführt werden kann.

---

[8] Siehe auch *Eifert/Gerberding*, Verfassungsbeschwerde und Unionsgewalt, Jura 2016, 628 (636).

[9] Vgl. *Simon*, Grenzen des Bundesverfassungsgerichts im europäischen Integrationsprozess, 2016, S. 217.

[10] Das ist auch der Grund, warum in einer demokratisch organisierten Verfasstheit die Notenbanken als „Fremdkörper" erscheinen müssen – ihr Handeln ist demokratisch kaum legitimiert; einzig der Präsident, der Vizepräsident und die weiteren Direktoriumsmitglieder werden nach Art. 283 Abs. 2 Uabs. 2 AEUV vom Europäischen Rat gewählt. Diese Anomalie lässt sich damit begründen, dass das Wirken einer unabhängigen Zentralbank der Einflussnahme durch die um eine Wiederwahl bemühten Politiker entzogen ist und in der Vergangenheit bereits erfolgreich praktiziert wurde. Siehe dazu bereits die Ausführungen im Maastricht-Urteil: BVerfGE 89, 155 (208 f.).

[11] Dieses Beispiel nennen auch *Eifert/Gerberding*, Verfassungsbeschwerde und Unionsgewalt, Jura 2016, 628 (635) und *Simon*, Grenzen des Bundesverfassungsgerichts im europäischen Integrationsprozess, 2016, S. 217.

[12] *Huber*, Die Ultra-vires Rüge, in: Festschrift Landau, 2016, S. 233 (242) nennt das Beispiel einer von der Kommission verhängten Kartellbuße.

[13] Davon zu unterscheiden sind sog. Exekutivagenturen, die der Kommission nachgeordnet sind und maßgeblich Koordinierungsaufgaben für diese wahrnehmen, jedoch nicht mit dem Bürger in unmittelbaren Kontakt treten. Siehe zum Ganzen im Überblick *Kment*, Das Eigenverwaltungsrecht der Europäischen Union, JuS 2011, 211 (212 f.) und vertiefend *Schmidt-Aßmann*, Europäische Agenturen als Organisationsformen der dekonzentrierten und der dezentralen Unionsverwaltung, in: Festschrift Fausto de Quadros I, 2016, S. 381 (383 ff.).

a) Direkte Angreifbarkeit des unionalen Handelns

Zunächst erscheint es denkbar, die fragliche Maßnahme der unionalen Organe, Einrichtungen und sonstigen Stellen direkt als statthaften Beschwerdegegenstand anzusehen. Unbefangen steht der Wortlaut des Art. 93 Abs. 1 Nr. 4 lit. a GG und des § 90 Abs. 1 BVerfGG dem nicht entgegen – fordern diese Bestimmungen doch lediglich einen Akt der öffentlichen Gewalt und nicht expressis verbis einen Akt der *deutschen* öffentlichen Gewalt.[14]

Nichtsdestotrotz ging das Bundesverfassungsgericht in einer sehr frühen Entscheidung zunächst davon aus, dass Gegenstand einer Verfassungsbeschwerde nur eine Handlung der *deutschen* öffentlichen Gewalt sein könne.[15] In konsequenter Folge dieser Rechtsprechung hat das Bundesverfassungsgericht in einem Beschluss aus dem Jahr 1967 angenommen, dass Beschwerdeführer sich nicht unmittelbar gegen Verordnungen der Europäischen Wirtschaftsgemeinschaft wenden könnten, weil diese Rechtsakte nicht der deutschen öffentlichen Gewalt entspringen würden.[16] Auch in einer Entscheidung aus dem Jahr 1981 hielt das Bundesverfassungsgericht an seiner Auffassung fest, dass eine Maßnahme der deutschen öffentlichen Gewalt unabdingbare Voraussetzung sei.[17]

Umso überraschender war es dann, als das Bundesverfassungsgericht diese ständige Rechtsprechung in der Maastricht-Entscheidung abgeändert hat:

> „Auch Akte einer besonderen, von der Staatsgewalt der Mitgliedstaaten geschiedenen öffentlichen Gewalt einer supranationalen Organisation betreffen die Grundrechtsberechtigten in Deutschland. Sie berühren damit die Gewährleistungen des Grundgesetzes und die Aufgaben des Bundesverfassungsgerichts, die den Grundrechtsschutz in Deutschland und insoweit nicht nur gegenüber deutschen Staatsorganen zum Gegenstand haben (Abweichung von BVerfGE 58, 1 [27]).“[18]

Diese Rechtsprechungsänderung war anschließend Grundlage für weitere Entscheidungen des Bundesverfassungsgerichts: Insbesondere in Kammerentscheidungen wurde in der Folgezeit wiederholt dargelegt, dass grundsätzlich auch Akte supranationaler Organisationen zur Gewährleistung des Grundrechtsschutzes mit der Verfassungsbeschwerde angegriffen werden können und dass unter der „öffentlichen Gewalt“ nicht allein die deutsche Hoheitsgewalt zu verstehen sei.[19]

In einem Urteil aus dem Jahr 2011 schien der Zweite Senat des Bundesverfassungsgerichts von seiner in der Maastricht-Entscheidung begründeten

---

[14] Vgl. *C. Lenz/Hansel*, BVerfGG, 3. Aufl. 2020, § 90 Rn. 199.
[15] BVerfGE 1, 10 (11).
[16] BVerfGE 22, 293 (297) – EWG-Verordnungen. Siehe dazu auch oben Dritter Teil A. I. (S. 186 ff.).
[17] BVerfGE 58, 1 (27) – Eurocontrol I.
[18] BVerfGE 89, 155 (175) – Maastricht.
[19] BVerfG, NJW 2001, 2705 (2705) und sodann BVerfGK 8, 266 (268); 16, 509 (513); 17, 266 (269 f.).

Rechtsprechung aber plötzlich und unerwartet[20] wieder abzuweichen, als er Verfassungsbeschwerden – teilweise – mit dem Argument zurückwies, dass es sich nicht um Maßnahmen der *deutschen* öffentlichen Gewalt im Sinne von Art. 93 Abs. 1 Nr. 4 lit. a GG und § 90 Abs. 1 BVerfGG handelte.[21] Diese Abkehr von einem funktionalen Verständnis der öffentlichen Gewalt manifestierte sich schließlich im OMT-Urteil:

„Maßnahmen von Organen, Einrichtungen und sonstigen Stellen der Europäischen Union sind keine Akte *deutscher* öffentlicher Gewalt im Sinne von Art. 93 Abs. 1 Nr. 4a GG, § 90 Abs. 1 BVerfGG und daher auch nicht unmittelbar Beschwerdegegenstand im Verfahren der Verfassungsbeschwerde [...]. Das gilt auch für Maßnahmen der Europäischen Zentralbank."[22]

In der Literatur gibt es durchaus Stimmen, die der zwischenzeitlichen Rechtsprechung des Bundesverfassungsgerichts Beistand leisten – oder zumindest leisteten – und den Begriff der „öffentlichen Gewalt" im Sinne des Art. 93 Abs. 1 Nr. 4 lit. a GG und des § 90 Abs. 1 BVerfGG funktional verstehen wollen:[23] Wegen der ähnlichen „Gefährdungslage" solle sich die Rechtsprechungskompetenz des Bundesverfassungsgerichts in Bezug auf die Wahrung der Grundrechte auch auf Maßnahmen von supranationalen Organisationen erstre-

[20] Vgl. *Simon*, Grenzen des Bundesverfassungsgerichts im europäischen Integrationsprozess, 2016, S. 215. Allerdings tätigte das Bundesverfassungsgericht bereits 2007 (BVerfGE 118, 79 [95] – Emissionshandel) folgende Aussage, die eine wiederholte Rechtsprechungsänderung andeutete: „Das Bundesverfassungsgericht ist grundsätzlich gehindert, über die Gültigkeit von Gemeinschaftsrecht zu entscheiden, da es sich hierbei nicht um einen Akt deutscher Staatsgewalt handelt [...]." Hierbei handelte es sich allerdings um eine Entscheidung des Ersten Senats, während das Maastricht-Verdikt aus den Federn des Zweiten Senats stammte.

[21] BVerfGE 129, 124 (175 f.) – Griechenlandhilfe. Nach der Deutung *Petereks*, Rechtsschutz vor dem Bundesverfassungsgericht gegen Maßnahmen im Zusammenhang mit der „Eurorettung", in: Becker/Lange, Linien der Rechtsprechung des Bundesverfassungsgerichts, Band 3, 2014, S. 553 (558 f.) war dies noch keine Abweichung zu der im Maastricht-Urteil begonnenen Rechtsprechung, sondern gründete die Unzulässigkeit der Verfassungsbeschwerden auf der Tatsache, dass die Beschwerdeführer nur in unzureichendem Maße ihren Begründungsverpflichtungen gem. §§ 92, 23 Abs. 1 Satz 2 BVerfGG nachkamen. So auch *Simon*, Grenzen des Bundesverfassungsgerichts im europäischen Integrationsprozess, 2016, S. 216. Diese Bewertung der Rechtsprechung ist aber zumindest mit dem OMT-Urteil (dazu sogleich) überholt.

[22] BVerfGE 142, 123 (179 f. Rn. 97) – OMT-Urteil (Hervorh. d. Verf.). Vgl. auch BVerfGE 151, 202 (283 Rn. 112) – Europäische Bankenunion und BVerfGE 154, 17 (83 Rn. 93) – PSPP-Urteil.

[23] *Gersdorf*, Das Kooperationsverhältnis zwischen deutscher Gerichtsbarkeit und EuGH, DVBl. 1994, 674 (675 f.); *Peterek*, Rechtsschutz vor dem Bundesverfassungsgericht gegen Maßnahmen im Zusammenhang mit der „Eurorettung", in: Becker/Lange, Linien der Rechtsprechung des Bundesverfassungsgerichts, Band 3, 2014, S. 553 (557); *Proelß*, Bundesverfassungsgericht und überstaatliche Gerichtsbarkeit, 2014, S. 275 f.; *Wolff*, De lege ferenda: Das Integrationskontrollverfahren, DÖV 2010, 49 (57). Zumindest „bedenkenswert" findet diesen Ansatz auch *Bethge*, in: Maunz/Schmidt-Bleibtreu/Klein/Bethge, BVerfGG, § 90 Rn. 335 (Stand: 53. EGL. Februar 2018). Eine analoge Anwendung des § 90 Abs. 1 BVerfGG für Unionssekundärrecht befürwortend: *Ludwigs/Sikora*, Der Vorrang des Unionsrechts unter Kontrollvorbehalt des BVerfG, EWS 2016, 121 (129 f.).

cken, die auf dem Staatsgebiet der Bundesrepublik Deutschland Hoheitsgewalt ausüben.[24] Zum anderen diene ein funktionales Verständnis auch dazu, einer möglichen „Flucht in organisatorisch verselbstständigte Einheiten auf der zwischenstaatlichen Ebene“[25] entgegenwirken zu können. Aus diesen Gründen erscheine es kohärent, dass etwaige ultra-vires-Akte der unionalen Stellen, denen es an der notwendigen demokratischen Legitimation fehle, unmittelbar statthafter Beschwerdegegenstand einer Verfassungsbeschwerde sein können.[26]

Überzeugen kann eine solche funktionale Betrachtungsweise allerdings nicht und deswegen ist es sehr zu begrüßen, dass das Bundesverfassungsgericht spätestens im OMT-Urteil zu seiner ursprünglichen Sichtweise zurückgekehrt ist. Die Verfassungsbeschwerde ist das prozessuale Mittel zur Durchsetzung der materiellen Grundrechtsbindung aller staatlichen Gewalt aus Art. 1 Abs. 3 GG, der die verfasste *deutsche* Staatsgewalt adressiert.[27] Die Grundrechtskontrolle kann dabei nicht auf solche supranationalen Organe übertragen werden, die dieser Grundrechtsbindung nicht unterliegen.[28] Aus diesem Grund kann mit Art. 93 Abs. 1 Nr. 4 lit. a GG, § 90 Abs. 1 BVerfGG nur die *deutsche* öffentliche Gewalt gemeint sein.[29] Infolgedessen kann eine Maßnahme der Organe, Einrichtungen und sonstigen Stellen der Union nicht unmittelbar einen für die Verfassungsbeschwerde statthaften Beschwerdegegenstand bilden.[30] Anderenfalls

---

24 *Peterek*, Rechtsschutz vor dem Bundesverfassungsgericht gegen Maßnahmen im Zusammenhang mit der „Eurorettung“, in: Becker/Lange, Linien der Rechtsprechung des Bundesverfassungsgerichts, Band 3, 2014, S. 553 (557).

25 BVerfG, NJW 2001, 2705 (2705).

26 *Peterek*, Rechtsschutz vor dem Bundesverfassungsgericht gegen Maßnahmen im Zusammenhang mit der „Eurorettung“, in: Becker/Lange, Linien der Rechtsprechung des Bundesverfassungsgerichts, Band 3, 2014, S. 553 (559).

27 Vgl. *Burkiczak*, in: Bonner Kommentar zum GG, Art. 93 Rn. 436 (Stand: 208. Aktualisierung Oktober 2020); *Eifert/Gerberding*, Verfassungsbeschwerde und Unionsgewalt, Jura 2016, 628 (635); *C. Lenz/Hansel*, BVerfGG, 3. Aufl. 2020, § 90 Rn. 199; *Walter*, in: Maunz/Dürig, GG, Art. 93 Rn. 343 (Stand: 84. EGL. August 2018).

28 Treffend: *Sauer*, Kompetenz- und Identitätskontrolle von Europarecht nach dem Lissabon-Urteil, ZRP 2009, 195 (197): „Wenn das *BVerfG* im Maastricht-Urteil darauf abstellt, dass deutsche Bürger durch EU-Rechtsakte in ihren Grundrechten betroffen werden können, schließt es von Wirkungsgleichheit auf Kontrollgleichheit und ersetzt Grundrechtsbindung durch Grundrechtsrelevanz“. (Hervorh. i. O.). Ähnlich auch *Dörr*, Der europäisierte Rechtsschutzauftrag deutscher Gerichte, 2003, S. 182. Siehe dazu auch oben Dritter Teil B. III. (S. 215 ff.).

29 Vgl. *Hillgruber/Goos*, Verfassungsprozessrecht, 5. Aufl. 2020, Rn. 1185, 1191; *Kees*, Grundlagen und Grenzen der europäischen Integration, in: Scheffczyk/Wolter, Linien der Rechtsprechung des Bundesverfassungsgerichts, Band 4, 2017, S. 439 (459); *Schlaich/Korioth*, Das Bundesverfassungsgericht, 12. Aufl. 2021, Rn. 214, 360d; *Streinz*, Bundesverfassungsgerichtlicher Grundrechtsschutz und Europäisches Gemeinschaftsrecht, 1989, S. 152.

30 So auch *Eifert/Gerberding*, Verfassungsbeschwerde und Unionsgewalt, Jura 2016, 628 (635); *Hillgruber/Goos*, Verfassungsprozessrecht, 5. Aufl. 2020, Rn. 1185, 1191; *Sauer*, Jurisdiktionskonflikte in Mehrebenensystemen, 2008, S. 174; *Streinz*, Der Kontrollvorbehalt des BVerfG gegenüber dem EuGH nach dem Lissabon-Urteil und dem Honeywell-Beschluss, in: Festschrift Stern, 2012, S. 963 (965). Vgl. auch *Eibach*, Das Recht der Europäischen Ge-

wäre auch zu besorgen, dass das differenzierte unionale Rechtsschutzsystem erheblich beschädigt würde. Im PSPP-Urteil hat das Bundesverfassungsgericht jüngst auch zutreffend klargestellt, dass nicht zulässigerweise unmittelbar ein Urteil des Europäischen Gerichtshofs angegriffen werden kann, weil es sich auch hierbei um keinen Akt deutscher Hoheitsgewalt im Sinne des Art. 93 Abs. 1 Nr. 4 lit. a GG und § 90 Abs. 1 BVerfGG handelt.[31]

b) Unterlassungen deutscher Verfassungsorgane

Wenn unionales Handeln nicht auf direktem Weg tauglicher Beschwerdegegenstand im Rahmen der Verfassungsbeschwerde sein kann, so ist damit aber noch nicht abschließend gesagt, dass der verfassungsgerichtliche Zugriff auf die Prüfung dieses unionalen Handelns von vornherein versperrt wäre. Vielmehr bestehen – nach neuerer Rechtsprechung des Bundesverfassungsgerichts – bei ultra-vires- und verfassungsidentitätsverletzenden Handlungen der Unionsstellen, die keines Mitwirkungsakts deutscher Behörden bedürfen, Reaktionspflichten der Verfassungsorgane mit Integrationsverantwortung. Das Unterlassen derartiger Handlungspflichten auf die Einhaltung der Kompetenzordnung hinzuwirken, solle im Falle eines tatsächlichen ultra-vires-Aktes respektive einer Verfassungsidentitätsverletzung der unionalen Stellen im oben beschriebenen Sinne einen Verfassungsverstoß bedeuten. Verfassungsrechtlich erhebliche Unterlassungen können grundsätzlich Gegenstand einer Verfassungsbeschwerde sein, wie §§ 92, 95 Abs. 1 Satz 1 BVerfGG deklaratorisch bestätigen.

aa) Standpunkt des Bundesverfassungsgerichts

Das Bundesverfassungsgericht geht im OMT-Vorlagebeschluss[32] und dem hierauf folgenden OMT-Urteil[33] davon aus, dass bei qualifizierten ultra-vires-Handlungen die deutschen Verfassungsorgane als Ausfluss ihrer Integrationsverantwortung[34] dazu verpflichtet sind, mit rechtlichen und politischen Mitteln

---

meinschaften als Prüfungsgegenstand des Bundesverfassungsgerichts, 1986, S. 25 ff. Siehe zum Schicksal des Grundrechtsvorbehalts aus der Solange II-Entscheidung unten Fünfter Teil C. III. (S. 373 ff.).

[31] BVerfGE 154, 17 (83 Rn. 93) – PSPP-Urteil.

[32] BVerfGE 134, 366 ff. Siehe dazu oben Zweiter Teil B. VIII. 1. (S. 56 ff.).

[33] BVerfGE 142, 123 ff. Siehe dazu oben Zweiter Teil B. VIII. 3. (S. 65 ff.).

[34] Zum Begriff der Integrationsverantwortung im Überblick: *W. Weiß*, Die Integrationsverantwortung der Verfassungsorgane, JuS 2018, 1046 ff.; vertiefend: *Huber*, Die Integrationsverantwortung von Bundestag und Bundesregierung, ZSE 2017, 286 ff. und *Tischendorf*, Theorie und Wirklichkeit der Integrationsverantwortung deutscher Verfassungsorgane, 2017, passim. Die Unterschiede der Verwendung des Begriffs in den beiden Senaten des Bundesverfassungsgerichts nachzeichnend: *Aust*, Zweierlei Integrationsverantwortung – Zur Begründung und Tragweite eines verfassungsrechtlichen Schlüsselbegriffs in der Rechtsprechung der beiden Senate des Bundesverfassungsgerichts, EuGRZ 2020, 410 ff.

den Kompetenzverstoß zu beseitigen. Im OMT-Vorlagebeschluss hieß es insofern:

„Aus der Integrationsverantwortung erwächst für den Deutschen Bundestag und die Bundesregierung die Pflicht, über die Einhaltung des Integrationsprogramms zu wachen und bei offensichtlichen und strukturell bedeutsamen Kompetenzüberschreitungen durch Organe der Europäischen Union nicht nur Mitwirkungs- und Umsetzungshandlungen zu unterlassen, sondern aktiv auf die Einhaltung des Integrationsprozesses hinzuwirken. Sie können dafür die Kompetenzanmaßung nachträglich legitimieren, indem sie eine – die Grenzen von Art. 79 Abs. 3 GG wahrende – entsprechende Änderung des Primärrechts anstoßen und die in Anspruch genommenen Hoheitsrechte im Verfahren nach Art. 23 Abs. 1 Sätze 2 und 3 GG förmlich übertragen. Soweit dies nicht möglich oder nicht gewollt ist, sind sie dagegen grundsätzlich verpflichtet, im Rahmen ihrer jeweiligen Kompetenzen mit rechtlichen oder mit politischen Mitteln auf die Aufhebung vom Integrationsprogramm nicht gedeckter Maßnahmen hinzuwirken sowie – solange die Maßnahmen fortwirken – geeignete Vorkehrungen dafür zu treffen, dass die innerstaatlichen Auswirkungen der Maßnahmen so weit wie möglich begrenzt bleiben.“[35]

Mehr Konturen wurden dieser Handlungsverpflichtung des Deutschen Bundestages sowie der Bundesregierung noch im nachfolgenden OMT-Urteil gegeben. Aus dem Vorrang der Verfassung gemäß Art. 20 Abs. 3 GG folge für die Verfassungsorgane die Verpflichtung, auch bei der Ausübung des Integrationsprogramms durch die Unionsstellen darauf zu achten, dass die im Zustimmungsgesetz gezogenen Grenzen nicht überschritten werden.[36] Diese Integrationsverantwortung können der Deutsche Bundestag und die Bundesregierung vor dem Hintergrund der Sicherung des demokratischen Legitimationszusammenhangs nur wahrnehmen, wenn sie die Entwicklungen auf Unionsebene stetig beobachten.[37] Unerheblich sei, dass sich dem Grundgesetz positiv-rechtlich keine konkreten Handlungspflichten entnehmen ließen – allerdings werde den Verfassungsorganen in dieser „schutzpflichtähnlichen“ Situation ein breiter Beurteilungsspielraum zugestanden.[38]

Welche Maßnahmen nun konkret in Betracht kommen, damit die Bundesregierung und der Deutsche Bundestag ihrer Integrationsverantwortung gerecht werden, zeigte das Bundesverfassungsgericht im OMT-Urteil – jedoch nicht mehr in der Entscheidung zur Verfassungsmäßigkeit der Europäischen Bankenunion – auf:

„Dazu zählen mit Blick auf die Bundesregierung insbesondere eine Klage vor dem Gerichtshof der Europäischen Union (Art. 263 Abs. 1 AEUV), die Beanstandung der fraglichen Maßnahme gegenüber den handelnden und den sie kontrollierenden Stellen, das Stimmverhalten in den Entscheidungsgremien der Europäischen Union einschließlich der Ausübung von Vetorechten und der Berufung auf den Luxemburger Kompromiss

[35] BVerfGE 134, 366 (395 f. Rn. 49) – OMT-Vorlagebeschluss.
[36] BVerfGE 142, 123 (208 Rn. 164 f.) – OMT-Urteil.
[37] BVerfGE 142, 123 (208 f. Rn. 165) – OMT-Urteil.
[38] BVerfGE 142, 123 (210 Rn. 168 f.) – OMT-Urteil.

[…], Vorstöße zu Vertragsänderungen (vgl. Art. 48 Abs. 2, 50 EUV) sowie Weisungen an nachgeordnete Stellen, die in Rede stehende Maßnahme nicht anzuwenden. Der Deutsche Bundestag kann sich insbesondere seines Frage-, Debatten- und Entschließungsrechts bedienen, das ihm zur Kontrolle des Handelns der Bundesregierung in Angelegenheiten der Europäischen Union zusteht […], sowie – je nach Angelegenheit – auch der Subsidiaritätsklage […], des Enquêterechts (Art. 44 GG) oder des Misstrauensvotums (Art. 67 GG)."[39]

Aus den vielfältigen Möglichkeiten folge, dass die betroffenen Verfassungsorgane zur Wahrung ihrer Integrationsverantwortung eine positive Entscheidung darüber herbeizuführen haben, welche Maßnahmen ergriffen werden sollen.[40] Für den Deutschen Bundestag gelte hierbei, dass eine öffentliche Plenardebatte durchgeführt werden müsse.[41] Unter nicht näher spezifizierten „rechtlichen und tatsächlichen Voraussetzungen", solle sich die Integrationsverantwortung auch zu einer konkreten Handlungspflicht verdichten können.[42]

Als tauglicher Beschwerdegegenstand gilt bei möglichen ultra-vires oder verfassungsidentitätsverletzenden Verhaltensweisen nach der Rechtsprechung des Bundesverfassungsgerichts jedenfalls ein völliges Untätigbleiben der Verfassungsorgane mit Integrationsverantwortung – also der Bundesregierung und des Deutschen Bundestages. Angegriffen werden kann dabei insbesondere die Nichtdurchführung einer öffentlichen Plenardebatte im Deutschen Bundestag. Der Bundesrat – welchem in Art. 23 GG auch spezifische Aufgaben im Rahmen der Einbindung der Bundesrepublik Deutschland in die Europäische Union zugeordnet werden –[43] spielte in der Rechtsprechung des Bundesverfassungsgerichts zur Integrationsverantwortung lange keine Rolle. Erstmalig wurde er – recht beiläufig zusammen mit dem Bundespräsidenten – im PSPP-Urteil angesprochen.[44] In diesem Zusammenhang ist allerdings fraglich, ob tatsächlich über die gerügte Verletzung des Bundestagswahlrechts aus Art. 38 Abs. 1 Satz 1 GG[45] auch die anderen Verfassungsorgane zu einer Verhaltensweise verpflichtet werden können. Zur Bundesregierung besteht über die Wahl des Bundeskanzlers durch den Deutschen Bundestag nach Art. 63 GG sowie über die Notwendigkeit der Unterstützung der Bundestagsmehrheit für die Arbeit der Regierung (konstruktives Misstrauensvotum nach Art. 67 GG, Vertrauensfrage gemäß Art. 68 GG) noch ein unmittelbarer Zusammenhang; beim Bundesrat und dem Bundespräsidenten ist dieser allerdings nicht unmittelbar ersichtlich.

---

[39] BVerfGE 142, 123 (211 f. Rn. 171) – OMT-Urteil. Vgl. auch BVerfG, NVwZ 2021, 555 (558 f. Rn. 79) – CETA-Organstreit.

[40] BVerfGE 142, 123 (210 Rn. 167) – OMT-Urteil.

[41] BVerfGE 142, 123 (212 Rn. 173) – OMT-Urteil.

[42] BVerfGE 142, 123 (212 Rn. 172) – OMT-Urteil.

[43] Siehe dazu schon oben Erster Teil A. III. (S. 12 ff.).

[44] BVerfGE 154, 17 (88 f. Rn. 107) – PSPP-Urteil.

[45] Siehe dazu noch umfassend unten Fünfter Teil A. II. 2. a) (S. 339 ff.).

Ein Unterlassen der Deutschen Bundesbank kann nach der Rechtsprechung des Bundesverfassungsgerichts nicht als Beschwerdegegenstand angegriffen werden, weil es sich bei ihr um kein Verfassungsorgan (sondern um eine Behörde der mittelbaren Staatsverwaltung) handele – sie treffe keine gleiche spezifische Integrationsverantwortung wie die Bundesregierung oder den Deutschen Bundestag, denen ein Unterlassen vorgeworfen werden könne.[46] Die Deutsche Bundesbank dürfe sich demnach nur nach der Feststellung eines ultra-vires-Akts respektive einer Verfassungsidentitätsverletzung am Vollzug der fraglichen Unionshandlung nicht beteiligen.[47]

bb) Einwände der Kritiker

Diese Rechtsprechungsentwicklung des Zweiten Senats des Bundesverfassungsgerichts hat – innerhalb[48] wie außerhalb[49] des Senats – teilweise erhebliche Kritik hervorgerufen. Zunächst wird darauf hingewiesen, dass sich für derartige Handlungspflichten der Bundesregierung und des Deutschen Bundestages keine positiv-rechtlichen Anknüpfungspunkte im Grundgesetz und auch nicht in der bisherigen Rechtsprechungstradition des Bundesverfassungsgerichts finden ließen.[50] Daneben seien die Verhaltensverpflichtungen der Verfassungsorgane mit Integrationsverantwortung reichlich unbestimmt.[51] In diesem Zusammenhang wird auch auf eine gewisse Inkonsequenz in der Rechtsprechung des Bundesverfassungsgerichts aufmerksam gemacht, weil der Zweite Senat zuvor eine Verfassungsbeschwerde nur für zulässig hielt, wenn sich für die Handlungspflicht im Grundgesetz ein *ausdrücklicher* Auftrag fand.[52]

---

[46] BVerfGE 154, 17 (83 f. Rn. 95) – PSPP-Urteil.

[47] BVerfGE 154, 17 (151 f. Rn. 234 f.) – PSPP-Urteil.

[48] Zum OMT-Vorlagebeschluss ergingen zwei abweichende Sondervoten: Siehe dazu die abweichende Meinung der Richterin *Lübbe-Wolff*, in: BVerfGE 134, 366 (419 ff. Rn. 105 ff.) sowie die abweichende Meinung des Richters *Gerhardt*, in: BVerfGE 134, 366 (430 ff. Rn. 133 ff.).

[49] *Sauer*, Staatsrecht III, 5. Aufl. 2018, § 9 Rn. 45p f. (Voraufl.): „Umgehungskonstruktion des Senats" und weiter Rn. 51 f. *Wendel*, Kompetenzrechtliche Grenzgänge: Karlsruhes Ultra-vires-Vorlage an den EuGH, ZaöRV 74 (2014), 615 (638) findet den Ansatz des Bundesverfassungsgerichts „hochgradig fragwürdig".

[50] Abweichende Meinung der Richterin *Lübbe-Wolff*, in: BVerfGE 134, 366 (423 Rn. 117) – OMT-Vorlagebeschluss; *Schwerdtfeger*, Europäisches Unionsrecht in der Rechtsprechung des Bundesverfassungsgerichts – Grundrechts-, ultra-vires- und Identitätskontrolle im gewaltenteiligen Mehrebenensystem, EuR 2015, 290 (306); *Ukrow*, Von Luxemburg lernen heißt Integrationsgrenzen bestimmen – Anmerkungen zur Vorlage-Entscheidung des Bundesverfassungsgerichts vom 14. Januar 2014, ZEuS 2014, 119 (126 f.).

[51] *Schwerdtfeger*, Europäisches Unionsrecht in der Rechtsprechung des Bundesverfassungsgerichts – Grundrechts-, ultra-vires- und Identitätskontrolle im gewaltenteiligen Mehrebenensystem, EuR 2015, 290 (306); *Tischendorf*, Theorie und Wirklichkeit der Integrationsverantwortung deutscher Verfassungsorgane, 2017, S. 84.

[52] Abweichende Meinung der Richterin *Lübbe-Wolff*, in: BVerfGE 134, 366 (424

Ferner und vor allem bestünden massive Bedenken im Hinblick auf den Grundsatz der Gewaltenteilung nach Art. 20 Abs. 2 Satz 2, Abs. 3 GG: Das Bundesverfassungsgericht überschreite seine Kompetenzen,[53] indem es eine rechtliche Verpflichtung der Verfassungsorgane begründe, obwohl es sich bei den politischen Reaktionsmöglichkeiten um keine justiziable Angelegenheit handele.[54] Zudem existierten keine rechtlichen Maßstäbe, mithilfe derer das Bundesverfassungsgericht zwischen den verschiedenen möglichen Reaktionen eine Reihenfolge anordnen könnte, insbesondere wenn ausgeführt wird, dass es gegebenenfalls nur eine bestimmte Handlungspflicht in Reaktion auf ultra-vires-Verhaltensweisen der Europäischen Union gäbe, auf deren Einhaltung das Bundesverfassungsgericht insistieren könnte.[55] Höchst befremdlich wirke in diesem Zusammenhang auch, dass dem Deutschen Bundestag eine Debatte im Plenum durch das Bundesverfassungsgericht oktroyiert werde.[56] Dass diese Pflicht dann bestehen solle, wenn nach objektiv-rechtlichen Maßstäben ein qualifizier-

---

Rn. 122) – OMT-Vorlagebeschluss mit Rekurs auf BVerfGE 129, 124 (176) – Griechenlandhilfe. Allerdings ging es in diesem Zusammenhang um ein Tätigwerden hinsichtlich einer vermeintlichen Gesetzgebungspflicht.

[53] Besonders dezidiert hierzu die ersten beiden Sätze der abweichenden Meinung der Richterin *Lübbe-Wolff*, in: BVerfGE 134, 366 (419 Rn. 105) – OMT-Vorlagebeschluss: „In dem Bemühen, die Herrschaft des Rechts zu sichern, kann ein Gericht die Grenzen richterlicher Kompetenz überschreiten. Das ist meiner Meinung nach hier geschehen."

[54] Abweichende Meinung der Richterin *Lübbe-Wolff*, in: BVerfGE 134, 366 (422 Rn. 116) – OMT-Vorlagebeschluss: „Die Frage, wie Bundestag und Bundesregierung auf eine Verletzung von Souveränitätsrechten der Bundesrepublik Deutschland, sei sie kriegerischer oder nicht kriegerischer Art, zu reagieren haben, ist nicht sinnvoll im Sinne der Auferlegung bestimmter positiver Handlungspflichten verregelbar. Die Auswahl zwischen den vielfältigen Möglichkeiten der Reaktion […] kann nur Sache des politischen Ermessens sein […]." Siehe dazu auch *Schwerdtfeger*, Europäisches Unionsrecht in der Rechtsprechung des Bundesverfassungsgerichts – Grundrechts-, ultra-vires- und Identitätskontrolle im gewaltenteiligen Mehrebenensystem, EuR 2015, 290 (306). Dies lässt gewisse Sympathien für die aus dem US-amerikanischen Recht stammende „political-question-Doktrin" erkennen, nach der bestimmte Fragen der Verfassungsgerichtsbarkeit von vornherein entzogen sind. Kritisch dazu: *Gött*, Die ultra vires-Rüge nach dem OMT-Vorlagebeschluss des Bundesverfassungsgerichts, EuR 2014, 514 (531 f.).

[55] Vgl. dazu die abweichenden Meinung der Richterin *Lübbe-Wolff*, in: BVerfGE 134, 366 (426 Rn. 127) – OMT-Vorlagebeschluss. Dort heißt es weiter: „Angesichts des Mangels an Rechtsquellen, aus denen sich eine Antwort auf diese Fragen schöpfen ließe, ist das nur zu verständlich. Nur sollte man sich auf große Wüstenwanderungen, die zu keiner Quelle führen, gar nicht erst schicken lassen."

[56] Abweichende Meinung der Richterin *Lübbe-Wolff*, in: BVerfGE 134, 366 (426 Rn. 126) – OMT-Vorlagebeschluss: „Das deutsche Verfassungsrecht kennt Parlamentsvorbehalte für bestimmte inhaltlich näher bestimmte Arten von Entscheidungen […], aber keinen Vorbehalt parlamentarischer oder gouvernementaler Diskussion ins Blaue hinein." Vgl. auch die abweichende Meinung des Richters *Gerhardt*, in: BVerfGE 134, 366 (437 Rn. 153) – OMT-Vorlagebeschluss und *Schwerdtfeger*, Europäisches Unionsrecht in der Rechtsprechung des Bundesverfassungsgerichts – Grundrechts-, ultra-vires- und Identitätskontrolle im gewaltenteiligen Mehrebenensystem, EuR 2015, 290 (306).

tes ultra-vires-Handeln vorliege, sei unzulässig, weil damit politische Vorgänge in unangemessener Weise verrechtlicht würden.[57]

cc) Stellungnahme

Um zu beurteilen, ob den Verfassungsorganen mit Integrationsverantwortung eine Handlungspflicht bei die die Struktursicherungsklausel des Art. 23 Abs. 1 Satz 1 GG verletzenden Handlungen der Unionsstellen obliegt, lohnt es, den Bogen ein wenig weiter zu spannen und sich in Erinnerung zu rufen, in welchem Zusammenhang derartige Handlungspflichten bereits bekannt sind.

So wird im Rahmen der Grundrechtsdogmatik eine staatliche Schutzpflicht allgemein anerkannt.[58] Zwar enthält nur Art. 1 Abs. 1 Satz 2 GG ausdrücklich die Verpflichtung, dass die Menschenwürde nicht nur zu achten, sondern auch zu *schützen* sei. Nach der überzeugenden Rechtsprechung des Bundesverfassungsgerichts sind aber auch die anderen Grundrechte Teil einer objektiven Werteordnung – hieraus ergibt sich die Pflicht des Staates, ihren Kerngehalt zu bewahren.[59] Unerheblich ist es daher, dass die Schutzverpflichtungen nicht im Verfassungstext positiv niedergelegt sind. Allerdings muss dem Gesetzgeber in dieser Situation des „status positivus"[60] ein großer Einschätzungs- und Beurteilungsspielraum zugestanden werden, da anderenfalls bei zu konkreten Handlungsanweisungen ein Verstoß gegen den Gewaltenteilungsgrundsatz aus Art. 20 Abs. 2 Satz 2, Abs. 3 GG zu besorgen ist.

Handlungsverpflichtungen bestehen auch bei Staatszielbestimmungen:[61] So verpflichtet das Staatsziel des Umwelt- und Tierschutzes aus Art. 20a GG die Verfassungsorgane zu einem aktiven Tätigwerden, um diesem Verfassungsziel gerecht zu werden – freilich verfügt insbesondere der einfache Gesetzgeber

---

[57] Abweichende Meinung des Richters *Gerhardt*, in: BVerfGE 134, 366 (434 Rn. 146) – OMT-Vorlagebeschluss.

[58] Vgl. zu den grundrechtlichen Schutzpflichten insbesondere *Isensee*, Das Grundrecht als Abwehrrecht und als staatliche Schutzpflicht, in: ders./Kirchhof, Handbuch des Staatsrechts IX, 3. Aufl. 2011, § 191 Rn. 146 ff. Für das Umweltrecht: *Kahl/Gärditz*, Umweltrecht, 12. Aufl. 2021, § 3 Rn. 18 ff.

[59] Diese Rechtsprechung hat ihren Anfang in der ersten Schwangerschaftsabbruchsentscheidung des Bundesverfassungsgerichts aus dem Jahr 1975 genommen, vgl. BVerfGE 39, 1 (42 ff.). Hier fällt auch erstmals die bekannte Formulierung, dass sich der Staat im Rahmen des Art. 2 Abs. 2 Satz 1 GG „schützend und fördernd vor dieses Leben zu stellen" habe (ebd., S. 42). Siehe dazu auch *Murswiek*, Verfassungsrechtliche Handlungspflichten zum Schutz der Verfassung, in: Festschrift Kloepfer, 2013, S. 121 (126 mit Fn. 7).

[60] Zu den verschiedenen Grundrechtsfunktionen siehe insbesondere: *Jellinek*, System der subjektiven öffentlichen Rechte, 2. Aufl. 1905, S. 94 ff. Bündige Zusammenfassung bei *Kingreen/Poscher*, Grundrechte, 36. Aufl. 2020, Rn. 95 ff. Darstellung und Kritik auch bei *Alexy*, Theorie der Grundrechte, 1986, S. 229 ff.

[61] *Gött*, Die ultra vires-Rüge nach dem OMT-Vorlagebeschluss des Bundesverfassungsgerichts, EuR 2014, 514 (523). Zu Staatszielbestimmungen allgemein siehe insbesondere *Hahn*, Staatzielbestimmungen im integrierten Bundesstaat – Normative Bedeutung und Divergenzen, 2010, passim.

über einen weiten Einschätzungsspielraum, wie er dieser verfassungsrechtlichen Verantwortung gerecht zu werden gedenkt.[62]

In Anknüpfung an die Idee der grundrechtlichen Schutzpflichten möchte *Peterek* nun eine grundrechtsgleiche Schutzpflicht aus Art. 38 Abs. 1 Satz 1 GG herleiten, mittels derer der Deutsche Bundestag in die Pflicht genommen werden könne, aktiv einen Beschluss über die Reaktion auf ein qualifiziertes ultra-vires-Handeln der Europäischen Union zu treffen.[63] Bei einer derartigen Konstruktion wäre die rechtliche Verpflichtung des Deutschen Bundestages zur Beschlussfassung, wenn ultra-vires-Handlungen im Raum stünden, also ohne weiteres auch von jedem Einzelnen verfassungsprozessual einklagbar. Auf die genaue Reichweite des Art. 38 Abs. 1 Satz 1 GG soll erst an späterer Stelle eingegangen werden,[64] doch kann schon hier festgehalten werden, dass eine Gewährleistung über Art. 38 Abs. 1 Satz 1 GG jedenfalls nicht weiter reichen kann und soll als eine Verwurzelung im Demokratieprinzip des Art. 20 Abs. 1 und Abs. 2 GG. Vielmehr dient der zusätzliche „Schlenker" über Art. 38 Abs. 1 Satz 1 GG nur dazu, das objektiv-rechtliche Demokratieprinzip zu versubjektivieren. Darauf kommt es aber an dieser Stelle (noch) nicht an, weil es in diesem Zusammenhang lediglich um objektiv-rechtlich begründete Verhaltenspflichten der Verfassungsorgane geht. Es ist also die entscheidende Frage zu beantworten, ob sich eine Schutzpflicht und damit eine Handlungsverpflichtung von Bundesregierung und Deutschem Bundestag aus dem Demokratieprinzip – gegebenenfalls in Verbindung mit anderen Verfassungsprinzipien – ergeben.

Dies ist allerdings bereits deshalb zu verneinen, weil bei ultra-vires-Akten der Europäischen Union nicht das Demokratieprinzip im Sinne des Art. 20 Abs. 1 und 2 GG, sondern die *rechtsstaatlichen* Grundsätze nach Art. 23 Abs. 1 Satz 1 GG betroffen sind.[65] Schon aufgrund dieser Tatsache kann dieser Ansatz also nicht überzeugen. Problematisch und nicht kohärent an der Rechtsprechung des Bundesverfassungsgerichts erscheint daneben insbesondere, dass dieses sich für die Feststellung eines ultra-vires-Akts oder einer Verfassungsidentitätsverletzung ein Entscheidungsmonopol zuspricht.[66] Dieser Auffassung ist grundsätzlich zuzustimmen. Vor einer entsprechenden Entscheidung des Bundesverfassungsgerichts können die Staats- und Verfassungsorgane dann aber nicht legitimerweise von einem ultra-vires-Akt oder einer Verfassungsidentitätsver-

---

62 Siehe dazu im Einzelnen: *Kahl/Gärditz*, Umweltrecht, 12. Aufl. 2021, § 3 Rn. 4 ff. Vgl. auch *Hahn*, Staatzielbestimmungen im integrierten Bundesstaat – Normative Bedeutung und Divergenzen, 2010, S. 83 f.

63 *Peterek*, Rechtsschutz vor dem Bundesverfassungsgericht gegen Maßnahmen im Zusammenhang mit der „Eurorettung", in: Becker/Lange, Linien der Rechtsprechung des Bundesverfassungsgerichts, Band 3, 2014, S. 553 (560 f.).

64 Siehe dazu sogleich Fünfter Teil A. II. 2. a) (S. 339 ff.).

65 Siehe dazu oben Zweiter Teil C. VI. (S. 102 ff.).

66 BVerfGE 142, 123 (207 Rn. 162) – OMT-Urteil. Vgl. auch *Calliess*, Staatsrecht III, 3. Aufl. 2020, § 8 Rn. 82b. Siehe dazu noch unten Fünfter Teil C. IV. (S. 375 ff.).

letzung ausgehen. Sie haben zwar eine Prüfpflicht hinsichtlich des Vorliegens eines ultra-vires-Akts respektive einer Verfassungsidentitätsverletzung.[67] Wenn sie dieser aber nachgekommen sind, ist es nicht konsistent, als Beschwerdegegenstand ein Unterlassen (der Handlungspflicht) der Verfassungsorgane anzunehmen, gegen den ultra-vires- beziehungsweise verfassungsidentitätsverletzenden Rechtsakt vorzugehen. Haben die Verfassungsorgane eine Prüfung vorgenommen, können sie vor einer entsprechenden Entscheidung des Bundesverfassungsgerichts nicht zum Handeln verpflichtet sein. Anderenfalls würden die Monopolstellung des Bundesverfassungsgerichts unterlaufen und überbordende Anforderungen an die Staats- und Verfassungsorgane gestellt, die eine ebenso detaillierte und komplexe Prüfung wie das Bundesverfassungsgericht vornehmen müssten, obwohl es sich um politische Legislativ- respektive Exekutivorgane ohne Rechtsprechungsfunktion handelt. Mangels Vorlagemöglichkeit an das Bundesverfassungsgericht bestehen nach einer entsprechenden Prüfung aufgrund der Verfassung keine Pflichten, deren Erfüllung die Staats- und Verfassungsorgane unterlassen könnten.[68]

Daher können etwaige Unterlassungen der Verfassungsorgane mit Integrationsverantwortung keinen statthaften Beschwerdegegenstand im Rahmen der Verfassungsbeschwerde darstellen.[69] Hinzu kommt, dass eine derartige Ausgestaltung zu Recht als unzulässige Umgehungskonstruktion im Hinblick auf die fehlende Möglichkeit der direkten Angreifbarkeit unionalen Handelns qualifiziert wird.[70] Der Rechtsprechung des Bundesverfassungsgerichts ist also nicht zu folgen.

c) Mitwirkung beim Zustandekommen des streitgegenständlichen unionalen Akts

Das Urteil zur Europäischen Bankenunion aus dem Jahr 2019 enthielt einen weiteren neuen Ansatz, wie abgeleitetes Unionsrecht – jedenfalls wenn an dem streitgegenständlichen Akt der Rat der Europäischen Union beteiligt war – der

---

[67] BVerfGE 142, 123 (207 Rn. 162) – OMT-Urteil.

[68] Zu leicht macht es sich das Bundesverfassungsgericht, wenn es in BVerfGE 142, 123 (207 Rn. 162) – OMT-Urteil ausführte: „Deutsche Verfassungsorgane, Behörden und Gerichte dürfen weder am Zustandekommen noch an Umsetzung, Vollziehung oder Operationalisierung von Ultra-vires-Akten mitwirken […]. Sie sind verpflichtet, die Voraussetzungen eines ultra-vires-Aktes in eigener Verantwortung zu prüfen *und haben hierüber gegebenenfalls eine Entscheidung des Bundesverfassungsgerichts herbeizuführen.*" (Hervorh. d. Verf.). Auf welche Weise aber die staatlichen Stellen – mit Ausnahme der Fachgerichte, die eine konkrete Normenkontrolle initiieren könnten – das Bundesverfassungsgericht anrufen können sollen, bleibt unklar. Ein derartiges Vorlageverfahren für die Verfassungsorgane zu schaffen, ist diskutabel.

[69] A. A. *Eifert/Gerberding*, Verfassungsbeschwerde und Unionsgewalt, Jura 2016, 628 (636).

[70] Vgl. *Sauer*, Staatsrecht III, 5. Aufl. 2018, § 9 Rn. 45p f. (Voraufl.).

Prüfungskompetenz des Bundesverfassungsgerichts unterliegen kann.[71] In teilweiser Bestätigung bekannter möglicher Angriffspunkte hieß es nun auch:

„Rechtsakte des Sekundär- und Tertiärrechts der Europäischen Union sind danach insoweit tauglicher Gegenstand einer Verfassungsbeschwerde, als mit ihr eine Verletzung der Integrationsverantwortung deutscher Verfassungsorgane *beim Zustandekommen* und der Umsetzung dieser Rechtsakte beziehungsweise in der Folge durch das Unterlassen eines aktiven Hinwirkens auf die (Wieder-)Einhaltung des Integrationsprogramms geltend gemacht wird."[72]

Tauglicher Beschwerdegegenstand ist somit auch das Stimmverhalten der Bundesregierung beim Beschluss des streitgegenständlichen Akts des Sekundärrechts – dies überrascht deshalb ein wenig, weil das Bundesverfassungsgericht in seinem Urteil zur Griechenlandhilfe die Mitwirkung der Bundesregierung am Beschluss des Rates über eine Verordnung nicht als tauglichen Beschwerdegegenstand eingeordnet hatte:

„Die jeweiligen Mitwirkungshandlungen der Bundesregierung sind keine mit der Verfassungsbeschwerde angreifbaren Akte öffentlicher Gewalt gegenüber den Beschwerdeführern. Insoweit gilt ungeachtet der zwischen Völkervertragsrecht und supranationalem Recht bestehenden Unterschiede nichts anderes als für Mitwirkungshandlungen deutscher Organe an völkerrechtlichen Verträgen […]."[73]

An dieser Auffassung hielt der Zweite Senat in seinem Urteil zur Europäischen Bankenunion aber ausdrücklich nicht fest.[74] Überzeugen kann diese Rechtsprechungsänderung indes nicht: Zweifeln unterliegt schon die Prämisse, bei der Beschlussfassung im Rat der Europäischen Union übe der Vertreter der Bundesregierung deutsche öffentliche Gewalt aus und nehme keine genuin supranationalen Hoheitsbefugnisse wahr.[75] Daneben und vor allem ist gegen dieses Konzept der gleiche Einwand wie schon gegen die Unterlassungskonstrukti-

---

[71] Vgl. aber auch schon entsprechende Andeutungen in BVerfGE 143, 65 (93 Rn. 51) – CETA-Eilentscheidung I: „Mitwirkung der Bundesregierung".

[72] BVerfGE 151, 202 (280 Rn. 102) – Europäische Bankenunion.

[73] BVerfGE 129, 124 (175) – Griechenlandhilfe.

[74] BVerfGE 151, 202 (280 Rn. 103) – Europäische Bankenunion.

[75] Siehe zu der Frage der Verfassungsbindung des Vertreters der Bundesregierung im Rat der Europäischen Union: *Flick*, Handeln „ultra vires" der Europäischen Gemeinschaft, 2001, S. 183 ff.; *Friauf*, Die Bindung deutscher Verfassungsorgane an das Grundgesetz bei Mitwirkung an europäischen Organakten, in: ders./Scholz, Europarecht und Grundgesetz, 1990, S. 11 ff.; *Streinz*, Bundesverfassungsgerichtlicher Grundrechtsschutz und Europäisches Gemeinschaftsrecht, 1989, S. 206 und *Uerpmann-Wittzack*, in: v. Münch/Kunig, GG Band 1, 7. Aufl. 2021, Art. 23 Rn. 16. Dezidiert *Nicolaysen*, Tabakrauch, Gemeinschaftsrecht und Grundgesetz, EuR 1989, 215 (218 f.): „Die Zustimmung ist ein Akt der Mitwirkung an gemeinschaftsrechtlicher, also nicht-deutscher Rechtsetzung, und sie ist insoweit nur unselbständiger Teil der Handlung eines Gemeinschaftsorgans. Denn wenn die Türen sich hinter den Ministern zur Ratssitzung geschlossen haben, sind diese nichts anderes als Mitglieder des Organs Rat und aktiv und passiv nur noch in die Rechtsordnung der Gemeinschaften eingebunden."

on zu erheben: Es wird der Bundesregierung durch ihr Stimmverhalten in den europäischen Entscheidungsgremien eine Mitwirkung am Zustandekommen eines ultra-vires respektive verfassungsidentitätsverletzenden Akts vorgeworfen, obwohl die Qualifizierung einer ultra-vires- oder verfassungsidentitätsverletzenden Handlung wegen der selbst (zutreffend) in Anspruch genommenen Monopolstellung erst nach einer entsprechenden Entscheidung des Bundesverfassungsgerichts möglich ist. Staats- und Verfassungsorgane haben aber im Vorfeld oftmals gar nicht die Möglichkeit, das Bundesverfassungsgericht zur Klärung der Frage nach dem Vorliegen eines ultra-vires- oder verfassungsidentitätsverletzenden Akts anzurufen. Auf die Mitwirkungshandlung der deutschen Vertreter bei der Entscheidungsfindung im Rat der Europäischen Union als statthaften Beschwerdegegenstand abzustellen, ist mithin ebenfalls nicht überzeugend.

d) Zustimmungsgesetz des Bundestages zum Abstimmungsverhalten der Bundesregierung

Schließlich sei in Bezug auf Richtlinien oder Verordnungen, bei deren Zustandekommen ein Vertreter der Bundesregierung im Rat der Europäischen Union beteiligt ist, ein weiterer möglicher Angriffspunkt erörtert, den das Bundesverfassungsgericht im Urteil zur Europäischen Bankenunion als statthaft angesehen hat. Der Deutsche Bundestag hatte im SSM-VO-Gesetz – obwohl hierzu (verfassungs-)rechtlich wohl keine Notwendigkeit bestand – mit Zustimmung des Bunderates den Vertreter der Bundesregierung im Rat der Europäischen Union ermächtigt, dem Verordnungsvorschlag zuzustimmen.[76] Das Bundesverfassungsgericht sah auch diese Maßnahme der deutschen öffentlichen Gewalt als statthaften Beschwerdegegenstand an, weil die Bundesregierung durch die anderen Verfassungsorgane nicht wirksam ermächtigt werden dürfe, einem ultra-vires-Handeln eines Unionsorgans zuzustimmen.[77] Anderenfalls würde der durch Art. 23 Abs. 1 in Verbindung mit Art. 79 Abs. 3 GG gewährleistete demokratische Entscheidungsprozess untergraben.[78]

Diese Situation war im Sachverhalt zur Entscheidung betreffend die Europäische Bankenunion wohl ziemlich einmalig und dürfte sich in der Zukunft nicht wiederholen.[79] Denn das SSM-VO-Gesetz wurde vom Deutschen Bun-

[76] Gesetz zum Vorschlag für die Verordnung des Rates zur Übertragung besonderer Aufgaben im Zusammenhang mit der Aufsicht über Kreditinstitute auf die Europäische Zentralbank vom 25.07.2013 (BGBl. II, S. 1050). Artikel 1 dieses Gesetzes lautet: „Der deutsche Vertreter im Rat darf dem Vorschlag vom 12. September 2012 für eine Verordnung des Rates zur Übertragung besonderer Aufgaben im Zusammenhang mit der Aufsicht über Kreditinstitute auf die Europäische Zentralbank in der Fassung vom 16. April 2013 zustimmen. Dies gilt auch für eine gegebenenfalls sprachbereinigte Fassung. […].“

[77] BVerfGE 151, 202 (276 Rn. 93, 297 f. Rn. 144) – Europäische Bankenunion.

[78] BVerfGE 151, 202 (297 f. Rn. 144) – Europäische Bankenunion.

[79] *Kazimierski*, Rechtsschutz im Rahmen der Europäischen Bankenaufsicht, 2020, S. 55:

destag wohl nur deshalb beschlossen, weil Unsicherheiten hinsichtlich des konkreten Umfangs seiner Integrationsverantwortung und dabei insbesondere bezüglich der Frage bestanden, wann zu deren ordnungsgemäßer Wahrnehmung ein förmliches Gesetz notwendig sei. Da allerdings keine neuen Hoheitsrechte übertragen werden sollten – die Kompetenzgrundlage für den Erlass der SSM-Verordnung fand sich bereits in den europäischen Primärverträgen (Art. 127 Abs. 6 AEUV) – war ein solches Gesetz eine „überobligatorische" Leistung des Deutschen Bundestages. Schon aus diesem Befund könnten Zweifel an der Statthaftigkeit des Gesetzes als Beschwerdegegenstand resultieren; vor allem aber ist es – wie auch schon gegen die Angreifbarkeit des Handelns der Bundesregierung im Rat der Europäischen Union eingewendet wurde – nicht schlüssig, wie sich das Verhalten des Deutschen Bundestages mit dem vom Bundesverfassungsgericht in Anspruch genommenen Monopol zur Feststellung von ultra-vires- und verfassungsidentitätsverletzenden Handlungen verhalten soll. Aus diesem Grund ist diese – für die Zukunft wahrscheinlich ohnehin nur theoretische – Konstellation ebenfalls abzulehnen.

3. *Zustimmungsgesetz im Sinne des Art. 23 Abs. 1 Satz 2 GG*

Aus der Verneinung der Möglichkeit, unionales Handeln unmittelbar als Beschwerdegegenstand anzuerkennen sowie aus der Unzulässigkeit der Rüge etwaiger Unterlassungen der Verfassungsorgane mit Integrationsverantwortung ergibt sich aber noch nicht, dass die Prüfung der umstrittenen Unionshandlung dem Bundesverfassungsgericht gänzlich entzogen wäre. Insofern gilt es, den genauen Beschwerdegegenstand noch ein wenig näher zu konturieren: Statthafter Beschwerdegegenstand ist stets – unmittelbar oder mittelbar – das deutsche Zustimmungsgesetz zu den europäischen Primärverträgen im Sinne des Art. 23 Abs. 1 Satz 2 GG.[80]

Dies betrifft zunächst den Fall eines direkten Angriffs des Zustimmungsgesetzes als Akt der deutschen öffentlichen Gewalt im Sinne des Art. 93 Abs. 1 Nr. 4 lit. a GG und des § 90 Abs. 1 BVerfGG – hier stellen sich aber zum einen Probleme bei der Beschwerdebefugnis (dazu sogleich unter II.); zum anderen kann eine Rechtssatzverfassungsbeschwerde nach § 93 Abs. 3 BVerfGG nur innerhalb eines Jahres nach Inkrafttreten des Gesetzes zulässigerweise erhoben werden, die für das Zustimmungsgesetz zum Vertrag von Lissabon bereits verstrichen ist.

Aber auch bei unionalen Einzelakten steht das deutsche Zustimmungsgesetz – als mittelbarer Beschwerdegegenstand – im Zentrum. Das Zustimmungsgesetz ist es, welches die Geltung des Unionsrechts und dessen An-

„ungewöhnlich, um nicht zu sagen in dieser Form einzigartig bei unionaler Sekundärrechtsetzung".

[80] Vgl. *Flick*, Handeln „ultra vires" der Europäischen Gemeinschaft, 2001, S. 120, 163.

wendungsvorrang in der Bundesrepublik Deutschland statuiert.[81] Ergeht ein nationales Gesetz in Umsetzung einer Richtlinie oder ein Verwaltungsakt aufgrund einer Verordnung beziehungsweise berücksichtigt ein nationales Gericht bei der Entscheidungsfindung die Rechtsprechung des Europäischen Gerichtshofs, so kann die nationale Handlung angegriffen werden. Gerügt werden muss dann, dass die nationale Stelle die unionalen Handlungen nicht hätte berücksichtigen dürfen, weil das Zustimmungsgesetz in Folge eines Verstoßes gegen Art. 23 Abs. 1 Satz 1 GG teilweise verfassungswidrig wird, soweit es so offen formuliert ist, als es die angegriffene unionale Handlung in den innerstaatlichen Rechtsraum überführen kann.[82] Vor dem Bundesverfassungsgericht stellt sich also über diese Konstruktion dann im Kern die Frage, ob die unionale Handlung einen Verstoß gegen die Strukturelemente des Art. 23 Abs. 1 Satz 1 GG bedeuten kann – falls dies zu bejahen sein sollte, ist das Zustimmungsgesetz zum Vertrag von Lissabon im Sinne des Art. 23 Abs. 1 Satz 2 GG insoweit verfassungswidrig, wie es die Europäische Union zu einem derartigen Vorgehen ermächtigt. Diese unionale Handlung überschreitet dann nicht die „Brücke" des – den Beschwerdegegenstand bildenden – Zustimmungsgesetzes und nimmt nicht am Anwendungsvorrang des Unionsrechts teil.

Aus dieser Konzeption ergibt sich sogleich aber auch, dass bei unionsunmittelbaren Verhaltensweisen der unionalen Stellen insbesondere im Eigenverwaltungsrecht mangels Mitwirkung deutscher Verfassungsorgane kein tauglicher Beschwerdegegenstand vorliegt. Das Zustimmungsgesetz kann nur binnen Jahresfrist (vgl. § 93 Abs. 3 BVerfGG) direkt angegriffen werden – die Hilfskonstruktion über vermeintliche Unterlassungen der Verfassungsorgane mit Integrationsverantwortung ist, wie gezeigt, nicht statthaft. Dass diesbezüglich auf dem Weg der Verfassungsbeschwerde kein Rechtsschutz vor dem Bundesverfassungsgericht erlangt werden kann, ist keinesfalls ein nicht hinnehmbarer Zustand –[83] eine Grundrechtsverletzung der deutschen Bürger scheidet schon aus dem Grund aus, dass die unionalen Stellen nicht an die deutschen Grundrechte gebunden sind.[84] Es steht dem Gesetzgeber allerdings frei, mittels einer zu

---

[81] Siehe dazu umfassend oben Zweiter Teil C. VI. (S. 102 ff.).

[82] Diese Lösung entspricht auch der Stellungnahme des Bundesjustizministers im Verfahren vor der Solange I-Entscheidung. Dieser hielt die konkrete Normenkontrolle, bei der Antragsgegenstand eine Verordnung der EWG war, für unzulässig: „Vielmehr müsse das Gericht in einem solchen Fall gemäß Art. 100 Abs. 1 GG dem Bundesverfassungsgericht die Frage vorlegen, ob Art. 1 des Vertragsgesetzes zum EWG-Vertrag in Verbindung mit den Kompetenznormen des Vertrags mit dem Inhalt, mit dem die Gemeinschaftsorgane durch die in Frage stehende Verordnung von ihnen Gebrauch gemacht hätten, mit dem Grundgesetz vereinbar seien." – BVerfGE 37, 271 (276) – Solange I.

[83] A. A. aber *Dörr*, Der europäisierte Rechtsschutzauftrag deutscher Gerichte, 2003, S. 260, der eine Modifizierung des Beginns der gesetzlichen Frist in § 93 Abs. 3 BVerfGG vorschlägt, wonach diese erst mit dem Erlass der streitgegenständlichen unionalen Handlung beginnen soll.

[84] Vgl. auch *Hillgruber/Goos*, Verfassungsprozessrecht, 5. Aufl. 2020, Rn. 1192.

schaffenden Verfahrensart auch in diesem Fall eine Kontrolle durch das Bundesverfassungsgericht zu eröffnen.[85]

4. Veränderung des Beschwerdegegenstands nach Vorabentscheidungsurteil?

Schließlich sei noch auf die – im Rahmen der mündlichen Verhandlung zum PSPP-Programm erörterte –[86] Frage eingegangen, ob das im Wege des Vorabentscheidungsverfahrens eingeholte Urteil des Europäischen Gerichtshofs[87] Auswirkungen auf den Beschwerdegegenstand der erhobenen Verfassungsbeschwerde hat. Denn Prüfungsmaßstab des Bundesverfassungsgerichts bildet nach der Entscheidung des Europäischen Gerichtshofs die Frage, ob dieser methodengerecht die Rechtmäßigkeit der Handlung der unionalen Organe, Einrichtungen und sonstigen Stellen begründet hat. Die Frage, ob die Handlung der Unionsstelle beispielsweise tatsächlich eine Kompetenzverletzung bedeutet und eine damit einhergehende detaillierte Prüfung anhand des Unions(primär)rechts, rückt zunächst in den Hintergrund.[88] Sollte allerdings das Bundesverfassungsgericht zu dem Ergebnis gelangen, dass die Entscheidung des Europäischen Gerichtshofs die in Art. 23 Abs. 1 Satz 1 GG niedergelegten Grundsätze verletzt, so entfällt die Bindungswirkung an diese Entscheidung und das Bundesverfassungsgericht kann auch in Bezug auf die dem Urteil zugrundeliegende Handlung prüfen, ob – was dann wohl regelmäßig anzunehmen ist – ein Verstoß gegen Art. 23 Abs. 1 Satz 1 GG vorliegt.[89] In diesem Fall bleiben dann der Entscheidung des Gerichtshofs sowie der dieser zugrunde liegenden Verhaltensweise der Unionsstelle die Anwendbarkeit in der Bundesrepublik Deutschland versagt.[90] Aus diesem Grund wird der Beschwerdegegenstand mit einem Vorabentscheidungsurteil des Europäischen Gerichtshofs jedenfalls nicht ausgetauscht.[91] Vielmehr kommt es zu einer Erweiterung des Beschwerdegegenstands: Neben der schon ursprünglich angegriffenen Unionshandlung müssen sich die Beschwerdeführer nach der Vorabentscheidung auch gegen das Ur-

---

[85] Siehe dazu noch unten Fünfter Teil A. II. 3. (S. 359 ff.).

[86] Vgl. *Dietz*, Die gerichtliche Kontrolle der EZB durch den EuGH und das BVerfG – ein Konfliktfall im Verfassungsgerichtsverbund und Eurosystem?, EuZW 2019, 925 (929 f.).

[87] Zur zwingenden Notwendigkeit vor der Annahme eines ultra-vires- oder verfassungsidentitätsverletzenden Akts den Europäischen Gerichtshof anzurufen, siehe oben Zweiter Teil B. VII. 3. a) (S. 51 f.) und Zweiter Teil D. VII. 3. (S. 129 ff.) sowie Vierter Teil D. II. (S. 268 ff.).

[88] Siehe dazu oben Zweiter Teil D. VII. 3. (S. 129 ff.).

[89] Dieser Prüfungsaufbau entspricht auch dem Vorgehen des Bundesverfassungsgerichts im PSPP-Urteil (BVerfGE 154, 17 ff.). Zunächst (Rn. 118-163) wurde das Urteil des Europäischen Gerichtshofs als ultra-vires-Akt eingeordnet, um sodann wegen des Entfalls der Bindungswirkung den PSPP-Beschluss der Europäischen Zentralbank in den Blick nehmen zu können und auch insofern ein ultra-vires-Handeln festzustellen (Rn. 164-178).

[90] Siehe zu den Rechtsfolgen im Detail noch unten Fünfter Teil D. (S. 377 ff.).

[91] Für eine „Transformation" des Beschwerdegegenstands spricht sich indes *Dietz*, Die europarechtsfreundliche Verfassungsidentität in der Kontrolltrias des Bundesverfassungsgerichts, AöR 142 (2017), 78 (121 Fn. 276) aus.

teil des Europäischen Gerichtshofs wenden – auf der Grundlage von dessen Rechtsprechungsbefugnissen, wie sie primärvertraglich und im Zustimmungsgesetz in Art. 19 Abs. 1 Uabs. 1 Satz 2 EUV niedergelegt sind. Substantiiert im Sinne der §§ 92, 23 Abs. 1 Satz 2 BVerfGG muss dargelegt werden, dass auch diese Entscheidung eine Verletzung der in Art. 23 Abs. 1 Satz 1 GG genannten Grundsätze – insbesondere einen Verstoß gegen rechtsstaatliche Grundsätze – darstelle. Unter Zugrundelegung der bundesverfassungsgerichtlichen Rechtsprechung gilt dies gleichsam hinsichtlich der Untätigkeit der Bundesregierung und des Deutschen Bundestages, gegen dieses Urteil des Europäischen Gerichtshofs vorzugehen. Insofern entstehen also mit der Vorabentscheidung des Europäischen Gerichtshofs für die Beschwerdeführer nachträglich engere Substantiierungserfordernisse. Die Wahrung der Anforderungen an die Begründung der Verfassungsbeschwerde zum Zeitpunkt des Beschwerdeeingangs genügt also nicht; der Beschwerdegegenstand kann sich im laufenden Verfahren bis zu einer endgültigen Entscheidung des Bundesverfassungsgerichts noch erweitern.

II. Beschwerdebefugnis

Im Rahmen der Verfassungsbeschwerde muss der Beschwerdeführer im Sinne von Art. 93 Abs. 1 Nr. 4 lit. a GG und § 90 Abs. 1 BVerfGG beschwerdebefugt sein. Insbesondere muss dabei konkret möglich erscheinen, dass der Beschwerdeführer durch den angegriffenen Akt der öffentlichen Gewalt in einem seiner Grundrechte oder grundrechtsgleichen Rechte selbst, gegenwärtig und unmittelbar verletzt ist.[92] Auch in Bezug auf die Beschwerdebefugnis ist eine Trennung zwischen mitgliedstaatlich vermittelten Verhaltensweisen und unionsunmittelbaren Handlungen angezeigt.

1. Mitgliedstaatlich vermitteltes Handeln der Europäischen Union

Die Beschwerdebefugnis liegt zunächst einmal dann unproblematisch vor, wenn durch den – vermeintlich – Art. 23 Abs. 1 Satz 1 GG verletzenden Akt der Organe, Einrichtungen und sonstigen Stellen der Union im Grundgesetz verbürgte Grundrechte betroffen sind.[93] So lag es dem Sachverhalt der Honeywell-Entscheidung zugrunde: Die Beschwerdeführerin sah sich infolge des Urteils des Bundesarbeitsgerichts, welches der Entfristungsklage des ursprünglich klagenden Arbeitnehmers stattgab, in ihrer Berufsausübungsfreiheit aus Art. 12 Abs. 1 Satz 1 GG verletzt.

---

[92] Vgl. z. B. BVerfGE 123, 267 (329) – Lissabon.

[93] Vgl. *Eifert/Gerberding*, Verfassungsbeschwerde und Unionsgewalt, Jura 2016, 628 (637). Siehe auch *Wolff*, De lege ferenda: Das Integrationskontrollverfahren, DÖV 2010, 49 (56).

Gleiches gilt für die vom Bundesverfassungsgericht so verstandene Verfassungsidentitätskontrolle, soweit sie sich auf eine Verletzung des Art. 1 Abs. 1 GG stützt, wie es den tatsächlichen Hintergründen der Entscheidung des Bundesverfassungsgerichts zum Europäischen Haftbefehl II entsprach.[94]

Nach dem Konzept des Bundesverfassungsgerichts sind deutsche Grundrechte im unionsrechtlich vollständig determinierten Bereich zwar so lange und so weit nicht anwendbar, wie der Anwendungsvorrang des Unionsrechts reicht.[95] Auf der Basis dieser Konzeption kann damit ein deutsches Grundrecht nur dann verletzt sein, wenn ein verfassungsidentitätsverletzender oder ein ultra-vires Akt vorliegt, weil in diesem Fall der Anwendungsvorrang des Unionsrechts durchbrochen wird und der im Zustimmungsgesetz enthaltene Rechtsanwendungsbefehl für das Unionsrecht nicht trägt. Ist dies der Fall, so ist die Folge hiervon, dass automatisch die Grundrechtsverbürgungen des Grundgesetzes „wiederaufleben" und deren Verletzung gerügt werden kann. Alternativ kann – wenn man dem erweiterten Zugriff des Bundesverfassungsgerichts in seinen „Recht auf Vergessen"-Beschlüssen folgt und auf die Normenprüfung erweitert – auch argumentiert werden, dass ohne Unionskompetenz das jeweils einschlägige Charta-Grundrecht verletzt wird.[96]

Im unionsrechtlich nicht vollständig determinierten Bereich, in welchem nach dem Bundesverfassungsgericht neben den Charta-Grundrechten primär die Grundrechte des Grundgesetzes Anwendung finden sollen,[97] ist die Beschwerdebefugnis unter Rüge eines Grundrechts des Grundgesetzes ohnehin unproblematisch.

Derlei Fälle mitgliedstaatlich vermittelter Verhaltensweisen der Europäischen Union dürften wiederum die deutlich häufigeren sein: Insbesondere wenn das potenzielle unionale ultra-vires- oder verfassungsidentitätsverletzende Handeln einer Mitwirkung durch deutsche Behörden oder Gerichte bedarf, wird zumindest regelmäßig – soweit es sich nicht ausnahmsweise um einen unionsrechtlich vollständig determinierten Bereich handelt – eine Verletzung der allgemeinen Handlungsfreiheit aus Art. 2 Abs. 1 GG als Auffanggrundrecht[98] für die Freiheitsbetätigung des Einzelnen in Betracht kommen.[99]

---

94 Siehe oben Vierter Teil B. V. (S. 232 ff.).

95 Im unionsrechtlich vollständig determinierten Bereich soll aber nach neuerer Rechtsprechung des Bundesverfassungsgerichts diesem eine Prüfungskompetenz hinsichtlich der Verbürgungen in der Grundrechte-Charta zukommen, vgl. BVerfGE 152, 216 (229 ff. Rn. 32 ff.) – Recht auf Vergessen II. Dazu oben Dritter Teil A. VII. 2. (S. 205 ff.).

96 Vgl. in diese Richtung *Kämmerer/Kotzur*, Vollendung des Grundrechtsverbunds oder Heimholung des Grundrechtsschutzes? – Die BVerfG-Beschlüsse zum „Recht auf Vergessen" als Fanal, NVwZ 2020, 177 (182).

97 Vgl. BVerfGE 152, 152 (168 ff. Rn. 41 ff.) – Recht auf Vergessen I. Dazu oben Dritter Teil A. VII. 1. (S. 202 ff.).

98 Zum Charakter der allgemeinen Handlungsfreiheit, die von der ganz herrschenden Auffassung als Auffanggrundrecht für die übrigen Freiheitsgrundrechte verstanden wird, vgl. nur *Kahl*, Die Schutzergänzungsfunktion von Art. 2 Abs. 1 Grundgesetz, 2000, S. 16 ff., 31 ff. Zur

Sollte die Verletzung von Grundrechten konkret möglich sein, ist für die Beschwerdebefugnis im Rahmen der Verfassungsbeschwerde weiterhin Voraussetzung, dass der Beschwerdeführer qualifiziert beschwert, also selbst, unmittelbar und gegenwärtig betroffen ist.[100] Bedarf der Akt der unionalen Stellen einer Vermittlung über das Verhalten deutscher Behörden und Gerichte, so ist der Beschwerdeführer hiervon – weil es sich insofern um eine Urteilsverfassungsbeschwerde handeln wird – auch regelmäßig qualifiziert beschwert.[101]

2. Unionsunmittelbare Verhaltensweisen

Interessant und problematisch sind die Fälle, in denen eine klassische Grundrechtsbeeinträchtigung nicht vorliegt. Zu denken ist hierbei zum einen – dies war der Ausgangspunkt der Diskussion – an das bloße Zustimmungsgesetz zu einer Änderung der europäischen Verträge, das die Bürger in keinem ihrer Grundrechte verletzt und wohl auch nicht die Anforderungen der qualifizierten Beschwer erfüllt. Zum anderen und vor allem aber sind hier auch die unionsunmittelbaren Verhaltensweisen der europäischen Stellen – wie der (beabsichtigte) massive Staatsanleihenkauf durch die Europäische Zentralbank im angekündigten OMT-Programm oder im durchgeführten PSPP-Programm – zu nennen: Schon mangels Grundrechtsbindung der Unionsstellen an die deutschen Grundrechtsverbürgungen können die Beschwerdeführer in keinem ihrer Grundrechte verletzt sein.

a) Art. 38 Abs. 1 Satz 1 GG?

In diesen Fällen lässt sich eine Beschwerdebefugnis nur dann bejahen, wenn insofern eine Verletzung des grundrechtsgleichen Rechts aus Art. 38 Abs. 1 Satz 1 GG gerügt werden kann. Hiernach werden die Abgeordneten des Deutschen Bundestages in allgemeiner, unmittelbarer, freier, gleicher und geheimer Wahl gewählt – hieraus erwächst dem Bürger jedenfalls ein subjektives Recht, an der Wahl der Abgeordneten des Deutschen Bundestages unter Einhaltung der Wahlrechtsgrundsätze zu partizipieren.[102]

Minderheitenmeinung siehe insbesondere die abweichende Meinung von *Grimm*, in: BVerfGE 80, 137 (164ff.) – Reiten im Walde.

[99] Vgl. *Sauer*, Staatsrecht III, 6. Aufl. 2020, § 9 Rn. 108. Siehe daneben auch *Dörr*, Der europäisierte Rechtsschutzauftrag deutscher Gerichte, 2003, S. 252.

[100] Ständige Rechtsprechung seit BVerfGE 1, 97 (101) – Hinterbliebenenrente. Vgl. dazu *Schlaich/Korioth*, Das Bundesverfassungsgericht, 12. Aufl. 2021, Rn. 231ff.

[101] Siehe zur relativ problemlosen qualifizierten Beschwer im Rahmen einer Urteilsverfassungsbeschwerde BVerfGE 53, 30 (48) – Mülheim-Kärlich und *Schlaich/Korioth*, Das Bundesverfassungsgericht, 12. Aufl. 2021, Rn. 231.

[102] Siehe z. B. BVerfGE 123, 267 (330) – Lissabon. Vgl. auch *Eifert/Gerberding*, Verfassungsbeschwerde und Unionsgewalt, Jura 2016, 628 (638).

aa) Auffassung des Bundesverfassungsgerichts

In seiner Maastricht-Entscheidung – und damit ursprünglich im Rahmen einer Eingangskontrolle bei der Prüfung der Verfassungsmäßigkeit des Zustimmungsgesetzes zu einer Änderung der europäischen Verträge –[103] maß das Bundesverfassungsgericht dem bis dahin rein formal verstandenen Wahlrecht aus Art. 38 Abs. 1 Satz 1 GG eine materielle Bedeutung bei und führte aus:

> „Die Verbürgung erstreckt sich auch auf den grundlegenden demokratischen Gehalt dieses Rechts: Gewährleistet wird den wahlberechtigten Deutschen das subjektive Recht, an der Wahl des Deutschen Bundestages teilzunehmen und dadurch an der Legitimation der Staatsgewalt durch das Volk auf Bundesebene mitzuwirken und auf ihre Ausübung Einfluß zu nehmen. [...] Gibt der Deutsche Bundestag Aufgaben und Befugnisse auf, insbesondere zur Gesetzgebung und zur Wahl und Kontrolle anderer Träger von Staatsgewalt, so berührt das den Sachbereich, auf den der demokratische Gehalt des Art. 38 GG sich bezieht. [...] Das Recht des Beschwerdeführers aus Art. 38 GG kann demnach verletzt sein, wenn die Wahrnehmung der Kompetenzen des Deutschen Bundestages so weitgehend auf ein von den Regierungen gebildetes Organ der Europäischen Union oder der Europäischen Gemeinschaften übergeht, daß die nach Art. 20 Abs. 1 und 2 i. V.m. Art. 79 Abs. 3 GG unverzichtbaren Mindestanforderungen demokratischer Legitimation der dem Bürger gegenübertretenden Hoheitsgewalt nicht mehr erfüllt werden."[104]

Vom Wahlrecht aus Art. 38 Abs. 1 Satz 1 GG sollen demnach auch die Grundsätze des Demokratieprinzips im Sinne des Art. 20 Abs. 1 und Abs. 2 GG geschützt sein.[105] *Sauer* spricht insofern treffend von einer vom Bundesverfassungsgericht dem Einzelnen zugestandenen „Kompetenzentleerungsrüge".[106]

---

[103] Sollte die Eingangskontrolle in der vorliegenden Abhandlung weitgehend nicht Untersuchungsgegenstand sein, so ist dies an dieser Stelle nicht möglich. Die bundesverfassungsgerichtliche Rechtsprechung zu Art. 38 Abs. 1 Satz 1 GG nahm ihren Ausgangspunkt in den Entscheidungen, die die Überprüfung des Zustimmungsgesetzes zu einer Änderung der Primärverträge zum Gegenstand hatten und wurde später auf ultra-vires-Situationen bei der Prüfung von Sekundärrechtsakten erweitert. Letzteres kann daher nicht losgelöst von der Frage betrachtet werden, ob Art. 38 Abs. 1 Satz 1 GG im europäischen Integrationsprozess generell zur Begründung der Beschwerdebefugnis tauglich ist. Vgl. aber auch *Sauer*, Demokratische Legitimation zwischen Staatsorganisationsrecht und grundrechtlichem Teilhabeanspruch, Der Staat 58 (2019), 7 (10 ff.), nach welchem die „legitimationsbezogene Verdrängungsrüge" in Bezug auf die Rüge von ultra-vires-Akten keine Weiterentwicklung der „kompetenzbezogenen Entleerungsrüge" aus dem Maastricht-Urteil darstelle.

[104] BVerfGE 89, 155 (171 f.) – Maastricht. Ähnlich BVerfGE 97, 350 (368 f.) – Euro. Dies stellt nach *König*, Die Übertragung von Hoheitsrechten im Rahmen des europäischen Integrationsprozesses – Anwendungsbereich und Schranken des Art. 23 des Grundgesetzes, 2000, S. 478 eine „innovative Interpretation des Art. 38 GG" dar.

[105] In der Lissabon-Entscheidung ist konsequent sodann auch die Rede vom „über Art. 38 Abs. 1 Satz 1 GG als subjektives öffentliches Recht rügefähig gemachten Demokratieprinzips" – BVerfGE 123, 267 (331); in späteren Entscheidungen sogar vom „Anspruch auf Demokratie" – siehe BVerfGE 129, 124 (169) – Griechenlandhilfe; BVerfGE 142, 123 (193 Rn. 133) – OMT-Urteil; BVerfGE 151, 202 (275 Rn. 92) – Europäische Bankenunion und BVerfGE 154, 17 (118 Rn. 158) – PSPP-Urteil.

[106] *Sauer*, Staatsrecht III, 6. Aufl. 2020, § 9 Rn. 106.

Diese Rechtsprechungslinie wurde anschließend insbesondere im Lissabon-Urteil aus dem Jahr 2009 bestätigt und als Rechtfertigung hierfür angeführt, dass der Wahlakt seinen Sinn verlöre, wenn der Deutsche Bundestag über kein hinreichendes Maß an eigenen Entscheidungsbefugnissen mehr verfügen würde.[107] Außerdem wurde in dieser Entscheidung ausdrücklich der Kerngehalt des Demokratieprinzips auch auf die Menschenwürde aus Art. 1 Abs. 1 GG gestützt und insofern ebenfalls für subjektiv rügefähig befunden.[108]

In der bundesverfassungsgerichtlichen Entscheidung zur Verfassungsmäßigkeit der Griechenlandhilfe wurde an dieser Rechtsprechung festgehalten, sich aber auch – nach Auffassung *Simons* in „ungewohnt dialogischer Form"[109] – mit kritischen Stimmen auseinandergesetzt:

> „Diese über die Grundrechtsrüge eines jeden Bürgers eröffnete Kontrolle der öffentlichen Gewalt hat bereits anlässlich des Maastricht-Urteils Kritik erfahren [...]. Entsprechende Stimmen wurden auch im Anschluss an das Lissabon-Urteil laut [...]. Der Senat hält indes an seiner Auffassung fest. Der letztlich in der Würde des Menschen wurzelnde Anspruch des Bürgers auf Demokratie [...] wäre hinfällig, wenn das Parlament Kernbestandteile politischer Selbstbestimmung aufgäbe und damit dem Bürger dauerhaft seine demokratischen Einflussmöglichkeiten entzöge. Das Grundgesetz hat den Zusammenhang zwischen Wahlrecht und Staatsgewalt in Art. 79 Abs. 3 und Art. 20 Abs. 1 und Abs. 2 GG für unantastbar erklärt [...]. Gegen eine mit Art. 79 Abs. 3 GG unvereinbare Entäußerung von Kompetenzen durch das Parlament muss sich der Bürger verfassungsgerichtlich zur Wehr setzen können. [...] Die abwehrrechtliche Dimension des Art. 38 Abs. 1 GG kommt daher in Konstellationen zum Tragen, in denen offensichtlich die Gefahr besteht, dass die Kompetenzen des gegenwärtigen oder künftigen Bundestages auf eine Art und Weise ausgehöhlt werden, die eine parlamentarische Repräsentation des Volkswillens, gerichtet auf die Verwirklichung des politischen Willens der Bürger, rechtlich oder praktisch unmöglich macht. Die Antragsbefugnis ist folglich nur dann gegeben, wenn substantiiert dargelegt wird, dass das Wahlrecht entleert sein könnte."[110]

Auch in den Folgejahren wurde an dieser mittlerweile gefestigten Rechtsprechung insbesondere im Zusammenhang mit den weiteren Entscheidungen zur „Euro-Rettung" festgehalten.[111] Das OMT-Urteil aus dem Jahr 2016 fasste die beiden Anknüpfungspunkte für eine subjektiv-rechtliche „Unterfütterung" des Demokratieprinzips – Wahlrecht und Menschenwürde – noch einmal zusammen:

> „Der in Art. 38 Abs. 1 Satz 1 GG verankerte Anspruch des Bürgers auf demokratische Selbstbestimmung [...] ist allerdings strikt auf den in der Würde des Menschen wur-

[107] BVerfGE 123, 267 (330) – Lissabon.

[108] Vgl. BVerfGE 123, 267 (341) – Lissabon.

[109] *Simon*, Grenzen des Bundesverfassungsgerichts im europäischen Integrationsprozess, 2016, S. 103. Ähnlich *Sauer*, Staatsrecht III, 6. Aufl. 2020, § 9 Rn. 114: „entgegen den üblichen Gepflogenheiten".

[110] BVerfGE 129, 124 (169 f.) – Griechenlandhilfe.

[111] Vgl. BVerfGE 132, 195 (238 Rn. 104) – ESM-Eilentscheidung; BVerfGE 134, 366 (396 f. Rn. 51 f.) – OMT-Vorlagebeschluss; BVerfGE 135, 317 (386 Rn. 125) – ESM-Urteil.

zelnden Kern des Demokratieprinzips begrenzt (Art. 1 in Verbindung mit Art. 79 Abs. 3 GG). Art. 38 Abs. 1 Satz 1 GG gewährt dagegen keinen Anspruch auf eine über dessen Sicherung hinausgehende Rechtmäßigkeitskontrolle demokratischer Mehrheitsentscheidungen. Er dient nicht der inhaltlichen Kontrolle demokratischer Prozesse, sondern ist auf deren Ermöglichung gerichtet […].“[112]

Daneben enthielt das OMT-Verfahren bereits im OMT-Vorlagebeschluss aber auch noch eine echte Neuerung: Bisher waren auf Art. 38 Abs. 1 Satz 1 GG gestützte Verfassungsbeschwerden nur im Rahmen der Kontrolle von Zustimmungsgesetzen zur Sprache gekommen und für statthaft erklärt worden. Im OMT-Verfahren betreffend den angekündigten unbegrenzten Ankauf von Staatsanleihen durch die Europäische Zentralbank als möglichen ultra-vires-Akt einer Unionsstelle waren keine Grundrechte der Beschwerdeführer betroffen – das Bundesverfassungsgericht ließ nichtsdestotrotz die Verfassungsbeschwerde gestützt auf das grundrechtsgleiche Recht aus Art. 38 Abs. 1 Satz 1 GG als „legitimationsbezogene Verdrängungsrüge“[113] zu:

„Gegenüber offensichtlichen und strukturell bedeutsamen Kompetenzüberschreitungen durch die Europäischen Organe hat dieser Schutz vor einer Erosion der substantiellen Gestaltungsmacht des Parlaments nicht nur eine inhaltliche, sondern auch eine verfahrensmäßige Komponente. Der wahlberechtigte Bürger hat zur Sicherung seiner demokratischen Einflussmöglichkeit im Prozess der europäischen Integration aus Art. 38 Abs. 1 Satz 1 GG grundsätzlich ein Recht darauf, dass eine Verlagerung von Hoheitsrechten nur in den dafür vorgesehenen Formen von Art. 23 Abs. 1 Sätze 2 und 3, Art. 79 Abs. 2 GG geschieht. Der demokratische Entscheidungsprozess, den diese Regelungen neben der gebotenen Bestimmtheit der Übertragung von Hoheitsrechten […] gewährleisten, wird bei einer eigenmächtigen Kompetenzanmaßung von Organen und sonstigen Stellen der Europäischen Union unterlaufen. Der Bürger kann deshalb verlangen, dass Bundestag und Bundesregierung sich aktiv mit der Frage auseinandersetzen, wie die Kompetenzordnung wiederhergestellt werden kann, und eine positive Entscheidung darüber herbeiführen, welche Wege dafür beschritten werden sollen.“[114]

Festgehalten werden kann somit, dass nach der Rechtsprechung des Bundesverfassungsgerichts jeder deutscher Staatsbürger wegen seines grundrechtsgleichen Rechts aus Art. 38 Abs. 1 Satz 1 GG Verfassungsbeschwerde zum Bundesverfassungsgericht mit der Behauptung erheben kann, dem Deutschen Bundestag verblieben – entweder durch die Hoheitsrechtsübertragung auf die Europäische Union oder durch eine rechtswidrige Ausübung der Kompeten-

---

[112] BVerfGE 142, 123 (190 Rn. 126) – OMT-Urteil. Siehe auch BVerfGE 151, 202 (286 Rn. 118) – Europäische Bankenunion.

[113] *Sauer*, Staatsrecht III, 6. Aufl. 2020, § 9 Rn. 107. Eingehend dazu *ders.*, Demokratische Legitimation zwischen Staatsorganisationsrecht und grundrechtlichem Teilhabeanspruch, Der Staat 58 (2019), 7 (10 ff.).

[114] BVerfGE 134, 366 (397 Rn. 53) – OMT-Vorlagebeschluss. Zu dieser Randnummer des Beschlusses sehr kritisch die abweichende Meinung des Richters *Gerhardt*, in: BVerfGE 134, 366 (431 ff. Rn. 137 ff.). Im OMT-Urteil wurde diese Rechtsprechungslinie indes bestätigt – BVerfGE 142, 123 (174 f. Rn. 82 f.).

zen der Unionsstellen – keine Entscheidungsbefugnisse von substantiellem Gewicht mehr. Eindeutig manifestierte das Bundesverfassungsgericht diese Rechtsprechungslinie in seiner Entscheidung zur Europäischen Bankenunion:

„Art. 38 Abs. 1 Satz 1 GG vermittelt Bürgerinnen und Bürgern in seinem durch Art. 20 Abs. 1 und Abs. 2 in Verbindung mit Art. 79 Abs. 3 GG geschützten Kern nicht nur Schutz vor einer substantiellen Erosion der Gestaltungsmacht des Deutschen Bundestages, sondern auch ein Recht darauf, dass Organe, Einrichtungen und sonstige Stellen der Europäischen Union nur die Zuständigkeiten ausüben, die ihnen nach Maßgabe des Art. 23 GG übertragen worden sind [...]. Dieses Recht wird verletzt, wenn bei der Übertragung von Hoheitsrechten oder beim Vollzug des Integrationsprogramms die Grenzen des Art. 79 Abs. 3 GG nicht beachtet werden [...], oder Organe, Einrichtungen und sonstige Stellen der Europäischen Union (innerhalb der Grenzen des Art. 79 Abs. 3 GG) Maßnahmen treffen, die vom Integrationsprogramm nicht gedeckt sind [...]. Art. 38 Abs. 1 Satz 1 GG vermittelt mithin einen ‚Anspruch auf Demokratie‘, soweit durch einen Vorgang demokratische Grundsätze berührt werden, die Art. 79 Abs. 3 GG auch dem Zugriff des verfassungsändernden Gesetzgebers entzieht, und gegenüber offensichtlichen und strukturell bedeutsamen Kompetenzüberschreitungen durch die Europäischen Organe [...].“[115]

Art. 38 Abs. 1 Satz 1 GG wird damit zu einer Art „Allzweckwaffe“ in den Verfahren des Bundesverfassungsgerichts mit unionsrechtlichen Bezügen – er kann sowohl vor der Ratifikation geänderter Primärverträge als auch im Nachhinein für die ultra-vires- sowie die sekundärrechtsbezogene Verfassungsidentitätskontrolle in Stellung gebracht werden.

bb) Einwände der Kritiker im Allgemeinen

Diese Rechtsprechung sah sich seit ihrer Begründung in der Maastricht-Entscheidung teilweise erheblicher Kritik ausgesetzt.[116] Insbesondere wurde kritisiert, dass das Bundesverfassungsgericht mit seiner sehr weiten, „ungeahnten“[117],

[115] BVerfGE 151, 202 (275 Rn. 92) – Europäische Bankenunion.

[116] Insbesondere *Gassner*, Kreation und Repräsentation, Der Staat 34 (1995), 429 (452): „Im Ergebnis kann die Umdeutung des Art. 38 GG daher nur verstanden werden als eine weitere Etappe in der, wie es scheint, unausweichlichen und endgültigen Entwicklung vom parlamentarischen Gesetzgebungsstaat zum verfassungsgerichtlichen Jurisdiktionsstaat.“ Dezidiert auch *Proelß*, Bundesverfassungsgericht und überstaatliche Gerichtsbarkeit, 2014, S. 255: „Art. 93 Abs. 1 Nr. 4a in Verbindung mit Art. 20 Abs. 1 und 2 GG stehen einer Auslegung des Art. 38 Abs. 1 GG entgegen, infolge derer das Kriterium der individuellen Grundrechtsverletzung aufgegeben und damit die Sachentscheidungsvoraussetzung der Beschwerdebefugnis relativiert wird.“

[117] *Gassner*, Kreation und Repräsentation, Der Staat 34 (1995), 429 (430). Diese Deutung im Anschluss an das Maastricht-Urteil lässt sich darauf zurückführen, dass der Zweite Senat des Bundesverfassungsgerichts noch wenige Jahre zuvor in BVerfGE 62, 397 (399) und BVerfGE 63, 73 (75) ausgeführt hat: „Ein Recht des einzelnen Wählers darauf, daß der Deutsche Bundestag nicht in Anwendung des Art. 68 GG vorzeitig aufgelöst wird, läßt sich aus Art. 38 GG nicht herleiten.“ In den Fällen einer Bundestagsauflösung komme es sogar zu einer – wenn auch nur vorübergehenden – gänzlichen Entleerung des Wahlrechts, während bei den Zustimmungsverträgen ohnehin allein eine sukzessive Entleerung des Wahlrechts zu befürchten sei.

„uferlosen“[118], „nicht mehr tolerable[n]“[119] Auslegung des Art. 38 Abs. 1 Satz 1 GG eine Art Popularklage gegen weitere Integrationsschritte geschaffen habe.[120] Diese Auslegung des Art. 38 Abs. 1 Satz 1 GG wurde – so die Kritiker – vom Bundesverfassungsgericht auch nur behauptet, aber nie stichhaltig begründet.[121]

Im Einzelnen werden als Gegenargumente angeführt, dass eine derart weite Interpretation des Art. 38 Abs. 1 Satz 1 GG sowohl dem Wortlaut des Art. 93 Abs. 1 Nr. 4 lit. a GG als auch dem Telos der Verfassungsbeschwerde widerspräche:[122] Bei dem Demokratieprinzip aus Art. 20 Abs. 1 und Abs. 2 handele es sich um ein objektiv-rechtliches Staatsstrukturprinzip, das nicht im Rahmen der rügefähigen Rechte in Art. 93 Abs. 1 Nr. 4 lit. a GG genannt sei und dem

---

Insofern erscheine die Rechtsprechung des Bundesverfassungsgerichts nicht kohärent – vgl. dazu: *Gassner*, Kreation und Repräsentation, Der Staat 34 (1995), 429 (432).

[118] *C. Schönberger*, Die Europäische Union zwischen „Demokratiedefizit und Bundesstaatsverbot“, Der Staat 48 (2009), 535 (539).

[119] *Bethge*, Die Grenzen grundrechtlicher Subjektivierung objektiven Verfassungsrechts, in: Festschrift Isensee, 2007, S. 613 (625).

[120] *Dreier*, in: ders., GG Band II, 3. Aufl. 2015, Art. 20 (Demokratie) Rn. 81; *J. Ipsen*, Quo vadis Bundesverfassungsgericht?, in: Festschrift Müller-Graff, 2015, S. 904 (909): „contra legem (§§ 90 ff. BVerfGG) und contra constitutionem (Art. 93 Abs. 1 Nr. 4 a GG)“; *E. Klein*, Grundrechtsdogmatische und verfassungsprozessuale Überlegungen zur Maastricht-Entscheidung des Bundesverfassungsgerichts, in: Gedächtnisschrift Grabitz, 1995, S. 271 (275); *König*, Die Übertragung von Hoheitsrechten im Rahmen des europäischen Integrationsprozesses – Anwendungsbereich und Schranken des Art. 23 des Grundgesetzes, 2000, S. 478; *Ludwigs/Sikora*, Der Vorrang des Unionsrechts unter Kontrollvorbehalt des BVerfG, EWS 2016, 121 (131); *C. Schönberger*, Die Europäische Union zwischen „Demokratiedefizit und Bundesstaatsverbot“, Der Staat 48 (2009), 535 (540); *Schwarze*, Europapolitik unter deutschem Verfassungsrichtervorbehalt, NJ 1994, 1 (1); *Steiger*, Entgrenzte Gerichte? Die Ausweitung des subjektiven Rechts und der richterlichen Kontrollbefugnisse, VerwArch 107 (2016), 497 (529, 533). Vgl. auch *Büdenbender*, Das Verhältnis des Europäischen Gerichtshofs zum Bundesverfassungsgericht, 2005, S. 67; *Kokott*, Deutschland im Rahmen der Europäischen Union – zum Vertrag von Maastricht, AöR 119 (1994), 207 (211); *Proelß*, Bundesverfassungsgericht und überstaatliche Gerichtsbarkeit, 2014, S. 255; *Ruffert*, Europarecht – Vorlagebeschluss des BVerfG zum OMT-Programm, JuS 2014, 373 (374); *Sauer*, Staatsrecht III, 6. Aufl. 2020, § 9 Rn. 113 und *Stiegemeyer*, Die parlamentarische Behandlung der europäischen Integrationsakte und ihre Prüfung durch das Bundesverfassungsgericht, 2020, S. 51 f.

[121] *Proelß*, Zur verfassungsgerichtlichen Kontrolle der Kompetenzmäßigkeit von Maßnahmen der Europäischen Union: Der „ausbrechende Rechtsakt“ in der Praxis des BVerfG, EuR 2011, 241 (252). Siehe auch *Gassner*, Kreation und Repräsentation, Der Staat 34 (1995), 429 (430): „Die Bedeutung dieser verfassungsprozessualen Kehrtwende steht in auffälligem Gegensatz zu dem Minimum an dogmatischem Aufwand, den das BVerfG betrieb, um die Zulässigkeit der Verfassungsbeschwerden herzuleiten.“ Eine gewisse Auseinandersetzung mit der im Schrifttum geäußerten Kritik erfolgte aber sodann – wie bereits dargelegt – in BVerfGE 129, 124 (169 f.) – Griechenlandhilfe.

[122] *C. Lenz/Hansel*, BVerfGG, 3. Aufl. 2020, § 90 Rn. 222 ff. Vgl. auch *Gassner*, Kreation und Repräsentation, Der Staat 34 (1995), 429 (431): „Im Grunde weckt schon die unbefangene Lektüre des Wortlauts von Art. 38 Abs. 1 S. 1 GG erhebliche Zweifel daran, ob sich das Gericht mit seiner Umdeutung des subjektiven Wahlrechts zu einem ‚Grundrecht auf echten Parlamentarismus‘ noch im Rahmen des methodisch und verfassungsrechtlich Zulässigen bewegt.“

deswegen kein subjektives Recht jedes einzelnen Bürgers entnommen werden könne.[123] Außerdem solle die Verfassungsbeschwerde bestimmte subjektive Rechte des Bürgers gegen Verhaltensweisen der öffentlichen Gewalt schützen – durch die weite Auslegung des Art. 38 Abs. 1 Satz 1 GG werde aber allein der staatsorganisationsrechtliche Kompetenzbereich des Deutschen Bundestages bewahrt.[124] Weiterhin habe der verfassungsgebende Gesetzgeber der Bestimmung in Art. 38 Abs. 1 Satz 1 GG einen so weitgehenden Bedeutungsgehalt nicht zumessen wollen.[125]

Darüber hinaus würde unter Berufung auf das Demokratieprinzip bei beschlossenen Hoheitsrechtsübertragungen der Deutsche Bundestag durch den einzelnen wahlberechtigten Bürger vor sich selbst geschützt – eine Anomalie in der repräsentativ ausgestalteten Demokratie des Grundgesetzes.[126] Nicht der einzelne Bürger, sondern insbesondere der Deutsche Bundestag als von einem etwaigen Kompetenzverlust betroffenes Verfassungsorgan habe seine Befugnisse im Rahmen eines Organstreitverfahrens nach Art. 93 Abs. 1 Nr. 1 GG in Verbindung mit §§ 13 Nr. 5, 63 ff. BVerfGG zu verteidigen.[127] Wenn dieser – gegebenenfalls durch einzelne Fraktionen im Wege der Prozessstandschaft nach § 64 Abs. 1 BVerfGG – von der Möglichkeit einer Verteidigung seiner Rechte aber keinen Gebrauch machen möchte, habe das Bundesverfassungsgericht dies zu akzeptieren.[128]

Außerdem müsse die Beschwerdebefugnis aus Art. 38 Abs. 1 Satz 1 GG konsequenterweise nicht nur im Rahmen von Zustimmungsgesetzen mit Blick auf

---

[123] *Büdenbender*, Das Verhältnis des Europäischen Gerichtshofs zum Bundesverfassungsgericht, 2005, S. 66 f.; *König*, Die Übertragung von Hoheitsrechten im Rahmen des europäischen Integrationsprozesses – Anwendungsbereich und Schranken des Art. 23 des Grundgesetzes, 2000, S. 478 f.; *C. Schönberger*, Der introvertierte Rechtsstaat als Krönung der Demokratie? – Zur Entgrenzung von Art. 38 GG im Europaverfassungsrecht, JZ 2010, 1160 (1161). Vgl. daneben *Papier*, Die Entwicklung des Verfassungsrechts seit der Einigung und seit Maastricht, NJW 1997, 2841 (2844). *Bethge*, Die Grenzen grundrechtlicher Subjektivierung objektiven Verfassungsrechts, in: Festschrift Isensee, 2007, S. 613 (625): „Art. 38 GG prästiert nicht das Grundrecht auf Beibehaltung der Demokratie. Die Vorschrift entzieht sich einer globalen subjektiven Aufladung."

[124] *Gassner*, Kreation und Repräsentation, Der Staat 34 (1995), 429 (449). Bundesverfassungsgerichtliche Judikate wie BVerfGE 45, 63 (74): „Die Verfassungsbeschwerde ist nicht nur ein Rechtsbehelf zur Sicherung und Durchsetzung grundgesetzlich garantierter individueller Rechtspositionen, sondern in gleicher Weise ‚ein spezifisches Rechtsschutzmittel des objektiven Verfassungsrechts' […]" sind dahin zu verstehen, dass zwar mit der Verfassungsbeschwerde – insbesondere durch die sog. Elfes-Konstruktion – *auch* zugleich die Einhaltung objektiven Verfassungsrechts überprüft werden kann, aber die Rückanbindung an ein materielles Grundrecht als gerügtem subjektiv-öffentlichem Recht nicht disponibel ist.

[125] Dies gesteht auch *Murswiek*, Art. 38 GG als Grundlage eines Rechts auf Achtung des unabänderlichen Verfassungskerns, JZ 2010, 702 (704) zu.

[126] Vgl. *Gassner*, Kreation und Repräsentation, Der Staat 34 (1995), 429 (447).

[127] *König*, Die Übertragung von Hoheitsrechten im Rahmen des europäischen Integrationsprozesses – Anwendungsbereich und Schranken des Art. 23 des Grundgesetzes, 2000, S. 479.

[128] *Gassner*, Kreation und Repräsentation, Der Staat 34 (1995), 429 (449 f.).

den europäischen Einigungsprozess gelten, sondern auch bei anderen völkerrechtlichen Verträgen Geltung beanspruchen, die einen Beitritt der Bundesrepublik Deutschland in eine supranational organisierte Internationale Organisation vorsehen – der Bürger könnte damit zahlreiche außenpolitische Entscheidungen der Bundesregierung und des Deutschen Bundestages einer verfassungsgerichtlichen Kontrolle unterziehen, was mit den Grundprinzipien des deutschen Verfassungsprozessrechts nicht im Einklang stehe.[129]

Ferner bestehe in den Fällen eines Zustimmungsgesetzes zur Änderung der europäischen Verträge verfassungsprozessual die Möglichkeit einer abstrakten Normenkontrolle des Zustimmungsgesetzes gemäß Art. 93 Abs. 1 Nr. 2 GG in Verbindung mit §§ 13 Nr. 6, 76 ff. BVerfGG – wenn das Bundesverfassungsgericht nun seine Kompetenz mittels der Verfassungsbeschwerde zu begründen sucht, liege der Eindruck nahe, dass die Bejahung der Beschwerdebefugnis über Art. 38 Abs. 1 Satz 1 GG nur deshalb erfolgt sei, um sich auf irgendeine Weise eine materiell-rechtliche Kontrollmöglichkeit zu sichern.[130] Das Bundesverfassungsgericht dürfe aber nur im Rahmen der ihm durch das Grundgesetz oder durch ein Bundesgesetz (vgl. Art. 93 Abs. 3 GG) zugewiesenen Verfahren tätig werden; es sei nicht allzuständig.[131]

cc) Erweiterung auf die ultra-vires-Kontrolle im Besonderen

Aber selbst wenn einige Autoren grundsätzlich auf Basis der Argumente des Bundesverfassungsgerichts bei der Prüfung des Zustimmungsgesetzes zur Änderung der europäischen Primärverträge eine Beschwerdebefugnis auf der Grundlage von Art. 38 Abs. 1 Satz 1 GG für statthaft halten, so stellen manche von ihnen die Frage, ob gleiches auch für die Prüfung von sekundärem Unionsrecht als potenziellem ultra-vires oder verfassungsidentitätsverletzendem Handeln Geltung beanspruchen kann. Im OMT-Vorlagebeschluss und dem darauf folgenden OMT-Urteil hat das Bundesverfassungsgericht dies – wie oben

[129] *Tomuschat*, Anmerkung zum Urteil des BVerfG vom 12.09.2012 – BvR 1390/122 – u. a. – Verhinderung der Ratifikation von ESM-Vertrag und Fiskalpakt überwiegend erfolglos, DVBl. 2012, 1431 (1431): „So ist dem Bürger ein individuelles Recht auf Beteiligung an allen grundlegenden Entscheidungen der Außenpolitik zugewachsen – was nirgendwo in der Welt eine Parallele hat".

[130] *König*, Die Übertragung von Hoheitsrechten im Rahmen des europäischen Integrationsprozesses – Anwendungsbereich und Schranken des Art. 23 des Grundgesetzes, 2000, S. 479; *Mayer*, Europarechtsfreundlichkeit und Europarechtsskepsis in der Rechtsprechung des Bundesverfassungsgerichts, in: Giegerich, Der „offene Verfassungsstaat" des Grundgesetzes nach 60 Jahren, 2010, S. 237 (258); *C. Schönberger*, Die Europäische Union zwischen „Demokratiedefizit und Bundesstaatsverbot", Der Staat 48 (2009), 535 (540). Vgl. auch *Papier*, Die Entwicklung des Verfassungsrechts seit der Einigung und seit Maastricht, NJW 1997, 2841 (2844).

[131] *C. Schönberger*, Die Europäische Union zwischen „Demokratiedefizit und Bundesstaatsverbot", Der Staat 48 (2009), 535 (540).

dargelegt – bejaht;[132] durch die Verfahren zur Europäischen Bankenunion und zum PSPP-Staatsanleihenankaufprogramm darf die Konstruktion sogar schon als gefestigte Rechtsprechung angesehen werden. Doch stieß diese Rechtsprechungslinie, die dazu führt, dass das Bundesverfassungsgericht sich fortan ohne Betroffenheit eines der Grundrechte im Grundrechtsteil des Grundgesetzes eine ultra-vires-Kontrolle bei Handlungen der Unionsstellen zugesteht, bereits auf erhebliche Kritik innerhalb des Senats, welche in der abweichenden Meinung des Richters *Gerhardt* zum Ausdruck kam.[133] Richter *Gerhardt* ist zwar der Überzeugung, dass im Rahmen einer Verletzung der Verfassungsidentität Art. 38 Abs. 1 Satz 1 GG als das die Beschwerdebefugnis begründende grundrechtsgleiche Recht in Betracht komme; dies allerdings für die ultra-vires-Kontrolle nicht gelten könne.[134] *Gerhardt* sieht in dieser Erweiterung des Schutzbereichs des Art. 38 Abs. 1 Satz 1 GG die Öffnung der „Tür zu einem allgemeinen Gesetzesvollziehungsanspruch"[135] und qualifiziert eine so verstandene ultra-vires-Klage als „Popularklage"[136]. Außerdem fragt *Gerhardt*, warum zwingend das Bundesverfassungsgericht im Falle von ultra-vires-Akten, die keine Auswirkung auf die Grundrechte der Bürger der Bundesrepublik Deutschland haben, dem Einzelnen Rechtsschutz gewähren müsse und warum in diesem Fall nicht politische Sanktionsmöglichkeiten ausreichen sollten.[137]

---

[132] Siehe dazu BVerfGE 134, 366 (397 Rn. 53) – OMT-Vorlagebeschluss und BVerfGE 142, 123 (174 f. Rn. 82 f.) – OMT-Urteil.

[133] Abweichende Meinung des Richters *Gerhardt*, in: BVerfGE 134, 366 (430 ff. Rn. 133 ff.) – OMT-Vorlagebeschluss. Vgl. ferner *Gärditz*, Beyond Symbolism: Towards a Constitutional Actio Popularis in EU Affairs? A Commentary on the OMT Decision of the Federal Constitutional Court, GLJ 2014, 183 (192) und *Ukrow*, Von Luxemburg lernen heißt Integrationsgrenzen bestimmen – Anmerkungen zur Vorlage-Entscheidung des Bundesverfassungsgerichts vom 14. Januar 2014, ZEuS 2014, 119 (127): „Das demokratische Teilhaberecht mutiert endgültig zur Eröffnung einer integrationsrechtlichen Blockade-Option des Bundesverfassungsgerichts."

[134] Abweichende Meinung des Richters *Gerhardt*, in: BVerfGE 134, 366 (432 Rn. 138) – OMT-Vorlagebeschluss. Dabei ist wichtig hervorzuheben, dass Richter *Gerhardt* – anders als hier vertreten – von einem strukturellen Nebeneinander im Verhältnis der ultra-vires-Kontrolle zum Verfassungsidentitätsvorbehalt ausgeht; siehe dazu die abweichende Meinung des Richters *Gerhardt*, in: BVerfGE 134, 366 (433 Rn. 141) – OMT-Vorlagebeschluss.

[135] Abweichende Meinung des Richters *Gerhardt*, in: BVerfGE 134, 366 (432 Rn. 138) – OMT-Vorlagebeschluss.

[136] Abweichende Meinung des Richters *Gerhardt*, in: BVerfGE 134, 366 (432 Rn. 139) – OMT-Vorlagebeschluss.

[137] Abweichende Meinung des Richters *Gerhardt*, in: BVerfGE 134, 366 (433 Rn. 140) – OMT-Vorlagebeschluss: „Die Kernfrage ist indes, aus welchen Gründen dem Einzelnen ein gerichtlich durchsetzbarer Anspruch auf Tätigwerden deutscher Verfassungsorgane gegenüber kompetenzüberschreitenden Akten der Europäischen Union zustehen soll, anders gewendet, warum es nicht ausreicht, auf demokratischem Weg – durch Willensbildung innerhalb und außerhalb des Parlaments sowie bei Wahlen – auf die Einhaltung der Kompetenzordnung hinzuwirken oder die Konsequenzen der Hinnahme einer Kompetenzüberschreitung einzufordern."

Schließlich wird wiederum kritisiert, dass die Senatsmehrheit im OMT-Verfahren die Ausweitung des Art. 38 Abs. 1 Satz 1 GG auf derartige ultra-vires-Akte nur behauptet, nicht aber näher und stichhaltig begründet habe.[138] Die Folge sei, dass Art. 38 Abs. 1 Satz 1 GG, was die Prüfung von sekundärem Unionsrecht anbelangt, in gleicher Weise verstanden werde, wie es bei der allgemeinen Handlungsfreiheit aus Art. 2 Abs. 1 GG auf nationaler Ebene infolge der sogenannten Elfes-Konstruktion[139] der Fall sei: Dies erscheine auch im Hinblick auf das unionale Klage- und Rechtsschutzsystem – insbesondere hinsichtlich der strengen Voraussetzungen der Nichtigkeitsklage gemäß Art. 263 AEUV – bedenklich.[140]

dd) Erweiterung auf die sekundärrechtsrelevante Verfassungsidentitätskontrolle im Besonderen

Der neueren Rechtsprechung des Bundesverfassungsgerichts lässt sich daneben – was *Sauer* zutreffend herausgearbeitet hat – zumindest eine Tendenz entnehmen, auch bei der sekundärrechtsbezogenen Verfassungsidentitätskontrolle eine Beschwerdebefugnis über das grundrechtsgleiche Recht des Art. 38 Abs. 1 Satz 1 GG generell – und nicht nur für eine Rüge der Verletzung des Demokratieprinzips aus Art. 20 Abs. 1 und 2 GG – zuzulassen.[141] Im Zusammenhang mit der zugestandenen Möglichkeit, eine „Entstaatlichung" der Bundesrepublik Deutschland zu rügen, hieß es schon im Lissabon-Urteil:

> „Die Verletzung der in Art. 79 Abs. 3 GG festgelegten Verfassungsidentität ist aus der Sicht des Demokratieprinzips zugleich ein Übergriff in die verfassungsgebende Gewalt des Volkes. Die verfassungsgebende Gewalt hat insofern den Vertretern und Organen des Volkes kein Mandat erteilt, über die Verfassungsidentität zu verfügen. […] Darüber wacht das Bundesverfassungsgericht."[142]

---

[138] *Heun*, Eine verfassungswidrige Verfassungsgerichtsentscheidung – der Vorlagebeschluss des BVerfG vom 14.1.2014, JZ 2014, 331 (332).

[139] Siehe dazu *Kube*, Die Elfes-Konstruktion, JuS 2003, 111 ff.

[140] *Heun*, Eine verfassungswidrige Verfassungsgerichtsentscheidung – der Vorlagebeschluss des BVerfG vom 14.1.2014, JZ 2014, 331 (332); *Ukrow*, Von Luxemburg lernen heißt Integrationsgrenzen bestimmen – Anmerkungen zur Vorlage-Entscheidung des Bundesverfassungsgerichts vom 14. Januar 2014, ZEuS 2014, 119 (128). Gegen eine Vergleichbarkeit mit der sog. Elfes-Konstruktion allerdings *Sauer*, Demokratische Legitimation zwischen Staatsorganisationsrecht und grundrechtlichem Teilhabeanspruch, Der Staat 58 (2019), 7 (30 f.).

[141] Siehe dazu *Sauer*, Demokratische Legitimation zwischen Staatsorganisationsrecht und grundrechtlichem Teilhabeanspruch, Der Staat 58 (2019), 7 (17 ff.).

[142] BVerfGE 123, 267 (344) – Lissabon. Nach *Sauer*, Demokratische Legitimation zwischen Staatsorganisationsrecht und grundrechtlichem Teilhabeanspruch, Der Staat 58 (2019), 7 (17) „schwingt" die verfassungsprozessuale Konsequenz in dieser Entscheidung nur „mit", wird aber nicht ausdrücklich ausgesprochen – dies ist wohl auch der Grund dafür, dass dieser Urteilspassage bisher in der Literatur nur wenig Aufmerksamkeit geschenkt wurde.

Aus dieser Aussage – verbunden mit der vom Bundesverfassungsgericht seit seiner Maastricht-Entscheidung vertretenen Auffassung der Zulässigkeit einer auf Art. 38 Abs. 1 Satz 1 GG gestützten Verfassungsbeschwerde im Vorfeld einer völkerrechtlich verbindlichen Ratifikation der europäischen Primärverträge – könnte sich ohne zwingende Notwendigkeit einer weiteren dogmatischen Entfaltung ergeben, dass auch bei der sekundärrechtsbezogenen Verfassungsidentitätskontrolle umfassend das Wahlrecht aus Art. 38 Abs. 1 Satz 1 GG in Stellung gebracht werden kann.[143]

Die Beschwerdebefugnis aus dem Wahlrecht zum Deutschen Bundestag gemäß Art. 38 Abs. 1 Satz 1 GG würde sich damit von seiner Verbindung mit dem Demokratieprinzip lösen;[144] sie erlaubte vielmehr eine umfassende Kontrolle der Einhaltung der Grenzen des Anwendungsvorrangs des Unionsrechts, welche sich nach bundesverfassungsgerichtlicher Rechtsprechung in den Schutzverbürgungen des Art. 79 Abs. 3 GG finden.[145] So wäre im gesamten verfassungsidentitätsrelevanten Bereich – zum Beispiel auch bei etwaigen Verstößen gegen die Grundsätze des Rechtsstaats- oder Sozialstaatsprinzips – ein Zugang zum Bundesverfassungsgericht für jedermann über eine Rüge der Verletzung des Art. 38 Abs. 1 Satz 1 GG gegeben.[146]

Allerdings hat das Bundesverfassungsgericht – im sogleich noch darzustellenden – Beschluss zum Einheitlichen Patentgericht ausdrücklich ausgeführt, dass bei einer möglichen Verletzung anderer Staatsstrukturprinzipien im Sinne des Art. 20 Abs. 1 bis 3 GG ein Zusammenhang zum Demokratieprinzip hergestellt werden müsse und die Verfassungsbeschwerde im konkreten Fall mangels Nachweises der Verbindung teilweise für unzulässig gehalten.[147] Es scheint nach gegenwärtiger Rechtsprechung des Bundesverfassungsgerichts also eine substantiierte Geltendmachung eines Zusammenhangs zum unmittelbar über Art. 38 Abs. 1 Satz 1 GG rügefähigen Demokratieprinzip erforderlich zu sein – gelingt dies, so ist auch die Verletzung anderer Staatsstrukturprinzipien rügbar.

---

[143] *Sauer*, Demokratische Legitimation zwischen Staatsorganisationsrecht und grundrechtlichem Teilhabeanspruch, Der Staat 58 (2019), 7 (18).

[144] *Sauer*, Demokratische Legitimation zwischen Staatsorganisationsrecht und grundrechtlichem Teilhabeanspruch, Der Staat 58 (2019), 7 (18).

[145] Besonders klar der Richter des Zweiten Senats *Müller*, in: v. Mangoldt/Klein/Starck, GG Band 2, 7. Aufl. 2018, Art. 38 Rn. 173: „Der Sache nach richtet sich das subjektive Recht aus Art. 38 Abs. 1 Satz 1 im Integrationszusammenhang auf die Einhaltung der Grenzen des Anwendungsvorrangs des europäischen Rechts, wie sie sich aus dem im Zustimmungsgesetz niedergelegten Integrationsprogramm (Art. 23 Abs. 1 Satz 2) und der gemäß Art. 23 Abs. 1 Satz 3 i. V.m. Art. 79 Abs. 3 zu beachtenden Verfassungsidentität ergeben."

[146] Vgl. *Sauer*, Demokratische Legitimation zwischen Staatsorganisationsrecht und grundrechtlichem Teilhabeanspruch, Der Staat 58 (2019), 7 (19). Im Lissabon-Urteil wurde zur Rüge der anderen durch Art. 20 Abs. 1 bis 3 GG geschützten Staatstrukturprinzipien die Darlegung eines Zusammenhangs zum Demokratieprinzip gefordert (BVerfGE 123, 267 [332 f.]).

[147] BVerfGE 153, 74 (139 Rn. 107 f.) – Einheitliches Patentgericht.

ee) Erweiterung auf eine „formelle Übertragungskontrolle“

Kürzlich hat das Bundesverfassungsgericht den Schutzgehalt des Art. 38 Abs. 1 Satz 1 GG noch einmal ausgedehnt.[148] Die Senatsmehrheit – die Entscheidung erging mit 5:3 Stimmen – billigt dem Einzelnen nun auch zu, auf der Grundlage des Art. 38 Abs. 1 Satz 1 GG im Anwendungsbereich des europäischen Integrationsprozesses das Fehlen eines zustimmungspflichtigen Bundesgesetzes beziehungsweise einer qualifizierten Zwei-Drittel-Mehrheit nach Art. 23 Abs. 1 Satz 3 in Verbindung mit Art. 79 Abs. 2 GG zu rügen.[149] Denn Zuständigkeiten, die im Völkerrechtsverkehr der Europäischen Union respektive einer mit ihr im Zusammenhang stehenden Organisation übertragen werden, könnten – anders als bei einer nationalen Verfassungsänderung – nicht so einfach wieder „zurückgeholt“ werden.[150] Art. 38 Abs. 1 Satz 1 GG sei – wiederum im Unterschied zu Verfassungsänderungen – bei der Übertragung von Hoheitsrechten immer tangiert; wenn Hoheitsrechte (formell) verfassungswidrig übertragen würden, hätten die Maßnahmen der supranationalen Organisation im Geltungsbereich der Bundesrepublik Deutschland keine Wirksamkeit und ergingen stets „ultra vires“.[151]

---

[148] BVerfGE 153, 74 ff. – Einheitliches Patentgericht. Anmerkungen bei *Dörr*, Anmerkung zu BVerfG, Beschl. v. 13.02.2020, 2 BvR 739/17, BayVBl. 2020, 630 ff.; *Giegerich*, BVerfG verzögert europäische Patentreform – Vorschläge zur Schadensbegrenzung, EuZW 2020, 560 ff.; *Knoth*, (Noch) mehr Rechtsschutz gegen die Übertragung von Hoheitsrechten: Das Instrument der formellen Übertragungskontrolle, EuR 2021, 274 ff.; *Payandeh*, Verfassungsrecht: Rechtsschutz gegen die Übertragung von Hoheitsrechten im Kontext der Europäischen Union, JuS 2020, 702 ff. und *Ries*, Die „formelle Übertragungskontrolle“ – ein neuer Baustein im Gefüge verfassungsgerichtlicher Integrations-Kontrollvorbehalte?, Jura 2021, 65 ff.

[149] BVerfGE 153, 74 (134 Rn. 98) – Einheitliches Patentgericht. Siehe auch ebd., S. 152 Rn. 137: „Im Anwendungsbereich von Art. 23 Abs. 1 GG schützt Art. 20 Abs. 1 und Abs. 2 in Verbindung mit Art. 79 Abs. 3 GG die Wahlberechtigten [...] davor, dass die formellen Voraussetzungen des Art. 23 Abs. 1 GG für eine Übertragung von Hoheitsrechten, die den Gesetzgeber im Prozess der europäischen Integration auch prozedural stärker als nach Art. 24 Abs. 1 GG einhegen sollten [...], eingehalten werden (formelle Übertragungskontrolle).“ Möglicherweise sogar darüber hinaus jeden anderen formellen Fehler im Gesetzgebungsprozess, vgl. dazu: *Ries*, Die „formelle Übertragungskontrolle“ – ein neuer Baustein im Gefüge verfassungsgerichtlicher Integrations-Kontrollvorbehalte?, Jura 2021, 65 (72 f.).

[150] BVerfGE 153, 74 (133 f. Rn. 97 und 152 f. Rn. 137) – Einheitliches Patentgericht.

[151] BVerfGE 153, 74 (133 f. Rn. 97) – Einheitliches Patentgericht. Siehe auch ebd., S. 150 f. Rn. 133: „Werden Hoheitsrechte nicht in dem von der Verfassung vorgesehenen Verfahren übertragen, werden sie überhaupt nicht (wirksam) übertragen. Eine Öffnung der deutschen Rechtsordnung für die Einwirkung supranationalen Rechts findet nicht statt. Mit der Inanspruchnahme von nicht (wirksam) übertragenenen Hoheitsrechten nähmen supranationale Organisationen daher hoheitliche Gewalt in Anspruch, ohne dafür demokratisch legitimiert zu sein. Entsprechende Maßnahmen von Organen, Einrichtungen und sonstigen Stellen der Europäischen Union oder der in einem Ergänzungs- oder sonstigen Näheverhältnis zu dieser stehenden zwischenstaatlichen Einrichtung ergingen notwendig ultra vires und verstießen damit gegen den Grundsatz der Volkssouveränität aus Art. 20 Abs. 2 Satz 1 GG [...].“

Allerdings ist diese erneute Erweiterung des Schutzbereichs des Art. 38 Abs. 1 Satz 1 GG nur mit der denkbar knappsten Senatsmehrheit zu Stande gekommen – gleich drei Richter konnten die Entscheidung nicht mittragen.[152]

ff) Stellungnahme

Die Rechtsprechung des Bundesverfassungsgerichts zur Beschwerdebefugnis aus Art. 38 Abs. 1 Satz 1 GG darf als im Ausgangspunkt „kühn"[153] bezeichnet werden und sichert dem Bundesverfassungsgericht im europarechtlichen Kontext einen denkbar weiten Kontrollzugriff. Es ist im Folgenden unter Abwägung der Argumente zu klären, ob diese weite Auslegung des Art. 38 Abs. 1 Satz 1 GG im Gesamtzusammenhang des Grundgesetzes gerechtfertigt werden kann.

Die Befürworter[154] des Ansatzes des Bundesverfassungsgerichts unterstützen insbesondere die These, dass das Wahlrecht eng mit dem Demokratieprinzip verwoben sei, damit jenes nicht zu einer „leeren Hülse verkümmert"[155]. Der durch die Wahl vermittelte Status der Abgeordneten des Deutschen Bundestages müsse diesen auch die Stellung einräumen, im Rahmen substantieller Befugnisse zu entscheiden.[156] Wenn dem Deutschen Bundestag keine Kompetenzen von

---

[152] Abweichende Meinung der Richterinnen *König* und *Langenfeld* sowie des Richters *Maidowski* zu BVerfGE 153, 74 (164 ff., 175 Rn. 13) – Einheitliches Patentgericht: „Mit der vom Senat vorgenommenen Erstreckung des ‚Anspruchs auf Demokratie' auf die Einhaltung der formellen Voraussetzungen für die Wirksamkeit einer Hoheitsrechtsübertragung verliert dieser Anspruch seine spezifische, auf den Erhalt demokratischer Selbstbestimmung gerichtete materielle Substanz, wie sie durch die Identitäts- und die Ultra-vires-Kontrolle geschützt ist. [...] Im Ergebnis führt die Zulassung der formellen Übertragungsrüge dazu, dass der Schutzbereich des Art. 38 Abs. 1 Satz 1 GG im Kontext der europäischen Integration seine Konturen vollends verliert." Da es sich bei diesen drei Richtern um diejenigen mit der noch am längsten dauernden Amtszeit handelt (abgesehen von der Bundesverfassungsrichterin *Wallrabenstein*, die an diesem Beschluss noch nicht mitwirkte), scheint eine Rechtsprechungsänderung des Bundesverfassungsgerichts in der nächsten Zeit nicht völlig fern zu liegen.

[153] Abweichende Meinung der Richterin *Lübbe-Wolff*, in: BVerfGE 134, 366 (423 Rn. 119) – OMT-Vorlagebeschluss.

[154] Siehe insbesondere *Murswiek*, Art. 38 GG als Grundlage eines Rechts auf Achtung des unabänderlichen Verfassungskerns, JZ 2010, 702 (704 ff.); *Simon*, Grenzen des Bundesverfassungsgerichts im europäischen Integrationsprozess, 2016, S. 106 ff. „Genial" findet diesen Ansatz *Steindorff*, Das Maastricht-Urteil zwischen Grundgesetz und europäischer Integration, EWS 1993, 341 (341). Vgl. auch *Kahl*, Bewältigung der Staatsschuldenkrise unter Kontrolle des Bundesverfassungsgerichts – ein Lehrstück zur horizontalen und vertikalen Gewaltenteilung, DVBl. 2013, 197 (207) und *Sodan/Ziekow*, Grundkurs Öffentliches Recht, 9. Aufl. 2020, § 5 Rn. 19b. Keine Bedenken gegen den vom Bundesverfassungsgericht eingeschlagenen Weg hat auch *Schröder*, Das Bundesverfassungsgericht als Hüter des Staates im Prozeß der europäischen Integration – Bemerkungen zum Maastricht-Urteil, DVBl. 1994, 316 (319).

[155] *Simon*, Grenzen des Bundesverfassungsgerichts im europäischen Integrationsprozess, 2016, S. 106. Vgl. auch *Epiney*, Der status activus des citoyen, Der Staat 34 (1995), 557 (569) und *Murswiek*, Art. 38 GG als Grundlage eines Rechts auf Achtung des unabänderlichen Verfassungskerns, JZ 2010, 702 (704).

[156] Vgl. *Simon*, Grenzen des Bundesverfassungsgerichts im europäischen Integrationsprozess, 2016, S. 106.

Gewicht mehr verblieben, wäre auch der Wesensgehalt des grundrechtsgleichen Rechts aus Art. 38 Abs. 1 Satz 1 GG im Sinne des Art. 19 Abs. 2 GG angetastet, was zu einer nicht rechtfertigbaren Verfassungsverletzung führte.[157] Betont und gewürdigt wird daneben auch der Zugewinn eines direkt-demokratischen Elements.[158] Schließlich wird versucht, zu widerlegen, dass die richterliche Neuschöpfung in eine Popularklage münde – Art. 38 Abs. 1 Satz 1 GG sei auch im originär wahlrechtlichen Kontext eine Betroffenheit einer potenziell großen Anzahl von Beschwerdeführern inhärent.[159]

Zwar ist richtig, dass im Zusammenhang mit einer etwaigen Beeinträchtigung der Wahlrechtsgrundsätze des Art. 38 Abs. 1 Satz 1 GG ein weiter Kreis von Bürgern potenziell beschwerdebefugt ist – im originären Zusammenhang mit der Bundestagswahl ist dies auch verfassungspolitisch wie verfassungsrechtlich indiziert. Vorliegend geht es aber gerade darum, dass dieser Schutzbereich des Art. 38 Abs. 1 Satz 1 GG massiv erweitert wird. Wenn auch außerhalb des originär wahlrechtlichen Kontextes dieser denkbare Kreis unverändert groß bleibt und de facto eine allgemeine Rechtmäßigkeitskontrolle geschaffen wird, dann ist der Vorwurf der Kreation einer Popularklage durchaus stichhaltig.[160] Auffallend ist dabei auch, dass das Bundesverfassungsgericht ansons-

---

[157] *Simon*, Grenzen des Bundesverfassungsgerichts im europäischen Integrationsprozess, 2016, S. 107.

[158] *Kahl*, Bewältigung der Staatsschuldenkrise unter Kontrolle des Bundesverfassungsgerichts – ein Lehrstück zur horizontalen und vertikalen Gewaltenteilung, DVBl. 2013, 197 (207): „Gerade mit dieser Öffnung des Verfassungsbeschwerdeverfahrens erfüllt das BVerfG in Europaangelegenheiten […] der Sache nach nicht nur seine ihm durch das Grundgesetz aufgegebene Kontrollfunktion, sondern auch eine – und dies wurde bislang noch zu wenig beachtet – direkt-demokratische Surrogatfunktion, handelt es sich doch funktional quasi um ein ‚Verfassungsbeschwerde-Plebiszit'. Diese ‚quasi-demokratische' Legitimationsfunktion eines *Gerichts* (sic!, i. O.) ist umso wichtiger, solange das politische System Deutschlands auf Bundesebene – was sich gerade in grundlegenden Integrationsfragen als nicht mehr zeitgemäß erweist – zur Gänze anti-plebiszitär ausgestaltet bleibt (sieht man einmal vom Sonderfall des Art. 146 GG ab)."

[159] So bringt *Gött*, Die ultra vires-Rüge nach dem OMT-Vorlagebeschluss des Bundesverfassungsgerichts, EuR 2014, 514 (534 f.) das Beispiel, dass bei der fiktiven Einführung einer öffentlichen namentlichen Wahl ebenfalls sämtliche Bürger Verfassungsbeschwerde erheben können, ohne dass wohl vertreten würde, dass diese als „Popularklage" unzulässig sei. Gegen die Qualifizierung als Popularklage auch *Huber*, Bewahrung und Veränderung rechtsstaatlicher und demokratischer Verfassungsstrukturen in den internationalen Gemeinschaften – 50 Jahre danach, AöR 141 (2016), 117 (128 f.) – teils allerdings etwas zugespitzt (ebd., S. 129): „Letztlich geht es der Kritik wohl eher darum, die Bürger von den Grundentscheidungen über ihr Gemeinwesen auszuschließen und diese den politischen Institutionen und Parteien zu überlassen. Das wirft die Frage auf, ob sich dieses – für die alte Bonner Republik zweifellos herrschende – Staatsverständnis nicht einem Paternalismus-Vorwurf aussetzen muss?"

[160] Wenig überzeugend *Simon*, Grenzen des Bundesverfassungsgerichts im europäischen Integrationsprozess, 2016, S. 231: „Der Vorwurf, das Bundesverfassungsgericht habe damit eine faktische Popularklage gegen rechtswidriges Unionshandeln geschaffen, trifft nicht zu, weil die auf eine Verletzung von Art. 38 Abs. 1 Satz 1 GG gestützte Verfassungsbeschwerde nicht unabhängig von der substantiierten Verletzung des eigenen Wahlrechts erhoben wer-

ten im Zusammenhang mit Rechtssatzverfassungsbeschwerden stets darum bemüht ist, dass die Verfassungsbeschwerde gerade nicht den Charakter einer Popularklage annimmt.[161] Unabhängig davon ist es auch nicht kohärent, dass das Bundesverfassungsgericht, welches gerade im Bereich der Verfassungsbeschwerden um Entlastung sucht, bei der Kontrolle von Unionsrecht anders als im nationalrechtlichen Kontext die strengen Zulässigkeitsvoraussetzungen nicht einfordert.[162]

Zutreffend ist ferner die Annahme, dass im Rahmen der Prüfung des Zustimmungsgesetzes für eine vertiefte europäische Integration die Statthaftigkeit der Verfassungsbeschwerde infolge der Beschwerdebefugnis über Art. 38 Abs. 1 Satz 1 GG die Voraussetzungen der abstrakten Normenkontrolle nach Art. 93 Abs. 1 Nr. 2 GG in Verbindung mit §§ 13 Nr. 6, 76 ff. BVerfGG umgeht.[163] Es wird darüber hinaus die verfassungsprozessuale Entscheidung des Gesetzgebers für die Gewährung nur subjektiven Rechtsschutzes mittels einer auf Art. 38 Abs. 1 Satz 1 GG gestützten Verfassungsbeschwerde durch das Bundesverfassungsgericht ignoriert, was vor dem Hintergrund des Gewaltenteilungsgrundsatzes aus Art. 20 Abs. 2 Satz 2, Abs. 3 GG nicht tolerabel ist.[164]

Noch weniger überzeugend ist es sodann, wenn das Bundesverfassungsgericht diesen subjektiv-rechtlichen „Anspruch auf Demokratie“ zugleich auch in der Menschenwürde nach Art. 1 Abs. 1 GG verankert sehen möchte.[165] Es ist

---

den kann.“ Wie durch das Erfordernis einer substantiierten Geltendmachung der Verletzung des eigenen Wahlrechts eine signifikante Anzahl von Beschwerdeführern ausgeschlossen werden kann, bleibt offen – das Erfordernis einer substantiellen Begründung führt nur dazu, dass die Beschwerdeführer intensiv und ausführlich das Vorliegen eines ultra-vires-Akts respektive einer Verfassungsidentitätsverletzung begründen müssen. Ähnlich auch *Ohler*, Das Bundesverfassungsgericht als europäisches Kompetenzgericht, ZG 2020, 95 (98 f.).

[161] Vgl. BVerfGE 43, 291 (386) – Numerus Clausus II; BVerfGE 60, 360 (370) – Gesetzliche Krankenversicherung; BVerfGE 79, 1 (14 f.) – Urheberrechtliche Vergütung.

[162] *Terhechte*, Souveränität, Dynamik und Integration – making up the rules as we go along? – Anmerkungen zum Lissabon-Urteil des Bundesverfassungsgerichts, EuZW 2009, 724 (726). Hierauf weist auch die abweichende Meinung der Richterin *Lübbe-Wolff*, in: BVerfGE 134, 366 (423 Rn. 118) – OMT-Vorlagebeschluss hin.

[163] *C. Schönberger*, Der introvertierte Rechtsstaat als Krönung der Demokratie? – Zur Entgrenzung von Art. 38 GG im Europaverfassungsrecht, JZ 2010, 1160 (1161 f.).

[164] Vgl. *Proelß*, Bundesverfassungsgericht und überstaatliche Gerichtsbarkeit, 2014, S. 255 f.; *Reyes y Ráfales*, Bundesverfassungsgerichtliche Kontrolle der Europäischen Integration, ZEuS 2017, 119 (138); *Schwerdtfeger*, Europäisches Unionsrecht in der Rechtsprechung des Bundesverfassungsgerichts – Grundrechts-, ultra-vires- und Identitätskontrolle im gewaltenteiligen Mehrebenensystem, EuR 2015, 290 (305); *Steiger*, Entgrenzte Gerichte? Die Ausweitung des subjektiven Rechts und der richterlichen Kontrollbefugnisse, VerwArch 107 (2016), 497 (533).

[165] So auch *Proelß*, Bundesverfassungsgericht und überstaatliche Gerichtsbarkeit, 2014, S. 256 und *Sauer*, Demokratische Legitimation zwischen Staatsorganisationsrecht und grundrechtlichem Teilhabeanspruch, Der Staat 58 (2019), 7 (21 ff.). Dies sehen überwiegend auch Befürworter der bundesverfassungsgerichtlichen Rechtsprechung so – vgl. *Simon*, Grenzen des Bundesverfassungsgerichts im europäischen Integrationsprozess, 2016, S. 112: „Das Demokratieprinzip durch die Verbindung mit der Menschenwürde dermaßen zu überhöhen, er-

allgemein – auch in der bundesverfassungsgerichtlichen Judikatur – anerkannt, dass der Schutzbereich der Menschenwürde eng verstanden werden muss, um sich nicht der Gefahr der Konturenlosigkeit auszusetzen.[166] Außerdem bringt die Verwurzelung eines „Anspruchs auf Demokratie" in der Menschenwürdegarantie weitere Schwierigkeiten mit sich: Bedeutet es etwa einen Eingriff und damit – aufgrund des absoluten Verständnisses der Menschenwürdegarantie –[167] zugleich einen Verstoß gegen Art. 1 Abs. 1 GG, wenn im demokratisch verfassten Staat des Grundgesetzes beispielsweise Ausländer oder Minderjährige vom Wahlrecht und damit der unmittelbaren demokratischen Teilhabe ausgeschlossen werden?[168] Ein solches abwegiges Ergebnis kann nicht ernsthaft vertreten werden – dies ergäbe sich aber lediglich in konsequenter Weiterführung des in der Verfassungsrechtsprechung entwickelten Gedankens.

Fraglich bleibt noch, ob Art. 38 Abs. 1 Satz 1 GG möglicherweise wegen des in Art. 20 Abs. 4 GG verbürgten Widerstandsrechts – welches auch in Art. 93 Abs. 1 Nr. 4 lit. a GG im Rahmen der Verfassungsbeschwerde als rügefähiges Recht qualifiziert ist – in der weiten, materiellen Weise des Bundesverfassungsgerichts verstanden werden muss.[169] Art. 20 Abs. 4 GG gewährt allen Deutschen das Recht zum Widerstand gegen jeden, der es unternimmt, die durch Art. 20 Abs. 1 bis 3 GG verfasste Staatlichkeit der Bundesrepublik Deutschland zu beseitigen, falls andere Abhilfe nicht möglich sein sollte. Identitätsverletzende Rechtsakte der Europäischen Union, zu denen auch qualifizierte ultra-vires-Handlungen gehören, verletzen – nach Auffassung des Bundesverfassungsgerichts und der herrschenden Meinung, aber entgegen der hier vertretenen Ansicht – die Ewigkeitsklausel des Art. 79 Abs. 3 GG, weil insofern die Grundsätze des Art. 20 GG berührt sind. Man könnte nun vertreten, dass „die andere Abhilfe" im Sinne der Subsidiaritätsklausel in Art. 20 Abs. 4 GG die Statthaftigkeit der Verfassungsbeschwerde über die Begründung der Beschwer-

---

scheint weder erforderlich noch lässt es sich dem Grundgesetz entnehmen." A. A. aber *Kees*, Grundlagen und Grenzen der europäischen Integration, in: Scheffczyk/Wolter, Linien der Rechtsprechung des Bundesverfassungsgerichts, Band 4, 2017, S. 439 (458 f.) und *Janssen*, Der Staat als Garant der Menschenwürde, 2019, S. 52.

166 Vgl. *Gassner*, Kreation und Repräsentation, Der Staat 34 (1995), 429 (444).

167 Nach herrschender Meinung im Schrifttum und der bundesverfassungsgerichtlichen Rechtsprechung lassen sich Eingriffe in die Menschenwürde verfassungsrechtlich nicht rechtfertigen. Vgl. nur *Hufen*, Grundrechte, 8. Aufl. 2020, § 10 Rn. 34. Es sei an dieser Stelle aber auch auf andere Ansätze insbesondere von *Borowski*, Grundrechte als Prinzipien, 3. Aufl. 2018, S. 345 ff. verwiesen.

168 Vgl. zu diesen Überlegungen *Gassner*, Kreation und Repräsentation, Der Staat 34 (1995), 429 (445); *Sauer*, Demokratische Legitimation zwischen Staatsorganisationsrecht und grundrechtlichem Teilhabeanspruch, Der Staat 58 (2019), 7 (23) und *Tischendorf*, Europa unter deutscher Supervision. Die Verantwortung der Verfassungsorgane des Bundes für die Geld- und Außenhandelspolitik der Europäischen Union, EuR 2018, 695 (721). Offener *Hong*, Der Menschenwürdegehalt der Grundrechte, 2019, S. 464.

169 In diese Richtung wohl *Simon*, Grenzen des Bundesverfassungsgerichts im europäischen Integrationsprozess, 2016, S. 108 f.

debefugnis durch Art. 38 Abs. 1 Satz 1 GG sein könnte. Allerdings kann dieser Gedanke nicht überzeugen: Ohnehin ist völlig unklar, welchen rechtlichen Gehalt die Vorschrift des Widerstandsrechts in Art. 20 Abs. 4 GG aufweist.[170] Überzeugend ist es aber, ihr nur einen strafrechtlichen Rechtfertigungsgrund für die Verwirklichung von strafbewehrten Tatbeständen zu entnehmen, weshalb eine Vergleichbarkeit mit den anderen Grundrechten und grundrechtsgleichen Rechten fehlt.[171] Eine Notwendigkeit wegen der Regelung in Art. 20 Abs. 4 GG das Demokratieprinzip zu versubjektivieren, besteht jedenfalls nicht.[172]

Im Kern bleibt von der Argumentation des Bundesverfassungsgerichts und der ihm folgenden Befürworter nur die These übrig, dass das Wahlrecht durch die Verlagerung von Kompetenzen des Deutschen Bundestages auf die Europäische Union nicht „entkernt" werden dürfe. „Diese Argumentation kennzeichnet ein hoher verfassungs*politischer* Impetus"[173], allerdings kann verfassungs*rechtlich* Art. 38 Abs. 1 Satz 1 GG nicht die Grundsätze des Demokratieprinzips versubjektivieren – das Grundgesetz sieht zum Schutz von Art. 20 Abs. 1 und Abs. 2 GG andere Mechanismen vor.[174] Außerdem ist zweifelhaft, ob Wahlen zu einer kompetenzärmeren Vertretung wirklich von vornherein als „sinnlos" qualifiziert werden müssen.[175] Es ist daher keinesfalls statthaft, dass jeder potenzielle Verstoß gegen das Demokratieprinzip im europäischen Kontext jedermann zur Anrufung des Bundesverfassungsgerichts im Wege der Verfassungsbeschwerde berechtigt: Die Rolle des Deutschen Bundestags darf nicht statisch

---

170 *Sachs*, in: ders., GG, 9. Aufl. 2021, Art. 20 Rn. 168 spricht von „symbolischer Verfassungsgesetzgebung".

171 *Cremer*, Rügbarkeit demokratiewidriger Kompetenzverschiebungen im Wege der Verfassungsbeschwerde?, NJ 1995, 5 (6); *Gassner*, Kreation und Repräsentation, Der Staat 34 (1995), 429 (446).

172 So auch *Cremer*, Rügbarkeit demokratiewidriger Kompetenzverschiebungen im Wege der Verfassungsbeschwerde?, NJ 1995, 5 (6) und *Gassner*, Kreation und Repräsentation, Der Staat 34 (1995), 429 (446). *Dingemann*, Zwischen Integrationsverantwortung und Identitätskontrolle: Das „Lissabon"-Urteil des Bundesverfassungsgerichts, ZEuS 2009, 491 (499) hält die Rüge einer Verletzung des Art. 20 Abs. 4 GG für „nachgerade absurd"; ähnlich *Bieber*, Beschwerden über die Verfassung als Verfassungsbeschwerden?, NJ 1993, 241 (242).

173 *Pauly*, Das Wahlrecht in der neueren Rechtsprechung des Bundesverfassungsgerichts, AöR 123 (1998), 232 (281) (Hervorh. d. Verf.).

174 *C. Schönberger*, Der introvertierte Rechtsstaat als Krönung der Demokratie? – Zur Entgrenzung von Art. 38 GG im Europaverfassungsrecht, JZ 2010, 1160 (1162). In rechtlicher Hinsicht ist hier insbesondere das Organstreitverfahren nach Art. 93 Abs. 1 Nr. 1 GG in Verbindung mit §§ 13 Nr. 5, 63 ff. BVerfGG zu nennen; politisch kommen daneben – je nach dem, welches Verfassungsorgan den Demokratiegrundsatz verletzt – beispielsweise auch ein konstruktives Misstrauensvotum nach Art. 67 GG oder eine Präsidentenanklage nach Art. 61 GG in Betracht.

175 Vgl. *Pauly*, Das Wahlrecht in der neueren Rechtsprechung des Bundesverfassungsgerichts, AöR 123 (1998), 232 (281) und *Sauer*, Demokratische Legitimation zwischen Staatsorganisationsrecht und grundrechtlichem Teilhabeanspruch, Der Staat 58 (2019), 7 (11). So besitzen die Bundesländer durch die Zuständigkeitsaufteilung in den Art. 70 ff. GG kaum gesetzgeberische Gestaltungsspielräume – nichtsdestotrotz würde wohl niemand das Wahlrecht des Einzelnen für die Landesvertretungen als „von vornherein sinnlos" bezeichnen.

verstanden werden, sondern das Grundgesetz ist dafür offen, dass sich diese bei Akzentuierungsverschiebungen in einer supranational organisierten und globalen Staatengemeinschaft durchaus wandeln kann.[176] Das Verständnis des Bundesverfassungsgerichts läuft indes auf eine stetige Wahrung der jetzigen Kompetenzen des Deutschen Bundestages hinaus.

Schon im Ansatzpunkt kann die Rechtsprechung des Bundesverfassungsgerichts zu Art. 38 Abs. 1 Satz 1 GG also nicht überzeugen, sodass sie – erst recht – nicht auf ultra-vires-Handlungen respektive andere die Identitätsgarantie verletzende Verhaltensweisen übertragen werden darf. Dies gilt unabhängig von der Tatsache, dass richtigerweise stets das Zustimmungsgesetz den statthaften Beschwerdegegenstand darstellt[177] und nach hier vertretener Auffassung daher ohnehin ein Gleichlauf zwischen primärrechts- und sekundärrechtsrelevanten Integrationsschranken hergestellt werden muss. Hinzu kommt, dass auf Grundlage der Rechtsprechung des Bundesverfassungsgerichts sämtliche Freiheitsgrundrechte in europaverfassungsrechtlichen Fallkonstellationen überflüssig werden – was das Bundesverfassungsgericht freilich etwas euphemistischer ausdrückt.[178] Höchst problematisch ist daneben, dass Art. 38 Abs. 1 Satz 1 GG in der neueren Rechtsprechung des Bundesverfassungsgerichts nicht mehr nur mit dem Demokratieprinzip des Art. 20 Abs. 1 und 2 GG verwoben ist, sondern wohl für die Rüge sämtlicher durch Art. 79 Abs. 3 GG geschützten Grundsätze in Stellung gebracht werden könnte.[179]

Gerade bei ultra-vires-Konstellationen ist im Übrigen darauf hinzuweisen, dass es eigentlich im staatlichen Kontext der Logik der Rechtsprechung des Bundesverfassungsgerichts entspräche, eine auf Art. 38 Abs. 1 Satz 1 GG gründende Verfassungsbeschwerde zuzulassen, wenn die Bundesländer durch ihre Gesetzgebung Befugnisse des Deutschen Bundestages usurpierten – dem einzelnen Bürger wäre ein allgemeiner Gesetzesvollziehungsanspruch zugestan-

---

[176] *C. Schönberger*, Der introvertierte Rechtsstaat als Krönung der Demokratie? – Zur Entgrenzung von Art. 38 GG im Europaverfassungsrecht, JZ 2010, 1160 (1162).

[177] Siehe dazu oben Fünfter Teil A. I. 3. (S. 334 ff.).

[178] BVerfGE 151, 202 (302 Rn. 156) – Europäische Bankenunion: „Unberührt von der Identitäts- und Ultra-vires-Kontrolle nach Maßgabe von Art. 38 Abs. 1 Satz 1 GG bleibt die Kontrolle von Identitätsverletzungen im *Einzelfall*, insbesondere von Verletzungen der durch Art. 23 Abs. 1 Satz 3 in Verbindung mit Art. 79 Abs. 3 GG für integrationsfest erklärten Garantie der Menschenwürde […]. Unberührt bleibt ferner die Ultra-vires-Kontrolle im Falle individueller Betroffenheit grundrechtlicher Freiheiten […].“ (Hervorh. i. O.). Siehe dazu auch *Sauer*, Demokratische Legitimation zwischen Staatsorganisationsrecht und grundrechtlichem Teilhabeanspruch, Der Staat 58 (2019), 7 (31): „Das Grundrecht auf Legitimationsteilhabe entdifferenziert also auch das verfassungsgerichtliche Rechtsschutzsystem. Das in Art. 38 Abs. 1 Satz 1 GG verankerte ‚Supergrundrecht‘ macht im Grunde jeden klassischen Zugang des Betroffenen zur Verfassungsbeschwerde auf der Grundlage eines Freiheitseingriffs obsolet: Die Bürgerinnen und Bürger brauchen in verfassungsprozessrechtlicher Hinsicht kein anderes Grundrecht neben dem Wahlrecht. Es ist auch dieses Ergebnis, das Zweifel an der gesamten Konstruktion weckt.“

[179] Siehe dazu oben Fünfter Teil A. II. 2. a) dd) (S. 348 f.).

den.[180] Auf rein nationaler Ebene wird diese Folge aber bisher nicht vertreten.[181]

Festzuhalten ist damit, dass dem Einzelnen aus Art. 38 Abs. 1 Satz 1 GG *kein* subjektives und verfassungsbeschwerdefähiges Recht zukommt, sämtliche Integrationsschritte zu überprüfen oder die Einhaltung der Kompetenzordnung infolge der Handlungen der unionalen Stellen zu überwachen. Wenn spezielle (Freiheits-)Grundrechte nicht betroffen sind, stehen dem Einzelnen politische, nicht aber auch verfassungsgerichtliche Mittel zur Durchsetzung von etwaigen Verhaltensverpflichtungen der Verfassungsorgane offen.[182] Die bloße Existenz einer politischen und verfassungsrechtlichen Auseinandersetzung führt noch nicht zu einer Zuständigkeit des Bundesverfassungsgerichts.[183]

Sollte diese Verfassungslage als unbefriedigend wahrgenommen werden, so ist es – insbesondere vor dem Hintergrund des Gewaltenteilungsgrundsatzes des Art. 20 Abs. 2 Satz 2, Abs. 3 GG – nicht Aufgabe des Bundesverfassungsgerichts, sondern des (verfassungsändernden) Gesetzgebers, diese Rechtslage zu ändern.[184] Wenn dies rechtspolitisch gewünscht wird, könnte ein separates Verfahren vor dem Bundesverfassungsgericht geschaffen werden, mithilfe dessen Zustimmungsgesetze zu einer Änderung der primärrechtlichen Verträge oder unionsunmittelbare Verhaltensweisen ohne Grundrechtseingriff einer Kontrolle durch das Bundesverfassungsgericht zugewiesen werden.[185] Darauf soll sogleich näher eingegangen werden.[186]

---

[180] Vgl. dazu auch *Sauer*, Demokratische Legitimation zwischen Staatsorganisationsrecht und grundrechtlichem Teilhabeanspruch, Der Staat 58 (2019), 7 (14 f.). *Classen*, Europäische Rechtsgemeinschaft à l'allemande?, EuR 2016, 529 (531) meint, dass es nur „konsequent" wäre, wenn sich der Einzelne gegen sämtliche Verhaltensweisen der Exekutive im Anwendungsbereich eines Parlamentsvorbehalts verfassungsgerichtlich zur Wehr setzen könnte.

[181] Auch *Simon*, Grenzen des Bundesverfassungsgerichts im europäischen Integrationsprozess, 2016, S. 234 lehnt diese Konsequenz ab, obwohl er grundsätzlich der Rechtsprechung des Bundesverfassungsgerichts zur Beschwerdebefugnis aus Art. 38 Abs. 1 Satz 1 GG im unionsrechtlichen Kontext folgt. Er begründet diese Ungleichbehandlung – wenig überzeugend – mit dem Hinweis auf die Unterschiede zwischen staatlicher und supranationaler Ebene im Hinblick auf das demokratische Legitimationsniveau.

[182] Vgl. die abweichende Meinung des Richters *Gerhardt*, in: BVerfGE 134, 366 (433 Rn. 140) – OMT-Vorlagebeschluss.

[183] Ähnlich *Sauer*, Staatsrecht III, 6. Aufl. 2020, § 9 Rn. 114.

[184] Insofern kann den oben (Fn. 158, S. 352) wiedergegebenen Gedanken von *Kahl*, Bewältigung der Staatsschuldenkrise unter Kontrolle des Bundesverfassungsgerichts – ein Lehrstück zur horizontalen und vertikalen Gewaltenteilung, DVBl. 2013, 197 (207) hinsichtlich des positiven direkt-demokratischen Aspekts einer Beschwerdebefugnis aus Art. 38 Abs. 1 Satz 1 GG nicht zugestimmt werden. Es ist eine Entscheidung des Gesetzgebers und nicht des Bundesverfassungsgerichts, eine faktische Popularklage als Surrogat für bisher fehlende direktdemokratische Elemente auf Bundesebene im europäischen Integrationsprozess zu kreieren.

[185] Vgl. dazu auch den Vorschlag des Bundesverfassungsgerichts in BVerfGE 123, 267 (355) – Lissabon: „Denkbar ist aber auch die Schaffung eines zusätzlichen, speziell auf die Ultra-vires- und die Identitätskontrolle zugeschnittenen verfassungsgerichtlichen Verfahrens durch den Gesetzgeber zur Absicherung der Verpflichtung deutscher Organe, kompetenzüberschreitende oder identitätsverletzende Unionsrechtsakte im Einzelfall in Deutschland un-

b) Qualifizierte Beschwer

Auch die qualifizierte Beschwer der persönlichen, gegenwärtigen und unmittelbaren Betroffenheit bereitet bei unionsunmittelbaren Handlungen Schwierigkeiten. Diesbezüglich nahm die Kritik ebenso ihren Ausgangspunkt in den Verfahren zur Überprüfung von Zustimmungsgesetzen zu einer weiteren Vertiefung des europäischen Integrationsprozesses. Hier könne nach verbreiteter Auffassung nicht davon gesprochen werden, dass der einzelne Beschwerdeführer selbst – also zumindest in stärkerem Maße im Vergleich zu anderen – betroffen sei, weil diese Zustimmungsgesetze alle Wahlberechtigten in gleichem Maße adressierten.[187] Allerdings ist diesbezüglich darauf hinzuweisen, dass das Bundesverfassungsgericht die Selbst-Betroffenheit eher dahingehend versteht, dass der Beschwerdeführer lediglich Adressat der hoheitlichen Maßnahme sein muss und bei Gesetzen diese Adressatenstellung auch durchaus schon dann bejaht werden könne, wenn sich das Gesetz de facto an jedermann richtet.[188]

Lässt man entgegen der hier vertretenen Auffassung in Fällen unionsunmittelbaren Handelns ohne Auswirkung auf die klassischen Grundrechtsverbürgungen eine Verfassungsbeschwerde auf der Grundlage von Art. 38 Abs. 1 Satz 1 GG grundsätzlich zu, so bereitet die Bejahung einer qualifizierten Beschwer davon abgesehen auch hinsichtlich des abgeleiteten Unionsrechts allerdings immer noch große Schwierigkeiten.[189] Das Bundesverfassungsgericht hat im OMT-Urteil die Voraussetzungen einer qualifizierten Beschwer relativ beiläufig bejaht.[190] Aber die Selbst-Betroffenheit ist bei unionsunmittelbarem Handeln der Unionsstellen, das nicht spezifisch in die Grundrechte des Bürgers eingreift, höchst problematisch, wenn sich dieser Akt nicht direkt an den Bürger richtet. Konnte also im OMT- respektive PSPP-Verfahren wirklich davon ausgegangen werden, dass die Beschwerdeführer von dem (angekündigten) Ankaufpro-

angewendet zu lassen." Aus der Perspektive der ständigen Rechtsprechung des Bundesverfassungsgerichts war dieser Vorschlag jedoch unnötig, weil der Gewährleistungsgehalt von Art. 38 Abs. 1 Satz 1 GG – entgegen der hier vertretenen Auffassung – so weit verstanden wird, dass bereits das Verfassungsbeschwerdeverfahren eine ausreichende Möglichkeit des Rechtsschutzes für die einzelnen Bürger bedeutet. Wohl auch deshalb nahm der Gesetzgeber diese Anregung des Bundesverfassungsgerichts nicht auf.

[186] Siehe Fünfter Teil A. II. 3. (S. 359 ff.).

[187] Siehe dazu *Kokott*, Deutschland im Rahmen der Europäischen Union – zum Vertrag von Maastricht, AöR 119 (1994), 207 (211); *König*, Das Urteil des Bundesverfassungsgerichts zum Vertrag von Maastricht – ein Stolperstein auf dem Weg in die europäische Integration?, ZaöRV 54 (1994), 17 (27).

[188] Vgl. BVerfGE 109, 279 (307 f.) – Großer Lauschangriff.

[189] Siehe dazu auch *Flick*, Handeln „ultra vires" der Europäischen Gemeinschaft, 2001, S. 149 f.; *J. Ipsen*, Quo vadis Bundesverfassungsgericht?, in: Festschrift Müller-Graff, 2015, S. 904 (908); *König*, Die Übertragung von Hoheitsrechten im Rahmen des europäischen Integrationsprozesses – Anwendungsbereich und Schranken des Art. 23 des Grundgesetzes, 2000, S. 479.

[190] BVerfGE 142, 123 (176 ff. Rn. 89 ff.) – OMT-Urteil.

gramm beziehungsweise von den gerügten Unterlassungen der Bundesregierung und des Deutschen Bundestages, gegen das OMT- und PSPP-Programm einzuschreiten, als Adressaten „selbst“ betroffen waren? Wenn man dem Kriterium eine filternde Funktion zubilligen möchte, wäre dies zu verneinen gewesen – wenn man hierauf verzichtet, nimmt die Selbst-Betroffenheit hingegen keine eigenständige Filterfunktion ein.

In diesen Fällen – insbesondere beim angekündigten OMT-Programm des Rates der Europäischen Zentralbank – stellen sich auch Probleme hinsichtlich der Unmittelbarkeit der Betroffenheit. Unmittelbar betroffen ist der Beschwerdeführer dann, wenn nicht noch ein weiterer staatlicher Akt für die Grundrechtsbeeinträchtigung erforderlich ist.[191] Hier war das Programm hinsichtlich des Ankaufs von Staatsanleihen nur angekündigt, aber nie praktisch umgesetzt worden – allerdings erscheint es in diesem Zusammenhang durchaus überzeugend, dass das Bundesverfassungsgericht „vorbeugenden Rechtsschutz“ gewährte und auf das Unmittelbarkeitskriterium insofern verzichtete.[192]

Die aufgezeigten Problematiken zur Notwendigkeit einer qualifizierten Beschwer bei Zustimmungsgesetzen zu einer Änderung der Primärverträge und in gewissen Fällen von ultra-vires-Akten und verfassungsidentitätsverletzenden Handlungen, die keinen Eingriff in die klassischen Grundrechtsverbürgungen des Grundgesetzes bedeuten, sollen an dieser Stelle nicht vertieft werden. Nach hier vertretener Auffassung kommt eine Beschwerdebefugnis wegen einer möglichen Verletzung des grundrechtsgleichen Rechts aus Art. 38 Abs. 1 Satz 1 GG ohnehin nicht in Betracht. Die Problemkreise sollten lediglich angesprochen werden, um zu zeigen, dass die Zulässigkeit der Verfassungsbeschwerde – sofern man die Rüge der Verletzung des Art. 38 Abs. 1 Satz 1 GG grundsätzlich für statthaft hält – noch weitere Folgeschwierigkeiten mit sich bringt.

3. *Vorschlag einer eigenen Verfahrensart*

Es hat sich gezeigt, dass in den Fällen von Zustimmungsgesetzen zu einer Änderung der primärrechtlichen Verträge sowie bei unionsunmittelbaren Handlungen, welche die Struktursicherungsklausel des Art. 23 Abs. 1 Satz 1 GG verletzen und dabei nicht in die klassischen Grundrechtsverbürgungen eingreifen, eine Beschwerdebefugnis über das grundrechtsgleiche Recht aus Art. 38 Abs. 1 Satz 1 GG nicht angenommen werden kann. Anderenfalls verkommt die Individualverfassungsbeschwerde system- und verfassungswidrig zu einer Popularklage. Das Bundesverfassungsgericht ist daher mit besonderem Nachdruck dazu aufgefordert, seine Rechtsprechung zu Art. 38 Abs. 1 Satz 1 GG aufzuge-

---

[191] Vgl. schon BVerfGE 1, 97 (102 f.) – Hinterbliebenenrente und aus neuerer Zeit BVerfGE 140, 42 (58 Rn. 60) – „Dritter Weg“. Siehe auch *Lechner/Zuck*, BVerfGG, 8. Aufl. 2019, § 90 Rn. 131.

[192] Vgl. BVerfGE 134, 366 (391 f. Rn. 34 f.) – OMT-Vorlagebeschluss.

ben. Sollte eine derartige Popularklage vom (verfassungsändernden)[193] Gesetzgeber rechtspolitisch[194] gewünscht sein, so könnte die rechtliche Umsetzung wie im Folgenden skizziert aussehen.

Die einzige dem deutschen Verfassungsraum bekannte Popularklage findet sich in Art. 98 Satz 4 der Bayerischen Verfassung in Verbindung mit Art. 2 Nr. 7 und Art. 55 des Gesetzes über den Bayerischen Verfassungsgerichtshof.[195] Insbesondere nach dessen Art. 55 Abs. 1 Satz 1 kann jedermann die Verfassungswidrigkeit einer Rechtsvorschrift des bayerischen Landesrechts geltend machen – es wird also verfassungsgerichtlicher Rechtsschutz gegen Normen ohne das Erfordernis der eigenen Betroffenheit vermittelt.[196] Diese Popularklage in ihrer reinen Form könnte aber auf Bundesebene in Europaangelegenheiten dazu führen, dass das Bundesverfassungsgericht allzu schnell angerufen wird. Bei einer etwaigen Einführung einer Popularklage sollte sich der (verfassungsändernde) Gesetzgeber also davon leiten lassen, diese nicht leichtfertig für zulässig zu erklären, wenn man die begrenzten Ressourcen der Justiz im Allgemeinen und diejenigen des Bundesverfassungsgerichts im Besonderen nicht sprengen will. In Anlehnung an die frühere bis 2012 geltende Bestimmung zur Wahlprüfungsbeschwerde[197] ist dabei eine gewisse Zahl an Unterstützern der so verstandenen Popularklage – oder besser: des derartigen objektiven Beanstandungsverfahrens – zu fordern. Zweck dieser Restriktion ist, dass das Bundesverfassungsgericht sich nur mit solchen Fällen beschäftigen soll,

---

[193] Dies ist nicht zwingend notwendig, weil nach Art. 93 Abs. 3 GG dem Bundesverfassungsgericht die Zuständigkeit für neue Verfahren auch durch einfaches Bundesgesetz übertragen werden kann.

[194] Hier ist nicht der passende Ort, um auf das rechtspolitische Für und Wider einer solchen neuen Verfahrensart vor dem Bundesverfassungsgericht einzugehen. Siehe dazu aber *Sauer*, Kompetenz- und Identitätskontrolle von Europarecht nach dem Lissabon-Urteil, ZRP 2009, 195 (197 f.), der insbesondere die Eskalationsgefahr fürchtet: Die Europäische Kommission könnte auf ein gesetzlich festgeschriebenes Verfahren, das dem Bundesverfassungsgericht ein Letztentscheidungsrecht einräumt, mit einem Vertragsverletzungsverfahren nach Art. 258 AEUV reagieren. Siehe dazu auch *Wolff*, De lege ferenda: Das Integrationskontrollverfahren, DÖV 2010, 49 (52 f.). Beide beziehen sich aber nicht explizit auf die Schaffung einer Popularklage, sondern wollen durch ihre Vorschläge Verfahren schaffen, die als Äquivalent zu den derzeitigen verfassungsprozessualen Verfahren die direkte Kontrolle von Unionsrechtsakten ermöglichen.

[195] Siehe dazu beispielsweise *Lindner*, Öffentliches Recht – Systematisches Lehrbuch zur Examensvorbereitung im Freistaat Bayern, 2. Aufl. 2017, Rn. 791 ff.

[196] *Lindner*, Öffentliches Recht – Systematisches Lehrbuch zur Examensvorbereitung im Freistaat Bayern, 2. Aufl. 2017, Rn. 791.

[197] § 48 Abs. 1 BVerfGG in seiner bis zum 18.07.2012 geltenden Fassung lautete: „Die Beschwerde über den Beschluß des Bundestages über die Gültigkeit einer Wahl […] kann […] ein Wahlberechtigter […], wenn ihm mindestens einhundert Wahlberechtigte beitreten, […] beim Bundesverfassungsgericht erheben." Die Aufhebung des Beitrittserfordernisses erfolgte nach der Begründung des Gesetzgebers, um der Wahlprüfungsbeschwerde eine stärkere subjektiv-rechtliche Rechtsschutzfunktion zuzubilligen – vgl. BT-Drs. 17/9391, S. 10. Kritisch zu dieser Gesetzesänderung: *C. Lenz/Hansel*, BVerfGG, 3. Aufl. 2020, § 48 Rn. 32.

die zumindest nach der Überzeugung einer gewissen Anzahl von Bürgern die Struktursicherungsklausel des Grundgesetzes verletzen.[198] Dabei sollte es sich um wahlberechtigte Deutsche im Sinne des Art. 116 Abs. 1 GG handeln, weil von den Veränderungen der Struktursicherungsklausel des Grundgesetzes das Staatsvolk betroffen ist und die Wahlberechtigung für eine gewisse Mündigkeit im Hinblick auf den Schutz dieser Identität spricht. Die genaue notwendige Anzahl an Unterstützern ist aus einer Abwägung zwischen zwei entgegengesetzten Polen festzustellen: Einerseits darf diese Unterstützerzahl nicht zu gering sein, weil ansonsten die oben beschriebene mögliche Gefahr der Flut an Beschwerden anhalten könnte, andererseits darf diese Zahl auch nicht zu hoch angesetzt werden, damit die Popularklage in der Praxis tatsächlich genutzt werden kann und ihr keine unüberwindbaren Hindernisse entgegenstehen. Insofern gibt die Anzahl der Beschwerdeführer in den jüngeren Verfahren mit europarechtlichen Bezügen eine erste Orientierung: So klagten beispielsweise im OMT-Verfahren 11.717 Beschwerdeführer[199], über 37.000 Beschwerdeführer[200] im Verfahren zur Errichtung eines Europäischen Stabilitätsmechanismus und sogar mehr als 193.000 Beschwerdeführer im CETA-Verfahren[201]. An prozentualen Quoren, die für Bürgerbegehren auf kommunaler Ebene oder Volksbegehren auf Landesebene gelten, sollte man sich nicht orientieren, da es sich hierbei um *politische* Initiativen handelt. Dementsprechend scheint bei etwa 61,5 Millionen Wahlberechtigten eine Anzahl des Beitritts von 30.000 wahlberechtigten Personen (dies entspricht etwa 0,05% der wahlberechtigten Bevölkerung) angemessen. Unter Berücksichtigung all dieser Punkte könnte der (verfassungsändernde) Gesetzgeber in Art. 93 Abs. 1 GG[202] und/oder in § 13 BVerfGG eine neue Verfahrensart aufnehmen, die als „Integrationsbeschwerde" bezeichnet werden und folgendermaßen lauten könnte:

[1]In den Fällen eines Zustimmungsgesetzes im Sinne des Artikels 23 Abs. 1 Satz 2 GG entscheidet das Bundesverfassungsgericht auf den Antrag einer wahlberechtigten Person, sofern dieser mindestens dreißigtausend weitere wahlberechtigte Personen beigetreten sind, ob das Zustimmungsgesetz die Struktursicherungsklausel des Art. 23 Abs. 1 Satz 1

---

198 Diesen Zweck des Beitritts weiterer Personen hat das Bundesverfassungsgericht auch im Zusammenhang mit der früheren Fassung des § 48 Abs. 1 BVerfGG im Rahmen der Wahlprüfungsbeschwerde in BVerfGE 66, 232 (233) und BVerfGE 66, 311 (313) hervorgehoben. Ebenfalls in Bezug auf § 48 Abs. 1 BVerfGG a. F. *Hillgruber/Goos*, Verfassungsprozessrecht, 4. Aufl. 2015, Rn. 762-767 (Voraufl.): Die Zulässigkeitshürde „sollte verhindern, dass sich das BVerfG mit leichtfertig erhobenen, völlig unbegründeten oder sonst wie aussichtslosen Verfahren befassen musste".

199 Die Anzahl ist dem Rubrum des OMT-Urteils in BVerfGE 142, 123 ff. entnommen.

200 Zahl nach *Kahl*, Bewältigung der Staatsschuldenkrise unter Kontrolle des Bundesverfassungsgerichts – ein Lehrstück zur horizontalen und vertikalen Gewaltenteilung, DVBl. 2013, 197 (207).

201 Die Anzahl ist dem Rubrum der CETA-Eilentscheidung I in BVerfGE 143, 65 ff. entnommen.

202 Denkbar sind auch neue Sätze 4 und 5 zu Artikel 23 Abs. 1 GG.

GG oder die Verfassungsidentität (Art. 23 Abs. 1 Satz 3 in Verbindung mit Art. 79 Abs. 3 GG) verletzt. [2]Dies gilt auch für die Feststellung, ob in den Fällen von unionsunmittelbaren Handlungen der Organe, Einrichtungen und sonstigen Stellen der Union die Anforderungen des Art. 23 Abs. 1 Satz 1 GG sowie des Art. 23 Abs. 1 Satz 3 in Verbindung mit Art. 79 Abs. 3 GG gewahrt werden; in diesem Fall ist eine Entscheidung des Bundesverfassungsgerichts erst nach einer Vorabentscheidung des Europäischen Gerichtshofs über die Rechtmäßigkeit der angegriffenen Unionshandlung zulässig[203].

Während Satz 1 der hier vorgeschlagenen Integrationsbeschwerde – zumindest dann, wenn es zu einer Kontrolle im Vorfeld der völkerrechtlich verbindlichen Ratifikation kommt –[204] keinen unionsrechtlichen Bedenken unterliegt, so negiert Satz 2 das Kontrollmonopol des Europäischen Gerichtshofs, das dieser in Anspruch nimmt. Eine direkte Überprüfung der Verfassungs- und damit auch Rechtmäßigkeit der Handlungen der Unionsstellen bedeutet eine Vertragsverletzung im Hinblick auf den Zuständigkeitsbereich des Europäischen Gerichtshofs (vgl. Art. 19 Abs. 1 Uabs. 1 Satz 2 EUV, Art. 263, 267, 344 AEUV), die mittels des Vertragsverletzungsverfahrens nach Art. 258 ff. AEUV geahndet werden könnte.[205] Wie groß die Gefahr ist, dass die Europäische Kommission tatsächlich ein Vertragsverletzungsverfahren gegen die Bundesrepublik Deutschland einleiten würde, ist schwer vorherzusagen. Einwenden ließe sich natürlich, dass bereits jetzt auf dem Boden der Rechtsprechung des Bundesverfassungsgerichts zur Zulässigkeit von Verfassungsbeschwerden aufgrund des Art. 38 Abs. 1 Satz 1 GG das in den europäischen Primärverträgen beschriebene Entscheidungsmonopol durch die richterrechtliche Kreation der ultra-vires- und Verfassungsidentitätskontrolle teilweise negiert wird und bis vor kurzem keine Initiativen der Europäischen Kommission zu beobachten waren.[206] In der Ver-

---

[203] Dieser letzte Halbsatz ist nicht zwingend erforderlich, da sich das Erfordernis der Vorabbefassung des Europäischen Gerichtshofs über das Vorabentscheidungsverfahren bereits aus der europafreundlichen Ausgestaltung der Residualkompetenzen des Bundesverfassungsgericht ergibt. Allerdings würde die Normierung eines derartigen Verfahrens die willkommene Gelegenheit bieten, die Vorlageverpflichtung – weitestgehend deklaratorisch – normativ abzusichern.

[204] Eine Kontrolle des Zustimmungsgesetzes nach Inkrafttreten der europäischen Verträge dürfte indes dem vom Europäischen Gerichtshof entwickelten Charakter des Unionsrechts als selbständiger Rechtsordnung, die sich aus einer autonomen Quelle speist, widersprechen und wäre daher unionsrechtswidrig.

[205] Siehe dazu auch *Classen*, Legitime Stärkung des Bundestages oder verfassungsrechtliches Prokrustesbett? – Zum Urteil des BVerfG zum Vertrag von Lissabon, JZ 2009, 881 (888) und *Hector*, Zur Integrationsverantwortung des Bundesverfassungsgerichts, ZEuS 2009, 599 (610). *E. Klein*, in: Benda/Klein/Klein, Verfassungsprozessrecht, 4. Aufl. 2020, Rn. 97 geht davon aus, dass die Normierung eines derartigen Verfahrens „evident vertragswidrig“ wäre. *Mager* weist darauf hin, dass ein Vertragsverletzungsverfahren bei Rüge einer abstrakten Norm – wie hier – möglich sei; wegen Befangenheit der Richter hingegen nicht, wenn der Gerichtshof in einem konkreten Fall über die Vertragsverletzung judizieren müsste, in welchem er bereits durch eine vorherige Vorabentscheidung beteiligt war (siehe dazu *dies.*, Staatsrecht I, 9. Aufl. 2021, Rn. 597).

[206] Nach dem durch das Bundesverfassungsgericht festgestellten ultra-vires-Akt des Euro-

gangenheit hielt sich die Europäische Kommission hinsichtlich der Einleitung von Vertragsverletzungsverfahren wegen unionsrechtswidriger Rechtsprechung der mitgliedstaatlichen Gerichte – um die Unabhängigkeit der Justiz zu achten – bisher eher zurück.[207] Anders könnte aber die Beurteilung ausfallen, wenn legislativ sichtbar ein Verfahren zur Kontrolle der Handlungen der Unionsstellen geschaffen würde – umso mehr als die Kommission jetzt gegen das PSPP-Urteil mithilfe des Art. 258 AEUV vorgeht. Diese Bedenken sollten in einem politischen Diskussionsprozess berücksichtigt werden.

III. Subsidiarität

Ein interessanter Problemkreis, der bisher wenig behandelt wurde, betrifft schließlich die Frage, ob die Verfassungsbeschwerde in den Fällen unionsunmittelbaren Handelns unter gewissen Umständen subsidiär ist. Das Erfordernis der Subsidiarität der Verfassungsbeschwerde dient allgemein dazu, das Bundesverfassungsgericht zu entlasten – der Beschwerdeführer soll sich zunächst mit allen ihm zur Verfügung stehenden Mitteln um eine anderweitige Aufhebung der Grundrechtsbeeinträchtigung bemühen.[208]

1. Vorrang der Inanspruchnahme der Fachgerichtsbarkeit

Dies bedeutet zum einen, dass der Beschwerdeführer grundsätzlich zunächst die Fachgerichte anrufen muss, um eine mögliche Grundrechtsverletzung beseitigen zu lassen.[209] Dieser Grundsatz kann aber für kompetenzüberschreitende und verfassungsidentitätsverletzende Verhaltensweisen der Unionsstellen infolge des vom Bundesverfassungsgericht in Anspruch genommenen Ent-

päischen Gerichtshofs und der Europäischen Zentralbank im PSPP-Urteil wurden von der Kommission über ein Jahr lang Überlegungen zur Einleitung eines Vertragsverletzungsverfahrens angestellt; dieses wurde sodann am 09.06.2021 förmlich eröffnet (vgl. https://ec.europa.eu/germany/news/20210609-vertragsverletzungsverfahren_de).

[207] Immer wieder gab es innerhalb der Europäischen Kommission Erwägungen, wegen der europarechtswidrigen mitgliedstaatlichen Rechtsprechung Vertragsverletzungsverfahren zu eröffnen – letztlich wurde hierauf allerdings weitgehend verzichtet. Vgl. dazu *Mayer*, Kompetenzüberschreitung und Letztentscheidung, S. 84 f. m. w. N. Überlegungen zur Einleitung eines Vertragsverletzungsverfahrens vor dem PSPP-Urteil wurden in der Kommission vor allem nach dem Solange I-Beschluss des Bundesverfassungsgerichts angestellt; dazu *Haltern*, Europarecht Band II, 3. Aufl. 2017, Rn. 1100.

[208] Vgl. nur BVerfGE 68, 384 (388 f.). Hier soll nicht näher auf das umstrittene Verhältnis des in § 90 Abs. 2 Satz 1 BVerfGG zum Ausdruck kommenden Erfordernisses der Rechtswegerschöpfung zur Subsidiarität der Verfassungsbeschwerde eingegangen werden – vgl. dazu *Schlaich/Korioth*, Das Bundesverfassungsgericht, 12. Aufl. 2021, Rn. 244. Vieles spricht indes dafür, dass die explizite Forderung zur Erschöpfung des Rechtswegs einen bloßen Unterfall des weiter gehenden Subsidiaritätsvorbehalts darstellt.

[209] Vgl. nur *Schlaich/Korioth*, Das Bundesverfassungsgericht, 12. Aufl. 2021, Rn. 244.

scheidungsmonopols[210] jedenfalls nicht absolut gelten.[211] Wenn die einfachen Gerichte nicht dazu befugt sind, einen kompetenzwidrigen respektive verfassungsidentitätsverletzenden Akt ausfindig zu machen, so wäre es grundsätzlich wenig sinnvoll, den Beschwerdeführer auf den Rechtsweg vor den Fachgerichten zu verweisen. Bei strukturrelevanten Verhaltensweisen der Unionsstellen im Sinne des Art. 23 Abs. 1 Satz 1 GG liegt daneben die Annahme einer Rechtssache von „allgemeiner Bedeutung" im Sinne des § 90 Abs. 2 Satz 2 Alt. 1 BVerfGG nahe, bei der schon von Gesetzes wegen eine Ausnahme vom Erfordernis der Rechtswegerschöpfung vorgesehen ist. Diese Ausnahme vom Subsidiaritätsgrundsatz gilt jedenfalls für unionsunmittelbare Verhaltensweisen – bei mitgliedstaatlich vermittelten Handlungen kann es hingegen sinnreich sein, zunächst die Fachgerichte mit der Angelegenheit zu beschäftigen, damit diese den Sachverhalt aufbereiten und den angegriffenen (nationalen) Akt bereits aus anderen Gründen möglicherweise aufheben können. Eine generelle Aussage zur Subsidiarität der Verfassungsbeschwerde lässt sich in diesen Fallkonstellationen also nicht treffen.

2. *Unionaler Rechtsschutz*

Eine solche Subsidiarität der Verfassungsbeschwerde ließe sich aber möglicherweise im Hinblick auf die Rechtsschutzmöglichkeiten, die die europäischen Gerichte insbesondere durch die Nichtigkeitsklage nach Art. 263 AEUV vermitteln, annehmen. Es stellt sich also beispielhaft die Frage, ob die Beschwerdeführer im OMT-Verfahren zwingend zuvor eine Nichtigkeitsklage vor dem Gericht der Europäischen Union nach Art. 263 Uabs. 4 AEUV hätten anstrengen müssen.[212] Gleiches gilt auch für einen die Struktursicherungsklausel des Art. 23 Abs. 1 Satz 1 GG verletzenden Beschluss einer europäischen Agentur oder der Kommission bei unionsunmittelbaren Verhaltensweisen, die den Beschwerdeführer unmittelbar adressieren.[213]

Im OMT-Vorlagebeschluss äußerte sich das Bundesverfassungsgericht kursorisch zur Zulässigkeit der Verfassungsbeschwerden im Hinblick auf den unionalen Rechtsschutz folgendermaßen:

---

[210] Siehe dazu schon oben Zweiter Teil B. VI. 2. (S. 44 f.) und Vierter Teil B. II. (S. 228 ff.) sowie noch unten Fünfter Teil C. IV. (S. 375 ff.).

[211] So auch *Hatje*, Warten auf Ultra vires – Kritische Würdigung des OMT-Urteils des Bundesverfassungsgerichts, IWRZ 2016, 195 (196).

[212] Zulässigkeitsprobleme bestanden hier allerdings bei der „individuellen und unmittelbaren Betroffenheit" in der Auslegung der Plaumann-Formel. Wegen fehlender unmittelbarer Betroffenheit hat das EuG sodann auch die Klage von 5217 Klägern als unzulässig abgewiesen; vgl. EuG, Beschl. v. 10.12.2013, Rs. T-492/12, ECLI:EU:T:2013:702 – von Storch ./. EZB.

[213] In diesem Fall wäre eine Nichtigkeitsklage ohne Zweifel zulässig, weil sich insofern die Klagebefugnis schon aus Art. 263 Uabs. 4 Var. 1 AEUV ergibt.

„Es ist für das vorliegende Verfahren auch ohne Bedeutung, ob die Beschwerdeführer […] durch den OMT-Beschluss im Sinne von Art. 263 Abs. 4 AEUV unmittelbar betroffen sind […]. Umfang und Voraussetzungen des Rechtsschutzes nach nationalem Recht gegen Handlungen oder Unterlassungen nationaler Stellen im Zusammenhang mit dem OMT-Beschluss werden dadurch nicht präjudiziert […].“[214]

Es ist nicht klar, ob diese Aussage des Bundesverfassungsgerichts den konkreten Umständen des Falls geschuldet war oder das Bundesverfassungsgericht generell der Auffassung ist, dass eine Verfassungsbeschwerde im Hinblick auf die Wahrnehmung unionaler Rechtsschutzmöglichkeiten nicht subsidiär ist. Mehr deutet darauf hin, dass es dem Bundesverfassungsgericht hier lediglich darum ging, die Zulässigkeit der Verfassungsbeschwerden, die sich ja zumindest mittelbar gegen den OMT-Beschluss des Rates der Europäischen Zentralbank richteten, zu bejahen, obwohl das Gericht der Europäischen Union eine Klage hiergegen als unzulässig abgewiesen hat.[215] Eine generelle Aussage, dass das Erfordernis der Subsidiarität der Verfassungsbeschwerde nicht im Hinblick auf die Möglichkeit von Rechtsschutz auf der Unionsebene bestehen solle, lässt sich aus der Aussage des Bundesverfassungsgerichts wohl nicht ableiten.

In der Tat sprechen aufgrund der Verzahnung der beiden Rechtsschutzsysteme – des originär nationalen und des unionalen Rechtsschutzsystems – insbesondere beispielsweise durch das Vorabentscheidungsverfahren nach Art. 267 AEUV überzeugende Gründe dafür, dass vor der Erhebung der Verfassungsbeschwerde Nichtigkeitsklage vor den europäischen Gerichten erhoben werden muss.[216] Das Erfordernis der Subsidiarität zur Entlastung des Bundesverfassungsgerichts gilt also auch in diesem Verhältnis.[217] Die Abweisung der Nichtigkeitsklage als unzulässig oder als unbegründet führt indes nicht dazu, dass es im bundesverfassungsgerichtlichen Verfahren keiner Vorabentscheidung an den Europäischen Gerichtshof nach Art. 267 AEUV mehr bedürfte. Vielmehr ist eine solche Vorlage durchaus sinnvoll, um den Europäischen Gerichtshof auf einen etwaigen, die Struktursicherungsklausel des Art. 23 Abs. 1 Satz 1 GG verletzenden, Akt hinzuweisen, sodass dieser seine Rechtsauffassung noch einmal

---

[214] BVerfGE 134, 366 (391 Rn. 34) – OMT-Vorlagebeschluss.

[215] EuG, Beschl. v. 10.12.2013, Rs. T-492/12, ECLI:EU:T:2013:702 – von Storch ./. EZB.

[216] Dies gilt jedenfalls dann, wenn die Erhebung einer Nichtigkeitsklage nicht schon von vornherein keine Aussicht auf Erfolg verspricht. Siehe dazu auch schon *Büdenbender*, Das Verhältnis des Europäischen Gerichtshofs zum Bundesverfassungsgericht, 2005, S. 246; *Dörr*, Der europäisierte Rechtsschutzauftrag deutscher Gerichte, 2003, S. 259 und *Streinz*, Bundesverfassungsgerichtlicher Grundrechtsschutz und Europäisches Gemeinschaftsrecht, 1989, S. 203.

[217] So – allerdings mit Rekurs auf die Rechtswegerschöpfung – auch *Wolff*, De lege ferenda: Das Integrationskontrollverfahren, DÖV 2010, 49 (57). Vgl. daneben schon in Bezug auf Verordnungen *Zuck/C. Lenz*, Verfassungsrechtlicher Rechtsschutz gegen Europa – Prozessuale Möglichkeiten vor den Fachgerichten und dem BVerfG gegen Rechtsakte der Europäischen Gemeinschaft, NJW 1997, 1193 (1198 f.).

überdenken kann.[218] Nach hier vertretener Auffassung ist aber bei unionsunmittelbaren Handlungen der Unionsstellen ohnehin der Rechtsweg zum Bundesverfassungsgericht jedenfalls wegen fehlender Beschwerdebefugnis nicht eröffnet, sodass sich Fragen im Zusammenhang mit dem Subsidiaritätsgrundsatz schon gar nicht stellen.

3. *Vorherige Befassung des Deutschen Bundestages und der Bundesregierung*

In den Fällen unionsunmittelbaren Handelns bestehen nach der Rechtsprechung des Bundesverfassungsgerichts Verhaltensverpflichtungen des Deutschen Bundestags und der Bundesregierung. Das Bundesverfassungsgericht rekurriert als statthaften Beschwerdegegenstand auf unterlassene Verhaltensverpflichtungen des Deutschen Bundestags und der Bundesregierung, die darauf gerichtet sind, gegen die ultra-vires-Handlung oder den verfassungsidentitätsverletzenden Akt vorzugehen. Auf welche Weise sie dieser Verpflichtung nachkommen, stehe weitgehend im Ermessen dieser Verfassungsorgane. Es solle nur ein Anspruch darauf bestehen, dass eine nach außen kundgemachte Entscheidung über die verfolgte Linie des Verfassungsorgans getroffen werde – zu weiteren Handlungsanweisungen sei das Bundesverfassungsgericht nicht befugt.[219] Dieser Rechtsprechungslinie des Bundesverfassungsgerichts kann – wie oben im Einzelnen näher dargelegt –[220] nicht gefolgt werden: Vor einer Entscheidung des Bundesverfassungsgerichts, ob ein die Struktursicherungsklausel verletzender Akt vorliegt, bestehen insbesondere aufgrund des Entscheidungsmonopols des Bundesverfassungsgerichts keinerlei Verhaltensverpflichtungen.

Akzeptiert man hingegen diese Rechtsprechung des Bundesverfassungsgerichts, so ist es vor dem Hintergrund, dass vor der Einschaltung des Bundesverfassungsgerichts zunächst alle anderen zur Verfügung stehenden Mittel ausgeschöpft werden müssen, geboten, dass der Einzelne[221] zuvor den Deutschen Bundestag – beispielsweise mithilfe des Petitionsverfahrens – und gegebenenfalls die Bundesregierung mit seiner Ansicht konfrontiert, dass es sich bei einer näher bezeichneten Handlung um einen ultra-vires- oder verfassungsidentitätsverletzenden Akt der Unionsstellen handelt.[222] Teilen diese die Auffassung und beschließen die Verfassungsorgane anschließend, mit politischen und rechtlichen Mitteln hiergegen auf Unionsebene vorzugehen, ist eine Einbeziehung des Bundesverfassungsgerichts nicht mehr erforderlich. Es könnte

[218] Siehe dazu vor allem oben Zweiter Teil D. VII. 3. (S. 129 ff.).

[219] Siehe zum Ganzen oben Fünfter Teil A. I. 2. b) (S. 324 ff.).

[220] Siehe hierzu Fünfter Teil A. I. 2. b) cc) (S. 329 ff.).

[221] Dies gilt freilich nur, wenn man zusätzlich entgegen der hier vertretenen Auffassung zusammen mit dem Bundesverfassungsgericht eine Beschwerdebefugnis über Art. 38 Abs. 1 Satz 1 GG bejaht.

[222] Dies bezeichnet auch *Gött*, Die ultra vires-Rüge nach dem OMT-Vorlagebeschluss des Bundesverfassungsgerichts, EuR 2014, 514 (538) als „denkbar".

gerichtlich nicht mehr feststellen und verlangen, als das, was ohnehin schon erfolgt ist.[223] Mit einer nach außen kundgegebenen Entscheidung der Verfassungsorgane mit Integrationsverantwortung, in der diese mitteilen, wie auf den ultra-vires- oder verfassungsidentitätsverletzenden Akt der unionalen Stellen reagiert werden soll, ist eine weiter gehende Einflussmöglichkeit des Bundesverfassungsgerichts also ausgeschlossen. Aus diesen Gründen sind die Verfassungsorgane mit Integrationsverantwortung vor der Anrufung des Bundesverfassungsgerichts mit der Rechtsauffassung, dass eine bestimmte Handlung einer unionalen Stelle einen ultra-vires- oder verfassungsidentitätsverletzenden Akt darstelle, zu befassen – eine Konsequenz, die das Bundesverfassungsgericht in seiner Rechtsprechung noch nicht gezogen hat.

B. Organstreitverfahren

Insbesondere bei unionsunmittelbaren, verfassungsidentitätsverletzenden respektive kompetenzwidrigen Handlungen, die nach kritisierter, im folgenden Abschnitt aber zugrunde gelegter Rechtsprechung des Bundesverfassungsgerichts Handlungspflichten des Deutschen Bundestages und der Bundesregierung auslösen, kommt ein Organstreitverfahren nach Art. 93 Abs. 1 Nr. 1 GG in Verbindung mit §§ 13 Nr. 5, 63 ff. BVerfGG in Betracht. Problematisch ist dabei insbesondere die Antragsbefugnis im Sinne des § 64 Abs. 1 BVerfGG – für diese muss der Antragsteller geltend machen, dass er oder das Organ, dem er angehört, durch ein Verhalten des Antragsgegners in einem ihm durch das Grundgesetz übertragenen Recht verletzt oder unmittelbar gefährdet wird.

I. Organstreitverfahren zwischen verschiedenen Organen

Zum einen ist in diesem Zusammenhang ein Inter-Organstreitverfahren zwischen den beiden primären Verfassungsorganen mit Integrationsverantwortung – dem Deutschen Bundestag und der Bundesregierung – denkbar. Nur letztere kann beispielsweise Nichtigkeitsklage vor dem Europäischen Gerichtshof nach Art. 263 AEUV erheben.[224] Aufgrund des weiten Einschätzungsspielraums der Bundesregierung bei der Wahrnehmung ihrer Integrationsverantwortung bei die Struktursicherungsklausel verletzenden Handlungen der unionalen

[223] Eine Einschränkung dieser These bedarf es aber wiederum für den Fall, dass ausnahmsweise eine andere staatliche Stelle infolge der Urteilstenorierung die Auswirkungen des ultra-vires respektive verfassungsidentitätswidrigen Verhaltens minimieren kann – dies war bei den Staatsanleihenkaufprogrammen der Europäischen Zentralbank insofern der Fall, als die Deutsche Bundesbank hätte verpflichtet werden können, den Ankauf deutscher Staatsanleihen einzustellen.

[224] Vgl. *Thiele*, Europäisches Prozessrecht, 2. Aufl. 2014, § 6 Rn. 11.

Stellen ist es jedoch nicht möglich, die Bundesregierung auf ein bestimmtes Verhalten – hier auf dasjenige einer Klageerhebung vor dem Europäischen Gerichtshof – zu verpflichten. Dies bedeutete anderenfalls einen ungerechtfertigten Eingriff in die originären Kompetenzen und den Gestaltungsspielraum der Bundesregierung.

Indes verspricht ein solches Organstreitverfahren insbesondere dann Aussicht auf Erfolg, wenn sich beispielsweise die Bundesregierung zur Gänze weigern sollte, Handlungen vorzunehmen, die auf eine Aufhebung des identitätsverletzenden Aktes und auf eine Wiederherstellung der Zuständigkeitsordnung zwischen der Union und den Mitgliedstaaten gerichtet sind. Die Pflicht des Deutschen Bundestages, ultra-vires- oder verfassungsidentitätsverletzende Handlungen der Europäischen Union weitestgehend zu beseitigen, enthält zugleich auch das Recht darauf, dass andere Verfassungsorgane diese Verpflichtung nicht durch gegenteilige Maßnahmen torpedieren. Dieses Recht des Deutschen Bundestages kann in einem solchen Fall – im Wege der Prozessstandschaft nach § 64 Abs. 1 BVerfGG – auch durch eine Fraktion geltend gemacht werden. Nach (zumindest noch) ständiger Rechtsprechung des Bundesverfassungsgerichts[225] kann der einzelne Abgeordnete hingegen diese Pflicht des Bundestags nicht verfassungsprozessual einfordern, da es sich bei einem einzelnen Abgeordneten nicht um einen „Teil des Organs" Bundestag im Sinne der §§ 63, 64 Abs. 1 BVerfGG handeln soll.[226]

II. Organstreitverfahren innerhalb desselben Organs

Häufiger dürfte es vorkommen, dass innerhalb des Bundestages eine Pflicht desselben durch eine Minderheit geltend gemacht wird – es handelt sich dann um ein sogenanntes Intra-Organstreitverfahren innerhalb des Verfassungsorgans Bundestag.[227] Hierbei klagt eine Fraktion die Handlungspflicht des Deutschen

[225] BVerfGE 90, 286 (343 f.) – Auslandseinsatz der Bundeswehr; BVerfGE 117, 359 (366 ff.) – Tornado-Einsatz; BVerfGE 123, 267 (337) – Lissabon. Hierzu im Gegensatz steht – wohl versehentlich – BVerfGE 129, 108 (123) – Schuldenbremse Schleswig-Holstein in einer die Entscheidung nicht tragenden Passage, wonach es angeblich ständige Rechtsprechung sein solle, dass einzelne Abgeordnete Rechte des Bundestages im Wege der Prozessstandschaft geltend machen können. Ohne Auseinandersetzung mit dieser Entscheidung versagte BVerfGE 134, 141 (198 Rn. 172) – Abgeordnetenüberwachung Ramelow sodann dem einzelnen Abgeordneten wieder die Möglichkeit der Prozessstandschaft.

[226] Vgl. zu dieser Kontroverse mit a. A. *Detterbeck*, in: Sachs, GG, 9. Aufl. 2021, Art. 93 Rn. 49; *Schlaich/Korioth*, Das Bundesverfassungsgericht, 12. Aufl. 2021, Rn. 94. Selbst *Voßkuhle*, in: v. Mangoldt/Klein/Starck, GG Band 3, 7. Aufl. 2018, Art. 93 Rn. 110 hält die Ansicht des Bundesverfassungsgerichts nicht für „zwingend". Der Rechtsprechungslinie des Bundesverfassungsgerichts folgen beispielsweise *Grote*, Der Verfassungsorganstreit, 2010, S. 136 ff. und S. 196 f. sowie *Hillgruber/Goos*, Verfassungsprozessrecht, 5. Aufl. 2020, Rn. 443, 510. *Sachs*, Verfassungsprozessrecht, 4. Aufl. 2016, Rn. 333 nennt für die Ansicht des Bundesverfassungsgerichts die Möglichkeit einer teleologischen Reduktion des § 64 Abs. 1 BVerfGG.

[227] Theoretisch denkbar – wenngleich politisch wegen der Richtlinienkompetenz des Bun-

Bundestages, die diesem rechtlich obliegt, ein – sie macht dabei fremde Rechte im eigenen Namen in gesetzlicher Prozessstandschaft geltend.[228]

Ohne im Einzelnen auf die umstrittene Rechtsfrage einzugehen, ob ein Intra-Organstreitverfahren innerhalb des Organs „Deutscher Bundestag" möglich ist,[229] ist der wohl herrschenden Auffassung[230] und der Rechtsprechung des Bundesverfassungsgerichts[231] zur Statthaftigkeit eines solchen zu folgen. Denn dem Telos der gesetzlich angeordneten Prozessstandschaft in § 64 Abs. 1 BVerfGG entspricht es, dass ein Organteil nicht nur Rechte des Gesamtorgans Bundestag gegen ein anderes Verfassungsorgan geltend machen kann, sondern auch gerade Rechte gegenüber diesem Gesamtorgan, stützt dieses doch mehrheitlich zumeist die Bundesregierung und deren Verhaltensweisen.[232] Daher ist es folgerichtig, dass das Bundesverfassungsgericht im OMT-Vorlagebeschluss

---

deskanzlers aus Art. 65 S. 1 GG und seiner (fast) uneingeschränkten Befugnis, Minister zu ernennen und zu entlassen, praktisch ausgeschlossen – ist auch ein Intra-Organstreit innerhalb der Bundesregierung, wenn ein Teil derselben sich mit der Mehrheitsmeinung, die beispielweise beschlossen hat, nichts gegen das ultra-vires-Handeln der Europäischen Union zu unternehmen, nicht einverstanden zeigt.

228 Vgl. *Bethge*, in: Maunz/Schmidt-Bleibtreu/Klein/Bethge, BVerfGG, § 64 Rn. 74 (Stand: 50. EGL. Januar 2017).

229 Kritisch z. B. *Sauer*, Staatsrecht III, 6. Aufl. 2020, § 9 Rn. 104: „Konstruktion einer prozessstandschaftlichen Selbstverletzungsrüge". Ebenfalls ablehnend *Detterbeck*, in: Sachs, GG, 9. Aufl. 2021, Art. 93 Rn. 49 und *Schlaich/Korioth*, Das Bundesverfassungsgericht, 12. Aufl. 2021, Rn. 94a.

230 *Barczak*, in: ders., BVerfGG, 2018, § 64 Rn. 24; *Bethge*, in: Maunz/Schmidt-Bleibtreu/Klein/Bethge, BVerfGG, § 64 Rn. 85a (Stand: 50. EGL. Januar 2017); *Grote*, Der Verfassungsorganstreit, 2010, S. 212 ff.; *Sachs*, Verfassungsprozessrecht, 4. Aufl. 2016, Rn. 332.

231 BVerfGE 123, 267 (338 f.) – Lissabon: „Die in § 64 Abs. 1 BVerfGG vorgesehene Prozessstandschaft stellt den Organstreit in die Wirklichkeit des politischen Kräftespiels, in der sich Gewaltenteilung nicht so sehr in der klassischen Gegenüberstellung der geschlossenen Gewaltträger, sondern in erster Linie in der Einrichtung von Oppositions- und Minderheitenrechten verwirklicht. Sinn und Zweck der Prozessstandschaft liegen deshalb darin, der Parlamentsopposition und -minderheit die Befugnis zur Geltendmachung der Rechte des Bundestages nicht nur dann zu erhalten, wenn dieser seine Rechte, insbesondere im Verhältnis zu der von ihm getragenen Bundesregierung nicht wahrnehmen will [...], sondern auch dann, wenn die Parlamentsminderheit Rechte des Bundestages gegen die die Bundesregierung politisch stützende Parlamentsmehrheit geltend machen will [...]. Die Zuerkennung der Prozessstandschaftsbefugnis ist sowohl Ausdruck der Kontrollfunktion des Parlaments als auch Instrument des Minderheitenschutzes [...]." Vgl. auch BVerfGE 132, 195 (237 f. Rn. 102) – ESM-Eilentscheidung; BVerfGE 134, 366 (397 f. Rn. 54) – OMT-Vorlagebeschluss; BVerfGE 142, 123 (182 f. Rn. 106) – OMT-Urteil und BVerfGE 152, 8 (19 Rn. 26) – Anti-IS-Einsatz.

232 So auch *Simon*, Grenzen des Bundesverfassungsgerichts im europäischen Integrationsprozess, 2016, S. 232. A. A. *Schwerdtfeger*, Europäisches Unionsrecht in der Rechtsprechung des Bundesverfassungsgerichts – Grundrechts-, ultra-vires- und Identitätskontrolle im gewaltenteiligen Mehrebenensystem, EuR 2015, 290 (305 f.): „Als Insichprozess birgt die Prozessstandschaft einer Fraktion gegen den Bundestag dagegen die Gefahr, die von der Verfassung vorausgesetzten politischen Realitäten im Bundestag zu überspielen. Die Schaffung eines entsprechenden Minderheitenrechts durch das Bundesverfassungsgericht eröffnet der im demokratischen Prozess der Mehrheitsentscheidung unterlegenen parlamentarischen Opposition die Möglichkeit, ihre politischen Interessen mithilfe des Gerichts weiter zu verfolgen."

ein Organstreitverfahren gegen den Deutschen Bundestag wegen dessen – vermeintlicher – Untätigkeit im Zusammenhang mit einem möglichen ultra-vires-Akt der Europäischen Union für zulässig hielt:

„Die in Art. 23 GG verankerte Integrationsverantwortung umfasst Rechte und Pflichten des Deutschen Bundestages, deren Verletzung die Fraktionen im Wege der Prozessstandschaft (§ 64 Abs. 1 BVerfGG) im eigenen Namen auch gegenüber dem Parlament selbst geltend machen können […]. Der Deutsche Bundestag darf auf die Rechte und Pflichten, die ihn im Rahmen der europäischen Integration treffen, nicht verzichten und gegenüber einer drohenden Erosion seiner Gestaltungsmacht durch Kompetenzusurpationen von Organen und Stellen der Europäischen Union nicht untätig bleiben. Wird er seiner Integrationsverantwortung nicht gerecht, können die Fraktionen – im Wege der Prozessstandschaft – dagegen vorgehen.“[233]

In den Fällen von unionsunmittelbaren, ultra-vires- oder die Verfassungsidentität verletzenden Handlungen, kommt daher auch ein Organstreitverfahren einer Bundestagsfraktion gegen den Deutschen Bundestag in Betracht;[234] natürlich stets nur bei Akzeptanz der bundesverfassungsgerichtlichen Rechtsprechung, dass vermeintlich bestehende und unterlassene Handlungspflichten eingeklagt werden können. Jüngst hat das Bundesverfassungsgericht indes ein Organstreitverfahren einer Bundestagsfraktion als unzulässig verworfen, weil nicht substantiiert dargelegt wurde, dass der Deutsche Bundestag seiner Integrationsverantwortung nicht hinreichend nachgekommen wäre.[235]

C. Normenkontrollverfahren

Für den Untersuchungsgegenstand interessant sind auch die abstrakte und die konkrete Normenkontrolle sowie die Fruchtbarmachung der Rechtsgedanken in Art. 100 Abs. 1 und 2 GG für die Inanspruchnahme eines Rechtsprechungsmonopols des Bundesverfassungsgerichts für die Frage, ob ein ultra-vires-Akt respektive eine Verfassungsidentitätsverletzung vorliegt.

I. Kontrolle des Zustimmungsgesetzes zu den europäischen Verträgen

Die abstrakte Normenkontrolle gemäß Art. 93 Abs. 1 Nr. 2 GG in Verbindung mit §§ 13 Nr. 6, 76 ff. BVerfGG kommt im Kontext mit dem europäischen Integrationsprozess zunächst einmal dann in Betracht, wenn das Zustimmungs-

233 BVerfGE 134, 366 (397 f. Rn. 54) – OMT-Vorlagebeschluss. Diese Rechtsprechung wurde sodann auch in BVerfGE 142, 123 (182 Rn. 106 und 184 Rn. 111) – OMT-Urteil bestätigt.

234 *Huber*, Die Integrationsverantwortung von Bundestag und Bundesregierung, ZSE 2017, 286 (299 f.).

235 BVerfG, NVwZ 2021, 555 (557 ff. Rn. 63 ff.) – CETA-Organstreit.

gesetz im Sinne des Art. 23 Abs. 1 Satz 2 GG, welches eine vertiefte europäische Integration erlaubt, vom Gesetzgeber beschlossen wurde.[236] Die abstrakte Normenkontrolle in Bezug auf das Zustimmungsgesetz oder einzelne Bestimmungen kann auch jederzeit nach dessen Inkrafttreten eingeleitet werden, da dieses verfassungsprozessuale Verfahren nicht fristgebunden ist.[237] Daher unterliegt das Zustimmungsgesetz jederzeit einer verfassungsgerichtlichen Prüfung dahingehend, ob die Anforderungen des Art. 23 Abs. 1 Satz 1 GG sowie diejenigen des Art. 23 Abs. 1 Satz 3 in Verbindung mit Art. 79 Abs. 3 GG gewahrt sind.[238]

Auch eine konkrete Normenkontrolle nach Art. 93 Abs. 1 Nr. 5 in Verbindung mit Art. 100 Abs. 1 Satz 1 GG und §§ 13 Nr. 11, 80 ff. BVerfGG zur Prüfung der Verfassungsmäßigkeit des Zustimmungsgesetzes ist möglich.[239] Nachdem das Bundesverfassungsgericht jedoch in den, auf eine Verfassungsbeschwerde gestützten, Entscheidungen zum Maastricht- und Lissabon-Vertrag die Verfassungsmäßigkeit der Zustimmungsgesetze herausgearbeitet hatte, wurde eine spätere konkrete Normenkontrolle bisher nicht in Betracht gezogen. Nicht ausgeschlossen werden kann indes, dass das Zustimmungsgesetz infolge späterer Entwicklungen auf Unionsebene nicht mehr den Strukturanforderungen des Art. 23 Abs. 1 Satz 1 GG entspricht – in diesem Fall ist neben der abstrakten Normenkontrolle auch die Einleitung einer konkreten Normenkontrolle durch die Fachgerichte zum Bundesverfassungsgericht möglich.[240]

---

[236] Siehe dazu *Streinz*, Bundesverfassungsgerichtlicher Grundrechtsschutz und Europäisches Gemeinschaftsrecht, 1989, S. 154. In der Praxis haben sich bei den bisherigen Änderungen der Primärverträge insbesondere durch den Maastricht- und Lissabon-Vertrag allerdings nie Antragsteller gefunden. Nach Art. 93 Abs. 1 Nr. 2 GG, § 76 Abs. 1 BVerfGG kann die abstrakte Normenkontrolle nur von der Bundesregierung, einer Landesregierung oder einem Viertel der Mitglieder des Bundestages eingeleitet werden. Eine vertiefte europäische Integration war zu den maßgeblichen Zeiten (1992 und 2009) weitgehend politischer „common sense" – vgl. *Sauer*, Staatsrecht III, 6. Aufl. 2020, § 9 Rn. 101. Entgegen den üblichen Anforderungen bei Normenkontrollen gegen Gesetze, ist hier – wie bei allen Zustimmungsgesetzen zu völkerrechtlichen Verträgen – nicht erforderlich, dass der Bundespräsident das Gesetz bereits ausgefertigt und die Ratifikationsurkunde hinterlegt wurde: Siehe nur BVerfGE 1, 396 (413 f.) – Deutschlandvertrag und *Schlaich/Korioth*, Das Bundesverfassungsgericht, 12. Aufl. 2021, Rn. 129.

[237] *Streinz*, Bundesverfassungsgerichtlicher Grundrechtsschutz und Europäisches Gemeinschaftsrecht, 1989, S. 157 f.

[238] Die Rechtskraft einer etwaigen früheren Entscheidung des Bundesverfassungsgerichts zum Zustimmungsgesetz zu den europäischen Primärverträgen dürfte in aller Regel einer erneuten Prüfung nicht im Wege stehen, da eine Änderung der tatsächlichen Verhältnisse zumeist zu bejahen sein dürfte; siehe dazu auch *Schönemeyer*, Die Pflicht des Bundesverfassungsgerichts zur Vorlage an den Gerichtshof der Europäischen Union gem. Art. 267 Abs. 3 AEUV, 2014, S. 93 ff.

[239] Eine konkrete Normenkontrolle lag beispielsweise dem bundesverfassungsgerichtlichen Verfahren in BVerfGE 22, 134 ff. zugrunde.

[240] Vgl. *Dederer*, in: Maunz/Dürig, GG, Art. 100 Rn. 113 (Stand: 70. EGL. Dezember 2013).

II. Kontrolle des eine Richtlinie umsetzenden Gesetzes

Im Kontext der Prüfung von sekundärem Unionsrecht durch das Bundesverfassungsgericht sind auch Normenkontrollen mit Bezug auf nationale Gesetze, die eine Richtlinie der Europäischen Union umsetzen, prinzipiell möglich. Statistiken zufolge betrifft dies – entgegen dem seit dem Maastricht-Urteil des Bundesverfassungsgerichts durch die Beschwerdeführer geltend gemachten „80-Prozent-Mythos“[241] – etwa 40% aller deutschen Gesetze.[242] Das Bundesverfassungsgericht prüft in Fällen der sogenannten Eins-zu-Eins-Umsetzung[243] das nationale Gesetz grundsätzlich nicht anhand der Grundrechtsverbürgungen des Grundgesetzes, weil insofern anderenfalls mittelbar-faktisch der Unionsrechtsakt auf seine Vereinbarkeit mit deutschen Grundrechten überprüft würde.[244] Diese Vorgehensweise des Bundesverfassungsgerichts überzeugt, weil es bei strikt unionsrechtlich determinierten Rechtsakten anderenfalls de facto zu einer Prüfung der Grundrechtskonformität der Richtlinie käme, was der Solange II-Rechtsprechung widerspräche.[245] Eine Prüfung findet nur insoweit statt, wie der nationale Gesetzgeber über die zwingenden Vorgaben der Richtlinie hinausgegangen ist, weil insoweit die Überprüfung eines Rechtsakts der unionalen Stellen nicht in Rede steht.[246] Etwas anderes muss – auf dem Boden der Rechtsprechung des Bundesverfassungsgerichts – jedoch gelten, wenn der Gesetzgeber im Fall der Eins-zu-Eins-Umsetzung eine Richtlinie in ein nationales Gesetz transformiert, die jedoch die Verfassungsidentität des Grundgesetzes aus Art. 23 Abs. 1 Satz 3 in Verbindung mit Art. 79 Abs. 3 GG verletzt.[247] Hier müsste das nationale Gesetz für nichtig, da verfassungswidrig, erklärt werden –

[241] Siehe dazu *Hoppe*, Die Europäisierung der Gesetzgebung: Der 80-Prozent-Mythos lebt, EuZW 2009, 168 f. Vgl. auch *Simon*, Grenzen des Bundesverfassungsgerichts im europäischen Integrationsprozess, 2016, S. 155 ff.

[242] So die Berechnungen von *Töller*, Mythen und Methoden. Zur Messung der Europäisierung der Gesetzgebung des Deutschen Bundestages jenseits des 80-Prozent-Mythos, ZParl 2008, 3 ff. (insb. 9) in Bezug auf Gesetze mit „europäischen Impulsen“. Kritisch zur Methode: *Hoppe*, Die Europäisierung der Gesetzgebung: Der 80-Prozent-Mythos lebt, EuZW 2009, 168 (168).

[243] Damit sind hier Fälle gemeint, in denen der nationale Gesetzgeber ohne eigenen Gestaltungsspielraum – weil es sich um eine vollharmonisierende Richtlinie handelt – die Richtlinienbestimmungen in ein deutsches Gesetz überführt. Vgl. dazu auch *Schwarze*, Richtlinienumsetzung „eins zu eins“, in: Festschrift Scholz, 2007, S. 167 ff.

[244] BVerfGE 118, 79 (95) – Emissionshandel; BVerfGE 125, 260 (306) – Vorratsdatenspeicherung; BVerfGE 129, 78 (90) – Le Corbusier; BVerfGE 129, 186 (199) – Investitionszulagengesetz.

[245] So auch *Sauer*, Staatsrecht III, 6. Aufl. 2020, § 9 Rn. 91.

[246] BVerfGE 125, 260 (306 f.) – Vorratsdatenspeicherung.

[247] Vgl. schon *Wolff*, De lege ferenda: Das Integrationskontrollverfahren, DÖV 2010, 49 (54). So auch *Sauer*, Staatsrecht III, 6. Aufl. 2020, § 9 Rn. 96 und *Schönemeyer*, Die Pflicht des Bundesverfassungsgerichts zur Vorlage an den Gerichtshof der Europäischen Union gem. Art. 267 Abs. 3 AEUV, 2014, S. 112 f. Ist die Richtlinie kompetenzwidrig ergangen, prüft das Bundesverfassungsgericht das nationale Gesetz insbesondere auf die Einhaltung der Grund-

Folge wäre, dass die europäische Richtlinie durch die Bundesrepublik Deutschland nicht umgesetzt und auf Unionsebene mit entsprechenden Sanktionen zu rechnen wäre.[248] Eine derartige Feststellung der Verfassungswidrigkeit und Nichtigkeit des nationalen Umsetzungsgesetzes ist sowohl im Verfahren der abstrakten wie auch der konkreten Normenkontrolle denkbar.

Durch den neu zugeschnittenen Prüfungsmaßstab in den „Recht auf Vergessen"-Beschlüssen ist künftig auch damit zu rechnen, dass vollharmonisierte Umsetzungsgesetze vom Bundesverfassungsgericht auf die Wahrung der Grundrechte der Grundrechte-Charta hin untersucht werden.[249]

III. Unmittelbare Kontrolle unionaler Handlungen?

Tauglicher Antragsgegenstand im Rahmen der abstrakten wie der konkreten Normenkontrolle kann nur ein deutsches Gesetz sein: Handlungen der unionalen Organe, Einrichtungen und sonstigen Stellen der Europäischen Union sind – wie oben auch im Rahmen der Diskussion um den statthaften Beschwerdegegenstand bei der Verfassungsbeschwerde herausgearbeitet –[250] kein tauglicher Antragsgegenstand der Normenkontrollen.[251] Denn dieser muss „Bundes- oder Landesrecht" (vgl. Art. 93 Abs. 1 Nr. 2 GG, § 76 Abs. 1 Nr. 1 BVerfGG) beziehungsweise ein „Gesetz" (vgl. Art. 100 Abs. 1 Satz 1 GG) sein, womit im systematischen Zusammenhang und dem Auftrag des Bundesverfassungsgerichts entsprechend, die an die Grundrechte nach Art. 1 Abs. 3 GG gebundene Staatsgewalt zu kontrollieren, nur deutsche Gesetze gemeint sein können.[252]

---

rechte des Grundgesetzes, weil die Bindung der deutschen Stellen nach Art. 1 Abs. 3 GG in diesem Fall wieder auflebt, siehe dazu schon oben Dritter Teil B. III. (S. 215 ff.).

[248] Die Gegenmaßnahmen eines unionsrechtlichen Staatshaftungsanspruchs sowie eines zulässigen und begründeten Vertragsverletzungsverfahrens nach Art. 258 ff. AEUV sind nach der Rechtsprechung des Bundesverfassungsgerichts grundsätzlich hinzunehmen, da der Schutz der Verfassungsidentität aus Art. 23 Abs. 1 Satz 3 in Verbindung mit Art. 79 Abs. 3 GG Vorrang beanspruche. Vgl. BVerfGE 123, 267 (400) – Lissabon: „Inkaufnahme entsprechender Konsequenzen im Staatenverkehr".

[249] BVerfGE 152, 152 ff. – Recht auf Vergessen I und BVerfGE 152, 216 ff. – Recht auf Vergessen II. Dazu oben Dritter Teil A. VII. (S. 201 ff.). Dies ist jedoch nicht zweifelsfrei, weil das Bundesverfassungsgericht in den „Recht auf Vergessen"-Beschlüssen betont hat, dass es lediglich eine Prüfungskompetenz in Anspruch nimmt, wenn und soweit die richtige Anwendung der Charta-Grundrechte durch die Fachgerichte in Rede steht (siehe dazu BVerfGE 152, 216 [237 Rn. 51 f.] – Recht auf Vergessen II).

[250] Siehe dazu oben Fünfter Teil A. I. (S. 318 ff.).

[251] Ausführlich dazu *Flick*, Handeln „ultra vires" der Europäischen Gemeinschaft, 2001, S. 123 ff. Vgl. auch *Eibach*, Das Recht der Europäischen Gemeinschaften als Prüfungsgegenstand des Bundesverfassungsgerichts, 1986, S. 32 ff. Zu möglichen Folgen der Beschlüsse zum „Recht auf Vergessen" siehe *E. Klein*, Kompetenzielle Würdigung und verfassungsprozessuale Konsequenzen der „Recht auf Vergessen"-Entscheidungen, DÖV 2020, 341 (346 f.).

[252] In diese Richtung auch *Sauer*, Staatsrecht III, 6. Aufl. 2020, § 9 Rn. 102. A. A. *Polzin*, Das Rangverhältnis von Verfassungs- und Unionsrecht nach der neuesten Rechtsprechung des BVerfG, JuS 2012, 1 (4), die im Rahmen eines Fallbeispiels hinsichtlich einer etwaigen Verfas-

Fraglich ist in diesem Zusammenhang allerdings das Schicksal der Solange-Rechtsprechung:[253] Verfassungsbeschwerden sollen hiernach dann zulässig sein, wenn der Beschwerdeführer geltend macht, dass auf Unionsebene generell kein vergleichbarer Grundrechtsschutz mehr besteht. Wenn ein Gericht für eine Maßnahme der Unionsstellen die deutschen Grundrechte reaktivieren möchte, weil es der Auffassung ist, dass auf unionaler Ebene strukturell kein vergleichbarer Grundrechtsschutz mehr gewährleistet ist, dann soll es diese unionale Handlung dem Bundesverfassungsgericht nach Art. 100 Abs. 1 Satz 1 GG vorlegen können. Im OMT-Urteil hat das Bundesverfassungsgericht allerdings – in Abkehr von seiner bisherigen Rechtsprechung – entschieden, dass Akte öffentlicher Gewalt im Sinne des Art. 93 Abs. 1 Nr. 4 lit. a GG und des § 90 Abs. 1 BVerfGG nur Handlungen der *deutschen* öffentlichen Gewalt sein können.[254] Jedenfalls für Verfassungsbeschwerden scheint sich daher die prozessuale Rügemöglichkeit der ohnehin nur sehr theoretischen Residualkompetenz aus „Solange II/Bananenmarkt“ in Bezug auf unionsunmittelbare Verhaltensweisen weitgehend erledigt zu haben. Konsequent dürfte es daher sein, auch bei Gerichtsvorlagen im Wege der konkreten Normenkontrolle, die unmittelbar Handlungen der Unionsstellen betreffen, von der Unzulässigkeit auszugehen. Dann wäre jedoch infolge fehlender unmittelbarer verfassungsprozessualer Rügbarkeit der Solange II-Rechtsprechung der Boden erheblich entzogen. Sie könnte allein dadurch noch aufgegriffen werden, dass ein Durchführungsakt deutscher Staatsorgane zum Prüfungsgegenstand gemacht wird, weil diese Staatsorgane beispielsweise eine Verordnung oder Richtlinie berücksichtigten, obwohl auf Unionsebene nicht einmal mehr ein Mindeststandard an Grundrechtsschutz gewährleistet werde.[255]

Nach hier befürworteter Ansicht stellt sich dieses Problem jedoch nicht: Das Zustimmungsgesetz zu den europäischen Primärverträgen, das dem Unionsrecht in der Bundesrepublik Deutschland erst unmittelbare Geltung und Anwendbarkeit verschafft, muss stets die Anforderungen des Art. 23 Abs. 1 Satz 1 GG erfüllen: Auf Unionsebene ist also fortlaufend ein im Wesentlichen vergleichbarer Grundrechtsschutz zu gewährleisten. Ist dies nicht der Fall, kann mithilfe der abstrakten wie auch der konkreten Normenkontrolle das Zustimmungsgesetz (in Gänze oder nur in Teilen bezogen auf einzelne Vertragsbestim-

---

sungsidentitätsverletzung auch ein EuGH-Urteil als statthaften Antragsgegenstand im Rahmen der abstrakten Normenkontrolle ausreichen lässt.

[253] Siehe dazu auch *Sauer*, Staatsrecht III, 6. Aufl. 2020, § 9 Rn. 102.

[254] BVerfGE 142, 123 (179 Rn. 97): „Maßnahmen von Organen, Einrichtungen und sonstigen Stellen der Europäischen Union sind keine Akte deutscher öffentlicher Gewalt im Sinne von Art. 93 Abs. 1 Nr. 4a GG, § 90 Abs. 1 BVerfGG und daher auch nicht unmittelbar Beschwerdegegenstand im Verfahren der Verfassungsbeschwerde […].“ Siehe dazu umfassend oben Fünfter Teil A. I. 2. a) (S. 321 ff.).

[255] Vgl. *Sauer*, Der novellierte Kontrollzugriff des Bundesverfassungsgerichts auf das Unionsrecht, EuR 2017, 186 (203).

mungen) dem Bundesverfassungsgericht zur Prüfung eines Verstoßes gegen Art. 23 Abs. 1 Satz 1 GG vorgelegt werden.[256]

IV. Rechtsgedanke des Art. 100 Abs. 1 GG für eine Entscheidungsmonopolisierung

Daneben wird der Rechtsgedanke der konkreten Normenkontrolle durch das Bundesverfassungsgericht auch insofern bemüht, als die Fachgerichte, wenn sie von einem Handeln der unionalen Stellen außerhalb der der Europäischen Union zustehenden Verbandskompetenz oder von einer Verfassungsidentitätsverletzung ausgehen, das Bundesverfassungsgericht mit dieser Frage befassen müssen.[257] Dabei geht es aber nicht um eine konkrete Normenkontrolle im eigentlichen Sinn, sondern das Rechtsprechungsmonopol des Bundesverfassungsgerichts für die Feststellung eines ultra-vires-Akts respektive einer Verfassungsidentitätsverletzung durch Handlungen der unionalen Stellen ist Ausdruck einer unionsrechtsfreundlichen Ausübung der nationalen Residualkompetenzen. Zur Begründung dieses Monopols beim Bundesverfassungsgericht wird durchaus zutreffend auch der in Art. 100 Abs. 1 Satz 1 GG zum Ausdruck kommende Rechtsgedanke herangezogen.[258] Denn durch das in Art. 100 Abs. 1 Satz 1 GG enthaltene Verwerfungsmonopol des Bundesverfassungsgerichts soll allgemein der unmittelbar demokratisch legitimierte Gesetzgeber, der ein formelles, nachkonstitutionelles Gesetz erlassen hat, geschützt werden.[259] Dieses Schutzes bedarf auch das auf der Grundlage von Art. 23 Abs. 1 Satz 2 GG erlassene Zustim-

---

[256] Diese Lösung entspricht auch der Stellungnahme des Bundesjustizministers im Verfahren vor der Solange I-Entscheidung. Dieser hielt die konkrete Normenkontrolle, bei der Antragsgegenstand eine Verordnung der EWG war, für unzulässig: „Vielmehr müsse das Gericht in einem solchen Fall gemäß Art. 100 Abs. 1 GG dem Bundesverfassungsgericht die Frage vorlegen, ob Art. 1 des Vertragsgesetzes zum EWG-Vertrag in Verbindung mit den Kompetenznormen des Vertrags mit dem Inhalt, mit dem die Gemeinschaftsorgane durch die in Frage stehende Verordnung von ihnen Gebrauch gemacht hätten, mit dem Grundgesetz vereinbar seien." – BVerfGE 37, 271 (276) – Solange I.

[257] Vgl. BVerfGE 123, 267 (354) – Lissabon. Siehe dazu schon oben Zweiter Teil B. VI. 2. (S. 44 f.) und Vierter Teil B. II. (S. 228 ff.).

[258] *Möller*, Verfassungsrechtlicher Grundrechtsschutz gegen Gemeinschaftsrecht, Jura 2006, 91 (94); *Streinz*, Der Kontrollvorbehalt des BVerfG gegenüber dem EuGH nach dem Lissabon-Urteil und dem Honeywell-Beschluss, in: Festschrift Stern, 2012, S. 963 (976). Zweifel äußert hingegen *Dederer*, in: Maunz/Dürig, GG, Art. 100 Rn. 116 f. (Stand: 70. EGL. Dezember 2013). Dieser hält aber die Inanspruchnahme des Monopols im Verhältnis zu den Fachgerichten als Rechtsfortbildung durchaus für zulässig; ebd., Rn. 118. Kritisch zum Ganzen: *Funke*, Virtuelle verfassungsgerichtliche Kontrolle von EU-Rechtsakten: der Schlußstein?, ZG 2011, 166 (177), der aber Art. 100 Abs. 2 GG als Begründungsansatz andeutet. *Hillgruber/Goos*, Verfassungsprozessrecht, 5. Aufl. 2020, Rn. 792 plädieren auf der Basis des geltenden Verfassungsrechts für eine von den Fachgerichten vorgenommene, unionsrechtsfreundliche ultra-vires-Kontrolle.

[259] Vgl. nur *Dederer*, in: Maunz/Dürig, GG, Art. 100 Rn. 20 (Stand: 70. EGL. Dezember 2013).

mungsgesetz, welches erst die Handlungen der Unionsstellen legitimiert. Durch das Zustimmungsgesetz ist auch die einheitliche Anwendung des supranationalen Rechts intendiert, welche nicht durch zahlreiche dezentrale Entscheidungen einfacher Gerichte torpediert werden soll.[260]

In neueren Entscheidungen zieht das Bundesverfassungsgericht zwecks argumentativer Abstützung für sein Rechtsprechungsmonopol auch den Rechtsgedanken des Art. 100 Abs. 2 GG heran.[261] Nach Art. 100 Abs. 2 GG hat das einfache Gericht die Entscheidung des Bundesverfassungsgerichts einzuholen, wenn in einem anhängigen Rechtsstreit *zweifelhaft* ist, ob eine Regel des Völkerrechts Bestandteil des Bundesrechts ist und ob sie unmittelbar Rechte und Pflichten für den Einzelnen erzeugt.

In Folge dieser zusätzlichen argumentativen Abstützung ergibt sich nun die – im Schrifttum soweit ersichtlich bislang noch nicht diskutierte – Frage, ob das einfache Gericht auf dem Boden der bundesverfassungsgerichtlichen Rechtsprechung schon bei Zweifeln über das Vorliegen eines ultra-vires-Akts oder einer Verfassungsidentitätsverletzung das Bundesverfassungsgericht anrufen muss oder ob die Überzeugung eines Verstoßes notwendig ist. Mit anderen Worten ist fraglich, ob der Rechtsgedanke des Art. 100 Abs. 1 Satz 1 GG, wonach die Überzeugung des vorlegenden Gerichts erforderlich ist, oder derjenige des Art. 100 Abs. 2 GG, nach welchem Zweifel ausreichen, überwiegt.

Mehr spricht dafür, die Überzeugung des einfachen nationalen Gerichts von dem Vorliegen eines ultra-vires-Akts respektive einer Verfassungsidentitätsverletzung zu fordern. Der primärer Schutzzweck des Entscheidungsmonopols des Bundesverfassungsgerichts liegt darin, dass einfache Gerichte nicht aus eigener Machtvollkommenheit heraus dem Unionsrecht in der Bundesrepublik Deutschland die Anwendbarkeit versagen sollen. Geschützt werden soll der Zustimmungsgesetzgeber, der sich durch die Zuweisung eines weitgehenden Kontrollmonopols an den Europäischen Gerichtshof für die einheitliche Geltung des Unionsrechts als maßgeblichen Pfeiler der Unionsrechtsordnung entschieden hat. Aus diesem Schutzzweck ergibt sich, dass das mitgliedstaatliche Gericht vom Vorliegen einer Verfassungsidentitätsverletzung oder eines ultra-vires-Akts überzeugt sein muss. Negative Auswirkungen auf die Rechtsstellung der Prozessbeteiligten ergeben sich dadurch nicht: Da regelmäßig eine Grundrechtsverletzung – jedenfalls eine solche der allgemeinen Handlungsfreiheit des Art. 2 Abs. 1 GG – bei die Struktursicherungsklausel verletzenden Verhaltens-

[260] *Huber*, Die Ultra-vires-Rüge, in: Festschrift Landau, 2016, S. 233 (241) zieht zur Begründung des Entscheidungsmonopols des Bundesverfassungsgerichts daneben die Erwägung heran, dass das Bundesverfassungsgericht auch eine politische Folgenberücksichtigung vorzunehmen imstande sei, bei der insbesondere die integrationspolitischen Auswirkungen berücksichtigt werden können.

[261] BVerfGE 140, 317 (337 Rn. 43) – Europäischer Haftbefehl II; BVerfGE 142, 123 (204 Rn. 155) – OMT-Urteil.

weisen nicht ausgeschlossen ist, steht ihnen nach dem fachgerichtlichen Urteil der Weg zum Bundesverfassungsgericht mittels der Verfassungsbeschwerde offen.

Aufgrund der intendierten unionsweiten einheitlichen Rechtsgeltung und der gravierenden Auswirkungen auf den gesamten Integrationsprozess gilt das Rechtsprechungsmonopol des Bundesverfassungsgerichts (erst recht) auch für die Tätigkeit anderer staatlicher Stellen – insbesondere ist es den politischen Organen Bundestag und Bundesregierung auch gar nicht möglich und zumutbar, vor einer Entscheidung des Bundesverfassungsgerichts komplexe rechtliche Erwägungen zum (Nicht-)Vorliegen eines ultra-vires-Akts respektive einer Verfassungsidentitätsverletzung vorzunehmen.[262]

D. Entscheidungsausspruch und Rechtsfolgen einer festgestellten Strukturverletzung

Nachdem geklärt ist, wie der bundesverfassungsgerichtliche Zugriff auf möglicherweise die Struktursicherungsklausel des Art. 23 Abs. 1 Satz 1 GG respektive die Verfassungsidentität gemäß Art. 23 Abs. 1 Satz 3 in Verbindung mit Art. 79 Abs. 3 GG[263] verletzende Verhaltensweisen der Europäischen Union hergestellt werden kann, soll in diesem abschließenden Abschnitt noch die Frage beantwortet werden, welche Rechtsfolgen ein Art. 23 Abs. 1 Satz 1 GG verletzender Akt der Unionsstellen nach sich zieht und wie sich deutsche Staats- und Verfassungsorgane in einem solchen Fall zu verhalten haben.

Dabei ist auch hier eine Unterscheidung zwischen unionsunmittelbaren und mitgliedstaatlich vermittelten Handlungen der Europäischen Union angezeigt. Diese „mitgliedstaatliche Vermittlung" wird hier wiederum in einem umfassenden Sinn verstanden: Entweder handelt es sich bei der Mitwirkung der nationalen Organe um den klassischen dezentralen Vollzug von Unionsrecht im Sinne des Art. 291 Abs. 1 AEUV oder wird diese Mitwirkung bereits allein dadurch hergestellt, dass ein nationaler Rechtsstreit mit unionsrechtlichen Bezügen bei einem deutschen Gericht anhängig ist. Daneben sind Verletzungen der Struktursicherungsklausel des Art. 23 Abs. 1 Satz 1 GG durch die Organe, Einrichtungen und sonstigen Stellen der Union aber auch losgelöst von einer Beteiligung der deutschen Behörden und Staatsorgane denkbar. Den Ausgangspunkt bildet

[262] Daher scheiden etwaige Unterlassungen der Verfassungsorgane mit Integrationsverantwortung richtigerweise – entgegen der Rechtsprechung des Bundesverfassungsgerichts – als statthafte Beschwerdegegenstände aus (siehe dazu oben Fünfter Teil A. I. 2. b) cc) (S. 329 ff.).

[263] Wie dargelegt, ist eine Verletzung der Verfassungsidentität durch abgeleitetes Unionsrecht nur theoretisch denkbar – wenn im Folgenden allein eine mögliche Verletzung des Art. 23 Abs. 1 Satz 1 GG genannt wird, so sei Art. 23 Abs. 1 Satz 3 in Verbindung mit Art. 79 Abs. 3 GG aber stets mitgemeint.

dabei – in Anknüpfung an die vorangegangenen Ausführungen – die Feststellung, dass das Zustimmungsgesetz zum europäischen Primärrecht bei einem Verstoß gegen Art. 23 Abs. 1 Satz 1 GG teilweise verfassungswidrig wird, soweit es den Erlass eines solchen Rechtsakts auf Unionsebene erlaubt.

I. Teilweise Verfassungswidrigkeit des Zustimmungsgesetzes als Ausgangspunkt

Die Bundesrepublik Deutschland darf sich nach Art. 23 Abs. 1 Satz 1 GG nur dann am europäischen Integrationsprozess beteiligen, wenn auf der Ebene der Europäischen Union demokratische, rechtsstaatliche, soziale und föderative Grundsätze sowie der Grundsatz der Subsidiarität und ein im Wesentlichen vergleichbarer Grundrechtsschutz gewährleistet werden. Nur bei Beachtung dieser Grundsätze vermag das Zustimmungsgesetz im Sinne des Art. 23 Abs. 1 Satz 2 GG die Anwendung des Unionsrechts in der Bundesrepublik Deutschland zu legitimieren. Kommt es infolge einer oder mehrerer Handlungen der Europäischen Union zu einem vom Bundesverfassungsgericht festgestellten Verstoß gegen Art. 23 Abs. 1 Satz 1 GG, so kann das Zustimmungsgesetz innerstaatlich verfassungsrechtlich die Anwendbarkeit des Unionsrechts in der Bundesrepublik Deutschland nicht rechtfertigen – es wird insoweit verfassungswidrig, als die primärrechtliche Vertragsgrundlage ein derartiges Handeln der unionalen Stellen zulässt.[264] Dieses Ergebnis führt aber noch nicht dazu, dass die Verfassungsorgane ein Austrittsverlangen nach Art. 50 EUV zu stellen haben; die Rechtsfolgen hängen vielmehr von der konkreten Situation des Falls ab (dazu II. und III.). Möglicherweise kann zum Beispiel im Sinne der Europarechtsfreundlichkeit des Grundgesetzes und vor allem dessen Integrationsverpflichtung in Art. 23 Abs. 1 Satz 1 GG auch in Betracht kommen, die Verfassungswidrigkeit des Zustimmungsgesetzes für einen mehrjährigen Zeitraum aufzuschieben, um

[264] Nichtig ist in einem solchen Fall lediglich die Bestimmung des europäischen Primärrechts, die die unionalen Stellen zu dem ultra-vires- respektive verfassungsidentitätsverletzenden Handeln befähigt und die durch das Zustimmungsgesetz in das deutsche Recht hineinwirkt – hingegen ist nicht das gesamte europäische Vertragsrecht nichtig; so auch mit Bezug auf die Verordnungsermächtigung in Art. 189 EWGV (den heutigen Art. 288 AEUV) BVerfGE 22, 134 (152): „Selbst wenn man diese Vorschrift […] für verfassungswidrig erachten sollte, so würde doch damit Art. 1 des Vertragsgesetzes nicht insgesamt nichtig werden; die Gültigkeit der übrigen Vertragsbestimmungen in der Bundesrepublik Deutschland bliebe unberührt." Tenoriert werden müsste, dass das Zustimmungsgesetz zu einem bestimmten Artikel des EUV respektive des AEUV insoweit nichtig ist, wie es in der Bundesrepublik Deutschland dessen Geltung anordnet. Vgl. hierzu auch schon *Streinz*, Bundesverfassungsgerichtlicher Grundrechtsschutz und Europäisches Gemeinschaftsrecht, 1989, S. 166. Dieser gibt ebd., S. 167 auch einen Tenorierungsvorschlag, wenn einem Sekundärrechtsakt die Anwendbarkeit in der Bundesrepublik Deutschland versagt bleiben soll: Dann ist das Zustimmungsgesetz zu den europäischen Primärverträgen insoweit nichtig, wie es durch Zustimmung zu Art. 288 AEUV die Geltung einer näher bezeichneten Verordnung beziehungsweise Richtlinie etc. anordnet.

den Verfassungsorganen die Möglichkeit zu geben, auf politischem Weg – insbesondere durch Initiativen zu Vertragsänderungen – die Grundsatzverletzung zu beseitigen.[265]

II. Strukturverletzung bei mitgliedstaatlich vermitteltem Handeln der Union

Zunächst gilt es, den Fall zu behandeln, bei dem das – als Verstoß gegen Art. 23 Abs. 1 Satz 1 GG identifizierte – Handeln der Unionsstellen einer Mitwirkung der deutschen Behörden oder Gerichte bedarf. Nach hier vertretener Konzeption ist dabei auch stets eine Entscheidung des Europäischen Gerichtshofs zu berücksichtigen, da erst hiernach die Feststellung einer Grundsatzverletzung überhaupt möglich ist.

Wegen der umfassenden Bindung, die Entscheidungen des Europäischen Gerichtshofs nach dessen gefestigter Rechtsprechung sowohl für die Zukunft, aber gleichsam auch ex tunc für die Vergangenheit beanspruchen,[266] haben deutsche Behörden und Gerichte dieses Urteil in einem Rechtsstreit grundsätzlich zu berücksichtigen und entgegenstehendes nationales Recht unangewendet zu lassen. Handelt es sich bei der Entscheidung des Europäischen Gerichtshofs, die anerkannte rechtswissenschaftliche Standards verletzt und die Grenzen der Rechtsfortbildung evident überschritten hat, um einen durch das Bundesverfassungsgericht festgestellten Verstoß gegen Art. 23 Abs. 1 Satz 1 GG, so ergeben sich für die deutschen Organe folgende Reaktionspflichten: Durch die Feststellung der Unanwendbarkeit des Rechtsakts respektive des Urteils des Europäischen Gerichtshofs auf dem Hoheitsgebiet der Bundesrepublik Deutschland durch das Bundesverfassungsgericht sind deutsche Behörden und Gerichte dazu verpflichtet, diese Entscheidung des Europäischen Gerichtshofs und gegebenenfalls den darin für rechtmäßig erklärten Rechtsakt der unionalen Stellen nicht anzuwenden, sondern in diesem Fall ausschließlich auf das originär nationale Recht für die Entscheidungsfindung zu rekurrieren.[267] Denn insofern vermag das – für die Geltung des Unionsrechts in der Bundesrepublik Deutschland unentbehrliche – Zustimmungsgesetz im Sinne des Art. 23 Abs. 1 Satz 2 GG dem Handeln der Europäischen Union nicht die notwendige innerstaatliche Legitimation zu vermitteln.

---

265 Ähnliche Gedanken bei *Dederer*, Die Grenzen des Vorrangs des Unionsrechts – Zur Vereinheitlichung von Grundrechts-, Ultra-vires- und Identitätskontrolle, JZ 2014, 313 (322) und auch schon bei *Dörr*, Der europäisierte Rechtsschutzauftrag deutscher Gerichte, 2003, S. 272 f. sowie *Streinz*, Bundesverfassungsgerichtlicher Grundrechtsschutz und Europäisches Gemeinschaftsrecht, 1989, S. 177 f.

266 Siehe dazu näher *Thiele*, Europäisches Prozessrecht, 2. Aufl. 2014, § 9 Rn. 114.

267 Vgl. dazu BVerfGE 142, 123 (207 Rn. 162) – OMT-Urteil und BVerfGE 154, 17 (151 Rn. 234) – PSPP-Urteil. Siehe auch *Eifert/Gerberding*, Verfassungsbeschwerde und Unionsgewalt, Jura 2016, 628 (634).

Sollte beispielsweise ein Verwaltungsakt aufgrund einer kompetenzwidrigen Verordnung ergangen sein, die als ultra-vires-Akt identifiziert wurde, so könnten die Staatsorgane verpflichtet sein, diesen nationalen Umsetzungsakt zurückzunehmen.[268] Dies läuft zwar auf einen Verstoß gegen die europäischen Verträge hinaus, weil die Bundesrepublik Deutschland einen Unionsrechtsakt entgegen dem Effektivitätsgrundsatz aus Art. 4 Abs. 3 EUV bewusst unbeachtet lässt, was mit einem Vertragsverletzungsverfahren nach Art. 258 ff. AEUV geahndet werden könnte.[269] Doch ist dieser Verstoß gegen Völkervertragsrecht vor dem Hintergrund des zwingenden Verfassungsrechts und dem Charakter des Art. 23 Abs. 1 Satz 1 GG als Struktursicherungsklausel hinzunehmen.[270] Es zeigt sich, dass diese erste – und bei möglichen ultra-vires- oder verfassungsidentitätsverletzenden Handlungen wahrscheinlichere – Fallkonstellation auf der Rechtsfolgenseite für die deutschen Staatsorgane, freilich abgesehen von dem offen zu Tage tretenden „Ungehorsam" gegenüber der Europäischen Union im Allgemeinen und dem Europäischen Gerichtshof im Besonderen,[271] relativ

[268] Das der nationalen Behörde bei der Rücknahme rechtswidriger Verwaltungsakte grundsätzlich zustehende Ermessen nach § 48 Abs. 1 Satz 1 VwVfG könnte zumindest in einer den Bürger gravierend belastenden Situation auf Null reduziert sein. Wenn der Gesetzgeber hingegen ein Umsetzungsgesetz zu einer kompetenzwidrigen Richtlinie erlassen hat, so besteht nicht automatisch eine Aufhebungspflicht, weil der unmittelbar demokratisch legitimierte Gesetzgeber über einen Beurteilungsspielraum hinsichtlich des weiteren Vorgehens verfügt und auch zu dem Ergebnis gelangen kann, dass das nationale Gesetz trotz der Rechtswidrigkeit der ihm zugrunde liegenden Richtlinie Bestand haben soll, wenn es nicht zugleich auch die geschützten Grundsätze des Art. 79 Abs. 3 GG verletzt.

[269] Vgl. *Bergmann/Karpenstein*, Identitäts- und Ultra-vires-Kontrolle durch das Bundesverfassungsgericht – Zur Notwendigkeit einer gesetzlichen Vorlageverpflichtung, ZEuS 2009, 529 (538) und *Everling*, Europas Zukunft unter der Kontrolle der nationalen Verfassungsgerichte, EuR 2010, 91 (104). Nach der wenig überzeugenden und auch nicht näher begründeten Ansicht von *Gerhardt*, Europa als Rechtsgemeinschaft: Der Beitrag des Bundesverfassungsgerichts, ZRP 2010, 161 (165) sei die Europäische Union allerdings „zu einseitigen Maßnahmen, namentlich Vertragsverletzungsverfahren, nicht legitimiert".

[270] Vgl. auch *Dederer*, Die Grenzen des Vorrangs des Unionsrechts – Zur Vereinheitlichung von Grundrechts-, Ultra-vires- und Identitätskontrolle, JZ 2014, 313 (321 f.). Wie oben bereits ausgeführt (Zweiter Teil B. VI. 1., S. 42 ff.) hätte das Bundesverfassungsgericht zur Vermeidung eines Völkerrechtsverstoßes bei der Ratifikation des Vertrags von Lissabon verlangen müssen, dass zugleich ein völkerrechtlicher Vorbehalt (vgl. Art. 2 Abs. 1 lit. d der Wiener Vertragsrechtskonvention) erklärt wird, mithilfe dessen der Bundesrepublik Deutschland auch im Verhältnis zur Europäischen Union und den anderen Vertragsstaaten die Möglichkeit einer ultra-vires-Kontrolle zugesichert worden wäre.

[271] Ob die Unionsstellen oder die anderen Mitgliedstaaten tatsächlich ein Vertragsverletzungsverfahren nach Art. 258 ff. AEUV initiieren würden, kann nicht prognostiziert werden. Die Kommission ist bei Urteilen der nationalen Gerichte zwar eher zurückhaltend und wäre sich auch der Gefahr bewusst, die mit einer solchen „Eskalation" einhergeht: Sollte die Grundsatzverletzung nicht beseitigt werden können, steht am Ende zu befürchten, dass das Bundesverfassungsgericht verlangt, dass ein Austrittsverlangen nach Art. 50 EUV gestellt werden müsse. Ein solcher Konflikt lässt sich dann nicht mehr mit den Mitteln des Rechts, sondern nur noch auf politischer Ebene lösen, vgl. dazu auch *Mager*, Staatsrecht I, 9. Aufl. 2021, Rn. 78 und *Schweitzer/Dederer*, Staatsrecht III, 12. Aufl. 2020, Rn. 223. Nach dem im PSPP-Urteil

problemlos dazu führt, dass die die Struktursicherungsklausel verletzende Verhaltensweise keine Auswirkungen in der Bundesrepublik Deutschland zeitigt.

III. Strukturverletzung ohne mitgliedstaatlich vermitteltes Handeln der Union

Die Bewältigung der Problematik von gegen die Grundsätze des Art. 23 Abs. 1 Satz 1 GG verstoßenden unionsunmittelbaren Verhaltensweisen ist hingegen besonders schwierig, weil hier die schlichte Nichtbeachtung der Entscheidung des Europäischen Gerichtshofs und der ihr zugrunde liegenden Handlungen der Unionsstellen nicht ausreicht, um die Folgen der Verletzung der Struktursicherungsklausel zu verhindern.[272] Paradigmatisch hierfür stand bereits das OMT-Verfahren: Wäre das Bundesverfassungsgericht davon ausgegangen, dass es sich bei dem beschlossenen Staatsanleihenankaufprogramm des Rates der Europäischen Zentralbank um einen beachtlichen ultra-vires-Akt oder eine Verfassungsidentitätsverletzung handelte, hätte nicht ausgereicht, das Handeln der Unionsstelle für in Deutschland unanwendbar zu erklären – der Rat der Europäischen Zentralbank hätte sich an eine Entscheidung eines nationalen Verfassungsgerichts nicht gebunden gefühlt und auch mit Wirkung für die Bundesrepublik Deutschland das Anleihekaufprogramm umgesetzt.[273] Um dies zu verhindern, verpflichtete das Bundesverfassungsgericht die Deutsche Bundesbank im PSPP-Urteil dazu, sich nach einer Übergangsfrist von höchstens drei Monaten nicht mehr am Anleihekaufprogramm zu beteiligen, wenn bis dahin nicht (was allerdings geschehen ist) die Durchführung einer Verhältnismäßigkeitsprüfung nachgewiesen wurde.[274]

Auch die Nichtanerkennung eines Urteils des Europäischen Gerichtshofs kann die Möglichkeit der Initiierung eines Vertragsverletzungsverfahrens nach

festgestellten ultra-vires-Handeln des Europäischen Gerichtshofs und der Europäischen Zentralbank hat die Kommission aber nach einigem Zögern ein förmliches Vertragsverletzungsverfahren eingeleitet.

[272] Treffend *Eifert/Gerberding*, Verfassungsbeschwerde und Unionsgewalt, Jura 2016, 628 (635): „Eine verfassungsgerichtliche Feststellung der innerstaatlichen Unanwendbarkeit ginge ins Leere."

[273] Möglich erscheint, dass die Deutsche Bundesbank im Urteil dazu verpflichtet worden wäre, an dem Anleihenankaufprogramm nicht mitzuwirken. Hierdurch wären die finanz- und wirtschaftspolitischen Auswirkungen des OMT-Programms aber wohl nicht gänzlich gemindert worden. Hinzu kommt, dass die Deutsche Bundesbank, die als Teil des Europäischen Systems der Zentralbanken „zwischen zwei Stühlen" sitzt, sich zwei unterschiedlichen Verhaltenserwartungen – derjenigen des Europäischen Gerichtshofs und derjenigen des Bundesverfassungsgerichts – ausgesetzt gesehen hätte und nicht abschließend beurteilt werden kann, welcher Erwartung sie in diesem Fall nachgekommen wäre. Siehe dazu auch *Wegener*, Karlsruher Unheil – Das Urteil des Bundesverfassungsgerichts vom 5. Mai 2020 (2 BvR 859/15) in Sachen Staatsanleihekäufe der Europäischen Zentralbank, EuR 2020, 347 (357).

[274] BVerfGE 154, 17 (151 f. Rn. 235) – PSPP-Urteil.

sich ziehen.[275] Vor allem aber bleibt der Unionsakt in unionsunmittelbaren Fällen – jedenfalls was seine faktischen Auswirkungen betrifft und die besondere Fallgestaltung bei Beschlüssen der Europäischen Zentralbank mit der Beteiligung der Deutschen Bundesbank außer Acht lassend – zunächst einmal in Kraft. Es fragt sich, ob in diesen Fällen bestimmte objektiv-rechtlich begründete Verhaltensverpflichtungen der deutschen Verfassungsorgane *nach* einer entsprechenden Entscheidung des Bundesverfassungsgerichts bestehen, die darauf gerichtet sind, die Grundsatzverletzung der Europäischen Union zu beseitigen.[276] Anknüpfungspunkt ist hierbei die sogenannte Integrationsverantwortung der Verfassungsorgane, nach welcher diese fortlaufend verpflichtet sind, dafür Sorge zu tragen, dass die Europäische Union den Anforderungen des Art. 23 Abs. 1 Satz 1 GG genügt.[277]

Dies ist zu bejahen: Betrachtet man die Struktursicherungsklausel und allgemein die Europarechtsfreundlichkeit des Grundgesetzes, so ergibt sich daraus, dass auf Rechtsfolgenseite wegen der damit verbundenen Auswirkungen primär die deutschen Staats- und Verfassungsorgane verpflichtet sind, auf die Beseitigung dieser Grundsatzverletzung auf Unionsebene hinzuwirken. Dies ist ein milderes und dem Grundgesetz, das die europäische Integration als Staatsziel hervorhebt, eher entsprechendes Mittel als das unmittelbare Verlangen nach der Stellung eines Austrittsantrags gemäß Art. 50 EUV. Eine rechtliche Handlungspflicht zur Wiederherstellung der Grundsätze des Art. 23 Abs. 1 Satz 1 GG besteht also: Dieser können der Deutsche Bundestag und die Bundesregierung auf unterschiedliche Weise (je nach konkreter Fallkonstellation) nachkommen.

Das bedeutet insbesondere für die Bundesregierung, die nach Art. 32 Abs. 1 GG für die Pflege der auswärtigen Beziehungen zuständig ist, dass sie beispielsweise durch intergouvernementale Absprachen oder ihrem Einfluss in den unionalen Entscheidungsgremien auf eine Beseitigung der einen Grundsatzverstoß darstellenden Handlungen hinwirken kann.[278] Im Rahmen der ihm durch das

---

[275] Vgl. *Dietz*, Die gerichtliche Kontrolle der EZB durch den EuGH und das BVerfG – ein Konfliktfall im Verfassungsgerichtsverbund und Eurosystem?, EuZW 2019, 925 (933).

[276] Nach *Hartmann*, Fehlerfolgen: Ist die verfassungsgerichtliche Ultra-vires und Identitätskontrolle aus verfassungsrechtlichen Gründen rechtlich wirkungslos?, Der Staat 60 (2021), S. 387 (422) soll dies nicht der Fall sein: „Aus der Perspektive der Verfassungsorgane, Behörden und Gerichte wird […] die durch § 31 Abs. 1 BVerfGG vermittelte Bindungswirkung an die verfassungsgerichtliche Feststellung, dass die Sekundärrechtsnorm ultra vires oder identitätswidrig erzeugt worden ist, im Wege des Vorrangs des Unionsrechts verdrängt, soweit diese Bindungswirkung die Effektivität des Unionsrechts beeinträchtigen würde. Die Verfassungsorgane, Behörden und Gerichte sind daher im selben Maße zur Vollziehung der Sekundärrechtsnorm verpflichtet, wie sie dies auch vor bzw. ohne Vorliegen einer verfassungsgerichtlichen Entscheidung gewesen sind bzw. wären."

[277] Siehe auch *Sauer*, Der novellierte Kontrollzugriff des Bundesverfassungsgerichts auf das Unionsrecht, EuR 2017, 186 (198): „Strafrechtlich gesprochen sind die deutschen Verfassungsorgane somit Beschützergaranten der Struktursicherung."

[278] Vgl. auch *Gött*, Die ultra vires-Rüge nach dem OMT-Vorlagebeschluss des Bundesverfassungsgerichts, EuR 2014, 514 (529).

Grundgesetz zugewiesenen Kompetenzen kann der Deutsche Bundestag durch Entschließungen oder durch die Kontrolle der Bundesregierung notfalls mithilfe des konstruktiven Misstrauensvotums nach Art. 67 GG die Beeinträchtigungen der Struktursicherungsklausel des Art. 23 Abs. 1 Satz 1 GG auf dem Hoheitsgebiet der Bundesrepublik Deutschland zu minimieren versuchen. Insoweit besteht also Übereinstimmung mit der bundesverfassungsgerichtlichen Rechtsprechung. Dabei handelt es sich allerdings – entgegen der Rechtsprechung des Bundesverfassungsgerichts – um Pflichten, die erst *nach* einer entsprechenden Entscheidung des Bundesverfassungsgerichts entstehen: Unstatthaft ist, über eine Unterlassungsrüge im Vorfeld diese Verhaltensverpflichtungen dem Bundesverfassungsgericht als Beschwerdegegenstand zur Prüfung vorzulegen.[279]

Verfassungsprozessual kommt nach hier vertretener Auffassung de constitutione lata[280] – entgegen der Rechtsprechung des Bundesverfassungsgerichts, die über Art. 38 Abs. 1 Satz 1 GG auch eine Verfassungsbeschwerde für statthaft hält – nur das abstrakte Normenkontrollverfahren in Betracht, mit dem überprüft werden kann, ob das Zustimmungsgesetz vor dem Hintergrund des Art. 23 Abs. 1 Satz 1 GG derartige unionsunmittelbare Handlungen legitimiert.

Sollte die Beseitigung der Grundsatzverletzung der in Art. 23 Abs. 1 Satz 1 GG genannten Sachbereiche auf unionaler Ebene keinen Erfolg haben, so könnte in einer kaum vorstellbaren Situation das Bundesverfassungsgericht die Verfassungsorgane verpflichten, ein Austrittsverlangen nach Art. 50 EUV zu stellen. Die teilweise Verfassungswidrigkeit des Zustimmungsgesetzes und erst recht die Verpflichtung zur Stellung eines Austrittsverlangens nach Art. 50 EUV sind aber – und das sei zum Ende dieser Ausführungen noch einmal mit aller Deutlichkeit hervorgehoben – nur sehr theoretische Optionen, die in der Praxis äußerst unwahrscheinlich sind. Auf diese Weise wird aber die Souveränität der Bundesrepublik Deutschland gesichert, was das gemeinsame Telos der vom Bundesverfassungsgericht entwickelten Residualkompetenzen ist.

E. Zusammenfassung

Für die Überprüfung, ob die Unionsstellen durch ihre Handlungen die Struktursicherungsklausel des Art. 23 Abs. 1 Satz 1 GG oder die Verfassungsidentität nach Art. 23 Abs. 1 Satz 3 in Verbindung mit Art. 79 Abs. 3 GG verletzt haben, kommen mit der Verfassungsbeschwerde, dem Organstreitverfahren sowie den Normenkontrollverfahren verschiedene Verfahren de constitutione lata in Betracht. Beschwerde- respektive Antragsgegenstand ist dabei aber keinesfalls un-

---

[279] Siehe dazu oben Fünfter Teil A. I. 2. b) cc) (S. 329 ff.).

[280] Zu dem Vorschlag der Schaffung eines neuen Verfahrens vor dem Bundesverfassungsgericht zur Kontrolle unionsunmittelbarer Verhaltensweisen siehe oben Fünfter Teil A. II. 3. (S. 359 ff.).

mittelbar das unionale Handeln, sondern stets die Frage, ob das Zustimmungsgesetz zum Vertrag von Lissabon im Sinne des Art. 23 Abs. 1 Satz 2 GG vor dem Hintergrund der Strukturanforderungen des Art. 23 Abs. 1 Satz 1 GG die Unionsstellen zu einem derartigen Verhalten verfassungskonform ermächtigen konnte. Im Rahmen der Verfassungsbeschwerde ist eine Begründung der Beschwerdebefugnis wegen des grundrechtsgleichen Rechts aus Art. 38 Abs. 1 Satz 1 GG für die die Struktursicherungsklausel verletzenden Verhaltensweisen der Unionsstellen abzulehnen; ein neues, eigenständiges objektives Beanstandungsverfahren anzudenken.

Wird in einem zulässigen verfassungsprozessualen Verfahren eine Verletzung des Art. 23 Abs. 1 Satz 1 GG konstatiert, so erweist sich das Zustimmungsgesetz als teilweise verfassungswidrig. Die Staats- und Verfassungsorgane sind dazu angehalten, diese Verfassungsverletzung zu beseitigen und haben dafür Sorge zu tragen, dass die Europäische Union wieder vollumfänglich den Strukturanforderungen des Art. 23 Abs. 1 Satz 1 GG genügt. Bei auf einen mitgliedstaatlichen Umsetzungs- respektive Mitwirkungsakt angewiesenen Unionshandlungen genügt hierfür bereits die Nichtanwendung des fraglichen Unionsakts. Bei unionsunmittelbaren Verhaltensweisen – die unabhängig von einer Mitwirkung der deutschen Staatsorgane Auswirkungen in der Bundesrepublik Deutschland zeitigen – sind die Verfassungsorgane hingegen verpflichtet, insbesondere auf politischem Weg (etwa durch entsprechende Initiativen im Rat der Europäischen Union) auf eine Beseitigung des Verfassungsverstoßes auf unionaler Ebene hinzuwirken. Sollte dies keinen Erfolg haben oder entfernt sich die Europäische Union in möglicherweise zahlreichen Fällen anhaltend von den Strukturanforderungen des Art. 23 Abs. 1 Satz 1 GG, kommt als ultima ratio – in einem praktisch nicht vorstellbaren Szenario – die Anordnung zur Stellung eines Austrittsverlangens aus der Europäischen Union nach Art. 50 EUV durch das Bundesverfassungsgericht in Betracht.

Zusammenfassende Thesen

1. Das Unionsrecht wirkt in die deutsche Rechtsordnung über das Zustimmungsgesetz zum Vertrag von Lissabon im Sinne des Art. 23 Abs. 1 Satz 2 GG hinein. Diesem und auf dessen Grundlage gesetztem Unionsrecht kommt aus teleologischen Gründen Anwendungsvorrang vor dem nationalen einfachen Recht und grundsätzlich auch vor dem Verfassungsrecht zu – anderenfalls könnte sich das supranationale Recht der Europäischen Union nicht wirksam entfalten. Eine Ausnahme muss aber in systematischer Betrachtung für die Struktursicherungsklausel des Art. 23 Abs. 1 Satz 1 GG und die Bestandssicherungsklausel des Art. 23 Abs. 1 Satz 3 in Verbindung mit Art. 79 Abs. 3 GG gelten, da anderenfalls die intendierte Kontrolle des Unionsrechts anhand dieser Verfassungsbestimmungen nicht möglich wäre.[1]

2. Die drei vom Bundesverfassungsgericht entwickelten Residualkompetenzen wurzeln in der Struktursicherungsklausel des Art. 23 Abs. 1 Satz 1 GG. Hiernach muss die Europäische Union, an der sich die Bundesrepublik Deutschland beteiligt, fortlaufend demokratische, rechtsstaatliche, soziale und föderative Grundsätze beachten sowie dem Grundsatz der Subsidiarität verpflichtet sein und einen dem Schutzniveau des Grundgesetzes im Wesentlichen vergleichbaren Grundrechtsstandard gewährleisten.[2]

3. Die Rechtsprechung des Bundesverfassungsgerichts, nach welcher die drei Reservekompetenzen – oder zumindest die Befugnis zur ultra-vires-Kontrolle sowie der Verfassungsidentitätsvorbehalt – in Art. 23 Abs. 1 Satz 3 in Verbindung mit Art. 79 Abs. 3 GG verankert sein sollen, kann nicht überzeugen. Art. 23 Abs. 1 Satz 3 in Verbindung mit Art. 79 Abs. 3 GG richtet sich nach Wortlaut und Telos primär an den vertragsändernden Gesetzgeber, welcher der Europäischen Union weitere Hoheitsrechte für einen vertieften europäischen Integrationsprozess übertragen will. Das Zustimmungsgesetz im Sinne des Art. 23 Abs. 1 Satz 2 GG darf also nicht dazu führen, dass die durch Art. 79 Abs. 3 GG geschützten Staatsstrukturprinzipien der Bundesrepublik Deutschland durch eine Verlagerung von Hoheitsrechten auf die Europäische Union ausgehöhlt werden. Nach der völkerrechtlichen Ratifikation hat Art. 23 Abs. 1 Satz 3 in Verbindung mit Art. 79 Abs. 3 GG für die Residualkompetenzen des

[1] Siehe dazu Zweiter Teil C. VI. (S. 102 ff.).

[2] Siehe dazu insbesondere Vierter Teil D. II. (S. 268 ff.).

Bundesverfassungsgerichts keine entscheidende Bedeutung mehr, weil kaum ein Akt der Unionsstellen denkbar ist, der die Strukturanforderungen der Bundesrepublik Deutschland zu verletzen imstande wäre. Sedes materiae für die Kontrolle unionalen Handelns und damit für die Residualkompetenzen ist vielmehr Art. 23 Abs. 1 Satz 1 GG, der Mindestanforderungen für das Handeln der Europäischen Union aufstellt.[3]

Zur ultra-vires-Kontrolle

4. Die Befugnis zur Vornahme einer ultra-vires-Kontrolle wird vom Bundesverfassungsgericht – nach Andeutungen im Kloppenburg-Beschluss – seit dem Maastricht-Urteil aus dem Jahr 1993 beansprucht. In der Lissabon-Entscheidung wurde die Kontrollkompetenz beim Bundesverfassungsgericht monopolisiert. Der Honeywell-Beschluss aus dem Jahr 2010 formulierte – neben der Voraussetzung der Durchführung eines Vorabentscheidungsverfahrens nach Art. 267 AEUV an den Europäischen Gerichtshof – die bis heute geltenden materiellen Kriterien: Für einen beachtlichen ultra-vires-Akt muss die Kompetenzüberschreitung zum einen „offensichtlich“ sein und zum anderen eine „strukturelle Bedeutung“ im Kompetenzgefüge zwischen der Europäischen Union und ihren Mitgliedstaaten zulasten letzterer zeitigen. Dem OMT-Verfahren lag eine umfangreiche Auseinandersetzung über die Recht- und Verfassungsmäßigkeit des angekündigten Beschlusses des Rates der Europäischen Zentralbank zugrunde, in welchem das Bundesverfassungsgericht schließlich zu Recht ein ultra-vires-Handeln verneint hat. Hingegen hat es im ebenso umfangreichen PSPP-Verfahren wegen Verkennung des kompetenziellen Verhältnismäßigkeitsgrundsatzes in Art. 5 Abs. 1 Satz 2 Alt. 2, Abs. 4 EUV einen ultra-vires-Akt sowohl durch den Rat der Europäischen Zentralbank als auch durch den Europäischen Gerichtshof angenommen, was nicht überzeugen kann.[4]

5. Das Zustimmungsgesetz im Sinne des Art. 23 Abs. 1 Satz 2 GG weist durch die Bezugnahme auf Art. 19 Abs. 1 Uabs. 1 Satz 2 EUV, Art. 263 Uabs. 1, Uabs. 2 Var. 1, Art. 267, 344 AEUV die Aufgabe der Abgrenzung der Kompetenzen zwischen der Europäischen Union und ihren Mitgliedstaaten dem Europäischen Gerichtshof zu. Dessen Entscheidungen sind vom Bundesverfassungsgericht grundsätzlich zu akzeptieren – nur in dem Fall, dass ein Urteil des Europäischen Gerichtshofs methodisch schlechterdings nicht mehr nachvollziehbar erscheint, kommt ein Verstoß gegen rechtsstaatliche Grundsätze nach Art. 23 Abs. 1 Satz 1 GG in Betracht.[5]

[3] Siehe dazu insbesondere Vierter Teil C. II. (S. 247 ff.).
[4] Siehe dazu Zweiter Teil B. (S. 34 ff.).
[5] Siehe dazu Zweiter Teil C. (S. 89 ff.).

6. Auf die vom Bundesverfassungsgericht entwickelten Voraussetzungen der „Offensichtlichkeit“ und „strukturellen Bedeutsamkeit“ des Kompetenzverstoßes sollte verzichtet und die ultra-vires-Prüfung klar zweistufig konzipiert werden: Zunächst ist vor dem Bundesverfassungsgericht in einem zulässigen verfassungsprozessualen Verfahren zu rügen, dass eine näher bestimmte Handlung der Unionsstellen gegen die der Europäischen Union eingeräumten Verbandskompetenzen und damit gegen das Prinzip der begrenzten Einzelermächtigung verstoße. Hält das Bundesverfassungsgericht diesen Vortrag für schlüssig, hat es also Zweifel an der Gültigkeit der Handlung einer Unionsstelle, so muss es den Europäischen Gerichtshof nach Art. 267 Uabs. 1 lit. b, Uabs. 3 AEUV anrufen (Stufe 1). Dieser entscheidet sodann über die Gültigkeit der angegriffenen Handlung – das Ergebnis ist vom Bundesverfassungsgericht zu akzeptieren. Lediglich in dem äußerst unwahrscheinlichen Fall, dass die Entscheidung des Europäischen Gerichtshofs schlechterdings nicht nachvollziehbar erscheint und sich von der Wahrung rechtsmethodischer Mindeststandards entfernt, liegt ein Verstoß gegen rechtsstaatliche Grundsätze im Sinne des Art. 23 Abs. 1 Satz 1 GG vor, der zur Nichtbeachtung des Urteils führt (Stufe 2).[6]

7. Diese „Rechtsstaatlichkeitskontrolle“ ist grundsätzlich bei jeder Entscheidung des Europäischen Gerichtshofs durchführbar – willkürliche Entscheidungen sind infolge eines Verstoßes gegen Art. 23 Abs. 1 Satz 1 GG nicht vom Zustimmungsgesetz zum Mandat des Europäischen Gerichtshofs in Art. 19 Abs. 1 Uabs. 1 Satz 2 EUV gedeckt und wirken daher nicht in die deutsche Rechtsordnung hinein. Damit geht einher, dass die ultra-vires-Kontrolle einen Unterfall der in Art. 23 Abs. 1 Satz 1 GG niedergelegten Struktursicherungsklausel darstellt und keine davon losgelöste Daseinsberechtigung besitzt.[7]

8. Einige wenige andere mitgliedstaatliche Verfassungs- und Höchstgerichte kennen ebenfalls den Vorbehalt einer ultra-vires-Prüfung in ihrer Rechtsprechung und orientierten sich dabei oftmals an (älteren) Entscheidungen des Bundesverfassungsgerichts. Vor dem PSPP-Urteil stellten das oberste Gericht in Dänemark sowie das Verfassungsgericht von Tschechien bereits ultra-vires-Akte in Bezug auf Entscheidungen des Europäischen Gerichtshofs fest – ohne allerdings hierfür überzeugende Begründungen zu geben.[8]

Zum Grundrechtsvorbehalt der Solange II-Entscheidung

9. Nach der Rechtsprechung des Bundesverfassungsgerichts (Solange II, Bananenmarkt) kommt eine Überprüfung von Unionshandlungen am Maßstab

[6] Siehe dazu Zweiter Teil D. VII. (S. 123 ff.).
[7] Siehe dazu insbesondere Vierter Teil D. II. (S. 268 ff.).
[8] Siehe dazu Zweiter Teil E. (S. 159 ff.).

der deutschen Grundrechtsverbürgungen grundsätzlich in Betracht. Auf diese Prüfungskompetenz verzichtet das Bundesverfassungsgericht aber, solange die Europäische Union einen im Wesentlichen vergleichbaren Grundrechtsschutz gewährleistet. Durch die hohen Anforderungen an die Begründung von Verfassungsbeschwerden und konkreten Normenkontrollen – dargelegt werden muss jenseits des konkreten Falls, dass die Europäische Union zur Gewährleistung eines adäquaten Grundrechtsschutzes nicht in der Lage ist – erscheint eine Revitalisierung der Residualkompetenz des Bundesverfassungsgerichts insbesondere nach dem Inkrafttreten der Grundrechte-Charta nahezu ausgeschlossen. Allerdings ist darauf hinzuweisen, dass wohl schon nach der Konkretisierung in der Bananenmarkt-Entscheidung und jedenfalls nach dem „Recht auf Vergessen II"-Beschluss in Abkehr zur Solange II-Entscheidung eine Beurteilung hinsichtlich jedes einzelnen Grundrechts erfolgt.[9]

10. Das Bundesverfassungsgericht überschreitet durch die derzeitige Ausgestaltung des Grundrechtsvorbehalts und durch die Prämisse, im Grundsatz jedwedes Handeln der unionalen Organe, Einrichtungen und sonstigen Stellen anhand der deutschen Grundrechte überprüfen zu können, allerdings bereits die Grenzen seiner Gerichtsbarkeit. Die Unionsstellen sind bei ihren Handlungen nicht an die deutschen Grundrechte gebunden und können diese daher auch nicht verletzen. Gewährleistet die Europäische Union – schon in Bezug auf ein einzelnes Grundrecht – strukturell keinen im Wesentlichen vergleichbaren Grundrechtsschutz mehr, so liegt ein Verstoß gegen die Struktursicherungsklausel des Art. 23 Abs. 1 Satz 1 GG vor. Es ist jedoch – anders als vom Bundesverfassungsgericht behauptet – nicht möglich, in einem solchen Fall sodann schlicht eine Prüfung anhand der Grundrechtsgewährleistungen im Grundgesetz vorzunehmen, sondern dieser Verstoß führt zu einer (teilweisen) Verfassungswidrigkeit des deutschen Zustimmungsgesetzes zum Vertrag von Lissabon. Wenn der Unionsakt allerdings mittelbar über die Handlung einer deutschen Stelle angegriffen und eine Verletzung des Art. 23 Abs. 1 Satz 1 GG festgestellt wird, lebt die – im vollharmonisierten Bereich wegen des besonderen Bedürfnisses an einheitlicher Rechtsgeltung ausgesetzte – Grundrechtsbindung an Art. 1 Abs. 3 GG wieder auf, sodass in diesem Fall eine Verletzung der deutschen Grundrechte geprüft werden kann.[10]

11. Die praktische Bedeutung des Grundrechtsvorbehalts hat infolge der „Recht auf Vergessen"-Beschlüsse des Ersten Senats des Bundesverfassungsgerichts aus dem November 2019 (bestätigt durch den „Europäischen Haftbefehl III"-Beschluss des Zweiten Senats im Dezember 2020) weiter abgenommen. In diesen Beschlüssen gestand sich das Bundesverfassungsgericht die Kompetenz zu,

[9] Siehe dazu Dritter Teil A. (S. 185 ff.).
[10] Siehe dazu Dritter Teil B. III. (S. 215 ff.).

Verhaltensweisen der deutschen öffentlichen Gewalt im unionsrechtlich vollständig harmonisierten Bereich am Maßstab der Grundrechte der Grundrechte-Charta zu überprüfen. Eine derartige Befugnis lässt sich aber weder der Verfassung (Art. 93 Abs. 1 Nr. 4 lit. a GG) noch dem einfachen Gesetzesrecht (§ 90 Abs. 1 BVerfGG) entnehmen und ist daher abzulehnen.[11]

Zur Verfassungsidentitätskontrolle

12. Die Verfassungsidentitätskontrolle in Bezug auf abgeleitetes Unionsrecht wurde vom Bundesverfassungsgericht erst im Lissabon-Urteil 2009 geschaffen und der Vorbehalt in einer Entscheidung aus dem Jahr 2015 den Europäischen Haftbefehl betreffend erst- und bisher einmalig aktiviert. Ursprünglich diente das Konzept aber der Kontrolle neuen europäischen Primärrechts vor einer völkerrechtlich verbindlichen Ratifikation.[12]

13. Entgegen der Rechtsprechung des Bundesverfassungsgerichts ist es nicht vordergründig die „integrationsfeste Ewigkeitsgarantie" des Art. 23 Abs. 1 Satz 3 in Verbindung mit Art. 79 Abs. 3 GG, die zur Kontrolle der Entwicklungen auf Unionsebene in Stellung gebracht werden kann. Eine Kontrolle des deutschen Zustimmungsgesetzes zum Vertrag von Lissabon im Sinne des Art. 23 Abs. 1 Satz 2 GG hat primär an den Strukturelementen des Art. 23 Abs. 1 Satz 1 GG anzusetzen: Geprüft werden kann, ob das durch das Zustimmungsgesetz in die deutsche Rechtsordnung fließende Unionsrecht die Anforderungen des Art. 23 Abs. 1 Satz 1 GG sowie subsidiär auch des Art. 23 Abs. 1 Satz 3 in Verbindung mit Art. 79 Abs. 3 GG wahrt.[13]

14. Die derzeitige Konzeption des Bundesverfassungsgerichts zur Verfassungsidentitätskontrolle bleibt unübersichtlich: Durch eine zu weitgehende Interpretation des Schutzbereichs der Menschenwürde droht eine viel zu weitreichende Grundrechtskontrolle des Bundesverfassungsgerichts im Hinblick auf abgeleitetes Unionsrecht in Anspruch genommen zu werden, die der durch das Zustimmungsgesetz zu den europäischen Primärverträgen intendierten einheitlichen unionsweiten Rechtsgeltung widerspräche. Dieses Problem ist allerdings durch die jüngste Rechtsprechung, die auch eine unmittelbare Prüfung der Verbürgungen aus der Grundrechte-Charta zulässt, teilweise entschärft worden. Allerdings ist die Kompetenz des Bundesverfassungsgerichts zur Prüfung einer Verletzung der Charta-Grundrechte abzulehnen (siehe These 11). Insgesamt muss die vor allem an Art. 23 Abs. 1 Satz 1 GG ansetzende Kontrolle durch das Bundesverfassungsgericht auch im Hinblick auf die Strukturprinzipien sehr zurückhaltend

[11] Siehe dazu Dritter Teil A. VII. (S. 201 ff.).
[12] Siehe dazu Vierter Teil B. (S. 227 ff.).
[13] Siehe dazu Vierter Teil C. (S. 246 ff.).

und in Kooperationsbereitschaft mit dem Europäischen Gerichtshof erfolgen – diese Strukturprinzipien werden zukünftig wohl noch stärker als die Grundsätze des Art. 1 GG (wegen der erweiterten Möglichkeiten durch die „Recht auf Vergessen"-Beschlüsse) in den Mittelpunkt der Verfassungsidentitätskontrolle rücken.[14]

15. Ein Vorbehalt der Verfassungsidentität ist auch in einigen anderen Mitgliedstaaten der Europäischen Union bekannt; ein sehr vergleichbares Konzept besteht insbesondere in Ungarn. Oftmals wird die Verfassungsidentität aber unionsrechtsfreundlicher dahingehend verstanden, dass der nationale Gesetzgeber diese verändern kann; sie mithin nicht statisch ist.[15]

16. Im Hinblick einerseits auf das Interesse der einzelnen Mitgliedstaaten, ihre grundlegende Identität zu bewahren, und andererseits unter Berücksichtigung des Unionsinteresses an einer möglichst einheitlichen Rechtsgeltung europaweit, erscheint die unionsrechtliche Verpflichtung zur Achtung der nationalen Identität aus Art. 4 Abs. 2 Satz 1 EUV als geeignetes Instrument, um diese unterschiedlichen Pole auszubalancieren. Dabei sollte in Fällen einer möglichen Betroffenheit der nationalen Identität insbesondere auch intensiv über eine Prozeduralisierung des Art. 4 Abs. 2 Satz 1 EUV dahingehend nachgedacht werden, dass der Europäische Gerichtshof Stellungnahmen der nationalen Verfassungs- und Höchstgerichte einholen kann und für ihn eine Vorlageverpflichtung an mitgliedstaatliche Verfassungs- und Höchstgerichte besteht.[16]

Zu den mit den Residualkompetenzen verbundenen verfassungsprozessualen Fragestellungen

17. Antrags- respektive Beschwerdegegenstand ist für alle Residualkompetenzen in den Fällen unionsunmittelbaren Handelns das Zustimmungsgesetz zum Vertrag von Lissabon im Sinne des Art. 23 Abs. 1 Satz 2 GG. Geprüft wird dabei, ob die durch das Zustimmungsgesetz in Bezug genommene Vorschrift des Primärrechts in der Anwendung und Auslegung durch die Unionsstellen – insbesondere durch den Europäischen Gerichtshof – einen Verstoß gegen die Strukturanforderungen des Art. 23 Abs. 1 Satz 1 GG darstellt. Auf diese Weise liegt ein Akt der deutschen öffentlichen Gewalt als Grundvoraussetzung für alle verfassungsprozessualen Verfahren vor dem Bundesverfassungsgericht vor. Unmittelbar die Unionshandlungen als statthaften Antrags- beziehungsweise Beschwerdegegenstand anzuerkennen, ist hingegen unzulässig. Die Rüge der Mitwirkung der Bundesregierung am streitgegenständlichen Akt respektive die

[14] Siehe dazu Vierter Teil D. (S. 258 ff.).
[15] Siehe dazu Vierter Teil F. (S. 280 ff.).
[16] Siehe dazu insbesondere Vierter Teil G. IV. (S. 311 ff.).

Rüge etwaiger vorheriger Unterlassungen der Verfassungsorgane, auf die Integrationsverletzung zu reagieren, ist im Hinblick auf das zutreffenderweise in Anspruch genommene Entscheidungsmonopol des Bundesverfassungsgerichts wertungswidersprüchlich und daher ebenfalls abzulehnen.[17]

18. Art. 38 Abs. 1 Satz 1 GG scheidet als rügefähiges Recht zur Bejahung der Beschwerdebefugnis für die Überprüfung der Recht- und insbesondere Kompetenzmäßigkeit von Handlungen der Unionsstellen aus. Lässt das Bundesverfassungsgericht weiterhin Verfassungsbeschwerden auf dieser Grundlage zu, überschreitet es seine in der Verfassung abschließend genannten Befugnisse. Eine allgemeine Verfassungsaufsicht steht dem Bundesverfassungsgericht nicht zu; durch die derzeitige Interpretation des Art. 38 Abs. 1 Satz 1 GG verletzt es den Gewaltenteilungsgrundsatz. Bei einem entsprechenden rechtspolitischen Bedürfnis steht es dem (verfassungsändernden) Gesetzgeber unter Inkaufnahme möglicher unionsrechtlicher Konsequenzen wie einem Vertragsverletzungsverfahren frei, ein objektives Beanstandungsverfahren gesetzlich zu normieren, mithilfe dessen eine Kontrolle unionsunmittelbarer Verhaltensweisen anhand der Struktursicherungsklausel des Art. 23 Abs. 1 Satz 1 GG ermöglicht wird.[18]

19. Auf der Rechtsfolgenseite ist bei einem festgestellten Verstoß gegen die Struktursicherungsklausel des Art. 23 Abs. 1 Satz 1 GG im Ausgangspunkt das Zustimmungsgesetz zum Vertrag von Lissabon in Teilen verfassungswidrig. Die Verfassungsorgane haben eine Beseitigung dieser Verfassungsverletzung anzustreben. Welche Anforderungen hieran zu stellen sind, ist im Einzelnen unterschiedlich: Bei mitgliedstaatlich vermittelten Verhaltensweisen der Europäischen Union kann bereits die schlichte Nichtbeachtung der maßgeblichen Unionshandlungen unter Umständen Abhilfe schaffen. Bei unmittelbaren Handlungen der Unionsstellen müssen sich die Verfassungsorgane mithilfe rechtlicher oder vor allem politischer Mittel um eine Aufhebung des strukturverletzenden Akts bemühen. Im äußersten und praktisch kaum vorstellbaren Fall kommt die Stellung eines Austrittsantrags nach Art. 50 EUV in Betracht.[19]

Schluss

20. Es hat sich insgesamt gezeigt, dass sich eine Residualkompetenz des Bundesverfassungsgerichts verfassungsrechtlich mit Blick insbesondere auf die Struktursicherungsklausel des Art. 23 Abs. 1 Satz 1 GG rechtfertigen lässt – die Kontrolldichte sollte dabei aber noch geringer sein, als sie momentan schon vom Bundesverfassungsgericht praktiziert wird. Denn die in Art. 23 Abs. 1

[17] Siehe dazu Fünfter Teil A. I. (S. 318 ff.).
[18] Siehe dazu Fünfter Teil A. II. (S. 337 ff.).
[19] Siehe dazu Fünfter Teil D. (S. 377 ff.).

Satz 1 GG genannten Grundsätze sind von ihren Anforderungen her nicht identisch mit den deutschen Staatsstrukturprinzipien des Art. 20 Abs. 1 bis 3 GG, sondern erlauben vielmehr Abweichungen, um einer Einbindung der Bundesrepublik Deutschland in die supranational verfasste Europäische Union gerecht zu werden. Der Kommunikation und Kooperation mit dem Europäischen Gerichtshof ist besondere Bedeutung beizumessen, weil dieser nach dem Unionsrecht und vor allem auch nach dem deutschen Zustimmungsgesetz im Sinne des Art. 23 Abs. 1 Satz 2 GG in allererster Linie zur Überprüfung der Entwicklungen auf Unionsebene berufen ist. Diese in Art. 19 Abs. 1 Uabs. 1 Satz 2 EUV beschriebene Aufgabe sollte der Europäische Gerichtshof auch effektiv wahrnehmen.

Literaturverzeichnis

Alle zitierten Internetlinks wurden letztmalig am 15.08.2021 abgerufen.

Alexy, Robert: Theorie der Grundrechte, Frankfurt a. M. 1986.

Arnauld, Andreas von: Völkerrecht, 4. Auflage, Heidelberg 2019.

Aust, Helmut Phlilipp: Zweierlei Integrationsverantwortung – Zur Begründung und Tragweite eines verfassungsrechtlichen Schlüsselbegriffs in der Rechtsprechung der beiden Senate des Bundesverfassungsgerichts, in: EuGRZ 2020, S. 410–419.

Bäcker, Matthias: Solange IIa oder Basta I? – Das Vorratsdaten-Urteil des Bundesverfassungsgerichts aus europarechtlicher Sicht, in: EuR 2011, S. 103–120.

Bainczyk, Magdalena/Ernst, Ulrich: Fragen der EU-Mitgliedschaft vor dem polnischen Verfassungsgerichtshof – Anmerkung zum Urteil des polnischen Verfassungsgerichtshofs vom 11.05.2005, in: EuR 2006, S. 247–265.

Bakó, Beáta: The Zauberlehrling Unchained? – The Recycling of the German Federal Constitutional Court's Case Law on Identity-, *Ultra Vires*- and Fundamental Rights Review in Hungary, in: ZaöRV 2018, S. 863–902.

Banaszkiewicz, Boleslaw: Landesbericht Polen: Europäische Integration und nationales Verfassungsrecht. Die polnischen Erfahrungen, unter besonderer Berücksichtigung des Verfassungsgerichtshofes, in: Kluth, Wilfried (Hrsg.), Europäische Integration und nationales Verfassungsrecht – Eine Analyse der Einwirkungen der Europäischen Integration auf die mitgliedstaatlichen Verfassungssysteme und ein Vergleich ihrer Reaktionsmodelle, Baden-Baden 2007, S. 199–223.

Barczak, Tristan (Hrsg.): BVerfGG – Mitarbeiterkommentar zum Bundesverfassungsgerichtsgesetz, Berlin/Boston 2018.

Bast, Jürgen: Don't Act Beyond Your Powers: The Perils and Pitfalls of the German Constitutional Court's *Ultra Vires* Review, in: GLJ 2014, S. 167–181.

Baumann, Anna: Die europäische Integration unter Wahrung der nationalen Verfassung – Die „Europa-Entscheidungen" des Bundesverfassungsgerichts, in: Elser, Dominik/Eugster, Anja/Kind, Andreas et al. (Hrsg.), Das letzte Wort – Rechtsetzung und Rechtskontrolle in der Demokratie, 53. Assistententagung Öffentliches Recht, Baden-Baden 2014, S. 121–135.

Becker, Anne C.: Vorrang versus Vorherrschaft – Anmerkung zum Urteil des spanischen Tribunal Constitucional DTC 1/2004, in: EuR 2005, S. 353–363.

Becker, Ulrich/Hatje, Armin/Schoo, Johann/Schwarze, Jürgen: EU-Kommentar, 4. Auflage, Baden-Baden 2019.

Beck'scher Online-Kommentar Grundgesetz → Siehe unter *Epping, Volker.*

Benda, Ernst (Begr.)/*Klein, Eckart/Klein, Oliver*: Verfassungsprozessrecht, 4. Auflage, Heidelberg 2020.

Bender, Philip: Entscheidungsanmerkung zu BVerfG, Beschluss v. 15.12.2015 – 2 BvR 2735/14, in: ZJS 2016, S. 260–265.

ders.: Ambivalenz der Offensichtlichkeit – Zugleich Anmerkung zur Entscheidung des BVerfGs vom 5. Mai 2020, in: ZEuS 2020, S. 409–428.

Berger, Alina: Anwendungsvorrang und nationale Verfassungsgerichte – Ein Vergleich der verfassungsgerichtlichen Rechtsprechung in Deutschland, Frankreich und Spanien im Hinblick auf die Effektivität des unionsrechtlichen Anwendungsvorrangs, 2015.

Bergmann, Jan/Karpenstein, Ulrich: Identitäts- und Ultra-vires-Kontrolle durch das Bundesverfassungsgericht – Zur Notwendigkeit einer gesetzlichen Vorlageverpflichtung, in: ZEuS 2009, S. 529–542.

Berliner Kommentar zum Grundgesetz → Siehe unter *Friauf, Karl Heinrich*.

Bethge, Herbert: Die Grenzen grundrechtlicher Subjektivierung objektiven Verfassungsrechts – Zum aktuellen Stellenwert der Elfes-Konstruktion, in: Depenheuer, Otto/Heintzen, Markus/Jestaedt, Matthias/Axer, Peter (Hrsg.), Staat im Wort – Festschrift für Josef Isensee, Heidelberg 2007, S. 613–631.

Bieber, Roland: Anmerkung zu Conseil d'État, Urteil vom 22.12.1978 – Entscheidung Nr. 11 604, in: EuR 1979, S. 294–299.

ders.: Beschwerden über die Verfassung als Verfassungsbeschwerden? – Zur verfassungsgerichtlichen Kontrolle des Vertrags über die Europäische Union, in: NJ 1993, S. 241–244.

Bilz, Christopher: Margin of Appreciation der EU-Mitgliedstaaten, Tübingen 2020.

Bogdandy, Armin von: Das Leitbild der dualistischen Legitimation für die europäische Verfassungsentwicklung – Gängige Missverständnisse des Maastricht-Urteils und deren Gründe (BVerfGE 89, 155 ff.), in: KritV 2000, S. 284–297.

ders./Schill, Stephan: Die Achtung der nationalen Identität unter dem reformierten Unionsvertrag – Zur unionsrechtlichen Rolle nationalen Verfassungsrechts und zur Überwindung des absoluten Vorrangs, in: ZaöRV 70 (2010), S. 701–734.

Bonner Kommentar zum GG → Siehe unter *Kahl, Wolfgang*.

Borowski, Martin: Die Rekonstruktion des Anwendungsvorranges des Rechts der Europäischen Union, in: Stumpf, Cordula/Kainer, Friedemann/Baldus, Christian (Hrsg.), Privatrecht, Wirtschaftsrecht, Verfassungsrecht – Privatinitiative und Gemeinwohlhorizonte in der europäischen Integration, Festschrift für Peter-Christian Müller-Graff zum 70. Geburtstag am 29. September 2015, Baden-Baden 2015, S. 1080–1086.

ders.: Grundrechte als Prinzipien, 3. Auflage, Baden-Baden 2018.

Böttner, Robert: Entscheidungsanmerkung zu BVerfG, Urt. v. 21.6.2016 – 2 BvR 2728/13 et al., in: ZJS 2016, S. 776–780.

Breuer, Rüdiger: Die Sackgasse des neuen Europaartikels (Art. 23 GG), in: NVwZ 1994, S. 417–429.

Broemel, Roland: Unionsrechtlicher Rahmen währungspolitischer Maßnahmen des ESZB – Zur Entscheidung des EuGH v. 11.12.2018, C-493/17 – Heinrich Weiss u. a., in: ZG 2019, S. 276–291.

Brosius-Linke, René: Die Vorlageentscheidung des Bundesverfassungsgerichts – Dogmatischer Stellungskampf mit Risiko, in: DÖV 2014, S. 612–616.

Bryde, Brun-Otto: Transnationale Rechtsstaatlichkeit, in: Hohmann, Dennhardt, Christine/Masuch, Peter/Villiger, Mark (Hrsg.), Grundrechte und Solidarität – Durchsetzung und Verfahren, Festschrift für Renate Jaeger, Berlin 2011, S. 65–93.

Büdenbender, Martin: Das Verhältnis des Europäischen Gerichtshofs zum Bundesverfassungsgericht, Köln 2005.

Bülow, Erich: Kommentar zu Bundesverfassungsgericht „Solange"-Beschluß vom 29.5.1974, in: EuGRZ 1974, S. 19–20.

Burchardt, Dana: Die Rangfrage im europäischen Normenverbund – Theoretische Grundlagen und dogmatische Grundzüge des Verhältnisses von Unionsrecht und nationalem Recht, Tübingen 2015.

dies.: Die Ausübung der Identitätskontrolle durch das Bundesverfassungsgericht – Zugleich Besprechung des Beschlusses 2 BvR 2735/14 des BVerfG vom 15.12.2015 („Solange III"/„Europäischer Haftbefehl II"), in: ZaöRV 76 (2016), S. 527–551.

dies.: Kehrtwende in der Grundrechts- und Vorrangrechtsprechung des EuGH? – Anmerkung zum Urteil des EuGH vom 5.12.2017 in der Rechtssache M. A. S. und M. B. (C-42/17, „Taricco II"), in: EuR 2018, S. 248–263.

Burkiczak, Christian/Dollinger, Franz-Wilhelm/Schorkopf, Frank (Hrsg.): Bundesverfassungsgerichtsgesetz, Heidelberg 2015.

Calliess, Christian: Das Ringen des Zweiten Senats mit der Europäischen Union: Über das Ziel hinausgeschossen, in: ZEuS 2009, S. 559–582.

ders.: Die europarechtliche Ultra-Vires-Kontrolle des Bundesverfassungsgerichts – Stumpfes Schwert oder Gefahr für die Autorität des Unionsrechts?, in: ders. (Hrsg.), Herausforderungen an Staat und Verfassung, Völkerrecht – Europarecht – Menschenrechte, Liber Amicorum für Torsten Stein zum 70. Geburtstag, Baden-Baden 2015, S. 446–474.

ders.: 70 Jahre Grundgesetz und europäische Integration: „Take back control" oder „Mehr Demokratie wagen"?, in: NVwZ 2019, S. 684–692.

ders.: Staatsrecht III – Bezüge zum Völker- und Europarecht, 3. Auflage, München 2020.

ders.: Konfrontation statt Kooperation zwischen BVerfG und EuGH? – Zu den Folgen des Karlsruher PSPP-Urteils, in: NVwZ 2020, S. 897–904.

ders./Ruffert, Matthias: EUV/AEUV – Das Verfassungsrecht der Europäischen Union mit Europäischer Grundrechtecharta – Kommentar, 5. Auflage, München 2016.

Claes, Monica/Reestman, Jan-Herrmann: The Protection of National Constitutional Identity and the Limits of European Integration at the Occasion of the *Gauweiler* Case, in: GLJ 2015, S. 917–970.

Classen, Claus Dieter: Anmerkung zu BVerfG, Beschluss v. 07.06.2000 – 2 BvL 1/97, in: JZ 2000, S. 1157–1159.

ders.: Legitime Stärkung des Bundestages oder verfassungsrechtliches Prokrustesbett? – Zum Urteil des BVerfG zum Vertrag von Lissabon, in: JZ 2009, S. 881–889.

ders.: Nationales Verfassungsrecht in der Europäischen Union – Eine integrierte Darstellung von 27 Verfassungsordnungen, Baden-Baden 2013.

ders.: Funktionsadäquate checks and balances statt richterliche Vollkontrolle unter demokratischem Vorwand – Anmerkung zum Urteil des EuGH v. 16.6.2015, Rs. C-62/14 (Peter Gauweiler u. a.), in: EuR 2015, S. 477–486.

ders.: Zu wenig, zu fundamentalistisch – zur grundrechtlichen Kontrolle „unionsrechtlich determinierter" nationaler Hoheitsakte – Anmerkung zum Beschluss des BVerfG vom 15.12.2015, 2 BvR 2735/14, in: EuR 2016, S. 304–312.

ders.: Europäische Rechtsgemeinschaft à l'allemande? – Anmerkung zum Urteil des BVerfG vom 21.06.2016, 2 BvR 2728/13 u. a., in: EuR 2016, S. 529–543.

ders.: Das kirchliche Arbeitsrecht unter europäischem Druck – Anmerkungen zu den Urteilen des EuGH (jeweils GK) vom 17.04.2018 in der Rs. C-414/16 (Egenberger) und vom 11.09.2018 in der Rs. C-68/17 (IR), in: EuR 2018, S. 752–767.

ders.: Zuviel des Guten? Unionsrechtliche Neuakzentuierungen beim Grundrechtsschutz, in: JZ 2019, S. 1057–1066.

ders.: Über das Ziel hinausgeschossen? Anmerkung zu den zwei Beschlüssen des BVerfG zum Recht auf Vergessen vom 6.11.2019, 1 BvR 16/13, 276/17, in: EuR 2021, S. 92–112.

Cloots, Elke: Constitutional Identity in Belgium: A Thing of Mystery, in: Calliess, Christian/van der Schyff, Gerhard (Hrsg.), Constitutional Identity in a Europe of Multilevel Constitutionalism, Cambridge 2020, S. 59–84.

Cremer, Hans-Joachim: Rügbarkeit demokratiewidriger Kompetenzverschiebungen im Wege der Verfassungsbeschwerde?, in: NJ 1995, S. 5–7.

ders.: Europäische Hoheitsgewalt und deutsche Grundrechte, in: Der Staat 34 (1995), S. 268–286.

Dederer, Hans-Georg: Die Grenzen des Vorrangs des Unionsrechts – Zur Vereinheitlichung von Grundrechts-, Ultra-vires- und Identitätskontrolle, in: JZ 2014, S. 313–322.

Detterbeck, Steffen: Das Bundesverfassungsgericht – ein selbst ernannter Hüter der Unionsgrundrechte, in: JZ 2021, S. 593–601.

Di Fabio, Udo: Der neue Art. 23 des Grundgesetzes – Positivierung vollzogenen Verfassungswandels oder Verfassungsneuschöpfung?, in: Der Staat 32 (1993), S. 191–217.

Dietz, Sara: Die europarechtsfreundliche Verfassungsidentität in der Kontrolltrias des Bundesverfassungsgerichts, in: AöR 142 (2017), S. 78–132.

dies.: Die gerichtliche Kontrolle der EZB durch den EuGH und das BVerfG – ein Konfliktfall im Verfassungsgerichtsverbund und Eurosystem?, in: EuZW 2019, S. 925–933.

Dietze, Jan/Kellerbauer, Manuel/Klamert, Marcus/Malferrari, Luigi/Scharf, Tibor/Schnichels, Dominik: Europa – Quo vadis? – Ein kritischer Kommentar zum EZB-Urteil des BVerfG, in: EuZW 2020, S. 525–530.

Dingemann, Kathrin: Zwischen Integrationsverantwortung und Identitätskontrolle: Das „Lissabon"-Urteil des Bundesverfassungsgerichts, in: ZEuS 2009, S. 491–528.

Dornacher, Corinna: Schlusskapitel oder Zwischenakt? – Anmerkung zum Urteil des EuGH v. 11.12.2018, Rs. C-493/17 (Weiss u. a.), in: EuR 2019, S. 546–552.

Dörr, Oliver: Der europäisierte Rechtsschutzauftrag deutscher Gerichte – Artikel 19 Abs. 4 GG unter dem Einfluß des europäischen Unionsrechts, Tübingen 2003.

ders.: Rechtsprechungskonkurrenz zwischen nationalen und europäischen Verfassungsgerichten, in: DVBl. 2006, S. 1088–1099.

ders.: Anmerkung zu BVerfG, Beschl. v. 13.02.2020, 2 BvR 739/17, in: BayVBl. 2020, S. 630–635.

Dreier, Horst (Hrsg.): Grundgesetz – Kommentar, Band I: Präambel, Artikel 1-19, 3. Auflage, Tübingen 2013; Band II: Artikel 20-82, 3. Auflage, Tübingen 2015.

Drinóczi, Tímea: Constitutional Identity in Europe: The Identity of the Constitution. A Regional Approach, in: GLJ 2020, S. 105–130.

Edenharter, Andrea: Auflösung von Jurisdiktionskonflikten durch eine Variierung der richterlichen Prüfungsdichte – Übertragung der Spielraumkonzepte des EGMR und des Schweizer Bundesgerichts auf die Rechtsprechung des EuGH, in: Der Staat 57 (2018), S. 227–265.

dies.: Grundrechtsschutz in föderalen Mehrebenensystemen – Inspiration des EU-Grundrechtsschutzes durch die Grundrechtsentwicklung in Deutschland und der Schweiz sowie durch die EMRK, Tübingen 2018.

dies.: Die EU-Grundrechte-Charta als Prüfungsmaßstab des Bundesverfassungsgerichts, in: DÖV 2020, S. 349–357.

Eggert, Manfred: Die deutsche ultra-vires-Lehre – Versuch einer Darstellung am Beispiel der Außenvertretung der Gemeinden, München 1977.

Ehlers, Dirk: Allgemeine Lehren der Unionsgrundrechte, in: ders. (Hrsg.), Europäische Grundrechte und Grundfreiheiten, 4. Auflage, Berlin 2014, § 14.

Eibach, Gerhard: Das Recht der Europäischen Gemeinschaften als Prüfungsgegenstand des Bundesverfassungsgerichts – Verfassungsrechtliche und verfahrensrechtliche Möglichkeiten unter den Gesichtspunkten des deutschen sowie des europäischen Rechts und des Völkerrechts, Berlin 1986.

Eifert, Martin/Gerberding, Johannes: Verfassungsbeschwerde und Unionsgewalt, in: Jura 2016, S. 628–638.

Ellerbrok, Torben/Pracht, Robert: Das Bundesverfassungsgericht als Taktgeber im horizontalen Verfassungsgerichtsverbund – Ausstrahlungswirkungen der Rechtsprechung zum Integrationsverfassungsrecht in Europa, in: EuR 2021, S. 188–208.

Epiney, Astrid: Der status activus des citoyen, in: Der Staat 34 (1995), S. 557–585.

Epping, Volker/Hillgruber, Christian (Hrsg.): Beck'scher Online-Kommentar Grundgesetz, München, Stand: 47. Edition (15.05.2021).

Erbguth, Wilfried: Kompetenzabgrenzung zwischen EU und Mitgliedstaaten: Die PSPP-Entscheidung des BVerfG, in: DVBl. 2021, S. 209–216.

Eßlinger, Sophie/Herzmann, Karsten: Die verfassungsgerichtliche Identitätskontrolle und ihre Konkretisierung durch die Entscheidung 2 BvR 2735/14 – „Identitätskontrolle I" als Vorbote von „Solange III"?, in: Jura 2016, S. 852–864.

Even, Burkhard: Die Bedeutung der Unantastbarkeitsgarantie des Art. 79 Abs. 3 GG für die Grundrechte, Frankfurt a. M. 1988.

Everling, Ulrich: Brauchen wir „Solange III"? – Zu den Forderungen nach Revision der Rechtsprechung des Bundesverfassungsgerichts, in: EuR 1990, S. 195–227.

ders.: Zur Begründung der Urteile des Gerichtshofs der Europäischen Gemeinschaften, in: EuR 1994, S. 127–143.

ders.: Bundesverfassungsgericht und Gerichtshof der Europäischen Gemeinschaften nach dem Maastricht-Urteil, in: Randelzhofer, Albrecht/Scholz, Rupert/Wilke, Dieter (Hrsg.), Gedächtnisschrift für Eberhard Grabitz, München 1995, S. 57–75.

ders.: Europas Zukunft unter der Kontrolle der nationalen Verfassungsgerichte – Anmerkungen zum Urteil des Bundesverfassungsgerichts vom 30. Juni 2009 über den Vertrag von Lissabon, in: EuR 2010, S. 91–107.

Fabbrini, Federico/Pollicino, Oreste: Constitutional Identity in Italy – Institutional Disagreements at a Time of Political Change, in: Calliess, Christian/van der Schyff, Gerhard (Hrsg.), Constitutional Identity in a Europe of Multilevel Constitutionalism, Cambridge 2020, S. 201–221.

Faix, Martin: Genesis eines mehrpoligen Justizkonflikts: Das Verfassungsgericht der Tschechischen Republik wertet ein EuGH-Urteil als Ultra-vires-Akt, in: EuGRZ 2012, S. 597–605.

Flick, Jens Uwe: Handeln „ultra vires" der Europäischen Gemeinschaft – Eine Darstellung der Rechtsfolgen aus der Sicht des Völkerrechts, des Europäischen Unionsrechts und des deutschen Verfassungsrechts unter besonderer Berücksichtigung der bundesverfassungsgerichtlichen Rechtsschutzmöglichkeiten, Frankfurt a. M. 2001.

Folz, Hans-Peter: Quis custodiet – Die ultra vires-Kontrolle durch das Bundesverfassungsgericht nach Honeywell, in: EuZA 2011, S. 308–319.

Fornasier, Matteo: Gleichbehandlung, konfessionelles Arbeitsrecht und horizontale Wirkung der Unionsgrundrechte, in: GPR 2019, S. 141–148.

Forsthoff, Ulrich: Bankenunion und Bundesverfassungsgericht – Von der politischen Erfolgsgeschichte zur verfassungsrechtlichen Verlustsaga?, in: EuZW 2019, S. 977–982.

Frankfurter Kommentar → Siehe unter *Pechstein, Matthias*.

Franzius, Claudio: Demokratie, aber wo? – Über die Schwierigkeiten europäischer Demokratie, in: Recht und Politik 2019, S. 164–174.

ders.: 70 Jahre Grundgesetz und Europa: Passt das zusammen?, in: EuR 2019, S. 365–382.

Fremuth, Michael Lysander: Das letzte Amen ist noch nicht gesprochen – Zum kirchlichen Selbstbestimmungs- und Arbeitsrecht im grund- und menschenrechtlichen Mehrebenensystem, in: EuZW 2018, S. 723–731.

Frenz, Walter: Kastriertes Lissabon-Urteil? Die Relativierung durch den „Mangold“-Beschluss vom 6.7.2010, in: EWS 2010, S. 401–407.

ders.: Anmerkung zu BVerfG, 2. Senat, Beschluss vom 14.01.2014 – 2 BvE 13/13 – u. a. – Vorlage an den EuGH in Sachen OMT-Beschluss der EZB, Vorlage mit vorbehaltener Letztentscheidungskompetenz, in: DVBl. 2014, S. 451–453.

ders.: Ultra-vires-Kontrolle kraft Europarechts – Das Schrems-Urteil des EuGH im Vergleich zum OMT-Beschluss des BVerfG, in: EWS 2015, S. 257–261.

Friauf, Karl Heinrich: Die Bindung deutscher Verfassungsorgane an das Grundgesetz bei Mitwirkung an europäischen Organakten, in: ders./Scholz, Rupert, Europarecht und Grundgesetz – Betrachtungen zu materiell- und formalrechtlichen Problemen bei Schaffung und Umsetzung sekundären Gemeinschaftsrechts, Berlin 1990, S. 11–52.

ders./Höfling, Wolfram (Hrsg.): Berliner Kommentar zum Grundgesetz, Loseblatt, Stand: Mai 2021.

Frowein, Jochen Abraham: Das Maastricht-Urteil und die Grenzen der Verfassungsgerichtsbarkeit, in: ZaöRV 54 (1994), S. 1–16.

Funk-Rüffert, Petra: Kooperation von Europäischem Gerichtshof und Bundesverfassungsgericht im Bereich des Grundrechtsschutzes, Berlin 1999.

Funke, Andreas: Virtuelle verfassungsgerichtliche Kontrolle von EU-Rechtsakten: der Schlußstein?, in: ZG 2011, S. 166–187.

Füßlein, Rudolf Werner: Entstehungsgeschichte der Artikel des Grundgesetzes, Art. 79, in: JöR n. F. 1 (1951), S. 573–587.

Gappa, Marius: Der Schutz der mitgliedstaatlichen Verfassungsidentität im Unionsrecht anhand der „Taricco Saga“: C-105/14 (Taricco u. a.) und C-42/17 (M. A. S. u. a. – „Taricco II“), in: ZEuS 2020, S. 641–672.

Gärditz, Klaus Ferdinand: Beyond Symbolism: Towards a Constitutional *Actio Popularis* in EU Affairs? A Commentary on the *OMT* Decision of the Federal Constitutional Court, in: GLJ 2014, S. 183–201.

ders.: Anmerkung zu BVerfG, Kammerbeschluss v. 06.09.2016 – 2 BvE 890/16, in: JZ 2016, S. 1116–1119.

ders./Hillgruber, Christian: Volkssouveränität und Demokratie ernst genommen – Zum Lissabon-Urteil des BVerfG, in: JZ 2009, S. 872–881.

Gassner, Ulrich M.: Kreation und Repräsentation – Zum demokratischen Gewährleistungsgehalt von Art. 38 Abs. 1 S. 1 GG, in: Der Staat 34 (1995), S. 429–453.

Geiger, Rudolf/Khan, Daniel-Erasmus/Kotzur, Markus (Hrsg.): EUV/AEUV – Vertrag über die Europäische Union, Vertrag über die Arbeitsweise der Europäischen Union – Kommentar, 6. Auflage, München 2017.

Gentzsch, Markus/Brade, Alexander: Die Bankenunion vor dem Bundesverfassungsgericht. Neue Impulse für grundlegende Fragestellungen des Verfassungs- und Unionsrechts, in: EuR 2019, S. 602–636.

Gerhardt, Michael: Europa als Rechtsgemeinschaft: Der Beitrag des Bundesverfassungsgerichts, in: ZRP 2010, S. 161–165.

Gerken, Lüder/Rieble, Volker/Roth, Günter H./Stein, Torsten/Streinz, Rudolf: „Mangold" als ausbrechender Rechtsakt, München 2009.

Gersdorf, Hubertus: Das Kooperationsverhältnis zwischen deutscher Gerichtsbarkeit und EuGH, in: DVBl. 1994, S. 674–685.

Giegerich, Thomas: Europäische Verfassung und deutsche Verfassung im transnationalen Konstitutionalisierungsprozeß: Wechselseitige Rezeption, konstitutionelle Evolution und föderale Verflechtung, Heidelberg 2003.

ders.: Zwischen Europarechtsfreundlichkeit und Europaskepsis – Kritischer Überblick über die bundesverfassungsgerichtliche Rechtsprechung zur europäischen Integration, in: ZEuS 2016, S. 3–47.

ders.: BVerfG verzögert europäische Patentreform – Vorschläge zur Schadensbegrenzung, in: EuZW 2020, S. 560–566.

Gött, Henner: Die ultra vires-Rüge nach dem OMT-Vorlagebeschluss des Bundesverfassungsgerichts, in: EuR 2014, S. 514–540.

Grabitz, Eberhard/Hilf, Meinhard (Begr.)/*Nettesheim, Martin* (Hrsg.): Das Recht der Europäischen Union, 3 Bände, Loseblatt, München, Stand: 72. Ergänzungslieferung, Februar 2021.

Greiner, Stefan: Neuausrichtung des Kirchenarbeitsrechts durch den EuGH? Die Rechtssache Egenberger, in: jM 2018, S. 233–238.

Grimm, Dieter: Das Grundgesetz als Riegel vor einer Verstaatlichung der Europäischen Union – Zum Lissabon-Urteil des Bundesverfassungsgerichts, in: Der Staat 48 (2009), S. 475–495.

ders.: Bedeutung nationaler Verfassungen in einem vereinten Europa, in: Merten, Detlef/Papier, Hans-Jürgen (Hrsg.), Handbuch der Grundrechte in Deutschland und Europa, Band VI/2: Europäische Grundrechte II, Universelle Menschenrechte, Heidelberg 2009, § 168.

Groeben, Hans von der (Begr.)/*Schwarze, Jürgen/Hatje, Armin* (Hrsg.): Europäisches Unionsrecht – Vertrag über die Europäische Union, Vertrag über die Arbeitsweise der Europäischen Union, Charta der Grundrechte der Europäischen Union, Band 1, 7. Auflage, Baden-Baden 2015.

Grote, Rainer: Der Verfassungsorganstreit – Entwicklung, Grundlagen, Erscheinungsformen, Tübingen 2010.

Gröpl, Christoph/Windthorst, Kay/von Coelln, Christian: Grundgesetz – Studienkommentar, 4. Auflage, München 2020.

Häde, Ulrich: Grenzen bundesverfassungsgerichtlicher Ultra-Vires- und Identitätskontrollen, in: Pechstein, Matthias (Hrsg.), Integrationsverantwortung, Baden-Baden 2012, S. 163–174.

Hahn, Daniel: Staatszielbestimmungen im integrierten Bundesstaat – Normative Bedeutung und Divergenzen, Berlin 2010.

Hailbronner, Kay: Hat der EuGH eine Normverwerfungskompetenz?, in: NZA 2006, S. 811–816.

Haltern, Ulrich: Europarecht – Dogmatik im Kontext: Band II: Rule of Law, Verbunddogmatik, Grundrechte, 3. Auflage, Tübingen 2017.

ders.: Ultra-vires-Kontrolle im Dienst europäischer Demokratie, in: NVwZ 2020, S. 817–823.

Haratsch, Andreas: Nationale Identität aus europarechtlicher Sicht, in: EuR 2016, S. 131–146.

Hartmann, Lucas: Fehlerfolgen: Ist die verfassungsgerichtliche Ultra-vires- und Identitätskontrolle aus verfassungsrechtlichen Gründen rechtlich wirkungslos? – Rechtstheoretische Analyse eines Scheinriesen, in: Der Staat 60 (2021), S. 387–431.

Hatje, Armin: Warten auf Ultra vires – Kritische Würdigung des OMT-Urteils des Bundesverfassungsgerichts, in: IWRZ 2016, S. 195–200.

Hector, Pascal: Zur Integrationsverantwortung des Bundesverfassungsgerichts, in: ZEuS 2009, S. 599–612.

Heide, Fabian: Quo vadis Ultra-vires? – Das abschließende Urteil des Bundesverfassungsgerichts in Sachen OMT-Programm, in: ZEuS 2016, S. 479–499.

Heintzen, Markus: Die „Herrschaft" über die Europäischen Gemeinschaftsverträge – Bundesverfassungsgericht und Europäischer Gerichtshof auf Konfliktkurs?, in: AöR 119 (1994), S. 564–589.

Hellwig, Hans-Jürgen: Die Verhältnismäßigkeit als Hebel gegen die Union – Ist die Ultra-vires-Kontrolle des BVerfG in der Sache Weiss noch mit dem Grundsatz der Gewaltenteilung vereinbar?, in: NJW 2020, S. 2497–2503.

Herdegen, Matthias: Europarecht, 22. Auflage, München 2020.

ders.: Völkerrecht, 20. Auflage, München 2021.

Herrmann, Christoph: Die Bewältigung der Euro-Staatsschulen-Krise an den Grenzen des deutschen und europäischen Währungsverfassungsrechts, in: EuZW 2012, S. 805–812.

ders./Dornacher, Corinna: Grünes Licht vom EuGH für EZB-Staatsanleihenkäufe – ein Lob der Sachlichkeit, in: EuZW 2015, S. 579–583.

Herzog, Roman/Gerken, Lüder: Stoppt den Europäischen Gerichtshof – Die Kompetenzen der Mitgliedstaaten werden ausgehöhlt. Die immer fragwürdigeren Urteile aus Luxemburg verlangen nach einer gerichtlichen Kontrollinstanz, in: F.A.Z., 08.09.2008, Nr. 210, S. 8.

Heselhaus, F. Sebastian M.: Grundrechte und Kompetenzen, in: ders./Nowak, Carsten (Hrsg.), Handbuch der Europäischen Grundrechte, 2. Auflage, München 2020, § 6.

Heun, Werner: Eine verfassungswidrige Verfassungsgerichtsentscheidung – der Vorlagebeschluss des BVerfG vom 14.1.2014, in: JZ 2014, S. 331–337.

Hilf, Meinhard: Solange II: Wie lange noch Solange? – Der Beschluß des Bundesverfassungsgerichts vom 22. Oktober 1986, in: EuGRZ 1987, S. 1–7.

ders.: Der Justizkonflikt um EG-Richtlinien: gelöst, in: EuR 1988, S. 1–18.

Hillgruber, Christian/Goos, Christoph: Verfassungsprozessrecht, 4. Auflage, Heidelberg 2015.

dies.: Verfassungsprozessrecht, 5. Auflage, Heidelberg 2020.

Hilpold, Peter: Ein EU-Vertragsverletzungsverfahren gegen Deutschland wegen des PSPP-Urteils? – Eine Abwägung von Für und Wider, in: EWS 2020, S. 181–186.

Hirsch, Günter: Europäischer Gerichtshof und Bundesverfassungsgericht – Kooperation oder Konfrontation?, in: NJW 1996, S. 2457–2466.

Hobe, Stephan/Fremuth, Michael Lysander: Europarecht, 10. Auflage, München 2020.

Hofmann, Rainer: Der Oberste Gerichtshof Dänemarks und die europäische Integration, in: EuGRZ 1999, S. 1–5.

ders.: Zurück zu Solange II! Zum Bananenmarktordnungs-Beschluss des Bundesverfassungsgerichts, in: Cremer, Hans-Joachim/Giegerich, Thomas/Richter, Dagmar/Zimmermann, Andreas (Hrsg.), Tradition und Weltoffenheit des Rechts – Festschrift für Helmut Steinberger, Berlin 2002, S. 1207–1224.

dies./Gharibyan, Tamara: Die Wandlung des Grundrechtsschutzes durch das Bundesverfassungsgericht – Recht auf Vergessen I und II als „Solange III"?, in: KritV 2019, S. 275–292.

ders./Heger, Alexander: Das Selbstverständnis des Bundesverfassungsgerichts als Hüter des Kompetenzverhältnisses zwischen der Europäischen Union und Deutschland, in: EuGRZ 2020, S. 176–190.

Hoffmann, Jan Martin: Unionsgrundrechte als verfassungsrechtlicher Prüfungsmaßstab, in: NVwZ 2020, S. 33–37.

Holterhus, Till Patrik: Eilanträge in Sachen CETA – Europäische Außenhandelspolitik im Mehrebenengeflecht von Verfassungs-, Unions- und Völkerrecht, in: EuZW 2016, S. 896–899.

Hong, Mathias: Der Menschenwürdegehalt der Grundrechte – Grundfragen, Entstehung und Rechtsprechung, Tübingen 2019.

Hoppe, Tilman: Die Europäisierung der Gesetzgebung: Der 80-Prozent-Mythos lebt, in: EuZW 2009, S. 168–169.

Horn, Hans-Detlef: Rügevoraussetzungen für die Ultra-vires-Kontrolle von Rechtsakten der Europäischen Union durch das Bundesverfassungsgericht, in: Bouffier, Volker/Horn, Hans-Detlef/Poseck, Roman/Radtke, Henning/Safferling, Christoph (Hrsg.), Grundgesetz und Europa – Liber Amicorum für Herbert Landau zum Ausscheiden aus dem Bundesverfassungsgericht, Tübingen 2016, S. 215–231.

Huber, Peter M.: Bundesverfassungsgericht und Europäischer Gerichtshof als Hüter der Gemeinschaftsrechtlichen Kompetenzordnung, in: AöR 116 (1991), S. 210–251.

ders.: Das Verhältnis des Europäischen Gerichtshofes zu den nationalen Gerichten, in: Merten/Detlef/Papier, Hans-Jürgen (Hrsg.), Handbuch der Grundrechte in Deutschland und Europa, Band VI/2: Europäische Grundrechte II, Universelle Menschenrechte, Heidelberg 2009, § 172.

ders.: Die EU als Herausforderung für das Bundesverfassungsgericht, in: Pernice, Ingolf/Schwarz, Rüdiger (Hrsg.), Europa in der Welt – Von der Finanzkrise zur Reform der Union, Baden-Baden 2013, S. 329–368.

ders.: Rolle der Verfassungsgerichte in der europäischen Integration – Die Karlsruher Perspektive, in: Breuer, Martin/Epiney, Astrid/Haratsch, Andreas/Schmahl, Stefanie/Weiß, Norman (Hrsg.), Der Staat im Recht – Festschrift für Eckart Klein zum 70. Geburtstag, Berlin 2013, S. 111–126.

ders.: Das Verständnis des Bundesverfassungsgerichts vom Kompetenzgefüge zwischen der EU und den Mitgliedstaaten – Konsequenzen für die Bewältigung der Finanzkrise, in: Möllers, Thomas M. J./Zeitler, Franz-Christoph, Europa als Rechtsgemeinschaft – Währungsunion und Schuldenkrise, Tübingen 2013, S. 229–243.

ders.: Verfassungsstaat und Finanzkrise, Baden-Baden 2014.

ders.: Grundlagen und Grenzen der Mitgliedschaft Deutschlands in der Europäischen Union, in: Stumpf, Cordula/Kainer, Friedemann/Baldus, Christian (Hrsg.), Privatrecht, Wirtschaftsrecht, Verfassungsrecht – Privatinitiative und Gemeinwohlhorizonte in der europäischen Integration, Festschrift für Peter-Christian Müller-Graff zum 70. Geburtstag am 29. September 2015, Baden-Baden 2015, S. 893–903.

ders.: Bewahrung und Veränderung rechtsstaatlicher und demokratischer Verfassungsstrukturen in den internationalen Gemeinschaften – 50 Jahre danach, in: AöR 141 (2016), S. 117–135.

ders.: Die Ultra-vires-Rüge, in: Bouffier, Volker/Horn, Hans-Detlef, Poseck, Roman/ Radtke, Henning/Safferling, Christoph (Hrsg.), Grundgesetz und Europa – Liber Amicorum für Herbert Landau zum Ausscheiden aus dem Bundesverfassungsgericht, Tübingen 2016, S. 233–245.

ders.: Die Integrationsverantwortung von Bundestag und Bundregierung, in: ZSE 2017, S. 286–328.

ders.: 70 Jahre Grundgesetz – zwischen Dankbarkeit, Stolz und Verantwortung, in: BayVBl. 2019, S. 829–835.

Hufeld, Ulrich: Anwendung des europäischen Rechts in Grenzen des Verfassungsrechts, in: Isensee, Josef/Kirchhof, Paul (Hrsg.), Handbuch des Staatsrechts der Bundesrepublik Deutschland – Band X: Deutschland in der Staatengemeinschaft, 3. Auflage, Heidelberg 2012, § 215.

Hufen, Friedhelm: Staatsrecht II – Grundrechte, 8. Auflage, München 2020.

Ingold, Albert: Die verfassungsrechtliche Identität der Bundesrepublik Deutschland – Karriere – Konzept – Kritik, in: AöR 140 (2015), S. 1–30.

Ipsen, Hans Peter: BVerfG versus EuGH re „Grundrechte" – Zum Beschluß des Zweiten Senats des Bundesverfassungsgerichts vom 29. Mai 1974 (BVerfGE Bd. 37 S. 271), in: EuR 1975, S. 1–19.

ders.: Zum Parlaments-Entwurf einer Europäischen Union, in: Der Staat 24 (1985), S. 325–349.

ders.: Das Bundesverfassungsgericht löst die Grundrechts-Problematik – Zum „Mittlerweile"-Beschluß des 2. Senats vom 22. Oktober 1986, in: EuR 1987, S. 1–6.

Ipsen, Jörn: Quo vadis Bundesverfassungsgericht?, in: Stumpf, Cordula/Kainer, Friedemann/Baldus, Christian (Hrsg.), Privatrecht, Wirtschaftsrecht, Verfassungsrecht – Privatinitiative und Gemeinwohlhorizonte in der europäischen Integration, Festschrift für Peter-Christian Müller-Graff zum 70. Geburtstag am 29. September 2015, Baden-Baden 2015, S. 904–911.

ders.: Das Bundesverfassungsgericht ultra vires – Das Letztentscheidungsrecht im Spannungsfeld von Recht und Politik, in: Recht und Politik 2020, S. 344–363.

Isensee, Josef: Vorrang des Europarechts und deutsche Verfassungsvorbehalte – offener Dissens, in: Burmeister, Joachim/Nierhaus, Michael/Püttner, Günter/Sachs, Michael/ Siekmann, Helmut/Tettinger, Peter J. (Hrsg.), Verfassungsstaatlichkeit – Festschrift für Klaus Stern zum 65. Geburtstag, München 1997, S. 1239–1268.

ders.: Das Grundrecht als Abwehrrecht und als staatliche Schutzpflicht, in: ders./Kirchhof, Paul (Hrsg.), Handbuch des Staatsrechts der Bundesrepublik Deutschland – Band IX: Allgemeine Grundrechtslehren, 3. Auflage, Heidelberg 2011, § 191.

Ismer, Roland/Wiesner, Dominika: Die OMT-Vorlage des Bundesverfassungsgerichts – Eine dogmatische Kritik auf Grundlage juristisch-ökonomischer Analyse, in: DÖV 2015, S. 81–89.

Janssen, Albert: Der Staat als Garant der Menschenwürde – Zur verfassungsrechtlichen Bedeutung des Artikels 79 Abs. 3 GG für die Identität des Grundgesetzes, Göttingen 2019.

Jarass, Hans D./Pieroth, Bodo: Grundgesetz für die Bundesrepublik Deutschland – Kommentar, 16. Auflage, München 2020.

Jellinek, Georg: System der subjektiven öffentlichen Rechte, 2. Auflage, Tübingen 1905.

Jestaedt, Matthias: Warum in die Ferne schweifen, wenn der Maßstab liegt so nah? – Verfassungshandwerkliche Anfragen an das Lissabon-Urteil des BVerfG, in: Der Staat 48 (2009), S. 497–516.

Jouanjan, Olivier: Verfassungsrechtsprechung in Frankreich, in: Bogdandy, Armin von/Grabenwarter, Christoph/Huber, Peter M. (Hrsg.), Handbuch Ius Publicum Europaeum – Band VI, Verfassungsgerichtsbarkeit in Europa: Institutionen, Heidelberg 2016, § 99.

Joussen, Jacob: § 9 Abs. 1 AGG – Der EuGH und die Kirchenzugehörigkeit von Beschäftigten, in: EuZA 2018, S. 421–435.

Kahl, Wolfgang: Die Schutzergänzungsfunktion von Art. 2 Abs. 1 Grundgesetz – Zugleich ein Beitrag zur Lehre der Grundrechtskonkurrenzen, Tübingen 2000.

ders.: Bewältigung der Staatsschuldenkrise unter Kontrolle des Bundesverfassungsgerichts – ein Lehrstück zur horizontalen und vertikalen Gewaltenteilung, in: DVBl. 2013, S. 197–207.

ders.: Optimierungspotenzial im „Kooperationsverhältnis" zwischen EuGH und BVerfG, in: NVWZ 2020, S. 824–828.

ders.: Die Integrationsfestigkeit des deutschen Staatskirchenrechts – Am Beispiel des kirchlichen Individualarbeitsrechts, in: ZevKR 2020, S. 107–145.

ders./Gärditz, Klaus Ferdinand: Umweltrecht, 12. Auflage, München 2021.

ders./Lorenzen, Jacqueline: Die Ultra-vires-Kontrolle des Bundesverfassungsgerichts, in: StudZR Ausbildung 2021, S. 153–176.

ders./Waldhoff, Christian/Walter, Christian (Hrsg.): Bonner Kommentar zum Grundgesetz, Loseblatt, Heidelberg, Stand: 211. Aktualisierung April 2021 – Ordner 1: Kommentierung zur Präambel (Stand: 119. Aktualisierung September 2005), Ordner 8: Kommentierung zu Art. 23 GG (Stand: 211. Aktualisierung April 2021), Ordner 8: Kommentierung zu Art. 24 GG (Stand: 198. Aktualisierung Mai 2019), Ordner 18: Kommentierung zu Art. 93 GG (Stand: 208. Aktualisierung Oktober 2020).

Kainer, Friedemann: Aus der nationalen Brille: Das PSPP-Urteil des BVerfG, in: EuZW 2020, 533–536.

Kaiser, Karen/Schübel-Pfister, Isabel: Der ungeschriebene Verfassungsgrundsatz der Europarechtsfreundlichkeit: Trick oder Treat?, in: Emmenegger, Sigrid/Wiedmann, Ariane (Hrsg.), Linien der Rechtsprechung des Bundesverfassungsgerichts – erörtert von den wissenschaftlichen Mitarbeitern, Band 2, Berlin/Boston 2011, S. 545–571.

Kämmerer, Axel/Kotzur, Markus: Vollendung des Grundrechtsverbunds oder Heimholung des Grundrechtsschutzes? – Die BVerfG-Beschlüsse zum „Recht auf Vergessen" als Fanal, in: NVwZ 2020, S. 177–184.

Karaosmanoğlu, Cem/Ebert, Björn P.: Einzelfallbezogener Grundrechtsschutz gegen EU-Akte – Abkehr von der Solange-Rechtsprechung?, in: DVBl. 2016, S. 875–881.

Karpenstein, Ulrich/Kottmann, Matthias: Vom Gegen- zum Mitspieler – Das BVerfG und die Unionsgrundrechte, in: EuZW 2020, S. 185–189.

Kavacs, Louise Sophia/Naujoks, Pauline: Das Spannungsverhältnis von BVerfG und EuGH – Eine grundsätzliche Auseinandersetzung mit dem Selbstverständnis des

Gerichtshofes und des Verfassungsgerichts anhand der ultra-vires Entscheidung des BVerfG, in: VR 2021, S. 1–7.

Kazimierski, Felix: Rechtsschutz im Rahmen der Europäischen Bankenaufsicht, Tübingen 2020.

Kees, Alexander: Grundlagen und Grenzen der europäischen Integration, in: Scheffczyk, Fabian/Wolter, Kathleen (Hrsg.), Linien der Rechtsprechung des Bundesverfassungsgerichts, Band 4, Berlin/Boston 2017, S. 439–466.

Kiekebusch, Dirk: Der Grundsatz der begrenzten Einzelermächtigung, Tübingen 2017.

Kingreen, Thorsten: Ne bis in idem: Zum Gerichtswettbewerb um die Deutungshoheit über die Grundrechte – Anmerkung zur Entscheidung des EuGH vom 26.2.2013 (C-617/10), in: EuR 2013, S. 446–453.

ders./Poscher, Ralf: Grundrechte – Staatsrecht II, 36. Auflage, Heidelberg 2020.

Kirchhof, Paul: Gegenwartsfragen an das Grundgesetz, in: JZ 1989, S. 453–465.

ders.: Rechtsschutz durch Bundesverfassungsgericht und Europäischen Gerichtshof, in: Merten, Detlef (Hrsg.), Föderalismus und Europäische Gemeinschaften unter besonderer Berücksichtigung von Umwelt und Gesundheit, Kultur und Bildung, Berlin 1990, S. 109–123.

ders.: Brauchen wir ein erneuertes Grundgesetz?, Heidelberg 1992.

ders.: Das Maastricht-Urteil des Bundesverfassungsgerichts, in: Hommelhoff, Peter/Kirchhof, Paul (Hrsg.), Der Staatenbund der Europäischen Union – Beiträge und Diskussionen des Symposiums am 21./22. Januar 1994 in Heidelberg, Heidelberg 1994, S. 11–24.

ders.: Das Kooperationsverhältnis zwischen Bundesverfassungsgericht und Europäischem Gerichtshof, in: Müller-Graff, Peter-Christian (Hrsg.), Perspektiven des Rechts in der Europäischen Union, Heidelberg 1998, S. 163–182.

ders.: Die Gewaltbalance zwischen staatlichen und europäischen Organen, in: JZ 1998, S. 965–974.

ders.: Die Identität der Verfassung, in: Isensee, Josef/Kirchhof, Paul (Hrsg.), Handbuch des Staatsrechts der Bundesrepublik Deutschland – Band II: Verfassungsstaat, 3. Auflage, Heidelberg 2004, § 21.

ders.: Der deutsche Staat im Prozeß der europäischen Integration, in: Isensee, Josef/Kirchhof, Paul (Hrsg.), Handbuch des Staatsrechts der Bundesrepublik Deutschland – Band X: Deutschland in der Staatengemeinschaft, 3. Auflage, Heidelberg 2012, § 214.

ders.: Die Rechtsarchitektur der Europäischen Union, in: NJW 2020, S. 2057–2063.

Kischel, Uwe: Der unabdingbare grundrechtliche Mindeststandard in der Europäischen Union – Zur Auslegung des Art. 23 Abs. 1 Satz 1 GG, in: Der Staat 39 (2000), S. 523–545.

Klein, Eckart: Der Verfassungsstaat als Glied einer europäischen Gemeinschaft, in: VVDStRL 50 (1991), S. 56–96.

ders.: Grundrechtsdogmatische und verfassungsprozessuale Überlegungen zur Maastricht-Entscheidung des Bundesverfassungsgerichts, in: Randelzhofer, Albrecht/Scholz, Rupert/Wilke, Dieter (Hrsg.), Gedächtnisschrift für Eberhard Grabitz, München 1995, S. 271–286.

ders.: Wer hat das letzte Wort? Bemerkungen zur Rolle des Gesetzgebers, des Bundesverfassungsgerichts und der Europäischen Gerichtshöfe im Bereich der auswärtigen Politik, insbesondere der europäischen Integration, in: Rebelo de Sousa, Marcelo/Vera-Cruz Pinto, Eduardo (Hrsg.), Liber Amicorum Fausto de Quadros, Volume I, Coimbra 2016, S. 397–414.

ders.: Kompetenzielle Würdigung und verfassungsprozessuale Konsequenzen der „Recht auf Vergessen"-Entscheidungen, in: DÖV 2020, S. 341–349.
Klein, Hans Hugo: Integration und Verfassung, in: AöR 139 (2014), S. 165–195.
Klein, Marvin: Friedensgrüße aus Luxemburg: Neue Entwicklungen im europäischen Grundrechteverbund, in: DÖV 2018, S. 605–612.
ders.: Das Recht der Kirchen im Tauziehen zwischen Luxemburg und Karlsruhe – Das kirchliche Arbeitsrecht als Machtprobe?, in: EuR 2019, S. 338–351.
Klein, Thomas/Bustami, Ammar: Ungleichbehandlung wegen der Religion oder Weltanschauung bei kirchlichen Arbeitgebern – Art. 4 Abs. 2 der Richtlinie 2000/78/EG nach den Urteilen in den Rs. Egenberger und IR, in: ZESAR 2019, S. 18–26.
Klement, Jan Henrik: Der Euro und seine Demokratie – Zu den Entscheidungen des Bundesverfassungsgerichts vom 14.1. und 18.3.2014 in Sachen „Outright Monetary Transactions" und Europäischer Stabilitätsmechanismus, in: ZG 2014, S. 169–196.
ders.: Der geldpolitische Kompetenzmechanismus – Sind die Outright-Geschäfte der EZB zugleich rechtmäßig und rechtswidrig? – Zum Urteil des EuGH vom 16.6.2015, in: JZ 2015, S. 754–760.
Klocke, Kyra/Wolters, Hendrik: Die Reichweite der Religionsfreiheit im Rahmen kirchlicher Arbeitsverhältnisse – Mit Besprechung zu EuGH, 17.4.2018 – C-414/16 – „Egenberger", in: BB 2018, S. 1460–1465.
Kloepfer, Michael: Verfassungsrecht I – Grundlagen, Staatsorganisationsrecht, Bezüge zum Völker- und Europarecht, München 2011.
Kment, Martin: Das Eigenverwaltungsrecht der Europäischen Union, in: JuS 2011, S. 211–215.
Knoth, Annchristin: (Noch) mehr Rechtsschutz gegen die Übertragung von Hoheitsrechten: Das Instrument der formellen Übertragungskontrolle, in: EuR 2021, S. 274–291.
Kokott, Juliane: Deutschland im Rahmen der Europäischen Union – zum Vertrag von Maastricht, in: AöR 119 (1994), S. 207–237.
König, Doris: Das Urteil des Bundesverfassungsgerichts zum Vertrag von Maastricht – ein Stolperstein auf dem Weg in die europäische Integration?, in: ZaöRV 54 (1994), S. 17–94.
dies.: Die Übertragung von Hoheitsrechten im Rahmen des europäischen Integrationsprozesses – Anwendungsbereich und Schranken des Art. 23 des Grundgesetzes, Berlin 2000.
Kosar, David/Vyhnánek, Ladislav: Constitutional Identity in the Czech Republic – A New Twist on an Old-Fashioned Idea?, in: Calliess, Christian/van der Schyff, Gerhard (Hrsg.), Constitutional Identity in a Europe of Multilevel Constitutionalism, Cambridge 2020, S. 85–113.
Krings, Günter: Die Kompetenzkontrolle der EU – einer muss es ja machen, in: ZRP 2020, S. 160–161.
Kruis, Tobias: Der Anwendungsvorrang des EU-Rechts in Theorie und Praxis – Seine Durchsetzung in Deutschland. Eine theoretische und empirische Untersuchung anhand der Finanz- und Verwaltungsgerichte und Behörden, Tübingen 2013.
Kube, Hanno: Die Elfes-Konstruktion, in: JuS 2003, S. 111–118.
ders.: Nationale Budgethoheit und Europäische Integration, in: AöR 137 (2012), S. 205–222.
ders.: Affront oder Wegweisung? – Die EZB-Entscheidung des Bundesverfassungsgerichts, in: DVBl. 2020, S. 1161–1167.

ders./Reimer, Ekkehart: Grenzen des Europäischen Stabilisierungsmechanismus, in: NJW 2010, S. 1911–1916.
Kufer, Andreas/Weishaupt, Veronika: Der Europäische Gerichtshof als neues Legislativorgan bei der Altersdiskriminierung?, in: EuZA 2011, S. 233-241.
Kühling, Jürgen: Das „Recht auf Vergessenwerden" vor dem BVerfG – November(r)evolution für die Grundrechtsarchitektur im Mehrebenensystem, in: NJW 2020, S. 275–280.
Kühne, Hans-Heiner: Anmerkung zu BVerfG, Beschluss v. 15.12.2015 – 2 BvR 2735/14, in: StV 2016, S. 299–302.
Kumm, Mattias: Rebel Without a Good Cause: Karlsruhe's Misguided Attempt to Draw the CJEU into a Game of „Chicken" and What the CJEU Might Do About It, in: GLJ 2014, S. 203–215.
Lang, Ruth: Die Mitwirkungsrechte des Bundesrates und des Bundestages in Angelegenheiten der Europäischen Union gemäß Artikel 23 Abs. 2 bis 7 GG, Berlin 1997.
Lechner, Hans (Begr.)/*Zuck, Rüdiger*: Bundesverfassungsgerichtsgesetz – Kommentar, 8. Auflage, München 2019.
Lenaerts, Koen: Kooperation und Spannung im Verhältnis von EuGH und nationalen Verfassungsgerichten, in: EuR 2015, S. 3–27.
Lenz, Christofer/Hansel, Ronald: Bundesverfassungsgerichtsgesetz – Handkommentar, 3. Auflage, Baden-Baden 2020.
Lenz, Carl Otto: Brauchen wir ein neues Kontrollverfahren für das Recht der Europäischen Union vor dem BVerfG? – Erwiderung zu Heiko Sauer, ZRP 2009, 195, in: ZRP 2010, S. 22–24.
ders.: Beschränkt das Grundgesetz die Übertragung weiterer Befugnisse auf die Europäische Union?, in: EWS 2018, S. 121–123.
Lepsius, Oliver: Souveränität und Identität als Frage des Institutionen-Settings, in: JöR n. F. 63 (2015), S. 63–90.
Limbach, Jutta: Die Kooperation der Gerichte in der zukünftigen europäischen Grundrechtsarchitektur – Ein Beitrag zur Neubestimmung des Verhältnisses von Bundesverfassungsgericht, Gerichtshof der Europäischen Gemeinschaften und Europäischem Gerichtshof für Menschenrechte, in: EuGRZ 2000, S. 417–420.
Lindner, Josef Franz: Öffentliches Recht – Systematisches Lehrbuch zur Examensvorbereitung im Freistaat Bayern, 2. Auflage, Stuttgart 2017.
Lochmann, Moritz: Taricco I – ein Ultra-vires-Akt? Zur Rechtsfortbildung durch den EuGH, in: EuR 2019, S. 61–85.
Ludwigs, Markus: Der Ultra-vires-Vorbehalt des BVerfG – Judikative Kompetenzanmaßung oder legitimes Korrektiv?, in: NVwZ 2015, S. 537–543.
ders.: Die Krisenpolitik der EZB zwischen Verfassungs- und Unionsrecht, in: NJW 2017, S. 3563–3567.
ders.: Scherbenhaufen oder Chance? – Zwölf Thesen zum PSPP-Urteil des BVerfG vom 5.5.2020, in: EuZW 2020, S. 530–533.
ders.: Die Konsequenzen des PSPP-Urteils für die Kompetenzordnung der EU, in: EWS 2020, S. 186–191.
ders./Pascher, Tobias/Sikora, Patrick: Das Bankenunion-Urteil als judikativer Kraftakt des BVerfG – Wegweisendes zu Kontrollvorbehalten und Europäischem Verwaltungsrecht (Teil I), in: EWS 2020, S. 1–7.
dies.: Das Bankenunion-Urteil als judikativer Kraftakt des BVerfG – Detailanalyse von SSM und SRM im Karlsruher Alleingang (Teil II), in: EWS 2020, S. 85–93.

ders./Sikora, Patrick: Der Vorrang des Unionsrechts unter Kontrollvorbehalt des BVerfG, in: EWS 2016, S. 121–131.

dies.: Der Zweite Senat zwischen Selbstbehauptung und Kooperation – Das OMT-Urteil des BVerfG vom 21.6.2016, in: EWS 2016, S. 215–222.

Mager, Ute: Einrichtungsgarantien – Entstehung, Wurzeln, Wandlungen und grundgesetzgemäße Neubestimmung einer dogmatischen Figur des Verfassungsrechts, Tübingen 2003.

dies.: Staatsrecht I – Staatsorganisationsrecht unter Berücksichtigung der europarechtlichen Bezüge, 9. Auflage, Stuttgart 2021.

Malorny, Friederike: Diskriminierungsschutz als Grenze kirchlicher Selbstbestimmung, in: EuZA 2019, S. 441–454.

Mangoldt, Hermann von/Klein, Friedrich/Starck, Christian (Begr.)/*Huber, Peter M./Voßkuhle, Andreas* (Hrsg.): Grundgesetz – Kommentar: Band 1 – Präambel, Artikel 1-19, Band 2 – Artikel 20-82, Band 3 – Artikel 83-146, 7. Auflage, München 2018.

Mannefeld, Lisa-Karen: Verfassungsrechtliche Vorgaben für die europäische Integration – Rechtsprechung des deutschen und des italienischen Verfassungsgerichts, Tübingen 2017.

Marsch, Nikolaus: § 6 – Verfassungsgerichtsbarkeit, in: ders./Vilain, Yoan/Wendel, Mattias (Hrsg.), Französisches und Deutsches Verfassungsrecht – Ein Rechtsvergleich, Heidelberg 2015, S. 275–322.

ders.: Kontrafakturen und Cover-Versionen aus Karlsruhe – Anmerkungen zu den „Recht auf Vergessen"-Entscheidungen des Bundesverfassungsgerichts (6.11.2019, 1 BvR 16/13 und 1 BvR 276/17), in: ZEuS 2020, S. 597–624.

Martín, José/de Nanclares, Pérez: Constitutional Identity in Spain – Commitment to European Integration without Giving Up the Essence of the Constitution, in: Calliess, Christian/van der Schyff, Gerhard (Hrsg.), Constitutional Identity in a Europe of Multilevel Constitutionalism, Cambridge 2020, S. 268–283.

Masing, Johannes: Einheit und Vielfalt des Europäischen Grundrechtsschutzes, in: JZ 2015, S. 477–487.

Matz, W.: Entstehungsgeschichte der Artikel des Grundgesetzes, Präambel, in: JöR n. F. 1 (1951), S. 20–41.

ders.: Entstehungsgeschichte der Artikel des Grundgesetzes, Art. 23, in: JöR n. F. 1 (1951), S. 217–222.

ders.: Entstehungsgeschichte der Artikel des Grundgesetzes, Art. 24, in: JöR n. F. 1 (1951), S. 222–229.

Maunz, Theodor/Dürig, Günter (Begr.)/*Herzog, Roman/Scholz, Rupert/Herdegen, Matthias, Klein, Hans H.* (Hrsg.): Grundgesetz – Kommentar, Loseblatt, Stand: 94. Ergänzungslieferung, München, Januar 2021.

Maunz, Theodor (Begr.)/*Schmidt-Bleibtreu, Bruno/Klein, Franz/Bethge, Herbert* (Hrsg.): Bundesverfassungsgerichtsgesetz – Kommentar, Loseblatt, Stand: 60. Ergänzungslieferung, München, Juli 2020.

Mayer, Franz C.: Kompetenzüberschreitung und Letztentscheidung – Das Maastricht-Urteil des Bundesverfassungsgerichts und die Letztentscheidung über Ultra vires-Akte im Mehrebenensystem: Eine rechtsvergleichende Betrachtung von Konflikten zwischen Gerichten am Beispiel der EU und der USA, München 2000.

ders.: Grundrechtsschutz gegen europäische Rechtsakte durch das BVerfG: Zur Verfassungsmäßigkeit der Bananenmarktordnung, in: EuZW 2000, S. 685–689.

ders.: Verfassungsgerichtsbarkeit, in: Bogdandy, Armin von/Bast, Jürgen (Hrsg.), Europäisches Verfassungsrecht – Theoretische und dogmatische Grundzüge, 2. Auflage, Heidelberg 2009, S. 559–607.

ders.: Europarechtsfreundlichkeit und Europarechtsskepsis in der Rechtsprechung des Bundesverfassungsgerichts, in: Giegerich, Thomas (Hrsg.), Der „offene Verfassungsstaat" des Grundgesetzes nach 60 Jahren – Anspruch und Wirklichkeit einer großen Errungenschaft, Berlin 2010, S. 237–271.

ders.: Rebels without a cause? – Zur OMT-Vorlage des Bundesverfassungsgerichts, in: EuR 2014, S. 473–513.

ders.: Zurück zur Rechtsgemeinschaft: Das OMT-Urteil des EuGH, in: NJW 2015, S. 1999–2003.

ders.: Der Ultra vires-Akt – Zum PSPP-Urteil des BVerfG v. 5.5.2020 – 2 BvR 859/15 u. a., in: JZ 2020, S. 725–734.

ders./Lenski, Edgar/Wendel, Mattias: Der Vorrang des Europarechts in Frankreich – zugleich Anmerkung zur Entscheidung des französischen Conseil d'État vom 8. Februar 2007 (Arcelor u. a.), in: EuR 2008, S. 63–87.

ders./Walter, Maja: Die Europarechtsfreundlichkeit des BVerfG nach dem Honeywell-Beschluss, in: Jura 2011, S. 532–542.

ders./Wendel, Mattias: § 4 – Die verfassungsrechtlichen Grundlagen des Europarechts, in: Hatje, Armin/Müller-Graff, Peter-Christian (Hrsg.), Enzyklopädie Europarecht, Band 1: Europäisches Organisations- und Verfassungsrecht, Baden-Baden 2014.

Meessen, Karl M.: Maastricht nach Karlsruhe, in: NJW 1994, S. 549–554.

Meier-Beck, Peter: De iudicando ultra vires, in: EuZW 2020, S. 519–524.

Merkt, Hanno: US-amerikanisches Gesellschaftsrecht, 3. Auflage, Frankfurt a. M. 2013.

Michael, Lothar/Morlok, Martin: Grundrechte, 7. Auflage, Baden-Baden 2020.

Michels, Tobias: Die dreidimensionale Reservekompetenz des BVerfG im Europarecht – Von der Solange-Rechtsprechung zum Honeywell-Beschluss, in: JA 2012, S. 515–520.

Michl, Fabian: Anmerkung zu: Art. 7 I Richtlinie 2004/38/EG: Aufenthaltsrecht gleichgeschlechtlicher Ehepartner, in: FamRZ 2018, S. 1147–1148.

Michl, Walther: Die Neuausrichtung des Bundesverfassungsgerichts in der digitalisierten Grundrechtelandschaft, in: Jura 2020, S. 479–490.

Millet, François-Xavier: Constitutional Identity in France. Vices and – Above All – Virtues, in: Calliess, Christian/van der Schyff, Gerhard (Hrsg.), Constitutional Identity in a Europe of Multilevel Constitutionalism, Cambridge 2020, S. 134–152.

Möller, Kai: Verfassungsgerichtlicher Grundrechtsschutz gegen Gemeinschaftsrecht, in: Jura 2006, S. 91–95.

Möllers, Thomas M. J./Redcay, Katharina: Das Bundesverfassungsgericht als europäischer Gesetzgeber oder als Motor der Union?, in: EuR 2013, S. 409–431.

Muckel, Stefan: Grundrechte im Internet: „Recht auf Vergessen I", in: JA 2020, S. 233–237.

ders.: „Recht auf Vergessen II", in: JA 2020, S. 237–239.

Münch, Ingo von (Begr.)/*Kunig, Philip* (Hrsg.): Grundgesetz – Kommentar: Band 1: Präambel bis Art. 69, Band 2: Art. 70 bis 146, 7. Auflage, München 2021.

Murswiek, Dietrich: Maastricht und der pouvoir constituant – Zur Bedeutung der verfassunggebenden Gewalt im Prozess der Europäischen Integration, in: Der Staat 32 (1993), S. 161–190.

ders.: Art. 38 GG als Grundlage eines Rechts auf Achtung des unabänderlichen Verfassungskerns, in: JZ 2010, S. 702–708.

ders.: Verfassungsrechtliche Handlungspflichten zum Schutz der Verfassung, in: Franzius, Claudio/Lejeune, Stefanie/Lewinski, Kai von/Meßerschmidt, Klaus/Michael, Gerhard/Rossi, Matthias/Schilling, Theodor/Wysk, Peter (Hrsg.), Beharren. Bewegen. – Festschrift für Michael Kloepfer zum 70. Geburtstag, Berlin 2013, S. 121–138.

ders.: ECB, ECJ, Democracy, and the Federal Constitutional Court: Notes on the Federal Constitutional Court's Referral Order from 14 January 2014, in: GLJ 2014, S. 147–165.

ders.: Die Ultra-vires-Kontrolle im Kontext der Integrationskontrolle, in: EuGRZ 2017, S. 327–338.

Nettesheim, Martin: Die Bananenmarkt-Entscheidung des BVerfG: Europarecht und nationaler Mindestgrundrechtsstandard, in: Jura 2001, S. 686–692.

ders.: Die Zulässigkeit von Verfassungsbeschwerden und Richtervorlagen nach Art. 23 GG, in: NVwZ 2002, S. 932–935.

ders.: Kompetenzdenken als Legitimationsdenken – Zur Ultra-vires-Kontrolle im rechtspluralistischen Umfeld, in: JZ 2014, S. 585–592.

ders.: Das CETA-Urteil des BVerfG: eine verpasste Chance?, in: NJW 2016, S. 3567–3570.

ders.: Das PSPP-Urteil des BVerfG – ein Angriff auf die EU?, in: NJW 2020, S. 1631–1634.

Nicolaysen, Gert: Tabakrauch, Gemeinschaftsrecht und Grundgesetz – zum BVerfG-Beschluß vom 12.5.1989 – 2 BvQ 3/89, in: EuR 1989, S. 215–225.

ders./Nowak, Carsten: Teilrückzug des BVerfG aus der Kontrolle der Rechtmäßigkeit gemeinschaftlicher Rechtsakte: Neuere Entwicklungen und Perspektiven, in: NJW 2001, S. 1233–1238.

Nowrot, Karsten/Tietje, Christian: CETA an der Leine des Bundesverfassungsgerichts: Zum schmalen Grat zwischen Ultra-vires-Kontrolle und Ultra-vires-Handel, in: EuR 2017, S. 137–154.

Odendahl, Kerstin: Das „Kooperationsverhältnis" zwischen BVerfG und EuGH in Grundrechtsfragen, in: JA 2000, S. 219–224.

Ohler, Christoph: Herrschaft, Legitimation und Recht in der Europäischen Union – Anmerkungen zum Lissabon-Urteil des BVerfG, in: AöR 135 (2010), S. 153–184.

ders.: Rechtliche Maßstäbe der Geldpolitik nach dem Gauweiler-Urteil des EuGH, in: NVwZ 2015, S. 1001–1007.

ders.: Das Bundesverfassungsgericht als europäisches Kompetenzgericht – Zum Urteil über die Europäische Bankenunion vom 30.07.2019, in: ZG 2020, S. 95–109.

Ogorek, Markus: „PSPP"-Beschlüsse der EZB und EuGH-Entscheidung „ultra vires", in: JA 2020, S. 795–798.

Oppenheimer, Andrew: The relationship between European Community Law and National Law: The Cases, Volume 1, Cambridge 1994.

Oppermann, Thomas (Begr.)/*Classen, Claus Dieter/Nettesheim, Martin*: Europarecht, 8. Auflage, München 2018.

Oppermann, Thomas (Begr.)/*Classen, Claus Dieter/Nettesheim, Martin*: Europarecht, 9. Auflage, München 2021.

Ost, Emanuel: Europarecht vor dem Bundesverfassungsgericht – Verfahrensrechtliche Probleme der Befassung des Bundesverfassungsgerichts mit dem europäischen Gemeinschaftsrecht, in: NVwZ 2001, S. 399–402.

Pache, Eckhard: Das Ende der europäischen Integration? – Das Urteil des Bundesverfassungsgerichts zum Vertrag von Lissabon, zur Zukunft Europas und der Demokratie, in: EuGRZ 2009, S. 285–298.

Panara, Carlo: Offene Staatlichkeit, in: Bogdandy, Armin von/Villalón, Pedro Cruz/Huber, Peter M. (Hrsg.), Handbuch Ius Publicum Europaeum – Band II, Offene Staatlichkeit: Wissenschaft vom Verfassungsrecht, Heidelberg 2008, § 18.

Papier, Hans-Jürgen: Die Entwicklung des Verfassungsrechts seit der Einigung und seit Maastricht, in: NJW 1997, S. 2841–2848.

Paulus, Andreas L.: Gedanken zur Verfassungskontrolle der Europäischen Union aus völkerrechtlicher Sicht, in: Bouffier, Volker/Horn, Hans-Detlef/Poseck, Roman/Radtke, Henning/Safferling, Christoph (Hrsg.), Grundgesetz und Europa – Liber Amicorum für Herbert Landau zum Ausscheiden aus dem Bundesverfassungsgericht, Tübingen 2016, S. 269–282.

Pauly, Walter: Das Wahlrecht in der neueren Rechtsprechung des Bundesverfassungsgerichts, in: AöR 123 (1998), S. 232–285.

Payandeh, Mehrdad: Verfassungsrecht: Rechtsschutz gegen die Übertragung von Hoheitsrechten im Kontext der Europäischen Union, in: JuS 2020, S. 702–705.

Pechstein, Matthias: EU-Prozessrecht, 4. Auflage, Tübingen 2011.

ders./Cirkel, Johannes: EuGH-Zuständigkeit für deutsches Verfassungsrecht?, in: DÖV 1997, S. 365–371.

ders./Nowak, Carsten/Häde, Ulrich (Hrsg.): Frankfurter Kommentar zu EUV, GRC und AEUV, Band I, Tübingen 2017.

Peifer, Karl-Nikolaus, Das Recht auf Vergessenwerden – ein neuer Klassiker vom Karlsruher Schlossplatz. Zugleich Besprechung von BVerfG „Recht auf Vergessen I und II", in: GRUR 2020, S. 34–37.

Pernice, Ingolf: Das Verhältnis europäischer zu nationalen Gerichten im europäischen Verfassungsverbund, Berlin 2006.

ders.: Der Schutz nationaler Identität in der Europäischen Union, in: AöR 136 (2011), S. 185–221.

ders.: Machtspruch aus Karlsruhe: „Nicht verhältnismäßig? – Nicht verbindlich? – Nicht zu fassen …" – Zum PSPP-Urteil des BVerfG vom 5.5.2020, in: EuZW 2020, S. 508–519.

Peterek, Jörg: Rechtsschutz vor dem Bundesverfassungsgericht gegen Maßnahmen im Zusammenhang mit der „Eurorettung", in: Becker, Yvonne/Lange, Friederike (Hrsg.), Leitlinien der Rechtsprechung des Bundesverfassungsgerichts – erörtert von den wissenschaftlichen Mitarbeiterinnen und Mitarbeitern, Band 3, Berlin/Boston 2014, S. 553–582.

Petzold, Hans Arno: Anmerkung zu Conseil d'État, Urteil vom 22.12.1978 – Entscheidung Nr. 11 604, in: DVBl. 1980, S. 126–127.

Piekenbrock, Andreas: Wie lange noch Solange?, in GPR 2016, S. 53.

Pieroth, Bodo/Barczak, Tristan: Grenzen verfassungsgerichtlicher Überprüfung der Judikatur des EuGH am Beispiel des kirchlichen Selbstbestimmungsrechts, in: NJOZ 2019, S. 1649–1655.

Pießkalla, Michael: Das BVerfG-Urteil zum Staatsanleihekaufprogramm der EZB: Eine wichtige rote Linie, in: EuZW 2020, 538–543.

Polzin, Monika: Das Rangverhältnis von Verfassungs- und Unionsrecht nach der neuesten Rechtsprechung des BVerfG, in: JuS 2012, S. 1–6.

dies.: Irrungen und Wirrungen um den Pouvoir constituant – Die Entwicklung des Konzepts der Verfassungsidentität im deutschen Verfassungsrecht seit 1871, in: Der Staat 53 (2014), S. 61–94.

dies.: Verfassungsidentität – Ein normatives Konzept des Grundgesetzes?, Tübingen 2018.

Pötters, Stephan/Traut, Johannes: Die *ultra-vires*-Kontrolle des BVerfG nach „Honeywell" – Neues zum Kooperationsverhältnis von BVerfG und EuGH?, in: EuR 2011, S. 580–592.

Preßlein, David: Grundgesetz vs. Grundrechtecharta? Zur „europäisierten Grundrechtsprüfung" des BVerfG nach den Beschlüssen zum „Recht auf Vergessen" und „Europäischer Haftbefehl III", in: EuR 2021, S. 247–273.

Proelß, Alexander: Zur verfassungsgerichtlichen Kontrolle der Kompetenzmäßigkeit von Maßnahmen der Europäischen Union: Der „ausbrechende Rechtsakt" in der Praxis des BVerfG – Anmerkung zum Honeywell-Beschluss des BVerfG vom 6. Juli 2010, in: EuR 2011, S. 241–262.

ders.: Bundesverfassungsgericht und überstaatliche Gerichtsbarkeit – Prozedurale und prozessuale Mechanismen zur Vermeidung und Lösung von Jurisdiktionskonflikten, Tübingen 2014.

Rademacher, Tilman: Die „Verfassungsidentität" als Grenze der Kompetenzübertragung auf die Europäische Union?, in: EuR 2018, S. 140–158.

Raffeiner, Stefan: Jenseits der Staatenimmunität im deutsch-italienischen Staatenimmunitäten-Fall: Wege und Hürden nach dem Urteil der Corte costituzionale, in: ZaöRV 76 (2016), S. 451–473.

Reinbacher, Tobias/Wendel, Mattias: Menschenwürde und Europäischer Haftbefehl – Zum ebenenübergreifenden Schutz grundrechtlicher Elementargarantien im europäischen Auslieferungsverfahren, in: EuGRZ 2016, S. 333–343.

Ress, Georg: Der ausbrechende Rechtsakt – Betrachtungen zu den völkerrechtlichen Grenzen des Handelns Internationaler Organisationen, in: ZÖR 2009, S. 387–395.

Reyes y Ráfales, F. Joel: Bundesverfassungsgerichtliche Kontrolle der Europäischen Integration – Aktueller Stand, Grundsatzkritik, Reformvorschläge, in: ZEuS 2017, S. 119–142.

Riedel, Christian G. H.: Die Grundrechtsprüfung durch den EuGH – Systematisierung, Analyse und Kontextualisierung der Rechtsprechung nach Inkrafttreten der EU-Grundrechtecharta, Tübingen 2020.

Ries, Sabine: Die „formelle Übertragungskontrolle" – ein neuer Baustein im Gefüge verfassungsgerichtlicher Integrations-Kontrollvorbehalte?, in: Jura 2021, S. 65–73.

Ring, Gerhard/Olsen-Ring, Line: Souveränitätsübertragung nach dänischem Verfassungsrecht, in: EuZW 1998, S. 589–591.

Rode, Karlheinz: Verfassungsidentität und Ewigkeitsgarantie – Anmerkungen zu einem Mythos der Deutschen Staatsrechtslehre, Frankfurt a. M. 2012.

Rousseau, Dominique: Die Verfassungsidentität – Schutzschirm für die nationale Identität oder Teil des europäischen Sterns?, in: JöR n. F. 63 (2015), S. 91–104.

Ruffert, Matthias: Europarecht – Vorlagebeschluss des BVerfG zum OMT-Programm, in: JuS 2014, S. 373–375.

ders.: Europarecht – Vorabentscheidung des EuGH zum OMT-Programm, in: JuS 2015, S. 758–760.

ders.: Europarecht – Verfassungskonformität des angekündigten OMT-Programms der EZB, in: JuS 2016, S. 756–759.

ders.: Das Bundesverfassungsgericht als Akteur im Prozess der europäischen Integration, in: EuGRZ 2017, S. 241–249.

ders.: Europarecht – Vorlagebeschluss zu den Anleihekäufen der EZB, in: JuS 2017, S. 1229–1231.

ders.: Europarecht – Vorrang des Unionsrechts und Grundrechtsschutz, in: JuS 2018, S. 496–498.

ders.: Europarecht und Verfassungsrecht: Europäische Bankenunion, in: JuS 2019, S. 1033–1035.

ders.: Europarecht und Verfassungsrecht: Ultra-vires-Kontrolle über EZB-Anleihekäufe und EuGH-Urteil, in: JuS 2020, S. 574–577.

ders.: Europarecht und Verfassungsrecht: Unionsrechtliche Grundrechtsprüfung durch das BVerfG, in: JuS 2021, S. 374–377.

Rung, Joachim: Grundrechtsschutz zwischen Verfassungsidentität und der Melloni-Rechtsprechung des EuGH, in: EWS 2016, S. 145–150.

Rupp, Hans Heinrich: Anmerkung zu BVerfG, Beschluß v. 8.4.1987 – 2 BvR 687/85, in: JZ 1988, S. 194–196.

Rüß, Oliver: Vereintes Europa – das unerreichbare Staatsziel? Zur Grundgesetzkonformität eines Beitritts der Bundesrepublik Deutschland zu einem europäischen Bundesstaat, Baden-Baden 2005.

Sachs, Michael: Verfassungsprozessrecht, 4. Auflage, Tübingen 2016.

ders.: Grundrechte: Identitätskontrolle bei Anwendung von Unionsrecht, in: JuS 2016, S. 373–375.

ders.: Verfassungsprozessrecht: Grundrechtskontrolle des BVerfG bei Durchführung von Unionsrecht, in: JuS 2020, S. 282–284.

ders.: Verfassungsprozessrecht: Verfassungsbeschwerde und Unionsgrundrechte, in: JuS 2020, S. 284–287.

ders. (Hrsg.): Grundgesetz – Kommentar, 9. Auflage, München 2021.

Sagan, Adam: Anmerkung Arbeitsrecht: Unterschiedliche Behandlung von Bewerbern wegen ihrer Konfession im Stellenbesetzungsverfahren eines kirchlichen Arbeitgebers, in: EuZW 2018, S. 386–387.

Sander, Florian: BVerfG, EuGH und EZB im OMT-Verfahren – Wer bietet der Notenbank die Stirn?, in: EuZW 2016, S. 614–617.

Sander, Gerald G.: Europäischer Gerichtshof und nationale Verfassungsgerichtsbarkeit, in: DÖV 2000, S. 588–596.

Satzger, Helmut: Grund- und menschenrechtliche Grenzen für die Vollstreckung eines Europäischen Haftbefehls? – „Verfassungsgerichtliche Identitätskontrolle“ durch das BVerfG vs. Vollstreckungsaufschub bei „außergewöhnlichen Umständen“ nach dem EuGH, in: NStZ 2016, S. 514–522.

Sauer, Heiko: Jurisdiktionskonflikte in Mehrebenensystemen – Die Entwicklung eines Modells zur Lösung von Konflikten zwischen Gerichten unterschiedlicher Ebenen in vernetzten Rechtsordnungen, Heidelberg 2008.

ders.: Kompetenz- und Identitätskontrolle von Europarecht nach dem Lissabon-Urteil – Ein neues Verfahren vor dem Bundesverfassungsgericht?, in: ZRP 2009, S. 195–198.

ders.: Europas Richter Hand in Hand? – Das Kooperationsverhältnis zwischen BVerfG und EuGH nach Honeywell, in: EuZW 2011, S. 94–97.

ders.: Grundrechtskollisionsrecht für das europäische Mehrebenensystem: Konkurrenzbestimmung – Kollisionsvermeidung – Kohärenzsicherung, in: Matz-Lück, Nele/

Hong, Mathias (Hrsg.), Grundrechte und Grundfreiheiten im Mehrebenensystem – Konkurrenzen und Interferenzen, Heidelberg 2012, S. 1–68.

ders.: Staatsrecht III – Auswärtige Gewalt, Bezüge des Grundgesetzes zu Völker- und Europarecht, 3. Auflage, München 2015.

ders.: Doubtful it Stood …: Competence and Power in European Monetary and Constitutional Law in Aftermath of the CJEU's OMT Judgment, in: GLJ 2015, S. 971–1002.

ders.: „Solange" geht in Altersteilzeit – Der unbedingte Vorrang der Menschenwürde vor dem Unionsrecht, in: NJW 2016, S. 1134–1138.

ders.: Der novellierte Kontrollzugriff des Bundesverfassungsgerichts auf das Unionsrecht, in: EuR 2017, S. 186–205.

ders.: Staatsrecht III – Auswärtige Gewalt, Bezüge des Grundgesetzes zu Völker- und Europarecht, 5. Auflage, München 2018.

ders.: Demokratische Legitimation zwischen Staatsorganisationsrecht und grundrechtlichem Teilhabeanspruch – Ein Beitrag zum Verhältnis von Verfassungsrecht und Verfassungstheorie, in: Der Staat 58 (2019), S. 7–40.

ders.: Staatsrecht III – Auswärtige Gewalt, Bezüge des Grundgesetzes zu Völker- und Europarecht, 6. Auflage, München 2020.

ders.: Horizontalwirkung von Richtlinien und Unionsgrundrechten, in: Jura 2021, S. 387–400.

Saurer, Johannes: Der kompetenzrechtliche Verhältnismäßigkeitsgrundsatz im Recht der Europäischen Union, in: JZ 2014, S. 281–286.

Schalast, Christoph: Der Ultra-vires-II-Vorlagebeschluss des Bundesverfassungsgerichts: Auf dem Weg zu einer europäischen Verfassungskrise?, in: BB 2017, S. 2690–2693.

Scheffczyk, Fabian: Verfassungsprozessuale Folgefragen von „Recht auf Vergessen I+II", in: NVwZ 2020, S. 977–982.

Scheuner, Ulrich: Der Grundrechtsschutz in der Europäischen Gemeinschaft und die Verfassungsrechtsprechung, in: AöR 100 (1975), S. 30–52.

Schiffbauer, Björn: Über Hoheitsrechte und deren „Übertragbarkeit", in: AöR 141 (2016), S. 551–593.

Schlaich, Klaus (Begr.)/*Korioth, Stefan*: Das Bundesverfassungsgericht – Stellung, Verfahren, Entscheidungen, 12. Auflage, München 2021.

Schmahl, Stefanie: Die Internationalen und die Supranationalen Organisationen, in: Graf Vitzthum, Wolfgang/Proelß, Alexander (Hrsg.), Völkerrecht, 8. Auflage, Berlin 2019, Vierter Abschnitt, S. 319–461.

Schmid, Christoph: Ein enttäuschender Rückzug – Anmerkungen zum „Bananenbeschluss" des BVerfG, in: NVwZ 2001, S. 249–258.

Schmidt, Karsten: Ultra-vires-Doktrin: tot oder lebendig? – Bemerkungen zur Organvertretungsmacht, in: AcP 184 (1984), S. 529–540.

ders.: Gesellschaftsrecht, 4. Auflage, Köln u. a. 2002.

Schmidt, Reiner: Die entfesselte EZB, in: JZ 2015, S. 317–327.

Schmidt-Aßmann, Eberhard: Europäische Agenturen als Organisationsformen der dekonzentrierten und der dezentralen Unionsverwaltung, in: Rebelo de Sousa, Marcelo/Vera-Cruz Pinto, Eduardo (Hrsg.), Liber Amicorum Fausto de Quadros, Volume I, Coimbra 2016, S. 381–396.

Schmidt-Bleibtreu, Bruno/Klein, Franz (Begr.)/*Hofmann, Hans/Henneke, Hans-Günter* (Hrsg.): GG Kommentar zum Grundgesetz, 14. Auflage, Köln 2018.

Schneedorf, Andreas: Diskriminierungsschutz nach dem EuGH – Bröckelt das Fundament des kirchlichen Arbeitsrechts?, in: NJW 2019, S. 177–181.

Schneider, Karsten: Der Ultra-vires-Maßstab im Außenverfassungsrecht – Skizze sicherer Vollzugszeitumgebungen für zwischenstaatliche und supranationale Integrationsprozesse, in: AöR 139 (2014), S. 196–256.

Schnettger, Anita: Verbundidentität – Schutzgehalt, Funktionen und gerichtliche Durchsetzung des Art. 4 Abs. 2 S. 1 Var. 2 EUV, Tübingen 2020.

Schöffski, Tim: Das Verbot der monetären Staatsfinanzierung (Art. 123 AEUV) – Juristische Prinzipienreiterei oder ein echter Stolperstein für die EZB? – Einordnung und Analyse des Vorlagebeschlusses des BVerfG an den EuGH vom 18.7.2017, in: EWS 2017, S. 263–266.

Schönberger, Christoph: Die Europäische Union zwischen „Demokratiedefizit" und Bundesstaatsverbot – Anmerkungen zum Lissabon-Urteil des Bundesverfassungsgerichts, in: Der Staat 48 (2009), S. 535–558.

ders.: Der introvertierte Rechtsstaat als Krönung der Demokratie? – Zur Entgrenzung von Art. 38 GG im Europaverfassungsrecht, in: JZ 2010, S. 1160–1164.

ders.: Identitäterä – Verfassungsidentität zwischen Widerstandsformel und Musealisierung des Grundgesetzes, in: JöR n. F. 63 (2015), S. 41–62.

ders.: Anmerkung zu BVerfG, Beschluss v. 15.12.2015 – 2 BvR 2735/14, in: JZ 2016, S. 422–424.

Schönemeyer, Meike: Die Pflicht des Bundesverfassungsgerichts zur Vorlage an den Gerichtshof der Europäischen Union gem. Art. 267 Abs. 3 AEUV, Berlin 2014.

Schorkopf, Frank: Wer wandelt die Verfassung? – Das PSPP-Urteil des Bundesverfassungsgerichts und die Ultra vires-Kontrolle als Ausdruck europäischer Verfassungskämpfe – zugleich Besprechung von BVerfG, Urteil v. 5.5.2020 – 2 BvR 859/15 u. a., in: JZ 2020, S. 734–740.

Schröder, Meinhard: Das Bundesverfassungsgericht als Hüter des Staates im Prozeß der europäischen Integration – Bemerkungen zum Maastricht-Urteil, in: DVBl. 1994, S. 316–325.

Schroeder, Werner: Grundkurs Europarecht, 6. Auflage, München 2019.

Schwarze, Jürgen: Europapolitik unter deutschem Verfassungsrichtervorbehalt – Anmerkungen zum Maastricht-Urteil des BVerfG vom 12.10.1993, in: NJ 1994, S. 1–5.

ders.: Richtlinienumsetzung „eins zu eins", in: Pitschas, Rainer/Uhle, Arnd (Hrsg.), Wege gelebter Verfassung in Recht und Politik – Festschrift für Rupert Scholz zum 70. Geburtstag, Berlin 2007, S. 167–178.

ders.: EU-Kommentar → Siehe unter *Becker, Ulrich*.

Schweitzer, Michael/Dederer, Hans-Georg: Staatsrecht III – Staatsrecht, Völkerrecht, Europarecht, 12. Auflage, Heidelberg 2020.

Schwerdtfeger, Angela: Europäisches Unionsrecht in der Rechtsprechung des Bundesverfassungsgerichts – Grundrechts-, ultra-vires- und Identitätskontrolle im gewaltenteiligen Mehrebenensystem, in: EuR 2015, S. 290–309.

Siekmann, Helmut: Gerichtliche Kontrolle der Käufe von Staatsanleihen durch das Eurosystem – Anmerkungen zum PSPP-Urteil des BVerfG vom 5.5.2020, in: EuZW 2020, S. 491–500.

Sikora, Patrick: PSPP auf dem Prüfstand – Das Weiss-Urteil des EuGH, in: EWS 2019, S. 139–149.

Simon, Sven: „Whatever it takes": Selbsterfüllende Prophezeiung am Rande des Unionsrechts? – Eine unionsrechtliche Bewertung der OMT-Entscheidung der EZB, in: EuR 2015, S. 107–130.

ders.: Grenzen des Bundesverfassungsgerichts im europäischen Integrationsprozess, Tübingen 2016.

ders.: Rechtskulturelle Differenzen in Europa, in: AöR 143 (2018), S. 597–622.

ders./Rathke, Hannes: „Schlechterdings nicht mehr nachvollziehbar“ – Warum?, in: EuZW 2020, S. 500–503.

Skouris, Vassilios: Der Vorrang des Europäischen Unionsrechts vor dem nationalen Recht. Unionsrecht bricht nationales Recht, in: EuR 2021, S. 3–27.

Slaughter, Anne-Marie/Sweet, Alec Stone/Weiler, J. H. H. (Hrsg.), The European Court and National Courts – Doctrine and Jurisprudence, Legal Change in Its Social Context, Cambridge 1998.

Sledzinska-Simon, Anna/Ziólkowski, Michal: Constitutional Identity in Poland: Is the Emperor Putting On the Old Clothes of Sovereignty?, in: Calliess, Christian/van der Schyff, Gerhard (Hrsg.), Constitutional Identity in a Europe of Multilevel Constitutionalism, Cambridge 2020, S. 243–267.

Sodan, Helge/Ziekow, Jan: Grundkurs Öffentliches Recht – Staats- und Verwaltungsrecht, 9. Auflage, München 2020.

Staffler, Lukas: Verfassungsidentität und strafrechtliche Verjährung – Das (vorläufige) Ende des Konflikts zweier Höchstgerichte in der Rechtssache Taricco, in: EuGRZ 2018, S. 613–619.

Steiger, Dominik: Entgrenzte Gerichte? Die Ausweitung des subjektiven Rechts und der richterlichen Kontrollbefugnisse – Verwaltung und Parlament im „Kooperationsverhältnis“ der deutschen Verwaltungs- und Verfassungsgerichtsbarkeit mit dem EuGH, in: VerwArch 107 (2016), S. 497–535.

Stein, Torsten: Umgekehrt! Bemerkungen zum „Solange II“-Beschluß des Bundesverfassungsgerichts, in: Fürst, Walther/Herzog, Roman/Umbach, Dieter C. (Hrsg.), Festschrift für Wolfgang Zeidler, Band 2, 1987, S. 1711–1728.

Steindorff, Ernst: Das Maastricht-Urteil zwischen Grundgesetz und europäischer Integration, in: EWS 1993, S. 341–346.

Steiner, Udo: Richterliche Grundrechtsverantwortung in Europa, in: Geis, Max-Emanuel/Lorenz, Dieter (Hrsg.), Staat, Kirche, Verwaltung – Festschrift für Hartmut Maurer zum 70. Geburtstag, München 2001, S. 1005–1017.

Stern, Klaus: Das Staatsrecht der Bundesrepublik Deutschland, Band I – Grundbegriffe und Grundlagen des Staatsrechts, Strukturprinzipien der Verfassung, 2. Auflage, München 1984.

ders.: Das Staatsrecht der Bundesrepublik Deutschland, Band III/1 – Allgemeine Lehren der Grundrechte: Grundlagen und Geschichte, nationaler und internationaler Grundrechtskonstitutionalismus, juristische Bedeutung der Grundrechte, Grundrechtsberechtigte, Grundrechtsverpflichtete, München 1988.

Stiegemeyer, Kristina: Die parlamentarische Behandlung der europäischen Integrationsakte und ihre Prüfung durch das Bundesverfassungsgericht, Berlin 2020.

Streinz, Rudolf: Bundesverfassungsgerichtlicher Grundrechtsschutz und Europäisches Gemeinschaftsrecht – Die Überprüfung grundrechtsbeschränkender deutscher Begründungs- und Vollzugsakte von Europäischem Gemeinschaftsrecht durch das Bundesverfassungsgericht, Baden-Baden 1989.

ders.: Der Kontrollvorbehalt des BVerfG gegenüber dem EuGH nach dem Lissabon-Urteil und dem Honeywell-Beschluss, in: Sachs, Michael/Siekmann, Helmut (Hrsg.), Der grundrechtsgeprägte Verfassungsstaat – Festschrift für Klaus Stern zum 80. Geburtstag, Berlin 2012, S. 963–980.

ders.: Prüfung von sekundärem Gemeinschaftsrecht auf seine Vereinbarkeit mit den Grundrechtsnormen, in: NJW 2017, S. 3067–3068.

ders. (Hrsg.): EUV/AEUV – Vertrag über die Europäische Union, Vertrag über die Arbeitsweise der Europäischen Union, Charta der Grundrechte der Europäischen Union – Kommentar, 3. Auflage, München 2018.

ders.: Europarecht, 11. Auflage, Heidelberg 2019.

ders.: Die Europarechts-Rechtsprechung des Bundesverfassungsgerichts und ihre Rezeption in der Politik, in: EWS 2019, S. 241–254.

Stürmer, Verena/Wolff, Heinrich Amadeus: Anmerkung zu BVerfG, Urt. v. 05.05.2020, 2 BvR 859/15 u. a., in: BayVBl. 2020, S. 550–556.

Sulyok, Tamás/Deli, Gergely: Perspektiven des Europarechts aus der Sicht des ungarischen Verfassungsgerichts, in: JöR n. F. 68 (2020), S. 721–733.

Sydow, Gernot/Wittreck, Fabian: Deutsches und Europäisches Verfassungsrecht I – Prinzipien, Institutionen, Verfahren, 2. Auflage, München 2020.

Terhechte, Jörg Philipp: Souveränität, Dynamik und Integration – making up the rules as we go along? – Anmerkungen zum Lissabon-Urteil des Bundesverfassungsgerichts, in: EuZW 2009, S. 724–731.

Thiele, Alexander: Das Mandat der EZB und die Krise des Euro – Eine Untersuchung der von der EZB im Zusammenhang mit der Eurokrise ergriffenen Maßnahmen auf ihre Vereinbarkeit mit den rechtlichen Vorgaben des europäischen Primärrechts, Tübingen 2013.

ders.: Europäisches Prozessrecht – Verfahrensrecht vor dem Gerichtshof der Europäischen Union, 2. Auflage, München 2014.

ders.: Friendly or Unfriendly Act? The „Historic" Referral of the Constitutional Court to the ECJ Regarding the ECB's OMT Program, in: GLJ 2014, S. 241–264.

ders.: Die Integrationsidentität des Art. 23 Abs. 1 GG als (einzige) Grenze des Vorrangs des Europarechts, in: EuR 2017, S. 367–380.

Thomas, Fredrik: Das Maastricht-Urteil des dänischen Obersten Gerichtshofs vom 6. April 1998, in: ZaöRV 58 (1998), S. 879–906.

Thüsing, Gregor/Mathy, Regina: Kirchliche Loyalitätspflichten im Zugriff des EuGH – Zugleich Besprechung des Urteils des EuGH IR gegen JQ (C-68/17), in: BB 2018, S. 2805–2810.

Thym, Daniel: Die Reichweite der EU-Grundrechte-Charta – Zu viel Grundrechtsschutz?, in: NVwZ 2013, S. 889–896.

ders.: Freundliche Übernahme, oder: die Macht des „ersten Wortes" – „Recht auf Vergessen" als Paradigmenwechsel, in: JZ 2020, S. 1017–1027.

Tischbirek, Alexander: Ein europäisches Staatskirchenrecht?, in: Der Staat 58 (2019), S. 621–641.

Tischendorf, Michael: Theorie und Wirklichkeit der Integrationsverantwortung deutscher Verfassungsorgane, Tübingen 2017.

ders.: Europa unter deutscher Supervision. Die Verantwortung der Verfassungsorgane des Bundes für die Geld- und Außenhandelspolitik der Europäischen Union, in: EuR 2018, S. 695–723.

Tizzano, Antonio: Der italienische Verfassungsgerichtshof (Corte costituzionale) und der Gerichtshof der Europäischen Union, in: EuGRZ 2010, S. 1–11.

Töller, Annette Elisabeth: Mythen und Methoden. Zur Messung der Europäisierung der Gesetzgebung des Deutschen Bundestages jenseits des 80-Prozent-Mythos, in: ZParl 2008, S. 3–17.

Tomuschat, Christian: La justice – c'est moi – Zum Cohn-Bendit-Urteil des französischen Conseil d'État vom 22. Dez. 1978, in: EuGRZ 1979, S. 257–261.

ders.: Aller guten Dinge sind III? – Zur Diskussion um die Solange-Rechtsprechung des BVerfG, in: EuR 1990, S. 340–361.

ders.: Die Europäische Union unter der Aufsicht des Bundesverfassungsgerichts, in: EuGRZ 1993, S. 489–496.

ders.: Anmerkung zum Urteil des BVerfG vom 12.09.2012 – BvR 1390/122 – u. a. – Verhinderung der Ratifikation von ESM-Vertrag und Fiskalpakt überwiegend erfolglos, DVBl. 2012, S. 1431–1434.

Toros, Fabian/Weiß, Martin: Echte Kooperation?! – Wandel des Grundrechtsschutzes im Mehrebenensystem. Zu den Entscheidungen „Recht auf Vergessen I" und „Recht auf Vergessen II" des BVerfG, in: ZJS 2020, S. 100–108.

Ukrow, Jörg: Richterliche Rechtsfortbildung durch den EuGH – dargestellt am Beispiel der Erweiterung des Rechtsschutzes des Marktbürgers im Bereich des vorläufigen Rechtsschutzes und der Staatshaftung, Baden-Baden 1995.

ders.: Von Luxemburg lernen heißt Integrationsgrenzen bestimmen – Anmerkungen zur Vorlage-Entscheidung des Bundesverfassungsgerichts vom 14. Januar 2014, in: ZEuS 2014, S. 119–139.

van der Schyff, Gerhard: EU Member State Constitutional Identity: A Comparison of Germany and the Netherlands as Polar Opposites, in: ZaöRV 76 (2016), S. 167–191.

van Ooyen, Robert Christian: Die Staatstheorie des Bundesverfassungsgerichts und Europa – Von Solange über Maastricht und Lissabon zur EU-Grundrechtecharta, 8. Auflage, Baden-Baden 2020.

Vincze, Attila: Das tschechische Verfassungsgericht stoppt den EuGH – zum Urteil des tschechischen Verfassungsgerichts Pl. ÚS 5/12 vom 14.2.2012, in: EuR 2013, S. 194–204.

Vitzthum, Wolfgang Graf: Gemeinschaftsgericht und Verfassungsgericht – rechtsvergleichende Aspekte, in: JZ 1998, S. 161–167.

Vosgerau, Ulrich: Staatliche Gemeinschaft und Staatengemeinschaft – Grundgesetz und Europäische Union im internationalen öffentlichen Recht der Gegenwart, Tübingen 2016.

Voßkuhle, Andreas: Der europäische Verfassungsgerichtsverbund, in: NVwZ 2010, S. 1–8.

ders.: „Integration durch Recht" – Der Beitrag des Bundesverfassungsgerichts, in: JZ 2016, S. 161–168.

ders.: Die Zukunft der Verfassungsgerichtsbarkeit in Deutschland und Europa, in: EuGRZ 2020, S. 165–171.

ders.: Karlsruhe Unlimited? – Zu den (unsichtbaren) Grenzen der Verfassungsgerichtsbarkeit, in: BayVBl. 2020, S. 577–582.

Walter, Christian: Schriftliche Stellungnahme im Rahmen der öffentlichen Anhörung zu den Folgen des Urteils des Bundesverfassungsgerichts vom 5. Mai 2020 (2 BvR 859/15 u. a.) zu den Staatsanleihekäufen der Europäischen Zentralbank, abrufbar unter: https://www.bundestag.de/resource/blob/697524/89551bb27b81da991fd9538c480afccd/walter2-data.pdf.

ders./Vordermayer, Markus: Verfassungsidentität als Instrument richterlicher Selbstbeschränkung in transnationalen Integrationsprozessen – Vergleichende Überlegungen anhand der Rechtsprechung von EuGH und EGMR, in: JöR n. F. 63 (2015), S. 129–166.

Walter, Maja: Integrationsgrenze Verfassungsidentität – Konzept und Kontrolle aus europäischer, deutscher und französischer Perspektive, in: ZaöRV 72 (2012), S. 177–200.

Weber, Albrecht: Der Vertrag von Lissabon vor dem polnischen Verfassungsgericht, in: EuGRZ 2012, S. 139–141.

Wegener, Bernhard W.: Stellungnahme für den Europa-Ausschuss des Bundestages zum Urteil des Bundesverfassungsgerichts vom 5. Mai 2020 (2 BvR 859/15) in Sachen Staatsanleihekäufe der Europäischen Zentralbank, abrufbar unter: https://www.bundestag.de/resource/blob/697490/19e094bd52ec5e0f4b22625644177275/wegener-data.pdf.

ders.: Karlsruher Unheil – Das Urteil des Bundesverfassungsgerichts vom 5. Mai 2020 (2 BvR 859/15) in Sachen Staatsanleihekäufe der Europäischen Zentralbank, in: EuR 2020, S. 347–363.

Wegner, Kilian: Vorhang zu und alle Fragen offen? – Zum Verhältnis von nationalem Verfassungsrecht und unmittelbar anwendbarem Unionsrecht nach „Taricco II", in: Recht und Politik 2018, S. 74–78.

Wehmhörner, Christian: Das BVerfG, der EuGH und die Europäische Bankenunion, in: NVwZ 2020, S. 342–347.

Weiß, Norman: Kompetenzlehre internationaler Organisationen, Heidelberg 2009.

Weiß, Wolfgang: Die Integrationsverantwortung der Verfassungsorgane, in: JuS 2018, S. 1046–1050.

ders.: Unionsrecht und nationales Recht, in: Niedobitek, Matthias (Hrsg.), Europarecht – Grundlagen und Politiken der Union, 2. Auflage, Berlin 2020, § 5.

Weißgärber, Kirsten: Die Legitimation unabhängiger europäischer und nationaler Agenturen, Baden-Baden 2016.

Wendel, Mattias: Permeabilität im europäischen Verfassungsrecht – Verfassungsrechtliche Integrationsnormen auf Staats- und Unionsebene im Vergleich, Tübingen 2011.

ders.: Kompetenzrechtliche Grenzgänge: Karlsruhes Ultra-vires-Vorlage an den EuGH, in: ZaöRV 74 (2014), S. 615–670.

ders.: Das Bundesverfassungsgericht als Garant der Unionsgrundrechte – Zugleich Besprechung von BVerfG, Beschlüsse v. 6.11.2019 – 1 BvR 16/13 (Recht auf Vergessen I) und 1 BvR 276/17 (Recht auf Vergessen II), in: JZ 2020, S. 157–168.

Wendt, Henning: Öffnung der Verfassungsbeschwerde für die Unionsgrundrechte – Neugestaltung des europäischen Grundrechtsföderalismus durch das BVerfG, in: DVBl. 2020, S. 549–552.

Wienbracke, Mike: Anmerkung: Unterschiedliche Behandlung von Bewerbern wegen ihrer Konfession im Stellenbesetzungsverfahren eines kirchlichen Arbeitgebers, in: NZA-RR 2018, S. 349–350.

Wischmeyer, Thomas: Nationale Identität und Verfassungsidentität. Schutzgehalte, Instrumente, Perspektiven, in: AöR 140 (2015), S. 415–460.

Wolff, Heinrich Amadeus: De lege ferenda: Das Integrationskontrollverfahren – Diskussionsbeitrag zur Frage einer Fortbildung des Verfassungsprozessrechts nach dem Lissabon-Urteil des Bundesverfassungsgerichts vom 30. Juni 2009, in: DÖV 2010, S. 49–58.

ders.: „Das Bundesverfassungsgericht als Hüter der Integrationsverantwortung", in: Pechstein, Matthias (Hrsg.), Integrationsverantwortung, Baden-Baden 2012, S. 151–162.

ders.: Anmerkung zu BVerfG, Beschluss vom 06.11.2019, 1 BvR 16/13 und Beschluss vom 06.11.2019, 1 BvR 276/17, in: BayVBl. 2020, S. 118–125.

Wróbel, Andrzej: Verfassungsgerichtshof und Europäischer Gerichtshof, in: Lukanko, Bernard/Thiele, Alexander (Hrsg.), Reformprozesse der Europäischen Gerichtsbarkeit – Herausforderungen aus deutscher und polnischer Sicht, Tübingen 2019, S. 1–22.

Zacharias, Diana: Die sog. Ewigkeitsgarantie des Art. 79 Abs. 3 GG, in: Thiel, Markus (Hrsg.), Wehrhafte Demokratie – Beiträge über die Regelungen zum Schutze der freiheitlichen demokratischen Grundordnung, 2003, S. 57–97.

Zivier, Ernst R.: Das OMT-Urteil des Bundesverfassungsgerichts – Anspruch auf Demokratie und Aufwertung der politischen Staatsorgane, in: Recht und Politik 2016, S. 150–154.

Zuck, Rüdiger: Das Recht der Verfassungsbeschwerde 5. Auflage, München 2017.

ders./Lenz, Christofer: Verfassungsrechtlicher Rechtsschutz gegen Europa – Prozessuale Möglichkeiten vor den Fachgerichten und dem BVerfG gegen Rechtsakte der Europäischen Gemeinschaft, in: NJW 1997, S. 1193–1200.

Zuleeg, Manfred: Die Rolle der rechtsprechenden Gewalt in der europäischen Integration, in: JZ 1994, S. 1–8.

Rechtsprechungsverzeichnis

Im Folgenden sind mit Angabe der Fundstelle und Verweis auf die entsprechende Seite die für diese Arbeit bedeutsamen Entscheidungen des Bundesverfassungsgerichts und des Europäischen Gerichtshofs alphabetisch aufgeführt.

Sachregister

Zu beachten sind ebenso die Stichworte/Entscheidungsnamen im Rechtsprechungsverzeichnis.

Verfassungsentwicklung in Europa

herausgegeben von
Hartmut Bauer, Peter M. Huber
und Karl-Peter Sommermann

Seit dem weltpolitischen Umbruch der Jahre 1989 bis 1991 befinden sich die Verfassungsordnungen in Europa in einem Transformationsprozess. Der Wegfall des Ost-West-Gegensatzes mit seiner politikstabilisierenden Wirkung, die fortschreitende europäische Integration und die auf vielen Politikfeldern zu beobachtende Globalisierung setzen die nationalen Verfassungen unter Anpassungs- und Modernisierungsdruck. Das stellt auch die Verfassungswissenschaft vor neue Aufgaben. Will sie den Anschluss an die sich verändernde Verfassungswirklichkeit nicht verlieren, muss sie sich verstärkt auf den Transformationsprozess einstellen und die von Entwicklungssprüngen in der Mehrebenenpolitik ausgehenden Impulse im Europäischen Verfassungsverbund verarbeiten. Die Schriftenreihe *Verfassungsentwicklung in Europa (VEEu)* stellt für die gebotenen Reformdebatten ein Forum bereit. Schwerpunkte der Reihe sind die Generierung und Bewertung von Optionen für die Ausgestaltung des Europäischen Verfassungsrechts und insbesondere einer Europäischen Unionsverfassung, die Erarbeitung „Gemeineuropäischen Verfassungsrechts" namentlich durch Rechtsvergleichung und schließlich Überlegungen zur Rechtsangleichung sowie zur Schaffung von zeitgemäßem nationalen Verfassungsrecht unter den Rahmenbedingungen der Europäisierung und Globalisierung. Perspektive ist die Ausbildung eines Ius Publicum Europaeum.

ISSN: 1861-7301
Zitiervorschlag: VEEu

Mohr Siebeck
www.mohrsiebeck.com